『체계기능언어학의 담화의미론』

2nd edition Working with Discourse
: Meaning beyond the clause

『체계기능언어학의 담화의미론』

2nd edition Working with Discourse
: Meaning beyond the clause

체계기능언어학의
담화의미론

2nd edition Working with Discourse

Meaning beyond the clause

J.R. Martin, David Rose 지음

한정한·차명희·윤혜경·심은정·엄윤식·이선영·도혜민·허성령·고유리·유지한 옮김

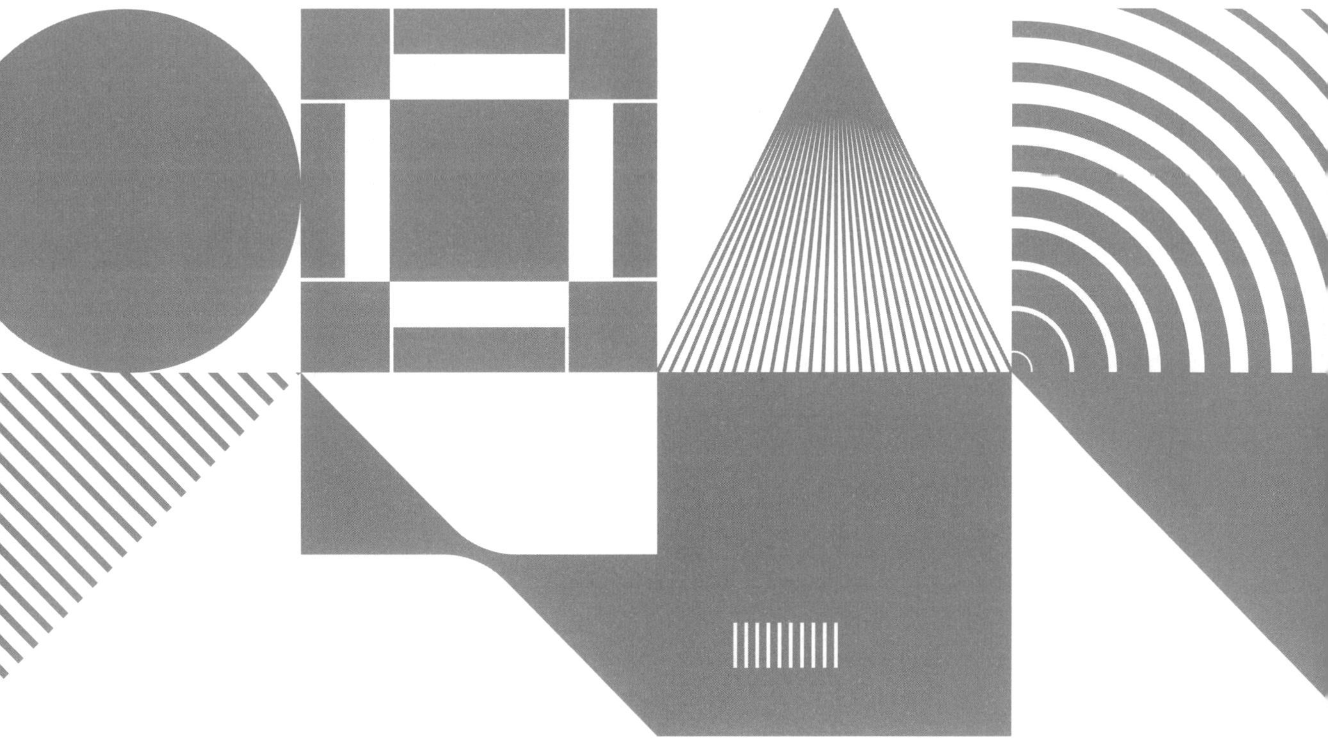

박이정

『체계기능언어학의 **담화의미론**』

2nd edition Working with Discourse: Meaning beyond the clause

초판 인쇄   2026년 2월 6일
초판 발행   2026년 2월 13일

지은이   J. R. Martin and David Rose
옮긴이   한정한·차명희·윤혜경·심은정·엄윤식·이선영·도혜민·허성령·고유리·유지한
펴낸이   박찬익
편집   이기남
책임편집   권효진
펴낸곳   ㈜박이정   ▌주소 경기도 하남시 조정대로 45 미사센텀비즈 F827호
전화   031-792-1195   ▌팩스 02-928-4683
홈페이지   www.pijbook.com   ▌이메일 pijbook@naver.com
등록   2014년 8월 22일 제2020-000029호
ISBN   979-11-7497-018-3 (93700)

가격   40,000원

*Working with Discourse*의 제2판(2007)에서는 제1판에서 제공되었던 담화분석의 도구들을 확장하고 개선하였다. 이 책은 Martin 교수의 1992년 책 *English Text*를 출발점으로 삼았고, 최근 10여 년의 발전된 논의를 설명할 수 있도록 그 책을 확장하였다. 그 결과 담화 분석에 관심을 가지는 일반 대중을 대상으로 한 책을 출판할 수 있게 되었다. 그 도구들은 체계기능언어학에서 제공하는 것들이지만, 좀 더 넓은 독자들이 접근할 수 있도록 가능한 한 쉽게 설명하였다. 이 책에서 우리의 초점은 문법이나 사회적 맥락보다는 담화의미에 놓여 있다. 왜냐하면, 우리가 보기에, 전 세계적으로 그동안 문법과 장르에 관한 상당히 많은 분석이 있었지만, 이 둘 사이를 체계적으로 연결해 주는 연구의 필요성은 점차 더 증가하고 있기 때문이다. 이 책은 이러한 간격을, 절을 넘어서는 의미 분석을 제공함으로써, 채우고자 하는 시도라고 생각해 주기 바란다.

우리는 지난 수년 동안 이 책의 연구에 도움을 준, 특히 1판을 읽고 여러 미팅에서 또는 인터넷으로 가치 있는 피드백을 준, 전 세계의 동료 기능언어학자들에게 깊이 감사를 드린다. 이 책에서 제시된 분석 중에서 많은 부분은 언어 교육학의 영역, 특히 호주의 교육 현장에서 독특한 장르 기반 문해력 향상 프로그램에 사용된 것들이다. 사실 이러한 이론과 실천의 변증법적 화합이 없었다면, 우리의 아이디어는 하나의 책으로 열매를 맺지 못했을 것이다.

두말할 필요도 없이, 이 책의 모든 페이지에서, 우리는 Ruqaiya Hasan과 Michael Halliday에게 많은 빚을 지고 있다. 그들은 수많은 방식으로 우리의 삶을 형성하고 있는 의미들을 탐구하는 방법을 선물해 주었다. 감사하게도 우리는 이 책을 그들에게 바친다.

시드니, 2006년 9월

For Ruqaiya and Michael

whose meanings we're embroidering upon

　　체계기능언어학(SFL)에서는 언어를 사회적 기호학의 연구 대상으로 보고, 그 관점에서 분석한다. 그것이 어떻게 가능할까? SFL은 언어와 맥락이 불가분의 관계에 있으며, 맥락(context)이 언어의 정확한 의미를 결정한다고 한다. 일찍이 인류학자인 Malinowski(1923)는 트로브리안드 제도(Trobriand Islanders)의 언어를 유럽 대륙의 독자들에게 소개하면서 맥락이 담화의미에 중대한 영향을 미친다고 보았고, 사회적 맥락이라는 개념을 제안하였다.

　　그런데 사회적 맥락은 다시 상황맥락과 문화맥락으로 구별된다. 이 중에서 전자를 언어학 이론으로 발전시킨 사람이 SFL의 창시자인 Firth와 Halliday이다. Halliday는 상황맥락을 장르(genre)와 사용역(register)의 개념을 이용하여 설명하였고, Martin & Rose는 이것을 좀 더 발전시켜서 장르를 특정 담화 영역에서 반복적으로 사용되는 사용역, 즉, 필드(field), 테너(tenor), 모드(mode)의 구성 패턴이라고 정의하였다. 또 Martin은 장르가 목적 지향적이고 단계적으로 실현되는 사회적 과정이며, 서로 다른 장르는 서로 다른 사회적 맥락을 실현하는 텍스트 유형이라고 설명하였다. 결국 사용역과 장르의 관계는 아래와 같이 계층화된 언어 모델을 이용하여 설명할 수 있다(Martin 1992:503; Martin & Rose 2003:7; Martin & White 2005:32).

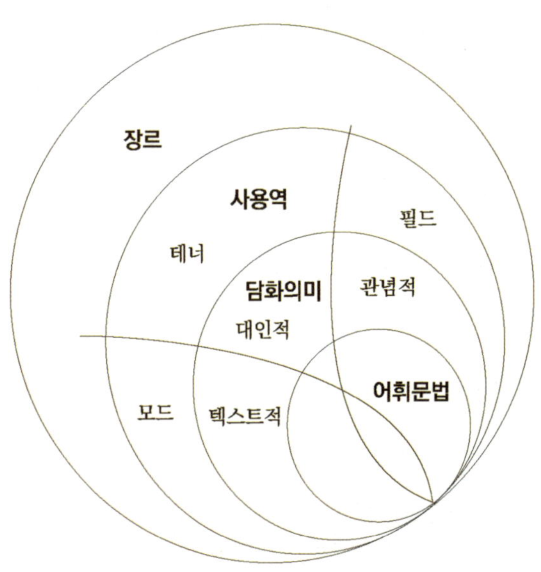

'체계기능언어학의 계층화된 언어 모델'

위의 SFL 언어 모델에서 알 수 있듯이 장르는 사용역의 의미에 의해 실현된다. 그리고 사용역은 다시 담화의미에 의해 실현된다. 역으로 사용역의 의미는 장르를 구체화하고, 담화의 의미는 다시 사용역을 구체화한다. 그러면 구체적으로 담화의미는 어떻게 분석할 수 있을까? 이 책의 답변은 저자들이 담화의미를 분석할 때 제시한 6가지 담화 시스템으로 나타난다. 즉, 관념어, 평가어, 접속어 식별어, 주기어, 교섭어가 대표적인 담화의미론의 연구 주제들이다.

위 6가지 담화의미 시스템은 3가지 대기능(메타기능)에 의해서도 분류할 수 있다. 즉 다른 사람들과 사회적 관계를 맺기 위해서(대인적 대기능), 우리의 경험을 다른 사람에게 표현하기 위해서(관념적 대기능), 그리고 우리의 이해를 조직하고 정보적인 텍스트로 구성하기 위해서(텍스트적 대기능)가 그것들이다. 아래 〈표〉는 6가지 담화 시스템과 3가지 대기능의 관계, 그리고 이 책의 목차를 보여준다.

표. '이 책의 목차, 담화의미 시스템, 대기능의 관계'

이 책의 목차	담화의미 시스템	연구 주제	대기능(Metafunction)
1장	사회적 담화 해석하기	책 소개	
2장	평가어(Appraisal)	태도를 평가하기	대인적 대기능
3장	관념어(Ideation)	경험을 표현하기	관념적 대기능
4장	접속어(Conjunction)	사건(들)을 연결하기	관념적 대기능
5장	식별어(Identification)	사람과 사물을 추적하기	텍스트적 대기능
6장	주기어(Periodicity)	정보의 흐름을 조직하기	텍스트적 대기능
7장	교섭어(Negotiation)	교환(서법)을 맺어 가기	대인적 대기능
8장	실제 텍스트 분석	장르별 차이 분석	
9장	다른 이론과의 연관성	비판적 담화분석(CDA), 멀티모달 담화분석(MDA)	

간단히 이 6가지 담화 시스템을 소개해 보겠다. 2장 평가어(Appraisal)는 "화자, 저자가 이야기하고자 하는 개체 또는 명제에 대한 태도, 입장, 관점, 감정을 말하는 표현들을 통칭하는 것이다(Hunston & Thompson(1999:5))." 또 Lipson(2014: 86)은 "평가어를 화자와 저자가 텍스트에 색깔(color)을 입히는 것으로, 평가어 체계는 텍스트가 누구에 관한 것인지, 무엇에 관해 말하는지에 대한 평가 및 감정을 나타내어 텍스트를 다채롭게 만드는 핵심적인 방법"이라고 설명한다. 이런 평가어는 크게 개입 평가어(Engagement), 태도 평가어(Attitude), 강도 평가어

(Graduation)의 세 가지 종류가 있다.1)

3장 관념어(Ideation)는 우리의 경험이 담화에서 어떻게 해석되는지를 분석하는 것으로, 연속 활동(activity sequences), 관련된 사람과 사물의 분류적 관계들(taxonomic relations), 관련된 과정의 핵 관계들(nuclear relations), 그리고 텍스트가 전개될 때 이러한 요소들이 어떻게 서로 구성되고 연관되는지를 연구한다.

4장 접속어(Conjunction)는 활동(들)과 메시지를 접속하는 논리적 의미들, 예컨대, 추가하기, 비교하기, 연속하기, 설명하기 등의 접속 관계를 분석한다. 이런 접속어는 크게 내부적 접속어, 외부적 접속어, 그리고 계속사로 대분류된다.

5장 식별어(Identification)는 어떤 담화에 사람과 사물을 소개하고, 역으로 그 정체를 계속 추적함으로써 독자가 담화를 어떻게 이해하고 있는지를 분석한다. 예를 들어, 정체를 알 수 없는 경우는 제시적(presenting) 지시를, 복구가 가능한 경우에는 재귀적(presuming) 지시를 통해서 식별이 가능하다. 그 밖에도 비교지시, 전방조응, 후방조응, 후방참조, 동종조응, 내부조응, 외부조응과 같은 식별어들이 장르별로 차이가 나는 이유도 설명한다.

6장 주기어(Periodicity)는 담화의 리듬을 이해하는 것이다. 즉 독자들에게 앞으로 일어날 일을 알리는 예측의 층과, 이미 만들어진 의미를 축적하는 통합의 층을 구별한다. 이는 담화를 정보의 파동으로 조직하는 텍스트 유형의 의미이기도 하다. 6장에서는 테마(Theme)와 뉴(New)의 개념, 하이퍼테마(hyperTheme)와 하이퍼뉴(hyperNew)의 개념, 그리고 매크로테마(macroTheme)와 매크로뉴(macroNew)의 개념을 소개한다.

7장 교섭어(Negotiation)에서는 화자 간 상호 교섭의 단위를 분석한다. 즉 화자들이 담화에서 어떤 역할을 맡고 그 역할을 어떻게 할당하며, 관련된 발화행위가 어떻게 조직되는지를 연구한다. 여기서는 17가지 발화행위 단위(move)와 2가지 끼어들기가 소개된다. 각각 혼잣말; 인사, 답인사; 부름, 답부름; 진술, 인정, 반박; 질문, 대답, 부인; 제안, 수락, 거절; 명령, 준수, 거부, 그리고 방해하기, 추적하기이다.

위와 같이 담화 시스템에 대한 기본적인 논의를 마친 후, 8장에서는 이러한 담화 시스템을 Nelson Mandela의 1995년 자서전 *Long Road to Freedom*의 마지막 장을 분석하는 데 적용해 본다. 그리고 9장에서는 사용역 및 장르 이론을 포함한 담화의 사회적 맥락 모델에서 담화 시스템을 맥락화하고, 기존의 멀티모달 담화분석(MDA), 비판적 담화분석(CDA) 이론과 이 책의 담화 시스템을 연결해 본다.

---

1) 더 자세한 내용은 J. R. Martin & P. R. R. White(2005), *The Language of Evaluation – Appraisal in English*, 한정한·차명희·윤혜경·심은정·엄윤식·유지한 옮김(2024), 『체계기능언어학의 평가어, 평가하기』, 박이정을 참조

우리가 이 책을 번역하게 된 계기는 2022년 고려대학교에서 개최된 '세계한국어학자 대회'(2022.06.28.-2022.07.02.)에서 이 책의 저장 중 한 명인 James Martin 교수와 Doran Yaegan[2]) 교수를 만난 직후이다. 그들은 호주 시드니 대학에서 이 대회의 기조연설을 하기 위해 참석했다. 나는 이 대회 운영위원 자격으로 인천공항에서 그들을 만나 대회 기간 동안 의전 업무를 수행했다. 발표장과 호텔 숙소 로비에서 우리는 SFL의 주요 연구 주제들에 대해 깊은 대화를 할 수 있었다. 그리고 그 당시 초고가 나왔던 단국대 팀의 번역서 『Halliday의 기능문법입문: 체계기능언어학』을 전달하면서, 동시에 그들의 책을 번역하고 싶다고 말했고, 그는 매우 기뻐하면서 책이 출간되면 호주로 보내 달라고 하였다.

이 책의 실제 번역 작업은 2년 정도 걸렸다. 번역자는 나를 포함하여 차명희, 윤혜경, 심은정, 엄윤식, 이선영, 도혜민, 허성령, 고유리, 유지한으로 총 10명이다. 그들은 나의 대학원 제자들이지만, 이제는 동료 학자들이기도 하다. 우리는 거의 매주 만나서 몇 시간씩 토론과 번역을 같이 했다. 그러는 동안 담화 시스템과 관련된 많은 새로운 사실들을 깨닫게 되었으며, 우리 중 일부는 학술지에 한국어 담화의미와 관련된 논문들을 게재하기도 했다.

생각해 보면, 이 책의 번역 과정에서 인연을 맺은 여러 사람에게 감사의 말씀을 드리지 않을 수 없다. 우선 체계기능언어학의 담화의미론이라는 신세계를 열어준 이 책의 원저자들에게 감사한다. 둘째로 SFL 관련 학술서, 개론서, 논문 등을 발표해 주신 국내의 선배 학자들에게 감사한다. 그들의 연구는 이 책을 번역하는 데 든든한 토양이 되어 주었다.

끝으로 박이정 출판사와 박찬익 사장님, 권효진 편집부장님께도 감사의 말씀을 드린다. 편집과 인쇄, 출판 과정에서 역자의 서투른 부탁들을 모두 현명하게 처리해 주셨다.

한정한

단국대 국문과 교수

2025년 7월 31일

---

2) 그는 당시 호주 체계기능언어학회 회장직을 맡고 있었다.

1
사회적 담화 해석하기

> ### 장 개요
>
> 1.1 초대
> 1.2 토론을 위한 프레임워크
> 1.3 장르
> 1.4 언어, 권력 그리고 이데올로기
> 1.5 이 책의 구성 방법
> 1.6 이 책의 사용 방법

1.1 초대

　이 책에서 우리는 담화 분석을 통해 담화를 해석하는 데 관심을 가진다. 이는 담화를 단순히 단어로 이루어진 절들이 아닌, 그 이상의 것으로 취급하는 것을 의미하며, 절 너머의 의미, 텍스트가 전개되면서 한 절에서 다른 절로 우리를 이끄는 의미론적 자원에 초점을 맞추는 것이다. 또한, 담화를 사회적 활동의 우연적인 표현 이상으로 취급하며, 텍스트를 통해 구성되는 사회뿐만 아니라 사회생활에서 의미가 갖는 구성적 역할에 초점을 맞추고자 한다는 뜻이기도 하다. 어떤 의미에서 이 책은 문법학자들에게는 텍스트의 의미라는 관점에서 절의 의미를 재고하도록 초대하는 책이며; 사회 이론가들에게는 우리가 담화에서 교섭하는 의미로서 사회적 활동을 재고하도록 초대하는 책이기도 하다.

　사회적 담화를 해석하기 위한 우리의 출발점은 사회적 맥락 안에 있는 텍스트들이다. 사회적 담화는 단일 절로만 구성되는 경우가 드물고, 사회적 맥락은 텍스트를 구성하는 의미의 연속으로 발전한다. 각 텍스트는 화자 간, 그리고 필자와 (잠재적) 독자 간에 상호작용적으로 생산되기 때문에, 우리는 이를 사용하여 텍스트가 나타내는 상호작용을 해석할 수 있다. 또한, 각 상호작용은 화자의 문화의 한 사례이므로 텍스트를 사용하여 그 텍스트가 나타내는 문화의 여러 가지 측면을 해석할 수도 있다.

　이러한 각 현상에 이름을 붙일 수는 있지만 *절, 텍스트* 또는 *문화*는 '고정된 사물'이 아니라

서로 다른 시간 규모의 전개에 따른 사회적 과정이라는 점을 강조해야 한다. 문화는 셀 수 없이 많은 상황을 통해 전개된다. 우리의 삶도 학습자, 화자, 행위자로서 이러한 상황을 통해 전개되며 의미의 연속으로 전개되는 텍스트를 생산한다. 이러한 현상 사이의 관계는 그림 1.1에 도식화되어 있으며, 절에서 텍스트, 문화에 이르기까지 크기와 복잡도의 규모가 확대되는 모습을 보여준다.

My story begins in my late teenage years as a farm girl in the Bethlehem district...

절
(Helena가 있는 시간, 공간)

내 이야기는 Bethlehem 지역의 농장 소녀였던 10대 후반부터 시작된다...

As an eighteen-year-old, I met a young man in his twenties. He was working in a top security structure, it was the beginning of a beautiful relationship. We even spoke about marriage. A bubbly, vivacious man who beamed out wild energy. Sharply intelligent. Even if he was an Englishman, he was popular with ail the 'Boer' Afrikaners. And all my girlfriends envied me. Then one day he said he was going on a 'trip'. 'We won't see each other again ... maybe never ever again.' I was torn to pieces. So was he.

텍스트
(Helena의 불의에 대한 이야기)

열여덟 살 때 나는 20대의 한 청년을 만났다. 그는 일급 보안 조직에서 일하고 있었고 그것은 아름다운 관계의 시작이었다. 우리는 결혼에 대해서도 이야기했다. 활기차고 발랄한 그는 야성적인 에너지를 뿜어냈다. 매우 총명했다. 그는 영국인이었지만 아프리카계 '보어인(Boer)'들에게 인기가 많았다. 내 친구들은 모두 부러워했다. 그러던 어느 날 그는 '여행'을 간다고 했다. '우리는 다시는 서로를 만나지 못할 거야. 어쩌면 영원히 다시는...' 나는 산산조각이 났다. 그도 마찬가지였다.

문화
(남아프리카공화국의 정의를 위한 투쟁)[1]

그림 1.1 절-텍스트-문화

그림 1.1은 남아프리카공화국 아파르트헤이트의 불의의 삶에 휘말린 'Helena'의 이야기를 하나의 사례로 보여주는데, Helena의 이야기는 Nelson Mandela의 석방과 아파르트헤이트의 전복으로 절정에 달한 문화적 변화를 보여주는 한 사례이기 때문이다. Helena의 이야

---

1) 원서에는 이 자리에 사진('만델라의 석방을 축하하기 위해 운집한 사람들')이 있었으나, 저작권 문제로 번역서에는 싣지 못하게 되었다.

기는 이 책 전체에서 담화를 해석하는 데 사용하는 텍스트 중 하나이며, 우리는 Helena의 이야기가 변화하는 문화를 어떻게 드러내는지 이해하기 위해 다양한 관점에서 그 의미의 순서를 검토하면서 자주 이 이야기로 돌아올 것이다.

우리의 분석을 좀 더 용이하게 관리하기 위해, 이 책에서는 남아프리카의 진실과 화해의 과정과 관련된 소규모 텍스트들에 집중적으로 초점을 맞췄다. 이러한 맥락을 선택한 이유는 두 가지로, 많은 독자들에게 비교적 친숙할 것이라는 기대와 아파르트헤이트 이후 남아공의 화해 과정이 식민지 이후 세계의 차이를 다루는 데 영감을 줄 수 있다고 믿기 때문이다. 우리가 집중하는 텍스트 중 하나는 Helena의 이야기이다. Helena의 이야기는 타인의 인권을 침해하는 행위가 그녀 자신과 그녀의 삶에서 주변 사람들에게 미친 영향에 대한 것이다. 하나는 최근 저서 *No Future without Forgiveness*에서 범죄자 사면에 대한 Desmond Tutu의 주장(논증)이며, 다른 하나는 진실화해위원회 설립을 위한 의회 법령이다. 마지막은 아파르트헤이트 시절 자신이 살해한 저항군의 가족에게 용서를 구하는 전직 경찰의 이야기를 영화 *Forgiveness*를 중심으로 살펴볼 것이다. 이 텍스트들은 하나의 사회 활동 분야에서 다양한 담화의 의미를 탐구할 수 있는 상호보완적인 종류의 텍스트이다. 처리하기 쉬운 편의성을 이유로 우리는 주로 서면 텍스트에 초점을 맞추었지만, 이번 개정판에서는 구어 담화에 대한 새로운 장을 추가했다(구어 담화 분석을 위한 훌륭한 구조화(scaffolding)[2]의 예는 Eggins & Slade(1997)를 참조). 비록 Tagalog어와 Pitjantjatjara어라는 매우 다른 두 언어에 관한 자체 연구와 전 세계 SFL 연구자들의 연구를 통해 다양한 언어에서 유사한 자료가 발견된다는 것을 알고 있지만, 이 책에서는 영어에 중점을 둔다(Caffarel 외. 2004, Rose 2001b, 2005a).

1.2 토론을 위한 프레임워크

언어와 관련된 모든 설명이나 분석에는 언어가 어떻게 작동하는지에 대한 어떤 이론이 내포되어 있으며, 우리는 이를 언급하지 않고 넘어가는 대신에 우리가 사용하는 모델에 대해 명확히 밝히고자 한다. 우리가 토론할 프레임워크는 광범위한 체계기능언어학(SFL) 분야에서 개발된 사회적 맥락의 언어 모델이다. SFL 연구자들은 여러 세대에 걸쳐 담화의미론에 대해 적극적으로 관심을 가져왔다. 그러나 이 글에서는 독자들이 이 이론이나 영어와 기타 언어의 문법적 설명에 익숙하다고 가정하지 않겠다. 오히려 필요한 이론과 설명의 관련 측면을 실제

---

2) [역자주] 교육학에서 비계설정(스캐폴딩)은 학습 과정 전반에 걸쳐서 교수자가 학생에게 제공하는 교육 지원을 말한다. Wood, Bruner & Ross(1976) 참조. 그런데 본서의 담화의미론에서 비계설정은 결국 구조 화 또는 구조 설정으로 실현된다.

텍스트의 예를 들어 설명하면서 소개할 것이다. 그 과정에서 우리는 담화에 대해 이야기하기 위한 공유 언어, 즉 맥락에 따른 언어 모델과 이에 대해 이야기할 때 사용하는 용어를 모두 포함하는 메타언어를 점진적으로 도입할 것이다. 우리는 이해를 통합하는 데 필요한 기술적인 용어만 사용하고, 가능한 한 광범위한 분석 작업에 쉽게 사용할 수 있도록 하겠다. 휴대성은 이 책의 목표 중 하나이다. 독자들이 담화 분석을 위한 도구 키트를 만들어서 어디든 가지고 다닐 수 있게 하고 싶다. 하지만 우리는 사람들이 실제 텍스트에서 의미 있는 사례를 경험함으로써 언어를 배우는 방식으로 이 메타언어학적 도구 키트를 구축할 것이다.

SFL은 '사치스러운' 이론으로 묘사되어 왔으며, 그 사치스러움은 그것이 설명하는 현상의 복잡성을 관리하기 위해 진화해 왔다. 그러나 사회적 맥락에서 언어의 복잡성에도 불구하고 이를 관리하기 위해 SFL에서 개발된 기본 원칙은 비교적 간단하다. 우선 담화 현상을 바라보는 두 가지 일반적인 관점을 간략하게 소개하겠다. 두 가지 관점은 다음과 같다:

- [유의미한] 언어의 레벨3)은 문법, 담화 그리고 사회적 맥락이다(언어의 **층위**(strata)라고 알려짐).
- 사회적 맥락 내에서 언어의 세 가지 일반적인 기능은 우리의 관계를 제정하고 우리의 경험을 표현하며 유의미한 텍스트로서 담화를 조직하는 것이다(**대기능**(metafunction)이라고 알려짐).

층위: 문법, 담화 그리고 사회적 맥락

이 책은 담화 분석에 초점을 둔다. SFL에서 담화 분석은 문법 분석과 사회적 활동 분석에 맞닿아 있으며, 한편으로는 문법학자의 연구와 다른 한편으로는 사회 이론가의 연구 사이에 있다. 이는 부분적으로 우리가 보고 있는 대상의 크기와 관련이 있는데, 텍스트는 절보다는 크고 문화보다는 작다. 문법학자들은 특히 절의 유형과 그 요소에 관심이 많다. 그러나 텍스트는 일반적으로 단일 절보다 더 크기 때문에 담화 분석가는 문법학자보다 더 많은 것을 고려해야 한다(확장된 시야). 마찬가지로, 문화는 무수히 많은 텍스트를 통해 나타나며, 사회 이론가들은 텍스트가 내부적으로 어떻게 구성되는지보다 사회적 맥락이 서로 어떻게 연관되어 있는지에 더 관심이 있다(전역적 시야). 담화 분석은 문법학자의 도구를 사용하여 텍스트 구절에서 단어의 역할을 파악하고, 사회 이론가의 도구를 사용하여 단어가 왜 그런 의미를 갖는지 설명하고 있다. 담화에 대한 이 두 가지 관점은 그림 1.2에 설명되어 있다. 문법, 담화, 사회적 활동은 일련의 원으로 상징되며, 담화는 사회적 활동 안에, 문법은 담화 안에 자리 잡고 있어

---

3) 우리는 이 책에서 음운론과 정서법에 대해서는 더 이상 다루지 않는다. 따라서 여기서 추가적인 수준의 실현은 제외하기로 한다.

하나의 복잡한 현상에 대한 세 가지 상호보완적인 관점을 제시한다. 이러한 유형의 다이어그램은 SFL 내의 사회적 맥락에서 진화하는 언어 모델을 상징화하기 위해 자주 사용된다.

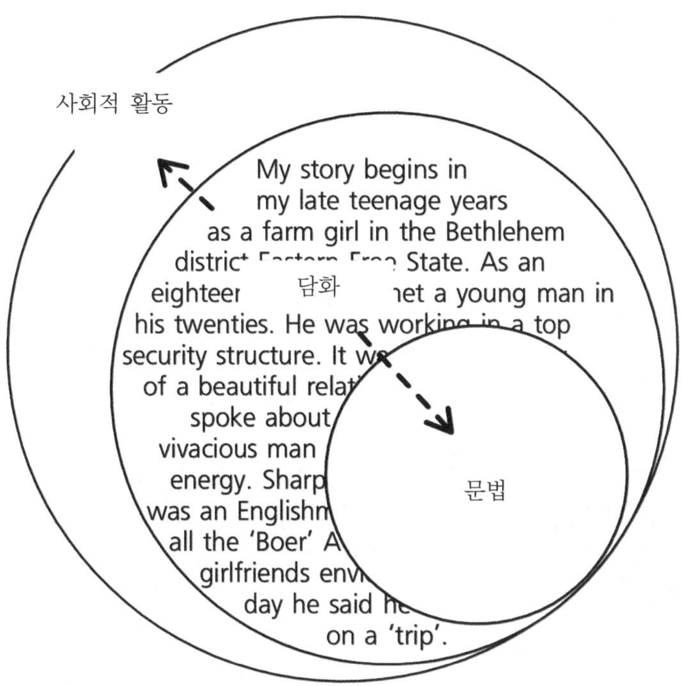

그림 1.2 담화에 관한 관점들: 사회적 활동으로부터 그리고 문법으로부터

실현: 문화, 의미 그리고 단어 선택

문법, 담화, 사회적 맥락의 관계는 무엇인가? 분명히 문화는 단순한 텍스트의 조합이 아니며, 마찬가지로 텍스트도 단순한 절의 조합이 아니다. 사회적 활동, 담화, 문법은 서로 다른 추상적 개념의 수준에서 작동하는 서로 다른 종류의 현상으로, 문화는 텍스트보다 더 추상적이며, 텍스트를 구성하는 의미는 그것을 표현하는 단어보다 더 추상적이다. 이러한 층위 간의 관계를 SFL에서는 **실현**(realization)이라고 하며, 사회적 맥락은 일련의 절로 실현되는 텍스트에 의해서 실현된다. 실현은 소프트웨어를 통해서 하드웨어를 컴퓨터 화면에 이미지와 단어로 매핑하는 것과 같은 일종의 재-코딩이다. 생각해 볼 수 있는 또 다른 방법은 상징화이다. 상징화에 대한 하나의 예는 그림 1.3에 재현된 남아프리카공화국의 새로운 국기이다(이에 대해서는 9장에서 더 자세히 논의될 것이다). 이 국기는 빨간색, 흰색, 파란색, 검은색, 노란색, 녹색

의 여섯 가지 색상으로 왼쪽에서 오른쪽으로 수렴하는 'Y'자 모양으로 구성되어 있다. 남아프리카공화국 정부 웹사이트(www.polity.org.za/html)에 따르면 이 디자인은 다음과 같다:

... can be interpreted as the convergence of diverse elements within South African society, taking the road ahead in unity. The theme of convergence and unity ties in with the motto of the National Coat of Arms, 'Unity is Strength'
... 이 디자인은 남아프리카공화국 사회 내 다양한 요소들이 융합되어 화합하여 앞으로 나아가는 것으로 해석될 수 있다. 이 융합과 단결의 주제는 '단결은 권력이다'라는 국장(國章)의 모토와 연결된다.

그림 1.3 남아프리카공화국의 새로운 국기

공식 해석에 따르면 '개별 색상 또는 색상 조합은 사람마다 다른 의미를 갖기 때문에 어떤 색상에도 보편적인 상징성을 부여해서는 안 된다'고 경고하고 있다. 그러나 새로운 디자인의 국기에는 분명히 역사적으로 중요한 상징이 포함되어 있다. 빨강, 흰색, 파랑은 아파르트헤이트 이전 남아프리카공화국 국기의 색(영국 제복을 기준으로 함)이었고, 검정, 초록, 노랑은 Nelson Mandela가 수십 년간 반-아파르트헤이트 저항을 통해 정부로 이끈 아프리카 민족회의의 색이었다.

따라서 국기의 색은 '남아프리카공화국 사회 내의 다양한 요소'를 상징하고, 국기의 색이 모여 '통합의 길로 나아가는 것'을 상징하고 있다. 상징화는 실현의 중요한 측면이 되는데, 그 이유는 담화가 사회적 활동을 상징하고 부호화하는 것처럼 문법은 담화를 상징하고 부호화하기 때문이다. 실현의 개념은 '상징하기', '부호화하기', '표현하기', '드러내기' 등의 의미를 담고 있다.

남아프리카공화국 국기의 의미가 국기의 모양과 색상의 합보다 더 큰 것처럼, 담화도 그 안의 단어 선택들의 합보다 더 크고, 문화도 텍스트들의 합보다 더 크다. 예를 들어 다음은 뒤에서 살펴볼 이야기의 일부로 이야기의 화자인 Helena는 그녀의 첫사랑과의 이별에 대해 말하고 있다:

> Then one day he said he was going on a 'trip', 'We won't see each other again.., maybe never ever again.' I was torn to pieces,
> 그러던 어느 날 그는 '여행'을 떠난다고 말했다. '우리는 다시는 만나지 못할 거야... 어쩌면 영원히...'라고 말했다. 나는 산산조각이 났다.

마지막 절인 '나는 산산조각이 났다(*I was torn to pieces*)'는 Helena가 어떤 기분이었는지 말해 준다. 이것은 '만남'이라는 담화 국면4)을 통해 의미가 전개되는 방식으로, 그리고 그 만남을 '묘사'하고 '헤어지는' 것을 통해서도 Helena가 왜 속상했는지도 우리에게 알려준다. 각 절을 하나씩 살펴보면 어떤 일이 일어났는지 알 수 있고, 이것을 종합하면 각 절을 설명할 수 있다. 즉, 개별 절의 의미를 넘어서는 설명이 진행 중임을 알 수 있다.

텍스트와 문화도 동일하다. 아래에서 살펴볼 논증의 시작 부분에서 Desmond Tutu는 한 가지 질문을 던지고 그 의미에 대해 언급하고 있다:

> So is amnesty being given at the cost of justice being done? This is not a frivolous question, but a very serious issue, one which challenges the integrity of the entire Truth and Reconciliation process.
> 그렇다면 정의를 희생하면서까지 사면이 이루어지고 있는 것인가? 이것은 경솔한 질문이 아니라, 전체적인 진실과 화해 과정의 진실성에 도전하는 매우 심각한 문제이다.

그는 이어서 '아니오'라고 대답하는 이유를 제시하며, 앞서 비슷한 질문을 던졌는데, 이제 막 대답에 더 가까워지고 있다고 설명했다:

> Are the critics right: was the Truth and Reconciliation process immoral?
> 그 비판이 옳은가: 진실과 화해 과정이 비도덕적이라는 것인가?

---

4) [역자주] 담화 국면(discourse phases)은 담화 단계(discourse stages)와 함께 3장의 핵심 주제이다.

그러나 그의 질문에는 책의 앞뒤에 나오는 내용보다 더 많은 질문이 있다. 이 질문은 남아 프리카공화국의 전체 화해 과정과 그 과정에서 진실화해위원회가 수행한 역할의 핵심을 건 드리고 있다. Tutu의 책을 한 번 훑어보거나 진실화해위원회 웹사이트를 방문해 보면 알 수 있듯이 다양한 텍스트에서 이 질문을 제기하고 있다. 이 문제를 둘러싼 사회적 과정은 매우 복잡하며, 모든 종류의 담화와 다양한 이해관계가 얽혀 있다. 사회적 의미는 그것이 협상되는 개별 텍스트의 의미를 초월한다. Tutu가 *the entire Truth and Reconciliation process*라고 지칭하는 것은 우리가 전개되는 세계에서 탈-식민지의 에피소드로 인식하는 문화의 한 측면을 포함하는 고차원적인 의미이다.

대기능: 대인적, 관념적 그리고 텍스트적

사회적 맥락에서의 언어에 대한 SFL 모델은 우리가 언어를 사용하는 세 가지 일반적인 사회적 기능을 인식한다: (ⅰ) 사회적 관계를 맺기 위해; (ⅱ) 각자의 경험을 다른 사람에게 표현하기 위해; 그리고 (ⅲ) 관계 맺기와 표현을 의미 있는 텍스트 구조로 조직하기 위해. 이를 사회적 활동에서 언어의 **대기능**(metafunction)이라고 한다:

- 관계를 맺는 **대인적**(interpersonal) 대기능
- 경험을 표현하는 **관념적**(ideational) 대기능
- 텍스트를 조직하는 **텍스트적**(textual) 대기능

사회적 담화가 전개될 때 이 세 가지 기능이 서로 얽혀서 세 가지 사회적 기능을 동시에 달성할 수 있다. 다시 말해, 우리는 이 세 가지 관점 중 어느 관점에서든 담화를 바라볼 수 있으며, 서로 다른 의미 패턴에 의해 실현되는 서로 다른 기능을 식별할 수 있다.

이 책에서 각 장은 이러한 대기능 중 하나 또는 다른 기능을 수행하는 의미들의 집합을 고려한다. 이러한 의미들의 집합을 담화 시스템이라고 한다. 각 장의 이름은 해당 장에서 고려하는 특별한 담화 시스템의 이름이다. 이러한 담화 시스템은 표 1.1에서 대기능과 함께 그룹화되어 있으며, 이 표는 각 시스템의 일반적인 기능에 대한 간략한 개요도 제공한다.

장	담화 시스템	대기능
평가어	'태도를 교섭하기'	대인적
관념어	'경험을 표현하기'	관념적
접속어	'사건(들)을 연결하기'	관념적
식별어	'사람과 사물을 추적하기'	텍스트적
주기어	'정보의 흐름을 조직하기'	텍스트적
교섭어	'교환을 맺어가기(제정하기)'	대인적

1.3 장르

이 책에서 **장르**(genre)라는 용어는 다양한 유형의 사회적 맥락을 맺어가는 여러 유형의 텍스트를 지칭하는 데 사용한다. 어렸을 때 우리는 다양한 상황에서 다른 사람들과 상호작용할 때 일관된 의미 패턴에 참여함으로써 우리 문화의 전형적인 장르를 인식하고 구별하는 법을 배운다. 각 장르마다 의미의 패턴이 비교적 일관적이기 때문에 우리는 각 상황이 어떻게 전개될지 예측하고 그 안에서 어떻게 상호작용해야 하는지 배울 수 있다.

이러한 예측 가능한 의미 패턴은 이웃과 인사하거나 상점에서 물건을 살 때 사용하는 비교적 단순한 언어 자원부터 과학 보고서나 정치적 논쟁에서 발견할 수 있는 복잡한 의미까지 다양하다. 하지만 이렇게 복잡한 의미도 일관된 패턴에 속하기 때문에 각 장르가 어떻게 전개될지 인식하고 예측하여, 새로운 정보를 관리하고, 전략적으로 적절하게 상호작용할 수 있다.

어떤 문화권에서든 눈에 띄게 구별되는 장르의 수는 상당히 많을 수 있지만, 감당하기 불가능할 정도로 많은 것은 아니다. 현대 서구 문화에서 우리는 많은 다음과 같이 어느 정도 의미의 패턴이 예측가능한 구어 장르들을 들 수 있다. *인사말, 서비스 만남, 일상적인 대화, 논증, 전화 문의, 지시, 강의, 토론, 연극, 농담, 게임* 등; 그리고 이러한 각각의 일반적인 장르 유형 내에서 더 많은 구체적인 장르를 지정할 수도 있다. 이 책에서는 주로 문어 장르들을 살펴보고 그 명칭을 부여하고 설명할 것이다.

우리에게 장르는 단계적이고 목표 지향적인 사회적 과정이다. 사회적이라는 이유는 다른 사람들과 함께 장르에 참여하기 때문이고, 목표를 달성하기 위해 장르를 사용하므로 목표 지향적이며, 일반적으로 목표에 도달하는 데 몇 단계가 필요하므로 단계적이다. 이 책에서는 이야기하기(서사), 주장하기(논증), 제정하기(법률)의 세 가지 장르에 초점을 맞추고 있다. 이 글의 기본 구성을 파악할 수 있도록 여기에서 각 글의 단계를 간략하게 살펴보겠다. 담화

분석의 다섯 가지 가닥을 발전시키면서 우리는 그것들이 어떻게 구성되어 있는지 차례차례 더 자세히 살펴볼 것이다.

첫 번째는 Helena의 이야기 장르이다. 이 이야기 장르5)는 남아프리카공화국의 진실과 화해 과정의 일환으로 인권 침해자에 대한 사면을 주장한 Desmond Tutu의 저서 *No Future without Forgiveness*에 실린 내용이다. Tutu가 서사자를 소개하고 Helena는 시간 과 장소를 설정하여 이야기의 방향을 잡는다:

도입	My story begins in my late teenage years as a farm girl in the Bethlehem district of Eastern Free State. 내 이야기는 Eastern Free State의 Bethlehem 지역의 농장 소녀였던 10대 후반부터 시작된다.

그녀의 이야기는 우화, 비유, 가십과 관련된 일종의 교훈적인 이야기인 '일화(exemplum)'라 는 이야기 장르로 전개된다. 이 이야기의 사회적 목적은 문제가 되는 사건을 제시한 다음 청중을 위해 해석하고 관련된 사람들의 행동에 대해 논평하는 것이다. 이 이야기 유형은 일반적으로 문제를 제시하고 주인공이 이를 해결하는 '서사' 이야기 유형과 대조된다. 일화 는 기본적으로 **도입**, **사건**, **해석**의 단계(stages)로 구성된다.6)

Helena의 이야기에는 두 개의 **사건** 단계가 있다. 첫 번째 **사건**은 그녀의 첫사랑에 대한 것이고, 두 번째 **사건**은 그녀의 두 번째 사랑에 관한 것이다. 각 **사건**은 기본적으로 동일한 세 국면으로 구성되어 있다. 먼저 Helena는 사랑하는 사람을 만나고, 그가 비밀 경찰 작전에 투입되면서 그와 Helena는 부정적 여파에 직면하게 된다. 이 구조는 각 국면에 첫 번째 절을 포함하여 다음과 같이 요약된다:

사건 1

'사랑에 빠짐'   *As an eighteen-year-old, I met a young man ..,*
　　　　　　　열여덟 살 때, 나는 한 청년을 만났다...

'진행' *Then one day he said he was going on a 'trip'.*
그러던 어느 날 그는 '여행'을 떠난다고 말했다.
'부정적 여파' *More than a year ago, I met my first love again*
1년보다 더 전, 첫사랑을 다시 만났다.

사건 2
'사랑에 빠짐' *After my unsuccessful marriage, I met another policeman.*
결혼에 실패한 후, 다른 경찰관을 만났다.
'진행' *Then he says: He and three of our friends have been promoted.*
그리고 그는 이렇게 말한다. 자신과 친구 세 명이 승진했다.
'부정적 여파' *After about three years with the special forces, our hell began.*
특수부대에 입대한 지 약 3년이 지나자 지옥이 시작됐다.

그런 다음 Helena는 이러한 사건의 의미를 해석하기 시작하는데, 이 **해석** 단계는 세 개의 국면을 거친다. 첫 번째 국면에서는 '윗선'의 명령에 따라 남성이 저지른 범죄에 대해 새롭게 알게 된 사실을 개괄한다; 두 번째 국면에서는 남아프리카공화국 흑인들의 투쟁을 이해하고 공감하며, 세 번째 국면에서는 동족의 비겁한 지도자들을 고발한다:

해석
'지식' *Today I know the answer to all my questions and heartache.*
오늘 나는 내 모든 의문과 고민에 대한 답을 알았다.
'흑인 투쟁' *I finally understand what the struggle was really about.*
마침내 투쟁의 진정한 의미를 이해하게 되었다.
'백인의 죄' *What do we have? Our leaders are too holy and innocent.*
우리는 무엇을 가지고 있는가? 우리 지도자들은 너무 거룩하고 순수하다.

아래의 **해석**에서, Helena는 **결말**(Coda)로 '버려진 독수리'의 처벌에 대한 관점을 인용하며 이야기를 마친다:

결말 *I end with a few lines that my wasted vulture said to me*
내 버려진 독수리7)가 나에게 했던 몇 마디로 마무리하겠다.

---

7) [역자주] 남아프리카 공화국에서 독극물에 의해 멸종되어 가는 독수리 떼를 말함. 사랑했던 남자가 누군가의 명령을 수행했다가 비참하게 버려지는 상황을 은유하는 것 같다.

각 장르의 단계는 비교적 안정적인 조직 구성 요소로, 예를 들면 이것은 어떤 일화의 **도입**, **사건** 및 **해석** 단계와 같이 그 장르 안에서 사례와 이어지는 다음 사례로, 어떤 형태로든 인식될 수 있다. 이러한 단계들은 텍스트 수준에서 담화를 조직하기 위한 이 문화의 기본 자원 중 일부이며, 우리는 각 단계의 첫글자에 대문자를 사용하여 라벨을 붙이겠다. 그러나 각 단계 내의 국면은 훨씬 더 다양하며, Helena의 이야기에서처럼 특별한 텍스트에 고유한 국면이 있을 수 있으므로 따옴표를 사용하여 개념적으로 라벨을 붙이겠다. Helena의 이야기 는 아래와 같이 단계와 국면이 표시되어 있다:

도입

My story begins in my late teenage years as a farm girl in the Bethlehem district of Eastern Free State.
나의 이야기는 Eastern Free State의 Bethlehem 지역의 농장 소녀였던 10대 후반부터 시작된다.

사건 1
'사랑에 빠짐'
As an eighteen-year-old, I met a young man in his twenties. He was working in a top security structure. It was the beginning of a beautiful relationship. We even spoke about marriage. A bubbly, vivacious man who beamed out wild energy. Sharply intelligent. Even if he was an Englishman, he was popular with all the 'Boer' Afrikaners And all my girlfriends envied me.
열여덟 살 때 나는 20대의 한 청년을 만났다. 그는 일급 보안 조직에서 일하고 있었고 그것은 아름다운 관계의 시작이었다. 우리는 결혼에 대해서도 이야기했다. 활기차고 발랄한 그는 야성 적인 에너지를 뿜어냈다. 매우 총명했다. 그는 영국인이었지만 아프리카계 '보어인'들에게 인기 가 많았다. 내 친구들은 모두 나를 부러워했다.

'진행'
Then one day he said he was going on a 'trip'. 'We won't see each other again .. maybe never ever again.' I was torn to pieces. So was he. An extremely short marriage to someone else failed all because I married to forget.
그러던 어느 날 그는 '여행'을 간다고 했다. '우리는 다시는 서로를 만나지 못할 거야. 어쩌면 영원히 다시는…' 나는 산산조각이 났다. 그도 마찬가지였다. 다른 사람과의 매우 짧은 결혼 생활이 모두 실패로 끝난 이유는 그를 잊기 위한 결혼이었기 때문이다.

'부정적 여파'
More than a year ago, I met my first love again through a good friend. I was to learn for the first time that he had been operating overseas and that he was going to ask for amnesty. I can't explain the pain and bitterness in me when I saw what was left

of that beautiful, big, strong person. He had only one desire that - the truth must come out. Amnesty didn't matter. It was only a means to the truth.

1년보다 좀 더 전, 나는 친한 친구를 통해 첫사랑을 다시 만났다. 그가 해외에서 활동 중이라는 사실과 사면을 요청할 예정이라는 사실을 처음 알게 되었다. 그 아름답고 크고 강인했던 사람의 무너진 모습을 보았을 때의 고통과 괴로움은 말로 다 표현할 수 없었다. 그에게는 진실이 밝혀져야 한다는 단 한 가지 소망이 있었다. 사면은 중요하지 않았다. 그것은 진실에 이르는 수단일 뿐이었다.

사건 2

'사랑에 빠짐'

After my unsuccessful marriage, I met another policeman, Not quite my first love, but an exceptional person. Very special. Once again a bubbly, charming personality. Humorous, grumpy, everything in its time and place.

결혼에 실패한 후 다른 경찰관을 만났는데, 첫사랑만큼은 아니었지만 아주 뛰어난 사람이었다. 아주 특별했다. 다시 한번 활기차고 매력적인 성격. 유머러스하고, 심술궂고, 모든 것이 알맞았다.

'진행'

Then he says: He and three of our friends have been promoted. 'We're moving to a special unit. Now. now my darling. We are real policemen now.' We were ecstatic. We even celebrated. He and his friends would visit regularly. They even stayed over for long periods. Suddenly, at strange times, they would become restless. Abruptly mutter the feared word 'trip' and drive off. I ... as a loved one ... knew no other life than that of worry, sleeplessness, anxiety about his safety and where they could be. We simply had to be satisfied with: 'What you don't know, can't hurt you.' And all that we as loved ones knew... was what we saw with our own eyes.

'그와 친구 세 명이 진급했고 그는 이렇게 말했다: '우리는 특수 부대로 이동해. 지금, 지금 내 사랑. 우린 이제 진짜 경찰이야.' 우리는 황홀했다. 우리는 심지어 축하 파티도 열었다. 그와 그의 친구들은 정기적으로 방문했다. 그들은 심지어 장기간 머물기도 했다. 그런데 갑자기 그들이 안절부절못하는 이상한 시간들이 생겼다. 불쑥 '여행'이라는 무서운 단어를 중얼거리며 차를 몰고 떠나곤 했다. 나는 ... 사랑하는 사람으로서... 걱정, 불면, 안전에 대한 불안, 그리고 그들이 어디에 있을지에 대한 불안 외에는 그 어떠한 것도 알 수 없었다. 우리는 그저 '당신이 모르는 것은 당신을 해칠 수 없다'는 말로 만족해야 했다. 그리고 사랑하는 사람으로서 우리가 아는 것은... 우리 눈으로 직접 본 것뿐이었다.

'부정적 여파'

After about three years with the special forces, our hell began. He became very quiet. Withdrawn. Sometimes he would just press his face into his hands and shake uncontrollably. I realized he was drinking too much. Instead of resting at night, he would wander from window to window. He tried to hide his wild consuming fear, but I saw it. In the early hours of the morning between two and half-past-two, I jolt awake from his rushed breathing. Rolls this way, that side of the bed. He's pale. Ice cold in a sweltering night - sopping wet with sweat. Eyes bewildered, but dull like the dead. And the shakes. The terrible convulsions and blood-curdling shrieks of fear and pain from the bottom of his soul. Sometimes he sits motionless, just staring in front of him. I never understood. I never knew. Never realised what was being shoved down his throat during the 'trips'. I just went through hell. Praying, pleading: 'God, what's happening? what's wrong with him? Could he have changed so much? Is he going mad? I can't handle the man anymore! But, I can't get out. He's going to haunt me for the rest of my life if I leave him. Why, God?'

특수부대에 입대한 지 약 3년이 지나자 우리의 지옥이 시작됐다. 그는 매우 조용해졌다. 집안에 틀어박혔다. 가끔 그는 자신의 얼굴을 손으로 감싸고 걷잡을 수 없이 떨기도 했다. 나는 그가 술을 너무 많이 마신다는 것을 깨달았다. 그는 밤에 쉬는 대신 창문에서 창문을 오가며 방황했다. 그는 거칠고 강렬한 두려움을 숨기려 했지만 나는 보고 말았다. 나는 새벽 2시 반에서 3시 반 사이, 그의 가쁜 숨소리에 잠에서 깼다. 그는 침대 이쪽저쪽으로 굴러다녔다. 그는 창백했다. 무더운 밤에 얼음장처럼 차갑고 땀으로 흠뻑 젖어 있었다. 죽은 사람처럼 멍한 눈동자, 그리고 떨림. 끔찍한 경련과 소름끼치는 공포와 고통의 비명소리가 그의 영혼의 밑바닥에서 울려 퍼졌다. 때때로 그는 움직이지 않고 앉아서 앞을 응시했다. 나는 결코 이해하지 못했다. 정말 몰랐다. '여행'을 하는 동안 그의 목구멍으로 무엇이 밀려 들어왔는지 전혀 깨닫지 못했다. 나는 방금 지옥을 겪었다. 기도하고 간청했다: '하나님, 무슨 일이에요? 그에게 무슨 문제가 있나요? 그가 그렇게 많이 변할 수 있나요? 미쳐가는 건가요? 더 이상 이 남자를 감당할 수 없어요! 하지만 빠져나올 수가 없어요. 내가 그를 떠나면 평생 나를 따라올 거예요. 왜, 신이시여?'

해석

'지식'

Today I know the answer to all my questions and heartache. I know where everything began, the background. The role of 'those at the top', the 'cliques' and 'our men' who simply had to carry out their bloody orders... like 'vultures'. And today they all wash their hands in innocence and resist the realities of the Truth Commission. Yes, I stand by my murderer who let me and the old White South Africa sleep peacefully. Warmly, while 'those at the top' were again targeting the next 'permanent removal from society' for the vultures.

오늘날 나는 내 모든 의문과 고민에 대한 답을 안다. 모든 것이 어디서 시작되었는지, 그 배경을 알게 되었다. '윗선'과 '파벌', 그리고 '우리 사람들'의 역할, 즉 '독수리'처럼 그들의 피비린내 나는 명령을 수행해야만 했던, ... 그리고 오늘날 그들은 모두 결백을 주장하며 진실위원회의 현실에 저항하고 있다. 그렇다, 나는 나와 옛 백인 남아프리카를 평화롭게 잠들게 한 살인자의 편에 서 있다. 따뜻하게도, '윗선'은 다시 독수리들에게 다음 '사회에서 영구 퇴출 대상'이 되라고 명령하고 있다.

'흑인 투쟁'

I finally understand what the struggle was really about. I would have done the same had I been denied everything. If my life, that of my children and my parents was strangled with legislation. If I had to watch how white people became dissatisfied with the best and still wanted better and got it. I envy and respect the people of the struggle - at least their leaders have the guts to stand by their vultures, to recognise their sacrifices.

나는 마침내 그 투쟁의 진정한 의미를 이해하게 되었다. 모든 것이 거부당했다면 나도 똑같이 행동했을 것이다. 만약 나와 내 아이들과 부모님의 삶이 법령으로 인해 목이 졸린다면. 만약 백인들이 최고에 만족하지 않고 더 나은 것을 원하고 그것을 얻는 과정을 지켜봐야만 했다면. 나는 투쟁하는 사람들이 부럽고 존경스럽다. 적어도 그들의 지도자들은 그들의 희생을 인정하고 독수리 편에 설 수 있는 배짱을 가지고 있기 때문이다.

'백인의 죄'

What do we have? Our leaders are too holy and innocent. And faceless. I can understand if Mr F. W. de Klerk says he didn't know, but dammit, there must be a clique, there must have been someone out there who is still alive and who can give a face to 'the orders from above' for all the operations. Dammit! What else can this abnormal life be than a cruel human rights violation? Spiritual murder is more inhumane than a messy, physical murder. At least a murder victim rests. I wish I had the power to make those poor wasted people whole again. I wish I could wipe the old South Africa out of everyone's past.

우리에겐 무엇이 있는가? 우리 지도자들은 너무 거룩하고 결백하여 체면조차 없다. 만약 F. W. de Klerk가 몰랐다고 말한다면 이해할 수 있지만, 젠장, 분명 파벌이 있을 것이다. 아직 살아 있고 모든 작전에 대한 '윗선의 명령'에 얼굴을 내미는 누군가가 있을 것이다. 젠장! 잔인한 인권 침해보다 무엇이 더 이처럼 비정상적인 삶일 수 있을까? 정신적 살인은 지저분한 육체적 살인보다 더 비인간적이다. 적어도 살인 피해자는 편히 쉴 수 있다. 저 불쌍한 사람들을 다시 온전하게 만들 수 있는 힘이 내게 있었으면 좋겠다. 모든 사람의 과거에서 옛 남아프리카공화국을 지워버 릴 수 있다면 좋겠다.

결말

I end with a few lines that my wasted vulture said to me one night: 'They can give me amnesty a thousand times. Even if God and everyone else forgives me a thousand times - I have to live with this hell. The problem is in my head, my conscience. There is only one way to be free of it. Blow my brains out. Because that's where my hell is.' (Tutu 1999: 49-51)

어느 날 밤 내 버려진 독수리가 나에게 했던 몇 마디로 마무리하겠다. '그들은 저에게 천 번도 더 사면을 줄 수 있습니다. 하나님과 다른 사람들이 저를 천 번 용서해도 저는 이 지옥과 함께 살아야 합니다. 문제는 제 머릿속, 제 양심에 있습니다. 그것에서 벗어나는 방법은 단 하나뿐입니다. 제 머리를 날려버리는 겁니다. 그곳이 제 지옥이니까요.' (Tutu 1999: 49-51)

다음은 주장하기(논증)(Argument) 장르에 관한 것이다. Tutu의 글은 '논술(exposition)'이라는 주장하기 장르 중 하나이다. '논술'은 기본 단계인 **논제**(thesis)와 그것을 지지하는 **논증들**(supporting argument)로 구성된다. 이 글의 사회적 목적은 청중을 필자의 관점, 즉 '논제'로 설득하는 것이다. '논술'은 두 명 또는 그 이상의 청중이 참여하는 두 가지 이상의 관점이 제시되며 한 관점이 다른 관점보다 우위에 있다고 주장하는 '토론(discussion)'이라고 알려진 주장하기 장르와 대조된다.8)

이 설명에서 Tutu는 사면이 정당한지에 대해 토론한다. 처음에 그는 일반적인 방식으로 **논제**를 제시하는 대신 다음과 같은 질문으로 문제를 제기한다.

논제	*So is amnesty being given at the cost of justice being done?* *그렇다면 정의를 희생하면서까지 사면이 이루어지고 있는 것인가?*

그는 그런 다음 대답이 'No'인 이유에 대해 세 가지 **논증**을 전개한다. 이 세 가지 **논증**은 각각 두 국면으로 구성된다. 첫 번째 국면에서 Tutu는 자신이 주장하는 '근거'를 제시하고, 두 번째 국면에서는 이 근거를 바탕으로 '결론'에 도달한다. Tutu는 연결어 also와 further를 사용하여 한 **논증**에서 다음 **논증**으로 우리를 안내하며, 각 결론은 연결어 thus와 함께 소개된다. 이러한 연결어는 아래에 밑줄이 그어져 있다:

논증 1	*The Act required that where the offence is a gross violation* 이 법령은 위반이 중대한 위반인 경우 다음과 같이 규정하고 있다.
'근거'	*the application should be dealt with in a public hearing* 신청은 공청회에서 다루어져야 한다.
'결론'	*<u>Thus</u> there is the penalty of public exposure and humiliation* 따라서 공개적인 노출과 굴욕감의 불이익이 있다.

---

8) [역자주] 논증이라고도 함. 논증에는 '논술'과 '토론'의 하위 장르가 있다. 이 책 맨 뒤 [부록 2]의 '공통 장르의 개요'를 보라.

논증 2	*It is <u>also</u> not true that ... amnesty encourages impunity*
	사면이 면죄부를 조장한다는 것도 사실이 아니다.
'근거'	*because amnesty is only given to those who plead guilty*
	사면은 유죄를 인정한 자에게만 주어지기 때문이다.
'결론'	*<u>Thus</u> the process in fact encourages accountability*
	따라서 이 과정은 실제로 책임감을 장려한다.
논증 3	*<u>Further</u>, retributive justice... is not the only form of justice*
	또한 응보적 정의가 정의의 유일한 형태는 아니다
'근거'	*there is another kind of justice, restorative Justice,*
	또 다른 종류의 정의, 회복적 정의가 있다,
'결론'	*<u>Thus</u> we would claim that... justice is being served*
	따라서 우리는... 정의가 실현되고 있다고 주장할 수 있다.

Tutu의 원문에서 Helena의 이야기는 첫 번째 **논증**에 이어 결론을 뒷받침하며, 전체 설명은 더 긴 토론의 일부이다(8장과 9장에서 담화에서 장르가 어떻게 결합하는지에 대해 다시 다룰 것이다):

논제

So is amnesty being given at the cost of justice being done? This is not a frivolous question, but a very serious issue, one which challenges the integrity of the entire Truth and Reconciliation process.
그렇다면 정의를 희생하면서까지 사면이 이루어지고 있는 것인가? 이것은 경솔한 질문이 아니라 진실과 화해의 과정 전체의 완결성에 도전하는 매우 심각한 문제이다.

논증 1
'근거'

The Act required that where the offence is a gross violation of human rights - defined as an abduction, killing, torture or severe ill-treatment - the application should be dealt, with in a public hearing unless such a hearing was likely to lead to a miscarriage of justice (for instance, where witnesses were too intimidated to testify in open session), In fact, virtually all the important applications to the Commission have been considered in public in the full glare of television lights.
이 법령은 위법 행위가 납치, 살인, 고문 또는 심각한 학대로 정의되는 중대한 인권 침해인 경우, 일부 공청회가 오심으로 이어질 가능성이 있는 경우(예: 증인이 너무 겁에 질려 공개회의에서 증언할 수 없는 경우)를 제외하고는 해당 신청은 공청회에서 처리하도록 규정하고 있으며, 실제로 위원회에 제출된 거의 모든 중요한 신청은 텔레비전 조명이 비추는 가운데 공개적으로 고려되어 왔다.

Thus there is the penalty of public exposure and humiliation for the perpetrator. Many of those in the security forces who have come forward had previously been regarded as respectable members of their communities. It was often the very first time that their communities and even sometimes their families heard that these people were, for instance, actually members of death squads or regular torturers of detainees in their custody. For some it has been so traumatic that marriages have broken up. That is quite a price to pay.

따라서 가해자에게는 공개적인 노출과 굴욕이라는 불이익이 있다. 지금까지 자수한 방위군 중 상당수는 이전에는 그들의 커뮤니티에서 존경받는 구성원으로 여겨지던 사람들이었다. 때때로 그들의 커뮤니티와 심지어는 가족들조차도, 예를 들어, 이들이 실제로는 사형집행반의 일원이거나 구금된 수감자들을 상습적으로 고문했다는 사실을 처음 듣는 경우가 많았다. 일부 사람들은 결혼 생활이 파탄날 정도로 큰 충격을 받았다. 이는 엄청난 대가를 지불해야 할 것이다.

(The South Africa Broadcasting Corporation's radio team covering the Truth and Reconciliation Commission received a letter from a woman calling herself Helena (she wanted to remain anonymous for fear of reprisals) who lived in the eastern province of Mpumalanga. They broadcast substantial extracts.)

(진실화해위원회를 취재하는 남아프리카방송국 라디오 팀은 Mpumalanga 동부 지방에 사는 Helena(이 여성은 보복이 두려워 익명을 원했다)라는 여성으로부터 한 통의 편지를 받았다. 그들은 편지의 상당한 부분을 발췌해 방송했다.)

논증 2
'근거'

It is also not true that the granting of amnesty encourages impunity in the sense that perpetrators can escape completely the consequences of their actions, because amnesty is only given to those who plead guilty, who accept responsibility for what they have done. Amnesty is not given to innocent peopie or to those who claim to be innocent. It was on precisely this point that amnesty was refused to the police officers who applied for it for their part in the death of Steve Biko. They denied that they had committed a crime, claiming that they had assaulted him only in retaliation for his inexplicable conduct in attacking them.

사면은 유죄를 인정하고 자신이 저지른 일에 대한 책임을 인정하는 사람에게만 주어지기 때문에 사면이 가해자가 자신의 행동에 따른 결과를 완전히 피할 수 있다는 의미에서 면죄부를 조장한다는 주장도 사실이 아니다. 사면은 무고한 사람이나 무죄를 주장하는 사람에게는 주어지지 않는다. Steve Biko의 죽음에 연루되어 사면을 신청한 경찰관들에게 사면이 거부된 것도 바로 이 점 때문이었다. 그들은 자신들이 범죄를 저질렀다는 사실을 부인했으며, 단지 자신들을 공격한 Biko의 이해할 수 없는 행동에 대한 보복으로 그를 폭행했을 뿐이라고 주장했다.

'결론'

Thus the process in fact encourages accountability rather than the opposite. It supports the new culture of respect for human rights and acknowledgment of responsibility and accountability by which the new democracy wishes to be characterised. It is important to note too that the amnesty provision is an ad hoc arrangement meant for this specific purpose. This is not how justice is to be administered in South Africa for ever. It is for a limited and definite period and purpose.

따라서 이 과정은 사실 책무감을 장려한다. 그 반대가 아니다. 이는 새로운 민주주의의 특징이 되고자 하는 인권 존중과 책임감과 책무감을 인정하는 새로운 문화를 지지한다. 사면 조항은 이러한 특정 목적을 위한 임시 조치라는 점에 유의하는 것도 중요하다. 사면은 남아프리카에서 정의를 영원히 집행하는 방식이 되어서는 안 된다. 사면은 제한적이고 명확한 기간과 목적을 위한 것이다.

논증 3

'근거'

Further, retributive justice - in which an impersonal state hands down punishment with little consideration for victims and hardly any for the perpetrator - is not the only form of justice. I contend that there is another kind of justice, restorative justice, which is characteristic of traditional African jurisprudence. Here the central concern is not retribution or punishment but, in the spirit of *ubuntu*, the healing of breaches, the redressing of imbalances, the restoration of broken relationships. This kind of justice seeks to rehabilitate both the victim and the perpetrator, who should be given the opportunity to be reintegrated into the community he or she has injured by his or her offence. This is a far more personal approach, which sees the offence as something that has happened to people and whose consequence is a rupture in relationships.

게다가, 비인격적인 국가가 피해자에 대한 배려나 가해자에 대한 고려 없이 처벌을 내리는 응보적 정의만이 정의의 유일한 형태는 아니다. 나는 아프리카 전통 법학의 특징인 회복적 정의라는 또 다른 종류의 정의가 있다고 주장한다. 여기서 중심 관심사는 보복이나 처벌이 아니라 *ubuntu* 의 정신에 따라 관계 단절을 치유하고 불균형을 바로잡고 깨어진 관계를 회복하는 것이다. 이러한 정의는 피해자와 가해자 모두의 재활을 추구하며, 가해자는 자신의 범죄로 인해 상처를 입은 커뮤니티에 다시 통합될 수 있는 기회를 제공받아야 한다. 이는 훨씬 더 개인적인 접근 방식으로, 범죄를 사람들에게 일어난 일로 보고 그 결과로 관계의 결렬을 초래하는 것으로 간주한다.

'결론'

Thus we would claim that justice, restorative justice, is being served when efforts are being made to work for healing, for forgiveness and for reconciliation. (Tutu 1999: 48-52)

따라서 우리는 치유와 용서, 그리고 화해를 위해 노력할 때 정의, 즉 회복적 정의가 실현되고 있다고 주장할 수 있다. (Tutu 1999: 48-52)

마지막으로, 제정하기(Legislation) 장르에 관한 것이다. 여기서는 우리는 진실화해위원회 설립에 관한 의회법을 선택했다. 이는 다음 장들을 포함하여 훨씬 더 긴 텍스트이다:

1　Interpretation and application(해석과 적용)
2　Truth and Reconciliation Commission(진실화해위원회)
3　Investigation of human rights violations(인권 침해 실태조사)
4　Amnesty mechanisms and procedures(사면 메커니즘과 절차)
5　Reparation and rehabilitation of victims(피해자에 대한 배상과 재활)
6　Investigations and hearings by Commission(위원회에 의한 조사 및 청문회)
7　General provisions(일반 규정)

이 장들은 더 작은 절들과 하위-절들로 나뉘어져 있으며, 여기서는 넘어가겠다. 그러나 각 장으로 들어가기 전에 이 법령은 9가지 '목적'을 개괄적으로 설명하고, 그다음에는 법 제정에 대한 6가지 헌법적 '동기'를 검토하며, 각 동기는 대문자로 전경화된 인과적 연결어 *since*로 소개된다. 여기서는 목적과 동기의 단계만 제시하고 나머지 장은 부록으로 넘기겠다9):

PROMOTION OF NATIONAL UNITY AND RECONCILIATION ACT, 1995.
국민통합과 화해 촉진에 관한 법령, 1995.
It is hereby notified that the President has assented to the following Act which is hereby published for general information:~
다음 법령이 대통령의 승인을 받아 일반 공지를 위해 공포되었음을 알린다:~

'목적'
To provide for the investigation and the establishment of as complete a picture as possible of the nature, causes and extent of gross violations of human rights...;
중대한 인권 침해의 성격, 원인 및 범위에 대한 가능한 한 완전한 상황을 조사하고 확립을 제공한다...;
the granting of amnesty to persons who make full disclosure of ail the relevant facts...;
관련 사실을 완전히 공개하는 사람에게 사면을 부여하며...;
affording victims an opportunity to relate the violations they suffered;
피해자들이 자신이 겪은 침해에 대해 말할 수 있는 기회를 제공하고;
the taking of measures aimed at the granting of reparation... ;
배상 및 재활 조치를 취하며...;

---

9) 전체 내용은 이 책 맨 뒤 [부록 1]에 있다.

reporting to the Nation about such violations and victims;

그러한 침해와 피해자에 대해 국민에게 보고하고;

the making of recommendations aimed at the prevention of the commission of gross violations of human rights;

중대한 인권 침해 행위의 재발 방지를 목표로 하는 권고안을 제시하며;

and for the said purposes to provide for the establishment of a Truth and Reconciliation Commission, a Committee on Human Rights Violations, a Committee on Amnesty and a Committee on Reparation and Rehabilitation;

이를 위해 진실과 화해 위원회, 인권 침해 위원회, 사면 위원회, 배상 및 재활 위원회를 설립하고;

and to confer certain powers on, assign certain functions to and impose certain duties upon that Commission and those Committees;

그 위원회와 위원회에 특정 권한을 부여하며, 특정 기능을 할당하고 의무를 부과하기 위한 법령이다;

and to provide for matters connected therewith.

이와 관련된 사항을 규정하기 위해.

'동기'

SINCE the Constitution of the Republic of South Africa, 1993 (Act No. 200 of 1993), provides a historic bridge between the past of a deeply divided society characterised by strife, conflict, untold suffering and injustice, and a future founded on the recognition of human rights, democracy and peaceful co-existence for all South Africans, irrespective of colour, race, class, belief or sex;

1993년 남아프리카공화국 헌법(1993년 법령 제200호)은 분쟁과 갈등, 말로 표현할 수 없는 고통과 불의로 특징지어지는 깊이 분열된 사회의 과거와 피부색, 인종, 계급, 신념, 성별에 관계 없이 모든 남아프리카인의 인권, 민주주의, 평화적 공존을 인정하는 것을 기반으로 하는 미래 사이의 역사적인 가교 역할을 제공하기 때문이다;

AND SINCE it is deemed necessary to establish the truth in relation to past events as well as the motives for and circumstances in which gross violations of human rights have occurred, and to make the findings known in order to prevent a repetition of such acts in future;

그리고 과거 사건과 관련하여 중대한 인권 침해가 발생한 동기 및 경위와 관련된 진실을 규명하고 향후 그러한 행위의 반복을 방지하기 위해 그 결과를 알릴 필요가 있다고 판단되기 때문이다;

AND SINCE the Constitution states that the pursuit of national unity, the well-being of all South African citizens and peace require reconciliation between the people of South Africa and the reconstruction of society;

그리고 헌법에 따르면 국가 통합, 모든 남아공 시민의 안녕과 평화를 추구하려면 남아공 국민 간의 화해와 사회 재건이 필요하다고 명시되어 있기 때문이다;

AND SINCE the Constitution states that there is a need for understanding but not for

vengeance, a need for reparation but not for retaliation, a need for ubuntu but not
for victimization;
그리고 헌법에 따르면 이해는 필요하지만 복수는 안 되고, 배상은 필요하지만 보복은 안 되며,
ubuntu는 필요하지만 희생은 안 된다고 명시되어 있기 때문이다;
AND SINCE the Constitution states that in order to advance such reconciliation and
reconstruction amnesty shall be granted in respect of acts, omissions and offences as-
sociated with political objectives committed in the course of the conflicts of the past;
그리고 헌법은 이러한 화해와 재건을 진전시키기 위해 과거의 분쟁 과정에서 저지른 정치적
목적과 관련된 행위, 부작위 및 범죄에 대해 사면을 부여해야 한다고 명시하고 있기 때문이다;
AND SINCE the Constitution provides that Parliament shall under the Constitution
adopt a law which determines a firm cut-off date, which shall be a date after 8 October
1990 and before the cut-off date envisaged in the Constitution, and providing for the
mechanisms, criteria and procedures, including tribunals, if any, through which such
amnesty' shall be dealt with;
그리고 헌법에서 의회는 헌법에 따라 1990년 10월 8일 이후부터 헌법에 규정된 시한일 이전에
확정된 시한일을 결정하는 법령을 채택하고, 그러한 사면을 처리할 메커니즘, 기준 및 절차(만약
있다면 재판소를 포함하여)를 규정해야 한다고 규정하고 있기 때문이다;

BE IT THEREFORE ENACTED by the Parliament of the Republic of South Africa, as fol-
lows:... (Office of the President of South Africa 1995)
이에 남아프리카공화국 의회는 다음과 같이 제정한다:... (1995년 남아프리카 공화국 대통령실)

이어지는 장들에서는 법령의 '조항'을 상세히 설명하고 있는데, 이는 그 자체로 '정의'와
'실제 조항'으로 구분할 수 있다. 따라서 법령의 전체적인 구조는 다음과 같이 목적, 동기,
조항 순으로 구성된다. 이는 이 장르에서 일반화할 수 있는 단계가 아닐 수도 있기 때문에
우리는 이들을 인용부호로 표시했다.

'목적'
'동기'
'조항'
　　　정의
　　　실제 조항

1.4 언어, 권력 그리고 이데올로기

우리의 관점에서 이데올로기와 권력은 언어와 문화의 전체 집합을 관통하며, 사람들을 사회적 맥락 안에 크고 작은 권력으로 위치시키고, 의미를 맺기 위한 자원에 대한 접근을 열거나 좁힌다. 물론 한 언어를 구사하는 모든 사람들은 어느 정도까지는 동일한 범위의 의미를 만드는 자원을 공유하지만, 균등하게 분포되지 않은 특정한 의미의 다양성도 있다. 여기에는 과학, 정부, 교육 등 현대 사회 기관의 문어적 담화에 참여하기 위한 자원이 포함된다. SFL의 중요한 작업 중 하나는 담화 분석에 기반한 문해력 교육을 통해 이러한 담화에 접근할 수 있도록 하는 것이었다. 또 다른 분류 기준은 세대, 성별, 계급, 장애 그리고 인종에 따라 의미에 대한 접근이 불균등하게 분포되는 원리를 조사하는 것이었다.

아주 최근까지 인종에 따른 이념적 분열의 가장 극명한 사례는 남아프리카의 아파르트헤이트였을 것이다. 오랜 투쟁 끝에 남아프리카의 흑인들은 마침내 총알이 아닌 말로 아파르트헤이트 정권을 무너뜨렸다. 그들은 정부, 다국적 기업, 그리고 남아프리카의 백인 통치자들에게 아파르트헤이트는 용납할 수 없고 지속할 수 없다는 점을 설득하는 데 성공했다. 오늘날 그들은 국가가 주도하는 인종적 증오, 대규모 인권 침해, 국민 대다수의 빈곤으로 인해 발생한 깊은 균열을 치유하기 위한 장기 프로그램에 착수했다. 이 과정은 부분적으로 진실화해위원회로 제도화되었으며, 여기에서 우리의 텍스트를 가져왔다.

이러한 용어들로 표현하자면 아파르트헤이트에 대한 승리는 옳고 그름, 선이 악을 이기는 단순한 승리처럼 보인다. 하지만 모든 것이 그렇듯이 사회적 갈등은 그렇게 단순하지 않다. 남아프리카인들이 이를 증명할 수 있다. 논쟁의 여지가 있는 문제에는 일반적으로 다양한 측면이 있고, 다양한 그룹이 여러 입장을 취한다. 여러 그룹의 목소리는 우리가 이 책에서 분석하는 텍스트에서 여러 미묘한 방법으로 논쟁하거나 찬반하는 목소리로 들릴 수 있다. 각 장에서 개괄적으로 설명하는 담화 분석을 통해 이러한 목소리들은 텍스트화된 의미의 패턴에서 분명하고 명시적으로 드러날 수 있다. 우리는 언어와 이데올로기에 대한 문제를 9장에서 다시 다룰 것이다.

1.5 이 책의 구성 방법

이 책의 각 장은 텍스트로서 의미를 만드는 데 필요한 핵심 자원 6가지를 중심으로 구성되어 있다. 이 자원들은 논의된 장의 순서대로 설명되어 있다.

평가어(Appraisal)는 텍스트에서 교섭되는 태도의 종류, 관련된 감정의 강도, 그리고 평가값의 출처가 어디인지 독자들이 어떻게 조율되는지와 같은 평가하기를 다룬다. 평가어는 텍스트에서 사회적 관계를 맺는 사회적 상호작용의 테너10) 안에서 여러 변인을 실현시키는 대인적 의미의 한 종류이다. 우리는 문어적 담화를 포함한 담화의 상호작용성을 드러내기 위해 평가어부터 시작하겠다.

관념어(Ideation)는 담화의 내용에 중점을 둔다. 어떤 종류의 활동이 수행되고 있는지, 그리고 이러한 활동을 수행하는 참여자들이 어떻게 묘사되고 분류되는지에 관련이 있다. 이것은 어떤 텍스트의 의미 영역을 실현하는 관념적인 종류의 의미를 말한다.

접속어(Conjunction)는 활동들 사이의 상호 연결을 살펴본다. 활동들을 재구성하거나 이에 추가하거나 순서를 정하거나 설명하는 등의 작업이 포함된다. 이들은 관념적 유형 중 '논리적' 유형의 하나이다. 논리적 의미는 시간적, 인과적 그리고 다른 종류의 연결성을 형성하는 데 사용된다.

식별어(Identification)는 참여자들을 추적하는 것과 관련이 있다. 어떤 담화 안에서 사람, 장소, 사물을 소개하고 한 번 소개된 것을 계속 추적하는 것이다. 이는 텍스트적 자원이며, 독자들이 어떻게 식별어들을 추적해 가면서 담화 속의 의미를 만들어 가는지를 다룬다.

주기어(Periodicity)는 담화의 리듬을 고려한다. 독자들에게 앞으로 일어날 일을 알리는 예측의 층과 만들어진 의미를 축적하는 통합의 층을 고려하는 것이다. 이는 또한 담화를 정보의 파동으로 조직화하는 것과 관련된 텍스트적 유형의 의미이기도 하다.

교섭어(Negotiation)는 화자 간의 교류로서의 상호작용과 관련된다. 즉 화자들은 대화에서 어떤 역할을 맡고 그 역할을 서로에게 할당하며 서로에게 관련된 말두기11)가 어떻게 조직되는지를 설명한다.

이러한 담화 시스템에 대한 논의를 마친 후, 8장에서 우리는 이러한 담화 시스템을 하나의 중요한 텍스트인 Nelson Mandela의 1995년 자서전 *Long Road to Freedom*의 마지막 장을 분석하는 데 적용할 것이다. 그리고 9장에서는 사용역 및 장르 이론을 포함한 담화의 사회적 맥락 모델에서 담화 시스템을 맥락화하고 멀티모달 담화분석(MDA) 및 비판적 담화분석(CDA)과 연결한다.

3장에서 8장까지 나오는 각 담화 시스템의 간단한 예시들을 보여주겠다,

---

10) [역자주] SFL에서 테너(tenor)는 화자와 청자 사이의 상호작용적 역할 관련성을 말한다.

11) [역자주] 말두기(Move)란 발화기능(speech function)의 종류를 말한다. 형태적으로 정의되는 서법(mood)와 달리 말두기는 담화층위에서 발화기능에 따라서만 결정된다.

평가어(평가하기)

여기에서 중점은 태도, 즉 독자들과 교섭되는 느낌들과 평가값들에 있다. 여기에서 핵심 자원들은 사물, 사람의 성격 그리고 그들의 느낌들을 평가하는 것과 관련이 있다. 예를 들어 Helena는 자신과 그녀의 파트너가 그의 진급에 어떻게 감정적으로 반응했는지 기록한다:

> Then he says: He and three of our friends have been promoted, 'We're moving to a special unit. Now, now my darling. We are real policemen now.' We were **ecstatic**. We even **celebrated**.
> 그와 친구 세 명이 진급했고 그는 이렇게 말했다: '우리는 특수 부대로 이동해. 지금, 지금 내 사랑. 우린 이제 진짜 경찰이야.' 우리는 황홀했다. 우리는 심지어 축하 파티도 열었다.

나중에 그녀는 그것의 끔찍한 결과를 도덕적인 용어로 판단한다.

> Dammit! What else can this **abnormal** life be than a cruel human rights violation? Spiritual murder is more **inhumane** than a messy, physical murder. At least a murder victim rests. 1 wish 1 had the power to make those poor **wasted** people whole again.
> 젠장! 잔인한 인권 침해보다 무엇이 더 이처럼 비정상적인 삶일 수 있을까? 정신적 살인은 지저분한 육체적 살인보다 더 비인간적이다. 적어도 살인 피해자는 편히 쉴 수 있다. 저 불쌍한 사람들을 다시 온전하게 만들 수 있는 힘이 내게 있었으면 좋겠다.

평가하기의 중요한 측면 중 하나는 의견의 출처이다. 위의 예시에서는 당연히 Helena에게 귀속된다고 볼 수 있다. 하지만 그녀의 이야기는 남아프리카 방송공사(SABC) 라디오 팀에 보낸 편지에서 발췌된 것이기 때문에 우리는 조심할 필요가 있다. Tutu는 자신의 이야기를 다음과 같이 소개한다.

> The South Africa Broadcasting Corporation's radio team covering the Truth and Reconciliation Commission received a Setter from a woman calling herself Helena (she wanted to remain anonymous for fear of reprisals) who lived in the eastern province of Mpumalanga. They broadcast substantial extracts.
> 진실화해위원회를 담당하는 남아프리카 방송공사의 라디오 팀은 Mpumalanga 동부에 살고 있는 Helena라는 여성으로부터 편지를 받았다. (그녀는 보복이 두려워 익명으로 남고 싶어 했다) 그들은 핵심 내용만을 방송했다.

그래서 사실 우리가 여기에서 보고 있는 것은 Tutu가 쓴 것 → SABC가 방송한 것 → Helena가 쓴 것 → (예를 들어) 정신적인 살해가 육체적인 살해보다 비인간적이라고 쓴 것이다. 보고하기 장르에서 각각의 단계는 평가하기의 미묘한 차이를 나타내므로 이것이 미치는 영향을 추적하는 체계적인 방법이 필요하다.

관념어(담화의 내용)

여기에서 우리는 사람과 사물, 그리고 그들이 관련된 활동들에 관심이 있다. Helena가 자신의 이야기를 할 때, 많은 활동이 관련되어 있으며 이는 연속적으로 전개된다. 예를 들면 구애(courtship)와 관련된 연속이 있다(여자가 남자를 만나고, 관계를 시작하고, 결혼을 계획한다):

> I met a young man in his twenties... It was the beginning of a beautiful relationship. We even spoke about marriage.
> 나는 20대의 한 청년을 만났다... 그것은 아름다운 관계의 시작이었다. 우리는 결혼에 대해서도 이야기했다.

그리고 그 후에 사람들의 소비(consumption) 활동에 관한 하나의 연속이 나온다(사람들은 불만을 갖게 되고, 더 나은 것을 원하고, 그것을 얻는다):

> If I had to watch how white people became dissatisfied with the best and still wanted better and got it.
> 만약 백인들이 최고에 만족하지 않고 더 나은 것을 원하고 그것을 얻는 과정을 지켜봐야만 했다면.

활동들의 연속뿐만 아니라, 관념어는 사람과 사물들을 묘사하고 분류하는 것과도 관련이 있다. 예를 들어, Helena의 두 번째 사랑은 등장인물(*policeman, man, murderer, vulture*), 구성요소(*face, hands, eyes, throat, head, brains; personality, soul, conscience*), 그리고 다양한 묘사(*bubbly, charming, bewildered, dull like the dead, wasted* 등)로 되어 있다.

접속어(과정 간 상호연결)

Helena 이야기의 후반부에서는 아파르트헤이트에 반대하는 투쟁에 대한 자신의 견해에 관해 언급하며 자신이 투쟁에 참여했었을 조건을 설명한다:

I finally understand what the struggle was really about. I would have done the same **had** I been denied everything. **If** my life, that of my children and my parents was strangled with legislation, **If** i had to watch how white people became dissatisfied with the best and still wanted better and got it.

나는 마침내 그 투쟁의 진정한 의미를 이해하게 되었다. 모든 것이 거부당했다면 나도 똑같이 행동했을 것이다. 만약 나와 내 아이들과 부모님의 삶이 법령으로 인해 목이 졸린다면. 만약 백인들이 최고에 만족하지 않고 더 나은 것을 원하고 그것을 얻는 과정을 지켜봐야만 했다면.

그녀가 이해하고 있다는 것을 보여주기 위해 그녀는 자신을 희생자의 입장에 두고, 자신이 그렇게 했을 조건을 설명한다. 여기서 조건을 설정하기 위한 핵심 자원은 조건적 접속 *If...*, *If...*, 그리고 주어-동사가 도치된 *had I...*이다. 이러한 실현은 Helena가 의도한 행동인 *I would have done the same*와 had I *been...*, If *my life...*, If *I had to watch*이라는 조건을 연결시키는 역할을 한다:

I would have done the same
나도 그렇게 했을 것이다

	담화 기능	단어선택(문법)
had I been denied everything 내가 모든 것을 거부당했다면	조건	주어-동사 도치
If my life... was strangled with legislation. 내 목숨이... 법령으로 목이 졸린 거라면.	조건	접속어
If I had to watch how white people became dissatisfied... 백인들이 어떻게 불만을 품게 되는지 지켜봐야 한다면...	조건	접속어

식별어(사람과 사물을 추적하기에 관련된)

Helena의 이야기는 그녀 삶의 두 사랑과 그들의 인권 침해가 그들의 인간성을 파괴하는 방식에 초점을 맞추고 있다. 그녀의 첫사랑은 *a young man*이라고 소개되고, 그의 식별은 *his*와 *he*라는 대명사를 사용하는 것으로써 계속 추적된다:

As an eighteen-year-old, I met **a young man** in **his** twenties. **He** was working in a top security structure.

열여덟 살 때, 나는 20대의 한 청년을 만났다. 그는 일급 보안 조직에서 일하고 있었다.

몇 년 후 Helena는 그를 다시 만나게 되고, 그녀의 인생에서 다른 남자들과 구별하기 위해 그를 *my first love*로 다시 소개한다:

More than a year ago, I met **my first love** again through a good friend.
1년보다 좀 더 전, 나는 친한 친구를 통해 첫사랑을 다시 만났다.

여기서 핵심 영어 자원은 그 젊은 남자를 소개하기 위한 부정관사 지시(*a*), 그의 식별을 유지하기 위한 대명사(*his, he, my*), 그리고 Helena의 두 번째 사랑으로부터 그를 구별하기 위한 비교(*first*)이다:

	담화 기능	단어선택
***A** young man*	참여자 소개하기	부정관사 지시
***his** twenties*	참여자 추적하기	대명사
he	참여자 추적하기	대명사
***my first** love*	참여자들 비교하기	대명사, 서수사

주기어(담화의 리듬)

여기서 우리는 정보의 흐름, 즉 독자들이 의미의 국면들을 처리할 수 있도록 의미들이 조직되는 방식을 고려한다. 예를 들어, Helena가 우리에게 젊은 남자를 만났다고 말함으로써 그녀의 이야기를 직접 시작하지는 않는다. 우선, 그녀는 Eastern Free State의 10대 농장 소녀에 대한 이야기를 들려줄 것이라고 말한다:

My story begins in my late teenage years as a farm girt in the Bethlehem district of Eastern Free State.
내 이야기는 Eastern Free State의 Bethlehem 지역의 농장 소녀였던 10대 후반부터 시작된다.

그리고 Tutu는 이 이야기를 소개하면서 우리에게 몇 가지 배경을 제공했다:

The South Africa Broadcasting Corporation's radio team covering the Truth and Reconciliation Commission received a letter from a woman calling herself Helena (she wanted to remain anonymous for fear of reprisals) who lived in the eastern province

of Mpumalanga. They broadcast substantial extracts.
진실화해위원회를 취재하는 남아프리카방송국 라디오 팀은 Mpumalanga 동부 지방에 사는
Helena(이 여성은 보복이 두려워 익명을 원했다)라는 여성으로부터 한 통의 편지를 받았다.
그들은 편지의 상당한 부분을 발췌해 방송했다. (허쌤 것으로 수정하기)

이것은 Helena가 이야기를 시작할 때 우리가 무엇을 예측할지를 알고 있다는 것이다. 즉,
어떤 장르(하나의 이야기), 그리고 그것이 일어나는 시간과 장소, 그리고 누구와 관련되었는지
에 대한 어떤 것을 말한다. 이러한 종류의 예측 가능성은 정보를 소화하는 데 절대적으로
중요하며, 우리는 우리기 어디에 있었는지 상기시키는 깃과 함께 텍스트가 우리에게 무슨
일이 일어날 것인지를 알려주는 방식을 주의 깊게 살펴볼 필요가 있다. 예를 들어 Helena는
자신의 이야기가 끝나는 지점에 대해서도 분명히 한다:

I end with a few lines that my wasted vulture said to me one night
내 버려진 독수리가 나에게 했던 몇 마디로 마무리하겠다.

여기서 그녀는 그 이야기를 통해 우리에게 도움을 준 예측들이 마무리되고 있다는 것을
알려준다. 이는 뭔가 다른 것으로 전환이 되고 있다는 것을 알려주는 것으로, 이 경우에는
Tutu의 논증 단계로 되돌아가는 것이다. 우리는 이러한 자원에 대해 주기어라는 용어를 사용
한다. 왜냐하면 그들은 텍스트를 정보의 물결로 구성하기 때문이다. 우리는 우리가 기대하는
의미의 흐름을 타고 물길이 부드럽게 미끄러져 갈 수 있도록, 정보의 중요성이 있는 정보적
현저성(절정)을 앞뒤로 돌아보며 물결을 타고 간다.

교섭어

여기서 핵심 자원은 상호작용이 전개될 때 서로 발화 역할을 교환하는 것이다. 예를 들어
질문하고 대답하거나 서비스를 요구하고 명령을 실행하는 것이다. 여기서 한 명의 화자는
질문으로 정보를 요구하고, 다른 한 명은 진술로 대답한다:

Sannie: Are you leaving?
            떠나실 건가요?
Coetzee: - Of course I'm leaving.
            - 물론 저는 떠날 거예요.

그 다음에 아버지는 명령으로 서비스를 요구하고, 그의 아들은 그것을 준수한다:

Hendrik: Ernest, get those snoek [a kind of fish],
                Ernest, snoek[물고기의 한 종류]를 가져 와.
Ernest: - (Ernest proceeds to do so.)
                - (Ernest는 그렇게 진행한다.)

이것은 이 책 개정판에서 새로 추가한 장이며, 이것을 마지막에 배치하였다. 왜냐하면 우리가 **교섭어**를 설명하기 위해서 사용한 예들은 이전 장에서 문어 텍스트를 통해 소개한 진실과 화해의 이슈를 개인적인 상호작용의 형태로 재맥락화한 영화에서 가져온 것이기 때문이다.

1.6 이 책의 사용 방법

이 책의 목적은 담화 분석가들이 우리가 제공하는 텍스트 분석 도구를 사용할 수 있도록 도와주는 것이다. 일부 응용 방식은 모든 장에 제시된 전체 분석 도구 세트의 사용을 요구할 것이다.

각 장은 관련 담화 시스템에 대한 간단한 개요를 제공하기 위해서 본문의 예시로 시작한다. 그런 다음 각 장의 절에서는 담화 시스템의 각 부분의 자원에 대해 차례로 설명한다. 다시 각 절에서 담화의 예로 시작하여 의미 자원의 집합을 설명한다. 그런 다음 각 시스템의 자원을 표로 요약하여 쉽게 참조할 수 있도록 하고, 필요한 경우 전체 시스템이 어떻게 구성되는지 보여주기 위해 시스템 다이어그램을 제시한다.

대부분의 장은 초점을 맞추고 있는 전체 시스템 내에서 두 가지 이상의 담화 시스템 자원 집합을 제시한다. 이는 텍스트를 두 가지 이상의 관점에서 분석할 수 있음을 의미한다. 하지만 각 장과 절을 이전 단계를 기반으로 하는 명확한 스텝의 집합으로 구성하려고 노력했다.

각 장의 텍스트 분석과 해석은 독자가 자신의 텍스트 분석트에 적용할 수 있는 모델을 제시하기 위한 것이다. 각 자료 표는 분석가가 그들의 텍스트에서 다른 사례를 식별하는 데 도움이 되고자 만든 참고 자료이며, 시스템 다이어그램은 각각의 의미 유형을 구분하는 데 도움이 된다. 만약 어떤 표의 의미 범주가 텍스트의 특정 사례에 적용되는지 아닌지 불확실한 경우 분석가는 해당 장의 관련 논의를 참조할 수 있다.

8장에서는 Mandela의 *Long Walk to Freedom*의 마지막 장을 분석하기 위해, 이 책에서 구축한 도구들을 적용한다. 이 분석은 담화 분석 도구가 다양한 목적에 어떻게 사용될 수 있는지 보여주기 위한 것이다. 특히 이 장에서는 Mandela가 억압에서 자유로의 전환을 위해, 자신과 자신의 조국을 평가하는 데 사용한 담화 전략을 보여주고, 독자와 그 평가하기를 공유하는 데 중점을 두었다.

마지막으로 9장에서는 지금까지 논의한 담화 분석 도구와 다른 분석 방식 간의 연관성을 간략하게 설명한다. 이러한 연결에는 첫째로 위에서 간략하게 소개한 사회적 맥락 모델이 포함되며, 그 내용은 이 책 전체에 적용되어 있다. 이 사용역과 장르 모델은 사회적 담화에서 대인적, 관념적, 텍스트적 의미의 역할을 해석하는 데 매우 중요하다. 두 번째로 Mandela의 *Freedom*이라는 텍스트를 시각 문법(visual grammar)으로 재해석한 사례를 통해 언어 이외의 모드12)로 담화를 분석할 수 있는 일련의 도구를 소개한다. 세 번째로 담화 분석 도구, 사용역, 장르를 비판적 담화 분석(Critical Discourse Analysis)에 연결하여 텍스트, 화자, 문화의 발전에서 이데올로기와 변화의 모델을 구축할 수 있도록 도구 세트를 확장한다. 마지막으로 담화 분석에 대한 우리 자신의 연구와 다른 기능적 언어학자들의 연구, 그리고 SFL 전반의 연관성에 대해 간략하게 설명한다.

여기서 독자들에게 제공하는 것은 담화 분석을 위한 도구일 뿐이라는 점을 강조할 필요가 있다. 이를 적용할 수 있는 연구는 매우 다양하며, 각 분석가는 필요에 따라 각자의 방식으로 연구할 수 있을 것이다. 모든 종류의 도구가 그렇듯이 유창하고 자신감 있게 사용하려면 기술이 필요하며, 이는 연습을 통해서만 얻을 수 있다. 이 책에서는 이러한 기술을 개발하는 데 도움이 될 수 있는 모델을 제공하고자 노력했다. 독자가 원하는 대로 적용하고, 필요에 따라 조정하고, 더 발전시켜 나가기를 바란다.

---

12) [역자주] SFL에서 'mode'는 메시지가 전달되는 방식을 말한다. 즉 음성(소리), 텍스트, 제스처, 시선, 영상, 그림, 음악, 이모티콘, sns, 이메일, 웹툰 등으로 다양하다. 이것을 연구하는 것을 멀티모달 담화분석(Multimodal discourse analysis)이라고 한다.

2

평가어: 태도평가를 협상하기

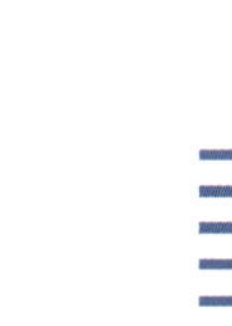

장 개요

2.1 태도평가를 협상하기
2.2 태도평가의 종류(태도평가)
2.3 태도평가를 증폭하기(강도평가)
2.4 태도평가의 출처(개입평가)
2.5 운율과 장르
2.6 태도평가의 더 세부적인 종류들

평가어(Appraisal)는 텍스트에서 협상하는 태도평가의 종류, 관련된 느낌의 강도, 평가값의 출처와 독자가 조율하는 방식 등 평가하기와 관련이 있다.

    2.1절의 일반적인 소개에 이어 2.2절에서는 태도평가의 세 가지 주요 유형, 즉 **감정평가**(affect)로 시작하여 **행위평가**(judgement), 마지막으로 **정황평가**(appreciation)[13]를 소개한다. 그런 다음 2.3절에서는 태도평가가 어떻게 증폭되고 완화(hedge)될 수 있는지, 즉 **강도평가**(graduation) 시스템의 보완적인 차원으로서 **세기**(force)와 **초점**(focus)을 개발하는 방법을 고려한다. 다음으로 2.4절에서는 태도평가의 출처로 돌아가서 인용하기와 보고하기, 양태와 양보가 텍스트에 다양한 목소리를 도입하는 데 사용되는 **개입평가**(engagement) 시스템을 구성하는 방식을 살펴본다.

    2.2절부터 2.4절까지에서 평가어의 시스템을 구축한 뒤에, 2.5절에서는 평가어 선택이 텍스트를 통해 어떻게 운율적(prosodically)으로 표현되는지 살펴보고 평가자의 평가적 입장(stance)을 구성한다. 마지막으로 2.6장에서는 감정평가, 행위평가, 정황평가에 대한 보다 자세한 분석과 함께 개별적인 느낌의 유형을 실현하는 예시 어휘들을 표로 제공한다.

---

13) [역자주] 정황평가란 사정과 상황에 대한 평가를 말한다.

2.1 태도평가를 협상하기

평가어는 대인적 의미의 시스템이다. 우리는 **평가어**의 자원을 사회적 관계를 협상하는 데 사용하고, 청자들이나 독자들에게 우리가 어떤 사물과 사람에 대해 어떻게 느끼는지(한마디로 우리의 태도는 무엇인지) 말하는 데 사용한다. 우리는 이 장을 담화의 - 그것이 교섭어14)로서 구어든 문어든 상관없이, 상호작용적 성격을 전면에 부각하기 위해 시작하기로 한다.

태도평가는 사물, 사람들의 성격, 그리고 그들의 감정을 평가하는 것과 관련이 있다. 이러한 평가하기는 다소 강화될 수도 있고 다소 증폭될 수도 있다. 또 그 태도평가는 필자 자신의 것일 수도 있고 다른 출처에 기인할 수도 있다. 이 장에서 살펴볼 평가어의 세 가지 측면은 태도평가, 그들의 증폭 방법과 출처이다. 먼저 각각의 간단한 개요부터 시작하여 더 자세히 살펴보도록 하겠다.

우선, 태도평가의 종류로 시작하겠다. Helena의 이야기는 사람과 사물들에 대한 강렬한 느낌과 강한 반응을 묘사하기 때문에 매우 평가적이다. 다음 구절에서 그녀는 첫사랑의 일과 그들의 관계(사물), 그의 성격(사람), 그리고 관련된 사람들의 감정(느낌)에 대한 그녀의 태도평가를 간략하게 설명한다:

> He was working in a **top** security structure. It was the beginning of a **beautiful** relationship. We even spoke about marriage. A **bubbly**, **vivacious** man who beamed out **wild energy. Sharply intelligent**. Even if he was an Englishman, he was **popular** with ail the 'Boer' Afrikaners. And all my girlfriends **envied** me. Then one day he said he was going on a 'trip'. 'We won't see each other again.., maybe never ever again.' I was **torn to pieces. So** was he.
>
> 그는 일급 보안 조직에서 일하고 있었다. 그것은 아름다운 관계의 시작이었다. 우리는 심지어 결혼에 대해서도 이야기했다. 활기차고 발랄한 그는 야성적인 에너지를 뿜어냈다. 매우 총명했다. 그는 영국인이었지만 아프리카계 '보어인'들에게 인기가 많았다. 그리고 내 친구들은 모두 나를 부러워했다. 그러던 어느 날, 그는 '여행'을 간다고 말했다. '우리는 다시는 서로를 만나지 못할 거야. 어쩌면 영원히 다시는...' 나는 산산조각이 났다. 그도 마찬가지였다.

그녀는 사랑하는 사람의 일과 그들의 앞으로의 관계의 가치를 평가하면서 시작한다:

> a **top** security structure
> 일급 보안 조직
> a **beautiful** relationship
> 아름다운 관계

---

14) [역자주] 교섭어에 대한 자세한 설명은 7장을 참조하라.

그런 다음 그녀는 자신이 사랑하는 사람의 성격으로 눈을 돌린다. 그의 성격을 그녀는 높이 존중하고 있다:

> a **bubbly vivacious** man
> 활기차고 발랄한 남자
> **wild energy**
> 야성적인 에너지
> **sharply intelligent**
> 매우 총명한
> **popular**
> 인기있는

다음으로 그녀는 그들의 관계에 대한 자기 친구들의 감정적 반응, 그리고 이별에 대한 그녀 자신과 연인과의 느낌을 묘사한다:

> **envied**
> 부러워하다
> **torn to pieces**
> 산산조각이 나다

그래서 이러한 평가하기는 평가되는 내용에 따라 (ⅰ) 사물의 가치, (ⅱ) 사람의 성격, 그리고 (ⅲ) 사람의 느낌이라는 세 가지 기본 종류로 나눌 수 있다.

다음은 태도평가가 어떻게 증폭되는지 살펴보도록 하겠다. Helena의 이야기에서 우리가 몰입하게 되는 이유 중 한 가지는 그녀의 평가하기가 매우 강렬하다는 것이다. 예를 들어, 그녀는 자신의 사랑이 총명함을 넘어서 **매우**(sharply) 총명하며, 활력이 넘칠 뿐만 아니라 **야성적**(wildly)이라고 판단한다:

> **sharply** intelligent
> 매우 총명하다
> **wild** energy
> 야성적 에너지

그리고 그녀는 그들의 이별에 화가 났을 뿐만 아니라 완전히 산산조각이 났다:

torn **to pieces**
산산조각이 나다

　따라서 태도평가는 등급화가 가능하다 - 우리가 얼마나 강하게 느끼는지에 따라 태도의 볼륨이 증가하거나 감소할 수 있다. 우리의 반응이 얼마나 강한지 보여주기 위해 우리가 사용하는 언어 자원을 (평가적으로) 증폭할 수 있다.

　마지막으로 태도평가의 출처를 살펴보자. 태도평가에 대해 고려해야 할 한 가지는 그것들이 누구로부터 오느냐 하는 것이다. 이것은 이야기 장르이기 때문에, 우리는 다른 이야기를 듣지 않는 한, 평가를 하고 있는 사람이 서술자인 Helena라고 추측한다. Helena는 실제로 <u>아프리카계 '보어인'</u>들이 자신의 연인과 함께 있는 것을 즐겼으며 자신을 부러워한 사람은 <u>그녀의 친구들</u>이었다는 것을 제시하고 있지만, 각각의 경우에 우리는 그들이 그렇게 느꼈다고 실제로 말해주는 사람은 Helena라는 것을 명심해야 한다.

> he was **popular** with <u>all the 'Boer' Afrikaners</u>
> 그는 모든 아프리카계 '보어인'들에게 인기가 많았다.
> And <u>all my girlfriends</u> **envied** me.
> 그리고 내 친구들은 모두 나를 부러워했다.

　느낌을 객체화하는 한 가지 매우 일반적인 방법은 물론 그 이야기에서 직접적인 또는 간접적인 발화를 사용하여 다른 목소리를 내는 것이다. 예를 들어, 이야기 후반부에서 그녀는 그의 삶을 생지옥이라고 평가한 <u>그녀의 두 번째 사랑</u>의 말을 인용하고 있다.

> I end with a few lines that <u>my wasted vulture</u> said to me one night: '... I have to live with this **hell**.'
> 어느 날 밤, 내 버려진 독수리가 나에게 했던 몇 마디로 마무리하겠다: '... 나는 이 지옥과 함께 살아야 해.'

　그리고 1장에서 언급한 것처럼 Helena의 이야기 자체는 Tutu에 의해 인용되었으며, Tutu는 SABC 방송에서 직접 인용했다. 따라서 담화에서 의견의 즉각적, 중간적 그리고 궁극적 출처는 평가하기를 분석할 때 계속 추적해야 하는 담화의 중요한 변수이다.

　간단히 말해서, 여기서 우리가 보는 것은 태도평가를 표현하고, 그것을 증폭하고, 그것을 출처에 귀속시키는 다양한 자원이다. 그리고 태도평가에는 크게 세 가지 유형이 있다: 감정을

표현하기, 성격을 판단하기, 정황의 가치를 평가하기가 그것이다. 기술적(技術的)으로 우리는
감정평가(affect)로서 느낌을 표현하는 자원, **행위평가**(judgement)로서 성격을 판단하는 자원,
정황평가(appreciation)로서 정황의 가치를 평가하는 자원을 언급할 것이다. 이러한 기본 자원
은 표 2.1에 나와 있고 그림 2.1에는 시스템 네트워크로 나와 있다.

표 2.1 평가어의 기본 선택항들

태도평가	감정평가	*envied* *torn to pieces*
	행위평가	*a **bubbiy vivacious** man* ***wild energy, sharply intelligent***
	정황평가	*a **top** security structure* *a **beautiful** relationship*
증폭15)		***sharply** intelligent* ***wild** energy*
출처16)		*he was **popular** with all the 'Boer' Afrikaners.* *And all my girlfriends **envied** me.*

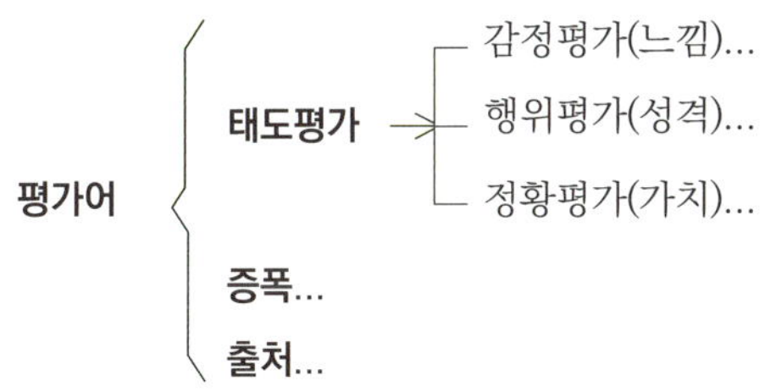

그림 2.1 평가어의 기본 시스템

    그림 2.1에서, 왼쪽에 있는 괄호는 **평가어**를 위한 모든 선택항들이 동시에 선택된다는 것
을 의미한다. 왜냐하면 우리가 태도평가를 할 때 그것이 얼마나 증폭되고 그것의 출처가
무엇인지를 선택하기 때문이다. 이와 같은 시스템 네트워크에서 괄호를 묶는 것은 우리가
태도평가와 그 증폭 및 출처를 선택한다는 것을 의미한다. 대조적으로 **태도평가** 오른쪽에
표시된 시스템은 세 가지 대안적 선택항을 제공한다. 이는 위 개요의 현 단계에서 우리가
감정평가, 행위평가, 정황평가를 표현할 수 있다는 것을 의미한다.

---

15) [역자주] 2.3절의 강도평가에 해당함.
16) [역자주] 2.4절의 개입평가에 해당함.

다음에서는 태도평가의 종류부터 시작하여 **평가어**에 대한 각 선택항을 더 자세히 살펴보겠다.

2.2 태도평가의 종류(태도평가)

이 절에서는 감정평가(사람의 느낌), 행위평가(사람의 성격), 정황평가(사정과 상황의 가치)라는 세 가지 태도평가에 대해 자세히 살펴볼 것이다.

느낌을 표현하기: 감정평가

사람들이 담화에서 자신의 느낌을 표현하는 방식을 살펴본 결과, 일반적으로 두 가지 방식으로 다르게 나타남을 알 수 있었다. 첫째, 우리는 좋은 느낌 또는 나쁜 느낌을 가질 수 있기에 감정평가는 **긍정적**(positive)이거나 **부정적**(negative)일 수 있다. 둘째, 사람들은 자신의 느낌을 직접적으로 표현할 수도 있고, 또는 자신들의 행동을 통해 간접적으로 느낌을 유추할 수도 있다. 그래서 감정평가는 **직접적**(directly)으로 표현되거나 **암시적**(implied)으로 표현될 수 있다.

먼저 긍정적인 감정평가와 부정적인 감정평가를 살펴보도록 하자. 이야기 장르는 다른 어떤 장르의 종류보다도 사람들의 느낌에 깊이 관여한다. 우리는 등장인물들이 힘든 사건들에 휘말릴 때 그들에게 공감하고 동정한다. 그녀의 예에서 Helena는 자신의 감정들을 다음과 같이 묘사한다:

I was **torn to pieces**
나는 산산조각이 났다
I can't explain the **pain** and **bitterness** in me
내 안의 고통과 괴로움은 말로 다 표현할 수 없었다
We were **ecstatic**
우리는 황홀했다
We even **celebrated**
우리는 심지어 축하 파티도 열었다
Abruptly mutter the **feared** word 'trip'
불쑥 '여행'이라는 무서운 단어를 중얼거렸다
... knew no other life than that of **worry**, sleeplessness, **anxiety** about his safety
걱정, 불면, 안전에 대한 불안 외에는 그 어떤 것도 알 수 없었다
We simply had to be **satisfied** with
우리는 그저 만족해야 했다

Today I know the answer to ail my questions and **heartache**
오늘 나는 모든 질문과 아픔에 대한 답을 알고 있다
I **envy** and **respect** the people of the struggle
나는 투쟁하는 사람들을 부러워하고 존경한다
I **wish** I had the power
나는 힘이 있었으면 좋겠다
those **poor** wasted people
그 불쌍한 버려진 사람들
I **wish** I could wipe ...
나는 내가 닦을 수 있었으면 좋겠다 ...

그리고 그녀의 두 번째 연인의 감정 상태는 훨씬 더 정교하다:

Humorous, grumpy, everything in its time and place
유머러스하고 심술궂은, 모든 것이 제때와 장소에 맞춰져 있다
We were **ecstatic**
우리는 황홀했다
We even **celebrated**
우리는 심지어 축하 파티도 열었다
they would become **restless**
그들은 불안해 할 것이다
Abruptly mutter the **feared** word 'trip'
불쑥 '여행'이라는 무서운 단어를 중얼거렸다
as a **loved** one
사랑하는 사람으로서
And all that we as **loved** ones knew
그리고 사랑하는 사람으로서 우리가 아는 것은
Withdrawn
집안에 틀어박힌
Sometimes he would just **press his face into his hands** and **shake uncontrollably**
가끔은 그는 자신의 얼굴을 손으로 감싸고 걷잡을 수 없이 떨기도 했다
He tried to hide his **wild consuming fear**
그는 거칠고 강렬한 두려움을 숨기려 했지만
I jolt awake from his **rushed breathing**
나는 그의 가쁜 숨소리에 잠에서 깼다
Eyes **bewildered,** but dull like the dead
죽은 사람처럼 멍한 눈동자

And **the shakes**
그리고 떨림
The **terrible convulsions**
끔찍한 경련
and **blood-curdling shrieks** of **fear** and **pain** from the bottom of his soul
소름끼치는 공포와 고통의 비명 소리가 그의 영혼의 밑바닥에서 울려 퍼졌다

위에서 보다시피 행복한 이야기는 아니다. 대부분의 느낌들은 우리가 느끼지 않았으면 하는 부정적인 것들이다:

> torn to pieces, pain, bitterness, feared, worry, anxiety, heartache, envy, grumpy, restless, feared, withdrawn, press his face into his hands, shake uncontrollably, wild consuming fear, rushed breathing, eyes bewildered, shakes, terrible convulsions, blood-curdling shrieks of fear and pain
> 산산조각, 고통, 괴로운, 무서운, 걱정, 불안, 아픔, 부러워하는, 심술궂은, 불안한, 두려운, 틀어박히다, 자신의 얼굴을 손으로 감싸고, 걷잡을 수 없이 떠는, 거칠고 강렬한 두려움, 가쁜 숨소리, 멍한 눈동자, 떨림, 끔찍한 경련, 소름끼치는 공포와 고통의 비명 소리

긍정적인 표현은 거의 없다:

> ecstatic, celebrated, satisfied, respect, wish, humorous, loved
> 황홀한, 축하 파티를 연, 만족한, 존경하는, 바라는, 유머러스한, 사랑하는

이러한 좋은 분위기와 나쁜 분위기의 대조는 일반적인 감정과 태도에 관한 한 기본적인 것이다.

다음에는 느낌의 **직접적인**(direct) 표현과 **암시적인**(implicit) 표현에 대해 살펴보겠다. 위의 목록에서 Helena가 감정을 다양한 방식으로 묘사하는 것을 볼 수 있다. 종종 그녀는 특정 감정을 지칭하는 단어를 사용하여 정신 상태를 <u>직접적</u>으로 표현한다.

> torn to pieces, pain, bitterness, ecstatic, feared, worry, anxiety, satisfied, heartache, envy, respect, wish, humorous, grumpy, loved, wild consuming fear, bewildered, blood-curdling, fear, pain
> 산산조각, 고통, 괴로운, 황홀한, 무서운, 걱정, 불안, 만족스러운, 아픔, 부러워하는, 존경하는, 바라는, 유머러스한, 심술궂은, 사랑하는, 거칠고 강렬한 두려움, 멍한, 소름끼치는, 공포, 고통

이와 함께 때때로 감정을 신체적으로 표현하기도 하는데, 예를 들어 불안감을 표현하기 위해 통제할 수 없을 정도로 몸을 떨거나 두려움을 표현하기 위해 비명을 지르는 등 감정을 직접적으로 표현하는 행동을 묘사하기도 한다.

> celebrated, restless, withdrawn, press his face into his hands, shake uncontrollably, rushed breathing, the shakes, terrible convulsions, shrieks
> 축하 파티를 연, 불안한, 집안에 틀어박힌, 자신의 얼굴을 손으로 감싸고, 걷잡을 수 없이 떠는, 가쁜 숨소리, 떨림, 끔찍한 경련, 비명

이와 관련해서, 때로는 감정의 <u>간접적인</u> 신호로 읽히는 비정상적인 행동에 대한 설명이 있다:

> very quiet; drinking too much; wander from window to window; rolls this way, that side of the bed; pale; ice cold in a sweltering night, sopping wet with sweat; sits motionless, just staring in front of him
> 매우 조용한; 술을 너무 많이 마시는; 창문에서 창문을 오가며 방황하다; 침대 이쪽, 저쪽으로 굴러다니다; 창백하다; 무더운 밤에 얼음장처럼 차갑고, 땀으로 흠뻑 젖다; 움직이지 않고 앉아서, 앞을 응시하다

맥락에서 벗어나서 보면, 이 비정상적인 행동으로부터 우리는 무언가 잘못되었다는 것을 알 수 있지만 정확한 감정이 표현되고 있는지 확신힐 수 없으므로 약간의 심리학적 지식이 필요할 수 있다. 하지만 맥락 안에서 읽어보면, Helena가 무슨 말을 하고 있는지 알 수 있는데, 이러한 증상은 감정에 대한 명시적인 언급으로 둘러싸여 있어서 이상한 행동이 무엇을 의미하는지 알 수 있기 때문이다. 아래 텍스트에서는 그 상호 작용을 볼 수 있는데, 신체적 증상에는 <u>밑줄</u>이 그어져 있고, 보다 더 직접적으로 해석할 수 있는 감정평가라고 생각되는 내용은 **굵은 글씨**로 표시되어 있다.

He became <u>very quiet</u>. **Withdrawn.** Sometimes he would just **press his face into his hands** and **shake uncontrollably.** I realized he was <u>drinking too much</u>. Instead of resting at night, he would <u>wander from window to window</u>. He tried to hide his **wild consuming fear,** but I saw it. In the early hours of the morning between two and halfpast- two, I jolt awake from his **rushed breathing.** <u>Roils this way, that side of the bed</u>. He's <u>pale, ice coid in a sweltering night</u> - <u>sopping wet with sweat</u>. Eyes **bewildered,** but dull like the dead. And **the shakes.** The **terrible convulsions** and **blood-curdling shrieks** of **fear** and **pain** from the bottom of his soul. Sometimes he <u>sits motionless</u>, just <u>staring in front of him.</u>

그는 매우 조용해졌다. 집안에 틀어박혔다. 가끔 그는 자신의 얼굴을 손으로 감싸고 걷잡을 수 없이 떨기도 했다. 나는 그가 술을 너무 많이 마신다는 것을 깨달았다. 그는 밤에 쉬는 대신 창문에서 창문을 오가며 방황했다. 그는 거칠고 강렬한 두려움을 숨기려 했지만 나는 보고 말았다. 나는 새벽 2시 반에서 3시 반 사이, 그의 가쁜 숨소리에 잠에서 깼다. 그는 침대 이쪽, 저쪽으로 굴러다녔다. 그는 창백했다. 무더운 밤에 얼음장처럼 차갑고 땀으로 흠뻑 젖어 있었다. 죽은 사람처럼 멍한 눈동자, 그리고 떨림. 끔찍한 경련과 소름끼치는 공포와 고통의 비명소리가 그의 영혼의 밑바닥에서 울려 퍼졌다. 때때로 그는 움직이지 않고 앉아서 앞을 응시했다.

우리는 또한 여기에서 감정을 구성하는 데 은유가 하는 역할을 주목할 수 있다. Helena의 연인의 눈동자는 죽은 사람처럼 멍하고 얼음처럼 차갑다. 그의 두려움과 고통은 그의 영혼 밑바닥에서 나온다.

ice cold in a sweltering night
무더운 밤에 얼음장처럼 차갑고
eyes bewildered, but dull like the dead
죽은 사람처럼 멍한 눈동자
terrible convulsions and blood·curdling shrieks from the bottom of his soul
끔찍한 경련과 피가 끓어오르는 비명소리가 그의 영혼의 밑바닥에서 울려 퍼졌다

보다시피 Helena는 감정 상태와 신체적 행동에 대한 직접적인 표현, 비상한 행동과 은유를 통한 암시적 감정 표현 등 다양한 자료를 사용하여 두 번째 연인의 생지옥을 묘사한다.

Helena의 이야기에서 이러한 자원은 함께 작용하여 예를 들어 그녀가 묘사하는 두 번째 연인의 정서적 황폐화, 즉 그의 정신적 살인의 절박함을 강화한다. 텍스트의 한 단계에 걸친 이러한 누적 효과는 태도평가의 '운율적' 성질과 일반적으로 대인적 의미의 특성을 반영한다. 대인적 의미는 종종 지역적으로 실현되는 것이 아니라 담화의 구절에 따라 퍼져나가면서 색을 입히며 태도평가의 '운율'을 형성하는 경향이 있다. 태도평가의 국면을 살펴봄으로써 텍스트가 전개될 때 독자가 수사학적으로 어떻게 조율되는지 살펴볼 수 있는데, 이 독자를 조율하는 문제는 아래에서 다시 다루도록 하겠다.

지금까지 살펴본 내용을 요약하면, 감정평가는 긍정적일 수도 있고 부정적일 수도 있으며 텍스트에서 직접적으로 또는 암시적으로 실현될 수 있다. 그리고 직접적 실현과 암시적 실현

이 종종 함께 작용하여 담화 국면의 분위기를 조성하는 것을 보았다. 감정평가어에 대한 이러한 선택항들은 표 2.2에 나와 있다.

표 2.2 감정평가어의 선택항들

긍정		*We were ecstatic.* *우리는 황홀했다.* *We even celebrated.* *우리는 심지어 축하했다.*
부정		*I was torn to pieces.* *나는 산산조각이 났다.* *I can't explain the pain and bitterness in me...* *내 안의 고통과 괴로움을 설명할 수 없다...*
직접적	감정적 상태	*ecstatic* *황홀한* *wild consuming fear* *거칠고 강렬한 두려움*
	신체적 표현	*Withdrawn* *집안에 틀어박힌* *shake uncontrollably* *걷잡을 수 없이 흔들리다*
암시적	기이한 행동	*wander from window to window* *창문에서 창문을 오가며 방황하다* *rolls this way, that side of the bed* *침대 이쪽저쪽으로 굴러다니다*
	은유	*ice cold in a sweltering night* *무더운 밤에 얼음처럼 차가운* *eyes ... dull like the dead* *눈동자... 죽은 사람처럼 멍한*

사람들의 성격을 행위평가하기

감정평가어와 마찬가지로 사람들의 성격에 대한 행위평가어는 긍정적이거나 부정적일 수 있으며, 명시적으로 또는 암시적으로 판단할 수도 있다. 그러나 우리는 감정평가어와 달리 존경이나 비판이라는 **개인적**(personal) 행위평가어와 칭찬이나 비난이라는 **도덕적**(moral) 행위평가어는 서로 다르다는 것을 알 수 있다.

우리는 긍정(존경하기)과 부정(비판하기)의 **개인적**(personal) 행위평가어로 시작하겠다. 1장에서 보여주었듯이, Helena의 이야기가 대표적인 예이다. 연관된 사람들의 행동에 대해 논평하기 위해 하나의 사건은 여러 예들과 관련된다. 이는 사람들이 감정적으로 어떻게 느끼는지를 말해주는 것 이외에도, Helena가 어떻게 그들을 행위평가하고, 그들의 성격을 평가하고 있는지를 의미한다.

Helena의 첫사랑은 처음에는 *bubbly, vivacious, energetic, intelligent popular*처럼 존경할 만한 것으로 묘사되고 나중에는 *beautiful, big*과 *strong*처럼 회고적으로 묘사되며, 그 남자 역시 암시적으로 *working in a top security structure*, 즉 존경할 만한 역할로 묘사된다. Helena의 두 번째 사랑은 그다지 특별하지는 않지만, 초반에는 *exceptional, special, bubbly*와 *charming*으로 묘사되며, 두 경우 모두 보안 작전을 이유로 그녀의 연인들이 변하게 된다. Helena는 첫사랑을 명시적으로 재평가하지 않으며 오히려 그녀는 그에게 남겨진 것들을 보았을 때 어떻게 느꼈는지를 우리에게 말함으로써 암시적으로 비판하고 있다:

I can't explain the **pain** and **bitterness** in me when i saw what was left of that **beautiful, big, strong** person.
아름답고 크고 강인했던 그 사람의 남겨진 모습을 봤을 때의 고통과 괴로움은 말로 설명할 수 없다.

하지만 그녀는 두 번째 사랑에 대해 *wrong with him,* 아마도 *gone mad,* 그리고 *wasted* 등을 사용하여 직접적으로 비판한다. 존경의 행위평가어에서 비판의 행위평가어로의 전환은 이 이야기의 두 **사건 단계**(Incident stage)에 핵심적으로 영향을 주고 있다.

다음은 **도덕적**(moral) 행위평가어 - 긍정(칭찬하기) 또는 부정(비난하기)에 관한 것이다. 이야기의 **해석 단계**(Interpretation stage)에서 Helena는 남아프리카공화국 지도자들을 행위평가한다. 그녀는 자신의 지도자들의 부정직함을 비난한다:

Our leaders are **too holy** and **innocent**. And **faceless**. I can understand if Mr (F. W.) de Klerk says he didn't know, but dammit, there must be a clique, there must have been someone out there who is still alive and who can give a face to 'the orders from above' for all the operations.
우리 지도자들은 너무 거룩하고 결백하여 체면조차 없다. 만약 F. W. de Klerk가 몰랐다고 말한다면 이해할 수 있지만, 젠장, 분명 파벌이 있을 것이다. 아직 살아 있고 모든 작전에 대한 '윗선의 명령'에 얼굴을 내미는 누군가가 있을 것이다.

그리고 그들의 잔인성에 대해:

Dammit! What else can this abnormal life be than a **cruel human rights violation**? Spiritual **murder** is more **inhumane** than a messy, physical **murder**. At least a **murder victim** rests.
젠장! 잔인한 인권 침해보다 무엇이 더 이처럼 비정상적인 삶일 수 있을까? 정신적 살인은 지저 분한 육체적 살인보다 더 비인간적이다. 적어도 살인 피해자는 편히 쉴 수 있다.

그러나 그녀는 '투쟁하는 사람들'의 지도자들이 저항 세력의 편에 서서 그들의 활동을 존 중하는 용기를 가졌다고 <u>칭찬한다</u>:

at least their leaders **have the guts** to stand by their vultures, to recognize their **sacrifices.**
적어도 그들의 지도자들은 그들의 희생을 인정하고 독수리 편에 설 수 있는 배짱을 가지고 있기 때문이다.

사건 단계에서 **해석 단계**로의 전환은 매우 중요하다. **사건 단계**에서 Helena는 누구도 탓하지 않는다. 처음에는 연인에 대한 동경으로 가득 차 있다가 그들의 문제에 대해 걱정한 다. 그러나 **해석 단계**에서 그녀는 진실화해위원회 앞에서 정직과 부정직, 죄책감과 무죄를 다루면서 도덕적 근거로 비난과 칭찬을 동시에 한다. 이 예의 후반부 단계에서 도덕적 평가값 으로의 전환은 이야기의 핵심을 이끌어내고 정의의 희생에 대한 Tutu의 주장 중 하나를 예시 함으로써 이야기의 매력을 끌어낸다.

존경과 비판과 마찬가지로, 도덕적 행위평가어도 직접적으로 또는 암시적으로 할 수 있다. 예를 들어 Helena가 *I envy and respect the people of the struggle*라고 말할 때, 그녀는 감정적으로 어떻게 느끼는지 우리에게 말하고 있지만, 두 감정 모두 그 사람의 성격에 대해 칭찬할 만한 무언가를 <u>암시한다</u>. 마찬가지로, 그녀는 피비린내 나는 살인을 저지른 고위층을 도덕적으로 비난하면서도 그들의 성격을 명시적으로 행위평가하지는 않는다:

while 'those at the top' were again targeting the next 'permanent removal from society' for the vultures
한편 '윗선에 있는 자들'은 독수리들에게 넘길 '사회로부터의 영구적 제거'를 위해 다음 대상을 다시 한번 겨냥하고 있었다.

감정과 마찬가지로, 담화의 관련 국면에서 명시적인 행위평가어는 그녀가 이런 종류의
비난의 대상이 된 사람들을 우리가 어떻게 행위평가하기를 원하는지를 정확히 알려준다.
(예를 들면, *murderers*처럼)

> And today they all wash their hands in **innocence** and resist the **realities** of the Truth
> Commission. Yes, I stand by my **murderer** who let me and the old White South Africa
> sleep peacefully. Warmly, while 'those at the top' were again targeting the next 'perma-
> nent removal from society' for the vultures.
> 그리고 오늘날 그들은 모두 결백을 주장하며 진실위원회의 현실에 저항하고 있다. 그렇다, 나는
> 나와 오래된 백인 남아프리카를 평화롭게 잠들게 한 살인자의 편에 서 있다. 따뜻하게도, 한편
> '윗선'은 다시 독수리에게 다음 '사회에서 영구 퇴출 대상'을 명령하고 있다.

은유 역시 성격을 행위평가하는 역할을 한다. 즉, 지도자들이 그들의 손에서 피를 씻어내
고, 정보원들이 시체를 갉아먹고, 아프리카 부족들이 법령의 제정으로 인해 그들의 생명이
질식되어 버리는 것과 같은 표현을 말한다;

> And today they all **wash their hands** in innocence
> 그리고 오늘날 그들은 모두 결백을(손을 씻었다고) 주장하며
> 'our men' who simply had to carry out their bloody orders... **like 'vultures'**
> 그들의 피비린내 나는 명령을 수행해야만 했던 '우리 사람들' ... '독수리'처럼
> If my life, that of my children and my parents was **strangled with legislation**
> 만약 나와 내 아이들과 부모님의 삶이 법령의 제정으로 인해 목이 졸린다면

Helena의 예에서 가장 강력한 이미지는 아마도 그들의 *bloody orders*와 관련되어 '윗선'
의 부도덕성을 포착하는 방식으로, '정신적 살인'의 이미지일 것이다.

Helena의 이야기에서 지금까지 살펴본 행위평가어에 대한 선택항을 표 2.3과 같이 요약할
수 있다.

표 2.3 (Helena의 이야기로부터) 성격의 행위평가어에 대한 예들

		직접적	암시적
개인적 **(사적인)**	존경	*bubbly, vivacious, energetic, intelligent, popular* 활기찬, 발랄한, 활력이 넘치는, 총명한, 인기있는	*He was working in a top security structure.* 그는 일급 보안 조직에서 일하고 있었다.
	비판	*What's wrong with him? ... I can't handle the man anymore* 뭐가 문제인가요? ... 난 더 이상 그 남자를 감당할 수 없어	*I can't explain the pain and bitterness in me when I saw...* 내가 ... 보았을 때 고통과 괴로움은 말로 다 표현할 수 없었다.
도덕적 **(공적인)**	칭찬	*their leaders have the guts to stand by their vultures...* 그들의 지도자들은 그들의 독수리 편에 설 수 있는 배짱을 가지고 있다...	*I envy and respect[17] the people of the struggle...* 나는 투쟁하는 사람들이 부럽고 존경스럽다....
	비난	*Our leaders are too holy and innocent. And faceless* 우리 지도자들은 너무 거룩하고 결백하여 체면조차 없다.	*... 'those at the top' were again targeting the next 'permanent removal from society'...* ... '윗선'은 다시 ... 다음 '사회에서 영구 퇴출 대상'을 명령하고 있다.

이제 Desmond Tutu의 설명으로 넘어가 보자. Tutu는 진실과 화해 과정의 진실성을 다루는 도덕적 논쟁에 연루되어 있다.

    the cost of **justice**
    정의의 대가
    the **integrity** of the entire Truth and Reconciliation process
    전체 진실과 화해 과정의 무결성

따라서 우리는 자연스럽게 성격에 대한 행위평가가 우선시될 것으로 예상할 수 있다. 실제로 우리는 일부 감정(*intimidated, humiliation, traumatic, fear, respect, wishes*)을 발견하지만, 이는 도덕적 문제에 대한 관심에 압도된다.

그의 행위평가 중 일부는 Helena와 같이 존경심, 책임감, 책무감, 진실성과 관련된 성격에 대한 일상적인 평가하기이다:

---

17) 여기서는 *envy and respect*를 직접적으로 감정평가를 코딩하는 것으로 간주하고, 간접적으로 행위평가를 암시하는 것으로 간주한다(자세한 논의는 Martin and White(2005)를 참조).

respectable members of their communities
지역사회의 존경받는 구성원
who accept **responsibility**
책임을 받아들이는 사람
encourages **accountability**
책무를 장려하다
It is also not **true**
또한 사실이 아니다

그러나 그의 행위평가 중 더 많은 것은 사법적 판단이다. 그것은 우리가 법적 제도와 연관 짓는 일종의 '기술(技術)화된 도덕'으로 작용한다. 예를 들어, 그는 민족화해협력증진법(the Promotion of National Unity and Reconciliation Act)에서 가져온 중대한 인권 침해(*gross violation of human rights*)에 대한 정의를 제시한다. 그 정의는 우리가 상식에서 상식 밖의 지식으로 나아가고 있다는 확실한 신호이다:

a **gross violation of human rights** - defined as an abduction, killing, torture or severe ill-treatment
납치, 살해, 고문 또는 심각한 학대로 정의되는 중대한 인권 침해

다음은 Tutu의 행위평가적 법률 용어의 몇 가지 예이다:

had committed a **crime**
범죄를 저지르다
sees the **offence**
범법 행위를 보다

the **perpetrator**
가해자
regular **torturers** of detainees
구금자에 대한 상습적인 고문자
the **victim**
피해자

who plead **guilty**
유죄를 인정하는 사람

innocent people
무죄인 사람들
those who claim to be **innocent**
무죄라고 주장하는 사람들

of **reprisals**
보복의
in **retaliation**
앙갚음으로
not **retribution** or **punishment**
징벌이나 처벌이 아닌

encourages **impunity**
면책을 조장하다
the granting of **amnesty**
사면권 부여

a **miscarriage** of justice
오심

어떤 분석적인 목적을 위해 우리는 이러한 기술적(技術的) 행위평가를 평가어 분석에서 제외해야 한다고 주장할 수 있다. 왜냐하면 각각의 의미는 평가어와 같은 대인적 의미가 아니라 법적 제도 내에 정확히 위치하는 관념적 의미를 의미하기 때문이다. 하지만 이러한 전문성 때문에 평가적 역할이 완전히 사라지는 것은 아니다. 대부분 일반 독자들에게는 일상적인 태도평가적 힘을 가지고 있는 것으로 보인다. 또 다른 예로, Robert Manne이 호주의 원주민 아동을 강제로 가족에서 분리하는 정책이 '기술적(技術的)으로 대량 학살 행위'라고 썼을 때, 대부분의 호주인들에게 그 '기술적(技術的)으로'라는 말이 도덕적 충격을 완전히 완화했는지 의심스럽다:

A national inquiry last year found that the government policy of forced removal was a gross violation of human rights and **technically an act of genocide** because it has the intention of destroying Australia's indigenous culture by forced assimilation. (Manne 1998)
작년 한 국가 조사에 따르면 정부의 강제 이주 정책은 강제 동화를 통해 호주의 원주민 문화를 파괴하려는 의도를 가지고 있기 때문에 심각한 인권 침해이며 기술적(技術的)으로 대량 학살 행위이다. (Manne 1998)

마지막으로 행위평가를 위해 해당 의회법을 살펴볼 수 있다. Tutu의 설명과 마찬가지로 이 법령은 감정평가보다 행위평가를 우선시하며, 입법 문서에서 예상할 수 있듯이 그 행위평가는 주로 기술적(技術的)인 것이다. 몇 가지 예시들은 아래에 강조 표시되어 있다:

To provide for the investigation and the establishment of as complete a picture as possible of the nature, causes and extent of **gross violations of human rights** committed during the period from 1 March 1960 to the cut-off date contemplated in the Constitution, within or outside the Republic, emanating from the conflicts of the past, and the fate or whereabouts of the **victims** of such **violations**
1960년 3월 1일부터 헌법에 명시된 마감일까지 공화국 내외에서 과거의 분쟁에서 비롯된 중대한 인권 침해의 성격, 원인 및 범위와 그러한 침해를 당한 피해자의 운명 또는 행방에 대한 가능한 한 완전한 실체에 대한 조사와 제정을 제공하기 위해서

the granting of **amnesty** to persons who make full disclosure of all the relevant facts relating to acts associated with a political objective committed in the course of the conflicts of the past during the said period
해당 기간 동안 과거의 분쟁 과정에서 저지른 정치적 목적과 연결된 행위와 관련된 모든 관련 사실을 완전히 공개하는 사람에 대한 사면권 부여하기

affording **victims** an opportunity to relate the **violations** they suffered
피해자가 자신이 겪은 위반 사항을 이야기할 수 있는 기회를 제공하기

the taking of measures aimed at the granting of reparation to, and the rehabilitation and the restoration of the human and civil **dignity** of, victims of **violations of human rights**
인권 침해 피해자에 대한 배상, 피해자의 인간적 및 시민적 존엄성의 회복 및 복구를 목표로 하는 조치하기

reporting to the Nation about such **violations** and **victims**
그러한 위반 및 피해자에 대해 국가에 보고하기
the making of recommendations aimed at the prevention of the commission of gross **violations of human rights**
중대한 인권 침해 행위의 예방을 위한 권고 사항 작성하기

and for the said purposes to provide for the establishment of a **Truth** and Reconciliation Commission, a Committee on **Human Rights Violations**, a Committee on **Amnesty** and a Committee on Reparation and Rehabilitation
그리고 상기 목적을 위해 진실과 화해위원회, 인권 침해위원회, 사면위원회 및 배상 및 재활위원회의 제정을 제공하기

사물을 정황평가하기

지금까지 사람들이 사람에 대해 어떻게 느끼고 행동하는지에 대해 살펴봤다. 그렇다면 정황에 대해서는 어떨까? 정황에 대한 평가는 TV 프로그램, 영화, 책, CD, 그림, 조각품, 집, 공공 건물, 공원, 연극, 리사이틀, 퍼레이드 또는 모든 종류의 광경과 공연, 파노라마와 숲, 일출과 일몰, 별이 빛나는 밤의 별자리, 유성, 인공위성 등 자연에 대한 우리의 태도를 포함한다. 감정평가, 행위평가와 마찬가지로 정황평가도 긍정적으로, 또는 부정적으로 평가될 수 있다.

Helena의 서사는 사정과 상황이기보다는 사람에 관한 것이므로, 감정평가와 행위평가를 전경화한다. 하지만 여기에는 관계에 대한 평가하기도 포함된다:

> a **beautiful** relationship
> 아름다운 관계
> an **extremely short** marriage... **failed**
> 극도로 짧은 결혼 생활... 실패
> my **unsuccessful** marriage
> 나의 실패한 결혼

삶의 질도 마찬가지이다:

> **hell**
> 지옥
> **hell**
> 지옥
> this **abnormal** life
> 이 비정상적인 삶
> **hell**
> 지옥
> **hell**
> 지옥

관계와 삶의 질은 추상적인 정황이지만 그럼에도 불구하고 정황으로 평가할 수 있다. 앞서 살펴본 바와 같이 Tutu의 설명은 행위평가를 전제로 한다. 그러나 초기에는 질문, 문제, 적용 등 기호학적인 정황들을 평가한다:

a **frivolous** question
경솔한 질문
a **very serious** issue
매우 심각한 문제
virtually all the **important** applications to the Commission
그 위원회에 제출된 거의 모든 중요한 신청들은

그리고 마지막으로 갈수록 Tutu는 회복적 정의의 의미를 탐구하는 방식으로 관계에 초점을 맞춘다:

> I contend that there is another kind of justice, **restorative justice**, which is characteristic of traditional African jurisprudence. Here the central concern is not retribution or punishment but, in the spirit of **ubuntu**, the **healing of breaches**, the **redressing of imbalances**, the **restoration of broken relationships**. This kind of justice seeks to **rehabilitate** both the victim and the perpetrator, who should be given the opportunity to be **reintegrated into the community** he or she has **injured** by his or her offence. This is a far more personal approach, which sees the offence as something that has happened to people and whose consequence is a **rupture in relationships**. Thus we would claim that justice, **restorative justice**, is being served when efforts are being made to work for **healing, for forgiveness** and for **reconciliation**
> 나는 아프리카 전통 법학의 특징인 회복적 정의라는 또 다른 종류의 정의가 있다고 주장한다. 여기서 핵심적인 관심사는 보복이나 처벌이 아니라 ubuntu(공유정신)의 신념에서 위반의 치유, 불균형의 시정, 깨어진 관계의 회복이다. 이러한 정의는 피해자와 가해자 모두를 회복시키며, 가해자는 자신의 범법 행위로 인해 상처받은 커뮤니티에 다시 통합될 수 있는 기회를 제공받아야 한다. 이는 훨씬 더 개인적인 접근 방식으로, 범법 행위를 사람들에게 일어난 일로 보고 그 결과로 관계의 파열을 초래하는 것으로 간주한다. 따라서 우리는 치유, 용서, 화해를 위해 노력할 때 정의, 회복적 정의가 실현되고 있다고 주장할 수 있다.

Tutu가 *ubuntu*의 맥락에서 정의라는 용어를 사용하는 것은 언뜻 보면 그가 여기서 행동을 행위평가하고 있다는 것을 나타내는 것처럼 보인다. 하지만 사실 그는 보복과 처벌이라는 서구의 개념보다는 사회적 관계의 구조를 회복하는 데 더 관심이 있다. 긍정적인 평가하기 측면에서는 공동체적 치유와 관련된 용어가 있다:

the **healing of breaches**
위반의 치유

the **redressing of imbalances**
불균형의 해소
the **restoration** of broken relationships
깨어진 관계의 회복
rehabilitate both the victim and the perpetrator
피해자와 가해자를 모두 재활하다
the opportunity to be **reintegrated into the community**
커뮤니티에 재통합될 수 있는 기회
restorative justice
회복적 정의
healing
치유
reconciliation
화해

부정적인 측면에는 피해와 관련된 용어가 있다:

broken relationships
깨진 관계
the community he or she has **injured** by his or her offence
그 또는 그녀의 범법 행위로 인해 상처를 입은 커뮤니티
a **rupture** in relationships
관계의 파열

지금까지 살펴본 긍정적인 정황평가와 부정적인 정황평가를 요약하면 다음의 표 2.4와 같다.

표 2.4 정황평가의 예

긍정적	a *beautiful* relationship 아름다운 관계 a *very serious* issue 매우 심각한 문제 *healing of breaches* 위반의 치유 *redressing of imbalances* 불균형의 해소 *restoration* of broken relationships 깨어진 관계의 회복

<table>
<tr><td>부정적</td><td>my unsuccessful marriage
나의 실패한 결혼
a frivolous question
경솔한 질문
broken relationships
깨진 관계
the community he or she has injured
상처를 입은 커뮤니티</td></tr>
</table>

긍정적인 정황평가의 운율을 설명하기 위해 잠시 분야를 바꿔서 Steive Ray Vaughan의 앨범 <u>*Texas Flood*</u>의 최신 CD 에디션(Amazon.com 제공)에 대한 리뷰를 살펴보겠다:

> This *legendary 1983 debut by the fallen torchbearer of the '80s-'90s blues revival sounds even more dramatic in its remixed and expanded edition. Stevie Ray Vaughan's guitar and vocals are a bit brighter and more present on this 14-track CD. And the newly included bonus numbers (an incendiary studio version of the slow blues "Tin Pan Alley" that was left off the original release, and live takes of "Testify," "Mary Had a Little Lamb," and the instrumental "Wham!" from a 1983 Hollywood concert) illuminate the raw soul and passion that propelled his artistry even when he was under the spell of drug addiction. Texas Flood captures Vaughan as rockin' blues purist, paying tribute in his inspired six-string diction to his influences Larry Davis (who wrote the title track). Buddy Guy, Albert King, and Jimi Hendrix. His own contemplative "Lenny," a tribute to his wife at the time, also suggests a jazz-fueled complexity that would infuse his later work. (Drozdowski 2000)*

80~90년대 블루스 부흥기를 이끈 선구자가 1983년에 선보인 이 전설적인 데뷔 앨범은 리믹스판과 확장판에서 더욱 극적으로 들린다. Steve Ray Vaughan의 기타와 보컬은 이 14곡의 CD에서 좀 더 밝고 생생하게 살아난다. 그리고 새롭게 수록된 보너스 곡(오리지널 릴리스에서 누락된 슬로우 블루스 "Tin Pan Alley"의 선동적인 스튜디오 버전과 "Testify", "Mary Had a Little Lamb", 1983년 할리우드 콘서트의 "Wham!" 라이브 영상)은 그가 마약 중독의 마법에 걸려 있을 때도 그의 예술성을 밀어붙인 원초적인 영혼과 열정을 조명해준다. Texas Flood는 Vaughan을 로큰롤 블루스 순수주의자로 묘사하며, Vaughan에게 영향을 준 Larry Davis(타이틀곡을 작곡한), Buddy Guy, Albert King, Jimi Hendrix에게 영감을 받은 여섯 줄의 현악기 연주로 경의를 표한다. 당시 그의 아내에게 헌정한 사색적인 "Lenny"는 이후 그의 작품에 재즈풍의 복잡성을 불어넣을 것을 암시하기도 한다. (Drozdowski 2000)

이는 아마존 고객들이 Vaughan의 데뷔 앨범을 구매하도록 설득하기 위해 어떤 내부 편집자가 극찬한 리뷰이다. 이 리뷰는 앨범 전반적으로, 그리고 특히 어떤 트랙을 매우 긍정적으로 묘사하고 있다:

legendary, even more dramatic, bit brighter, more present, incendiary, contemplative, jazz-fueled complexity
전설적인, 더 극적인, 조금 더 밝은, 더 생생한, 선동적인, 사색적인, 재즈풍의 복잡성

이러한 평가어에 *Texas Flood*의 새로운 버전이라는 맥락에서 긍정적인 가치를 지닌 몇 가지 경험적 의미를 추가할 수 있다:

remixed, expanded, bonus
리믹스된, 확장된, 보니스

성격(character)과 가치(Value)의 경계선

우리 텍스트에는 태도평가가 성격에 대한 행위평가로, 또는 정황에 대한 정황평가로 분석될 수 있는 사례들이 몇 가지 있다. 예를 들어, Vaughan의 앨범과 수록곡에 대한 긍정적인 정황평가와 밀접한 관련이 있는 것은 그의 공연에 대한 평가하기이다:

raw soul and passion, artistry, inspired six-string diction
원초적인 영혼과 열정, 예술성, 영감을 받은 여섯 줄의 현악기 연주

이것은 우리를 성격(행위평가)과 가치(정황평가)의 경계로 이끈다. 이들은 Vaughan이라는 사람의 성격보다는 Vaughan의 기타 연주에 직접적으로 가치를 부여하기 때문에 여기서는 성격보다는 가치에 초점을 맞추겠다. 하지만 Vaughan의 엄청난 기타 연주 실력이 그의 성격의 한 가지 긍정적인 측면(리뷰에서도 언급된 약물 중독이라는 부정적인 측면과 반대되는)을 나타내는 것으로 추가적으로 코딩할 수도 있다. Vaughan이 1980~1990년대 블루스 부흥의 선구자이자 로큰롤 블루스 순수주의자로 불릴 때 이러한 긍정적 기량을 일반화하는 것은 더욱 경계가 모호할 수 있다:

torchbearer, rockin' blues purist
선구자, 로큰롤 블루스 순수주의자

이 앨범에서 운율적으로 표현되고 있는 긍정적 정황평가는 이러한 항목이 아직 논쟁의

여지는 있지만 대체로 여전히 긍정적 정황평가에 포함될 수 있다; 하지만, 연주보다는 성격이 평가되는 맥락에서는 이러한 항목을 예술가로서의 Vaughan의 기량에 대한 긍정적 <u>행위평가</u>로 읽을 수 있는 경우도 있다. 이러한 경계선 항목의 맥락 민감성은 평가어 분석에서 운율적 측면의 중요성을 강조한다. 따라서 단순히 항목별로 분석하는 것이 아니라 공동-텍스트를 고려하는 것이 중요하다.

책 제목에서 알 수 있듯이 Tutu의 핵심 용어는 용서이며, 이 맥락에서는 행위평가와 정황평가의 두 가지 측면을 모두 포함하는 것으로 보인다. 행위평가는 누군가에게 잘못을 저지른 사람에게 분노를 느끼거나 벌을 주려는 마음을 멈출 만큼 관대하다는 의미이고, 정황평가는 평화가 회복되었다는 의미이다. 또한 Tutu에게 용서란 기독교 신앙에 바탕을 둔 영적인 차원을 포함하며, 윤리적 고려를 넘어 평화와 영적 조화의 차원으로 나아가는 개념인 것 같다. 평가어적 측면에서 이것이 의미하는 바는 정치화된 정황평가의 미학이 행위평가의 도덕적 열정의 역할을 재맥락화했다는 것이다.

공동체적 치유를 가치 분석의 한 차원으로 본다면, 이 법령은 사회적 관계의 회복과도 관련이 있다고 볼 수 있다:

SINCE the Constitution of the Republic of South Africa, 1993 (Act No. 200 of 1993), provides a historic bridge between the past of a deeply *divided society characterised by strife, conflict, untold suffering and injustice, and a future founded on the recognition of human rights, democracy and peaceful co-existence for all South Africans, irrespective of colour, race, class, belief or sex;*
1993년 남아프리카공화국 헌법(1993년 법령 제200호)은 분쟁과 갈등, 엄청난 고통과 불의로 특징지어지는 깊은 분열의 과거와 피부색, 인종, 계급, 신념, 성별에 관계없이 모든 남아공인의 인권, 민주주의, 평화로운 공존을 인정하는 데 기반을 둔 미래 사이의 역사적인 가교 역할을 하고 있다;
AND SINCE it is deemed necessary to establish the truth in relation to past events as well as the motives for and circumstances in which gross violations of human rights have occurred, and to make the findings known in order to prevent a repetition of such acts in future;
그리고 과거 사건과 관련하여 중대한 인권 침해가 발생한 동기 및 경위와 관련된 진실을 규명하고 향후 그러한 행위의 반복을 방지하기 위해 그 결과를 알릴 필요가 있다고 판단된다;
AND SINCE the Constitution states that the pursuit of **national unity**, the well-being of all South African citizens and **peace** require **reconciliation** between the people of South Africa and the **reconstruction of society**.
그리고 헌법에 따르면 국가 통합, 모든 남아공 시민의 안녕과 평화를 추구하려면 남아공 국민 간의 화해와 사회 재건이 필요하다고 명시되어 있기 때문이다;

AND SINCE the Constitution states that there is a need for **understanding** but not for vengeance, a need for **reparation** but not for retaliation, a need for **ubuntu** but not for victimisation;
그리고 헌법에 따르면 이해는 필요하지만 복수는 안 되고, 배상은 필요하지만 보복은 안 되며, ubuntu는 필요하지만 희생은 안 된다고 명시되어 있기 때문이다;
AND SINCE the Constitution states that in order to advance such **reconciliation** and **reconstruction** amnesty shall be granted in respect of acts, omissions and offences associated with political objectives committed in the course of the **conflicts** of the past;
그리고 헌법은 이러한 화해와 재건을 진전시키기 위해 과거의 분쟁 과정에서 저지른 정치적 목적과 관련된 행위, 부작위 및 범죄에 대해 사면을 부여해야 한다고 명시하고 있기 때문이다;
AND SINCE the Constitution provides that Parliament shall under the Constitution adopt a law which determines a firm cut-off date, which shall be a date after 8 October 1990 and before the cut-off date envisaged in the Constitution, and providing for the mechanisms, criteria and procedures, including tribunals, if any, through which such amnesty shall be dealt with
그리고 헌법에서 의회는 헌법에 따라 1990년 10월 8일 이후부터 헌법에 규정된 시한일 이전에 확정된 시한일을 결정하는 법령을 채택하고, 그러한 사면을 처리할 메커니즘, 기준 및 절차(만약 있다면 재판소를 포함하여)를 규정해야 한다고 규정하고 있기 때문이다;

이 분석을 위해 우리는 행위평가와 직접적으로 관련이 없는 항목들에 초점을 맞추어 왔다. 그러나 다음 단락에서 우리는 잠시 멈칫하게 된다:

AND SINCE the Constitution states that there is a need for **understanding** but not for *vengeance*, a need for **reparation** but not for *retaliation*, a need for **ubuntu** but not for *victimisation*
그리고 헌법에 따르면 이해는 필요하지만 복수는 안 되고, 배상은 필요하지만 보복은 안되며, ubuntu는 필요하지만 희생은 안 된다고 명시되어 있기 때문이다;

여기서 이 법령은 위에서 정황평가로 취급한 것을 보다 명시적으로 윤리적 고려 사항, 즉 사람들의 행동의 부적절성에 대한 행위평가를 포함하는 용어에 체계적으로 대조시킨다:

정황평가 (치유)	행위평가 (부적절성)
understanding	vengeance
이해	복수
reparation	retaliation

배상   보복
ubuntu   victimisation
ubuntu   희생

아프리카-기독교적 가치들은 서구의 정의를 초월하는 것으로 구성된다. 아마도 ubuntu의 의미에 대한 Tutu의 논평을 따라가다 보면 이 법령에 담긴 감정의 흐름에 대한 더 나은 읽기가 될 것이다:

> the spirit of **ubuntu**, the **healing** of **breaches**, the **redressing** of **imbalances**, the **restoration** of **broken** relationships
> ubuntu의 정신, 관계 단절의 치유, 불균형을 바로잡기, 깨어진 관계의 회복

여기서 질서는 무질서를 포함하고, 평화가 발생한다. 이것들은 이 법령이 새로운 무지개 공화국에서 사람들이 일치시키기를 바라는 가치들이다. 따라서, 이 법령이 제정되기 위해 고안된 화해의 태도를 보여주는 방법으로, 질서와 무질서라는 제목 아래, 행위평가와 정황평가를 여기서 함께 묶는 것이 현명할 수 있다:

> **질서**
> democracy, peaceful co-existence, national unity, peace, reconciliation, reconstruction of society, understanding, reparation, ubuntu, reconciliation, reconstruction;
> 민주주의, 평화적 공존, 국가 통합, 평화, 화해, 사회 재건, 이해, 배상, ubuntu, 화해, 재건
> recognition of human rights, truth, well-being, amnesty, amnesty
> 인권의 인정, 진실, 안녕, 사면, 사면
>
> **무질서**
> deeply divided society, strife, conflict, conflicts;
> 깊이 분열된 사회, 다툼, 갈등, 갈등들;
> injustice, violations of human rights, vengeance, retaliation, victimisation, omissions, offences
> 불의, 인권 침해, 복수, 보복, 희생, 부작위(不作爲), 범법 행위

잠시 멈춰서 우리의 감정평가, 행위평가, 정황평가의 프레임워크가 얼마나 서구적인 느낌의 구조를 대표하는지 생각해 보는 것이 더 현명할 수 있다. Tutu의 아프리카-기독교적 유산은 태도평가를 이러한 방식으로 고려하지 않을 수도 있다. 우리는 여기서 우리의 범주 너머를

바라볼 만큼 현명하지는 않다. 하지만 다른 문화권에서 잠시 멈춰 서서 우리가 해온 일들을 다른 시각으로 바라볼 것이라고 확신한다.

2.3 태도평가를 증폭하기(강도평가)

태도평가의 독특한 특질 중 하나는 등급화할 수 있다는 점이다. 즉, 우리는 누군가 또는 무언가에 대해 얼마나 강하게 느끼는지 말할 수 있다는 것을 의미한다. 예를 들어, Helena는 그녀의 첫사랑을 *sharply intelligent*라고 묘사한다. 그렇게 함으로써, 그녀는 그의 지능을 척도에 위치시키고, 그녀가 할 수 있었던 다른 선택들과 관련하여 높은 순위를 매긴다:

extremely intelligent 극도로 총명한 sharply intelligent 매우 총명한 really intelligent 정말 총명한 quite intelligent 꽤 총명한 fairly intelligent 상당히 총명한 somewhat intelligent 다소 총명한	높은 등급 ↑ 낮은 등급 ↓

보다시피, 어떤 선택들은 볼륨을 크게 높이고(예를 들어, *extremely, sharply*), 어떤 선택들은 톤을 낮춘다(예를 들어, *fairly, somewhat*). 영어에서는 볼륨을 낮추는 것보다 높이는 것에 더 많은 자원을 가지고 있는 것 같고, 그것들을 더 자주 사용하는 것 같다.

이 절에서는 증폭을 위한 두 가지 종류의 자원을 살펴볼 것이다. 첫 번째는 '볼륨을 높이거나 낮추기 위한 것'이다. 여기에는 *very/really/extremely*와 같이 의미를 강화하는 단어와 *happy/delighted/ecstatic*과 같이 강화의 정도를 포함하는 어휘 항목이 포함되며, 우리는 이러한 종류의 증폭하기를 **세기**(force)라고 부른다. 두 번째 유형은 *about/exactly* 또는 *real/sort of/kind of*와 같은 단어를 사용하여 사람과 사물의 범주를 '경화하기(sharpening)' 또는 '연화하기(softening)' 하는 것으로, 이러한 종류의 증폭을 **초점**(focus)이라고 한다.

태도평가의 세기를 증폭하기

우리는 태도평가의 세기를 증폭시키는 단어로 *very/really/extremely*를 사용할 수 있다. 이러한 종류의 단어를 **강화어**(intensifiers)라고 한다. 예를 들어 Helena는 그녀의 두 번째 사랑이 얼마나 특별했는지, 그가 얼마나 조용했는지, 그리고 실패한 결혼 생활이 얼마나 오래 지속되었는지를 강화한다:

> **very** special
> 아주 특별한
> **very** quiet
> 아주 조용한
> An **extremely** short marriage to someone else
> 다른 사람과의 극도로 짧은 결혼 생활

Tutu도 이런 종류의 강화하기를 사용한다:

> a **very** serious issue
> 아주 심각한 문제
> **quite** a price to pay
> 지불해야 할 엄청난 대가

강화어는 우리가 사물들을 비교하는 것을 가능하게 한다 - 우리가 누군가 또는 어떤 것에 대해 얼마나 강하게 느끼는지를 다른 것과 비교하여 말할 수 있게 한다. 예를 들어, Helena는 백인들이 어떻게 모든 면에서 최고를 누리면서도 여전히 더 많은 것을 원했는지 설명한다:

> If I had to watch how white people became dissatisfied with the **best** and still wanted **better** and got it.
> 만약 백인들이 최고에 만족하지 않고 더 나은 것을 원하고 그것을 얻는 과정을 지켜봐야만 했다면.

*best*는 암묵적으로 '투쟁하는 사람들'이 가진 전부인 *worst*와 비교된다. 그리고 *best*는 백인들이 원했던 *better*와도 비교된다. 이러한 비교가 가능한 것은 사물의 가치가 등급화될 수 있기 때문이다:

best/better/good/bad/worse/worst
제일 좋은/더 좋은/좋은/나쁜/더 나쁜/제일 나쁜

비교는 Tutu의 설명과 그 법령에서도 찾아볼 수 있다.

a **far more** personal approach
훨씬 더 개인적인 접근 방식
as complete a picture **as possible**
가능한 한 완전한 상황

그의 강화어는 다음과 같은 척도에 속한다:

slightly more/a little more/a lot more/far more
약간 더/조금 더/많이 더/훨씬 더
less than/as much as/more than
~보다 적은/~만큼/~보다 많은

Helena가 남아프리카 백인 지도자들의 책임감 부족을 비판하고 Tutu가 일부 목격자들에 대한 협박의 문제를 지적하는 것처럼, 일부 비교는 과잉된 느낌을 나타낸다:

too holy and innocent
너무나 거룩하고 결백한
too intimidated to testify in open session
너무나 겁에 질려 공개 회의에서 증언할 수 없는 경우

*Too*는 이 의미의 영역에서 *enough*와 대조된다:

not enough/enough/too much
충분하지 않은/충분한/너무나 많은

여기서는 느낌을 강화하는 자원에 대해 더 자세히 다루지는 않겠다. Quirk 외(1985)에는 '증폭어(amplifier)', '완화어(downtoner)' 그리고 '강조어(emphasizer)'에 대한 유용한 논의가 있으며, '완곡어(hedging)'에 대해서는 Hyland(1998)도 참조하라. 그리고 Collins Cobuild(1998)에는 부사를 등급화하는 데 매우 유용한 개요가 있는데, 이는 특별히 많은 강화어가 태도와 관련되어 있음을 보여준다:

> amazingly beautiful
> 놀랍도록 아름다운
> unusually beautiful
> 유난히 아름다운
> dangerously beautiful
> 위험할 정도로 아름다운
> breathtakingly beautiful
> 숨막힐 정도로 아름다운

또한 수량, 방식 및 양태와 같은 등급을 매기는 것과 관련된 몇 가지 다른 의미 영역도 있다:

수량	*all/several/some of my questions*
	내 질문 전체/여러 개/일부
방식 정도	*shake frantically/uncontrollably/excitedly*
	미친 듯이/통제할 수 없을 정도로/흥분할 정도로 흔들림
양태	*there must/would/might have been someone out there*
	밖에 누군가가 틀림없이 있었을 것이다/있었을 수도 있다/있었을지도 모른다

증폭에 대한 완전한 분석은 이러한 종류의 의미를 유용하게 포함할 것이다. 아래 **출처**에서 양태에 대해 더 자세히 논의하겠지만, 여기서는 등급화된 느낌으로 제한하겠다.

다음으로 *happy/delighted/ecstatic*과 같은 강화의 정도를 포함하는 어휘 항목을 살펴보겠다. 이러한 종류의 단어는 **태도평가적 어휘**(attitudinal lexis)로 알려져 있다. 즉, '태도를 가진 어휘'이다. 우리가 이미 살펴본 better/best, all/several/some, *must/would/might* 등의 강화어는 <u>문법</u> 용어이다. 그들의 의미는 '내용어'와 결합되는 것에 달려있다. 대조적으로, '내용어'는 엄밀히 말하면 <u>어휘 용어</u>나 간단히 **어휘**(lexis)로 언급된다.

이야기 장르 전반에서 일반적으로 그러하듯이 태도평가적 어휘는 Helena의 서사하기에서 매우 중요한 역할을 한다.18) 예를 들어 Helena는 자신과 그녀의 두 번째 연인이 그의 진급에

---

18) [역자주] 이야기 장르에는 회고록(recount), 개인적 일화(anecdotes), 도덕적 일화(exemplum), 서사

대해 *happy, chuffed, delighted* 또는 *elated*라는 말보다는 *ecstatic*이라고 말한다. 이것들은 모두 행복의 정도를 나타내는 어휘 용어이다. 이와 같은 단어들을 항상 등급에 따라 정렬하는 것은 쉽지 않지만, 분명히 다양한 정도의 느낌이 관련되어 있다. 이러한 용어들에서 증폭은 단어 자체로 융합되어 있기 때문에 사전에서 *chuffed*는 '매우 기뻐하는'으로 정의되며, 증폭은 *very*로 표시된다.

다음은 Helena의 **사건**들에 나오는 태도평가적 어휘의 몇 가지 예시이며, 강화 등급 몇 가지를 함께 제안한다.

vivacious man	dull/placid/lively/vivacious
쾌활한 남자	둔한/평온한/활기찬/쾌활한
torn to pieces	saddened/grief stricken/torn to pieces
산산조각이 난	슬퍼하는/슬픔에 빠진/산산조각이 난
ecstatic	happy/chuffed/delighted/elated/ecstatic
황홀한	행복한/흐뭇한/기쁜/의기양양한/황홀한
bewildered	bemused/puzzled/confused/bewildered
멍한	어리둥절한/당황한/혼란스러운/멍한
blood-curdling **shrieks** of fear	whimper/groan/cry/screech/shriek
소름끼치는 공포의 비명	훌쩍이다/투덜거리다/울다/소리를 내다/비명을 지르다
pleading	ask/request/pray/beseech/plead
애원하다	묻다/요청하다/기도하다/간청하다/애원하다

이러한 어휘 자원들에서 범주들 간의 경계선을 그리는 것은 어려울 수 있으며, 분석의 양을 늘리기 위해 얼마나 많은 항목을 포함해야 하는지 항상 명확하지는 않다. 대략적으로 말해서, 위와 같이 인식된 단어는 '비핵심 어휘(non-core vocabulary)'(Carter 1987)이다. 즉, 영어에서 가장 일반적으로 사용되지 않는 어휘 항목들이다. 그리고 이들은 사전에서 *very*와 같은 강화어로 정의되는 경향이 있다.

이를 넘어서, 우리는 담화의 전 국면을 채색하는 느낌의 운율을 기준으로 삼을 수도 있다. 예를 들어 Helena의 서사에서 태도평가적 어휘는 그녀의 **도입**이나 **해석**보다 **사건**의 특징에 더 가깝다. 그리고 장르 또한 하나의 요인이다. Tutu는 그의 표현에서 이 자원을 덜 사용하지만 몇 가지 예시가 있다:

(narratives), 등이 포함된다. 부록 2: 상용 장르, 목적, 단계의 개요 참조.

a **frivolous** question
경솔한 질문
the full **glare** of television lights
텔레비전 조명의 강렬한 눈부심
humiliation for the perpetrator
가해자에 대한 굴욕
impunity
면책

반면에, 그 법령 장르는 태도평가적 어휘를 거의 사용하지 않는 것이 틀림없다. 이것은 *very*와 같은 강화어를 피하는 것과 마찬가지이다. 따라서 우리는 각 장르가 얼마나 많은 증폭을 보여줄 것인지에 대해 다양한 장르를 점수화할 수 있다: 서사는 대부분 증폭되는 경향이 있고, 설명하기는 덜 증폭되며, 법령과 같은 행정 장르는 거의 증폭되지 않는다.

몇몇 장르들의 또 다른 특징은 태도를 기술(技術)화할 때 등급화가 지워진다는 점이다. 예를 들어, 일반적인 용어에서 *gross*는 *minor/unacceptable/gross* 또는 *unpleasant/disturbing/gross*와 같은 척도의 극단에 있다. 그러나 일단 우리가 *a gross violation of human rights*를 정의할 때, *gross*는 이제 더 이상 그 침해가 얼마나 용납될 수 있는지 없는지나 불쾌한지 불쾌하지 않은지를 척도화하는 것이 아니다. *Gross*는 강화하기보다는 단순히 범법 행위 이름의 일부가 되어 범법 행위의 유형을 분류한다:

a **gross** violation of human rights - defined as an abduction, killing, torture or severe ill-treatment
심각한 인권 침해 - 납치, 살해, 고문 또는 심각한 학대로 정의됨

태도평가적 어휘에는 앞에서 살펴본 어휘 용어뿐만 아니라 은유와 욕설도 포함되어 있다. 우리는 이미 Helena의 은유를 감정평가와 관련하여 고려했지만, 여기서 우리는 그것들이 증폭 효과도 있다는 것에 주목할 수 있다.

ice cold in a sweltering night
무더운 밤에 얼음같이 차가운
dull **like the dead**
죽은 사람처럼 둔한
blood-curdling shrieks
소름끼치는 비명

이러한 은유는 그녀의 두 번째 사랑이 <u>얼마나 차가웠는지</u>, 그의 눈이 <u>얼마나 멍했는지</u>, 그의 비명이 <u>얼마나 무서웠는지</u>를 말해준다.

Helena는 그녀의 **해석**에서 은유뿐만 아니라, 백인 남아프리카 지도자들에 대한 분노를 표현하기 위해 욕설도 사용한다:

Our leaders are too holy and innocent. And faceless. I can understand if Mr (F. W.) de Klerk says he didn't know, but **dammit**, there must be a clique, there must have been someone out there who is still alive and who can give a face to 'the orders from above' for all the operations. **Dammit!** What else can this abnormal life be than a cruel human rights violation?
우리 지도자들은 너무 거룩하고 결백하여 체면조차 없다. 만약 F. W. de Klerk가 몰랐다고 말한 다면 이해할 수 있지만, 젠장, 분명 파벌이 있을 것이다. 아직 살아 있고 모든 작전에 대한 '윗선의 명령'에 얼굴을 내미는 누군가가 있을 것이다. 젠장! 잔인한 인권 침해보다 무엇이 더 이처럼 비정상적인 삶일 수 있을까?

아마도 우리가 여기서 보고 있는 것은 증폭된 느낌이 폭발하는 것이다. 이는 평가 대상(지도자의 성격)에서 증폭을 분리하고 욕설로 '끊어버리는' 일종의 차단이다. 욕설의 역할은 *ugh, huw, gr-r-r-r, inv, whew, tut-tut* 등과 같은 '간투어'(Quirk 외, 1985)와의 관계를 포함하여 더 많은 탐구가 필요하다. Eggins와 Slade(1997), 그리고 Allen과 Burridge(2006)에서도 이와 관련된 토의를 하고 있다.

초점을 경화하기와 연화하기

이제 강도평가의 두 번째 차원인 **초점**(focus), 즉 경험적 범주를 경화하기와 연화하기 하는 것에 대해 간략히 살펴보자. 지금까지 우리가 고려한 것은 등급화할 수 있는 항목의 볼륨을 조정하기 위한 자원이다. 대조적으로, <u>초점</u>은 본질적으로 등급화할 수 없는 항목을 등급화할 수 있게 만드는 자원에 관한 것이다. 예를 들어, Helena는 두 번째 사랑을 *policeman*으로 소개한다:

After my unsuccessful marriage, I met another policeman.
결혼 생활이 실패한 후, 나는 다른 경찰을 만났다.

경험적으로, 이것은 그를 다른 직업(수선공, 재단사, 군인, 스파이 등)이 아닌 한 종류의 직업을 갖는 것으로 설정한다. 이런 종류의 분류는 범주적인 구분으로, 그는 다른 것과 반대로 경찰이었다. 그러나 승진 후 두 번째 사랑은 마치 그가 전에는 경찰이 아니었던 것처럼 자신을 *real* 경찰이라고 묘사한다:

> We are **real** policemen now.
> 우린 이제 진짜 경찰이야.

이는 사실상 직업 유형 간의 범주적 경계를 등급화하여 다양한 정도의 '경찰의 지위'를 가능하게 한다. 이는 Helena가 그를 만났을 때 그가 승진한 이후보다 경찰로서의 지위가 낮았음을 암시한다:

> I met a **kind of** policeman
> 나는 일종의 경찰을 만났다
> I met a policeman **sort of**
> 나는 일종의 경찰을 만났다

이런 종류의 자원을 등급화하는 것은 볼륨을 높이거나 낮추는 것이 아니라 사물 사이의 경계를 경화하거나 연화한다. *Real policeman*은 초점을 경화하고, *a sort of policeman*은 초점을 연화한다. 사물뿐만 아니라, 우리는 *deep blue* 또는 *bluish*와 같이 질의 유형을 경화하거나 연화할 수도 있다. 범주적 개념인 숫자도 이와 같은 방식으로 좌지우지될 수 있다:

> After **about** three years with the special forces
> 특수부대에서 3년 정도 있다가
> vs
> After **exactly** three years with the special forces
> 특수부대에서 정확히 3년을 보낸 후에

Helena의 이야기에서 경화된 초점의 또 다른 예는 다음과 같다:

> was what we saw with our **own** eyes
> 우리가 직접 눈으로 본 것이다

여기서 **own**은 '우리의 눈', 즉 '다른 누구도 아닌 우리의 눈(그것은 확실히 들은 이야기가 아니다)'이라는 범주를 경화한다. 그리고 다음은 연화된 초점의 예이다:

> **not quite** my first love
> 그다지 나의 첫사랑 같지 않은

Tutu는 정확하게 하기 위해서 그의 설명에서 여러 차례 초점을 경화하고 있다:

> the **very** first time
> 맨 처음
> **precisely** this point
> 정확히 이 점에서

그러나 세기에서와 마찬가지로, 그 법령 장르는 법률적 문제로서 범주적 구별을 위해 초점을 전적으로 피하는 것으로 보인다.

우리는 경험적 경계들을 등급화하기 위한 자원들을 모두 자세히 다루지는 않겠다(Martin & White 2005와 Martin & Hood 2006은 보다 상세한 그림을 제공한다; 이러한 종류의 모호한 언어에 대한 또 다른 유용한 논의는 Channel 1994를 참조). 하지만 여기, Stevie Ray Vaughan의 글에 열광하는 팬들의 몇 가지 사례를 더 소개하겠다:

> to what **real** blues sounds like
> 진짜 블루스가 어떤 소리인지
> then you aren't a fan of **true**, god-blessed American music
> 그렇다면 당신은 신의 축복을 받은 진정한 미국 음악의 팬이 아니다.
> two of the songs sound **exactly** alike
> 두 곡이 완전히 똑같이 들린다
> Whether you're a **hardcore** Stevie fan
> 당신이 Stevie의 열렬한 팬이든 아니든
> Among Stevie was his brother, Dr. John, Angela Strehler (**or something**)
> Stevie의 열렬한 팬 중에는 그의 형제, Dr. John, Angela Strehler(또는 다른 사람)가 있다
> Here is an **authentic** blues artist
> 여기 정통 블루스 아티스트가 있다
> This video was the **epitome** of Stevie
> 이 비디오는 Stevie의 전형이었다

it's **pure** perfection
순수한 완벽함
Absolute intensity
절대적 강도(강렬함)
if you're even a **part-time** blues fan
만약 당신이 일시적인 블루스 팬이라면

　요약하자면, 태도평가의 증폭은 사람과 사물에 대해 느끼는 강도를 조절하기 위한 일련의 언어 자원들이다. 기술적(技術的)으로 말하면 이러한 자원들을 세기라고 한다. 우리는 볼륨을 높이거나 낮추는 데 사용한다. 경험적 경계를 등급화하는 데에는 명백한 범주적 구분을 선명하게 하거나 모호하게 만드는 자원들이 있다. 기술적(技術的)으로 이러한 자원을 초점이라고 한다. 언어 자원들은 이미 확정된 구분을 협상하게 만든다. 이러한 증폭 선택항은 표 2.5에 제시되어 있고, 그림 2.2에 시스템으로 설명되어 있다. 기술적(技術的)으로 말하면 이러한 자원들을 **강도평가어**(graduation)라고 한다.

표 2.5 강도평가의 선택항들

세기	강화어	*he still plays **great*** *그는 여전히 훌륭한 선수이다.*
	태도평가적 어휘	*the second part is **fantastic**...* *두 번째 부분은 환상적이다 ...*
	은유	***ice** cold in a sweltering night* *추운 밤의 얼음장 같은 차가움*
	욕설	***dammit**, there must be a clique* *젠장, 파벌이 있나 봐*
초점	경화	*a **true** guitar legend* *진정한 기타의 전설*
	연화	*a **part-time** blues fan* *일시적인 블루스 팬*

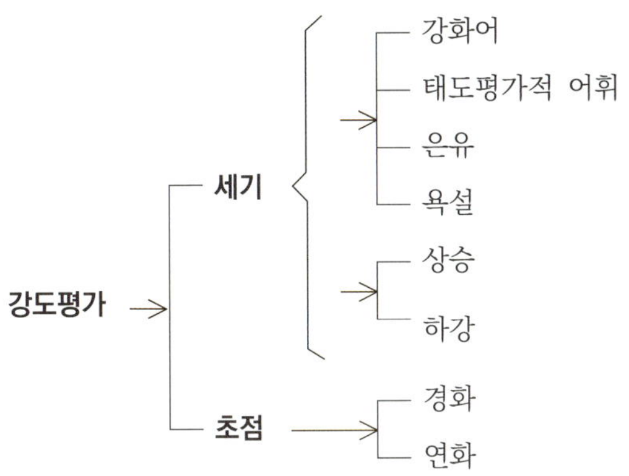

그림 2.2 강도평가의 선택항들

2.4 태도평가의 출처(개입평가)

마지막으로 고려해야 할 평가어의 영역은 태도평가의 출처이다. 즉, 평가하기는 누구로부터 이루어지는가의 문제이다.

Helena의 이야기부터 다시 시작하겠다. 표면적으로는 Helena 이야기의 평가하기가 Helena에게서 나온 것이라고 주장할 수도 있다. 결국 그녀는 서사자가 된다. 그래서 첫사랑과의 관계를 *beautiful*이라고 평가하는 것은 그녀의 의견이다:

It was the beginning of **a beautiful relationship.**
그것은 아름다운 관계의 시작이었다.

모든 평가하기는 Helena의 서사를 통해 걸러지기 때문에 어떤 의미에서는 Helena가 모든 평가하기를 책임지고 있는 것과 같다. 하지만 Helena는 첫사랑과 두 번째 사랑의 말을 인용하거나 보고함으로써 다른 사람들에게 명시적으로 그녀의 목소리를 전달한다:

Then <u>he says</u>: He and three of our friends have been promoted. 'We're moving to a special unit. Now, now my darling. We are real policemen now.'
그와 친구 세 명이 진급했고 그는 이렇게 말했다. '우리는 특수 부대로 이동해. 이제, 이제 내 사랑. 우린 이제 진짜 경찰이야.'

러시아의 언어학자 Bakhtin(1981)이 전통적으로 독백이라고 생각하는 텍스트에서도 담화의 대화적 성격에 대해 생각하게 된 요인 중 하나가 바로 이런 출처의 가능성이었다. 프랑스의 담화 분석가 Kristeva는 모든 종류의 담화에서 다양한 목소리를 내는 이 개념에 대해 **다성적 목소리**(heteroglossia)('다른 목소리들')라는 용어를 도입했다. 여기서는 태도평가의 출처가 필자가 아닌 경우 **다성적 목소리**(heterogloss)라는 용어를 사용하고, 출처가 단순히 저자인 경우 **단성적 목소리**(monogloss)('단일 목소리')라는 용어를 사용한다.

출처를 투사하기

담화에서 우리가 할 수 있는 한 가지는 사람들이 말하거나 생각하는 것을 인용하거나 보고하는 것이다. Halliday와 Matthiessen(2004)은 이러한 유형의 언어 자원을 '투사'라고 부른다. 투사는 위의 예에서 *'he says'*와 <u>그가 말한 내용</u> 사이의 관계이다. *He and three of our friends have been promoted. 'We're moving to a special unit. Now,'* 그림 2.3과 같이 '말풍선'으로 투사를 설명할 수 있다.

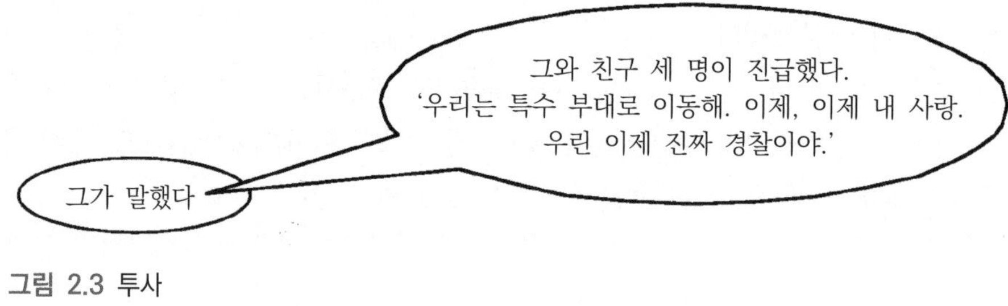

그림 2.3 투사

투사는 누군가가 말한 정확한 내용을 그대로 <u>인용하는</u> 경우이며, 이 경우 쓰기에서 일반적으로 '따옴표'가 사용된다.

'We're moving to a special unit. Now, now my darling. We are real policemen now.'
'우리는 특수 부대로 이동해. 이제, 이제 내 사랑. 우린 이제 진짜 경찰이야.'

또는 통상적으로 따옴표가 전혀 쓰이지 않는, 이미 말한 대강의 의미를 <u>보고하는</u> 형태일 수도 있다.

He and three of our friends have been promoted.
그와 친구 세 명이 진급했다.

'말하기'뿐만 아니라 생각이나 느낌을 인용하거나 보고할 수도 있다:

I <u>realized</u> he was drinking too much.
나는 그가 너무 많이 마신다는 것을 알았다.
I <u>know</u> where everything began, the background.
나는 모든 게 어디서 시작됐는지 안다, 그 배경을.
I <u>wish</u> I could wipe the old South Africa out of everyone's past.
나는 모두의 과거에서 옛 남아프리카를 지워버리고 싶다.

그런 다음 투사를 통해 추가적인 평가하기의 출처를 도입할 수 있다. 그리고 투사를 '재귀적으로' 반복해서 선택할 수 있기 때문에 남아프리카 백인 지도자들이 한 일과 몰랐던 일에 대해 이야기할 때 Helena가 한 것처럼 출처들의 출처와 출처들의 출처의 출처를 탐색하는 것에 투사를 사용할 수 있다:

I <u>can understand</u> if <u>Mr (F. W.) de Klerk says</u> <u>he didn't know</u>, but dammit, there must be a clique, there must have been someone out there who is still alive and who can give a face to 'the orders from above' for all the operations.
만약 F. W. de Klerk가 몰랐다고 말한다면 이해할 수 있지만, 젠장, 분명 파벌이 있을 것이다. 아직 살아 있고 모든 작전에 대한 '윗선의 명령'에 얼굴을 내미는 누군가가 있을 것이다.

이 문장에서 Helena는 투사를 세 번 선택한다. 두 번은 '생각'(understand와 know)이고, 한 번은 '말하기'(says)이다. 이러한 재귀적 출처를 그림 2.4에서 생각 구름과 발화 말풍선을 나타내는 다이어그램으로 제시할 수 있다.

그림 2.4 재귀적 출처들

Helena의 서사에서 투사는 '말하기'에서 '말하기의 내용'으로 이어지는 문장들 내에서만 일어나는 것이 아니다. 투사는 전체 텍스트와 텍스트의 국면에서도 일어날 수 있다. 예를 들어 Helena는 자신을 서사자로 내세우는 것으로 시작한다(*my story begins*):

> <u>My story begins</u> in my late teenage years as a farm girl in the Bethlehem district of Eastern Free State.
> 나의 이야기는 Eastern Free State의 Bethlehem 지역의 농장 소녀였던 10대 후반부터 시작된다.

나머지는 그녀가 들려주는 이야기이다. 그리고 그녀는 두 번째 사랑(*a few lines...*)에게 넘겨주는 것으로 이야기를 마무리한다:

> I end with <u>a few lines that my wasted vulture said to me</u> one night
> 어느 날 밤 내 버려진 독수리가 나에게 했던 몇 마디로 마무리하겠다.

두 경우 모두 Helena의 문장은 SABC가 Helena의 이야기를 '투사'한 것처럼 뒤에 나오는 문장을 '투사'한다:

> <u>they broadcast substantial extracts</u>
> 그들은 그 편지에서 상당한 부분을 발췌해 방송했다.

그리고 Tutu는 다시 SABC 방송을 투사한다:

> <u>The South Africa Broadcasting Corporation's radio team covering the Truth and Reconciliation Commission received a letter</u> from a woman calling herself Helena
> 진실화해위원회를 취재하는 남아프리카방송국 라디오 팀은 Helena라는 여성으로부터 한 통의 편지를 받았다

결국 Helena가 자기의 두 번째 사랑이 이런 말을 했다고 한 것을 SABC가 말했고, 그것을 다시 Tutu가 말했다. 이것은 문장 사이에서 *my story, a few lines, a letter, substantial extracts*와 같이 '발화 행위'라는 명칭을 붙임으로써 관리된다. 이러한 종류의 문장 간 투사는 종종 텍스트의 시작과 끝에 나타난다.

출처가 어디인가에 대한 책임을 명시적으로 부여하는 절에서도 투사를 찾을 수 있다. Tutu는 무죄 주장, ubuntu의 의미, 새로운 남아프리카공화국 민주주의의 평판과 가치와 관련하여 이 자료를 네 번이나 사용한다:

Amnesty is not given to innocent people or to those who <u>claim to be</u> innocent.
사면은 무고한 사람이나 무죄를 주장하는 사람에게는 주어지지 않는다.

This is a far more personal approach, <u>which sees</u> the offence as something that has happened to people and whose consequence is a rupture in relationships.
이는 훨씬 더 개인적인 접근 방식으로, 범죄를 사람들에게 일어난 일로 보고 그 결과로 관계의 결렬을 초래하는 것으로 간주한다.

Many of those who have come forward had previously <u>been regarded as</u> respectable members of their communities
앞으로 나온 많은 사람들은 이전에는 그들의 커뮤니티에서 존경받는 구성원으로 여겨지던 사람들이었다

the new culture of respect for human rights and acknowledgment of responsibility and accountability by which <u>the new democracy wishes to be characterised</u>
새로운 민주주의의 특징이 되고자 하는 인권 존중과 집단과 개인의 책임을 인정하는 새로운 문화

절들 내의 이러한 투사에는 '말하기'는 *claim to be*, '보기'는 *sees, been regarded as*, '느끼기'는 *wishes to be*와 같은 표현들이 포함된다. 또한 이 법령(the Act) 장르는 피해자 주장과 진실화해위원회의 권한과 관련된 절 내 투사를 사용한다.

... the gathering of information and the receiving of evidence from any person, including <u>persons claiming to be</u> victims of such violations or the representatives of such victims ...
... 그러한 위반의 피해자라고 주장하는 사람이나 해당 피해자의 대리인을 포함하여 모든 사람으로부터 정보를 수집하고 증거를 받는 것 ...

...establish such offices as <u>it may deem</u> necessary for the performance of its functions
...기능 수행에 필요해서 사무실을 설치한다고 생각할 것이다.

... conduct any investigation or hold any hearing <u>it may deem</u> necessary and establish the investigating unit referred to in section 28

이는 '말하기'와 '생각하기'(*claiming to be, may deem*)의 예이다.

마지막으로 다른 사람의 말이 사용되고 있음을 알리기 위해 구두점이 사용되는 경우를 고려할 필요가 있다. Helena는 자신의 이야기에서 이런 말을 여러 번 한다:

Even if he was an Englishman, he was popular with all the 'Boer' Afrikaners. And all my girlfriends envied me. Then one day he said he was going on a 'trip'.
그는 영국인이었지만 아프리카계 '보어인'들에게 인기가 많았다. 그리고 내 친구들은 모두 나를 부러워했다. 그러던 어느 날 그는 '여행'을 간다고 했다.
Abruptly mutter the feared word 'trip' and drive off.
갑자기 '여행'이라는 두려운 말을 중얼거리고 차를 몰고 간다.

The role of 'those at the top', the 'cliques' and 'our men' who simply had to carry out their bloody orders... like 'vultures'. And today they ail wash their hands in innocence and resist the realities of the Truth Commission. Yes, I stand by my murderer who let me and the old White South Africa sleep peacefully. Warmly, while 'those at the top' were again targeting the next 'permanent removal from society' for the vultures.
'윗선', '파벌', 피비린내 나는 명령을 수행해야 했던 '우리 부하들'의 역할... 마치 '독수리'처럼. 그리고 오늘날 그들은 모두 손을 씻고 진실 위원회의 현실에 저항한다. 그렇다. 나는 나와 옛 남아프리카 백인을 평화롭게 잠들게 한 살인자의 편에 서 있다. 따뜻하게, 한편 '윗선에 있는 자들'은 독수리들에게 넘길 '사회로부터의 영구적 제거'를 위해 다음 대상을 다시 한번 겨냥하고 있었다.
... there must have been someone out there who is still alive and who can give a face to 'the orders from above' for all the operations.
... 아직 살아 있고 모든 작전에 대한 '윗선의 명령'에 얼굴을 내미는 누군가가 있을 것이다.

이 장치는 때로 '주의 환기용 인용부호'라고 하는데, 이는 Helena의 말이 아니라 다른 사람으로부터 온 말이라는 것을 경고해 주며, 그녀의 두 번째 사랑이나 백인 남아프리카 지도자의 말을 예로 들 수 있다. 음성 담화에서 화자는 이런 종류의 투사를 알리기 위해 특별한 억양이나 음질을 사용할 수 있으며 때로는 사람들이 제스처를 사용하여 인용 부호를 모방하고 특수한 구두점을 대체한다. 이것의 효과는 강조 표시된 용어로 구현된 평가하기를 단절하고, 대안적이고 불특정하기는 하지만 일반적으로 복구 가능한 출처로 객체화하는 것이다.

정리하면, 우리는 지금까지 출처를 객체화하기 위해 투사가 사용되는 네 가지 방법을 살펴보았다: 이 네 가지 방법은 절들을 투사하기, 발화 행위를 명명하기, 절들 내에서 투사하기 그리고 주의 환기용 인용하기이다. 이들의 예는 표 2.6에 나와 있다.

표 2.6 출처들을 투사하기

절들을 투사하기	*Then he says: He and three of our friends have been promoted.* *그런 다음 그는 이렇게 말한다: 그와 우리 친구 세 명이 승진했다.* *I know where everything began, the background.* *나는 모든 것이 어디서 시작되었는지, 배경을 알고 있다.*
'발화 행위'를 명명하기	*I end with a few lines that my wasted vulture said to me* *내 버려진 독수리가 나에게 했던 몇 마디로 끝을 맺는다* *they broadcast substantial extracts:* *그들은 상당한 발췌문을 방송한다:*
절들 내에서 투사하기	*Many of those who have come forward had previously been regarded as respectable* *앞으로 나온 많은 사람들은 이전에 존경받는 사람들로 여겨졌다.* *such offices as it may deem necessary* *필요하다고 판단되는 사무실*
주의 환기용 인용하기	*'those at the top', the 'cliques' and 'our men'* *'윗선', '파벌', '우리 부하들'*

양태

투사와 함께 텍스트에 추가적 목소리를 도입하는 또 다른 방법은 증폭과 관련하여 위에서 소개한 양태를 통한 것이다. Halliday(1994)는 예와 아니오 사이의 의미적 공간, 긍정과 부정의 극 사이를 지나는 연속체를 설정하는 자원으로 양태를 설명한다. 두 가지 일반적인 양태의 종류가 있는데 하나는 서비스를 협상하기이고 다른 하나는 정보를 협상하기이다(아래 7장을 참조하라). 서비스에 대한 요구는 다음과 같이 협상될 수 있다:

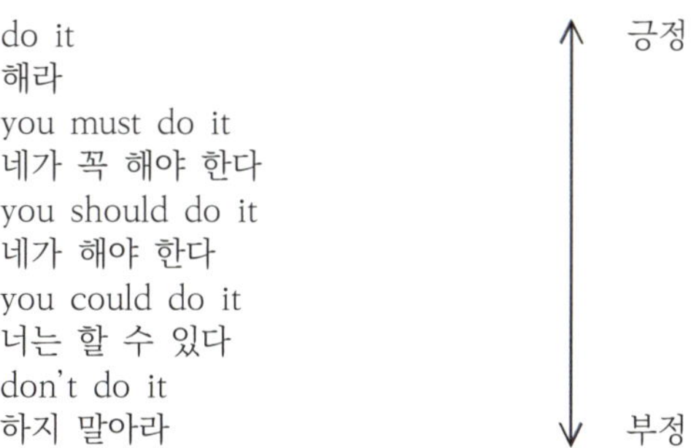

이 척도에서 우리는 당신이 행동할 '의무가 얼마나 있는가'라고 말할 수 있다. 반면, 정보를 제공하는 진술은 다음과 같이 협상될 수 있다:

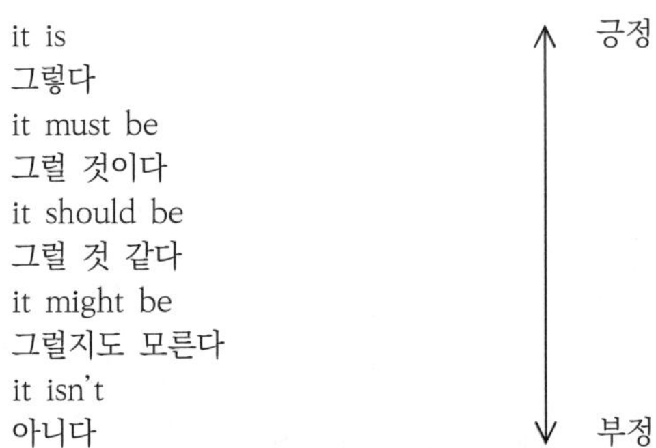

이 척도에서 우리는 진술이 '얼마나 확률이 있는가'라고 말할 수 있다. 이러한 양태 척도의 각 극에는 긍정 혹은 부정의 극성이 선택된다. 앞서 언급했듯이 양태는 텍스트에 추가적 목소리를 도입하기 위한 자원으로 사용될 수 있으며 여기에는 극성이 포함된다. 이것이 어떻게 작동하는지 보기 위해, 극성과 부정의 역할로 시작하겠다. Tutu는 질문으로 설명하기를 시작한다. 그리고 즉시 부정적인 절이 뒤따른다:

So is amnesty being given at the cost of justice being done? This is *not* a frivolous question, but a very serious issue, one which challenges the integrity of the entire Truth and Reconciliation process.
그렇다면 정의를 희생하면서까지 사면이 이루어지고 있는 것인가? 이것은 경솔한 질문이 아니라 진실과 화해의 과정 전체의 완결성에 도전하는 매우 심각한 문제이다.

Tutu가 여기서 하는 일은 정의의 대가 문제가 하찮은 질문이라고 생각하는 모든 사람(또는 아마도 Tutu가 그것이 하찮다고 생각하는 사람)에게 반박하는 것이다. 그는 논의가 흐려지기 전에 이 입장을 선점하기 위해 부정적인 절을 사용한다. 부정은 그의 목소리를 잠재적인 반대의 것과 연관시켜 놓는다; 두 개의 목소리는 연관되어 있다. 이 점에서 부정의 극성은 긍정의 극성과 다르다; 모든 것이 동등할 때 긍정의 극성은 하나의 목소리를 불러오는 반면, 부정의 극성은 두 개의 목소리를 불러온다. 다음은 Tutu의 설명하기에서 나온 몇 가지 예이다:

It is also **not true** that the granting of amnesty encourages impunity in the sense that perpetrators can escape completely the consequences of their actions, because amnesty is only given to those who plead guilty, who accept responsibility for what they have done. Amnesty is **not given** to innocent people or to those who claim to be innocent.

사면은 유죄를 인정하고 자신이 저지른 일에 대한 책임을 인정하는 사람에게만 주어지기 때문에 사면이 가해자가 자신의 행동에 따른 결과를 완전히 피할 수 있다는 의미에서 면죄부를 조장한다는 주장도 사실이 아니다. 사면은 무고한 사람이나 무죄를 주장하는 사람에게는 주어지지 않는다.

It is important to note too that the amnesty provision is an ad hoc arrangement meant for this specific purpose. This is **not how justice is to be administered** in South Africa for ever. It is for a limited and definite period and purpose.

사면 조항은 이러한 특정 목적을 위한 임시 조치라는 점에 유의하는 것도 중요하다. 사면은 남아프리카에서 영원히 정의가 집행되는 방식이 아니다. 사면은 제한적이고 명확한 기간과 목적을 위한 것이다.

Further, retributive justice – in which an impersonal state hands down punishment with little consideration for victims and hardly any for the perpetrator – is **not the only form of justice**.

게다가, 비인격적인 국가가 피해자에 대한 배려나 가해자에 대한 고려 없이 처벌을 내리는 응보적 정의만이 정의의 유일한 형태는 아니다.

   이런 종류의 부정은 논쟁의 여지가 있고 한쪽으로 치워 두어야 할 입장을 다루는 설득적 글쓰기의 특징이다. Tutu는 실제로 그의 반대 측이 말하는 것을 허락하지 않는다. 왜냐하면 만약 그가 그들에게 목소리를 내기 위해 투사를 사용한다면, 그가 그들에게 나타내는 입장은 거부가 아니라 인정의 목소리가 되기 때문이다.

   앞서 살펴본 바와 같이 양태는 극성을 등급화하고 긍정 및 부정 정도(예와 아니오 사이의 중간 공간)를 설정하기 위한 자원으로 해석할 수 있다. 이러한 척도의 두 가지 예가 더 있다. 상단에서 긍정으로 시작하여 하단에서 부정으로 이동한다:

the application is dealt with in a public hearing
해당 신청은 공청회에서 처리된다
the application **must** be dealt with in a public hearing
해당 신청은 공청회에서 처리되어야 한다
the application **should** be dealt with in a public hearing
해당 신청은 공청회에서 처리될 것 같다
the application **could** be dealt with in a public hearing
해당 신청은 공청회에서 처리될 수 있다
the application is **not** dealt with in a public hearing
해당 신청은 공청회에서 처리되지 않는다

긍정 ↑

부정 ↓

양태는 이러한 척도의 관점에서 볼 때 부정과 매우 유사한 기능을 한다(Fuller 1998; Martin & White 2005를 참조). 예를 들어, *must*는 그런 경우라고 단정적으로 주장할 수도 있지만 사실은 의심의 (평가어적) 요소를 포함한다; 그것이 참일 수도 있다(*would*)고 말하는 것은 양태적 의미를 완전히 제거한 그것이 참이다(*is*)라고 말하는 것보다 강하지 않다. 그래서 극성과 마찬가지로 양태는 제안이나 주장에 대한 대안적인 목소리를 인정한다. 극성과 달리 이러한 목소리를 받아들이거나 거부하지 않는다; 오히려 그것은 문제를 중심으로 다양한 관점이 순환할 수 있는 협상의 공간, 아마도 중재와 화해를 가능하게 하기 위한 공간을 열어준다.

Tutu는 공청회의 효과에 대해 일반화할 때 빈도를 포함한 대안적인 입장을 인정하기 위해 설명에서 다양한 양상 자원들을 사용한다:

It was **often** the very first time that their communities and even **sometimes** their families heard that these people were, for instance, actually members of death squads or **regular** torturers of detainees in their custody.
예를 들어 이들이 실제로 암살단의 일원이거나 구금된 수감자들을 정기적으로 고문하는 사람들이라는 사실을 지역 사회, 때로는 가족들조차 처음 듣는 경우가 자주 있었다.

여기서 등급화하기는 다음과 같은 등급에 따라 어떤 일이 '얼마나 자주' 발생하는지와 관련이 있다:

it was the first time their families heard
그들의 가족들은 처음 듣는 말이었다
it was **always** the first time their families heard
그들의 가족들은 항상 처음으로 들었다
it was **often** the first time their families heard
그들의 가족들이 처음 듣는 이야기였을 때가 많았다
it was **sometimes** the first time their families heard
가끔은 그들의 가족들이 처음 듣는 말이기도 했다
it was**n't** the first time their families heard
그들의 가족들이 들은 것은 처음이 아니었다

↑ 긍정
↓ 부정

Helena는 다양한 양상 의미의 범위에 걸쳐 양태를 훨씬 더 자주 사용한다:

정보 협상하기
얼마나 빈번한가   *He and his friends **would visit** regularly*
얼마나 확률이 있는가   *there **must have been** someone out there who is still alive*

서비스 협상하기
얼마나 의무적인가   *I **had to watch** how white people became dissatisfied with the best*
얼마나 의향이 있는가   *I **would have done** the same had I been denied everything*
얼마나 능력이 있는가   *who **can give** a face to 'the orders from above' for all the operations*

이 예들은 Halliday(1994)가 논의한 다섯 가지 유형의 양태를 보여준다: 빈도, 확률, 의무, 의향, 능력이다.

법령 장르는 무슨 일이 일어나야 하는지와 관련되어 있기 때문에 주로 의무(사람들이 얼마나 의무적으로 행동해야 하는지)와 관련이 있다:

AND SINCE **it is deemed necessary** to establish the truth in relation to past events as well as the motives for and circumstances in which gross violations of human rights have occurred, and to make the findings known in order to prevent a repetition of such acts in future;
그리고 과거 사건과 관련하여 중대한 인권 침해가 발생한 동기 및 경위와 관련된 진실을 규명하고 향후 그러한 행위의 반복을 방지하기 위해 그 결과를 알릴 필요가 있다고 판단된다;

AND SINCE the Constitution states that the pursuit of national unity, the well-being of all South African citizens and peace **require** reconciliation between the people of South Africa and the reconstruction of society;

그리고 헌법에 따르면 국가 통합, 모든 남아공 시민의 안녕과 평화를 추구하려면 남아공 국민 간의 화해와 사회 재건이 필요하다고 명시되어 있기 때문이다;

AND SINCE the Constitution states that there is **a need** for understanding but not for vengeance, **a need** for reparation but not for retaliation, **a need** for ubuntu but not for victimisation;

그리고 헌법에 따르면 이해는 필요하지만 복수는 안 되고, 배상은 필요하지만 보복은 안 되며, ubuntu는 필요하지만 희생은 안 된다고 명시되어 있기 때문이다;

AND SINCE the Constitution states that in order to advance such reconciliation and reconstruction amnesty **shall be** granted in respect of acts, omissions and offences associated with political objectives committed in the course of the conflicts of the past

그리고 헌법은 이러한 화해와 재건을 진전시키기 위해 과거의 분쟁 과정에서 저지른 정치적 목적과 관련된 행위, 부작위 및 범죄에 대해 사면을 부여해야 한다고 명시하고 있기 때문이다;

여기서 마지막 예는 '제정하기(legislative)'인 *shall*을 사용하여 논쟁의 여지가 없는 의무를 나타낸다. 이 법령 제2장에서 진실화해위원회의 설립과 관련된 다양한 절차가 규정되면서 이러한 *shall*의 사용이 지배적으로 사용되었다:

(3) In order to achieve the objectives of the Commission:

(3)조. 위원회의 목적을 달성하기 위해:

(a) the Committee on Human Rights Violations, as contemplated in Chapter 3, **shall deal**, among other things, with matters pertaining to investigations of gross violations of human rights;

(a)항. 제3장에 명시된 바와 같이 인권침해위원회는 무엇보다도 중대한 인권침해에 대한 조사와 관련된 문제를 다룬다;

(b) the Committee on Amnesty, as contemplated in Chapter 4, **shall deal** with matters relating to amnesty;

(b)항. 사면위원회는 제4장에 명시된 바와 같이 사면과 관련된 사항을 처리한다;

(c) the Committee on Reparation and Rehabilitation, as contemplated in Chapter 5, **shall deal** with matters referred to it relating to reparations;

(c)항. 제5장에 명시된 바와 같이 배상 및 재활 위원회는 배상과 관련하여 위원회에 회부된 사안을 처리한다;

(d) the investigating unit referred to in section 5(d) **shall perform** the investigations contemplated in section 28(4)(a); and

(d)항. 5절 (d)항에 언급된 조사 부서는 28절 (4)조 (a)항에 언급된 조사를 수행해야 한다; 그리고
(e) the subcommittees **shall exercise, perform and carry out** the powers, functions and
duties conferred upon, assigned to or imposed upon them by the Commission.
(e)항. 소위원회는 위원회가 부여, 할당 또는 부과한 권한, 기능 및 의무를 행사, 수행 및 이행해
야 한다.

일부 투사는 그 의미에 양태 또는 극성을 포함하기도 하므로 투사와 정보양태 모두와 관련
하여 다성적 목소리로 해석될 수 있다(Hyland 1998). Tutu는 이 중 세 가지를 사용한다:

They **denied** that they had committed a crime, **claiming** that they had assaulted him
only in retaliation for his inexplicable conduct in attacking them.
그들은 자신들이 범죄를 저질렀다는 사실을 부인했으며, 단지 자신들을 공격한 그의 이해할 수
없는 행동에 대한 보복으로 그를 폭행했을 뿐이라고 주장했다.
I **contend** that there is another kind of justice, restorative justice.
나는 회복적 정의라는 또 다른 종류의 정의가 있다고 주장한다.

*Denied*에는 '사실이 아니다'(not true)라는 의미가 포함되어 있고, *claiming*에는 의심의
여지가 있으며, *contend*는 *claim*보다는 덜 강하다('사실이어야 한다(should be)'보다는 '그래야 한
다(must be true)' 쪽에 가까움).

양보

담화의 다성적 목소리와 관련하여 우리가 고려해야 할 세 번째 자원은 '역기대'로 알려져
있다. 이것은 설명이나 법령보다는 Helena의 서사의 특징이며, Helena가 독자의 기대를
추적하여 이야기가 전개됨에 따라 이를 조정하는 방식과 관련이 있다. 예를 들어, 그녀는
자신의 기도에서 두 번째 사랑을 더 이상 감당할 수 없다고 신에게 말하면서 그녀가 떠나려고
할 것이라는 기대감을 만든다. 그런데 그런 다음 그녀는 떠날 수 없다고 말함으로써 이를
뒤집는다.

I can't handle the man anymore! **But**, I can't get out.
더 이상 이 남자를 감당할 수 없어요! 하지만 빠져나올 수가 없어요.

이 예에서 Helena는 독자를 위해 만든 기대에 대항하고 있음을 알리기 위해 접속어 *but*을

사용한다. 독자는 텍스트의 어느 지점에서든 다음에 나올 내용에 대한 기대가 있으며, Helena는 이를 고려하여 대항하고 있다. 즉, Helena는 자신의 목소리 외에도 독자의 목소리, 이 경우에는 그녀의 독자의 목소리를 인정하고 있는 것이다. 다음은 Helena의 이야기에서 이러한 종류의 모니터링을 보여주는 예들이다:

> Not quite my first love, **but** an exceptional person.
> 첫사랑만큼은 아니었지만 아주 뛰어난 사람이었다.
> He tried to hide his wild consuming fear, **but** I saw it.
> 그는 거칠고 강렬한 두려움을 숨기려 했지만 나는 보고 말았다.
> Eyes bewildered, **but** dull like the dead.
> 죽은 사람처럼 멍한 눈동자.
> I can understand if ... de Kierk say she didn't know, **but** dammit, there must be a clique
> 만약 de Klerk가 몰랐다고 말한다면 이해할 수 있지만, 젠장, 분명 파벌이 있을 것이다.

*but*과 같이 예상에 반하는 접속어를 **양보적**(concessive) **접속어**라고 한다. 양보적 접속어에 대해서는 4장에서 자세히 설명하겠다. 여기서는 독자의 기대치를 모니터링하는 데 어떻게 사용되는지 살펴보겠다.

*But*은 양보를 알리는 데 가장 일반적으로 사용된다. 그러나 *however*와 *although*를 비롯한 다른 가능성도 있으며, *even if*와 *even by*; *in fact, at least, indeed*; 그리고 *nevertheless, needless to say, of course, admittedly, in any case* 등을 포함한 다른 양보의 변형도 있다.

> **Even if** God and everyone else forgives me a thousand times - I have to live with this hell.
> 하나님과 다른 사람들이 저를 천 번 용서해도 저는 이 지옥과 함께 살아야 합니다.

여기서 **Even if**는 '기대한 것보다 많다'는 의미이며, 주어진 용서의 조건을 감안할 때, 그에게 계속되는 지옥은 예상치 못한 일이다.

> I envy and respect the people of the struggle - **at least** their leaders have the guts to stand by their vultures, to recognise their sacrifices,
> 나는 투쟁하는 사람들이 부럽고 존경스럽다. 적어도 그들의 지도자들은 그들의 희생을 인정하고 독수리 편에 설 수 있는 배짱을 가지고 있기 때문이다.

Spiritual murder is more inhumane than a messy, physical murder. **At least** a murder victim rests.
정신적 살인은 지저분한 육체적 살인보다 더 비인간적이다. 적어도 살인 피해자는 편히 쉴 수 있다.

기대감을 모니터링하는 것은 실제로 시간, 대조 그리고 원인으로 실현되는 접속어의 공통적인 특징이다. 다음 예에서 *suddenly*는 '기대보다 빨리'라는 의미이며, *instead of resting at night*는 일반적으로 '밤에 쉬는 것'이 우리가 기대하는 바임을 암시한다:

They even stayed over for long periods. **Suddenly**, at strange times, they would become restless.
그들은 심지어 장기간 머물기도 했다. 그런데 갑자기 그들이 안절부절못하는 이상한 시간들이 생겼다.
instead of resting at night, he would wander from window to window.
그는 밤에 쉬는 대신 창문에서 창문을 오가며 방황했다.

Tutu는 또한 그의 설명에서 양보를 일부 활용한다…

Here the central concern is not retribution or punishment **but**, in the spirit of ubuntu, the healing of breaches, the redressing of imbalances, the restoration of broken relationships.
여기서 중심 관심사는 보복이나 처벌이 아니라 *ubuntu*의 정신에 따라 관계 단절을 치유하고 불균형을 바로잡고 깨어진 관계를 회복하는 것이다.

여기에는 ('당신이 무엇인가 일어날 것이라고 예상함에도 불구하고'의 '외부적' 의미와 대조적으로) '내가 그렇게 말할 것으로 기대하도록 당신을 유도했음에도 불구하고'라는 '내부적' 수사적 의미를 포함한다. 여기서 Tutu는 공청회가 절대적인 요건은 아니었지만 실제로는 거의 모든 중요한 사건이 그런 식으로 진행되었다는 것을 의미한다:

The Act required that where the offence is a gross violation of human rights - defined as an abduction, killing, torture or severe ill-treatment-the application should be dealt with in a public hearing unless such a hearing was likely to lead to a miscarriage of justice (for instance, where witnesses were too intimidated to testify in open session).

In fact, virtually all the important applications to the Commission have been considered
in public in the full glare of television lights.
이 법령은 위법 행위가 납치, 살인, 고문 또는 심각한 학대로 정의되는 중대한 인권 침해인 경우,
공청회가 오심으로 이어질 가능성이 있는 경우(예: 증인이 너무 겁에 질려 공개 회의에서 증언할
수 없는 경우)를 제외하고는 해당 신청은 공청회에서 처리하도록 규정하고 있으며, 실제로, 그
위원회에 제출된 거의 모든 중요한 신청들은 텔레비전 조명이 눈부시게 비치는 가운데 공개적으
로 심리되었다.

이 법령에서는 이러한 종류의 기대감 모니터링을 전혀 사용하지 않는다.

접속어와 함께 기대감을 조정하는 데 중요한 또 다른 언어자원은 **계속사**(continuatives)이
다. 접속어와 비슷하지만 처음이 아닌 절 내부에 위치한다. 여기에는 *already, finally, still*
그리고 *only, just, even*과 같은 단어가 포함된다. 시간을 표현하는 계속사는 어떤 일이 조만
간 일어나거나 예상보다 오래 지속됨을 나타낸다. 다음 예에서 Helena는 백인들의 탐욕이
예상보다 오래 지속되는 것에 대해 언급한다:

if I had to watch how white people became dissatisfied with the best and **still** wanted
better and got it.
만약 백인들이 최고에 만족하지 않고 여전히 더 나은 것을 원하고 그것을 얻는 과정을 지켜봐야
만 했다면.

다른 계속사는 어떤 상황에 암시된 것보다 더 많거나 적은 것이 있음을 나타낸다:

It was the beginning of a beautiful relationship. We **even** spoke about marriage.
그것은 아름다운 관계의 시작이었다. 우리는 결혼에 대해서도 이야기했다.

Amnesty didn't matter. It was **only** a means to the truth.
사면은 중요하지 않았다. 그것은 진실에 이르는 수단일 뿐이었다.

Tutu는 이 자원을 기대감을 조정하는 데 훨씬 덜 사용한다:

They denied that they had committed a crime, claiming that they had assaulted him
only in retaliation for his inexplicable conduct in attacking them.
그들은 자신들이 범죄를 저질렀다는 사실을 부인했으며, 단지 자신들을 공격한 그의 이해할 수
없는 행동에 대한 보복으로 그를 폭행했을 뿐이라고 주장했다.

이제 아래에서 투사와 함께 양태와 양보를 그림으로 제시하며, 이 의미의 영역을 명명하는 데 사용되는 전문 용어, 즉 **개입평가**(engagement)라는 용어를 소개하도록 하겠다.

지금까지의 내용을 요약해 보면, 3개의 주요 평가어 시스템이 있으며 여기에는 태도평가, 증폭, 출처가 있다. 태도평가는 감정평가, 행위평가, 정황평가로 구성되며 이는 느낌의 세 가지 주요한 영역이다. 증폭은 세기와 초점이 포함된 등급화에 관한 것이다. 여기에서 세기는 등급화할 수 있는 항목의 강도를 높이거나 낮추는 선택과 관련이 있고, 초점은 경험적 경계를 경화하거나 연화하는 선택과 관련이 있다. 개입평가는 투사, 정보양태 또는 양보를 통해 담화에 추가적인 목소리를 소개하는 언어자원을 말하며, 여기에서는 그것이 하나의 목소리(단성적 목소리)인지, 하나 이상의 목소리(다성적 목소리)인지가 중요한 선택이 된다. 이러한 주요 평가어 시스템은 그림 2.5에 요약되어 있다. 우리는 담화에서 다양한 종류의 개입평가, 태도평가, 강도평가를 사용하며, 그들이 결합되는 방식을 보다 정확하게 반영하기 위해 아래의 네트워크에 이러한 평가어의 영역에 대한 세 가지 <u>동시적</u> 시스템으로 표현하였다. 즉, 우리는 이 모든 것을 동시에 선택하여 사용할 수 있다.

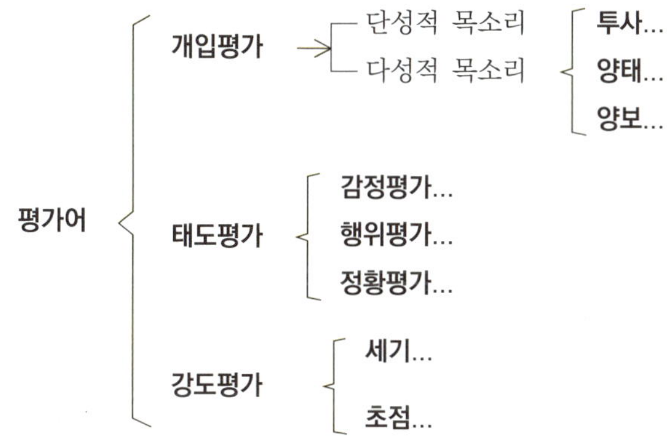

그림 2.5 평가어 시스템: 개요

2.5 운율과 장르

평가어 자원들의 선택은 텍스트가 전개되는 동안 매 순간 서로 동시적으로 공명되면서 담화 구절의 톤이나 분위기를 설정하는 데 사용된다. 따라서 이러한 선택의 패턴을 '운율'이라고 한다. 그들은 음악적 운율의 방식처럼 텍스트를 관통하는 태도평가의 운율을 형성하며, 이는 부풀기도 하고 줄어들기도 한다. 평가어 선택의 운율적 패턴은 평가자의 '입장(stance)' 또는 '목소리(voice)'를 구성하며, 이러한 입장 또는 목소리는 공유된 평가값을 중심으로 구축되는 커뮤니티의 유형을 정의하게 된다. 일상적인 언어에서 이러한 입장들은 종종 더 객관적인 척도에서 더 주관적인 척도까지 다양한 범위로 논의되기도 한다.

앞서 살펴본 바와 같이, 위에 나온 장르들 중에서, 법령 장르는 특히 용어를 정의하는 부분에서 객관적인 척도의 끝을 향하고 있다:

CHAPTER 1
1장
Interpretation and application
해석 및 적용
Definitions
정의
1. (1)　　In this Act, unless the context otherwise indicates -
1절 (1)조　본 법령에서 문맥상 달리 명시되지 않는 한:
(ⅰ)　　"act associated with a political objective" **has the meaning ascribed thereto** in section 20(2) and (3); (ii)
(ⅰ)호.　'정치적 목적과 관련된 행위'는 20절 (2)조 및 (3)조에 명시된 의미를 가지며; (ii)호
(ⅱ)　　"article" **includes** any evidence, book, document, file, object, writing, recording or transcribed computer printout produced by any mechanical or electronic device or any device by means of which information is recorded, stored or transcribed; (xix)
(ⅱ)호.　'자료'에는 기계 또는 전자 장치 또는 정보가 기록, 저장 또는 전사되는 모든 장치에 의해 생성된 모든 증거, 책, 문서, 파일, 물건, 서면, 녹음 또는 전사된 컴퓨터 출력물 등이 포함된다; (xix)호
(ⅲ)　　"Commission" **means** the Truth and Reconciliation Commission established by section 2; (ix)
(ⅲ)호.　'위원회'란 2절에 따라 설립된 진실과 화해 위원회를 의미한다; (ix)호
(ⅳ)　　"commissioner" **means** a member of the Commission appointed in terms of section 7(2)(a); (viii)
(ⅳ)호.　'위원'이란 7절 (2)조 (a)항에 따라 임명된 위원회의 위원을 의미한다; (viii)호
(ⅴ)　　"committee" **means** the Committee on Human Rights Violations, the Committee on Amnesty or the Committee on Reparation and Rehabilitation, as the case may be; (vii)
(ⅴ)호.　'위원회'는 경우에 따라 인권침해위원회, 사면위원회 또는 배상 및 재활위원회를 의미한다; (vii)호
(ⅵ)　　"Constitution" **means** the Constitution of the Republic of South Africa, 1993 (Act No. 200 of 1993); (iv)
(ⅵ)호.　'헌법'이란 1993년 남아프리카공화국 헌법(법률 제200호, 1993)을 의미한다; (iv)호

(vii)   "cut-off date" **means** the latest date allowed as the cut-off date in terms of the Constitution as set out under the heading "National Unity and Reconciliation"; (i)

(vii)호. '시한일'이란 헌법의 '국가 통합과 화해' 항목에 따라 규정된 시한일의 최종 날짜를 의미한다; (i)호

(viii)   "former state" **means** any state or territory which was established by an Act of Parliament or by proclamation in terms of such an Act prior to the commencement of the Constitution and the territory of which now forms part of the Republic; (xvii)

(viii)호. '이전 국가'란 헌법이 발효되기 전에 의회 법령 또는 그러한 법령에 따른 포고령에 의해 설립된 국가나 영토로, 현재는 공화국의 일부를 구성하는 영토를 의미한다; (xvii)호

평가어 자원에 관해서 이러한 종류의 '객관성'에는 기본적으로 태도평가, 강도평가와 다성적 목소리 등 다양한 요소가 포함되는 것으로 보인다. 이를 일종의 무표정한 입장으로 생각할 수 있을 것이다. 그러나 느낌, 강화, 그리고 대안적 목소리의 부재 자체도 하나의 표정을 형성한다. 그것이 냉정하고 배타적인 표정일지라도 여전히 표정이다. 위에 재현된 국면에서, 이 법령은 사실 진실화해위원회에 대한 매우 정확한 해석을 구성하기 위해 노력하고 있다. 우리는 (위에서 강조한) 용어를 정의하는 데 사용된 언어자원이 사실 이 법령의 행정적인 목적에 관한 하나의 명확한 목소리를 내기 위해 고안된 단성적 목소리의 자원이라고 주장할 수 있다. 강도평가가 없음으로써 그 정의를 엄격히 유지하는 데 도움이 되고, 투사, 정보양태, 양보가 거의 없기 때문에 이는 단선적인 입장을 강화하는 데 도움이 된다. 다시 말해, 이것은 논쟁의 대상이 될 수 없는 하나의 법률이다.

스펙트럼의 다른 쪽 끝에는 Helena의 서사가 있으며, 여기에는 모든 범위의 태도평가, 강도평가, 개입평가의 언어자원들이 사용되고 있다. 아마도 이것이 우리가 다양한 양식들(책, 영화, 채팅, TV, 만화, 라디오 등)에서 서사를 즐기는 이유가 될 것이다. 우리는 여기에서 모든 종류의 느낌을 공유할 수 있다. 서사의 흥미를 유지하기 위해 볼륨을 높이거나 낮추고, 경계를 허물어 상황들을 느슨하게 하거나 조이기도 한다. 이에 따라 여러 목소리들이 환기되며 우리는 그러한 상황들의 일부가 되어 버린다. 모든 것들이 서로 어울리게 된다.

Tutu의 설명은 그 사이 어딘가에 있다. 태도평가를 사용하고 있으나 전체 범위를 사용하는 것은 아니다. 많지는 않으나 약간의 강화가 사용되며, 경계를 선명하게 하기 위해 초점이 드물게 사용된다. 대안적 목소리도 인정되지만 주로 반박을 위해 사용된다. Tutu는 우리에게

말을 걸고 우리를 설득하려고 하며, 단순히 선언만 하는 법령과는 다르게 자신의 입장을 주장하기 위해 노력하고 있는 것이다.

이러한 장르 간 차이는 장르 내 단계들 사이에서도 반영된다. 위에서 언급했듯이 Helena 는 **해석 단계**보다 **사건 단계**에서 더 많은 감정평가를 보이며 이는 그 순서상 행위평가를 전경화시키는 경향이 있다. Tutu의 첫 번째와 두 번째 논의는 행위평가에 초점을 맞추고 있지만, 세 번째 논의에서는 (*ubuntu*의 개념을 중심으로 한) 정황평가가 중요한 역할을 하고 있다. 이 법령에서 정의적 측면에서는 평가어를 거의 완벽히 피하고 있지만 앞서 남아프리카 공화국 헌법의 정보양태와 화해 지향적 개입평가를 포함함으로써 남아프리카 헌법의 목소리를 투사하고 있다.

> AND SINCE the Constitution **states** that the pursuit of **national unity**, the **well-being** of all South African citizens and peace **require reconciliation** between the people of South Africa and the **reconstruction** of society;
> 그리고 헌법에 국가 통합, 모든 남아프리카공화국 국민의 안녕과 평화를 추구하기 위해서는 남아프리카공화국 국민 간의 화해와 사회 재건이 필요하다고 명시되어 있기 때문이다;
> AND SINCE the Constitution **states** that there is a **need** for **understanding** but **not** for **vengeance**, a **need** for **reparation** but **not** for **retaliation**, a **need** for **ubuntu** but not for **victimisation**
> 그리고 헌법에 따르면 이해는 필요하지만 복수는 필요하지 않고, 배상은 필요하지만 보복은 필요하지 않으며, ubuntu는 필요하지만 희생은 필요하지 않다고 명시되어 있기 때문이다;

즉, 텍스트가 전개됨에 따라 그들은 다양한 방식으로 우리를 움직이고, 우리와 다양한 종류의 관계를 형성하고, 전략적으로 우리와 소통하려고 노력한다. 접속어가 논리적인 관계인 것처럼 평가어는 수사적인 관계인 것이며, 이들은 일회적인 호소가 아니라 국면마다 작동되는 다양한 조작의 스펙트럼을 통해 우리를 참여시키고 같은 편으로 끌어들이기 위해 역동적으로 전개되고 있는 것이다.

우리는 Nelson Mandela의 자서전 『*Long Walk to Freedom*』(7장에서 다시 다루게 될 텍스트)의 마지막 두 페이지에서 무엇이 감동적이었는지를 다루었던 J. Martin의 논문에 나타난 입장 전환을 예로 들어 이 절을 마무리하겠다. 그는 기능 언어학자이자 기호학자로서 이 논문을 6개의 절로 나누어 조직하였다:

1. The text
1. 텍스트
2. Abstracting freedom
2. 자유 추상화하기
3. Enlightenment
3. 깨달음
4. Engagement
4. 개입평가
5. Recontextualization
5. 재맥락화
6. Grace.
6. 은혜.

그는 이 연구를 학술지(*Discourse Studies*)에 게재하기 위해 비교적 객관적인 입장(Hunston (1994)과 Myers(1989)가 연구한 학문적 유형)을 취했으며, 완전히 무표정하지는 않았지만 단선적이고 냉정한 태도를 취했다. 그러나 이 연구가 끝날 무렵에도 그는 자신이 분석하고 있는 텍스트가 왜 그렇게 감동적인지 여전히 의아해하고 있다. 여러 면에서 멀리 떨어져 있는 Mandela와의 교감은 그가 아무리 분석의 초점을 맞추려고 해도 분석의 총합을 뛰어넘는 것 같았다. 급기야 그는 입장을 바꾸기로 결심하고 글을 썼다:

6. Grace
6. 은혜

In this paper I have tried, from my own specific reading position, to analyse this instance of discourse in relation to the meanings I've been trained to decode. If allowed a reaction, the term that comes to mind is *grace*, in every meaning of the word. The gracefulness with which the recount unfolds, the charm of its rhetoric, the goodwill to all peoples... I can't help admiring the texture, and the Mandela it construes for me. And in this kind of reaction, I am not alone. Consider for example the evaluative terms used promotionally on the covers of Mandela 1995: '*anger, sorrow, love, joy, grace, elegance, riveting, brilliantly, emotive, compelling, uplifting, exhilarating, epic, hardship, resilience, triumph, clarity, eloquence, burns with the luminosity of faith, invincible, hope, dignity, enthralling, great, indispensable, unique, truly stunning, extraordinary, vivid, unusual, courage, persistence, tolerance, forgiveness, extraordinary, well worth, greatness, struggle, idealism, inspired, cynicism, compulsory*'. What is the appeal?

이 논문에서 나는 나만의 특정한 독자의 입장에서 이 담화의 사례를 내가 해독하도록 훈련받은 의미와 관련하여 분석하려고 노력했다. 만약 내 반응이 허용된다면, 단어의 모든 의미에서 떠오르는 용어는 *grace*이다. 이야기가 전개되는 우아함, 그 수사의 매력, 모든 사람들에 대한 선의.... 그 짜임새에 감탄하지 않을 수 없었고, Mandela가 나에게 주는 의미에 감탄했다. 그리고 이런 반응을 보인 것은 나 혼자가 아니다. 예를 들어 Mandela 1995의 표지에 홍보적으로 사용된 평가 용어를 생각해 보자: '분노(anger), 슬픔(sorrow), 사랑(love), 기쁨(joy), 우아함(grace), 품위(elegance), 관심을 끄는(riveting), 화려하게(brilliantly), 감동적(emotive), 설득적(compelling), 고양적(uplifting), 신나는(exhilarating), 서사시적인(epic), 어려움(hardship), 회복력(resilience), 승리(triumph), 명료함(clarity), 웅변적(eloquence), 타오르는 신앙적 믿음(burns with the luminosity of faith), 무적의(invincible), 믿음(hope), 위엄(dignity), 사로잡는(enthralling), 위대함(great), 필수불가결한(indispensable), 독특한(unique), 정말 놀라움(truly stunning), 비범한(extraordinary), 생생한(vivid), 특이한(unusual), 용기(courage), 끈기(persistence), 관용(tolerance), 용서(forgiveness), 비범한(extraordinary), 가치가 충분한(well worth), 위대함(greatness), 투쟁(struggle), 이상주의(idealism), 탁월한(inspired), 냉소(cynicism), 강제(compulsory)' 등이 있다. 어떤 의도로 이런 표현들을 썼는가?

I suspect what we are examining here is Mandela's ability to naturalise radical values In terms that disarm rather than confront. Both the recount and its multimodal re-contextualisation promote a politics of freedom that involves respecting and enhancing the freedom of others. Put into practice, this involves more than an end to apartheid and reconciliation with its perpetrators. Ultimately it involves the reconfiguration of a global economic order which distributes resources so unevenly that it has to be prop-ped up by all manner of unbearable regimes. In a sense then, Mandela is promoting socialism in the name of freedom; he naturalises a comfortable reading position for those who might oppose his aims, and at the same time gives his sympathisers an in-spirational shot in the arm. if discourse analysts are serious about wanting to use their work to enact social change, then they will have to broaden their coverage to include discourse of this kind - discourse that inspires, encourages, heartens; discourse we like, that cheers us along. We need, in other words, more positive discourse analysis (PDA?) alongside our critique; and this means dealing with texts we admire, alongside those we dislike and try to expose(Wodak 1996). (Martin 1999a: 51-2)

여기서 우리가 살펴보고자 하는 것은 Mandela의 급진적 가치를 대립이 아닌 무장해제라는 측면에서 중립화하는 능력이라고 생각한다. 재조명과 멀티모달 방식의 재맥락화는 모두 타인의 자유를 존중하고 증진하는 자유의 정치를 촉진한다. 이를 실천에 옮기려면 아파르트헤이트의 종식과 가해자들과의 화해 그 이상을 포함해야 한다. 궁극적으로는 자원을 불균등하게 배분하여 온갖 종류의 견딜 수 없는 정권에 의해 지탱되어야 하는 세계 경제 질서를 재구성하는 것이 포함된다. 어떤 의미에서 Mandela는 자유의 이름으로 사회주의를 홍보하고 있으며, 자신의 목표에 반대하는 사람들에게는 중립적 읽기 위치를 제공하는 동시에 동조자들에게는 영감을 불어넣고 있다. 담화 분석가들이 자신들의 연구를 사회 변화에 활용하고자 한다면, 이런 종류의 담

첫 문단에서 알 수 있듯이 J. Martin은 (아마도 교수의 특권을 내세워) 잠시 텍스트 분석을 중단하고 그냥 반응하기로 결정했다. 그는 그 텍스트를 우아하다고 평가하고, 그 텍스트에 매료되고, 그 텍스트를 쓴 사람에 대해 감탄한다. 그리고 그는 이러한 반응에서 Mandela의 책 표지에 홍보 목적으로 사용된 다양한 태도평가를 살펴보면서 자신이 혼자가 아니라는 것을 보여준다. 그러다가 편집자(역시나 언제나 까다로운 Teun van Dijk)에게 혼나기 전에 곧바로 다음 단락으로 넘어가서 냉정을 되찾고 다시 학자적인 자세로 Mandela가 어떻게 성공할 수 있었는지 학문적인 측면에서 다시 알아내려고 노력한다. 그는 아마도 숭고함과 씨름하고 있지만, 무작정 따라가는 것보다 기어를 바꾸면서 조금 더 가까워졌다고 느꼈다. 그는 Mandela가 어떻게 급진적인 정치를 통해 전 세계 사람들을 무장 해제시키고 그를 추종하는 팬들의 커뮤니티로 만들었는지에 대해 생각하게 되었다. 또한 J. Martin은 헤게모니와 세상 의 모든 잘못된 것들에만 집중하여 항상 우울하게 비판하는 대신 이런 종류의 따뜻한 담화에 집중하는 것이 중요하다는 점을 다시 한 번 강조할 수 있었다. 궁극적으로 이러한 목소리의 변화는 비판적 담화 분석가 커뮤니티를 정치 활동가 및 지지자 커뮤니티와 접촉하게 함으로 써 '이봐요, 우리가 뭔가 해봅시다. 이 사람들은 영웅입니다. 그들이 세상을 어떻게 변화시키 는지 지켜봅시다.'라고 말하는 방식으로 이뤄진 것일 수 있다. 학자라는 한 사람의 목소리만 으로는 요점을 놓치는 것 같았는데, 두 사람이 함께 목소리를 내어 효과가 있었다.

학자적 신뢰성이 다소 떨어질 경우를 대비해 잠시 멈추고, 여기서 목소리를 바꾸어 보겠다.

2.6 태도평가의 더 세부적인 종류들

평가어는 느낌의 커뮤니티를 구성하는 데 있어 거대한 자원이며, 그 중 상당 부분이 문법뿐 만 아니라 어휘를 통해 실현되기 때문에 여기서 허용한 것보다 훨씬 더 다루기 어렵다. 결국 어휘는 언어에서 가장 빠르게 변화하는 부분이며, 변화하는 시대와 새로운 요구에 빠르게 적응 하도록 설계된 유연한 언어이다. 많은 일이 일어나고 있고 따라잡기가 어렵다. 그리고 많은 태도평가가 전문화되어 일부 특정 사용역에서만 사용되고 모든 사용역에서 사용되는 것은 아니다. 호주 Sydney에서 Marrickville English를 사용하는 J. Martin의 11살 아들이 '바위
(rocks)'라는 말을 하면 그 말이 어디에서 왔는지 알 수도 있고 모를 수도 있다. 좋은 뜻일까,
나쁜 뜻일까? *rocks*도 평가적 항목이 될 수 있을까? 마지막 단계로 태도평가를 분석할 수 있는
몇 가지 지지대를 마련해 보겠다. 모든 목적에 충분하지는 않겠지만 도움이 될 것이다.

감정평가

감정평가는 다양한 문법적 틈새에서 실현될 수 있다. Halliday(1994)의 용어로는 '질
(qualities)', '과정(processes)', '논평(comments)' 등이 있다(각 유형에 대한 문법적 기능은 세 번째 열에
나와 있다):

'질'로서의 감정평가		
참여자를 묘사하기	*a happy boy*	형용어
참여자를 속성짓기	*the boy was **happy***	속성
과정의 방식	*the boy played **happily***	배경상황
'과정'으로서의 감정평가19)		
감정적 감지하기	*the present **pleased*** *the boy*	과정(작용태)
감정적 행동하기	*the boy **smiled***	과정(중간태)
'논평'으로서의 감정평가		
희구적 논평	***happily**, he had a long nap*	양상 부가어

감정평가를 분류하기 위해 다음과 같은 질문들이 도움이 된다:

1. 그 느낌들이 긍정적인가, 혹은 부정적인가
2. 그 느낌들이 감정으로부터 차오르는가, 혹은 지속되는 정신 상태인가
3. 그 느낌들이 특정한 외부적 행위자에 대한 반응인가, 혹은 지속되는 분위기인가
4. 그 느낌들이 더 강렬한가, 덜 강렬한가
5. 그 느낌들이 반응이 아닌 의도와 관련되어 있는가
6. 그 느낌들이 슬픔/행복, 불안/확신, 싫증/몰입과 관련이 있는가?

---

19) '과정'으로서의 감정평가는 *I'm pleased that .., It's pleasing that...*과 같은 관계 역시 포함한다.

이제 이 여섯 가지 질문에 대해 좀 더 자세히 살펴보자.

(1) 그 문화에서 그 느낌이 일반적으로 긍정적(경험하기에 즐거운 좋은 기분)으로 해석되는가, 아니면 부정적(피하는 것이 더 좋은 나쁜 기분)으로 해석되는가? 여기서 우리는 특별한 심리적 프레임워크가 하나의 감정이나 다른 감정에 부여할 수 있는 가치에는 관심이 없다('당신이 슬픔을 느끼는 것은 아마도...라는 신호이기 때문에 생산적인 일입니다.' 참조).

긍정적인 감정평가   *the boy was **happy***
부정적인 감정평가   *the boy was **sad***

(2) 그 느낌이 어떤 종류의 구체화된 준언어적 또는 언어 외적 표현을 포함하는 감정의 차오름으로 실현되는가, 아니면 일종의 성향 또는 지속적인 정신 상태로 더 운율적으로 경험되는가? 문법적으로 이러한 구분은 행동적(예: *She smiled at him*) 대 정신적(예: *She liked him*) 또는 관계적(예: *She felt happy with him*) 과정 사이의 대립으로 구성된다.

행동적 차오름   *the boy **laughed***
정신적 성질   *the boy **liked** the present/the boy felt **happy***

(3) 그 느낌들이 특정 외부적 행위자(일반적으로 의식적)를 지시하거나 그에게 반응하는 것으로 해석되는가, 아니면 누군가가 '왜 그렇게 느끼는가?'라는 질문을 던지고 '나도 잘 모르겠다.'라는 대답을 얻을 수 있는 일반적이고 지속적인 기분으로 해석되는가?

다른 것에 대한 반응   *the boy **liked** the teacher/the teacher **pleased** the boy*
불분명한 기분   *the boy was **happy***

(4) 그 느낌들의 등급은 어떻게 매겨지는가: 강화 척도의 낮은 평가값의 끝과 높은 값의 끝, 또는 그 사이의 어딘가에 있는 값들을 어떻게 매겨야 하는가? 우리는 이 단계에서 낮은 값, 중간 값, 높은 값이 구별된 값이라는 것을 암시하고 싶지는 않지만(**양태**와 관련하여 Halliday 1994: 358-9를 참조하라), 대부분의 감정들이 고르게 구분된 척도에 따라 그 등급을 나타내는 어휘화를 제공할 것으로 기대한다.

저	*the boy **liked** the present*
	그 소년은 선물을 좋아했다
'중'	*the boy **loved** the present*
	그 소년은 선물을 사랑했다
고	*the boy **adored** the present*
	그 소년은 선물을 소중히 여겼다.

(5) 그 느낌들은 (실현된 자극보다는) 실현되지 않은 자극과 관련하여 (반응보다는) 의도를 포함하는가?

실현성	*the boy **liked** the present*
	그 소년은 선물을 좋아했다
비실현성	*the boy **wanted** the present*
	그 소년은 선물을 원했다.

비실현성 감정평가는 항상 어떠한 외부적 행위자를 지시하는 것으로 보이며, 표 2.7과 같이 그 개요가 제시될 수 있다. (위의 매개 변수 3은 따로 설정).

표 2.7 비실현성 감정평가

반향/의향	(행동의) 차오름	(타고난) 성질
두려움	tremble 떨리는	wary 조심스러운
	shudder 전율적인	fearful 두려운
	cower 움츠러드는	terrorized 지배당하는
욕구	suggest 제안	incomplete (miss) 불완전한 (보고 싶어하는)
	request 요청	lonely (long for) 외로운 (동경하는)
	implore 간청	bereft (yearn for) 빼앗긴 (그리워하는)

(6) 마지막으로 우리는 슬픔/행복(un/happiness), 불안/확신(in/security) 및 싫증/몰입(dis/satisfaction)과 관련된 감정들을 세 가지 주요 집합으로 그룹화할 수 있다. 예를 들면 다음과 같다.

| 불안/확신 | *the boy was **anxious/confident*** |
| 그 소년은 염려했다/자신감이 있었다. |
| 싫증/몰입 | *the boy was **fed up/absorbed*** |
| 그 소년은 질렸다/빠져들었다. |
| 슬픔/행복 | *the boy was **sad/happy*** |
| 그 소년은 슬펐다/기뻤다 |

느낌들은 *sad*나 *happy*와 같이 감정적 (타고난) 성질로 경험될 수도 있고, *crying*이나 *laughing*과 같은 행동의 차오름으로 나타날 수도 있다. 각 감정들의 그룹은 (타고난) 성질과 (행동의) 차오름의 예를 모두 포함하여 표 2.8에 나와 있다. 각 그룹은 세 가지 강도를 표현하는 예와 함께 긍정적인 느낌과 부정적인 느낌을 모두 포함한다.

표 2.8 실현성 감정평가

슬픔/행복	(행동의) **차오름**	(타고난) 성질	
슬픔: 고통	*whimper*	*down*	*[low]*
[기분: '내 안에']	훌쩍이다	우울한	*[저]*
	cry	*sad*	*[median]*
	울다	슬픈	*[중]*
	wail	*miserable*	*[high]*
	울부짖다	비참한	*[고]*
슬픔: 반감	*rubbish*	*dislike*	
[직접적인 느낌: '당신에게']	헐뜯다	싫어하다	
	abuse	*hate*	
	구박하다	몹시 싫어하다	
	revile	*abhor*	
	비난하다	혐오하다	
행복: 환호	*chuckle*	*cheerful*	
	빙그레 웃다	발랄한	
	laugh	*buoyant*	
	소리내어 웃다	자신감에 차 있는	
	rejoice	*jubilant*	
	크게 기뻐하다	의기양양한	
행복: 호감	*shake hands*	*fond*	
	악수하다	좋아하다	
	hug	*loving*	
	껴안다	사랑하다	
	cuddle	*adoring*	
	포옹하다	흠모하다	

불안/확신	(행동의) **차오름**	(타고난) 성질
불안: 동요	*restless* 안절부절못하다	*uneasy* 불안한
	twitching 경련하다	*anxious* 염려하는
	shaking (부르르) 떨다	*freaked out* 자제력을 잃은
불안: 놀람	*start* 깜짝 놀라다	*taken aback* 당황한
	cry out 소리를 지르다	*surprised* 놀란
	faint 실신하다	*astonished* 충격받은
확신: 자신	*declare* 분명히 말하다	*confident* 자신감 있는
	assert 주장하다	*assured* 확실한
	proclaim 선언하다	*boastful* 자랑하는
확신: 신뢰	*delegate* 위임하다	*comfortable with* -이 마음에 드는
	commit 충실하다	*confident in/about* -에 자신만만한
	entrust (일을) 맡기다	*trusting* 사람을 믿는
싫증/몰입	(행동의) **차오름**	(타고난) 본질
싫증: 권태	*fidget* 초조하고 지루하다	*bored* 지루한
	yawn 하품하다	*fed up* 질린
	tune out 무시하다	*exasperated* 싫증난
싫증: 불쾌	*caution* 주의를 주다	*cross* 짜증난
	scold 꾸짖다	*angry* 화가 난
	castigate 크게 책망하다, 혹평하다	*furious* 몹시 화가 난
몰입: 흥미	*attentive* 주의를 기울이다	*curious* ~에 궁금해하는
	busy	*absorbed*

몰입: 감탄	*열심이다* *flat out* *매진하다* *pat on the back* *격려하다* *compliment* *칭찬하다* *reward* *보상하다*	*~에 빠져 있는* *engrossed* *~에 몰두하는* *satisfied* *만족하는* *impressed* *감명받은* *proud* *자랑스러운*

슬픔/행복, 불안/확신 및 싫증/몰입의 프레임워크는 J. Marin이 그의 어린 아들들이 사회화의 첫 단계에 있을 때(최대 2세 정도까지), 특히 몇 달 동안 그의 큰 아들의 짜증을 구조화하는 일련의 관찰로부터 나타났다. 이러한 짜증을 내는 동안 그는 *baggy*(그의 담요)를 가져야겠다고 고집을 부렸고, *bopple*(그의 젖병)이 제안되고 거부되었을 때, 그리고 나서 (자리에 없었던) *Mummy* 또는 *Daddy*가 제안되고 거절되었을 때, 한 시간 동안이나 baggy와 bopple을 찾았다. 이러한 짜증스러운 외침을 중심적인 것으로 받아들이면, 그 외의 불안/확신(담요), 싫증/몰입(젖병), 슬픔/행복(엄마/아빠)과 관련된 프레임워크는 (판단) 유보적인 것으로 볼 수 있다. 불안/확신의 변수는 불안, 두려움, 자신감, 믿음과 같은 생태사회적 행복과 관련된 감정을 다루고, 싫증/몰입의 변수는 권태, 불쾌, 호기심, 존중 등 목적인(목표 추구)과 관련된 감정을 다루며, 슬픔/행복의 변수는 슬픔, 분노, 행복, 사랑 등 '마음과 관련된 일'을 다룬다. 불행하게도 우리는 최근 몇 년 동안 감정들을 분류하기 위한 더 원칙적인 기반을 개발하지 못했고, (Martin 1992 그리고 1996의 진화된 변이형을 포함한) 문헌의 다른 곳에서 사용할 수 있는 다양한 프레임워크를 거의 만들지 못했다.

행위평가

행위평가는 제안(사람들이 어떻게 행동해야 하고 행동하지 말아야 하는지에 대한 규범)의 맥락에서 느낌을 제도화하는 것으로 생각할 수 있다. 감정평가와 마찬가지로 행동에 대한 긍정적 및 부정적 판단에 해당하는 긍정적 및 부정적 차원을 가지고 있다. Iedema 외(1994)에서 제시된 미디어 연구는 행위평가를 사회적 존경과 사회적 인정이라는 두 가지 주요 그룹으로 나눌 것을 제안했다. 사회적 존경(social esteem)에는 일반적으로 법적 의미가 없이, 감탄과 비판이 포함된다. 만일 이 영역에 어려움이 있는 경우는 심리치료사가 필요할 수 있다. 반면에 사회적 인정(social sanction)은 칭찬과 비난을 포함하며, 이는 종종 법적 의미를 갖는다; 만일 이 부분에 문제가 있는 경우는 변호사가 필요할 수 있다. 존경의 행위평가는 <u>평범성</u>(normality)(얼마나 특별한지), <u>기량</u>(capacity)(얼마나 유능한지)과 <u>신뢰성</u>(tenacity)(얼마나 믿을 만한지)과 관련이 있다. 인정의 행위평가는 <u>진실성</u>(veracity)(얼마나 진실한지)과 <u>적절성</u>(propriety)(얼마나 윤리적인지)과 관련이 있다. 이러한 각 행위평가의 종류는 표 2.9에 예시되어 있다. 각 세트마다 행위평가의 다양한 유형(예: *lucky, normal, fashionable*)과 각 유형 내에서의 다양한 강도(예: *lucky, fortunate, charmed*)를 표현하는 예가 제시되어 있다.

표 2.9 행위평가의 유형

사회적 존경 '용서할 수 있는'	긍정적 [감탄]	부정적 [비판]
평범성 [운명] '그/그녀가 특별한가?'	*lucky, fortunate, charmed...* 행운의, 운이 좋은, 매력적인... *normal, average, everyday...* 평범한, 자연스러운, 친밀한... *in, fashionable, avant garde...* 유행을 따르는, 전위적인...	*unfortunate, pitiful, tragic...* 불행한, 불쌍한, 비극적인... *odd, peculiar, eccentric...* 이상한, 기이한, 괴짜의... *dated, daggy, retrograde...* 유행 지난, 세련되지 못한, 역행하는...
기량 '그/그녀가 유능한가?'	*powerful, vigorous, robust...* 강력한, 힘찬, 추진력 있는... *insightful, clever, gifted...* 통찰력 있는, 영리한, 재능이 있는... *balanced, together, sane...* 균형 잡힌, 흔들림 없는, 분별 있는...	*mild, weak, wimpy...* 가벼운, 약한, 연약한... *slow, stupid, thick...* 느린, 멍청한, 둔한... *flaky, neurotic, insane...* 괴짜인, 신경질적인, 미친...
신뢰성 [결심] '그/그녀를 신뢰할 수 있는가?'	*plucky, brave, heroic...* 결단력 있는, 용감한, 영웅적인... *reliable, dependable...* 믿을 수 있는, 신뢰할 수 있는... *tireless, persevering, resolute...* 지칠 줄 모르는, 끈기 있는, 단호한...	*rash, cowardly, despondent...* 성급한, 참을성 없는, 무모한... *unreliable, undependable...* 믿을 수 없는, 의지할 수 없는... *weak, distracted, dissolute...* 나약한, 산만한, 의기소침한...
사회적 인정 '도덕적'	긍정적 [칭찬]	부정적 [비난]
정직성 [진실] '그/그녀가 정직한가?'	*truthful, honest, credible...* 진실한, 정직한, 신뢰할 수 있는... *sincere, genuine...* 성실한, 진실한... *frank, direct...* 솔직한, 직접적인...	*dishonest, deceitful...* 부정직한, 기만적인... *insincere, fake...* 불성실한, 거짓된... *deceptive, manipulative...* 현혹한, 조종하는...
적절성 [윤리] '그/그녀가 비난에서 벗어나 있는가?'	*good, moral, ethical...* 선한, 도덕적인, 윤리적인... *law-abiding, fair, just...* 준법적인, 공정한, 정의로운... *sensitive, kind, caring...* 세심한, 친절한, 배려심 있는...	*bad, immoral, evil...* 악한, 부도덕한, 악의적인... *corrupt, unfair, unjust...* 부패한, 불공평한, 불공정한... *insensitive, mean, cruel...* 무심한, 인색한, 잔인한...

화자가 취하는 행위평가의 종류는 그들의 제도적 위치에 매우 민감하다. 예를 들어 사설과 기타 논평을 작성할 책임이 있는 언론인만이 모든 행위평가적 자원을 마음대로 사용할 수 있고, 객관적이어야 하는 하드 뉴스[20]를 작성하는 기자는 명시적인 행위평가를 완전히 피해야 한다(Iedema 외 1994; Martin & White 2005). 다시 말해, 사회적 존경과 사회적 인정을 구분하는 것은 평가자의 주관적 또는 객관적 입장에 중요한 의미를 갖는다.

정황평가

정황평가는 명제(상품과 성과(成果)가 어떻게 평가되는지에 대한 규범)의 맥락에서 느낌의 제도화로 생각될 수 있다. 정황평가는 감정평가와 행위평가와 마찬가지로 텍스트와 과정(및 자연현상)에 대한 긍정적이고 부정적인 평가하기에 해당하는 긍정적인 차원과 부정적인 차원을 가지고 있다. 이 시스템은 세 가지 변인, 즉 반응(reaction), 구성(composition), 가치짓기(valuation)를 중심으로 구성되어 있다. 반응은 해당 텍스트/과정이 우리의 관심을 끄는 정도(반응: 영향(impact))와 그것이 우리에게 미치는 정서적 영향(반응: 질(quality))과 관련이 있다. 구성은 텍스트/과정의 비례성(구성: 균형(balance))과 세부성(구성: 복잡성(complexity))에 대한 우리의 인식과 관련이 있다. 가치짓기는 텍스트/과정의 사회적 중요성에 대한 우리의 평가와 관련이 있다. 반응, 구성 및 가치짓기의 예는 아래의 표 2.10에 나와 있다.

표 2.10 정황평가의 유형

	긍정적	부정적
반응: 영향 '평가 대상이 내 관심을 끄는가?'	*arresting, captivating, involving, engaging, absorbing, imposing, stunning, striking, compelling, interesting...* 시선을 사로잡는, 매혹적인, 몰두하게 하는, 호감이 가는, 몰입하게 만드는, 인상적인, 놀랄 만큼 멋진, 눈에 띄는, 눈길을 뗄 수 없는, 흥미로운...	*dull, boring, tedious, staid...* 따분한, 재미없는, 싫증이 나는, 고루한...
	fascinating, exciting, moving... 대단히 흥미로운, 신나는, 감동적인...	*dry, ascetic, uninviting...* 무미건조한, 금욕적인, 매력없는...
	remarkable, notable, sensational... 두드러진, 주목할 만한, 선풍적인...	*unremarkable, pedestrian...* 눈에 띄지 않는, 진부한...
	lively, dramatic, intense... 생동감 있는, 극적인, 강렬한...	*flat, predictable, monotonous...* 생기 없는, 예측 가능한, 단조로운...

---

20) [역자주] 소프트 뉴스와 반대되는

반응: 질 '내가 그 대상을 좋아하는가?'	*lovely, beautiful, splendid...* 사랑스러운, 아름다운, 훌륭한... *appealing, enchanting, pleasing, delightful, attractive, welcome...* 흥미로운, 매력있는, 상냥한, 애교가 있는, 매력적인, 환영하는...	*plain, ugly...* 평범한, 못생긴... *repulsive, off-putting, revolting, irritating, weird...* 혐오스러운, 정이 안 가는, 불쾌한, 비위에 거슬리는, 기괴한...
구성: 균형 '그 대상이 정합적인지?'	*balanced, harmonious, unified, symmetrical, proportional...* 균형된, 조화로운, 통일된, 대칭적인, 균형이 잡힌...	*unbalanced, discordant, unfinished, incomplete...* 불균형한, 조화를 이루지 않은, 미완성인, 불완전한...
구성: 복잡성 '그 대상이 이해하기가 어려운지?'	*simple, elegant...* 간단한, 우아한... *intricate, rich, detailed, precise...* 복잡한, 풍부한, 상세한, 정밀한...	*ornamental, over-complicated, extravagant, puzzling...* 장식에 불과한, 지나치게 복잡한, 사치스러운, 종잡을 수 없는... *monolithic, simplistic...* 획일적인, 극단적으로 단순화한...
가치짓기 '그 대상이 가치가 있는가?'	*challenging, significant, deep, profound, provocative, daring...* 도전 의식을 북돋우는, 중요한, 깊은, 심오한, 흥미를 유발시키는, 참신한... *experimental, innovative, original, unique, fruitful, illuminating...* 실험적인, 획기적인, 독창적인, 독특한, 생산적인, 계몽적인... *enduring, lasting...* 지속적인, 영속적인...	*shallow, insignificant, unsatisfying, sentimental...* 피상적인, 중요치 않은, 만족감을 주지 못하는, 지나치게 감상적인... *conservative, reactionary, generic...* 보수적인, 반동적인, 일반적인... *unmemorable, forgettable...* 기억할 만한 것이 못되는, 잊혀지기 쉬운...

    이러한 차원들 중에서, 가치짓기는 텍스트/과정을 평가하는 기준이 대부분 제도적으로 구체화되어 있기 때문에 필드와 밀접하게 연관되어 있다. 하지만 이 외에도 행위평가와 정황평가 모두 어떤 의미에서는 느낌의 제도화이기 때문에 관련된 모든 차원이 필드에 민감할 것이다. 관념적 의미와 대인적 의미의 결합에 대한 예는 표 2.11에 제시되어 있으며, 이는 언어의 필드에서 정황평가의 연구에 관한 것이다.

언어	긍정적	부정적
반응: 영향 [화제성]	*timely, long awaited, engaging, landmark...* 시기적절한, 고대한, 호감이 가는, 기념비적인...	*untimely, unexpected, overdue, surprising, dated...* 때가 안 맞는, 예기치 않은, 철 지난, 놀라운, 유행이 지난...
반응: 질 [호감도]	*fascinating, exciting, interesting, stimulating, impressive, admirable...* 대단히 흥미로운, 신나는, 흥미로운, 자극이 되는, 인상적인, 감탄스러운...	*dull, tedious, boring, pedantic, didactic, uninspired...* 따분한, 싫증이 나는, 재미없는, 현학적인, 가르치려 드는, 독창적이지 않은...
구성 [균형]	*consistent, balanced, thorough, considered, unified, logical, well argued, well presented...* 일관된, 균형된, 철저한, 숙고된, 통일된, 논리적인, 논증이 잘 된, 표현이 잘 된...	*fragmented, loose ended, disorganized, contradictory, sloppy...* 파편이 된, 늘어진 끝의, 계획이 잘못된, 모순되는, 엉성한...
구성 [복잡성]	*simple, lucid, elegant, rich, detailed, exhaustive, clear, precise...* 간단한, 명쾌한, 우아한, 풍부한, 상세한, 철저한, 깔끔한, 정밀한...	*simplistic, extravagant, complicated, Byzantine, labyrinthine, overly elaborate, narrow, vague, unclear, indulgent, esoteric, eclectic...* 극단적으로 단순화한, 사치스러운, 복잡한, 비잔틴적인, 미로와 같은, 지나치게 정교한, 좁은, 모호한, 불분명한, 제멋대로 하게 놔두는, 소수만 이해하는, 다방면에 걸친...
가치짓기 [필드 생성]	*useful, penetrating, illuminating, challenging, significant, deep, profound, satisfying, fruitful...* 유용한, 통찰력 있는, 계몽적인, 도전 의식을 북돋우는, 중요한, 깊은, 심오한, 만족스러운, 생산적인...	*shallow, ad hoc, reductive, unconvincing, unsupported, fanciful, tendentious, bizarre, counterintuitive, perplexing, arcane...* 피상적인, 임시방편의, 환원주의적인, 설득력이 없는, 지지받지 못하는, 허황된, 편견이 있는, 기괴한, 반직관적인, 당혹스러운, 난해한...

이 문제를 더욱 복잡하게 만드는 것은 필드와 정황평가의 암시적인 교차현상(위에서 언급한 환기 변인)이다. 감정평가, 행위평가와 마찬가지로 관념적 의미는 명시적으로 평가적인 어휘를 피하더라도 평가에 사용될 수 있다. 여기서 다시 한 번 강조해야 할 점은, 특히 환기에 대한 평가하기는 읽고 있는 제도적 위치에 따라 달라지기 때문에 평가어 분석가는 자신의 읽기 위치를 명확히 밝혀야 한다는 것이다. 예를 들어, 읽기 위치에 따라 형식언어학자와 기능언어학자는 좋은 사람과 나쁜 사람에 대한 확고한 신념을 가지고 다음과 같은 일련의 대립 구도에 있는 용어를 상보적 방식으로 평가할 것이다.

rule/resource:: cognitive/social:: acquisition/development:: syntagmatic/paradigmatic:: form/function:: language/parole:: system/process:: psychology&philosophy/sociology& anthropology:: cognitive/social:: theory/description:: intuition/corpus:: knowledge/ meaning:: syntax/discourse:: pragmatics/context:: parsimony/extravagance:: cognitive/ critical:: technicist/humanist:: truth/social action:: performance/instantiation:: categorical/ probabilistic:: contradictory/complementary:: proof/exemplification:: reductive/ comprehensive:: arbitrary/natural:: modular/fractal:: syntax&lexicon/lexicogrammar...
규칙/자원:: 인지적/사회적:: 습득/발달:: 통합적/계열적:: 형태/기능:: 랑그/파롤:: 체계/과정:: 심리학&철학/사회학&인류학:: 인지적/사회적:: 이론/설명:: 직관/말뭉치:: 지식/의미:: 통사/담화:: 화용론/맥락:: 간결한/장황한:: 인지적/비판적:: 기술주의자/인본주의자:: 진리/사회적 행동:: 수행/사례화:: 범주적/확률적:: 모순적/보완적:: 증명/예시:: 환원적/포괄적:: 임의적/자연적:: 모듈적/프랙탈적:: 통사&어휘/어휘문법

3

관념어: 경험 구성하기

장 개요

3.1 경험 구성하기
3.2 분류적 관계들
3.3 분류적 관계들 더 알아보기
3.4 핵 관계들
3.5 연속 활동들
3.6 문법적 은유들 더 알아보기
3.7 실제 필드의 참여자들 살펴보기 : 개체들의 종류

관념어(ideation)는 우리의 경험이 담화에서 어떻게 해석되는지를 분석하는 것으로, 연속적 활동 (들), 관련된 사람과 사물, 관련된 장소와 질, 그리고 텍스트가 전개될 때 이러한 요소들이 어떻게 구성되고 서로 관련되는지에 초점을 맞춘다.

서론에 이어 이 장은 세 개의 주요 절로 구성되어 있다. 3.2절에서는 반복, 유의, 대조와 같은 텍스트의 어휘 요소 간의 의미 관계 연속에 대해 설명한다. 텍스트가 전개됨에 따라 사람과 사물 에 대한 장면이 만들어지는데, 이를 **분류적 관계**(taxonomic relations)라고 한다. 3.4절에서는 각 절 내에서 과정, 사람, 사물, 장소 및 질 간의 어휘 관계를 설명한다. 이러한 어휘들은 절에서 어느 정도 중심이 되므로 이를 **핵 관계**(nuclear relations)라고 한다. 3.5절에서는 텍스트가 전개 될 때 활동 간의 관계를 설명한다. 경험을 일련의 활동들이 전개되는 것으로 해석하기 때문에 이러한 관계를 **연속 활동들**(activity sequences)이라고 한다.

3.2절에서는 텍스트의 분류적 관계를 분석하는 방법을 소개하여 텍스트가 전개될 때 어휘 요소 간의 의미 관계를 볼 수 있다. 텍스트가 구성하는 사람과 사물에 대한 전체적인 장면도 볼 수 있다. 3.4절에서는 사람과 사물이 활동에 참여하는 방식과 어휘적 요소가 문법의 여러 부분에 걸쳐 어떻게 연관되어 있는지를 보여주는 텍스트의 핵 관계를 분석하는 방법을 설명한다. 3.5절 에서는 사람과 사물의 참여 패턴뿐만 아니라 활동의 국면을 표시하는 어떤 텍스트 내에서 연속적 활동들을 분석하는 방법으로 마무리한다.

마지막 3.6절에서는 과정이 동사가 아닌 명사로 표현되는 것과 같이 어휘적 의미가 비정형적 인 단어로 표현될 때('명사화') 어떤 일이 일어나는지에 대해 설명한다. 이를 **문법적 은유** (grammatical metaphor)라고 하며, 연속 활동들을 분석하는 데 도움이 되는 문법적 은유를 풀어 쓰기 위한 방법을 설명한다.

3.1 경험 구성하기

관념적 의미의 핵심에 있는 인간 경험의 모델링은, 모든 언어에서, 사람, 사물, 장소 및 질과 관련된 과정이다. Halliday(1994: 106)는 이러한 경험의 구성이 절의 문법 뒤에 놓여 있다고 제안한다:

> The clause ... embodies a general principle for modelling experience - namely the principle that reality is made up of PROCESSES. Our most powerful impression of experience is that it consists of goings on - happening, doing, sensing, meaning, being and becoming. All these goings-on are sorted out in the grammar of the clause.
> 이 절은 ... 경험을 모델링하는 일반적인 원칙, 즉 현실은 **과정**으로 이루어진다는 원칙을 구체화한다. 경험에 대한 우리의 가장 강력한 인상은 다음과 같이 구성된다는 것이다- 발생하기, 행하기, 감지하기, 의미하기, 존재하기, 변화하기. 이러한 모든 일어남(goings-on)은 절의 문법에 따라 분류된다.

이 절의 문법은 이러한 '일어남(goings on)'을 과정, 사람, 장소와 같은 요소들의 구성으로 조직한다.

> In this interpretation of what is going on, there is doing, a doer, and a location where the doing takes place. This tripartite interpretation ... is what lies behind the grammatical distinction of word classes into verbs, nouns and the rest, a pattern that in some form or other is probably universal among human languages, (*ibid.*: 108)
> 무슨 일이 일어나고 있는지에 대한 이 해석에는 행위, 행위자, 그리고 행위가 일어나는 장소가 있다. 이러한 삼자적 해석은 ... 동사, 명사, 기타로 단어 부류를 문법적으로 구분하는 이면에 있는 것으로, 어떤 형태로든 인간 언어에서 보편적으로 나타나는 패턴이다(같은 책: 108).

문법적 관점에서 볼 때 절은 단어와 단어 군의 구조이지만 담화의미론적 관점에서 볼 때 절은 사람과 사물이 관련된 행위를 해석하는 것이다. 이러한 형상의 핵심 요소는 과정과 그 과정에 직접적으로 관여하는 사람과 사물이며, 장소와 질과 같은 다른 요소는 약간 주변적일 수 있다. 이러한 경험의 핵 모델은 그림 3.1에 도식화되어 있다. '행위자(doer)-행하기(doing)'의 핵은 회전하는 음/양 상보성으로 표현되며, '장소'와 '질'은 주변 궤도에 있다.

Halliday & Matthiessen(2004), Caffarel 외(2004)와 같은 문법적 서술은 절 내에서 이러한 경험의 구성을 다양한 차원에서 상세하게 설명했다. 이들은 다음과 같은 문법적 패턴을 설명한다:

- 과정의 유형을 구분하기 - 행하기, 발생하기, 생각하기, 말하기, 존재하기, 소유하기
- 과정을 확장하기 - 시간, 방식, 원인과 같은 차원들
- 과정에 참여하는 사람과 사물의 역할을 구별하기(예: 과정의 **매개자**, **작용역** 또는 **행위자**).
- 참여자들을 수식하기- 그들, 그들의 부분들, 소유물들, 측면들 등을 분류하기, 묘사하기, 계산하기
- 활동과 관련된 배경상황의 유형을 구분하기 - 예를 들어 장소, 시간, 질

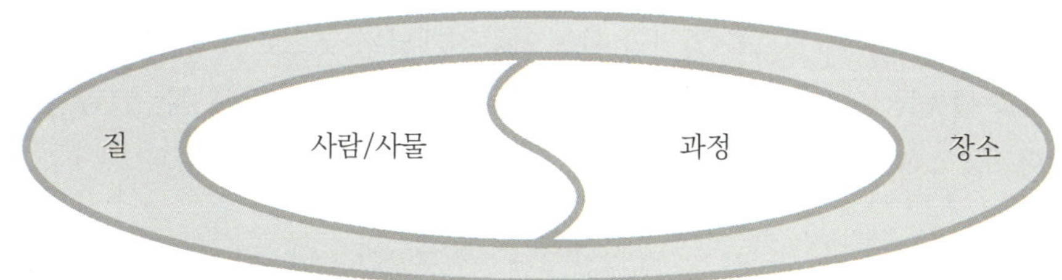

그림 3.1 활동으로서 경험의 핵 모델

이러한 문법적 자원들은 경험의 측면을 명시하기 위한 풍부한 자원이지만, 언어가 경험을 해석하는 데 제공하는 전략의 일부에 불과하다. 두 가지 상호 보완적인 관념적 패턴 세트가 똑같이 필요하다. 하나는 한 절과 다음 절을 논리적으로 연결하는 접속 관계로, 경험이 전개되는 일련의 활동으로 해석하는 것이다. 이러한 자원들은 4장 **접속어**에서 간략하게 설명한다. 다른 하나는 어휘 관계로, 텍스트의 필드21)를 구성하는 특별한 사람, 사물, 과정, 장소 및 질 간의 의미 관계이다. 어휘 요소 간의 이러한 관계가 **관념어**의 체계를 구성한다.

따라서 경험의 필드는 사람, 사물, 장소 및 질과 관련되는 연속 활동들로 구성된다. 이러한 활동들은 절들과 그들의 구성요소에 의해 실현된다. 우리는 이 장에서 절 안팎에서 이러한 구성요소들 사이의 어휘적 관계에 관심을 둔다. 우리의 목표는 필드를 구성하기 위해 결합할 수 있는 어휘 관계의 패턴을 설명하는 것이다.

우리는 세 가지 어휘 관계 세트를 식별할 수 있다. 첫 번째는 텍스트가 한 절에서 다음 절로 전개될 때 구성요소 간의 관계 연속이다. 여기에는 반복(repetition), 유의(synonymy), 대조(contrast)와 같은 관계가 포함되며, 텍스트가 진행됨에 따라 사람과 사물에 대한 장면을 구축한다. 예를 들어, 이야기 초반에 Helena는 10대의 소녀로서 자신을 묘사한다: *late teen-age years - farm girl - eighteen-year-old*. 이처럼 그들이 사람, 사물, 장소 및 그 질에

---

21) [역자주] SFL에서 필드(field)란 사회기호적 활동이 관련된 경험의 영역을 말한다.

대한 분류를 점진적으로 구성하는 것을 **분류적 관계**(taxomonic relations)라고 한다.

두 번째는 각 절 내의 구성요소들의 배열관계이다. 여기에는 사람과 사물 간의 관계와 그들이 관여하는 과정, 과정과 관련된 장소와 질(예: Helena의 로맨스가 시작될 때 두 사람과 과정의 배열관계: *Helena - meet - young man*)이 포함된다. 그림 3.1에서와 같이 그들이 그 과정의 전개에서 어느 정도 중심적 역할이 되기 때문에 이러한 관계를 **핵 관계**(nuclear relaions)라고 한다.

세 번째는 텍스트가 전개될 때 절에 의해 해석되는 연속 활동들이다. 이는 *meeting - beginning relationship - marriage*와 같은 일련의 단계를 암시하는 한 과정에서 다음 과정으로의 관계이다. 텍스트의 필드를 일련의 활동으로 전개되는 것으로 해석하기 때문에 이러한 관계를 **연속 활동들**(activity sequences)이라고 한다. 이 세 가지 **관념어** 체계는 그림 3.2에 요약되어 있다.

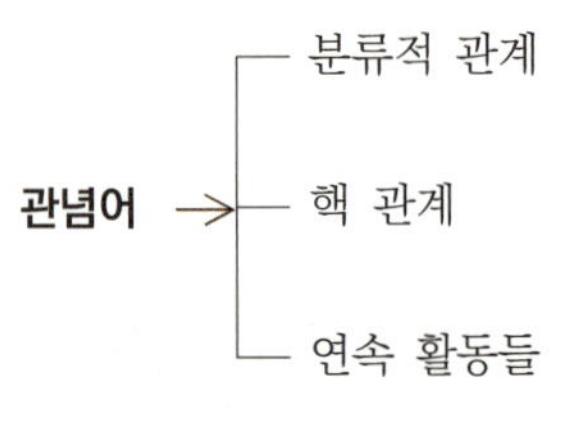

그림 3.2 관념어 시스템

3.2 분류적 관계

Helena 이야기의 첫 번째 **사건**은 주로 자신과 첫사랑에 관한 것으로, 사건이 전개됨에 따라 다양한 관점에서 볼 수 있다. 예를 들어, Helena는 어린 자신을 *a farm girl*로, 연인을 *a young man*과 *Englishman*으로 분류하고 이러한 정체성을 'Boer' Afrikaners와 대조한다. 이들에 대한 각 언급은 아래에서 볼드체와 볼드 이탤릭체로 강조 표시되어 있다.

My story begins in **my late teenage years** as **a farm girl** in the Bethlehem district of Eastern Free State.
나의 이야기는 Eastern Free State의 Bethlehem 지역의 농장 소녀였던 10대 후반부터 시작된다.

As **an eighteen-year-old**, I met ***a young man in his twenties***. He was working in a top security structure. It was the beginning of a beautiful relationship. We even spoke about marriage. A bubbly, vivacious man who beamed out wild energy. Sharply intelligent. Even if he was *an Englishman*, he was popular with *all the 'Boer' Afrikaners*. And all my girlfriends envied me.

열여덟 살 때 나는 20대의 한 청년을 만났다. 그는 일급 보안 조직에서 일하고 있었고 그것은 아름다운 관계의 시작이었다. 우리는 결혼에 대해서도 이야기했다. 활기차고 발랄한 그는 야성적인 에너지를 뿜어냈다. 매우 총명했다. 그는 영국인이었지만 아프리카계 '보어인'들에게 인기가 많았다. 내 친구들은 모두 부러워했다.

이러한 사례들을 추출하면 Helena와 그녀의 연인이 어떻게 분류되는지 더 명확하게 알 수 있다:

Helena	**그녀의 첫사랑**	**타인들**
my late teenage years	a young man in his twenties	all the 'Boer' Afrikaners
10대 후반	20대의 한 청년	모든 아프리카계 '보어인'들
a farm girl	an Englishman	
농장 소녀	영국인	
an eighteen-year-old		
열여덟 살		

Helena는 자신의 젊음과 출신에 관련된 용어로 자기를 묘사하고 그녀의 연인을 그의 젊음과 영국 민족성에 관련된 용어로 묘사한다. 그렇게 하고 나서 그것을 그녀의 연인과 관련된 또 다른 민족 그룹과 비교한다. 그 연인의 이야기가 초점인 만큼 그에 대한 그녀의 묘사는 훨씬 더 발전되어 있으며, *bubbly, vivacious, beamed out wild energy, sharply intelligent, popular* 등 많은 긍정적인 속성을 포함하고 있다. 그러나 이렇게 기록된 행위평가는 2장에서 평가어로 다루며 여기서는 순전히 관념적 범주로 제한하여 논의에서 제외하겠다.

Helena는 자신과 연인을 나이와 인종과 같은 보다 일반적인 부류의 구성원으로서 전개하는 장면을 구성하는데, 이는 명시되지는 않았지만 텍스트의 사례에 의해 가정된다. 우리는 부류의 한 사례와 다음 사례 사이의 관계를 **동위어**(co-class) 관계라고 부른다. 표 3.1에서는 사건이 전개됨에 따라 이러한 각 관계를 어휘 관계의 문자열로 분석한다.

표 3.1 Helena와 그녀의 첫사랑의 어휘 문자열

Helena의 젊은 시절	그녀의 사랑
late teenage years	*young man*
동위어	동위어
farm girl	*Englishman*
동위어	동위어
eighteen-year-old	*'Boer' Afrikaners*

이 텍스트에서 이러한 사례들의 기초가 되는 것들은 연령, 성별, 인종, 기량, 계급 등 일반적인 사회적 범주들이다(9장, 9.3절 참조). 그림 3.3은 이야기의 이 단계에서 사례화된[22] 몇 가지 하위 범주를 보여준다. 점선들은 그녀의 계급, 연령, 성별에 의해서 *a farm girl*과 같이 여러 범주에 따라 사람들이 어떻게 교차 분류되는지 보여준다(세 개의 점(...)은 설명되지 않은 다른 하위 범주를 나타낸다).

Helena와 그녀의 첫사랑에서 이야기 전체를 관통하는 더 넓은 부류의 사람들로 초점을 돌려보면, 그림 3.4를 통해 그 이야기에서 그녀가 구성하는 사회적 세계를 명확하게 볼 수 있다.

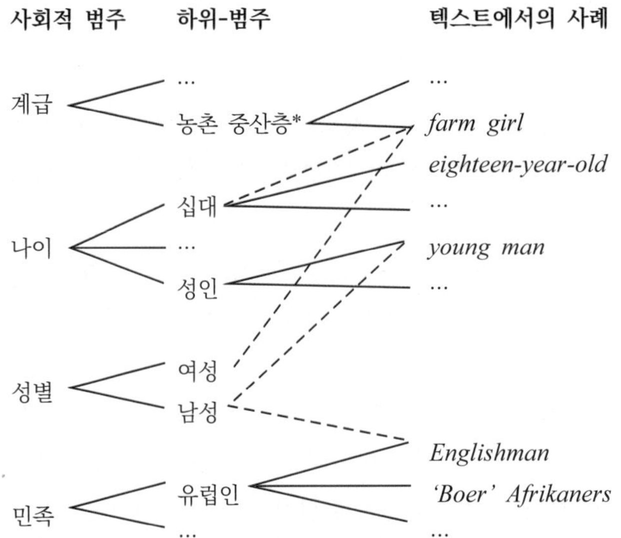

* Helena의 사회경제적 계급은 가장 명확하게 분류되지 않은 부류이지만, 남아공의 인종격리정책 상황에서 자신을 *a farm girl* 이라고 쓰는 유럽인은 소농의 딸, 즉 농촌 중산층의 딸일 수 있다고 추측할 수 있다.

그림 3.3 Helena의 이야기에서 사례화된 일부 사회적 범주

---

22) '사례화된(instantiated)'이라는 용어는 텍스트에서 기호학적 시스템의 사례(예시)들을 의미한다.

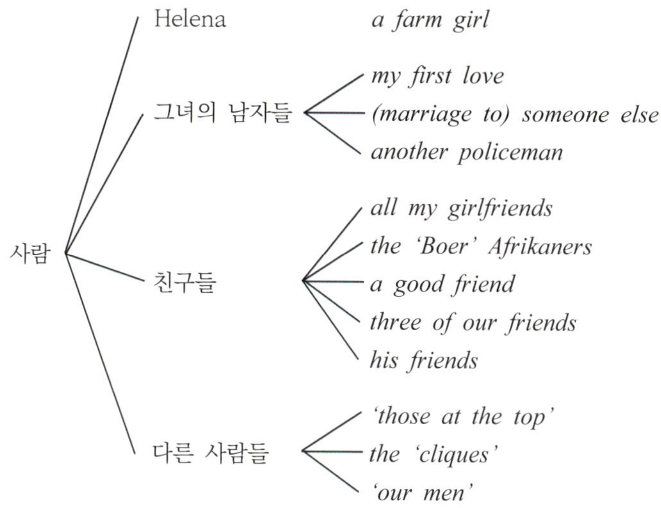

그림 3.4 Helena의 이야기 속 사회 세계

그림 3.4의 분류법은 Helena가 자신의 사회적 세계를 자기중심적인 부류로 구성한 것을 보여준다. 자신부터 주변 남자들, 자신과 연인의 친구들, 마지막으로 개인적 세계 너머의 사람들, 권력자들과 독수리처럼 변한 남자들까지 말이다. 친구와 연인의 개인적인 세계와 그녀의 세계 밖의 다른 사람들 사이의 대조가 다른 사람들을 둘러싼 '주의 환기용 인용부호'로 어떻게 강조되는지 주목하라. 그것은 그녀가 들어봤지만, 그녀의 남자들에게 가해진 피해 외에는 개인적으로 경험하지 못한 세계이다.

전체의 부분

이야기의 두 번째 **사건**의 '반향' 국면에서 Helena는 두 번째 사랑을 아래 강조 표시된 것처럼 해부학, 생리학, 영혼 등 다양한 부분으로 구성된 고문당한 유기체로 해석한다.

Sometimes he would just press **his face** into **his hands** and shake uncontrollably. I realized he was drinking too much. Instead of resting at night, he would wander from window to window. He tried to hide **his** wild consuming fear, but I saw it. In the early hours of the morning between two and half-past-two, I jolt awake from his rushed breathing. Rolls this way, that side of the bed. He's pale. Ice cold in a sweltering night – sopping wet with sweat. **Eyes** bewildered, but dull like the dead. And the shakes. The terrible convulsions and blood-curdling shrieks of fear and pain from **the bottom of**

his soul. Sometimes he sits motionless, just staring in front of him. 1 never understood.
I never knew. Never realised what was being shoved down **his throat** during the 'trips',
I just went through hell. Praying, pleading: 'God, what's happening? What's wrong with
him? Could he have changed so much? Is he going mad? I can't handle **the man** any-
more!

가끔 그는 자신의 얼굴을 손으로 감싸고 걷잡을 수 없이 떨기도 했다. 나는 그가 술을 너무
많이 마신다는 것을 깨달았다. 그는 밤에 쉬는 대신 창문에서 창문을 오가며 방황했다. 그는
거칠고 강렬한 두려움을 숨기려 했지만 나는 보고 말았다. 나는 새벽 2시 반에서 3시 반 사이,
그의 가쁜 숨소리에 잠에서 깼다. 그는 침대 이쪽저쪽으로 굴러다녔다. 그는 창백했다. 무더운
밤에 얼음장처럼 차갑고 땀으로 흠뻑 젖어 있었다. 죽은 사람처럼 멍한 눈동자, 그리고 떨림.
끔찍한 경련과 소름끼치는 공포와 고통의 비명소리가 그의 영혼의 밑바닥에서 울려 퍼졌다. 때
때로 그는 움직이지 않고 앉아서 앞을 응시했다. 나는 결코 이해하지 못했다. 정말 몰랐다. '여
행'을 하는 동안 그의 목구멍으로 무엇이 밀려 들어왔는지 전혀 깨닫지 못했다. 나는 방금 지옥
을 겪었다. 기도하고 간청했다: '하나님, 무슨 일이에요? 그에게 무슨 문제가 있나요? 그가 그렇
게 많이 변할 수 있나요? 미쳐가는 건가요? 더 이상 그 남자를 감당할 수 없어요!

우리는 전체의 한 부분과 다음 부분 사이의 관계를 **공동-부분**(co-part) 관계라고 부를 것이
다. Helena의 남자 부분은 표 3.2에서 어휘 문자열로 분석된다.

표 3.2 Helena의 두 번째 사랑의 부분어

the man
부분어
his face
동위어
his hands
공동-부분어
eyes
공동-부분어
the bottom of his soul
공동-부분어
his throat

위의 그림 3.4의 **부류적 분류체계**(classifying taxonomy)와 달리, 그 사람의 이러한 부분들은
전체와 그 부분 및 하위 부분으로 구성된 **구성적 분류체계**(compositional taxonomy)를 구성하
며, 이를 그림 3.5의 트리 다이어그램으로 표현할 수 있다.

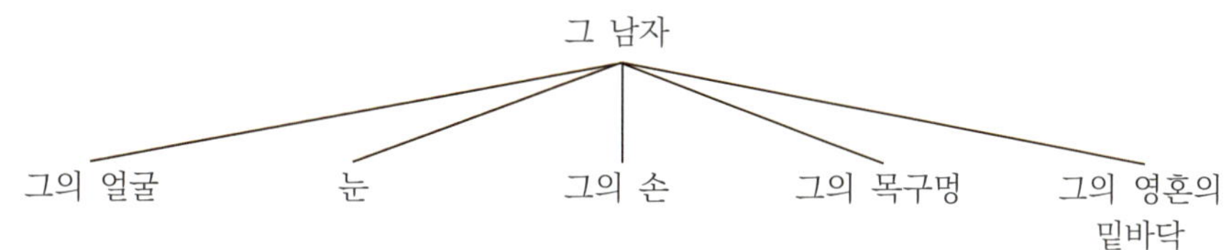

그림 3.5 Helena's의 두 번째 사랑의 부분어

분류적 관계들의 유형

부류와 구성원의 관계, 부분과 전체 간의 관계는 경험 필드(의미영역)를 구성하는 두 가지 유형의 분류체계를 구성한다. 사람, 사물, 장소는 보다 일반적인 개체 부류에 속함과 동시에 더 큰 전체의 일부이며 더 작은 부분으로 구성된다. 이들은 부류적 분류체계와 구성적 분류체계로 각각 알려져 있다. 두 위계 모두 특히 기술적(技術的) 필드에서 많은 층을 가질 수 있는데, 예를 들어 (부류) *kingdom, phylum, class, order, family, genus, species, sub-species 계, 문, 강, 목, 과, 속, 종, 아종*과 (구성적 분류체계) *ecosystem, food-chain, organism, organ system, organ, tissue, cell, organelle, metabolism.. 생태계, 먹이사슬, 유기체, 기관 시스템, 기관, 조직, 세포, 소기관, 대사...*와 같은 층이 있다. 과정은 보다 일반적인 유형의 사례화 또는 더 큰 활동의 일부로 볼 수도 있지만 그들의 분류체계는 사람, 사물 및 장소만큼은 다층적이지 않다. 질은 더 일반적인 부류에 속할 수 있지만 부분으로 구성되지는 않는다.

이러한 분류적 체계는 담화에서 부류-구성어와 동위어, 전체-부분어와 공동-부분어를 포함한 여러 유형의 어휘 관계를 발생시킨다. 여기에 *marry - married - marriage*와 같이 동일한 어휘 항목이 때때로 다른 문법적 형태로 반복되는 **반복**(repetition)도 포함할 수 있다. *marriage – wedding*과 같이 유사한 경험적 의미가 다른 어휘 항목에 의해 공유되는 **유의**(synonymy)도 있다.

물론 어휘 항목 사이에는 대조가 있다. 가장 친숙한 것은 아마도 *결혼(marriage) - 이혼(divorce)*과 같이 두 어휘 항목이 서로 반대되는 의미를 갖는 **반의**(antonymy)일 것이다. 그러나 또 다른 유형의 반대는 *아내(wife)-남편(husband)*, *부모(parent)-자식(child)*, *교사(teacher)-학생(student)*, *의사(doctor)-환자(patient)* 등과 같은 **대립**(converse) 역할이다. 이들은 반대 관계이지만 엄밀히 말하면 반의어는 아니다.

이러한 반대어 외에도 또 다른 유형의 대조는 계열이다. 여기에는 *뜨겁다(hot)-따뜻하다(warm)-미지근하다(tepid)-차갑다(cold)*와 같은 **척도**(scales)뿐만 아니라 *일요일(Sunday)-월요일(Monday)-화요일(Tuesday)-수요일(Wednesday)*처럼 요일과 같은 **주기**(cycles)도 포함된다. 이러한 분류적 관계의 범위는 그림 3.6에 나와 있다.

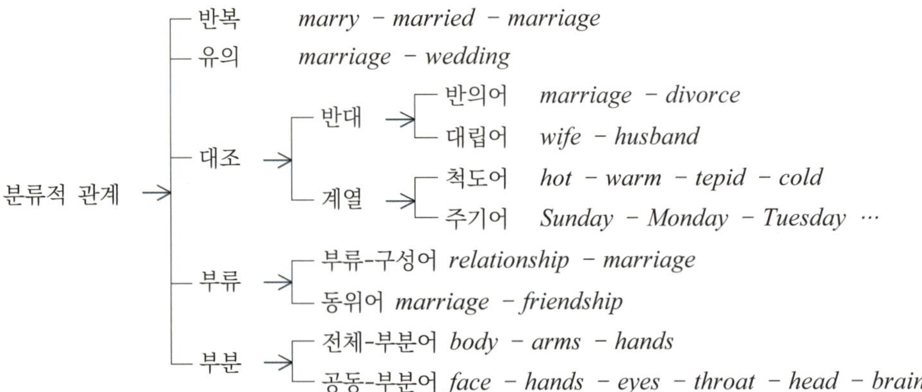

그림 3.6 분류적 관계 시스템

  텍스트의 각 어휘 항목은 다음과 같은 다섯 가지 일반적인 방법 중 하나로 관련된 어휘 항목을 추가로 예상한다. 어휘 항목은 텍스트 필드를 시작하거나 확충하며 이 필드는 예측 가능한 범위의 관련 어휘 항목이 뒤따를 것으로 예상한다. 어휘 항목 간의 분류적 관계는 독자 또는 청자가 이해하는 대로 필드 측면에서 해석된다. 예를 들어 남아공 역사에 정통한 독자라면 *an Englishman*와 *the 'Boer' Afrikaners*의 동위어 관계를 인식하고, 이들 민족 간의 역사적 갈등의 측면에서 해석할 것이다. 독자들이 Helena의 영국인 연인 *even with the 'Boer' Afrikaners*의 인기를 주목할 만한 것으로 해석하는 것은 바로 이러한 민족 갈등에 대한 예상과 함께이다. 따라서 분류적 관계는 텍스트가 전개될 때, 각 어휘 항목에 의해 개방된 예상을 기반으로 하거나 또는 그러한 예상에 대응함으로써 경험의 장을 구성하는 데 도움이 된다.

반복어와 유의어

  Helena의 이야기에서 우리는 많은 부류어와 부분어 관계, 그리고 약간의 대조어를 보았지만 반복어와 유의어는 거의 없었다. 반복어와 유의어는 텍스트의 필드(의미영역)가 매우 복잡한 경우에 특히 유용한 자원이다. 반복어와 유의어는 그 주변에 복잡한 어휘 관계를 구성하지만, 그 자원은 어떤 하나의 어휘 문자열을 비교적 단순하게 유지시켜 주기도 한다. 이러한 이유로 많은 필드의 기술적(技術的) 텍스트는 반복어와 유의어를 찾기 위한 공통적인 맥락이다. 민족화해협력증진법(Reconciliation Act)은 그러한 텍스트 중 하나이다. 그 '목적' 국면의 몇 가지 주요 어휘 항목이 강조되어 아래에 제시되어 있다.

> To provide for the investigation and the establishment of as **complete a picture** as possible of the nature, causes and extent of **gross violations of human rights ...**;
> 중대한 인권 침해의 성격, 원인 및 범위에 대한 가능한 한 완전한 상황을 조사하고 확립을 제공한다...;
>
> the **granting of amnesty** to persons who make **full disclosure** of all the **relevant facts...**;
> 관련 사실을 완전히 공개하는 사람에게 사면을 부여하며...;
>
> affording **victims** an opportunity to relate the **violations they suffered**;
> 피해자들이 자신이 겪은 침해에 대해 말할 수 있는 기회를 제공하고;
>
> the taking of measures aimed at the **granting of reparation...**;
> 배상 및 재활 조치를 취하며...;
>
> reporting to the Nation about such **violations** and **victims**;
> 그러한 침해와 피해자에 대해 국민에게 보고하고;
>
> the making of recommendations aimed at the prevention of the commission of **gross violations of human rights**;
> 중대한 인권 침해 행위의 재발 방지를 목표로 하는 권고안을 제시하며;
>
> and for the said purposes to provide for the establishment of a **Truth and Reconciliation Commission**, a **Committee on Human Rights Violations**, a **Committee on Amnesty** and a **Committee on Reparation and Rehabilitation**;
> 그리고 이를 위해 진실과 화해 위원회, 인권 침해 위원회, 사면 위원회, 배상 및 재활 위원회를 설립하고;
>
> and to confer certain powers on, assign certain functions to and impose certain duties upon that **Commission** and those **Committees**;
> 그리고 그 위원회와 위원회에 특정 권한을 부여하며, 특정 기능을 할당하고 의무를 부과하기 위한 법령이다;
>
> and to provide for matters connected therewith.
> 그리고 이와 관련된 사항을 규정하기 위해.

이러한 어휘 항목은 그림 3.7에 어휘 문자열로 표시된다. 텍스트에서 나타나는 순서는 아래 표에서의 위치로 표시된다.

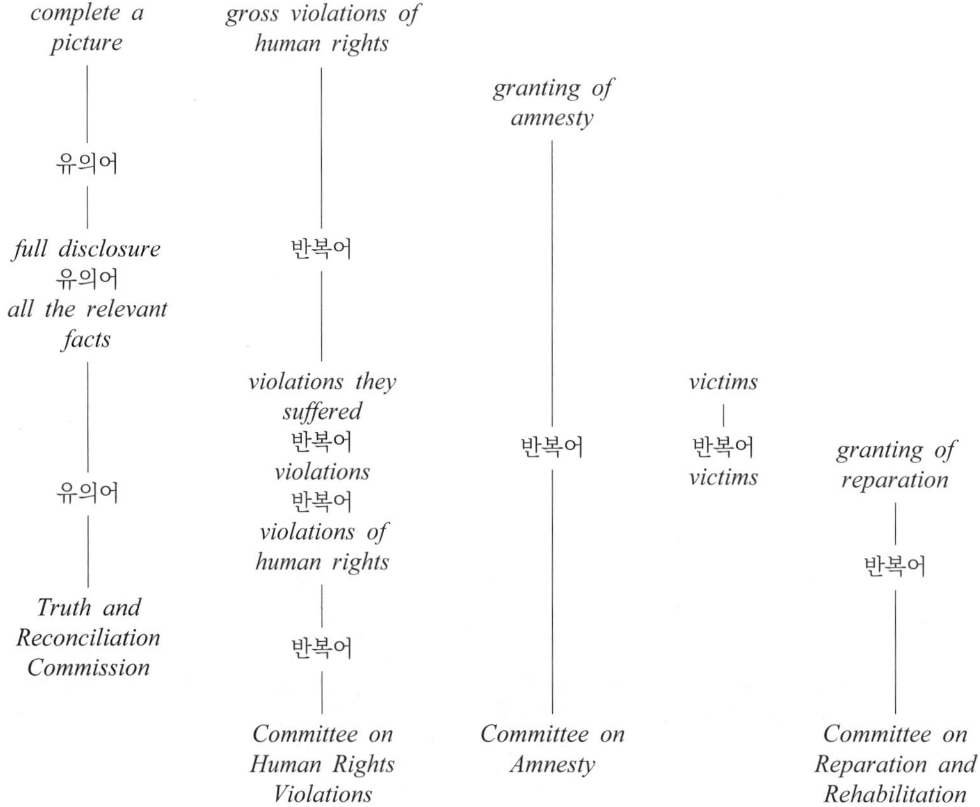

그림 3.7 반복어와 유의어를 표시하는 어휘 문자열

위원회와 그 산하 3개 위원회의 목적을 구축하는 과정에서, 어떤 목적이 어떤 위원회 또는 단체와 관련이 있는지를 분명히 하기 위해 반복어와 유의어가 광범위하게 사용된다. 여기에는 그 단체의 이름으로 명시된 '전체 진실'에 대한 다양한 유의어와 위원회의 이름이 되는 *human rights violations, amnesty, victims, reparation*의 반복어가 포함된다. 동시에 이 단순한 각각의 문자열 사이에는 다른 어휘적 관계가 있다. 여기에는 *human rights violations*와 *amnesty, victims*와 *reparation* 사이의 관계가 포함된다. 그러나 이러한 어휘적 관계는 핵 관계보다 덜 분류적이다. 즉, 인권 침해자들은 사면을 받아야 하고, 피해자들은 배상을 받아야 한다는 것이다. 여기서 분류적 문자열의 단순성은 요소들 사이의 핵 관계의 복잡성을 이해하기 쉽게 개발할 수 있게 해준다.

추상적 문어 담화에서의 분류적 관계

이제 Tutu가 어떻게 분류적 관계를 통해 진실과 화해의 분야를 구성하는지 알아보자. 법, 정부, 교육 등과 같은 제도적인 분야는 주로 *amnesty, justice, truth, reconciliation*과 같은 추상적인 것들로 구성된다. 이러한 추상적인 것들은 종종 독자들이 인식할 것으로 예상되는 큰 활동들을 의미한다. 그러나 때때로 하위 활동들은 특히 교육학 또는 법적 목적을 위해 지정될 수 있다. 예를 들어, Tutu는 그 법령이 한 가지 유형의 범죄를 더 구체적인 활동들의 집합으로 정의하는 것을 인용한다:

> The Act required that where the offence is a gross violation of human rights – defined as an abduction, killing, torture or severe ill-treatment...
> 이 법령은 위법 행위가 납치, 살인, 고문 또는 심각한 학대로 정의되는 중대한 인권 침해인 경우...

이 문장은 그림 3.8에서와 같이 분류체계의 부류를 분명하게 사례를 들어 설명한다.

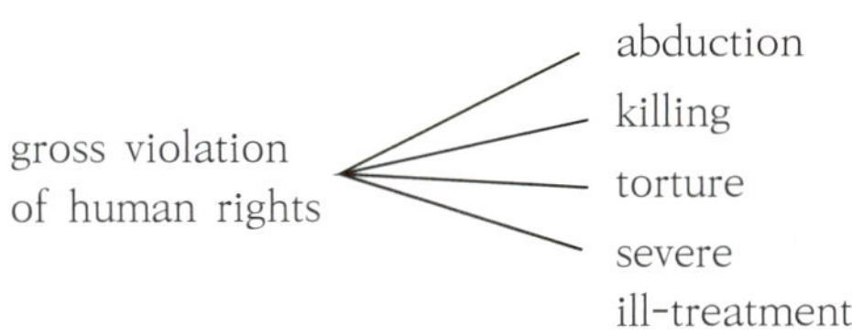

그림 3.8 사례화된 부류

반면에 분류체계는 Helena의 이야기에서 사람들을 위해 보았듯이 텍스트가 절에서 절로 전개되면서 함축적으로 구성되는 경우가 더 많다. 법적 정의와 같은 기술적(技術的) 필드와 다른 점은 텍스트가 전개되면서 필자가 의도적으로 기술적(技術的) 분류체계를 구성할 수 있다는 점이다. Tutu는 세 번째 **논증** 단계에서 '정의의 종류' 모델을 구성한다. 그는 상위 부류를 명시적으로 *form of justice*나 *kind of justice*로 명명하고 하위 유형을 명시적으로 *not the only form*과 *another kind*로 대조함으로써 이를 수행한다:

> Further, **retributive justice** – In which an **impersonal state** hands down **punishment with little consideration for victims and hardly any for the perpetrator** – is not the only **form of justice.** I contend that there is another **kind of justice, restorative justice,** which is characteristic of **traditional African jurisprudence.** Here the central concern is not ret-

ribution or punishment but, in the spirit of ***ubuntu***, the healing of breaches, the re-dressing of imbalances, the restoration of broken relationships. This **kind of justice** seeks to **rehabilitate both the victim and the perpetrator,** who should be given the opportunity to be **reintegrated into the community** he or she has injured by his or her offence. This is a far more **personal approach,** which sees **the offence** as **something that has happened to people** and whose consequence is a **rupture in relationships.**
게다가, 비인격적인 국가가 피해자에 대한 배려나 가해자에 대한 고려 없이 처벌을 내리는 응보적 정의만이 정의의 유일한 형태는 아니다. 나는 아프리카 전통 법학의 특징인 회복적 정의라는 또 다른 종류의 정의가 있다고 주장한다. 여기서 중심 관심사는 보복이나 처벌이 아니라 ubuntu의 정신에 따라 관계 단절을 치유하고 불균형을 바로잡고 깨어진 관계를 회복하는 것이다. 이러한 정의는 피해자와 가해자 모두의 재활을 추구하며, 가해자는 자신의 범죄로 인해 상처를 입은 커뮤니티에 다시 통합될 수 있는 기회를 제공받아야 한다. 이는 훨씬 더 개인적인 접근 방식으로, 범죄를 사람들에게 일어난 일로 보고 그 결과로 관계의 결렬을 초래하는 것으로 간주한다.

Thus we would claim that justice, **restorative justice,** is being served when efforts are being made to work for **healing,** for **forgiveness** and for **reconciliation.**
따라서 우리는 치유와 용서, 그리고 화해를 위해 노력할 때 정의, 즉 회복적 정의가 실현되고 있다고 주장할 수 있다.

Tutu는 *retributive justice*와 *restorative justice*를 대조하여 사면이 주어질 때 정의가 행해지고 있다는 자신의 주장을 완성한다. 그는 *restorative justice*가 *African juris-prudence*의 일부임을 명시적으로 밝힘으로써 *restorative justice*가 비아프리카인(즉, 서양인)임을 암시한다. 표 3.3은 이 단계에서 어휘적 문자열을 제공한다.

표 3.3 정의의 종류

서양 법 체계	아프리카 법 체계	범법 행위
an impersonal state 부분어	*traditional African jurisprudence* 부분어	*the offence* 부류어
retributive justice 부류어	*restorative justice* 부류어	*something that has happened to people* 부분어
punishment with little consideration for victims and hardly any for the perpetrator 유의어	*the spirit of ubuntu* 부류어	*rupture in relationships*
retribution 유의어	*the spirit of ubuntu* 동위어	
punishment	*healing of breaches* 동위어	
	redressing of imbalances 동위어	

restoration of broken relationships
동위어
opportunity to be reintegrated into
the community (the perpetrator) has
injured by his or her offence
부류어
a far more personal approach
부류어
restorative justice
부분어
healing
공농-부분어
forgiveness
공동-부분어
reconciliation

이 관계들은 대조적인 두 종류의 법체계를 구성한다. 하나는 *impersonal state*에서 *retributive justice*로 내려간다; 다른 하나는 식민지 이전의 *spirit of ubuntu*에 기초한 *traditional African jurisprudence*이며, 현대의 *restorative justice*를 위해 Tutu가 주장했다. 보복적 정의는 *retribution*과 *punishment with little consideration for victims and hardly any for the perpetrator*의 두 가지 속성을 포함한다. *spirit of ubuntu*의 세 가지 속성은 *the healing of breaches, the redressing of imbalances*와 *the restoration of broken relationships*이다. *restorative justice*의 네 가지 속성은 *healing, forgiveness, reconciliation*과 *the opportunity to be reintegrated into the community*이다. 이러한 유형의 법체계와 그 속성은 그림 3.9에 나와 있다.

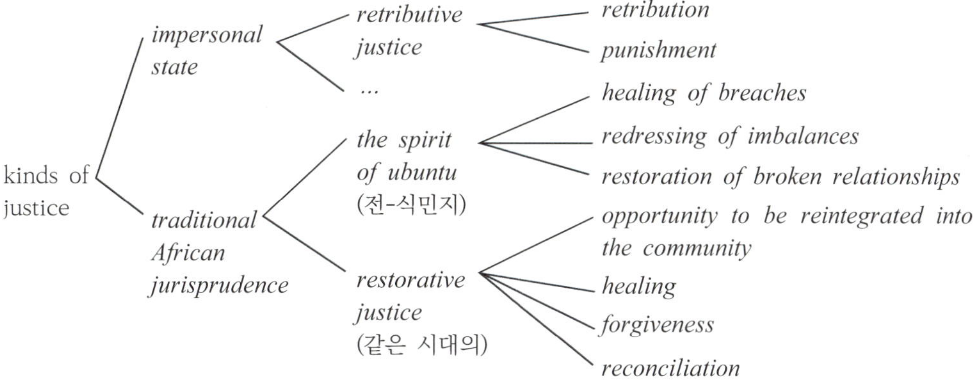

그림 3.9 법 체계의 종류와 그 구성요소

이 분류를 통해 Tutu는 함축적으로 긍정적인 평가하기를 끌어내는 정의에 대한 접근을 옹호하고, 이것을 함축적으로 부정적인 평가하기와 대조한다. Helena의 연인들의 대조적인 속성처럼, 그들의 '작전' 전후로 분류적 관계는 그 세상을 분류하고 우리가 구성하는 그 범주를 평가하는 평가어의 자원과 상호작용한다. 그러나 Tutu의 철학적 주장에서 그 범주는 사람과 그들의 질(선호)이 아니라 법 체계, 정의의 원칙, 도덕적 행동을 포함한 제도적 추상 개념들이다.

3.3 분류적 관계들 더 알아보기

위의 분석에서 우리는 어휘들 사이의 *반복*(repetitions), *유의*(synonyms), *대조*(contrasts), *부류*(classes)와 *부분*(parts)이라는 다섯 가지 분류적 관계를 설명했다. 이 절에서는 이들에 대한 몇 가지 세부 사항을 제공하기로 한다.

유의어

유의어(synonym)는 유사한 경험적 의미를 공유하는 서로 다른 어휘 항목이다. 예를 들어 Tutu는 *public hearing*과 *open session*이라는 유의어를 사용하는데, 이것은 같은 종류의 사건을 나타낸다. 유의어는 작가들이 반복을 피하기 위해 자주 사용한다. 유의어의 의미도 일반적으로 사용되는 맥락과 같이 어떤 면에서 차이가 있다. 예를 들어, *public hearing*은 일반적인 맥락에서 사용될 수 있고, 우리 대부분은 그것이 나타내는 사건의 종류를 인식할 것이지만, *open session*은 단지 법정 심리만이 아닌 다양한 종류의 사건을 지칭할 수 있다. 더 나아가 유의어는 그것이 표현하는 태도에도 차이가 있을 수 있다. 따라서 *public*과 *open*은 태도가 중립적인 반면, 이 항목들의 유의어 중 더 강한 태도를 표현하는 *exposed*나 *naked*와 같은 단어들도 있을 수 있다.

대조어

대조어(contrast)는 의미가 크게 다른 요소들이다. 여기에는 *win-lose, happy-sad* 또는 *married-single*과 같은 의미상 반대되는 요소들과 *hot-warm-tepid-cold* 등 다양한 의미의 연속어(series)가 포함된다. 반대(oppose)되는 요소로는 반의어(antonyms)와 대립어(converses)가 있다. 반의어는 다음과 같이 쌍으로 나온다.

win – lose	이기다 – 지다
married – single	기혼 – 미혼
quickly – slowly	빨리 – 천천히

대립어는 대립적인 사회적 역할 또는 지위와 관련이 있다. 예를 들면:

victim – perpetrator	피해자 – 가해자
mother – son	엄마 – 아들
give – receive	주다 – 받다
on top of – underneath	위에 – 아래에
before – after	전 – 후

연속어에는 척도어(scales)와 순환어(cycles)가 포함된다. 척도어는 가장 바깥쪽에 있는 의미의 극을 가지고 있다, 예를 들면:

hot - warm - tepid – cold
뜨거운 - 따뜻한 – 미지근한 – 차가운
pass - credit - distinction - high distinction
통과 - 인정 - 우수한 성적 – 아주 우수한 성적
tutor - lecturer - senior lecturer - associate professor – professor
조교 – 강사 – 수석 강사 - 부교수 - 교수

순환어는 요일 또는 연도와 같이 다른 두 극단 간의 항목을 정렬한다.

Sunday - Monday - Tuesday - Wednesday - Thursday - Friday – Saturday
일요일 - 월요일 - 화요일 - 수요일 - 목요일 - 금요일 – 토요일
2000 - 2001 - 2002 – 2003...

대조어는 많은 장르에서 현상의 한 부류를 다른 부류와 구별하는 부류적인 분류 체계를 구성하는 데 중요한 자원이다. 다음의 생물학 보고서는 먼저 *producers*와 *consumers*의 **대립된**(converse) 역할을 비교한다. 소비자의 하위-유형은 *primary*, *secondary*와 *tertiary*의 **연속어**(series)로 대조된다.

We have seen that organisms in an ecosystem are first classified as **producers** or as **consumers** of chemical energy. **Producers** in ecosystems are typically photosynthetic organisms, such as plants, algae and cyanobacteria. These organisms build organic matter (food from simple inorganic substances by photosynthesis). **Consumers** in an ecosystem obtain their energy in the form of chemical energy present in their 'food'. All consumers depend directly or indirectly on **producers** for their supply of chemical energy.

우리는 한 생태계의 유기체들이 먼저 화학 에너지의 생산자 또는 소비자로 분류된다는 것을 살펴보았다. 생태계의 생산자는 일반적으로 식물, 조류 및 남세균과 같은 광합성을 하는 유기체이다. 이 유기체들은 유기물(광합성에 의해 단순한 무기 물질로부터 음식을 얻는다)을 만든다. 한 생태계의 소비자는 자신의 '음식'에 존재하는 화학 에너지의 형태로 에너지를 얻는다. 모든 소비자는 화학 에너지의 공급을 생산자에게 직간접적으로 의존한다.

Organisms that eat the organic matter of **producers** or their products (seeds, fruits) are called **primary consumers,** for example, leaf-eating koalas (Phascoiarctos cinereus), and nectar-eating honey possums (Tarsipes rostratus). Organisms that eat **primary consumers** are known as **secondary consumers**. Wedge-tailed eagles that prey on wallabies are **secondary consumers**. Some organisms consume the organic matter of **secondary consumers** and are labelled **tertiary consumers**. Ghost bats (Macroderma gigas) capture a variety of prey, including small mammals. (Kinnear and Martin 2004:38)

생산자나 그들의 생산품(씨앗, 과일)의 유기물을 먹는 생물을 1차 소비자라고 하는데, 예를 들면 잎을 먹는 코알라(Phascoiarctos cinereus), 과즙을 먹는 꿀 주머니쥐(Tarsipes rostratus) 등이다. 1차 소비자를 먹는 생물을 2차 소비자라고 한다. 왈라비를 잡아먹는 쐐기꼬리수리는 2차 소비자이다. 일부 생물은 2차 소비자의 유기물을 소비하며 3차 소비자로 분류된다. 흡혈박쥐(Macroderma gigas)는 작은 포유류를 포함한 다양한 먹이를 포획한다. (Kinnear and Martin 2004: 38)

대조어는 또한 논증과 해석을 구성하는 데 중요한 자원이며, 하나의 입장 또는 일련의 행동과 질의 집합이 다른 입장보다 선호된다. Helena는 연인들에게 입힌 피해에 대해 자신의 주장을 밝히기 위해 '작전' 전후의 연인들의 행동과 질을 대조했다. Tutu는 보복보다 화해를 주장하기 위해 자주 대조를 사용한다. 예를 들어, 그는 그의 논문에서 논쟁의 중요성을 강조하기 위해 반의어를 사용한다.

So is amnesty being given at the cost of justice being done? This is not a **frivolous question**, but **a very serious issue**, one which challenges the integrity of the entire Truth and Reconciliation process.

그렇다면 정의를 희생하면서까지 사면이 이루어지고 있는 것인가? 이것은 경솔한 질문이 아니라 진실과 화해의 과정 전체의 완결성에 도전하는 매우 심각한 문제이다.

그리고 무죄와 유죄의 대조는 그의 두 번째 **논증**의 기초가 된다:

It is also not true that the granting of amnesty encourages impunity in the sense that perpetrators can escape completely the consequences of their actions, because amnesty is only given to **those who plead guilty**, who accept responsibility for what they have done. Amnesty is not given to **innocent people** or to **those who claim to be innocent**. It was on precisely this point that amnesty was refused to the police officers who applied for it for their part in the death of Steve Biko. They denied that they had committed a crime, claiming that they had assaulted him only in retaliation for his inexplicable conduct in attacking them.

사면은 유죄를 인정하고 자신이 저지른 일에 대한 책임을 인정하는 사람에게만 주어지기 때문에 사면이 가해자가 자신의 행동에 따른 결과를 완전히 피할 수 있다는 의미에서 면죄부를 조장한다는 주장도 사실이 아니다. 사면은 무고한 사람이나 무죄를 주장하는 사람에게는 주어지지 않는다. Steve Biko의 죽음에 연루되어 사면을 신청한 경찰관들에게 사면이 거부된 것도 바로 이 점 때문이었다. 그들은 자신들이 범죄를 저질렀다는 사실을 부인했으며, 단지 자신들을 공격한 Biko의 이해할 수 없는 행동에 대한 보복으로 그를 폭행했을 뿐이라고 주장했다.

여기에는 무고한 자와 유죄인 자, 그리고 죄를 자백하는 자와 거짓으로 무죄를 주장하는 자 사이에 이중적인 대조가 내포되어 있어 죄를 더욱 가중시킨다. 마지막으로 Tutu는 *retributive*와 *restorative justice*의 대비에 자신의 주장을 둔다. 흥미롭게도 그는 두 유형 모두 어떤 면에서 *victim*과 *perpetrator*의 **대립된**(converse) 역할을 유사하게 다룬다고 주장한다. 보복적 정의는 어느 한쪽을 거의 배려하지 않는(*little consideration*) 반면에 회복적 정의는 양쪽 모두를 사람(*people*)으로 분류한다:

Further, **retributive justice** - in which an impersonal state hands down punishment with little consideration for **victims** and hardly any for **the perpetrator** - is not the oniy form of justice. I contend that there is another kind of justice, **restorative justice**, which is characteristic of traditional African jurisprudence. Here the central concern is not retribution or punishment but, in the spirit of ubuntu, the healing of breaches, the redressing of imbalances, the restoration of broken relationships. This kind of justice seeks to rehabilitate both **the victim** and **the perpetrator**, who should be given the opportunity to be reintegrated into the community he or she has injured by his or her offence. This is a far more personal approach, which sees the offence as something that has happened to **people** and whose consequence is a rupture in relationships.

게다가, 비인격적인 국가가 피해자에 대한 배려나 가해자에 대한 고려 없이 처벌을 내리는 응보적 정의만이 정의의 유일한 형태는 아니다. 나는 아프리카 전통 법학의 특징인 회복적 정의라는 또 다른 종류의 정의가 있다고 주장한다. 여기서 중심 관심사는 보복이나 처벌이 아니라 ubuntu 의 정신에 따라 관계 단절을 치유하고 불균형을 바로잡고 깨어진 관계를 회복하는 것이다. 이러 한 정의는 피해자와 가해자 모두의 재활을 추구하며, 가해자는 자신의 범죄로 인해 상처를 입은 커뮤니티에 다시 통합될 수 있는 기회를 제공받아야 한다. 이는 훨씬 더 개인적인 접근 방식으 로, 범죄를 사람들에게 일어난 일로 보고 그 결과로 관계의 결렬을 초래하는 것으로 간주한다.

그러한 많은 반의어들은 부정적인 극 *not*과 대조적인 접속어 *but*에 의해 강조되는 대조와 함께 민족화해협력증진법에 동기를 부여하는 원칙들로 해석된다:

SINCE the Constitution states that there is a need for **understanding** but not for **vengeance**, a need for **reparation** but not for **retaliation**, a need for **ubuntu** but not for **victimization**;
헌법에 따르면 이해는 필요하지만 복수는 안 되고, 배상은 필요하지만 보복은 안 되며, ubuntu 는 필요하지만 희생은 안 된다고 명시되어 있기 때문이다;

다른 장르에서 연속어는 사물과 사건을 해석하는 중요한 자원이다. 예를 들어, 신문 기사 는 시간 속에서 뛰어다니기 때문에 독자들은 그 사건의 연속을 구성하기 위해 시간 사이의 관계를 회복할 수 있어야 한다. 다음 발췌문은 2001년 노르웨이 화물선 *Tampa*호에 의해 호주로 향하려던 난파된 난민들이 구출된 사건과 호주 정부가 그들을 돕기를 거부한 수치스 러운 사건들에 대해 이야기하고 있다:

DRIFTING 22km off Christmas Island and with food and supplies running low, Captain Arne Rinnan was **last night** trying to maintain order on his besieged ship after being turned away by Australia and warned off by Indonesia. The Norwegian captain of the MS Tampa **last night** told The Daily Telegraph by satellite phone many of the 438 men, women and children on his ship were ill after **their 11th day at sea** ...
크리스마스 섬에서 22km 떨어진 곳에서 식량과 물자가 부족한 상황에서, Arne Rinnan 선장은 어젯밤 호주에 의해 거절당하고 인도네시아에 의해 경고를 받은 후 포위된 배에서 질서를 유지 하기 위해 노력하고 있었다. 지난밤 MS Tampa호의 노르웨이 선장은 위성전화로 Daily Telegraph에 자신의 배에 타고 있던 438명의 남성과 여성, 어린이들 중 많은 사람들이 바다에 서 11일째를 보낸 후 아팠다고 말했다...
But Prime Minister John Howard said after a cabinet meeting **yesterday afternoon** that the ship would not be allowed to enter Australian waters ... **Hours later**, the

Indonesian Government responded by saying the boat people - who are believed to be from Pakistan, Sri Lanka, Afghanistan and Indonesia - could not return to Indonesia.

그러나 John Howard 총리는 어제 오후 각료회의를 마친 후 호주 해역에 선박이 진입하는 것이 허용되지 않을 것이라고 말했다… 몇 시간 후, 인도네시아 정부는 -파키스탄, 스리랑카, 아프가니스탄 그리고 인도네시아 출신으로 추정되는- 표류 난민들이 인도네시아로 돌아올 수 없다고 응답했다.

Capt Rinnan told The Daily Telegraph he had not yet informed the boat people **last night** that Australia had refused them permission to land at Christmas Island. Asked if he was afraid of violence, he said: 'Not **at the moment**, but we were and we will be if they are turned away. They are starting to get frustrated.' …

Rinnan 선장은 Daily Telegraph와의 인터뷰에서 호주가 크리스마스 섬에 상륙하는 것을 거부했다는 사실을 아직 표류 난민들에게 알리지 않았다고 말했다. 그는 폭력을 두려워하느냐는 질문에 '지금은 아니지만 그들이 외면당한다면 우리도 그랬고 앞으로도 그럴 것입니다. 그들은 좌절하기 시작했습니다.'라고 말했다…

When he picked up the distress call **24 hours earlier**, he believed he would be carrying out a rescue operation, delivering the boat people to the nearest Indonesian port. After reaching the stricken 20m wooden vessel, KM Palapa 1, the crew helped the boat people on board. With the strong south-easterly winds which buffet the area at this time of year, it took the Tampa crew **three hours** to get them all on board …

그는 24시간 전 조난 신고를 받았을 때 표류 난민들을 가장 가까운 인도네시아 항구로 인도하는 등 어떤 구조작업을 벌일 것으로 믿었다. 피해를 입은 20m 목선 KM Palapa 1호에 도착한 선원들은 배에 타고 있던 사람들을 도왔다. 이 시기에 그 지역을 강타한 강한 남동풍으로 인해 Tampa 승무원들은 그들을 모두 승선시키는 데 3시간이 걸렸다…

Capt Rinnan said the boat people had become distressed when told they might have to return to Indonesia **earlier in the day**, with some threatening to jump overboard. 'I said we are heading towards Indonesia and they said "No, you must head to Australia".' Capt Rinnan said they were 'just hanging around' **late yesterday**, waiting for Australian officials to come on board. (Tsavdaridis 2001: 1).

Rinnan 선장은 배에 타고 있던 사람들이 인도네시아로 돌아가야 할 수도 있다는 말을 듣고 괴로워했으며 일부는 배에서 뛰어내리겠다고 위협했다고 말했다. '제가 우리는 인도네시아로 향하고 있다고 말했더니, 그들은 "아니오, 당신은 호주로 가야 합니다."라고 했습니다.' Rinnan 선장은 그들이 어제 늦게까지 '그냥 서성거리며' 호주 관리들이 승선하기를 기다리고 있었다고 말했다. (Tsavdaridis 2001: 1).

이야기를 통해 사건을 추적하는 데 따른 잠재적인 복잡성은 텍스트에 나타나는 다음과 같은 시간 목록에서 분명하게 드러난다:

last night
지난 밤
their 11th day at sea
그들의 바다에서의 11일째
yesterday afternoon
어제 오후에
hours later
몇 시간 후에
last night
지난 밤
at the moment
그 순간
24 hours earlier
24시간 전에
three hours
3시간
earlier in the day
일찍이
late yesterday
어제 늦은 시간에

이러한 장르에서는 시간의 연속이 어긋나기 때문에 시간의 순환어는 사건의 연속을 인식하는 데 필수적인 어휘 자원이 된다.

부류어(class)에서 구성어(member)로

부류어와 구성어의 관계는 그 필드에 따라 영어에서 다양한 이름이 부여된다. 예를 들면, *a class of words, a make of car, a breed of dogs*이다. 공통적인 예로는 *class, kind, type, category, sort, variety, genre, style, form, make, breed, species, order, family, grade, brand, caste* 등이 있다. 이는 메시지 간에 응집력 있게 사용될 수 있다. 예를 들면, *Like my new car? Yes, what make is it?*이다. 기술적(技術的)으로 부류어-구성어 관계는 **하위어**(hyponymy)(*hypo-* 그리스어 '아래'에서 유래)로 알려져 있다.

전체어(wholes)에서 부분어(parts)로

마찬가지로 전체어와 부분어의 관계에서도 그 필드에 따라 영어에서 다양한 이름이 부여된다. 예를 들면, *part, content, ingredient, constituent, stratum, rank, plane, element, factor, fitting, member, component, faction, excerpt, extract, episode, chapter, selection, piece, segment, section, portion, measure*이다. 또한 측면어(facets)는 전체어의 <u>위치</u>인 부분어를 가리킨다. 예를 들면, *the <u>bottom</u> of his soul, top, inside, outside, side, edge, middle, perimeter, environs, start, finish, beginning, rest*이다. 단위어(measures)는 전체어의 <u>일부</u>를 명명한다. 예를 들면, *a <u>cup</u> of coffee, glass, bottle, jug, can, barrel, loaf mouthful, spoonful, ounce, pound, kilo, metre, acre*이다. 다시 부분어-전체어 관계는 메시지 간에 응집력 있게 사용될 수 있다:

부분어	*The <u>chair</u>'s broken, - Which <u>part</u>?*
측면어	*Was it a good <u>marriage</u>? - Only at <u>the start</u>.*
단위어	*How much is <u>petrol</u> today? - More than a dollar <u>a litre</u>.*

기술적(技術的)으로 전체어-부분어 관계는 **부분어**(meronymy)(*mero*-그리스어 '부분'에서 유래)로 알려져 있다.

과거의 분류적 관계에 대한 연구는 절들 간의 어휘적 유대를 통해 텍스트의 응집력을 유지하는 역할에 초점을 맞추는 경향이 있었다(예: Halliday and Hasan 1976). 이러한 응집력 모델에서 출발점은 반복에 있는데, 한 항목을 다음 항목에 묶는 가장 명확한 방법은 반복에 의한 것이기 때문이다. 다음으로 유사성과 대조로 항목을 서로 묶는 유의어와 반의어가 나온다. 하위어와 부분어는 마지막에 나온다. 이는 문법에 기반한 관점으로, 어휘 관계가 문법적 요소를 서로 문자열로 연결하여 텍스트 기능을 수행하는 것으로 간주되며, 이는 대명사나 관사와 같은 지시적 항목들 간의 응집 관계와 유사하다: *a young man - **this** man – **he*** (아래 5장을 참조하라). 대조적으로 여기서 우리가 취하고 있는 담화의미론적 관점은 필드를 구축하는 데 있어 어휘 관계의 관념어적 기능을 전경화하고 있으므로 우리의 출발점은 부류어와 부분어 관계에 있다: *a **young man** - my **first love***. 유의어는 반복을 제한적 사례로 하여 항목을 서로 식별하기 위해 공통 부류어 멤버십을 사용한다. 그런 다음 대조는 범주를 구별하는 기능을 한다. 이는 담화의미론에 대한 메타기능적 관점으로 분류적 관계는 지시 관계를 보완하여 그 필드를 구축하고 텍스트가 전개될 때 응집성을 유지한다.

3.4 핵 관계들

우리가 이 장의 서론에서 언급했듯이, 하나의 절은 사람과 사물, 장소와 질을 포함하는 과정에 기반한 경험으로 구성된다. 우리는 이 어휘요소들 사이의 분류적 관계를 한 절에서 다음 절로 텍스트를 전개해 가면서 탐구해 왔다. 3.4절에서는 각각의 절 내에서 이러한 요소들 사이의 어휘적 관계를 조사할 것이다. 그들이 그 과정에 다소 중심적으로 관여하기 때문에, 그 절 내의 어휘 관계는 핵 관계로 알려져 있다.

전통적으로 이러한 종류의 어휘 관계는 *tennis-ball* 또는 *play-tennis*와 같은 동일한 구조에서 일반적으로 함께 발견되는 단어인 연어로 간주되어 왔다. 3.4절에서 우리가 보여줄 것은 그러한 연어가 절의 핵 패턴에 어떻게 의존하는지이며, 다시 우리는 텍스트에서 해석된 필드에 어휘 관계를 연결할 것이다. 3.4절에 제시된 핵 관계의 범주는 연속 활동들에 대한 다음 절의 텍스트 분석에 적용된다.

하나의 절 내에서의 핵 관계

핵 관계를 탐구하기 위한 장면을 설정하기 위해서는 먼저 Halliday(1994/2004)가 설명한 절 내에서 몇 가지 의미론적 패턴에 대해 논의해야 한다. 본질적인 경험 패턴은 사람과 사물이 과정에 참여하는 것이다. Halliday의 용어에서 과정의 핵심 참여자는 '그것이 없이는 **과정** (precoss)이 성립될 수 없다'라는 **매개자**(medium)로 알려져 있다. 여기 몇 가지 친숙한 예가 있다:

he	was working
그는	일하고 있었다.
we	even spoke
우리는	이야기도 했다.
I	never understood
나는	절대로 이해하지 못했다.
what	's happening
무슨	일이야
매개자	**과정**

매개자 외에도 **행위자**(agent), **수혜자**(beneficiary), **작용역**(range)의 다양한 유형을 포함하여 한 명 또는 두 명의 다른 참여자가 과정에 참여할 수 있다. **행위자**가 과정을 시작하면 **매개자**에 어떤 식으로든 영향을 미친다.

he	's going to haunt	me
그는	괴롭힐 것이다	나를
This question	challenges	the integrity of the entire Truth and Reconciliation process
이 질문은	도전한다	전체 진실과 화해 과정의 완결성에
행위자	**과정**	**매개자**

이러한 자동태 절은 **행위자**를 'by phrase'로 사용하여 수동적 형태로 되돌릴 수 있다:

I	'm going to be	haunted by him
나는	-ㄹ 것이다	그에 의해 괴롭혀지
our integrity	is challenged	by this question
우리의 완결성은	도전받다	이 질문에 의해
매개자	**과정**	**행위자**

일부 자동태 과정은 **수혜자**(Beneficiary)로 알려진 제3의 참여자에게도 확대될 수 있다.

The Commission	may grant	amnesty	to those who plead guilty
위원회는	부여할 수 있다	사면을	유죄를 인정하는 사람들에게
행위자	**과정**	**매개자**	**수혜자**

amnesty	is not granted	by the Commission	to innocent people
사면은	부여되지 않는다	위원회에 의해	무죄인 사람들에게
매개자	**과정**	**행위자**	**수혜자**

the police officers	were refused	amnesty	by the Commission
경찰관들은	거부당했다	사면을	위원회에 의해
수혜자	**과정**	**매개자**	**행위자**

매개자는 과정의 영향을 받을 수 있지만 *I'm going to be haunted, amnesty was refused* 에서처럼 **행위자**는 함축적으로 유지된다. **행위자**와 **수혜자**가 절에서 빠질 수 있기 때문에 핵 관계 측면에서 상대적으로 한계가 있다.

이러한 문법적 기능이 특별한 텍스트에서 그것들을 사례화하는 어휘적 요소들과 어떻게 상호작용하게 되는가? Tutu가 그의 두 번째 **논쟁**을 위해 제시한 근거에서 그는 그의 필드를 *the granting of amnesty*라고 명명한다. 이 필드는 '주기(giving)', '주지 않기(not giving)', '거절하기(refusing)' 그리고 '신청하기(applying for)'23)(아래 기울임꼴)의 과정으로 확대되며, 이 중 *amnesty*는 **매개자**(굵은 글씨)이며, 다양한 **행위자**와 **수혜자**(밑줄)와 같이 나타난다:

It is also not true that THE GRANTING OF AMNESTY encourages impunity ...
사면이 면죄부를 조장한다는 주장도 사실이 아니다...
because **amnesty** *is only given* to those who plead guilty ...
사면은 유죄를 인정하는 사람에게만 주어지기 때문에...
Amnesty *is not given* to innocent people *or* to those who claim to be innocent.
사면은 무고한 사람이나 무죄를 주장하는 사람에게는 주어지지 않는다.
It was on precisely this point that **amnesty** *was refused* to the police officers
경찰관들의 사면이 거부된 것도 바로 이 점 때문이었다.
who *applied for* [**amnesty**] for their part in the death of Steve Biko.
Steve Biko의 죽음에 연루되어 사면을 신청한

여기서 Amnesty(사면)는 암묵적인 제공자(*the Commission*)에 의해 다양한 수령자에게 주어지거나 거부되는 상품으로 해석되며, 잠재적인 수령자(*police officers*)에 의해서도 요구된다. 이 해석의 중심 요소들은 교환하기의 과정(*given, not given, refused, applied for*)이고, 핵 요소는 교환된 상품(*amnesty*)이며, 주변적인 요소들은 그 제공자와 수령자이다. 우리는 이러한 핵 관계를 그림 3.10에 나타낼 수 있다.

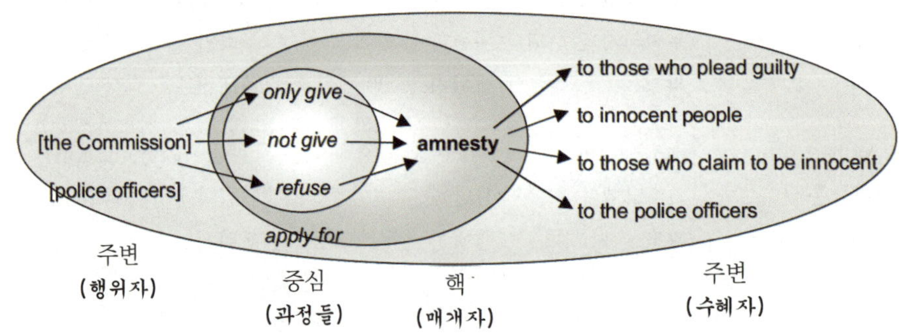

그림 3.10 *granting amnesty*의 핵 관계

---

23) 우리는 여기서 '신청하기'를 작용적 물질적 과정을 실현하는 구적 동사로 취급하고 있다.

우리는 앞에서 하나의 필드가 연속 활동들로 구성된다고 말했다. *granting of amnesty*는 *Truth and Reconciliation*의 필드 내의 하나의 활동으로, *applying for, giving*과 *refusing*과 같은 활동을 포함한다. 이러한 활동의 계층구조는 그림 3.11과 같이 수형도로 나타낼 수 있다.

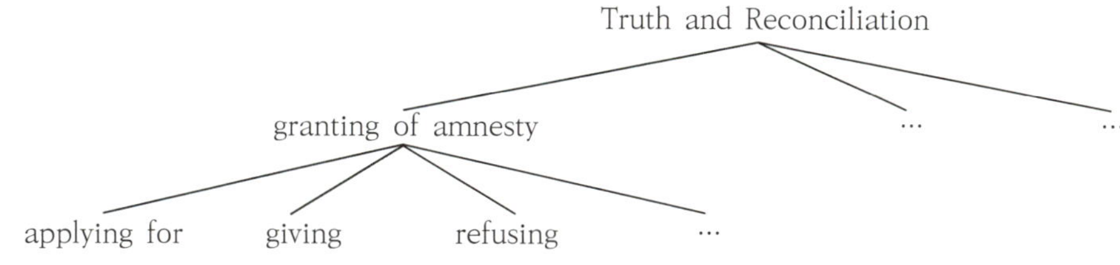

그림 3.11 진실과 화해 위원회의 활동들

*granting amnesty*의 필드 내에서 사람들은 각각의 활동에 **매개자**, **행위자**나 **수혜자**로서, 즉 활동의 핵 또는 주변적인 요소들로서 참여한다. 우리가 사용할 수 있는 그들의 어휘적 관계를 보여주면 다음과 같다:

- 핵 관계들의 기호들: '='는 중심, '+'는 핵, 'x'는 주변적임(Halliday의 1994/2004년 논리적 관계들의 기호들을 따름),
- 대명사와 암시적 요소들의 어휘적 표현,
- '=' 어떤 필드의 부분들인 과정들 간의 관계는 다음과 같다:

		granting + amnesty 허가하기 + 사면 =	
police officers 경찰관들	×	apply for + amnesty 신청하기 + 사면 =	
the Commission 그 위원회	×	gives + amnesty 주기 + 사면 =	× to those who plead guilty 유죄를 인정하는 사람들에게
the Commission 그 위원회	×	gives + amnesty 주기 + 사면 =	× to innocent people 무고한 사람에게
the Commission 그 위원회	×	not gives + amnesty 주지 않기 + 사면 =	× to those who claim to be innocent 무죄를 주장하는 사람들에게
the Commission 그 위원회	×	refused + amnesty 거절하기 + 사면	× to the police officers who ... ...하는 그 경찰관들에게

이러한 활동의 중심 요소들 간의 어휘적 관계들은 필드, 즉, 교환하기의 과정(*applying for, granting, giving, refusing*)들에 걸쳐 널리 예측할 수 있다. 중심 요소들과 핵 요소들 사이의 관계들은 *granting amnesty*의 일반적인 필드(공통적인 의미 영역) 내에서 흔히 예측할 수 있다. 그러나 이러한 활동과 더불어 더 주변적인 요소들 사이의 관계는 진실과 화해 위원회의 특별한 필드(예: 위원회가 사면을 할 수 있는 사람과 할 수 없는 사람) 내에서만 예측할 수 있다.

다른 핵 관계들

또한 하나의 과정은 **매개자**에 의해 시작되고 과정에 영향을 받지 않는 **작용역**(range)으로 알려진 두 번째 참여자에 의해 확대될 수 있다. **작용역**의 첫 번째 유형은 과정이 확대되는 **개체**(entity)이다.

all my girlfriends	envied	me
모든 내 친구들이	부러워했다	나를
I	can't explain	the pain and bitterness
나는	설명할 수 없다	그 고통과 괴로움을
they	would mutter	the feared word
그들은	중얼거릴 것이다	그 무서운 단어를
매개자	**과정**	**작용역**

또 다른 두 가지 **작용역**은 **매개자**의 질(quality) 또는 **소유**(possession)이다. 이 경우 과정은 '존재하기', '소유하기' 중 하나이며, 이는 질 또는 소유를 **매개자**와 관련시킨다:

quality	he	was	popular
질	그는	있었다	인기가
	I	was	torn to pieces
	나는	-었다	산산조각이 나다
	he	became	very quiet
	그는	되었다	아주 조용하다
	I	'm going	mad
	나는	-을 것 같다	미치다

possession	perpetrators	have	no excuse
소유	가해자들은	갖고 있다	변명의 여지가 없는
	Helena	had	a new lover
	Helena는	가졌다	새 애인을
	매개자	**과정**	**작용역**

또한 그 **과정**의 중심에는 '내부 **작용역**'이라고 하는 세 가지 종류의 **작용역**이 있다. 그 첫 번째는 *do, have, go, play* 등과 같이 어휘적 과정이 매우 일반적인 경우이고, **작용역**은 *do a dance, have a bath, play tennis* 등과 같이 과정의 유형을 지정한다. 춤, 목욕, 테니스는 물론 실제 활동이지만 일반적인 과정과 결합하는 명사로 실현될 수 있다. 이를 **작용역**(Range): 과정(process)이라고 한다.

내부 **작용역**의 다른 두 가지 유형은 **매개자**의 한 **부류**(class) 또는 **부분**(part)이다. 과정은 다시 '존재하기', '소유하기' 중 하나로 부류 또는 부분을 **매개자**와 관련시킨다:

부류	he	was	an Englishman
	그는	-이었다	영국인
	we	are	real policemen now
	우리는	-이다	이제 진짜 경찰
	these people	were	members of death squads
	이 사람들은	-이었다	사형집행반의 일원들
부분	he	had	only one desire
	그는	가졌다	단 하나의 욕망을
	their leaders	have	the guts
	그들의 지도자들은	갖고 있다	그 배짱을
	매개자	**과정**	**작용역**

마지막으로 하나의 과정과 관련된 다양한 **배경상황**(circumstances)들은 그 과정에 대한 관여 정도에 따라서 달라진다. **장소, 시간** 및 **원인**의 **배경상황**은 그 활동의 참여자가 아니고, 그 활동 안에서 훨씬 주변적으로만 연관된다:

장소	he	was working	in a top security structure
	그는	일하고 있었다	일급 보안 조직 안에서
	we're	moving	to a special unit
	우리는	이동한다	특수 부대로
시간	we	met	more than a year ago
	우리는	만났다	일 년도 더 전에
	I	was	to learn for the first time
	나는	-이었다	처음으로 배우다
원인	I	jolt awake	from his rushed breathing
	나는	잠에서 깼다	그의 가쁜 숨소리에
매개자		**과정**	**배경상황**(외부)

이들은 그 과정에 위성적이기 때문에 '외부 **배경상황들**'이라고 부를 수 있다. 대조적으로 **역할**, **수단**, **사안**, **동반**의 **배경상황들**은 그 활동에 참여하는 사람과 사물을 포함하는 대안적인 방법들이다. 그들은 참여자들과 같으며 그래서 상대적으로 핵이다:

역할	my story	begins	as a farm girl
	나의 이야기는	시작한다	농장 소녀로서
	we	knew	as loved ones
	우리는	알았다	사랑하는 사람으로서
수단	we	saw	with our own eyes
	우리는	봤다	우리 눈으로
	he or she	has injured	by his or her offence
	그 또는 그녀는	부상을 당했다	그의 혹은 그녀의 범죄로 인해
사안	we	even spoke	about marriage
	우리는	말하기까지 했다	결혼에 대하여
	I	worried	about his safety
	나는	걱정했다	그의 안전에 대하여
매개자		**과정**	**배경상황**(내부)

이러한 내부 **배경상황들**은 참여자들로 표현될 수 있다: *I was **a farm girl**, we loved ones knew, a few lines end my story, our own eyes saw, his offence* injured the victims, we said marriage, his safety *worried me*.

절들의 핵 관계 분석을 위해, 우리는 네 가지 핵성의 정도를 구별할 수 있다. 그림 3.12에 도식화된 *centre, nucleus, margin*과 *periphery*이다. 절의 **중심**(centre)은 **과정**이 차지하며 **작용역**:과정, 부류 또는 부분(예: *do a dance, be an Englishman, have the guts*)을 포함할 수도 있다. **핵**(nucleus)에는 **매개자**와 모든 **작용역**:개체, 질 또는 소유가 포함된다. **주변**(margin)에는 **행위자**와 **수혜자**가 포함된다. 그리고 **위성**(periphery)은 **배경상황들**에 의해 채워진다. 이 네 가지 핵성의 정도는 그림 3.13에서 하나의 시스템으로 설정되어 있다.

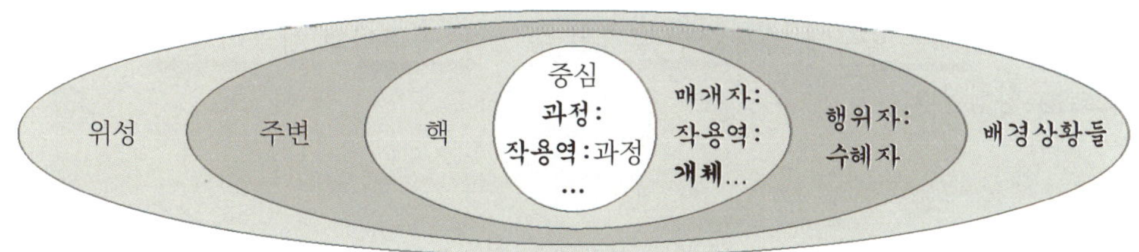

그림 3.12 절에서의 핵성

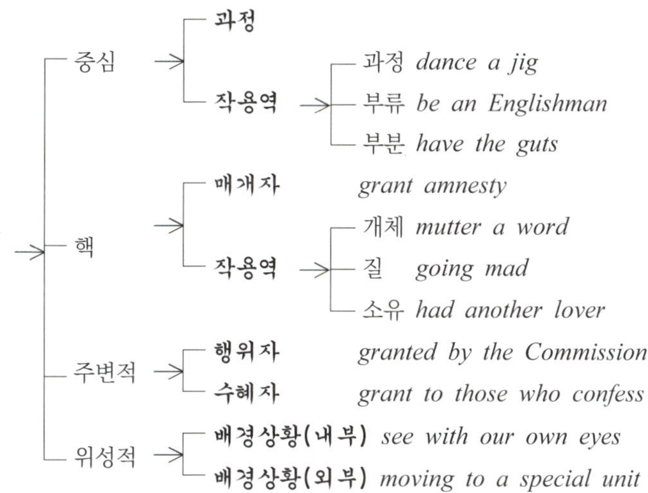

그림 3.13 절에서의 핵 관계들

절 아래의 핵 관계들

절 아래에는 과정, 참여자, 배경상황 자체가 어휘 항목을 포함한 단어군들로 구성되어 있다. Halliday의 1994/2004 모델에서 *clause, group* 그리고 *word*는 문법에서 다른 **계층**

(ranks)이다; 이러한 절(*clause*)은 단어군들(*word groups*)의 구성에 의해 실현되며, 각각은 단어들(*words*)의 구성에 의해 실현된다. 절과 마찬가지로, 핵 관계는 군들의 어휘적 단어 사이에서도 관련이 있다. 이러한 관계들을 설명하기 위해, 우리는 두 종류의 단어군들을 구별할 필요가 있다. - 사물과 사람을 실현하는 **명사군**(nominal groups)들과 과정을 실현하는 **동사군**(verbal groups)들이 그것이다.

어휘적으로, 우리는 명사군들의 다섯 가지 기능적 요소들과 관련이 있다. 첫째, Halliday의 모델에서는 명사군의 중심 기능을 **사물**(Things)이라고 한다. 사물을 실현하는 어휘적 명사는 *girl, man, window, bed*와 같은 사람이나 사물의 부류이다. 둘째, 사물은 **분류어**(Classifier)로 기능하는 항목에 의해 하위 분류될 수 있다. **분류어**와 **사물**이 함께 통합된 어휘적 요소를 형성한다:

a	farm	girl
한	농장	소녀
a top	security	structure
한 최고의	보안	조직
the	special	forces
그	특수	부대
the	'Boer'	Afrikaners
그	'보어인'	아프리카인들
	restorative	justice
	회복적	정의
	분류어	**사물**

셋째, 사람들과 사물들은 명사군에서 **형용어**(epithet)로서 기능하는 질로 묘사될 수 있다:

my	late	teenage	years
나의	후반	십대	시절
a	young		man
한	젊은		남자
an	extremely short		marriage
어떤	극도로 짧은		결혼생활
	형용어	**분류어**	**사물**

형용어는 명사군에서 덜 중심적이다; 구조적으로 그것은 **분류어**보다 **사물**에서 더 멀리 떨어져 있다. **형용어**는 *very* late, *extremely* short처럼 강화될 수 있지만, **분류어**들은 그렇

지 않을 수 있다(*very teenage).

넷째, 사람들과 사물들은 그 **사물**을 따르는 배경상황들이나 절들에 의해서도 자격이 주어질 수 있다. 이러한 요소들을 **질화사**(Qualifiers)라고 한다. 그것은 '하위계층화' 되고 명사군에 요소들로 내포된 구 또는 절이다. 핵 관계의 측면에서, 그들은 여전히 **분류어**와 **형용어**보다 더 주변적이다:

a	young		man	in his twenties
한	젊은		남자	그의 이십 대의
an	extremely short		marriage	to someone else
어떤	극도로 짧은		결혼생활	다른 사람과의
	blood-curdling		shrieks	of fear and pain from the bottom of his soul
	피가 끓어오르는		비명 소리	그의 영혼의 밑바닥에서 공포와 고통의
the		police	officers	who applied for amnesty
그		경찰-	-관들	사면을 신청한
형용어		**분류어**	**사물**	**질화사**

마지막으로, 우리는 또한 명사군에서 다양한 'of' 구조를 설명해야 한다. 여기에는 측면(*the side of the house*), 측정(*a glass of beer*), 유형(*a make of car*) 등이 포함된다. 논의의 편의를 위해 여기서는 이 모든 명칭을 **초점**(Focus)으로 표시한다. **분류어 사물** 구조와 마찬가지로, **초점 사물** 구조도 단일 어휘적 요소로 구성된다:

the bottom of	his soul
-의 밑바닥	그의 영혼
the early hours of	the morning
-의 이른 시간	아침
the only form of	justice
-의 유일한 형태	정의
초점	**사물**

동사군에서, 우리는 단지 세 가지 기능적 요소에 관심이 있다. 첫째, 동사군의 어휘적 과정은 **사건**(Event)으로 알려져 있다. 예를 들면 was **working,** won't **see, was to learn, can't explain**이다. 동사군은 별도의 어휘적 과정으로 구성된, 하나 이상의 **사건**을 포함할 수 있다:

claim	to be
주장하다	-가 되려고
try	to resist
해보다	저항하다
die	trying
죽다	시도하다
사건	**사건**

둘째, **사건**들은 좀 더 위성적인 **질**(Quality)(전통적 문법에서 방법 부사)로 설명될 수 있다:

shake	uncontrollably
떨리다	걷잡을 수 없이
visit	regularly
방문하다	정기적으로
mutter	abruptly
중얼거리다	급작스럽게
sits	motionless
앉다	움직임이 없이
사건	**질**

반면에 단일 어휘적 항목을 구성하는 전치사 동사의 **소사**(小詞; Particle)는 더 중심적이다:

beam	out
빗발치다	
look	out
조심하다	
look	up
찾다	
scream	at
비명을 지르다	
사건	**소사**(小詞)

이것들은 종종 단일 동사로 바꿔 말할 수 있다, 예를 들면, *radiate, beware, research, abuse*이다. 그래서 명사군의 계층에서, 중심(*centre*)은 **사물**과 **분류어** 또는 **사건**과 **소사**(小詞)로 채워져 있고, 핵(*nucleus*)은 **형용어** 또는 두 번째 **사건**, 위성(*periphery*)은 **질화사** 또는 **질**에

의해 채워져 있다. 이는 아래 그림 3.14에 도식화되어 있다. 그리고 군들 내의 핵성에 대한 이러한 옵션은 그림 3.15에 설명되어 있다.

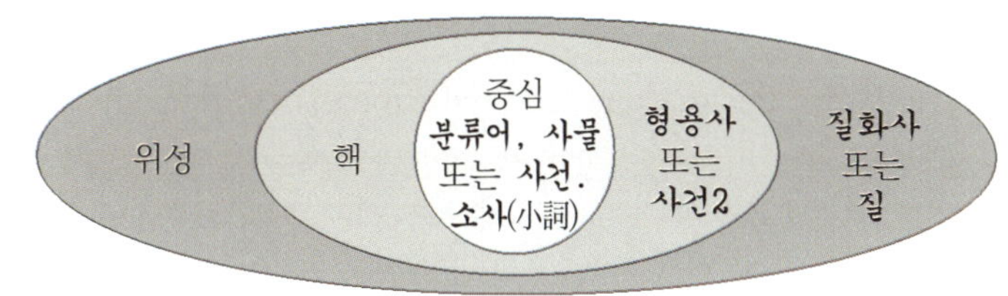

그림 3.14 명사와 동사군의 핵성

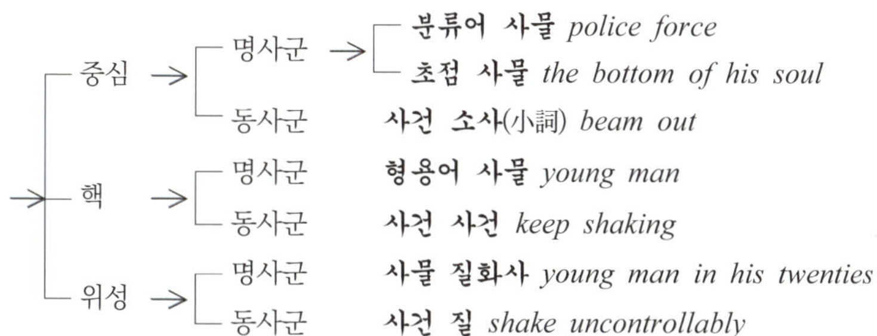

그림 3.15 절 아래에서의 핵 관계들

우리가 *granting amnesty*를 설명하는 부분에서 보았듯이, 절과 군에서 핵 관계의 예측 가능성은 핵성의 정도와 상관관계가 있을 수 있다. 중심 요소들 사이의 관계는 종종 필드와 필드에 걸쳐서 예측 가능하며(*granting=refusing, police=force*), 핵 요소들과의 관계는 일반적 필드 안에서 예측 가능할 수 있으며(*grant+amnesty, young+man*), 주변적/위성적 요소들은 오직 특정 하위-필드 내에서만 예측 가능할 수 있다(*amnesty x those who plead guilty, shake x uncontrollably*).

핵 관계들 그리고 분류적 관계들

핵 관계들은 우리가 다음 장에서 볼 수 있듯이 텍스트들 내의 연속 활동의 분석을 알리는 데 특히 유용하다. 반면에, 텍스트와 텍스트 국면의 경우 활동보다는 개체에 초점이 맞추어져 있다. 이때 핵 관계는 사물과 질 사이의 분류적 관계 분석을 알리는 데 도움이 될 수 있다. 이것은 *goannas*로 알려진 호주의 파충류 부류를 설명하는 학교 생물학의 다음과 같은 기술적(記述的) 보고서로 설명된다:

Australia is home to 25 of the world's 30 monitor lizard species, In Australia, monitor lizards are called goannas.

호주는 세계 30종의 왕도마뱀 중 25종의 서식지이다. 호주에서 왕도마뱀은 goannas라고 불린다.

Goannas have flattish bodies, long tails and strong jaws. They are the only lizards with forked tongues, like a snake. Their necks are long and may have loose folds of skin beneath them. Their legs are long and strong, with sharp claws on their feet. Many goannas have stripes, spots and other markings that help to camouflage them. The largest species can grow to more than two metres in length.

goannas는 납작한 몸, 긴 꼬리, 그리고 강한 턱을 가지고 있다. 그들은 뱀처럼 갈고리 모양의 혀를 가진 유일한 도마뱀이다. 그들의 목은 길고 그 아래에 느슨하게 접힌 피부 주름이 있을지도 모른다. 그들의 다리는 길고 튼튼하며 발에는 날카로운 발톱이 있다. 많은 goannas들은 그들을 위장하는 데 도움이 되는 줄무늬, 점, 그리고 다른 표시들을 가지고 있다. 가장 큰 종은 길이가 2미터 이상까지 자랄 수 있다.

All goannas are daytime hunters, They run, climb and swim well. Goannas hunt small mammals, birds and other reptiles, They also eat dead animals. Smaller goannas eat insects, spiders and worms. Male goannas fight with each other in the breeding season. Females lay between two and twelve eggs. (Silkstone 1994)

모든 goannas들은 낮 시간에 사냥을 한다. 그들은 뛰고, 오르고, 수영을 잘 한다. goannas들은 작은 포유동물들, 새들 그리고 다른 파충류들을 사냥한다. 그들은 또한 죽은 동물들을 먹는다. 작은 goannas들은 곤충들, 거미들 그리고 벌레들을 먹는다. 수컷 goannas들은 번식기에 서로 싸운다. 암컷들은 2개에서 12개의 알을 낳는다. (Silkstone 1994)

이 보고서의 등장 국면은 goanna의 각 부분을 차례로 설명하며, goanna의 해부학 분야에서 예상되는 순서는 몸, 꼬리, 턱에서 시작하여 혀, 목, 다리, 피부 자국, 그리고 최종적으로 크기이다. 그러나 부분들과 그들의 질은 절과 군 계층에서 다양한 문법적 범주에 걸쳐 분산된다. 예를 들어, 부분-전체 관계는 과정(*have flattish bodies*), 전치사(*with forked tongues*), 소유격(*their necks*)으로 표현된다. 핵 관계 분석을 통해 담화의미론적 기준에 따라 이러한 관계를 그룹화할 수 있다.

그림 3.16의 분석에서 goannas와 다른 파충류를 위해서 하나의 어휘 문자열이 대응되고, 그들의 부분에 대해서는 또 다른 문자열이 대응되어 있다. 핵 용어로, 부류와 사물의 부분은 *central*, 사물의 질은 *nuclear*, 위치는 *peripheral*이다. 따라서 분류적 관계(수직으로)에 라벨링하는 것 외에도, 중심에는 '=', 핵에는 '+', 주변적/위성적에는 'x'를 사용하여 이러한 핵 관계에 라벨을 지정한다.

분류적 관계 분석에 핵 관계를 포함시키면 비로소 다양한 문법 범주에 걸친 구조적 분산에도 불구하고 어휘 문자열의 각 요소에 대한 질과 위치의 관계를 일관되게 추적할 수 있게 된다. 특히 복잡한 예로 *They are the only lizards with forked tongues, like a snake*라는 문장이 있는데, goannas를 *lizards*로 동시에 분류하고, *lizards*와 *snakes*를 암시적으로 더 높은 부류(즉, 파충류)에 포함시키고, *forked tongues*를 goannas와 뱀의 부분으로 지정하며, 다른 도마뱀들은 갈라진 혀를 가진 것에 포함시키지 않는다. 이러한 관계의 구성은 그림 3.16에서 강조한 분류적 및 핵적 관계 분석을 통해 매우 간단하게 도출된다.

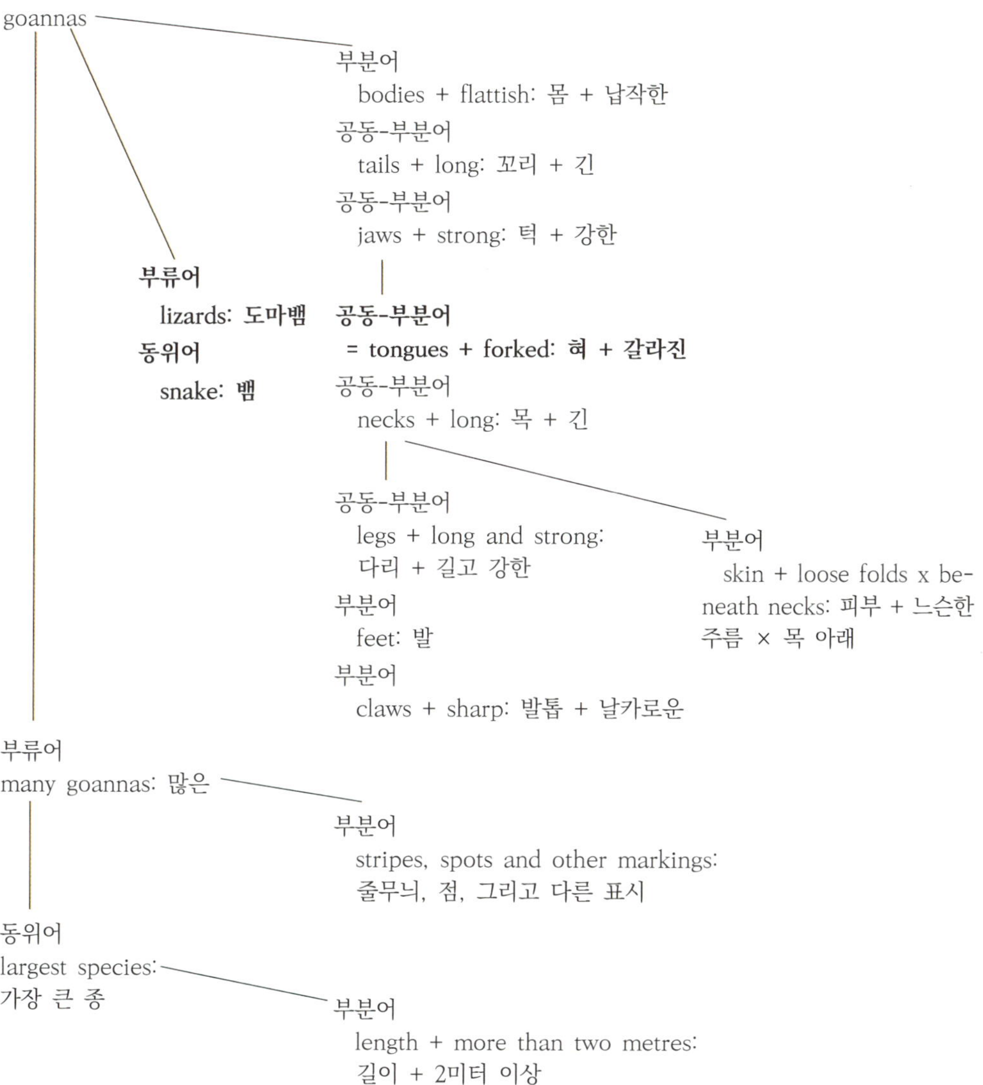

그림 3.16 개체에 초점을 맞춘 텍스트의 분류적 관계와 핵 관계

3.5 연속 활동들

우리는 지금까지 경험 필드가 담화의 분류적 관점에서는 사람, 사물, 과정, 장소 및 질의 분류로 어떻게 해석되는지, 그리고 절에서 이러한 요소들의 구성이라는 또 다른 관점에서 어떻게 해석되는지 보여주었다. 텍스트에서 해석되는 필드에 대한 우리의 세 번째 관점은 그러한 구성의 연속에 관한 것이다. 하나의 인간의 경험 필드는 반복적인 활동들의 연속으로 구성된다. 그것들은 반복적이기 때문에, 어떤 연속이든 필드 내에서 어느 정도 예측 가능해서 그러한 연속으로부터의 변화는 예상에서 벗어난 것으로 간주된다.

달리 말하면, 연속 활동은 *meeting - relationship - marriage*에서와 같이 필드에서 예상되는 일련의 사건이다. 이러한 예상 연속에서 사건 간의 무표적 관계는 단순히 각 사건을 시리즈의 다른 사건에 추가하는 'and'이다. 그래서 구술된 개인적 회고에서 각 절은 공통적으로 'and'로 시작하는데. 이는 호주 *National Inquiry into the Separation of Aboriginal and Torres Strait Islander Children from Their Families*에 대한 증언의 다음 발췌문에서 설명된다:

The circumstances of my being taken, as i recollect, were that
제가 기억하는 바에 따르면 제가 끌려간 상황은 다음과 같습니다.

I went off to school in the morning
저는 아침에 학교에 갔습니다.

and I was sitting in the classroom
그리고 저는 교실에 앉아 있었습니다

and there was only one room where all the children were assembled
그리고 아이들이 모두 모여 있는 방은 단 하나뿐이었습니다

and there was a knock at the door, which the schoolmaster answered.
그리고 문을 두드리는 소리가 났고, 그 소리에 교장 선생님이 대답했습니다.

After a conversation he had with somebody at the door,
문 앞에서 누군가와 대화를 나눈 후에,

he came to get me,
그는 저를 데리러 왔습니다,

He took me by the hand
그는 제 손을 잡았습니다

and took me to the door.
그리고 문 앞까지 데려다 줬습니다.

I was physically grabbed by a male person at the door,
저는 문 앞에서 한 남자에게 물리적으로 붙잡혔습니다,

I was taken to a motor bike
저는 오토바이로 끌려갔습니다

and held by the officer
그리고 경찰관에게 붙들렸습니다

and driven to the airstrip
그리고 비행장으로 이동했습니다

and flown off the Island, (HREOC 1997: 99)
그리고 섬을 떠나는 비행기에 태워졌습니다, (HREOC 1997: 99)

이 경우 연속 활동은 'school in the morning(아침에 학교)'과 'abduction of Aboriginal children by the state(국가에 의한 원주민 어린이 납치)'의 두 필드에서 예상된다. 각 필드 내에서의 예상 연속 활동은 단순히 추가에 의해 구성되지만, 한 필드에서 다음 필드로의 역-예상 이동은 유표적 시간 테마 *After a conversation he had with somebody at the door...*로 표시된다(6장 참조).

대조적으로, 과학 필드에서, 연속적 사건들 사이의 무표적 관계는 일반적으로 원인과 결과로 가정되므로, 각각의 후속 효과는 이전의 원인에 의해 함축되어 있다. 이러한 이유로 그러한 사건 시리즈는 **함축적 연속**(implication sequences)으로 알려져 있다. 호주 Mallee 삼림 지대의 산불과 재생 주기에 대한 다음과 같은 설명이 한 예이다. 함축적 연속은 첫 문장에 의해 예측되며, 원인과 결과의 각 단계는 명시적 표지 없이 전개된다:

Regeneration of the Mallee depends on periodic fires.
Mallee의 재생은 주기적인 연소에 달려 있다.

Old mallee produces a build-up of very dry litter and the branches themselves are often festooned with streamers of bark inviting a flame up to the canopy of leaves loaded with volatile eucalyptus oil.

오래된 Mallee는 매우 건조한 쓰레기 더미를 만들고 가지 자체는 종종 휘발성 유칼립투스 기름이 가득 찬 잎의 수관(canopy)까지 불꽃을 일으키는 나무껍질의 띠로 얼룩진다.

A dry electrical storm in summer is all that is needed to start a blaze,

여름의 건조한 전기 폭풍이 불을 지피는데 필요한 전부이다,

which, with a very hot northerly wind behind it will race unchecked through the bush.

그 뒤에는 매우 뜨거운 북풍이 불어와서 방해받지 않고 덤불을 뚫고 질주할 것이다.

The next rains will bring an explosion of ground flora;

다음 비가 오면 지상의 식물군이 폭발적으로 증가할 것이다;

the summer grasses and forbs not able to compete under a mallee canopy, will break out in a riot of colour.

여름의 풀과 식물들은 Mallee의 수관 아래에서 맞설 수 없을 것이고, 다양한 색상으로 피어날 것이다.

New shoots of mallee will spring from the lignotuber

불에 타서 죽은 밑동에서 Mallee의 새로운 싹이 틀 것이다

and another cycle of succession will begin. (Corrigan 1991; 100)

그리고 또 다른 연속적인 순환이 시작될 것이다. (Corrigan 1991; 100)

계속되는 일련의 사건들로만 구성되는 텍스트는 거의 없으며, 오히려 묘사의 국면들과 같이 배치되는 것이 전형적이다. 예를 들면 Helena의 첫사랑에 대한 묘사, 사건에 대한 논평, 성찰, 반응 등이다. 심지어 어떤 텍스트가 일련의 사건들과 관련이 되는 경우에도 각각 독립된 국면으로 간주되는 것이 전형적이다. 이것은 사건의 두 번째 국면이 첫 번째 국면과 역-예상되는 위의 개인적인 일화에서 명백히 나타난다. 그것은 과학적 설명문에서도 보여주는데, 한 국면은 연소(燃燒)와 관련이 있고 다음 국면은 재생과 관련이 있으며, 필드의 전환은 **테마** *The next rains...*에 의해 표시된다.

이러한 이유로 우리는 텍스트의 국면의 관점에서 연속(들)을 분석할 필요가 있다. 국면의 유형들은 텍스트의 장르에 의해서 예측이 되며, 한 국면 안의 활동(들)은 필드에 의해 예측된다. 예를 들어, 우리는 이야기 장르가 설정(setting), 에피소드(episodes), 묘사(descriptions), 문

제(problems), 반응(reactions) 등의 국면을 포함할 것으로 예상하는 반면, 설명(explanations) 장르의 국면은 인과적 단계(causal steps), 다수의 요인들(multiple factors) 또는 다수의 결과 (mutiple consequences)를 포함할 수 있다(자세한 논의는 Martin & Rose 2007b, Rose 2007을 참조).

각 국면 내에서 우리의 활동은 더 광범위한 활동들의 집합의 구성원으로서, 또는 더 큰 활동의 하위 부분들과 관련되어진다. 예를 들어, 활동 *meeting, relationship, marriage*라는 활동은 더 넓은 사회적 상호작용의 집합에 속하며, *marriage*와 같은 활동은 *proposal, engagement, wedding, honeymoon*과 같은 더 작은 구성 요소로 나눌 수 있다. 그리고 차례로 wedding은 더 작은 구성요소 활동으로 나눌 수 있다.

핵 관계들과 연속 활동들

이전에 우리는 핵 관계들이 개체 중심 텍스트에서 어떻게 분류적 관계의 분석 정보를 알릴 수 있는지 보여주었다. 이제 여기서 우리는 연속 활동 분석, 과정 사이의 분류적 관계, 그리고 핵 관계를 결합한다. 핵 관계는 우리에게 연속 활동에서 사람과 사물의 역할이 무엇인지 보여준다: 분류적 관계는 과정들이 연속 활동 내에서 서로를 어떻게 예상할 수 있는지, 그리고 그 예상이 어떻게 한 국면에서 다음 국면으로 이동하는지를 보여준다. 진실과 화해 위원회 의 피해자 진술인 간단한 개인적 회고를 통해 핵 관계와 연속 활동에 대한 분석을 보여준다:

On arriving back at Sandton Police Station, at what they call the Security Branch, the whole situation changed.
보안국이라고 불리는 Sandton 경찰서로 돌아오자 모든 상황이 바뀌었습니다.

I was screamed at, verbally abused,
저는 (경찰의) 고함 소리를 듣고, 폭언도 당하고,

I was slapped around,
저는 뺨을 맞았습니다.

I was punched,
저는 주먹으로 맞았습니다,

I was told to shut up,
저는 입 닥치라고 들었고,

sit in a chair,
의자에 앉아서,

then I was questioned.
그리고 나서 저는 질문을 받았습니다.

When I answered the questions
제가 질문에 답변을 했더니

I was told that I was lying.
저는 거짓말을 하고 있다고 들었습니다.

I was smacked again.
저는 또 맞았습니다.

And this carried on to an extent where I actually jumped up off the chair
그리고 이것은 제가 실제로 의자를 박차고 일어날 때까지 계속 되었습니다

and started fighting back.
그리고 반격을 시작했습니다.

Four, maybe five policemen viciously knocked me down,
네 명, 혹은 다섯 명의 경찰이 저를 무참히 쓰러뜨렸습니다,

and they put me back on the chair
그리고 그들은 나를 의자에 다시 앉혔습니다,

and handcuffed my hands through the chair,
그리고 제 손과 의자에 수갑을 채웠습니다.

which resulting that I could not get up.
그 결과 나는 일어날 수 없었습니다.

I was then continuously smacked and punched ... (Testimony of Leonard Veenendal Case No MR/146, 1996)
그리고는 계속해서 뺨을 맞았고 주먹으로 맞았습니다... (Leonard Veenendal 사건 No MR/146, 1996)

이 텍스트를 분석하기 위해서, 우리가 할 일은:

- 대명사와 암시적(생략된) 참여자들을 어휘화시키고,
- 절의 요소들을 그에 일치하는 열에 맞게 재-정렬하는 것이다.

표 3.4의 **중심**(central) **열**에는 **과정** 및 **질**이 포함되며, **왼쪽**(left-hand) **핵** 열에는 자동태 절의 **행위자**와 비-자동태 절의 **매개자**가 포함되며, **오른쪽**(right-hand) **핵** 열에는 자동태 절의 **매개자**와 비-자동태 절의 **작용역**이 포함되고, **위성**(peripheral) 열에는 **배경상황**이 포함된다. 과정 간의 분류학적 관계를 분석해서 그 결과를 통해 오른쪽에 **국면**(phrase)이 어떻게 나뉘는지 알려준다. 과정 간의 분류학적 관계가 그 사이에 있는 절에 의해 분리되는 경우, 그 관계는 묶음선으로 표시된다.

표 3.4 핵 관계들과 연속 활동들: 사건 초점 텍스트

핵	중심	핵	위성	국면
	changed 바뀌었다	the whole situation 그 모든 상황이	at Sandton Police Station Sandton 경찰서에서 at the Security Branch 그 보안 지점에서	설정
policemen 경찰관들이	screamed at 고함을 질렀다 동위어	Leonard Leonard에게		문제1 '고문'
policemen 경찰관들이	abused verbally 폭언을 했다 동위어	Leonard Leonard에게		
policemen 경찰관들이	slapped around 뺨을 때렸다 동위어	Leonard Leonard의		
policemen 경찰관들이	punched 주먹으로 때렸다	Leonard Leonard를		
policemen 경찰관들이	told 말했다	Leonard Leonard에게		문제2 '심문'
	sit 앉다 동위어	Leonard Leonard가	in a chair 의자에	
policemen 경찰관들이	questioned 질문했다	Leonard Leonard에게		

	동위어			
Leonard Leonard가	answered 대답했다 동위어	questions 질문들에		
policemen 경찰관들이	told 말했다 동위어	Leonard Leonard에게		
Leonard Leonard가	lying 거짓말했다			
policemen 경찰관들이	smacked again 다시 때렸다	Leonard Leonard를		문제3 '고문'
	jumped up 박차고 일어났다 동위어	Leonard Leonard가	off the chair 의자를	반응 '반격'
	started fighting back 반격하기 시작했다 대립어	Leonard Leonard가		
four, maybe five policemen 네 명, 혹은 다섯 명의 경찰이	knocked down viciously 무참히 쓰러뜨렸다 동위어	Leonard Leonard를		효과 '속박'
policemen 경찰관들이	put back 다시 앉혔다 동위어	Leonard Leonard를	on the chair 의자에	
policemen 경찰관들이	handcuffed 수갑을 채웠다 동위어	Leonard's hands Leonard의 손과	through the chair 의자에	
	not get up 일어날 수 없었다	Leonard Leonard는		
policemen 경찰관들이	smacked and punched continuously 계속 뺨을 때리고 주먹을 휘둘렀다	Leonard Leonard에게		지속24) '고문'

---

24) [역자주] 원저자의 의도에 맞게 수정함

위 분석은 다음과 같은 패턴을 알려준다:

- 과정들 간의 분류적 관계는 이 연속 활동(표 3.4)을 별개의 국면으로 나눈다. 각각의 국면에는 이야기 국면의 공통적인 유형 – *setting, problem, reaction, effect* – 그리고 그 국면의 특정 필드 – '고문(abuse)', '심문(interrogation)', '반격(fighting back)', '속박(constrained)'이라는 두 개의 라벨이 지정된다. 후자는 그 국면의 각 과정에 속하는 일반적인 활동을 나타낸다. 이러한 분류적 관계들은 과정들 간의 (동일 국면 안에 있다는) 예상의 근거가 된다.
- 국면들 사이의 경계는 어휘적으로, 과정 간의 분류적 관계의 단절, 또는 (Leonard가) *started fighting back*과 (경찰들에 의해) *knocked down viciously* 사이의 대립 관계와 같은 과정들 사이의 어휘적 대조에 의해 실현된다.
- 이 분석에서는 사람들의 상대적 중심성(centrality), 행위주(agency)와 '태(voice)'가 명시적으로 표시된다. 서술자는 지배적인 **매개자**이지만 결코 **행위자**가 아니다. 경찰들은 Leonard에게 행동하고 말을 걸지만, 그의 행위와 말투는 아무에게도 영향을 미치지 않는다.
- 위의 위성의 열에서 의자는 고문의 장소로 부각된다.

일부 텍스트 또는 텍스트 국면은 활동으로 구성되어 있지만, 연속 활동들을 구성하지는 않는다; 오히려 그들의 주요 기능은 분류하고 설명하는 것이다. 위의 *Goannas* 보고서의 행동 국면이 그 예이다. 이 국면에 대한 핵 및 활동 분석은 표 3.5에 나와 있다. **중심**(central) 열에는 **과정** 및 **작용역**:부류어/부분어가 모두 포함된다. **왼쪽**(left)의 핵 열에는 자동태 절의 **행위자**와 비-자동태 절의 **매개자**가 모두 포함되고 **오른쪽**(right)의 핵 열에는 **작용역**:개체/질이 포함된다.

표 3.5 핵 관계들과 연속 활동들: 개체 초점 텍스트

핵	중심	핵	위성
all goannas 모든 goannas	daytime hunters 낮 시간의 사냥꾼들 부분어		
they [goannas] 그들은 [goannas]	run, climb and swim well 뛰고, 오르고 수영을 잘한다 부분어		
goannas goannas는	hunt 사냥한다 동위어	small mammals, birds and other reptiles 작은 포유 동물들, 새들 그리고 다른 파충류들을	
they 그들은	eat 먹는다 반복어	dead animals 죽은 동물들을	

smaller goannas	eat	insects, spiders and worms	
작은 goannas는	먹는다	곤충들, 거미들 그리고	
	동위어	벌레들을	
male goannas	fight	with each other	in the breeding
수컷 goannas는	싸운다	(male goannas)	season
	동위어	서로	번식기에
		(수컷 goannas)	
females	lay	between two and	
암컷들은	낳는다	twelve eggs	
		2개에서 12개의 알들을	

이 텍스트에서 활동들은 부분어 또는 부류어에 의해서 분류적으로 관련되어 있다; goannas는 처음에는 사냥꾼으로 분류되며, 뛰기, 오르기, 수영 등의 활동은 암시적으로 사냥의 구성요소로 해석된다. 그러나 사건들의 시리즈는 그렇지 않고, 오히려 그것은 동물 행동 필드와 기술적(記述的) 보고서 장르에 의해 예상이 된다. 즉, 섭식 행위는 사냥 행위에 의해 예측이 되고, 사냥 행위는 번식 행위에 의해 예측이 된다.

연속 활동에서 문법적 은유 풀어 쓰기(Unpacking)

위의 증언 회고록은 핵 관계 측면에서 분석하기에 비교적 간단했다. 그러나 과정들이 명사화되어 활동이 마치 사물인 것처럼 코드화될 때 어려움이 발생한다. 예를 들어, 두 사람이 서로 관련된 활동을 **사물** *relationship*으로 명사화하는 명사군 *the beginning of a beautiful relationship*이 있으며, **초점** *the beginning of...*처럼 이 활동의 국면도 명사화된다. Halliday는 이러한 것들을 **문법적 은유**(grammatical metaphor)로 설명하는데, 과정과 같은 의미적 범주가 동사 대신 명사와 같은 이례적인 문법 부류에 의해 실현된다. 연속 활동에서 이러한 명사화를 분석하기 위해 다음과 같이 그것들이 파생된 과정을 다시 풀어 쓸 수 있다:

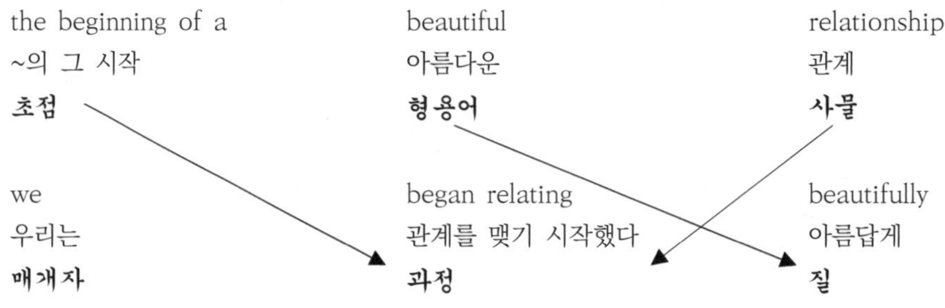

명사화는 문법적 은유의 공통적인 형태이다. 과정을 **사물**로 재구성하는 것은 두 가지 장점이 있다. ⅰ) 많은 종류의 평가하기를 포함하여 명사군 어휘의 풍부한 자원으로 사물을 분류하고 설명할 수 있다, 그리고 ⅱ) 명사화된 과정과 그 질이 절의 시작점 또는 끝점으로 제시될 수 있으며, **테마** 또는 **신정보**로 제시될 수 있다(6장 참조).

명사화된 버전에는 풀어 쓰기에서 놓친 특정한 의미를 가지고 있다. *beautiful relation-ship*이라는 표현은 고려되고 평가될 수 있는 대상과 그러한 관계가 포함하는 전체 활동의 집합을 암시하는 반면, *relating beautifully*는 그러한 의미를 거의 가지고 있지 않다. 그리고 *a relation-ship*이란 Helena와 그녀의 연인이 이야기를 나누었던 *marriage*와 같은 하위 유형을 예상하는 일반적 부류이다. 반면에 명사화를 활동으로 되돌리는 것은 명사화에 의해 제거되는 사람들과 그것이 관련된 것들('we')을 드러내는 것이다.

일반적으로 은유와 마찬가지로 문법적 은유는 문법적 의미와 담화적 의미의 두 가지 수준으로 동시에 읽혀지며, 이 이중적 의미는 여러 차원을 가질 수 있다. 그럼에도 불구하고, 연속 활동을 분석하기 위해 우리는 필요할 때마다 문법적 은유를 풀어 줄 것이다. Helena 이야기의 다른 예로는 명사화된 과정과 태도평가적 질이 있다:

은유적	풀어 쓰기
wild energy	wildly energetic 매우 활기찬
extremely short marriage	married extremely briefly 극도로 짧은 결혼생활을 했다
pain and bitterness	hurt and bitter 상처 나고 쓰린
only one desire	wanted only one thing 단 한 가지를 원했다
a means to the truth	how to tell the truth 진실을 어떻게 말하는지

기술적(技術的), 제도적 필드에서 문법적 은유는 기술적(技術的) 용어로 복원된다. 기술적(技術的) 용어를 일상적인 의미와 연관시키려는 교육적 목적이 아닌 한, 이러한 내용을 풀어 쓸 필요가 없을 수도 있다. 예를 들어, *amnesty*는 '범죄에 대해 처벌하지 않는다'는 상식적인 용어로 풀어 쓸 수 있다.

이런 풀어 쓰기 전략은 아래 분석표 3.6에 사용되었다. 우리가 1장에서 소개한 Helena

이야기의 매크로-국면인 '만남(meeting)', '진행(operations)', '결과(consequence)'는 각각 그 안에 더 작은 국면인 *배경(settings)*, *묘사(descriptions)*, *반응(reactions)*, *문제제기(problems)*를 선택적으로 취할 수 있다. 후자들은 이야기 장르에 공통적으로 나타나는 국면들이다. 여기에는 이탤릭체로 된 관념적 어휘와 구별되는 관념적 장면에 대한 그 평가어를 가져오기 위해 (문자 그대로의) 기록된 태도평가가 포함되어 있다.

표 3.6 핵 관계들과 연속 활동들: Helena의 이야기

핵	중심	핵	위성	국면
my story 나의 이야기는	begins 시작된다	as a farm girl 한 농장 소녀로서	in my late teenage years 나의 십대 후반의	'만남' 설정
Helena Helena는	met 만났다	as an eighteen-year -old a young man in his twenties 18살 때 20대의 청년을		
young man 젊은 남자는	was working 일했다 공동-부분어		in a top security structure 일급 보안조직에서	
Helena + young man Helena + 젊은 남자는 〃	began relating *beautifully* *아름답게* 관계 맺기를 시작했다 spoke 말했다 공동-부분어			
〃	marrying 결혼한다			
young man 젊은 남자는		*bubbly, vivacious*		설명
〃		*wildly energetic*		
〃		*sharply intelligent*		
〃	was an Englishman 영국 사람이었다			
〃	was -이었다	*popular ...*		
Helena's girlfriends Helena의 여자친구들은	envied 부러워했다	Helena Helena를		

young man 젊은 남자는	said 말했다		one day 어느 날	'진행' 문제
〃	going 간다 공동-부분어		on a 'trip' '여행'을	
Helena + young man Helena + 젊은 남자는	won't see 볼 수 없었다	Helena + young man Helena + 젊은 남자는	again ... maybe never ever again 다시는 ... 어쩌면 영원히 다시는	
Helena + young man Helena + 젊은 남자는	was -이었다	*torn to pieces*		반응1
Helena Helena는	married extremely briefly 극도로 짧은 결혼생활을 했다 반복어	someone else 다른 누군가와		반응2
〃	married to forget 잊기 위해서 결혼했다			
Helena Helena는	met 만났다 공동-부분어	my first love through a good friend 좋은 친구를 통해 나의 첫사랑을	again more than a year ago 다시 일 년 이상 전에	'결과' 설정
〃	learn 배우다	for the first time 처음으로		
young man 젊은 남자는	operating 사업한다		overseas 해외에서	
〃	going to ask 물어볼 것이다 공동-부분어			
〃	not be punished 처벌받지 않는다		for his crimes 그의 범죄에 대해	
Helena Helena는	can't explain 설명할 수 없다 동위어			반응
〃	feels 느낀다 동위어	*hurt and bitter*		
〃	saw 보았다	what was left of that beautiful, big, strong person 그 아름답고, 크고, 강 인했던 사람의 무너진 모습을		

young man 젊은 남자는	*wanted* *원했다* 동위어	only one thing 오직 하나의 것을	설명
"	*wanted* to tell 말하기를 *원했다* 동위어	truth 진실을	
"	*didn't care* not to be punished 처벌받는 것을 *신경쓰지 않았다* 동위어		
"	*only wanted* to tell *단지* 말하고 *싶을* *뿐이었다*	truth 진실을	

활동들 사이의 관계는 다음과 같다. 첫 번째 *meeting, beginning to relate*와 *marrying*은 연속에서 서로 예상되는 '로맨스' 필드의 부분들이다. 그리고 실제 묘사 국면에서 그 젊은 남자의 질적 차이의 각각은 로맨틱 필드에서 예상되고, 여자친구들의 *envying*으로 강화된다. 어떤 문제 국면은 다음과 같은 표현, *by then one day he said*로 신호되고, 그 다음 *going*과 *won't see*는 '이별'의 일부이다. Helena의 반응은 느낌(*torn to pieces*)과 행동(*married to forget*)을 포함한다. '결과' 국면은 *learning for the first time*이 *meeting*에 의해 예상되는 설정 국면으로 다시 시작된다. 그러면 *operating overseas*는 진실과 화해 필드의 일부로서 *not being punished*를 예상한다. 이번에 Helena의 반응 국면은 말하기(*can't explain*), 상처받고 쓰라림 느끼기, 그리고 남은 것을 보기를 포함한다. 마침내 *saw what was left*는 우리가 *desire*를 '원하기'로 *must be told*를 '말하고 싶은 것'으로 *didn't matter*를 '상관하지 않는'으로 *only a means to the truth*는 '진실을 말하고 싶은'으로 풀어 쓴 설명을 예상한다. 이것들은 이 국면에서 서로를 부연하게 만드는 다양한 바람의 과정으로 분석된다.

3.6 문법적 은유들 더 알아보기

은유는 일반적으로 어떤 한 가지를 의미하는 <u>어휘 항목</u>(lexical item)이 다른 것을 의미하게 되는 의미의 전이를 나타낸다. Helena의 이야기에는 그러한 어휘적 은유의 많은 예가 있다. 예를 들어, 그녀는 자신과 첫사랑을 *torn to pieces*라고 묘사하며 헤어짐의 고통을 절단에 비유했고, 남편의 '여행' 중에 끔찍했던 일인 남편에게 강요된 행동을 강제로 먹이는 것에 비유하여 *shoved down his throat*라고 했다. 그리고 결과적으로 그와 그의 동료들이 *like* '*vultures*'(독수리처럼) 행동했는데, 이것은 그들이 사람들을 먹잇감이나 썩은 고기처럼 취급했다는 것을 의미한다. 이러한 종류의 어휘적 은유는 평가하기를 환기하기 위한 강력한 자원이다.

반면에 문법적 은유들은 한 종류의 문법적 요소(element)에서 다른 종류의 문법적 요소로 의미가 전이됨을 나타낸다. Helena의 이야기에서 간단한 예를 들면, *marrying*의 과정(process)인데, 이것은 질(quality) *married*와 사물(thing) *marriage*로 재구성되어 있다. 이런 식의 의미 전이는 문해력이 높은 독자들에게는 낯선 담화에서 읽기 어려워지는 경우를 제외하고는 거의 우리의 주의를 끌지 못할 만큼 자연스럽다. 현대 문자 언어에서 이것은 화자와 필자가 사용할 수 있는 의미의 집합을 확장하는 강력한 자원이다. 영어에서 그것의 발전은 유럽의 산업화와 식민지 확장에 수반된 과학, 인문학, 관료주의의 담화 확장을 가능하게 하기 위해 지난 몇 세기 동안 가속화되었다.

일반적으로 문법적 은유에 의한 의미의 전이는 과정으로서의 *marrying*이 사물로서의 *marriage*로 전이되는 것처럼, 사람과 구체적인 사물이 관련된 과정으로서의 실제에서 추상적인 사물 간의 관계로서의 실제로 이동하는 것이다. 이러한 변화의 이유 중 일부는 사물의 의미를 확장할 수 있는 더 큰 잠재력 -번호 매기기, 설명하기, 분류하기 및 자격 부여하기와 관련이 있다. 예를 들어 *marrying*의 과정을 *marrying to forget*?과 같은 다른 과정이나 *marrying well*과 같은 질로 확장할 수 있다. 그러나 사물로서의 *marriage*는 *an extremely short marriage to someone else*에서와 같이 잠재적으로 평가가 가능한 일련의 질25), 부류어 및 질화사로 확장될 수 있다.

한 종류의 요소를 다른 요소로 재구성하는 관념적 은유를 만드는 데는 일련의 규칙적인 원칙들이 있다. 가장 공통적인 것은 다음과 같다.

(1) 어떤 과정 또는 질은 마치 그것이 사물인 것처럼 재구성될 수 있다
(2) 과정 또는 과정의 질은 사물의 질로 재구성될 수 있다

이것들은 경험적(experiential) 유형의 관념적 은유, 즉 형상 요소와 관련된 은유이다. 논리적(logical) 유형의 관념적 은유는 형상 사이의 접속을 마치 과정이나 사물처럼 재구성하는 것과 관련이 있다. 우리는 4장에서 논리적 유형을 살펴볼 것이다. 지금부터 우리는 경험적 은유를 위한 각각의 선택항들을 예시할 것이다.

---

25) [역자주] 이 책에서 질은 부사나 형용사와 같은 수식어를 말한다.

사물로 실현되는 과정과 질

  다른 요소를 개체들로 표현할 때 얻을 수 있는 주요 이점 중 하나는 다른 요소에서는 사용할 수 없는 방식으로 사물을 설명하고 분류하고 질로 부여할 수 있다는 것이다. 이것은 다음 텍스트의 예시에서 잘 설명되어 있다:

과정 ⟶	사물
begin	the **beginning**
시작하다	시작
relate	a beautiful **relationship**
관계맺다	아름다운 관계
marry	an extremely short **marriage**
결혼하다	극도록 짧은 결혼 생활
travel	a **trip**
여행하다	여행
desiring	only one **desire**
바라다	단 하나의 바람
reconcile	**Reconciliation**
화해하다	화해
apply	all the important **applications**
지원하다	모든 중요한 지원
hear	a public **hearing**
듣다	공청회
violate	a gross **violation**
침해하다	중대한 침해
miscarry	a **miscarriage** of justice
실패하다	오심
penalize (punish)	the **penalty** (punishment)
불이익주다(처벌하다)	불이익(처벌)
expose and humiliate	public **exposure** and **humiliation**
노출하다 및 모욕하다	공개적인 노출 및 모욕감

질 ⟶	사물
painful and bitter	the pain and bitterness in me
고통스럽고 쓰라린	내 안의 그 고통과 쓰라림
true	Truth
진실한	진실
just	justice
올바른	정의
honest/just ...	integrity
솔직한/올바른 ...	무결성

사물들로 활동들을 재구성하면 다른 활동들의 참여자들 및 배경상황들이 될 수 있다:

the application	should be dealt with	in a public hearing
그 신청은	다루어져야 한다	공청회에서
매개자	**과정**	**배경상황**
such a hearing	was likely to lead to[26]	a miscarriage of justice
그러한 청문회는	-을 초래할 가능성이 높았다	오심
행위자	**과정**	**매개자**

사물의 질로 실현되는 과정과 그들의 질

과정과 과정의 질(즉, 질)은 사물의 질(형용어 및 분류어)로 재구성될 수 있으며, 따라서 명사군의 어휘적 잠재력을 확장할 수 있다:

과정 ──────────▶	사물의 질
secure an area	a top **security** structure
영역을 확보하다	일급 보안 조직
envying	an **enviable** relationship
부러워하다	부러워할만한 관계
closing the session	**closed** session
세션을 종료하다	종료된 세션
respecting the members	**respected** members
구성원을 존중하다	존경받는 구성원

과정의 질 ──────────▶	사물의 질
operating overseas	**overseas** operations
해외에서 사업하다	해외 사업
relate beautifully	a **beautiful** relationship
아름답게 관계맺다	아름다운 관계
marry very briefly	an **extremely short** marriage
아주 짧은 결혼 생활을 하다	극도로 짧은 결혼생활
violate grossly	a **gross** violation
중대하게 침해하다	중대한 침해
expose publicly	**public** exposure
공개적으로 노출하다	공개적 노출
torture regularly	**regular** torturers
정기적으로 고문하다	정기적 고문

---

26) 과정 *likely to lead to a miscarriage of justice*는 '오심을 초래하다'로 해석한다.

사물화된(사물로 실현되는) 활동들의 부분으로 실현되는 사물과 사람

과정이 사물로 재구성될 때, 과정에 참여하는 사람들은 종종 제외되는데, 이것은 추상적인 문어 담화가 때때로 우리 주변에서 일어나는 일상적인 경험과는 매우 동떨어진 것처럼 보이는 이유 중 하나이다. 그러나 과정이 사물로서의 활동들의 부분으로 제시됨으로써 과정이 사물로 재구성될 때 참여자를 포함할 수 있다.

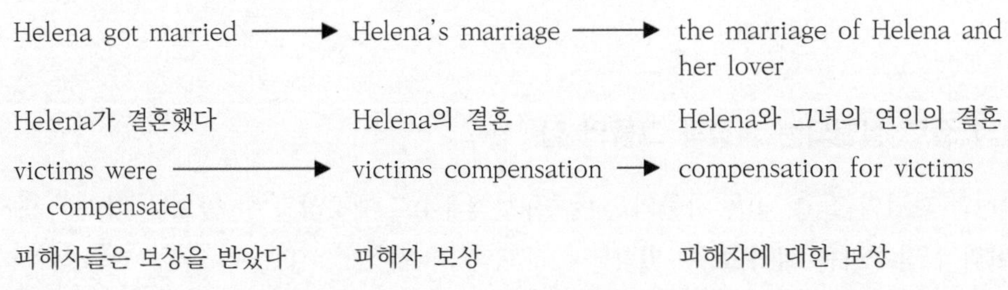

다음 예에서 '폭로'와 '모욕'의 과정은 *the penalty*의 질을 부여하는 사물이 되며, 그 자체로 참여자 *the perpetrator*에 의해 질화된다.

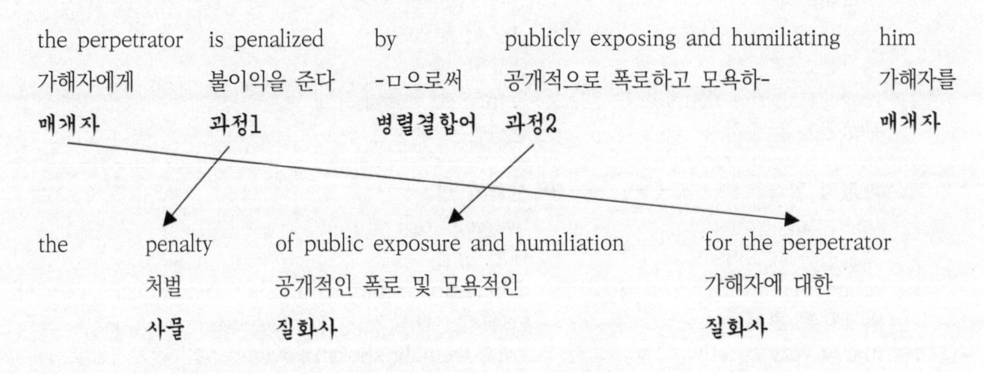

관념적 은유는 마치 그것이 제도적 추상 사이의 관계로 구성된 것처럼 현실에 대한 우리의 경험을 재구성하는 경향이 있다. 이러한 전략은 필자들이 사회적 과정에 대해 일반화하고 이를 기술, 분류 및 평가할 수 있도록 진화했다. 한 가지 단점은 누가 누구에게 무엇을 하고 있는지 회복하는 것이 어려울 수 있다는 것이고, 또 다른 단점은 이러한 유형의 담화가 읽고 이해하기 매우 어려울 수 있다는 것이다. 우리가 여기서 보여준 것처럼 관념적 은유를 풀어 쓰는 것은 그것들이 어떻게 현실을 해석하는지를 밝히는 데 도움이 될 수 있으며 언어 학습자

들에게 그것들이 어떻게 작동하는지를 가르치는 핵심 전략 중 하나이다.

3.7 실제 필드의 참여자들 살펴보기: 개체들의 종류

이 장 전체에서 설명했듯이 사물과 사람은 그 자체로 개체의 원소들이다. 가장 일반적으로 우리는 *man, girlfriends, face, hands*와 같은 <u>구체적인</u>(concrete) 개체와 *amnesty, offence, applications, violation*과 같은 <u>추상적인</u>(abstract) 개체를 구별해 왔다. 이러한 구체적 의미와 추상적 의미의 구분은 현대 문화에서 활동 필드의 근본적인 구분, 즉 가족과 공동체의 일상 활동과 법령, 의학 또는 교육과 같은 기술적(技術的) 직업 및 사회 제도의 '일상적이지 않은' 필드 사이의 구분을 반영한다. 일상적인 필드는 주로 상호작용하는 구어 화자 간의 개인적인 관계에 의해 구성되는 반면, 일상적이지 않은 필드는 문어 기록에 의해 구성된다.

구체적 또는 추상적이라는 넓은 범주 내에서 보다 구체적인 필드로 개체의 종류를 구분할 수 있다. 우선 도구와 기계(예: *mattock, lathe, gearbox*)의 이름을 포함하여 전문 직업보다 일상적인 활동에 덜 속하는 구체적인 유형의 사물들이 많이 있다. 전문 용어이긴 하지만 일상적인 용어처럼 가리키고 사용하면서 그 의미를 익힐 수 있다. 대조적으로, 경제학, 언어학 또는 생물학(예: *inflation, metafunction, gene*)과 같은 전문 직종의 기술적(技術的) 용어의 의미는 구체적인 대상이 아니라 추상적인 개념을 가리키며, 중등 및 고등 교육에서 긴 일련의 설명을 통해서만 학습될 수 있다. 유전자, 원자 또는 은하와 같은 기술적 개체는 도구를 통해 잠재적으로 가리키고 이름을 붙일 수 있지만, 이를 완전히 이해하는 유일한 방법은 일반적으로 글쓰기로 과학적 설명을 해야만 한다.

다른 종류의 추상적인 사물들에는 법과 같은 사회 제도에 특화된 것들이 포함되며, Tutu의 해설에서 많은 것들(*offence, hearing, applications, violation, amnesty*)을 찾을 수 있다. 이것들은 행정적 기술(技術) 용어의 예이다. 세 번째 유형은 언어의 특징(예: *question, issue, letter, extract*)과 같은 기호학적 개체를 나타내는 추상어가 포함된다. 기호학적 개체는 모든 필드에서 언급될 수 있지만, 문어 담화에서 더 공통적으로 사용되며, 당연히 언어학과 같은 필드에서 확산된다. 네 번째 유형의 추상어는 위의 분류적 관계에서 설명한 부류어 및 부분어(예: *kind, class, part, colour, time, manner, way, cause*)와 같은 의미의 차원을 명명한다. 우리는 이것들을 '일반적 개체'라고 부를 수 있다; 그것들은 모든 종류의 필드에서 사용되지만, 전문적이고 기술적인 필드에는 언어학적 범주의 *word class, structure, function, genre* 등과 같은 고유한 일반적 용어를 갖는 경향이 있다.

　또한 관념적 은유에서 파생된 세 번째 개체의 부류가 있는데, 여기에는 두 가지 일반적인 유형의 은유적 개체 – 과정에서 파생된 것(예: *relationship, marriage, exposure, humiliation*), 그리고 질에서 파생된 것(예: *justice, truth, integrity, bitterness, security*)이 포함된다. 구체적이고 추상적이며 은유적인 개체의 종류는 표 3.7에 요약되어 있다.

표 3.7 개체들의 종류

부정대명사		*some/any/no thing/body/one* *무언가/무엇이든지/아무것도 누군가/누구든지/누구도* *누군가/아무든지/아무도*
구체적	일상적	*man, girlfriend, face, hands, apple, house, hill* *남자, 여자친구, 얼굴, 손, 사과, 집, 언덕*
	전문적	*mattock, lathe, gearbox* *곡괭이, 선반, 기어박스*
추상적	기술적(技術的)	*inflation, metafunction, gene* *인플레이션, 대기능, 유전*
	제도적	*offence, hearing, applications, violation, amnesty* *범법행위, 청문회, 신청, 침해, 사면*
	기호학적	*question, issue, letter, extract* *질의, 이슈, 편지, 발췌*
	일반적	*colour, time, manner, way, kind, class, part, cause* *색깔, 시간, 방식, 방법, 종류, 부류, 부분, 원인*
은유적	과정	*relationship, marriage, exposure, humiliation* *관계, 결혼, 노출, 굴욕*
	질	*justice, truth, integrity, bitterness, security* *정의, 진실, 무결성, 쓰라림, 안전*

4
접속어: 논리적 연결

장 개요

4.1 담화의 논리
4.2 외부적 접속어
4.3 내부적 접속어
4.4 계속사
4.5 연결 보여주기: 접속어 분석
4.6 논리적 은유
4.7 접속어 자원들의 모든 것

접속어(conjunction)는 과정들 사이의 상호 연결-추가하기, 비교하기, 연속하기 또는 설명하기-를 살펴본다. 이들은 활동과 메시지를 연속적으로 연결하는 논리적 의미이다.

　이 장은 6개의 절로 구성되어 있다. 4.1절에서는 접속어의 네 가지 일반적인 차원에 대해 간략히 설명한다. 첫째, 활동들을 관련시키는 접속어와 텍스트들을 조직하는 접속어의 차이, 둘째, 텍스트에서 우리가 일어날 것으로 예상하는 것에서 접속어의 역할, 셋째, 접속어의 네 가지 주요 유형(추가하기, 비교하기, 시간 그리고 결과), 넷째, 절 사이의 세 가지 유형의 의존성(병렬성, 종속성 그리고 응집성)에 대한 것이다. 4.2절에서는 활동들을 관련시키는데 사용되는 접속어를 설명한다. 이들은 텍스트 너머의 의미 영역을 구성하므로 **외부적 접속어**(external conjunctions)라고 한다. 4.3절에서는 텍스트를 조직하는 데 사용되는 접속어에 대해 설명한다. 이러한 조직은 텍스트 내부에 있으므로 **내부적 접속어**(internal conjunctions)라고 한다. 4.4절에서는 계속사(continuatives)라고 알려진 추가적인 소규모의 접속 자원에 대해 설명한다. 4.5절은 텍스트에서 접속어 관계를 분석하는 방법을 제시하며, 그것은 접속어가 활동들을 연속적으로 연결하고 논증을 조직하는 데 어떻게 사용되는지를 보여준다.

　마지막으로 4.6절에서는 동사나 명사와 같은 다른 종류의 문법 부류에 의해 접속어가 실현될 때 어떤 일이 발생하는지 논의한다; 이러한 종류의 문법적 은유를 **논리적 은유**(logical metaphor)라고 한다. 활동의 연속들을 분석하기 위해 논리적 은유를 풀어 쓰는 방법이 제시된다.

4.1 담화의 논리

우리는 1장(1.3절)에서 Helena가 반-아파르트헤이트 투쟁에 참여할 수 있었던 조건을 제시하며 **접속어** 연구의 예를 보여주었다.

> I finally understand what the struggle was really about.
> 나는 마침내 그 투쟁의 진정한 의미를 이해하게 되었다.
>
> I would have done the same
> 나도 똑같이 행동했을 것이다
>
> **had** I been denied everything.
> 모든 것이 거부당했다면
>
> **If** my life, that of my children and my parents was strangled with legislation.
> 만약 나와 내 아이들과 부모님의 삶이 법으로 인해 목이 졸린다면.
>
> **If** I had to watch how white people became dissatisfied with the best and still wanted better and got it.
> 만약 백인들이 최고에 만족하지 않고 더 나은 것을 원하고 그것을 얻는 과정을 지켜봐야만 했다면.

우리는 접속어 *if* 때문에 이것들이 조건이라는 것을 안다. 이 접속어는 Helena가 고려한 행동 *I would have done the same*과 그녀가 그렇게 했을 조건들 *If my life was strangled...*, *If I had to watch how white people became dissatisfied...*를 연결하는 역할을 한다. 그리고 동일한 조건부 연결은 *had I been denied everything*처럼 **주어**와 **정형어**의 위치를 바꾸는 것으로도 표현될 수 있다. 이러한 종류의 **주어-정형어**의 도치는 전형적으로 질문을 하는 기능을 한다(뒤의 7장, 7.3절 참조). 하지만 위 예시에서 그 의미는 '질문(question)'이 아니라 '조건(condition)'이다.

접속어의 의미는 *if, then* 등의 접속어를 통해 실현되지만, 다른 종류의 단어 선택으로도 실현되며, 독자나 청자가 추론할 수 있도록 종종 암시적으로 남겨진다. Halliday & Hasan(1976), Halliday & Matthiessen(2004)과 같은 문법 기반 접근 방식에서는 접속어를 한 절과 다음 절을 연결하는 문법적 자원으로 취급하지만, 여기서 우리가 취하는 관점은 **접속어**를 한편으로는 연속 활동들을 조직하는 의미들의 집합으로, 다른 한편으로는 텍스트를 조직하는 의미들의 집합으로 모델링한다.

외부적 접속어와 내부적 접속어

즉, **접속어**는 두 가지의 측면을 가지고 있다. 그 시스템의 한 측면은 **관념어**와 상호 작용하여 경험을 논리적으로 조직된 활동의 연속으로 해석한다. 시스템의 다른 측면은 **주기어**와 상호 작용하여 담화를 논리적으로 조직된 정보의 흐름으로 표현한다. 두 시스템은 모두 동일한 네 가지 일반적인 논리적 관계 유형을 사용한다: 구성 단위 **추가하기**(adding), 유사하거나 다른 것으로 **비교하기**(comparing), **시간**(time) 순으로 연속하기, 원인과 결과 또는 증거와 결론으로 **인과적으로**(casually) 연결하기이다. 이 네 가지 일반적인 유형은 **추가**(addition), **비교**(comparison), **시간**(time)과 **결과**(consequence)이다. 이들의 관련 단위는 단일절부터 복합절, 텍스트 국면, 장르의 단계에 이르기까지 다양하다.

예를 들어, Tutu는 **접속어**를 사용하여 '근거(grounds)' 국면과 '결론(conclusion)' 국면을 포함하는 일련의 세 가지 **논증**으로 자신의 설명을 조직한다(앞 1장 1.3절 참조). 두 번째 그리고 세 번째 **논증**을 *also*와 *further*로 소개하여 독자에게 이것이 추가적인 스텝임을 알린다. 그리고 각 **논증** 내에서 *Thus*를 사용하여 독자에게 다음 내용이 결론임을 알려준다. 다음은 각 국면의 첫 번째 줄이다:

논제	So is amnesty being given at the cost of justice being done? 그렇다면 정의를 희생하면서까지 사면이 이루어지고 있는 것인가?
논증 1 '근거'	The Act required that where the offence is a gross violation the application should be dealt with in a public hearing 법률은 위반이 중대한 위반인 경우 신청은 공청회에서 다루어져야 한다고 규정하고 있다. …
'결론'	**Thus** there is the penalty of public exposure and humiliation 따라서 공개적인 노출과 굴욕감의 불이익이 있다. …
논증 2 '근거'	It is **also** not true that…amnesty encourages impunity because amnesty is only given to those who plead guilty 사면이 면죄부를 조장한다는 것도 사실이 아니다. 사면은 유죄를 인정한 자에게만 주어지기 때문이다. …
'결론'	**Thus** the process in fact encourages accountability 따라서 이 절차는 실제로 책임감을 장려한다. …

        논증 3
'근거'   **Further**, retributive justice...is not the only form of justice... there is
                another kind of justice, restorative justice,
                또한 응보적 정의가 정의의 유일한 형태는 아니다. 또 다른 종류의 정의, 회복
                적 정의가 있다,
                ...
'결론'   **Thus** we would claim that...justice is being served
                따라서 우리는 주장할 수 있다... 정의가 실현되고 있다고

Tutu는 추가 (*also, further*)를 사용하여 그의 **논체**를 뒷받침하는 **논증들**을 추가한다. 그리고 그는 결과 (*thus*)를 사용하여 각 **논증**에서 결론을 도출한다. 이러한 항목들은 텍스트 너머 경험 영역의 사건을 연결하는 것이 아니라, 텍스트 자체의 내부에 있는 논리적 스텝을 연결하는 데 사용된다. 담화를 논리적으로 조직하는 이 시스템을 **내부적 접속어**(internal conjunction) 라고 한다. 그리고 연속 활동에서 사건들을 연결하는 이 시스템을 **외부적 접속어**(external conjunction)라고 한다(Halliday & Hasan 1976 이후).

접속어와 예상

접속어는 텍스트에서 일어날 것으로 예상되는 일을 관리하는 데 도움을 준다. 설명문에서 우리는 일련의 지지 **논증들**을 예상하고, Tutu는 각각을 명시적으로 추가하여 우리의 예상을 확인시킨다. 또한 제시된 논증에서 결론이 도출되기를 예상하는데, Tutu는 각 결론을 *Thus* 로 명시적으로 제시함으로써 우리의 예상에 부응한다. 3장(3.5절)의 연속 활동에서 무표적 관계는 단순 추가이며, 개인적 일화에서 *and*는 하나의 사건을 다른 사건에 추가하는 가장 일반적인 접속어라는 것을 알 수 있다.

The circumstances of my being taken, as I recollect, were that I went off to school in the morning **and** I was sitting in the classroom **and** there was only one room where all the children were assembled **and** there was a knock at the door, which the schoolmaster answered. After a conversation he had with somebody at the door, he came to get me. He took me by the hand **and** took me to the door. I was physically grabbed by a male person at the door, I was taken to a motor bike **and** held by the officer **and** driven to the airstrip **and** flown off the Island (HREOC 1997: 99).
제 기억에 따르면 제가 끌려간 상황은 다음과 같습니다. 아침에 교실에 앉아 있었는데 방은 하나뿐이었고 모든 아이들이 그 방에 모여 있었고, 문을 두드리는 소리가 났고, 교장 선생님이

대답했습니다. 문 앞에서 누군가와 대화를 나눈 후, 그는 저를 데리러 왔습니다. 그는 제 손을 잡고 문으로 데려갔습니다. 저는 문 앞에서 한 남자에게 물리적으로 붙잡혔고, 오토바이로 끌려가 경찰관에게 붙들린 채 비행장으로 이동해 섬을 떠나는 비행기에 태워졌습니다. (HREOC 1997: 99)

실제로 시간 연속은 이야기 장르에서 일관되게 예상되는 것이기 때문에 종종 어떤 접속어도 굳이 사용할 필요가 없다:

On arriving back at Sandton Police Station, at what they call the Security Branch
보안국이라고 불리는 Sandton 경찰서로 돌아오자
the whole situation changed
모든 상황이 바뀌었습니다
I was screamed at, verbally abused
저는 (경찰의) 고함 소리를 듣고, 폭언도 당하고
I was slapped around
저는 뺨을 맞았습니다
I was punched
저는 주먹으로 맞았습니다
I was told to shut up
저는 입 닥치라고 들었고
sit in a chair
의자에 앉아서
then I was questioned
그리고 나서 저는 질문을 받았습니다.
when I answered the questions
내가 질문에 답변을 했더니
I was told that I was lying
저는 거짓말을 하고 있다고 들었습니다
I was smacked again...
저는 또 맞았습니다...

이 연속에서 처음 다섯 가지 활동 사이의 접속어는 신체적, 언어적 학대에서 심문으로 필드가 전환될 때까지 **함축적**(implicit)으로 남아 있으며, 필드의 전환은 **명시적**(explicit)인 접속어 *then*을 통해 나타난다. 이제 우리는 구타가 아닌 심문과 관련된 다른 활동들을 예상할 수 있다. 그러나 피해자의 답변에 대한 심문관의 반응은 적어도 피해자에게는 예상치 못한 것이었고, 이는 다시 명시적 접속어 *when*을 통해 나타난다.

예상을 관리하기 위한 **명시적**(explicit) 접속어와 **암시적**(implicit) 접속어의 이러한 상호 작용은 Helena 이야기의 첫 번째 **사건 단계**에서 나타난다:

As an eighteen-year-old, I met a young man in his twenties.
열여덟 살 때 나는 20대의 한 청년을 만났다.
He was working in a top security structure,
그는 일급 보안 조직에서 일하고 있었고,
it was the beginning of a beautiful relationship.
그것은 아름다운 관계의 시작이었다.
We **even** spoke about marriage.
우리는 결혼에 대해서도 이야기했다.

A bubbly, vivacious man who beamed out wild energy.
활기차고 발랄한 그는 야성적인 에너지를 뿜어냈다.
Sharply intelligent.
매우 총명했다.
Even if he was an Englishman,
그는 영국인이었지만
he was popular with all the 'Boer' Afrikaners.
아프리카계 '보어인'들에게 인기가 많았다.
And all my girlfriends envied me.
내 친구들은 모두 부러워했다.

Then one day he said he was going on a 'trip'.
그러던 어느 날 그는 '여행'을 간다고 했다.
'We won't see each other again... maybe never ever again.'
'우리는 다시는 서로를 만나지 못할 거야. 어쩌면 영원히 다시는...'
I was torn to pieces.
나는 산산조각이 났다.
So was he.
그도 마찬가지였다.
An extremely short marriage to someone else failed
다른 사람과의 매우 짧은 결혼 생활의 실패는
all because I married to forget.
모두 그를 잊기 위한 결혼이었기 때문이다.

첫 번째 국면은 *meeting*에서부터 *relationship, speaking about marriage*까지 순차적으로 연속이 일어나지만, 이 연속은 3장(3.5절)에서 논의했듯이 해당 필드에서 예상되는 것이므로 각 스텝을 접속어를 사용하여 명시적으로 나타낼 필요는 없다. 반면에 Helena는 *even*을 사용하여 결혼에 대해 이야기하는 것이 관계 초기에 일반적으로 예상하는 것 이상이라는 것을 명시적으로 표현한다. 그리고 이어지는 설명 국면에서 그녀는 *even if*를 비슷한 방식으로 사용하여 영국인이 'Boer' 아프리카인에게 호감을 느끼는 것은 예상치 못한 일이라고 말한다(만약 그들이 그를 좋아할 것으로 예상했다면 그녀는 *because he was an Englishman*이라고 말했을 것이다). 반면에, 그녀의 친구들의 반응은 *And*로 문장을 시작하여, 친구들의 부러움이 충분히 예상되는 것임을 명시적으로 덧붙인다.

그런 다음 로맨스에서 비극으로 넘어가는 다음 스텝은 *Then*으로 명시적으로 표시되며, 새로운 국면이 시작되고 있음을 알리는데, 이는 예상과 달리 아마도 나쁜 소식이 될 것임을 나타낸다. 그녀의 반응 후 *So was he*는 연인의 떠나는 감정이 자신과 같았으며, 이는 예상된 일이었다는 것을 명시적으로 나타낸다. 그리고 그 후의 결혼 생활의 실패도 완전히 예측할 수 있었는데, *all because*라는 인과적 접속어를 통해 명시적으로 드러났다.

요약하자면, 이 명시적 접속어들은 추가, 비교, 시간, 결과라는 네 가지 유형의 접속어로 나타나며, Helena는 사건의 맥락에서 예상을 관리하기 위해 이를 능숙하게 사용한다. 이는 표 4.1에 제시되어 있다.

표 4.1 접속어 유형과 예상

	예상되는	예상 밖의
추가	***and*** *all my girlfriends envied me*	
비교	***so*** *was he*	
시간		***then*** *one day he said he was going on a 'trip'**
결과	***all because*** *I married to forget*	***even*** *if he was an Englishman*

* *then*은 전형적으로는 예상 밖이 아니지만 이 문맥에서는 예상 밖이라는 기능을 한다는 점에 유의하라.

Tutu와 마찬가지로 Helena도 명시적 접속어를 사용하여 그녀의 이야기의 새로운 국면이 시작됨을 알린다. 하지만 Tutu는 자신의 주장을 정리하는 데 사용하는 반면, Helena는 시간적 국면의 연속으로 사용한다.

사건 1

'만남'　　　As an eighteen-year-old, I met a young man in his twenties.
　　　　　열여덟 살 때 나는 20대의 한 청년을 만났다.
　　　　　…

'진행'　　　**Then** one day he said he was going on a 'trip'.
　　　　　그러던 어느 날 그는 '여행'을 간다고 했다.
　　　　　…

'결과'　　　More than a year ago, I met my first love again …
　　　　　1년보다 더 전, 나는 첫사랑을 다시 만났다.
　　　　　…

사건 2

'만남'　　　After my unsuccessful marriage, I met another policeman.
　　　　　결혼에 실패한 후 다른 경찰관을 만났다.
　　　　　…

'진행'　　　**Then** he says: He and three of our friends have been promoted.
　　　　　그는 이렇게 말했다: 그와 친구 세 명이 진급했다.
　　　　　…

'결과'　　　**After** about three years with the special forces, our hell began
　　　　　특수부대에 입대한 지 약 3년이 지나자 우리의 지옥이 시작됐다.
　　　　　…

해석

'지식'　　　Today I know the answer to all my questions and heartache
　　　　　오늘날 나는 내 모든 의문과 고민에 대한 답을 안다.
　　　　　…

'흑인 투쟁'　I **finally** understand what the struggle was really about.
　　　　　나는 마침내 그 투쟁의 진정한 의미를 이해하게 되었다.
　　　　　…

'백인의 죄'　I end with a few lines that my wasted vulture said to me one night.
　　　　　어느 날 밤 내 버려진 독수리가 나에게 했던 몇 마디로 마무리하겠다.

Helena는 *Then*과 *After*라는 시간 접속어를 사용하여 각 국면을 바로 앞의 사건들과 연결하지만 *finally*의 범위는 이야기 전체이다. 이전의 모든 사건 동안 Helena는 투쟁을 이해하지 못했지만 이제 *finally* 그것을 이해하게 된다.

Helena가 시간 안에서 그 이야기를 연속하기 위해 사용한 다른 자원은 **배경상황**이다 – *As an eighteen-year-old, one day, More than a year ago, After my unsuccessful marriage, After about three years with the special forces, Today*. 이러한 **배경상황**은 정확

한 시간대의 사건을 설정하는 반면 시간 접속어들은 단순히 그 연속을 나타낸다.

종속의 유형

각 접속어 유형에 대해 자세히 설명하기 전에, 그들이 실현되는 세 가지 문법적 맥락을 간략하게 살펴볼 필요가 있다. 맥락에 따라서 다른 접속어들이 사용되기 때문이다. 첫 번째 유형은 독립절의 연속을 연결한다:

> I went off to school in the morning
> 저는 아침에 학교에 갔습니다.
> **and** I was sitting in the classroom
> 그리고 저는 교실에 앉아 있었습니다
> **and** there was only one room where all the children were assembled
> 그리고 아이들이 모두 모여 있는 방은 단 하나뿐이었습니다
> **and** there was a knock at the door
> 그리고 문을 두드리는 소리가 났습니다

*and*로 시작하는 각 절은 독립적으로 존재할 수 있다. 각 절은 잠재적으로 독립적이기 때문에 이들 사이의 종속성 관계는 동등한 관계이다. 두 독립 절 사이의 동등한 종속 관계를 **병렬적**(paratactic)(그리스어 *para* '옆에(beside)'와 *taxis* '배열하다(arrange)'에서 유래)이라고 한다.

병렬 관계에 사용되는 또 다른 접속어는 *then*이다:

> I was told to shut up, sit in a chair
> 저는 입 닥치고, 의자에 앉으라고 들었고
> **then** I was questioned
> 그리고 나서 저는 질문을 받았습니다

이 두 절은 그들 사이의 논리적 관계를 뒤집지 않고는 순서를 바꿀 수 없다. 예를 들어 **then I was questioned, I was told to shut up*이라고 말할 수 없다. 하지만 접속어 *when*은 이러한 순서가 바뀌는 것을 허용한다:

> **when** I answered the questions
> 제가 질문에 답변을 했더니

I was told that I was lying
저는 거짓말을 하고 있다고 들었습니다.

I was told that I was lying
저는 거짓말을 하고 있다는 말을 들었습니다.
when I answered the questions
제가 질문에 답변을 했을 때

그 이유는 이 두 절 지위가 동일하지 않기 때문이다. 하나는 독립적이고, *when*으로 시작되는 다른 하나는 종속적이다. *when* 절은 다른 절이 발생하는 맥락으로서 기능한다. 이 점에서 그 기능은 <u>*after the questions*</u> *I was told that I was lying*에서처럼 절의 시작 또는 끝에 올 수 있는 시간의 **배경상황**과 유사하다. 종속절과 독립(지배) 절 사이의 불평등한 종속 관계를 **종속적**(hypotactic)(그리스어 *hypo* '아래에(under)'에서 유래)이라고 한다.

셋째, 두 문장은 *Further* 또는 *Thus*와 같은 접속어를 통해 논리적으로 연결될 수 있다:

It is also not true that the granting of amnesty encourages impunity...
사면이 면죄부를 조장한다는 주장도 사실이 아니다...
Further, retributive justice... is not the only form of justice
게다가, 응보적 정의만..... 정의의 유일한 형태는 아니다.

This is a far more personal approach, which sees the offence as something that has happened to people and whose consequence is a rupture in relationships.
이는 훨씬 더 개인적인 접근 방식으로, 범죄를 사람들에게 일어난 일로 보고 그 결과로 관계의 결렬을 초래하는 것으로 간주한다.
Thus we would claim that justice, restorative justice, is being served when efforts are being made to work for healing, for forgiveness and for reconciliation.
따라서 우리는 치유와 용서, 그리고 화해를 위해 노력할 때 정의, 즉 회복적 정의가 실현되고 있다고 주장할 수 있다.

우리는 이러한 종류의 문장 간의 의존 관계를 **응집적**(cohesive)이라고 부를 것이다(Halliday & Hasan 1976에 따름). 추가, 비교, 시간, 결과 등 각 접속어 유형을 살펴보면서 각 유형의 의존 관계에 사용되는 접속어 - 병렬, 종속, 그리고 응집성의 예를 가능한 한 많이 제시하겠다.
마지막으로 접속어 외에 다른 유형의 연결어가 하나 더 있다. 이를 연속 항목 또는 **계속사**(continuatives)라고 한다. 계속사는 접속어와 두 가지 점에서 다르다. 접속어는 대부분 영어에서 절의 시작 부분에 위치한다(응집적 접속어는 더 유연하게 배치될 수 있지만). 그러나 계속사는 주로 시작이 아닌 절 내부에서 발생한다. 그리고 논리적 관계에 대한 그들의 옵션이 훨씬 더 제한적이다. 지금까지 살펴본 두 가지는 *even*과 *also*이다:

> We **even** spoke about marriage.
> 우리는 결혼에 대해서도 이야기했다.
> It is **also** not true that the granting of amnesty encourages impunity.
> 사면이 면죄부를 조장한다는 주장도 사실이 아니다.

이 절의 시작 부분에 *even*을 넣으면 그 의미가 완전히 달라진다 -*about marriage*가 예상치 못한 것이라고 말하는 것이 아니라, *we*가 예상치 못한 것이 된다. 또한 절의 시작 부분에 *also*를 배치하는 것은 유표적 옵션이다. 이는 절 내에서 더 일반적으로 사용하기 때문이다.

4.2 외부적 접속어

외부적 접속어27)는 필드를 활동들의 연속으로 논리적으로 조직하는 것과 관련이 있다. 추가, 비교, 시간, 결과와 같은 각 일반적인 외부적 접속어 유형에는 표 4.2에 요약된 대로 두 가지 이상의 하위 유형이 있다.

표 4.2 외부적 접속어에 대한 기본 선택항

추가	추가	*and besides, in addition*
	대체	*or, if not-then, alternatively*
비교	유사	*like, as if, similarly*
	대조	*but, whereas, on the other hand*
시간	연속	*then, after, subsequently, before, previously*
	동시	*while, meanwhile, at the same time*
결과	원인	*so, because, since, therefore*
	수단	*by, thus, by this means*
	목적	*so as, in order to; lest, for tear of*
	조건	*if, provided that; unless*

---

27) [역자주] 외부적 접속어와 내부적 접속어의 차이 - 전자는 한 문장 안에서 절과 절의 (사건) 연결, 후자는 문장을 넘어 한 담화 단위 속 성분과 성분 간의 연결인가에 달려 있다.

각 유형의 종속적 관계, 병렬적 관계, 응집적 관계는 아래에 설명되어 있다.

외부적 추가

우리는 *and*가 병렬적 연속으로 절을 차례로 추가하는 기능을 할 수 있다는 것을 보았다:

... white people became dissatisfied with the best
... 만약 백인들이 최고에 만족하지 않고
and still wanted better
더 나은 것을 원하고
and got it
그것을 얻는다

Four, maybe five policemen viciously knocked me down,
네 명, 혹은 다섯 명의 경찰이 저를 무참히 쓰러뜨렸습니다,
and they put me back on the chair
그리고 그들은 나를 의자에 다시 앉혔습니다
and handcuffed my hands through the chair
그리고 제 손과 의자에 수갑을 채웠습니다

그러나 *besides* 또는 *as well as*와 같은 접속어는 후치적인 종속 연속에서 주절에 종속절을 추가하게 된다:

As well as getting the best,
최고를 얻는 것뿐만 아니라,
they still wanted better.
그들은 더 나은 것을 원했다.

They still wanted better,
그들은 여전히 더 나은 것을 원했다,
besides getting the best.
최고를 얻는 것 외에도.

절들을 함께 추가하는 다른 방법은 접속어 *or*를 사용하여 절들 사이에서 선택을 하는 것이다:

If the individual is terminally ill, disabled, suffering a debilitating condition **or** will
probably not survive the duration of the TRC...
개인이 말기 질환, 장애, 쇠약 상태 또는 TRC 기간 동안 생존하지 못할 가능성이 있다면...

이 문장은 다른 단어로 대체할 수 있는 일련의 선택항들이 있음을 알려준다. 첫 번째 선택
항은 *either*로 표시될 수 있다:

Either the individual is terminally ill,
개인이 말기 질환을 앓고 있거나,
(or is) disabled,
장애가 있거나,
(or is) suffering a debilitating condition
쇠약해진 상태이거나,
or will probably not survive the duration of the TRC...
TRC 기간 동안 생존하지 못할 가능성이 있는 경우...

단지 마지막의 대체적 선택항이 *or*에 의해 명시적으로 실현되며, 처음 두 개는 쉼표로
암시적으로 표현된다(하지만 괄호 안에 주어진 것처럼 명시적으로도 표현할 수 있음 – or is). 이는 *and*
에서 흔히 볼 수 있는 패턴과 동일하다:

If the individual is terminally ill,
만약 개인이 말기 질환을 앓고 있고,
(and is) disabled,
장애가 있고,
(and is) suffering a debilitating condition
쇠약해진 상태이고,
and will probably not survive the duration of the TRC...
TRC 기간 동안 생존하지 못할 가능성이 있다면...

이 외에 대체를 실현하는 접속어들에는 *if not-then, alternatively* 등이 있다:

종속적
If they don't want restorative justice,
그들이 회복적 정의를 원하지 않는다면,

then they could choose retribution.
보복을 선택할 수 있다.

응집적
A witness may be terminally ill.
증인이 불치병에 걸렸을 수 있다.
Alternatively she might be disabled.
또는 그녀에게 장애가 있을 수 있다.

절들을 함께 추가할 뿐만 아니라 *neither*나 *nor*를 사용하여 뺄 수도 있다:

...white people were **neither** dissatisfied with the best
...백인들은 최고에 만족하지도 않았고
nor wanted better
더 나은 것을 원하지도 않았으며
nor got it
그것을 갖지도 않았다.

요약해보면, 외부적 추가의 선택항에는 그림 4.1에서 볼 수 있는 것처럼, **추가하기**(adding), **빼기**(subtracting), 그리고 **대체**(alternation)가 있다.

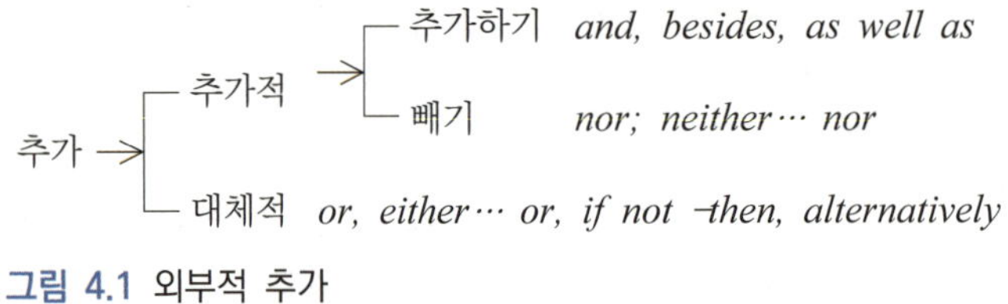

그림 4.1 외부적 추가

외부적 비교

비교를 위한 기본적인 선택항은 유사와 차이가 있다. 일반적인 종류의 비교는 두 절을 *but*을 사용하여 차이를 대조하는 것이다:

This is not a frivolous question,
이것은 경솔한 질문이 아니라,
but a very serious issue
매우 심각한 문제이다

여기에서 Tutu는 *question*과 *issue*라는 2개의 추상적 사물을 대조하고 있다. 두 사물들 간의 질들 사이에는 어휘적 대조 - *frivolous* vs. *very serious* -가 있으며 이러한 대조는 *but*을 통해 명시적으로 나타난다. 여기에서 나타나는 이러한 특별한 유형의 차이는 반대이다. *frivolous*와 *serious*는 **반대**(opposite)의 경험적 의미를 실현시킨다. *But*은 병렬적 관계에서 사용되며 반대는 *whereas, while*을 사용하여 종속적 관계에서 실현된다.

> **Whereas** this is a simple question,
> 이것은 단순한 문제인 반면,
> it is a very serious issue.
> 저것은 매우 심각한 문제이다.

어휘적 대조와 마찬가지로, 한 종류 이상의 논리적 차이가 있을 수 있다. 먼저, 하나의 의미는 *instead of, in place of, rather than*을 사용하여 다른 의미로 **대신**(replaced)할 수 있다. 이들은 모두 종속적 관계에서 사용된다:

> **Instead of** resting at night,
> 밤에 쉬는 대신에,
> he would wander from window to window
> 그는 창문에서 창문으로 오가며 방황했다.

차이의 세 번째 종류는 *except that, other than, apart from*을 이용하여 **예외**(exception)를 만드는 것으로, 역시 종속적으로 사용된다.

> He wanted to rest at night
> 그는 밤에 쉬고 싶었다
> **except that** he kept having nightmares.
> 악몽을 계속 꾸는 것만 빼고.
>
> He used to rest at night
> 그는 밤에 쉬곤 했다
> **other than** when he had nightmares.
> 악몽을 꿨을 때를 제외하고는.

*instead*와 *rather*같은 접속어들은 응집적으로도 사용될 수 있다.

He should have slept at night.
그는 밤에 잤어야 했다.
Instead he would wander from window to window.
창문에서 창문으로 오가며 방황하는 대신에.

물론 대조의 다른 방법은 *like*나 *as if*를 사용하여 **유사**(similarity)를 나타내는 것이다.

The criminal and civil liability of the perpetrator are expunged
가해자의 형사 및 민사 책임은 말소된다.
as if the offence had never happened.
마치 범죄가 발생하지 않은 것처럼

여기에서 Tutu는 *as if*를 사용하여 *liability expunged*가 *the offence never happened*와 어떤 면에서는 유사하다는 것을 암시하고 있다. 아래 문장에서는 외부적 유사를 나타내는 응집적 접속어로 *similarly*가 사용되고 있다.

Helena's first love worked in a top security structure.
Helena의 첫사랑은 일급 보안 조직에서 일했다.
Similarly her second love worked for the special forces.
유사하게 그녀의 두 번째 사랑은 특수 부대에서 일했다.

유사는 또한 **주어-정형어**가 도치되면서 계속사 *so*를 사용하여 나타날 수도 있다.

I was torn to pieces.
나는 산산조각이 났다.
So was he
그도 마찬가지였다

요약해보면, 외부적 비교의 선택항에는 그림 4.2에서 볼 수 있는 것처럼 **유사**(similarity) 또는 **차이**(difference)가 있으며 차이에는 **반대**(opposite), **대신**(replacing), **예외**(excepting)가 있다.

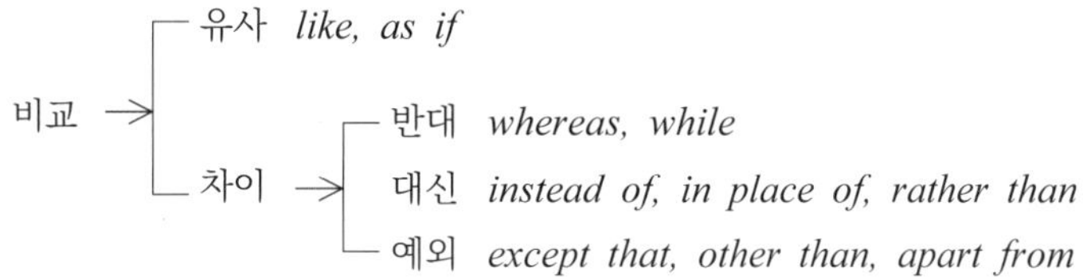

그림 4.2 외부적 비교

외부적 시간

Helena의 이야기와 Leonard Veenendal의 증언에서 보았듯이 *then*과 같은 시간 접속어는 사건이 서로 이어진다는 것을 알려준다:

It was the beginning of a beautiful relationship.
그것은 아름다운 관계의 시작이었다.
We even spoke about marriage.
우리는 결혼에 대해서도 이야기했다.
Then one day he said he was going on a 'trip'.
그러던 어느 날 그는 '여행'을 간다고 했다.

I was told to shut up, sit in a chair,
저는 입 닥치라고 들었고,
then I was questioned.
그리고 나서 저는 질문을 받았습니다.

이러한 종류의 시간 관계는 **연속적**(successive)이며-사건은 차례로 일어난다. 종속적 관계에 사용되는 연속적 접속어들에는 *when, after, since, now that* 등이 있다:

when I answered the questions
제가 질문에 답변을 했더니
I was told that I was lying
저는 거짓말을 하고 있다고 들었습니다

이 예에서 시간의 연속은 첫 번째 사건에서 마지막 사건까지 순서대로 실행된다. 그러나 *before, prior to*와 같은 접속어를 사용하면 연속을 역으로 실행할 수 있다:

before I was questioned
질문을 받기 전에
I was slapped around
저는 뺨을 맞았습니다.

　이 예들 중 어느 것도 두 사건 사이에 얼마나 많은 시간이 경과했는지 명확하지 않으며 그들은 그저 **어떤**(sometime) 시간의 전후로 발생했을 뿐이다. *once, as soon as; until*을 포함하는 기타 연속적 접속어들은 어떤 사건의 **바로**(immediately) 전후에 발생했음을 나타낸다:

as soon as I answered
제가 대답하자마자
I was slapped again
저는 또 뺨을 맞고

I was slapped around
저는 뺨을 맞았습니다
until I started fighting back
제가 반격을 시작할 때까지

　응집적 연속 접속어에는 *subsequently, previously, at once*가 포함된다:

I answered the questions.
저는 대답했습니다.
Subsequently I was told that I was lying.
그 뒤에 저는 거짓말을 하고 있다고 들었습니다.

He said he was going on a 'trip'.
그는 '여행'을 떠난다고 말했다.
Previously it had been a beautiful relationship.
그 전까지 그것은 아름다운 연애였다.

I started fighting back.
저는 반격을 시작했습니다.
At once four, maybe five policemen viciously knocked me down.
그리고 네 명, 혹은 다섯 명의 경찰이 저를 무참히 쓰러뜨렸습니다.

Tutu의 설명에서 *previously*의 한 예는 응집적 접속어가 절에서 비교적 자유롭게 배치될 수 있음을 보여준다:

...there is the penalty of public exposure and humiliation for the perpetrator.
...공개적인 노출과 굴욕감의 불이익이 있다.
Many of those in the security forces who have come forward had **previously** been regarded as respectable members of their communities.
지금까지 자수한 방위군 중 상당수는 이전에는 그들의 커뮤니티에서 존경받는 구성원으로 여겨지던 사람들이었다.

사건은 서로 연속적으로 일어날 뿐만 아니라 동시에 일어날 수도 있다. **동시**(Simultaneous)는 *as, while, when*으로 실현된다:

My murderer let me and the old White South Africa sleep peacefully,
나를 죽인 살인자는 나와 오래된(구체제의) 백인 남아프리카를 평화롭게 잠들게 두었지만,
while 'those at the top' were again targeting the next 'permanent removal from society'.
'윗선'은 다시 독수리에게 다음 '사회에서 영구 퇴출 대상'을 명령하고 있다.

응집적 동시 접속어에는 *meanwhile, simultaneously*가 포함된다:

응집적
The old White South Africa slept peacefully.
오래된 백인 남아프리카를 평화롭게 잠들게 한
Meanwhile 'those at the top' were again targeting the next 'permanent removal from society'.
한편 '윗선'은 다시 독수리에게 다음 '사회에서 영구 퇴출 대상'을 명령하고 있다.

따라서 외부적 시간에 대한 선택항에는 그림 4.3에 제시된 것처럼 **연속적**(successive): **부정시**(不定時)(sometime) 또는 **즉각적**(immediate), 그리고 **동시적**(simultaneous)의 선택항이 있다.

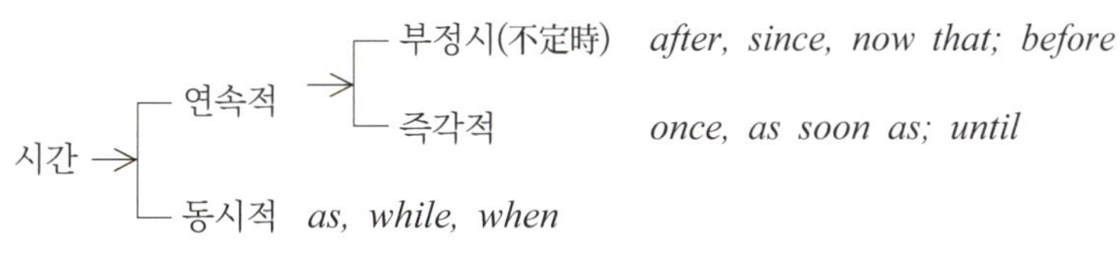

그림 4.3 외부적 시간

외부적 결과

외부적 결과에는 네 가지 일반적 유형이 있다: 원인, 수단, 조건, 목적이 그것이다. 몇 가지 기본 선택항이 표 4.3에 나와 있다.

표 4.3 기본적인 외부적 결과

원인	*because, so, therefore*
수단	*by, thus*
조건	*if...then*
목적	*so that, in order to*

원인

Helena의 첫 번째 결혼이 실패했을 때, 그녀는 실패한 이유를 설명할 때 *all because*를 사용한다:

> An extremely short marriage to someone else failed
> 다른 사람과의 극도로 짧은 결혼 생활은 실패했다
> **all because** I married to forget.
> 모두 그를 잊기 위한 결혼이었기 때문이다.

접속어 *because*는 원인과 결과처럼 한 사건이 다른 사건에 의무적으로 발생한다는 의미이다. Helena는 *I married to forget*이라는 단 하나의 이유가 있었음에도 *all because*라고 말함으로써 이 의무 관계를 더욱 강하게 만든다. 다시 말해, 원인은 한 사건과 다음 사건 사이의 관계를 조절하며, 이러한 다른 양상적 의미(2장 2.2절에 설명)와 마찬가지로 점진적일 수 있다. 예를 들어 Helena는 *partly because*로 인과 관계를 약화시킬 수도 있었다. 이는 특히 인과 관계의 강도를 신중하게 평가하는 과학 글쓰기에서 중요한 원칙이다.

*Because*는 종속적 관계에서 기능하며, 이에 해당하는 병렬적 접속어는 *so*이고, 응집적 접속어에는 *therefore, consequently*가 포함된다:

> I married to forget,
> 나는 잊기 위해 결혼했다.
> **so** my first marriage failed.
> 그래서 나의 첫 번째 결혼은 실패했다.

I married to forget.
나는 잊기 위해 결혼했다.
Consequently my first marriage failed.
결과적으로 나의 첫 번째 결혼은 실패했다.

이 장의 도입부에서 *then*과 같은 일반 접속어가 특정 문맥에서 예상 밖을 나타낼 수 있음을 살펴보았다. 그러나 결과적 접속어의 경우 이는 정규적인 선택항이므로 특정한 접속어 집합이 각 유형의 예상 밖의 결과를 실현한다. 이를 **양보적**(concessive) 접속어라고 한다(우리는 2장 평가어(2.3절)에서 독자의 목소리와 관련하여 양보의 역할을 살펴보았다). 양보적 원인은 *although, even though, even if, but, however*로 실현된다.

예를 들어 Helena의 결혼이 실패한 모든 이유(*all because*)는 잘못된 이유로 결혼했기 때문이다. 그러나 올바른(right) 이유로 결혼했음에도 불구하고(*even though*) 실패할 수도 있었다:

An extremely short marriage to someone else failed
다른 사람과의 극도로 짧은 결혼 생활은 실패했다
even though I married for the right reasons.
올바른 이유로 결혼했음에도 불구하고.

Helena의 첫사랑은 영국인이었음에도 불구하고(*even if*) 아프리카인들에게 인기가 있었지만, 좀 더 관용적인 남아공에서는 영국인이었기 때문에(*because*) 인기기 있었을 수도 있다:

Because he was an Englishman,
그가 영국인이었기 때문에
he was popular with all the 'Boer' Afrikaners.
그는 모든 아프리카계 '보어인(Boer)'들에게 인기가 있었다.

그러나 양보적 원인의 가장 일반적인 실현은 *but*이다:

He tried to hide his wild consuming fear,
그는 거칠고 강렬한 두려움을 숨기려 했지만,
but I saw it
그러나 나는 보고 말았다.

I can't handle the man anymore!
더 이상 이 남자를 감당할 수 없어요!
But I can't get out
하지만 빠져나올 수가 없어요.

그러나 *but*은 또한 비교(comparision):차이(difference)를 실현할 수도 있는데, 이는 혼란스러울 수 있다. *but*을 *although, however*와 같이 결과적 의미를 실현하는 것으로 알고 있는 종속적 접속어 또는 양보적 접속어를 대용하여 관계가 양보인지 테스트해 볼 수 있다:

Although he tried to hide his wild consuming fear,
비록 그는 거칠고 강렬한 두려움을 숨기려 했지만,
I saw it.
나는 보고 말았다.

I can't handle the man anymore!
더 이상 이 남자를 감당할 수 없어요!
However I can't get out.
하지만 빠져나올 수가 없어요.

만약 대조를 실현하는 접속어로 대용하면 그다지 의미가 없다(**I can't handle the man anymore! In contrast I can't get out. *Whereas he tried to hide his wild consuming fear, I saw it*).

수단

원인이 결과가 발생하는 이유를 설명하는 반면에, 수단의 관계는 일반적으로 *by*를 사용하여 어떤 일이 어떻게 발생하는지를 설명한다.

He expected to get amnesty
그는 사면을 받을 것으로 기대했다
by confessing.
자백을 함으로써

The objectives of the Commission shall be to promote national unity and reconciliation
위원회의 목표는 국가 통합과 화해를 촉진하는 것이다.

by establishing as complete a picture as possible of the causes, nature and extent of
the gross violations of human rights.
중대한 인권 침해의 원인, 성격 및 정도에 대해 가능한 한 완전한 상황을 파악함으로써

여기서 위원회는 '*establishing as complete a picture as possible*'을 *to promote national
unity and reconciliation* (국가적 통합과 화해를 촉진하기 위한) 수단으로 사용하고자 한다. 원인에
는 반드시 결과가 수반되<u>어야 하는</u>(obligates) 반면, 수단에 관련된 의미는 <u>능력</u>(ability)이다. Tutu
의 논증은 완전한 그림을 구축함으로써 위원회가 통합과 화해를 촉진<u>할 수 있다</u>(able)는 것이다.
　종속적 접속어 *by*는 아마도 우리가 수단을 표현하는 가장 일반적인 방법일 것이다. 다른
수단의 접속어로는 *thus, by this means* 등이 있다:

He expected amnesty.
그는 사면을 기대했다.
Thus he confessed.
그래서 그는 자백했다.

As complete a picture as possible of the causes, nature and extent of the gross viola-
tions of human rights will be established.
중대한 인권 침해의 원인, 성격 및 정도에 대해 가능한 한 완전한 상황을 파악할 것이다.
By this means the Commission will promote national unity and reconciliation
이를 통해 위원회는 국민 통합과 화해를 촉진할 것이다.

　양보적인 수단을 사용하면 어떤 사건이 일어날 수 있는 충분한 준비가 되어 있음에도 불구
하고, 그 사건은 발생할 수 없다:

Even by confessing
자백을 하는 것만으로
he didn't get amnesty
그는 사면을 받지 못했다.

National unity and reconciliation may <u>still not</u> be promoted
국가 통합과 화해는 여전히 촉진되지 않을 수 있다.
even by establishing as complete a picture as possible of the causes, nature and extent
of the gross violations of human rights.
중대한 인권 침해의 원인, 성격 및 정도에 대해 가능한 한 완전한 상황을 파악하는 것만으로

그리고 *but*은 양보적인 수단으로도 사용할 수 있다:

He confessed
그는 자백했다
but he didn't get amnesty
그러나 그는 사면을 받지 못했다.

목적

목적은 '행동'과 '의도된 결과'와 관련이 있다. 목적의 일반적인 접속어는 *in order to*이다:

The RRC committee will use the following two information instruments,
RRC 위원회는 다음의 두 가지 정보 도구를 사용할 것이다,
in order to make an informed recommendation.
정보에 입각한 권고를 하기 위해

여기서 RRC 위원회의 목적은 정보에 입각한 권고를 하는 것이다. 이를 달성하기 위해 위원회는 두 가지 정보 도구를 사용한다. 원인의 경우 결과가 수반되어야 하는(obligates) 반면, 목적의 경우 관련 양상적 의미는 의향(inclination)이다. 우리는 어떠한 결과를 원하기 때문에 어떤 행동을 취한다.

수단을 표현할 때 사용하는 *by*와 마찬가지로 종속적 접속어 *to*는 목적을 표현하는 일반적인 방법이다.

To make an informed recommendation,
정보에 입각한 권고를 하기 위해,
the RRC committee will use the following two information instruments
RRC 위원회는 다음 두 가지 정보 도구를 사용할 것이다.

목적을 실현하는 다른 접속어들은 *so that, in case* 등이 있다:

The RRC committee will use the following two information instruments
RRC 위원회는 다음 두 가지 정보 도구를 사용할 것이다
so that it can make an informed recommendation
정보에 입각한 권고를 할 수 있도록.

이러한 목적 접속어 (*in order*) *to, so as*는 결과가 바람직하다는 것을 나타낸다. 그러나 결과가 <u>우려된다(feared)</u>는 것을 나타내는 또 다른 종류의 목적 표현이 있는데 – 이는 *lest* 혹은 *for fear of*를 사용하는 것이다.

The RRC committee will use the following two information instruments
RRC 위원회는 다음 두 가지 정보 도구를 사용할 것이다
lest it make an uninformed recommendation.
정보에 입각하지 않은 권고를 하지 않기 위해.

양보적인 바람의 삽입으로, 어떤 행동은 그 결과의 발생 없이(*without*) 수행된다:

The RRC committee used two information instruments,
RRC 위원회는 다음 두 가지 정보 도구를 사용할 것이다,
without being able to make an informed recommendation.
정보에 입각한 권고를 하지 못한 채.

The RRC committee used two information instruments,
RRC 위원회는 다음 두 가지 정보 도구를 사용할 것이다,
even so they could not make an informed recommendation.
정보에 입각한 권고를 할 수 없었음에도 불구하고.

우려는 이미 어떤 부정석인 선택항이기 때문에 이에 대한 양보적인 대안은 없다.

조건

조건은 Helena의 이야기에서 보았듯이 어떤 결과와 그 결과가 발생할 수 있는 조건 사이의 관계이다:

I would have done the same
나도 똑같이 행동했을 것이다
had I been denied everything.
모든 것이 거부당했다면.
If my life, that of my children and my parents was strangled with legislation.
만약 나와 내 아이들과 부모님의 삶이 법으로 인해 목이 졸린다면.

If I had to watch how white people became dissatisfied with the best and still wanted better and got it.
만약 백인들이 최고에 만족하지 않고 더 나은 것을 원하고 그것을 얻는 과정을 지켜봐야만 했다면.

조건과 관련된 양상적 의미는 확률(probability)이다. Helena는 충분한 조건 하에서 자신이 투쟁에 참여했을 가능성이 높다고 생각한다; 그리고 그 조건들이 더 억압적일수록, 그녀도 똑같이 행동했을 가능성이 더 높다고 생각한다.

조건을 실현하는 다른 접속어들은 *if...then, provided that, so long as* 등이 있다:

If my life, that of my children and my parents was strangled,
만약 나와 내 아이들과 부모님의 삶이 법으로 인해 목이 졸린다면,
then I would have done the same.
그렇다면 나도 똑같이 행동했을 것이다.

I would have done the same
나도 똑같이 행동했을 것이다
provided that there was no risk to my relaxed and comfortable way of life.
나의 편안하고 안정적인 삶의 방식에 위험이 없다면.

이것들은 모두 사건이 일어날 수 있는 조건들이다. 반면, *unless*는 사건이 일어날 가능성을 차단하는 조건이다.

... the application should be dealt with in a public hearing
공청회에서 그 신청을 처리할 것을 요구했다
unless such a hearing was likely to lead to a miscarriage of justic
공청회가 오심으로 이어질 가능성이 있는 경우를 제외하고

양보적 조건의 경우, 비록 조건이 충족되더라도 효과가 발생하지 않는다:

I would <u>not</u> have done the same
나는 그렇게 하지 않았을 것이다
even if I had known the truth
설령 내가 진실을 알았더라도

예상되는 그리고 양보적인 원인, 수단, 목적, 조건을 포함한 외부적 결과에 대한 선택항은 그림 4.4에 나와 있다.

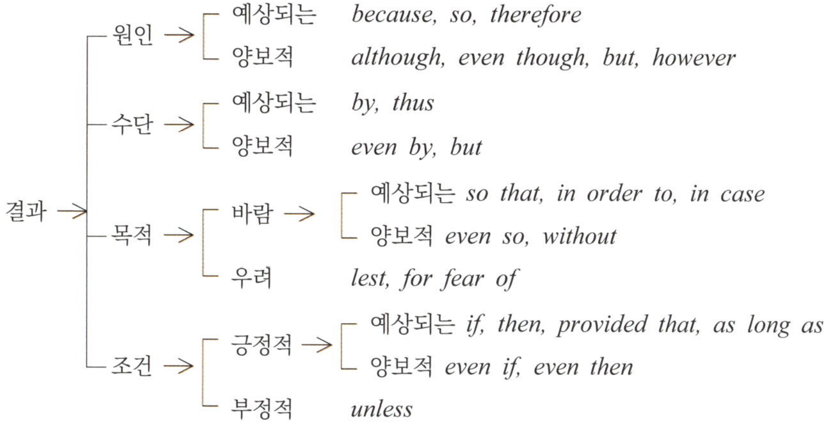

그림 4.4 외부적 결과

외부적 접속어에 대한 전체 시스템은 표 4.4에 나와 있다.

표 4.4 외부적 접속어에 대한 일반적인 선택항들

추가	추가적	추가하기	*and, besides, both ... and*
		빼기	*nor, neither ... nor*
	대체적		*or, either ... or, if not ... then*
비교	유사		*like, as if*
	차이	반대	*whereas, while*
		대신	*instead of, in place of, rather than*
		예외	*except that, other than, apart from*
시간	연속적	부정시(不定時)	*after, since, now that; before*
		즉각적	*once, as soon as; until*
	동시적		*as, while, when*
원인		예상되는	*because, so, therefore*
		양보적	*although, even though, but, however*
수단		예상되는	*by, thus*
		양보적	*even by, but*
조건	긍정적	예상되는	*if, then, provided that, as long as*
		양보적	*even if, even then*
	부정적		*unless*
목적	바람	예상되는	*so that, in order to, in case*
		양보적	*even so, without*
	우려		*lest, for fear of*

4.3 내부적 접속어

담화를 논리적으로 조직하는 데 있어 내부적 접속어의 역할은 오래전 구어 의미 방식을 기반으로 하여 주로 문어 모드(mode)에서 특별히 정교해졌다. 이러한 이유로 내부적 접속어에는 외부적 접속어에서 살펴본 것과 동일한 네 가지 논리적 유형이 포함된다. 또한 내부적 관계들을 표현하는 많은 항목은 *also, thus*와 같이 외부적 접속어와 동일하지만, 다른 내부적 접속어는 외부적 접속어와 상당히 다르다. 그 기본 선택항들은 표 4.5에 요약되어 있다.

표 4.5 내부적 접속어에 대한 기본 선택항들

추가	추가적	*further, in addition*
	대안적	*alternatively*
비교	유사	*similarly, for instance*
	차이	*on the other hand, in contrast*
시간	연속적	*firstly, finally*
	동시적	*at the same time*
결과	끝맺기	*therefore, in conclusion, thus*
	반박하기	*admittedly, nevertheless*

내부적 추가

우리는 이미 내부적 추가를 사용하여 설명 장르에서 논증들을 추가하는 방법을 살펴봤다:

논증 1	The Act required that where the offence is a gross violation the application should be dealt with in a public hearing 법률은 위반이 중대한 위반인 경우 신청은 공청회에서 다루어져야 한다고 규정하고 있다
논증 2	It is **also** not true that ... amnesty encourages impunity because amnesty is only given to those who plead guilty 사면은 유죄를 인정한 사람에게만 주어지기 때문에 사면이 면죄부를 조장한다는 주장도 사실이 아니다.
논증 3	**Further**, retributive justice ...is not the only form of justice ...there is another kind of justice, restorative justice, 또한 응보적 정의만이 ... 정의의 유일한 형태는 아니다... 또 다른 종류의 정의인 회복적 정의가 있다,

다음의 구어 예(영화 *Forgiveness* - 7장 참조)에서, Sannie는 자신의 부정적인 반응에 대한 판단을 추가한다:

<pre>
Coetzee: Won't your parents have any questions, you know, about what hap-
              pened?
              무슨 일이 일어났는지 부모님이 질문하지 않으시겠어요?
Sannie: -No,
              - 아니요,
              and that's wrong.
              그리고 그건 틀렸습니다.
</pre>

내부적 추가를 표현하는 다른 접속어로는 *furthermore, moreover in addition, as well, besides, additionally*가 있다.

외부적 추가와 마찬가지로, 내부적 접속어 *alternatively*를 사용하여 대안적 논증들을 추가할 수도 있다:

Retributive justice is one form of justice.
응보적 정의는 정의의 한 형태이다.

Alternatively there is another kind of justice, restorative justice.
한편 회복적 정의라는 또 다른 종류의 정의가 있다.

구어 담화에서 말하는 내용에 새로운 단계를 추가하기 위해 일반적으로 사용되는 접속어의 집합도 있다 - *now, well, alright, okay*. 다음은 7장에서 가져온 예이다:

<pre>
Luke: You know I missed you two fuckers.
              너희 둘 보고 싶었던 거 알지.
Llewelyn: Sorry I can't say the same Luke.
              미안하지만 나는 Luke, 너랑 같은 마음은 아니야.
Zuko: Yeah me too.
              나도 그래.
Luke: **Well** fuck you, man.
              꺼져.
</pre>

그리고 이 담화의 흐름에 '곁가지'를 추가하는 데 사용되는 다른 일반적인 항목도 있다 - *anyway, anyhow, incidentally, by the way*. 언어 교육과 언어 지식에 관한 일화에서 몇 가지 예를 들어보겠다:

> A teacher was confused about which of *affect* and *effect* was the noun or verb (it's *affect* verb, *effect* noun by the way, except for one formal meaning of effect 'succeed in causing to happen'), or was perhaps unable to recognise the noun or verb in the sentence he was policing. He marked the student wrong, suggesting *affect* for *effect* or vice versa (I can't recall which). **Anyhow**, as it turned out, the student had been right; the teacher got it wrong. (Martin (2000), *Grammar meets Genre*).
>
> 한 교사가 *affect*와 *effect* 중 어느 것이 명사 또는 동사인지 혼동했거나('어떤 것을 일어나게 하는 데 성공하다'라는 효과의 한 가지 형식적 의미를 제외하면 *affect*는 동사, *effect*는 명사이다), 자신이 채점하는 문장에서 명사 또는 동사를 인식하지 못했을 수도 있다. 그는 학생에게 잘못 표시하여 *affect*를 *effect*로 제안하거나 그 반대의 경우를 제안했다(어느 쪽인지 기억이 나지 않는다). 어쨌든, 결과적으로, 그 학생이 옳았다는 것이 밝혀졌다; 그 선생님이 틀렸다 (Martin (2000), *Grammar meets Genre*).

내부적 추가의 선택항들은 그림 4.5에 요약되어 있다.

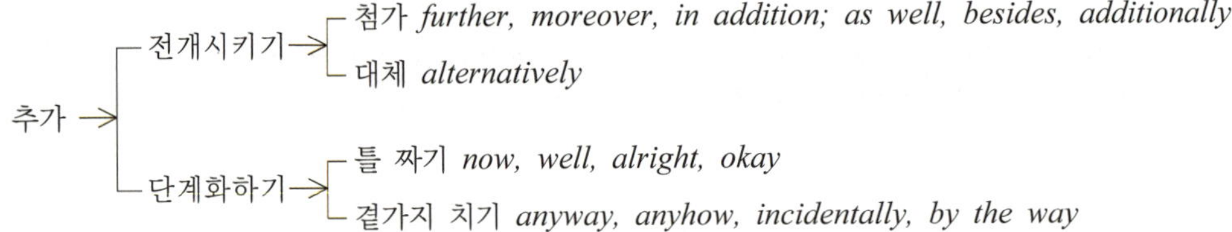

그림 4.5 내부적 추가의 선택항들

내부적 비교

내부적 비교는 문어 텍스트에 대한 풍부한 자원을 제공하여 필자들이 위치와 증거를 비교하고 대조하며 다시 표현하고, 예시하고, 일반화하고, 구체화할 수 있도록 한다.

내부적 유사의 한 종류는 단순히 *similarly*나 *again*을 사용하여 두 아이디어가 어떤 방식으로 동일하다고 말하는 것이다.

Relations of class to member can be used cohesively between messages
부류와 구성원 간의 관계는 메시지들 사이에서 응집력 있게 사용될 수 있다.
...
Again part-whole relations can be used cohesively between messages
다시 말해서 부분-전체 관계를 메시지 간에 응집적으로 사용할 수 있다.

When Helena says *I envy and respect the people of the struggle* she implies something
praiseworthy about the character of the people.
Helena가 *I envy and respect the people of the struggle*라고 말할 때 그녀는 그 사람의 성격
에 대해 칭찬할 만한 무언가를 암시한다.
Similarly, she morally condemns those at the top for bloody murder, without explicitly
judging their character.
마찬가지로, 그녀는 피비린내 나는 살인을 저지른 고위층을 도덕적으로 비난하면서도 그들의
성격을 명시적으로 행위평가하지는 않는다.

여기서 *Similarly*가 나타내는 유사성은 Helena의 칭찬과 비난이 모두 암시적이라는 것이다.
이 접속어는 독자에게 우리가 비슷한 두 가지에 초점을 맞추고 있다는 것을 분명히 보여준다.

추가와 마찬가지로 *similarly*와 같은 일부 접속어는 외부적 비교나 내부적 비교를 실현할
수 있다. 우리는 접속어에 의해 도입된 절이 사건, 사물 또는 질을 비교하는 데 사용되는지(외
부적), 아니면 한 논증을 다른 논증과 비교하는 데 사용되는지(내부적) 물어봐야 한다.

그러나 내부적 유사는 재구성하기, 예시하기, 일반화하기, 그리고 구체화하기를 포함해
다양한 변형들이 있다. 아이디어들은 *that is, i.e*로 재구성될 수 있다. 이 책에서 우리는 종종
상식적인 용어로 어떤 것을 설명한 다음, 그것을 좀 더 기술적으로 재구성한다.

Attitudes have to do with evaluating things, people's character and their feelings.
태도평가는 사물, 사람들의 성격, 그리고 그들의 감정을 평가하는 것과 관련이 있다.
Such evaluations can be more or less intense,
이러한 평가하기는 다소 강화될 수 있으며,
that is they may be more or less amplified.
즉, 다소 증폭될 수 있다.

예시 장르에서는 *for example, for instance, e.g*를 사용하여 일반적인 문장을 특정 사례로
재작업한다. 여기에서 Tutu는 어떤 법이 적용되었는지는 공개되지 않은 조건의 예를 들었다.

The Act required that the application should be dealt with in a public hearing unless such a hearing was likely to lead to a miscarriage of justice(**for instance**, where witnesses were too intimidated to testify in open session).
법령은 공청회가 오심으로 이어질 가능성이 있는 경우(예를 들어, 증인이 공개회의에서 증언하기에는 너무 겁이 나는 경우)를 제외하고는 법령의 적용에 있어 공청회를 통해서 다루어져야 한다고 요구된다.

그러나 예시하기는 문장을 더 구체적이거나 더 일반적인 것으로 재작업하는 한 가지 방법일 뿐이다. 다른 관련 접속어로 *in general*, *in particular*, *in short*가 있다. 여기에 이 책의 몇 가지 예가 있다.

Attitudinal lexis plays a very important role in Helena's narrative,
태도평가적 어휘는 Helena의 서사하기에서 매우 중요한 역할을 한다,
as it does **in general** across story genres.
이야기 장르 전반에서 일반적으로 그러하듯이.

Layers of New develop the point of a text,
New의 층은 텍스트의 요점을 정리하며,
in particular they focus on expanding the ideational meanings around a text's field.
특별히 그들은 텍스트 필드 주변의 관념적 의미를 확장하는 데 중점을 둔다.

예상은 *in fact*, *indeed*, *at least*로 조정될 수도 있다. 공청회 조건을 반복적으로 축소함으로써 Tutu는 공청회가 거의 일어나지 않을 것이라는 예측을 하도록 우리를 이끈다. 그러나 그는 *in fact* 무슨 일이 일어나는지 말함으로써 이러한 기대에 반대한다.

The Act required that the application should be dealt with in a public hearing
법령은 공청회를 통해서 처리되어야 한다고 요구했다
where the offence is a gross violation of human rights - defined as an abduction, killing, torture or severe ill-treatment-
중대한 인권 침해 행위—납치, 살해, 고문 또는 심각한 학대로 정의되는—범법 행위에 대해서는
unless such a hearing was likely to lead to a miscarriage of justice
이러한 청문회가 오심으로 이어질 가능성이 있는 경우는 제외하고
(**for instance**, where witnesses were too intimidated to testify in open session).
(예를 들어, 증인이 공개회의에서 증언하기에는 너무 겁이 나는 경우).

In fact, virtually all the important applications to the Commission have been considered in public in the full glare of television lights.
실제로, 그 위원회에 제출된 거의 모든 중요한 신청들은 텔레비전 조명이 눈부시게 비치는 가운데 공개적으로 심리되었다.

우리가 한 가지를 예상하도록 유도한 다음 이를 '실제'로 반대하는 전략은 Tutu가 단순히 *Thus*를 사용함으로써 자신의 결론을 자연스럽게 보이도록 만들 수 있다:

Thus there is the penalty of public exposure and humiliation for the perpetrator.
따라서 가해자에게는 공개적인 노출과 굴욕이라는 불이익이 있다.

우리는 Tutu의 결론이 틀렸다고 생각한다고 암시하려는 것은 아니다. 오히려 그는 어떠한 이의제기도 미리 예방하고 그에 대한 기대에 반함으로써 이를 효과적으로 주장했다.
마찬가지로 *indeed*는 '예상보다 더 많은'을 의미하고, 반면에 *at least*는 '예상보다 더 적은'을 의미한다. Tutu는 고소할 권리를 잃는 것이 예상보다 더 높은 대가라고 주장한다.

... the victim loses the right to sue for civil damages in compensation from the perpetrator.
... 그 피해자는 가해자에게 민사 손해 배상을 청구할 권리를 잃게 된다.
That is **indeed** a high price to ask the victims to pay...
그것은 실제로 피해자들에게 요구되는 매우 높은 대가이다...

Helena는 자신의 남자들이 정신적 살인의 피해자라고 주장하며, 쉴 수 없다는 것은 그들이 예상하지 못하는 일이라고 주장한다.

Spiritual murder is more inhumane than a messy, physical murder.
정신적 살인은 지저분한 육체적 살인보다 더 비인간적이다.
At least a murder victim rests.
적어도 살인 피해자는 편히 쉴 수 있다.

구어 모드의 예는 다음(*Forgiveness*에서)과 같이 Zako가 Luke의 예상 질문에 대한 기대에 반한다.

Luke: You believe this shit?
            넌 이걸 믿어?
Zako: **Actually** I do.
            사실 나는 그래.

차이는 무엇인가? 3장(3.2절) 어휘적 대조에서 살펴본 것처럼, 차이는 반대 또는 대립된 것 중 하나이다. 우리는 *rather*, *by contrast*, *on the other hand*를 사용하여 아이디어를 반대할 수 있다.

This is not a frivolous question,
이것은 경솔한 질문이 아니라,
rather it is a very serious issue.
오히려 매우 심각한 문제이다.

To this point we have looked at clauses and their elements from the perspective of discourse. Grammarians, **on the other hand**, look at elements of clauses from the perspective of the grammar
지금까지 우리는 담화의 관점에서 절들과 그들의 구성 요소들을 살펴보았다. 반면에 문법학자는 문법의 관점에서 절들의 구성 요소들을 살펴본다.

*Conversely*는 메시지의 두 가지 측면을 반전시키는 데 사용된다. 이 예에서 Malinowski는 사회적 맥락의 관점에서 텍스트를 해석하는 반면, 우리는 맥락이 텍스트에 나타나는 대로만 해석될 수 있다고 제안한다.

Malinowski interpreted the social contexts of interaction as stratified into two levels, 'context of situation' and 'context of culture', and considered that a text (which he called an 'utterance') could be understood only in relation to both these levels.
Malinowski는 상호작용의 사회적 맥락을 '상황의 맥락'과 '문화의 맥락'이라는 두 가지 수준으로 계층화하여 해석했으며, 텍스트(그가 '발화'라고 부르는)는 이 두 수준과 관련해서만 이해될 수 있다고 생각했다.
Conversely, we could say that speakers' cultures are manifested in each situation in which they interact, and that each interactional situation is manifested verbally as unfolding text.
반대로, 우리는 화자의 문화는 그들이 상호작용하는 각각의 상황에서 드러나고, 각각의 상호작용 상황은 전개되는 텍스트로서 언어적으로 나타난다고 말할 수 있다.

내부적 비교를 위한 선택항들은 그림 4.6에 요약되어 있다.

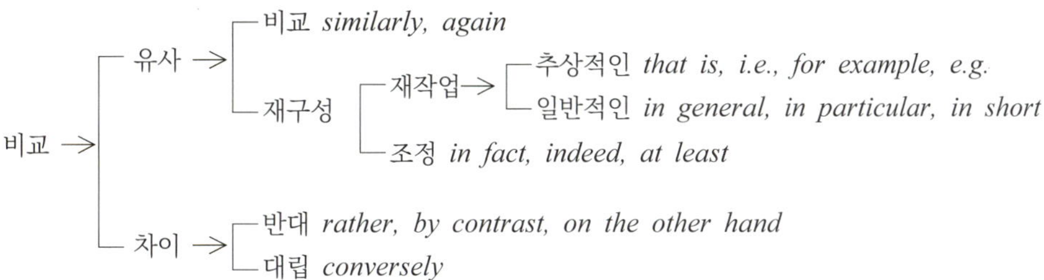

그림 4.6 내부적 비교

내부적 시간

내부적 시간은 새로운 단계가 *firstly, second, next, finally, at the same time*으로 시작하고 있다는 것을 나타내는 작은 자원들의 집합이다. 이러한 이유로 그들은 내부적 추가와 유사한 방식으로 사용될 수 있다. 따라서 Tutu는 다음과 같이 자신의 논증을 단계화할 수 있었다.

논증 1	**Firstly** the Act required that where the offence is a gross violation the application should be dealt with in a public hearing... 첫째, 법령은 위법행위가 중대한 위반인 경우 신청서를 공청회에서 처리해야 한다고 요구했다....
논증 2	**Secondly** it is not true that amnesty encourages impunity because amnesty is only given to those who plead guilty... 둘째, 사면은 유죄를 인정한 사람에게만 주어지기 때문에 사면이 면책을 조장한다는 것은 사실이 아니다...
논증 3	**Finally,** retributive justice... is not the only form of justice... there is another kind of justice, restorative justice... 마지막으로, 응보적 정의가 정의의 유일한 형태는 아니다... 또 다른 종류의 정의, 회복적 정의가 있다...

이 책에서 우리는 또한 종종 다음과 같은 내부적 시간을 사용하여 담화의 스텝을 독자에게 명확하게 설명한다:

To begin with, the 'falling in love' phase can be divided into two parts - 'meeting' the young man, and then a 'description' of his qualities...
우선, '사랑에 빠지는' 국면은 청년을 '만남'과 그의 질에 대한 '설명'의 두 부분으로 나눌 수 있다...
Secondly we can divide the 'operations' phase into two parts - the 'news' about leaving, and the lovers 'reaction' to the news...
둘째, '진행' 국면을 이별에 대한 '뉴스'와 그 뉴스에 대한 연인의 '반응'의 두 부분으로 나눌 수 있다...

우리는 종종 독자에게 새로운 단계를 시작한다는 것을 알리기 위해 이런 방식으로 *next*를 사용한다:

So evaluations can be divided into three basic kinds according to what is being ap- praised - (i) the value of things, (ii) people's character and (iii) people's feelings.
따라서 평가하기는 평가 대상에 따라 (i) 사물의 가치, (ii) 사람의 성격, (iii) 사람의 감정이라는 세 가지 기본 유형으로 나눌 수 있다.
Next let's look at how attitudes are amplified...
다음으로 태도가 어떻게 증폭되는지 살펴보자...

구어 모드에서 내부적 시간은 또한 논증을 연속하는 데 사용될 수 있다. 다음 예문 (*Forgiveness*에서 가져옴)에서는 Llewelyn의 첫 번째 제안이 기각되었으므로 두 번째 제안을 요청한다:

Llewelyn:	I say maybe it was you who gave the cops Daniel's name.
	경찰에게 Daniel의 이름을 알려준 사람이 당신일지도 모른다는 생각이 들었어.
Luke:	- Are you fucking berserk?
	- 너 미쳤어?
Llewelyn:	- **Then** who did?
	- 그럼 누가 그랬을까?

이들은 모두 텍스트의 내부적 논리의 스텝을 *first, second, next* 등으로 순서화하는 내부적 연속의 예이다. 그러나 *still* 또는 *at the same time*을 사용하여 하나의 주장 또는 논증을 다른 주장과 **동시**(simultaneous)**에** 존재한다고 말할 수도 있다. 다음 예는 문해력 향상 작업에 대한 보고서에서 발췌한 것이다:

Significant increases in student achievement have been measured... the average improvement in reading and writing was 2.5 levels...
학생 성취도가 크게 증가한 것으로 측정되었다... 평균적으로 읽기와 쓰기의 향상은 2.5 수준이었다...
At the same time, teachers have noted a range of student learning outcomes that are more difficult to measure, like an increased level of student engagement in their learning.
동시에 교사들은 학생의 학습 참여도 증가와 같이 측정하기 어려운 다양한 학생 학습 성과에 주목했다.

다시 말하지만, 많은 접속어는 *first, next, finally, at the same time*…과 같은 외부적 또는 내부적 시간을 실현할 수 있다... 우리는 접속어에 의해 도입된 절이 사건의 연속(외부적)을 순서화하는 역할을 하는지, 아니면 담화의 논증 연속(내부적)을 순서화하는 역할을 하는지 질문해야 한다.

내부적 시간에 대한 선택항들은 그림 4.7에 요약되어 있다.

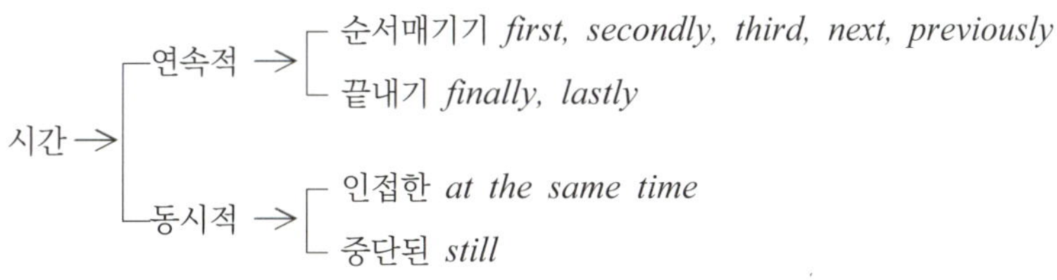

그림 4.7 내부적 시간

내부적 결과

내부적 결과는 논증에서 결론을 도출하고 예상되는 기대에 반하는 것과 관련이 있다. 우리는 이미 Tutu가 *Thus*를 사용하여 그의 각 **논증**의 결론을 알리는 방법을 살펴봤다:

The Act required that the application should be dealt with in a public hearing...
법률은 공청회에서 신청이 다루어져야 한다고 규정하고 있다...
Thus there is the penalty of public exposure and humiliation
따라서 공개적인 노출과 굴욕감의 불이익이 있다

...amnesty is only given to those who plead guilty...
...사면은 유죄를 인정한 자에게만 주어진다...

Thus the process in fact encourages accountability
따라서 이 절차는 실제로 책임감을 장려한다

...there is another kind of justice, restorative justice,
...또 다른 종류의 정의, 회복적 정의가 있다,
Thus we would claim that... justice, is being served
따라서 우리는... 정의가 실현되고 있다고 주장할 수 있다

*thus, consequently, in conclusion*과 같은 접속어는 결론이 도출되고 있음을 나타낸다. 즉, 결론은 앞서 제시된 논증의 예상된 결과로 해석된다.

구어 모드에서 *so*는 일반적으로 내부적 결과에 대해서 사용된다:

Landlady:	**So**, you're off. (on entering room) 자, 이제 쉬세요. (방에 들어올 때)
Coetzee:	- Yes. - 그래요.
Landlady:	- Well I hope you enjoyed your stay. Did you get what you wanted from the Grootbooms? - 즐거운 시간을 보내셨기를 바랍니다. Grootbooms가(家)에게서 원하는 것을 얻으셨나요?
Coetzee:	- Yes. - 네.
Landlady:	- **So**, what is your connection with that family? Really? - 그렇다면, 그 가족과 당신은 어떤 관련이 있지요? 실제로?
Coetzee:	- Good-bye. Their son Daniel didn't die in a car hijacking. He was a freedom fighter and I killed him. At the time I was in the police force. But it was murder. - 안녕히 가세요. 그들의 아들 Daniel은 차량 납치로 사망하지 않았습니다. 그는 자유의 투사였고 저는 그를 죽였습니다. 당시 저는 경찰이었어요. 하지만 그것은 살인이었습니다.

내부적 결과의 또 다른 종류는 *after all*을 사용하여 논증을 정당화하는 것이다:

On the face of it, we might argue that the evaluation in Helena's story comes from Helena.
표면적으로는 Helena 이야기의 평가하기가 Helena에게서 나온 것이라고 주장할 수도 있다.

She's the narrator **after all**.
결국 그녀는 서사자가 된다.

반대로 *anyway, anyhow, in any case, at any rate*로 논증을 일축할 수 있다:

There have already been reports of taxis putting up 'out of service' signs and people changing seats on buses when confronted by dark-skinned people - as if changing your seat would save you if a bomb went off **anyway**
피부색이 어두운 사람과 마주치면 택시가 '운행 종료' 표지판을 붙이고, 버스에서 좌석을 바꾸는 사람들이 있다는 보고가 이미 있었다. - 어쨌든 폭탄이 터졌을 때 좌석을 바꾸면 목숨을 구할 수 있는 것처럼 말이다.

*admittedly, needless to say, of course*로 논증을 인정할 수도 있다:

Stated in these terms, the victory over apartheid seems like a simple one of right over wrong, good over evil.
이러한 용어들로 표현하자면 아파르트헤이트에 대한 승리는 옳고 그름, 선이 악을 이기는 단순한 승리처럼 보인다.
But **of course** social conflicts are rarely so simple
하지만 모든 것이 그렇듯이 사회적 갈등은 그렇게 단순하지 않다

또는 *nevertheless, nonetheless, still*을 사용하여 예상치 못한 논증에 반할 수도 있다:

While the authors considered this two-component definition,
저자들은 이 두 가지 요소로 구성된 정의를 고려했지만,
they **nevertheless** favoured one component over the other one, behaving as if the two components could be taken separately
그럼에도 불구하고 그들은 한 구성 요소를 다른 구성 요소보다 선호하여 마치 두 구성 요소를 별도로 가져올 수 있는 것처럼 행동했다.

내부적 역기대 결과를 양보적이라고 한다. 발화에서는 일반적으로 *but*으로 실현된다:

Coetzee: I told all this to the Commission.
                저는 이 모든 것을 위원회에 보고했습니다.

Ernest: - Yes,
      - 그래요,
      but now you're telling us.
      하지만 이제야 말씀하시네요.

내부적 결과에 대한 선택항들은 그림 4.8에 요약되어 있다.

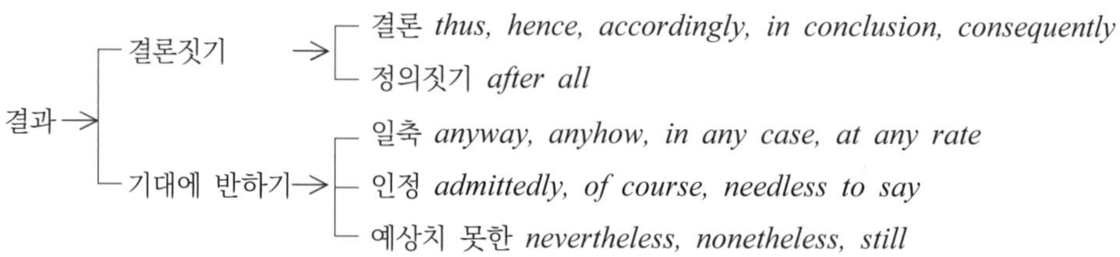

그림 4.8 내부적 결과

내부적 접속어에 대한 전체 시스템은 표 4.6과 같다.

표 4.6 내부적 접속어를 위한 일반적인 선택항들

추가	전개시키기	첨가	*further, furthermore, moreover, in addition, as well, besides, additionally*
		대체	*alternatively*
	단계화하기	틀 짜기	*now, well, alright, okay*
		곁가지치기	*anyway, anyhow, incidentally, by the way*
비교	유사	비교	*similarly, again*
		재작업	*that is, i.e., for example, for instance, e.g., in general, in particular, in short*
		조정	*in fact, indeed, at least*
	차이	반대	*rather, by contrast, on the other hand*
		대립	*conversely*
시간	연속적	순서매기기	*first, secondly, third, next, previously*
		끝내기	*finally, lastly*
	동시적	인접한	*at the same time*
		중단된	*still*
결과	결론짓기	결론	*thus, hence, accordingly, in conclusion, consequently*
		정의 짓기	*after all*
	기대에 반하기 (양보적)	일축	*anyway, anyhow, in any case, at any rate*
		인정	*admittedly, of course, needless to say*
		예상치 못한	*but, however, nevertheless, nonetheless, still*

4.4 계속사

  이 장의 시작 부분에서 간단히 언급했듯이, 이제 접속어와는 다른 작은 연결어 세트를 언급할 필요가 있겠다. 여기서는 이를 계속사라고 부르도록 하겠다. 논리적 관계는 추가, 비교, 시간 등의 계속사로 실현된다:

추가	*too, also, as well*
비교	*so (did he); only, just; even*
시간	*already; finally, at last; still; again*

  우리는 실제로 이들 중 몇 가지를 명시적으로 구분하지 않고 이미 논의했다. 우리는 Tutu 의 설명에서 계속사 *also*를 보았다.

> The Act required that the application should be dealt with in a public hearing...
> 법률에 따르면 이 신청은 공개 청문회에서 처리되어야 한다...
> It is **also** not true that the granting of amnesty encourages impunity ...because amnesty is only given to those who plead guilty ...
> 사면이 면죄부를 조장한다는 것도 사실이 아니다... 사면은 유죄를 인정하는 사람들에게만 주어지기 때문이다...

  이 계속사가 표현하는 논리적 관계의 종류는 추가이다. 다른 계속사들은 *so (did he), even, only, just*와 같이 비교의 유형을 실현한다:

> It was the beginning of a beautiful relationship.
> 그것은 아름다운 관계의 시작이었다.
> We **even** spoke about marriage.
> 결혼에 대한 이야기도 나누었다.

> Amnesty didn't matter.
> 사면은 중요하지 않았다.
> It was **only** a means to the truth.
> 그것은 진실에 이르는 수단일 뿐이었다.

그리고 또 다른 계속사들은 시간을 실현한다:

If I had to watch how white people became dissatisfied with the best
만약 백인들이 최고에 만족하지 않고 더 나은 것을 원하고
and **still** wanted better and got it.
그것을 얻는 과정을 여전히 지켜봐야만 했다면.

I **finally** understand what the struggle was really about.
나는 마침내 그 투쟁의 진정한 의미를 이해하게 되었다.

'those at the top' were **again** targeting the next 'permanent removal from society'.
'윗선에 있는 자들'은 '사회로부터의 영구적 제거'를 위해 다음 대상을 다시 한번 겨냥하고
있었다.

계속사는 절의 시작 부분에 오는 대신 일반적으로 절 내에서 정형 동사 바로 옆에 나타난다. 정형 동사는 시제 또는 양태를 표현하는 동사이다(뒤의 7장 7.3절 참조). 정형 동사는 다음과 같이 밑줄을 그어 표시했다: _is also, so <u>was</u>, even <u>spoke</u>, <u>was</u> only, still <u>wanted</u>, finally <u>understand</u>, <u>were</u> again..._

그러나 계속사에 대한 또 다른 관점은 예상을 처리하는 그들의 역할이다. 이 기준에 따라 우리는 _already, finally, still, yet, only, just, even_을 그룹화할 수 있는데, 이는 모두 어떤 식으로든 어떤 활동이 예상치 못한 것이라는 신호를 보내기 때문이다. 이는 이미 2장(2.4절)에서 평가하기의 한 종류인 양보에 대한 논의에서 다루었다. 예를 들어, 비교 계속사는 어떤 상황이 예상보다 많거나 적음을 나타낸다. 따라서 결혼에 대해 _even_이 말하는 것은 우리가 관계에서 기대할 수 있는 것 <u>이상(more)</u>이었다는 것이다.

It was the beginning of a beautiful relationship.
그것은 아름다운 관계의 시작이었다.
We **even** spoke about marriage.
우리는 결혼에 대해서도 이야기했다.

하지만 사면은 진실을 위한 수단이었을 뿐(_only_)이라는 점에서 우리가 기대하는 사면에 <u>미치지(less)</u> 못했다:

Amnesty didn't matter,
사면은 중요하지 않았다.
it was **only** a means to the truth.
그것은 진실에 이르는 수단일 뿐이었다.

시간적 계속사는 어떤 일이 예상보다 빨리 또는 나중에 발생하거나 오래 지속됨을 나타낸다. Helena는 백인들의 탐욕이 예상했던 것보다 오래 지속되는 모습에 경악을 금치 못했다:

If I had to watch how white people became dissatisfied with the best
만약 백인들이 최고에 만족하지 않고 더 나은 것을 원하고
and **still** wanted better and got it.
그것을 얻는 과정을 여전히 지켜봐야만 했다면.

Helena는 또한 *finally*를 사용하여 투쟁을 이해하는 데 예상보다 시간이 오래 걸렸다는 것을 알린다:

I **finally** understand what the struggle was really about.
나는 마침내 그 투쟁의 진정한 의미를 이해하게 되었다.

따라서 표 4.7에서와 같이 논리적 관계의 유형과 이들이 실현하는 기대 유형에 따라 계속사를 분류할 수 있다.

표 4.7 계속사

논리적 관계	예상	
추가	중립	*too, also, as well*
비교	중립	*so (did he)*
	더 적게	*only, just*
	더 많이	*even*
시간	더 빨리	*already*
	더 나중에	*finally, at last*
	지속적으로	*still*
	반복적으로	*again*

4.5 연결성 표시: 접속어 분석

지금까지 담화에서 접속어가 메시지를 연결하기 위해 어떻게 작동하는지 설명했으며, 화자와 필자가 접속어를 사용할 수 있는 자원을 축적해 왔다. 이제 이들 자원을 세 가지 요소로 구성된 다이어그램을 사용하여 담화의 논리적 조직을 분석하는 데 적용해 보겠다. 우선 접속어의 종류에 대한 몇 가지 간단한 라벨이 필요하다. 이는 표 4.8에 나와 있다.

표 4.8 접속어 유형의 약어들

추가	추가적	add
	대체적	alt
비교	유사	simil
	차이	diff
시간	연속적	succ
	동시적	simul
결과	수단	means
	결과	consq
	조건	cond
	목적	purp

둘째, 의존성 화살표를 사용하여 메시지 간의 연결을 나타낼 필요가 있다. 오른쪽에 외부를, 왼쪽에 내부를 나타내는 선을 그려서 연결이 외부적인지 내부적인지를 표시할 수 있다. 또한 연결이 암시적인 경우 괄호 안에 접속어를 복원하여 확인이 유용하도록 하였다. 이는 다음과 같이 나타난다:

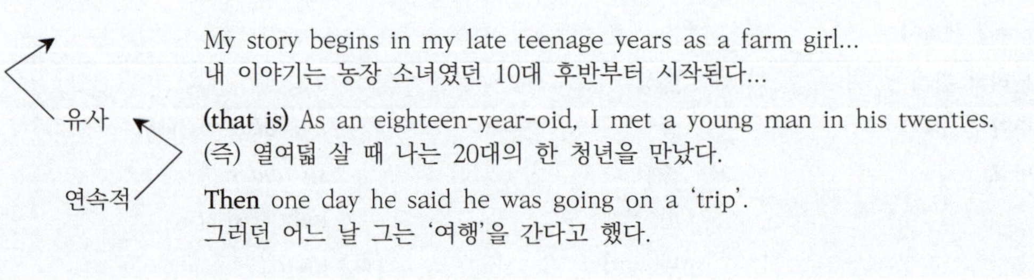

요소들 간의 연결을 표시하는 이러한 유형의 도식을 **그물구조**(reticulum)라고 한다. 위의 예에서 *Then*은 두 번째 절과 세 번째 절 사이의 연속을 명시적으로 나타내고 있다. 이것은 이 이야기에서 사건의 <u>외부적</u> 연속이기 때문에 오른쪽에 그 연결을 표시했다. 그러나 첫

번째 절과 두 번째 절 사이에는 <u>암시적인</u> 연결도 있다. 도입부인 *My story begins in my late teenage years...*는 첫 번째 사건인 *As an eighteen-year-old I met...* 에 의해 부연되므로 이 절들 사이의 논리적 관계는 유사성 중 하나: 재작업이 된다. 이를 보여주기 위해 괄호 안에 암시적 접속어(*that is*)를 삽입했으며, 그 연결은 왼쪽에 표시되어 있다.

이 예는 Helena 이야기의 첫 번째 **사건** 내에서 국면들이 어떻게 연결되어 있는지 보여주고 있다. 이러한 방법으로 텍스트의 모든 논리적 연결을 보여줄 수도 있지만, 그 표현을 단순화하기 위해 먼저 각 공통적 상위 단계와 담화 국면이 어떻게 연결되어 있는지 하나의 도식으로 보여주고 각 단계 내의 연결들은 별도의 도식으로 보여줄 수 있다. 이렇게 하면 더 많은 지역적 연결을 검토하기 전에 텍스트의 전체적인 논리적 구조를 확인할 수 있게 된다. 우선 Helena의 이야기에서 단계들과 국면들 사이의 연결을 그림 4.9에 표시해 보겠다. 먼저 단계들과 국면들의 구조를 다시 한번 살펴보자:

도입	*My story begins in my late teenage years as a farm girl in the Bethlehem district of Eastern Free State.*
사건 1	
'사랑에 빠짐'	*As an eighteen-year-old, I met a young man...*
'진행'	*Then one day he said he was going on a 'trip'.*
'부정적 여파'	*More than a year ago, I met my first love again...*
사건 2	
'사랑에 빠짐'	*After my unsuccessful marriage, I met another policeman.*
'진행'	*Then he says: He and three of our friends have been promoted.*
'부정적 여파'	*After about three years with the special forces, our hell began.*
해석	
'지식'	*Today I know the answer to all my questions and heartache.*
'흑인 투쟁'	*I finally understand what the struggle was really about.*
'백인의 죄'	*What do we have? Our leaders are too holy and innocent.*
결말	*I end with a few lines that my wasted vulture said to me...*

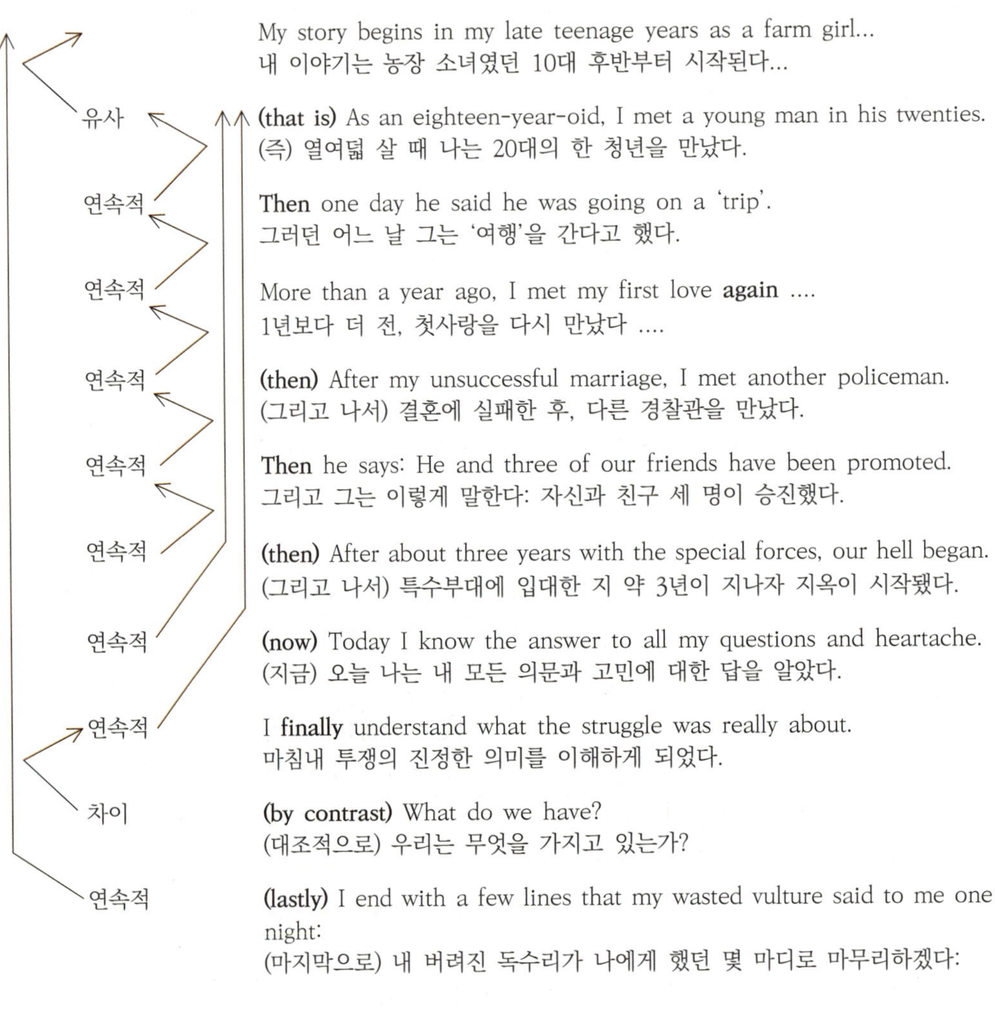

그림 4.9 Helena 이야기 내 단계들과 국면들 사이의 접속어

그림 4.9에서는 연결된 각 그림 사이에 적어도 하나의 선을 두어 연결을 표시할 수 있도록 하였다. 이야기가 시간에 따라 전개되기 때문에 대부분의 연결은 외부적 연속이 된다(오른쪽 에 표시됨). 이들 중 일부는 접속어(*Then, again, Then, finally*)에 의해 명시적으로 실현되는 경우도 있지만, 다른 것들은 배경상황(*After my unsuccessful marriage, After about three years, Today*)에 의 해 실현되는 경우도 있다. 따라서 괄호 안에 (*then*)을 삽입하여 이러한 연속성을 간단히 표시 할 수도 있다.

이러한 연속적인 연결의 대부분은 단순히 스토리가 전개되는 국면들 사이에 있지만, **해석**에 도달하면 그 범위는 전체 이야기를 포괄하게 된다. 그들은 **해석**을 바로 **도입**에 연결하고 (*My story begins...*), 여기에는 우리가 표시한 것처럼 그 사이의 모든 사건들을 관통한다. **결말**(*I end with a few lines...*)과 **도입** 사이의 내부적 연결도 동일하다. 이러한 내부적 연속은 어휘적으로 *I end*에 의해 실현이 된다. 그것을 우리는 접속어 (*lastly*)를 복원하여 만들었고, 전체를 다시 시작 부분으로 되돌려 연결시켰다.

우리는 이미 (*that is*)로 복원하여 만든 **도입**과 첫 번째 **사건** 사이의 암시적 유사성에 대해 논의하였다. 또한 '흑인 투쟁'과 '백인의 죄'라는 두 가지 **해석** 국면들 사이에는 (*by contrast*)로 표현한 암시적 대조도 있다.

이러한 간단한 기법을 통해 형상28)들, 국면들 및 텍스트 단계들 간의 접속어를 통해 텍스트가 논리적으로 어떻게 전개되는지 보여줄 수 있다. 그 관계는 암시적일 수 있지만 배경상황 (*예: After about three years*), 과정(*I end*) 또는 참여자(*he people of the struggle vs. our leaders*)와 같이 어휘적으로 분명히 나타나기 때문에 접속어로 복원하여 만들 수 있다. 그 연결을 왼쪽이나 오른쪽에 표시함으로써 외부적인지 내부적인지 간단히 보여줄 수 있으며, 그 범위도 표시할 수 있다. 종종 암시적 접속어 또는 접속어의 범위를 두 가지 이상으로 해석할 수도 있다. 여기에서 중요한 것은 그들이 실현되는 담화 패턴을 알아내는 것이다. 이제 그림 4.10에 표시된 Helena의 첫 번째 **사건**에서 담화 패턴을 살펴보자.

---

28) [역자주] 체계기능언어학에서 형상이란 과정과 참여자, 그리고 배경상황으로 이루어진다. (Halliday 2014. p.212)

As an eighteen-year-old, I met a young man in his twenties.
열여덟 살 때, 나는 한 청년을 만났다...

He was working in a top security structure.
그는 일급 보안 조직에서 일하고 있었다.

연속적

(then) It was the beginning of a beautiful relationship.
(그리고 나서) 그것은 아름다운 관계의 시작이었다.

차이

We **even** spoke about marriage.
우리는 결혼에 대해서도 이야기했다.

A bubbly, vivacious man who beamed out wild energy.
활기차고 발랄한 그는 야성적인 에너지를 뿜어냈다.

Sharply intelligent.
매우 총명했다.

조건

Even if he was an Englishman,
그는 영국인이었지만,

he was popular with all the 'Boer' Afrikaners.
아프리카계 '보어인'들에게 인기가 많았다.

추가적

And all my girlfriends envied me.
내 친구들은 모두 부러워했다.

연속적

Then one day he said he was going on a 'trip'. 'We won't see each other again... maybe never ever again.'
그러던 어느 날 그는 '여행'을 간다고 했다. '우리는 다시는 서로를 만나지 못할 거야. 어쩌면 영원히 다시는...'

결과

(so) I was torn to pieces.
(그래서) 나는 산산조각이 났다.

유사

So was he.
그도 마찬가지였다.

연속적

(then) An extremely short marriage to someone else failed
(그리고 나서) 다른 사람과의 매우 짧은 결혼 생활은 실패했다

결과

all because I married to forget.
모두 그를 잊기 위한 결혼이었기 때문이다.

그림 4.10 Helena 이야기의 한 단계 내의 접속어

이 단계에서는 Helena가 그 사건들을 회상하고 그녀의 사랑을 묘사하기 때문에 연결들은 모두 외부적이다. 우선, 연속은 어휘적으로 표현되며(*It was the beginning...*), 그 관계가 암시적으로 첫 만남의 다음에 오기 때문에 (*then*)으로 복원하여 만들었다. 그리고 예상치 못한 대조는 *even*과 *Even if*로 명시적으로 실현되지만, 후자(*even if*)의 연결 방향은 대부분의 연결처럼 상행이 아닌 하행(*he was popular...*쪽으로)이라는 점에 유의하라. '진행' 국면의 연속(*Then*)과 마

찬가지로 그녀의 친구들의 반응이 추가라는 것도 (*And*)에 의해 명시적으로 드러난다. 우리는 이 연속의 범위를 *the beginning of a beautiful relationship*까지 상행으로 되돌려 그렸다. 그런 다음 그의 떠남과 Helena의 반응(*I was torn to pieces*)을 결과(*so*)로 복원해 만들고, 물론 그의 반응 사이의 연결도 마찬가지(*So was he*)로 표현했다. 연속되는 다음 사건은 그녀의 짧은 결혼 생활로, (*then*)으로 복원하여 넣었고 그 원인은 그 뒤에 이어진다.

이제 그림 4.11에서 Tutu가 어떻게 접속어를 사용하여 자신의 설명을 조직하는지 살펴보겠다.

So is amnesty being given at the cost of justice being done?
그렇다면 정의를 희생하면서까지 사면이 이루어지고 있는 것인가?

연속적 · (**firstly**) The Act required that the application should be dealt with in a public hearing
(첫째) 법령은 공청회에서 신청이 다루어져야 한다고 규정하고 있다

결과 · **Thus** there is the penalty of public exposure and humiliation for the perpetrator.
따라서 공개적인 노출과 굴욕감의 불이익이 있다.

추가적 · It is **also** not true that the granting of amnesty encourages impunity in the sense that perpetrators can escape completely the consequences ...
사면이 결과를 완전히 피할 수 있다는 의미에서 면죄부를 조장한다는 주장도 사실이 아니다 ...

결과 · **because** amnesty is only given to those who plead guilty, who accept responsibility for what they have done.
사면은 유죄를 인정하고 자신이 저지른 일에 대한 책임을 인정하는 사람에게만 주어지기 때문에

결과 · **Thus** the process in fact encourages accountability rather than the opposite.
따라서 이 과정은 사실 그 반대가 아니라 개인의 책임을 장려한다.

추가적 · **Further,** retributive justice ... in which an impersonal state hands down punishment... is not the only form of justice.
게다가, 비인격적인 국가가... 처벌을 내리는 응보적 정의만이 정의의 유일한 형태는 아니다.

비교 · (**that is**) I contend that there is another kind of justice, restorative justice, which is characteristic of traditional African jurisprudence.
(즉) 나는 아프리카 전통 법학의 특징인 회복적 정의라는 또 다른 종류의 정의가 있다고 주장한다.

결과 · **Thus** we would claim that justice, restorative justice, is being served
따라서 우리는 정의, 즉 회복적 정의가 실현되고 있다고 주장할 수 있다

그림 4.11 Tutu의 주장에 나타난 단계와 국면 사이의 접속어

Helena의 이야기와는 대조적으로, 주장의 단계와 국면 사이의 모든 연결은 내부적이다.
논제와 첫 번째 **논증** 사이의 관계를 내부적 연속으로 복원하여 만들었으며(*Firstly*), 다음 **논 증**은 서로 명시적으로 추가된다(*also, Further*). 각 **논증** 내에서 근거는 결론(*Thus*)을 기대한다. 이제 그림 4.12에서 한 단계 내의 연결들을 살펴보자.

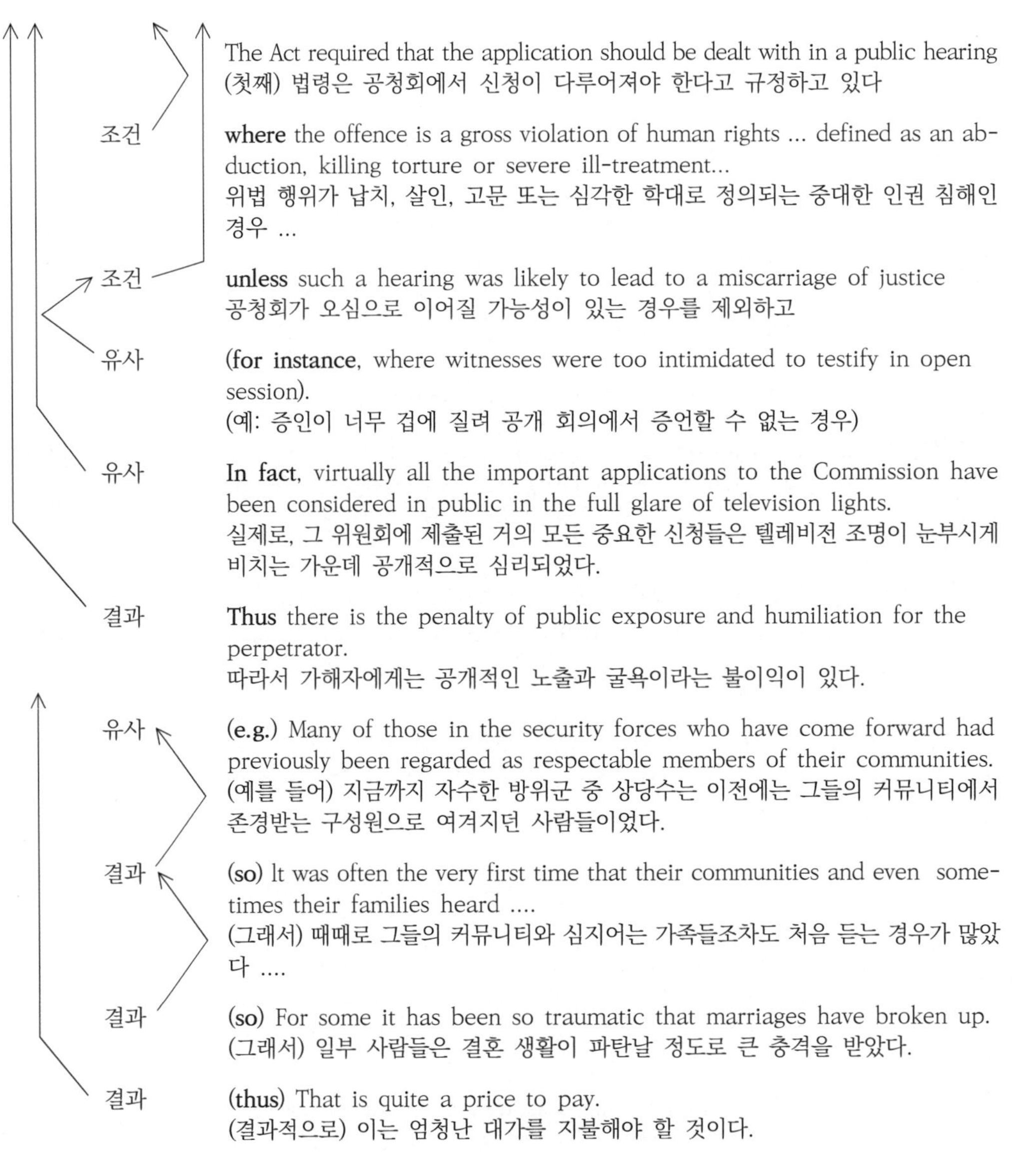

그림 4.12 Tutu의 주장에 나타난 한 단계 내에서의 접속어

Helena의 **사건**과 달리, 이 **논증**은 주로 내부적 접속어에 의해 조직된다. 앞서 논의했듯이 이 **논증**의 근거는 Tutu의 논제를 부정할 것으로 기대되는 일련의 조건으로 전개되지만, *In fact*로 기대에 반한다. 그 결론(*Thus*)의 범위는 전체로서의 근거가 된다. 그 다음에는 (*e.g.*)로 복원하여 만든 한 예가 이어진다. 이 예는 방위군의 구성원에 대한 일련의 결과로 전개되며, (*so*)로 복원하여 만들었다. 마지막 결과는 다른 사건이 아니라, 이 형벌에 대한 Tutu의 결론 (*quite a price to pay*)이다. 다시 이것의 범위는 전체로서의 예가 되며, *Thus there is a penalty…*라는 진술을 뒷받침하고 있다.

4.6 논리적 은유

3장에서는 **관념적 은유**(ideational metaphor)를 소개하고 *과정*(*process*) → *사물*(*thing*) 그리고 *질*(*quality*) → *사물*(*thing*)과 같이 형상의 요소가 다른 종류의 요소로 재구성되는 **경험적** 유형에 대해 설명했다. 여기서는 접속어가 과정, 사물, 질, 배경상황 등 다른 종류의 요소로 어떻게 재구성될 수 있는지 살펴보겠다. 이것은 관념적 은유의 <u>논리적</u> 형태 또는 **논리적 은유**(logical metaphor)라고 말한다. 형상들 사이의 논리적 관계를 마치 형상들 내의 요소들 사이의 관계인 것처럼 재구성하는 것이다. 논리적 은유에는 항상 경험적 은유도 포함된다.

과정으로 실현되는 접속어

추상적 또는 기술적 글쓰기의 일반적인 모티브는 결과적 접속어를 과정으로 제시하는 것이다:

such a hearing	*is likely to lead to*	*a miscarriage of justice*
행위자	과정	매개자

이 전략은 경험적 은유와 논리적 은유를 통해 일련의 두 활동을 하나의 형상으로 압축한다. 경험적으로 **행위자**와 **매개자**는 사물(*a hearing, a miscarriage*)로 재구성되는 활동('hearing an application'과 'miscarrying justice')을 나타낸다. 논리적으로 이러한 활동 사이에는 결과의 관계('if…then')가 존재하며, 이는 과정(*is likely to lead to*)을 통해서 재구성된다. 이러한 연속은

접속어로 연결된 두 형상의 연속으로 풀어 쓸 수 있다:

> **if** such a hearing happens
> 만약 그런 공청회가 일어난다면
> **then** justice will be miscarried.
> 그러면 정의는 잘못 판단되어질 것이다.

그러나 '과정으로서의 관계'라는 논리적 은유는 단순한 결과 이상의 의미를 담고 있다. 우선, 결과의 확률은 *likely to* lead to로 등급이 매겨진다(높은 확률의 will *certainly* lead to나 낮은 확률의 will *possibly* lead to와 대조된다). 그리고 결과의 필요성 역시 어휘적으로 *lead to*로 등급이 매겨진다(더 강한 *result in*이나 더 약한 *associated with*와는 대조된다).

따라서 글쓴이가 접속어 대신에 논리적 은유를 사용하는 이유 중 하나는 사건이나 논증 사이의 관계에 대한 평가에 등급을 매길 수 있기 때문이다. 이는 충분한 증거가 축적될 때까지 인과 관계를 과장하지 않는 것이 중요한 과학이나 정치 등의 분야에서 추론을 위한 중요한 자료이다. 이러한 논리적 은유의 기능은 독자의 참여를 유도하는 데 중점을 둔다.

반면에 논리적 은유는 경험적 은유와 결합하여 연속 활동을 관리가능한 정보 덩어리로 포장한다. 논리적 은유의 이러한 기능은 주기성을 지향한다. 예를 들어, 이 형상은 Tutu가 전개하고 있는 논증의 한 스텝이다:

> The Act required that
> 법률은 규정하고 있다
> **the application** should be dealt with in **a public hearing**
> 공개 청문회에서 법률의 적용이 다루어져야 한다고
> unless **such a hearing** was likely to lead to a **miscarriage of justice**
> 이러한 공청회가 오심으로 이어질 가능성이 있는 경우를 제외하고
> (**for instance**, where witnesses were too intimidated to testify in open session).
> (예를 들면, 증인이 너무 겁에 질려 공개 회의에서 증언할 수 없는 경우).

이 연속에서 Tutu는 먼저 피동절을 사용하여 첫 번째 메시지를 *the application*으로 시작하고 *a public hearing*로 끝낸다. 그런 다음 그 *public hearing*은 *a miscarriage of justice*로 끝나는 다음 메시지(*such a hearing*)의 시작점이 된다. 그리고 다음 스텝에서 이를 예시화한다. 이 정보 연속은 다음과 같이 표시된다:

The Act required that the application should be dealt with in **a public hearing**

unless **such a hearing** was likely to lead to **a miscarriage of justice**

(**for instance**, where witnesses were too intimidated to testify in open session).

이러한 정보 흐름의 패턴은 주기어에 관한 6장에서 더 자세히 설명하겠다. 여기서는 논리적 은유(*is likely to lead to*)를 사용하면 원인(*such a hearing*)과 결과(*a miscarriage of justice*)의 연속이 단일 메시지 내에서 정보 덩어리로 묶일 수 있다는 점에 주목할 수 있다.

배경상황으로 실현되는 접속어

추상적이거나 기술적인 글쓰기에서 또 다른 일반적인 모티브는 배경상황으로서 논리적인 관계를 제시하는 것이다:

Is	*amnesty*	*being given*	*at the cost of justice being done?*
매개자		과정	배경상황(동반)

*at the cost of*의 논리적 의미는 양보적 목적('without')이며, 다음과 같은 연속을 제공한다:

Is amnesty being given
사면이 주어지는 것인가
without justice being done?
정의가 이루어지는 것 없이?

다시 이 전략은 각각 정보의 한 덩어리인 *amnesty*와 *justice being done*이라는 일련의 두 활동을 하나의 연속으로 묶을 수 있게 한다. 하지만 여기서 Tutu의 수사 전략은 또한 다른 층들을 포함하는데, 어휘적 은유인 *the cost of*는 수입(*amnesty*)과 지출(*justice*)의 무게를 비교하는 대차 대조표를 암시한다. 따라서 이 비유를 사용하여 연속을 재구성하는 것은 질문에 의미 층을 추가한다.

사물과 질로 실현되는 접속어

접속어는 어떤 사물이나 질(quality)로서 재구성될 수도 있다. 사물로서 실현되는 접속어의 몇 가지 예는 다음과 같다:

접속어 ⟶	사물
before	the first time
전에	최초로
then	sequel
그 다음에	계속
so	reason, result, consequence
그래서	이유, 결과, 결과(부정적)
thus	conclusion
그러므로	결론
by	a means to
~을 통해서	수단
if	condition
만약	조건

다음은 담화에서 사물로 실현되는 접속어와 연속으로 실현되는 대안적 접속어의 몇 가지 예시들이다:

시간

Many of those in the security forces who have come forward had previously been regarded as respectable members of their communities.
지금까지 자수한 방위군 중 상당수는 이전에는 그들의 커뮤니티에서 존경받는 구성원으로 여겨지던 사람들이었다.
It was often **the very first time** that their communities and even sometimes their families heard...
때때로 그들의 커뮤니티와 심지어는 가족들조차도 처음 듣는 경우가 많았다...

Before they came forward
그들이 자수하기 전까지
their communities and even sometimes their families had not heard...
그들의 커뮤니티와 심지어는 가족들조차도 들어본 적이 없었다...

결과

Conjunctions have an important role in letting us know what to expect at each step of a discourse.
접속어는 담화의 각 단계에서 무엇을 예상해야 하는지 알려주는 데 중요한 역할을 한다.
This is **one reason** they tend to come at or near the start of each sentence in English.
이것이 그들이 영어로 된 각 문장에서 시작이나 시작 부근에 오는 경향이 있는 한 가지 이유이다.

Conjunctions let us know what to expect
접속어는 무엇이 예상되는지 우리에게 알려준다
so they tend to come at or near the start of each sentence in English.
그래서 그들은 영어로 된 각 문장에서 시작이나 시작 부근에 오는 경향이 있다.

수단

Amnesty didn't matter.
사면은 중요하지 않았다.
It was only **a means** to the truth.
그것은 진실에 이르는 수단일 뿐이었다.

The truth would come out
진실은 밝혀졌다
by amnesty being given.
사면이 주어짐으로써

조건

The only **conditions** for gaining amnesty were:
사면을 받을 수 있는 유일한 조건은 다음과 같다:
• The act for which amnesty was required should have happened between 1960... and 1994...
사면이 필요한 행위는 1960년에서 1994년 사이에 이루어진 것이어야 한다.
• The act must have been politically motivated...
그 행위는 정치적인 의도에 의해 이루어진 것이어야 한다...
• The applicant had to make a full disclosure ...
그 신청자는 완전한 진술을 해야 한다...

- The rubric of proportionality had to be observed ...
  비례성의 원칙이 지켜져야 한다...

Amnesty is gained :
사면이 주어진다.
if the act happened between 1960 and 1994
만약 그 행위가 1960년에서 1994년 사이에 이루어졌다면
if the act was politically motivated
만약 그 행위가 정치적인 의도가 있었다면
if applicant made a full disclosure
만약 신청자가 완전한 진술을 했다면
if the rubric of proportionality was observed
만약 비례성 원칙이 준수되었다면

각 경우 논리적 은유가 다른 의미들을 통합할 수 있다. 논리적 은유를 사용하면 '논리적인 것'에 번호를 매기고, 설명하고, 분류하고, 자격을 부여할 수 있다:

the **very first** time
처음
one reason
한 가지 이유
only a means
수단일 뿐이다
the **only** conditions...1...2...3...4...
그 유일한 조건...1...2...3...4...

반면에 접속어를 <u>질</u>로 재구성하는 것은 그것이 사물이나 과정을 수정하는데 사용될 수 있다는 것을 의미한다.

접속어 ————————▶	사물의 질(형용어 또는 분류어) 또는 과정(질)
so	resulting action
그래서	행동을 결론짓기
by	enabling action
~을 통해	행동을 가능하게 하기
in fact	actual size
사실	실제 크기

thus	conclusively proven
그러므로	결정적으로 증명된
then	subsequently shown
그 다음에	그 후에 나타난
before	previously regarded
전에	이전으로 간주된
if	conditionally approved
만약	조건부 승인된

다음은 Tutu의 논증에서 '질로 실현되는 접속어'를 보여주는 예시이다:

Many of those in the security forces who have come forward had **previously been regarded** ...as respectable members of their communities.
지금까지 자수한 방위군 중 상당수는 이전에는... 그들의 커뮤니티에서 존경받는 구성원으로 여겨지던 사람들이었다.

이것은 다음과 같이 풀어쓸 수 있다:

Many of those in the security forces who have come forward were regarded as respectable members of their communities **before** ...they came forward.
지금까지 자수한 방위군 중 상당수는 이전에는 그들의 커뮤니티에서 존경받는 구성원으로 여겨졌던 사람들이다. 그들이 자수하기 전까지...

우리의 분석에서 관념적 은유를 얼마나 풀어낼 것인지는 우리의 목적에 따라 달라질 것이다. 우리는 경험적 은유와 논리적 은유를 풀어내는 것의 두 가지 장점을 보여주었다. 하나는 고도로 은유적인 담화를 보다 구어적 형태로 의역함으로써 학습자들에게 그것이 무엇을 의미하는지 보여줄 수 있고, 또한 더 구어적인 모드에서 더 문어적인 모드까지 이어지는 교육과정을 설계할 수 있다는 것이다. 또 다른 하나는 관념적 은유에 의해 암시적으로 되는 경향이 있는 참여자 역할과 논리적 논증들을 복원할 수 있다는 것이다. 이는 행위성과 영향과 같은 암시적 핵 관계, 원인과 결과와 같은 암시적 논리 관계를 드러내는 비판적 담화 분석을 위한 강력한 도구가 될 수 있다.

4.7 접속어 자원들의 모든 것

내부 접속어와 외부 접속어의 모든 범위의 유형은 각각 표 4.9와 표 4.10에 있으며 지금까지 논의한 모든 선택항들을 구축하는 계속사는 표 4.11에 나와 있다. 이 표들은 참고 자료로써 텍스트 분석에서 접속어의 역할들을 식별하는 데 도움을 주기 위해 고안되었다.

표 4.9 외부적 접속어들

추가	추가적	추가하기	*and, besides, both ... and*
		빼기	*nor, neither ... nor*
	대체적		*or, either ... or, if not ... then*
비교	유사		*like, as if*
	차이	반대	*whereas, while*
		대신	*instead of, in place of, rather than*
		예외	*except that, other than, apart from*
시간	연속적	부정시(不定時)	*after, since, now that; before*
		즉각적	*once, as soon as; until*
	동시적		*as, while, when*
원인		예상되는	*because, so, therefore*
		양보적	*although, even though, but, however*
수단		예상되는	*by, thus*
		양보적	*even by, but*
조건	긍정적	예상되는	*if, then, provided that, as long as*
		양보적	*even if, even then*
	부정적		*unless*
목적	바람	예상되는	*so that, in order to, in case*
		양보적	*even so, without*
	우려		*lest, for fear of*

추가	전개시키기	첨가	*further, furthermore, moreover, in addition, as well, besides, additionally*
		대체	*alternatively*
	단계화하기	틀 짜기	*now, well, alright, okay*
		곁가지 치기	*anyway, anyhow, incidentally, by the way*
비교	유사	비교	*similarly, again*
		재작업	*that is, i.e., for example, for instance, e.g., in general, in particular, in short*
		조정	*in fact, indeed, at least*
	차이	반대	*rather, by contrast, on the other hand*
		대립	*conversely*
시간	연속적	순서매기기	*first, secondly, third, next, previously*
		끝내기	*finally, lastly*
	동시적	인접한	*at the same time*
		중단된	*still*
결과	결론짓기	결론	*thus, hence, accordingly, in conclusion, consequently*
		정의 짓기	*after all*
	기대에 반하기 (양보적)	일축	*anyway, anyhow, in any case, at any rate*
		인정	*admittedly, of course, needless to say*
		예상치 못한	*but, however, nevertheless, nonetheless, still*

표 4.11 계속사

논리적 관계	예상	
추가	중립	*too, also, as well*
비교	중립	*so (did he)*
	더 적게	*only, just*
	더 많이	*even*
시간	더 빨리	*already*
	더 나중에	*finally, at last*
	지속적으로	*still*
	반복적으로	*again*

---

29) [역자주] 원서에서 표 4.9와 표 4.10의 내용이 같아 표 4.10의 내용을 표 4.6(원서 p141)의 내용으로 갈음함.

5

식별어: 참여자들을 추적하기

장 개요

식별어(Identification)는 참여자들을 추적하는 텍스트 자원이다. 즉 어떤 담화에 사람과 사물을 소개하고 이후 담화 전개 과정에서 그들을 어떻게 추적하는지를 분석한다. 이렇게 정체를 계속 추적함으로써 독자들에게 담화가 어떻게 이해되는지를 이해한다.

먼저 개략적인 소개를 하고, 5.2절에서는 정체가 미확인된 대상인 경우는 **제시적**(presenting) 지시를 통해서, 정체가 복구가 가능한 대상인 경우에는 **전제적**(presuming) 지시를 통해 사람들을 식별하기 위한 자원을 살펴보겠다. 5.3절에서는 추상적 대상 및 텍스트 자체에 대한 메타-기호학적 지시를 포함하여, 사물들에 대한 비교급 패턴들을 살펴보겠다. 이 두 절(5.2절과 5.3절)을 통해 사람과 사물에 대한 **비교적**(comparative) 지시의 역할을 검토하겠다. 그런 다음 5.4절에서는 **전방조응**(anaphora), **후방조응**(cataphora), **후방참조**(esphora), **동종어조응**(homophora), **내부조응**(endophora), **외부조응**(exophora)과 같은 주요 용어의 정의를 포함하여 전제된 정체를 복구할 수 있는 다양한 방법을 소개하겠다.

5.2~5.4절에서 식별어의 시스템을 구축한 후, 5.5절에서는 우리가 전제하는 대상(사람, 사물, 추상 또는 공동 텍스트)과 담화의 장르(이야기, 논증, 법령)에 따라 추적 방식이 어떻게 달라질 수 있는지 고려해 본다. 마지막으로 5.6절에서는 식별어와 추적하기 시스템에 대한 표현을 형식화하고, 이러한 시스템들의 실현을 **명사군**(nominal group) 구조에서 요약하여 소개한다.

5.1 추적을 계속하기

담화를 이해하기 위한 필수 요건 중 하나는, 특정 시점에 누가 또는 무엇에 관해 이야기하고 있는지 추적할 수 있어야 한다는 것이다. 우리가 처음 누군가나 무언가에 관해 소개할 때, 우리는 그들의 이름을 말할 수 있지만, 이후에는 종종 그들을 *she, he* 또는 *it*으로 식별한다. 이것은 청자나 독자가 우리가 이야기하고 있는 사람이나 사물, 즉 담화의 참여자가 누구인지 정확하게 추적할 수 있음을 의미한다. 이 장에서는 담화 속에서 참여자들을 소개하고 이를 추적하는 다른 여러 가지 방법들을 살펴보겠다.

예를 들어, Tutu는 Helena의 이야기를 처음 소개할 때, SABC의 라디오 팀, 진실화해위원회, Helena, 그녀의 편지, 그리고 그녀가 두려워하는 보복 등 5개의 참여자를 소개한다:

The South Africa Broadcasting Corporation's radio team
남아프리카 방송국 라디오 팀
covering **the Truth and Reconciliation Commission**
진실화해위원회를 취재하는 남아프리카 방송국 라디오 팀
received **a letter**
편지를 받았다
from **a woman**
한 여성으로부터
calling **herself Helena**
자신을 Helena라고 부르는
(**she** wanted to remain anonymous for fear of **reprisals**).
(그녀는 보복이 두려워 익명을 원했다).

Helena, 그녀의 편지, 보복에 대한 두려움은 모두 독자들이 이야기되고 있는 내용을 알고 있다고 전제하지 않는 비한정적인 표현으로 소개된다:

a letter
어떤 편지
a woman
어떤 여성
reprisals
보복

하지만 그녀가 *a woman*으로 소개된 이후 Helena는 다음과 같은 대명사로 지시되었다:

herself
그녀 자신
she
그녀

이러한 대명사들은 우리가 누구를 지칭하는지 알고 있다고 <u>분명하게</u> 전제한다. 또한 Tutu 는 Helena의 이름을 자신을 보호하기 위한 가명으로 지었는데, 이제 우리는 그녀가 누구인 지 알기 때문에 그 이름을 사용할 수 있다:

a woman calling **herself Helena**
자신을 Helena라고 부르는 어떤 여성

Tutu의 소개에서 다른 참여자들은 정관사 'the'와 함께 언급되는데, 이 역시 그가 누구에 대해 말하는지 우리가 이미 알고 있음을 전제하는 것이다. 이 두 대상은 모두 그의 책의 감사의 글 부분에서 처음 언급되는 기관이므로 이러한 가정은 확실히 타당하다:

The South Africa Broadcasting Corporation's radio team
그 남아프리카 방송국 라디오 팀
the Truth and Reconciliation Commission
그 진실화해위원회

간단히 말해서, 여기에서 우리가 보는 것은 참여자들을 담화에 소개하고 참여자들을 추적 하는 데 필요한 다양한 언어 자원들이다. 우리는 이를 일련의 선택들로 표현할 수 있는데, 첫째는 참여자를 소개하는 것과 추적하는 것 사이의 선택들, 둘째는 추적하기 내에서 대명 사, 이름, 그리고 'the'가 붙은 개체 사이의 선택들이다. 이러한 선택들은 그림 5.1에 나와 있다(이것은 시스템 네트워크로 그려진 것이 아니다. 식별어를 위해 시스템을 그리기 전에 논의를 좀 더 확장할 필요가 있다). 이 장에서는 식별어를 위한 기본 선택들을 다음과 같이 살펴보겠다. 첫째, 텍스트를 통해 사람들이 어떻게 소개되고 추적되는지 살펴보겠다. 둘째, 사물들이 어떻게 소개되고 추적되는지 살펴볼 것이다. 셋째, 지시하고 있는 대상이 누구 혹은 무엇인지 파악 (복구)하는 방법을 살펴볼 것이다. 그리고 네 번째로 전체 텍스트를 통해 사람과 사물을 추적할 수 있는 다양한 방법을 살펴볼 것이다.

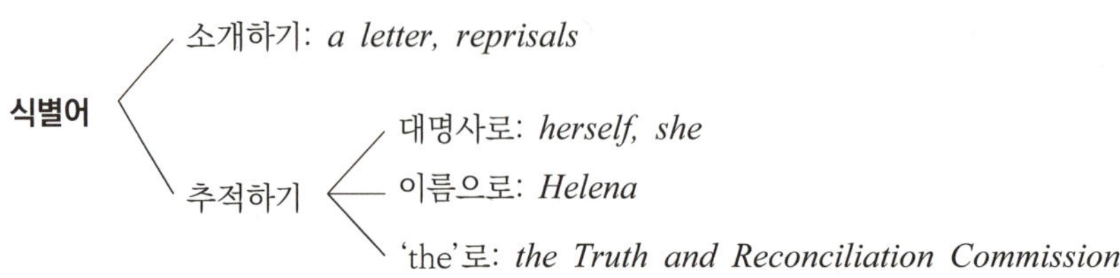

그림 5.1 식별어의 기본 선택들

5.2 누가 누구인가?: 사람을 식별하기

먼저 Helena의 이야기를 통해 사람들이 어떻게 소개되고 추적되는지 살펴보겠다. 사람을 소개하는 언어 자원들을 먼저 살펴본 후에 그들의 신원이 어떻게 추적되는지 살펴보겠다.

사람을 소개하기

Helena의 이야기에는 세 명의 주요 등장인물이 있다: Helena와 그녀의 첫사랑, 그리고 두 번째 사랑이다. Helena는 Tutu에 의해 우리에게 소개된다.

> The South Africa Broadcasting Corporation's radio team covering the Truth and Reconciliation Commission received a letter from **a woman** calling herself Helena (she wanted to remain anonymous for fear of reprisals).
> 진실화해위원회를 취재하는 남아프리카방송국 라디오 팀은 Helena라는 **어떤 여성**으로부터 한 통의 편지를 받았다 (그녀는 보복이 두려워 익명을 원했다).

그리고 Helena는 자신이 사랑했던 두 사람을 차례로 소개한다; 그녀의 첫사랑은 다음과 같이 소개된다:

> I met **a young man** in his twenties.
> 나는 20대의 어떤 청년을 만났다.

이 사람들은 어떻게 소개되는가? 보다시피, 여기에서 기본 전략은 'a'를 사용하여 *woman* 과 *young man*을 소개하는 것이다. 'a'라는 단어는 이 사람이 누구인지 전제할 수 없는 사람임을 알려준다. 우리가 그 신원을 전제할 수 없을 때 이는 '비한정적인' 것이므로, 'a'로 시작하는 참여자는 전통적으로 '비한정적'이라고 불린다. 반면에 'the'는 우리가 신원을 전제하는 것이 <u>가능하다는</u> 것을 알려준다. 따라서 'the'가 붙은 참여자는 전통적으로 '한정적'이라고 불린다.

Helena는 두 번째 사랑에 대해 다음과 같이 소개한다:

I met **another policeman**.
나는 다른 경찰관을 만났다.

*Another*은 두 가지 방법으로 그를 식별한다. 먼저 *an*은 'a'와 같이 비한정사이기 때문에 이 식별을 가정할 수 없다; 두 번째로 *other*은 그가 첫 번째 경찰관과 다르다는 것을 알려준다. 이러한 두 가지 의미 (비한정성 그리고 차이)는 *another*로 융합된다.

Helena는 또한 보조 인물을 소개할 때도 동일한 전략을 사용한다. 그녀가 첫사랑을 다시 만나는 것은 친구를 통해 이루어지는데, 이 친구 또한 비한정적으로 제시된다:

I met my first love again through **a good friend**.
나는 한 친한 친구를 통해 첫사랑을 다시 만났다.

그녀가 짧은 결혼 생활을 한 세 번째 남자는 비한정적인 *someone*으로 소개된다. 즉, 우리가 모르는 사람이다; 또한 그녀의 첫사랑과도 *someone <u>else</u>*로 구별된다:

An extremely short marriage to **someone else**
어떤 다른 사람과의 매우 짧은 결혼 생활

사람을 추적하기

보조 인물들은 이야기에서 다시 언급되지 않는다; 하지만 Helena의 첫 번째 그리고 두 번째 사랑은 그렇지 않다. 그녀의 첫사랑은 다음과 같이 추적된다:

As an eighteen-year-old, I met **a young man** in **his** twenties.
열여덟 살 때 나는 20대의 한 청년을 만났다.

He was working in a top security structure.
그는 일급 보안 조직에서 일하고 있었다.
It was the beginning of a beautiful relationship.
이는 아름다운 관계의 시작이었다.
We even spoke about marriage.
우리는 결혼에 대해서도 이야기했다.
A bubbly, vivacious man who beamed out wild energy.
활기차고 발랄한 그는 야성적인 에너지를 뿜어냈다.
Sharply intelligent.
매우 총명했다.
Even if he was an Englishman
그는 영국인이었지만
he was popular with all the 'Boer' Afrikaners.
그는 아프리카계 '보어인'들에게 인기가 많았다.
And all my girlfriends envied me.
내 친구들은 모두 부러워했다.
Then one day he said he was going on a 'trip'.
그러던 어느 날 그는 '여행'을 간다고 했다.
'We won't see each other again ... maybe never ever again.'
'우리는 다시는 서로를 만나지 못할 거야. 어쩌면 영원히 다시는...'
I was torn to pieces.
나는 산산조각이 났다.
So was he.
그도 마찬가지였다.
An extremely short marriage to someone else failed all because I married to forget.
다른 사람과의 매우 짧은 결혼 생활이 모두 실패한 이유는 잊기 위한 결혼이었기 때문이다.
More than a year ago, I met my first love again through a good friend.
1년보다 더 전, 나는 친한 친구를 통해 나의 첫사랑을 다시 만났다.
I was to learn for the first time that he had been operating overseas
그가 해외에서 활동 중이라는 사실을 처음 알게 되었다.
and that he was going to ask for amnesty.
그리고 그가 사면을 요청할 예정이라는 사실을
I can't explain the pain and bitterness in me
그 고통과 괴로움은 말로 다 표현할 수 없었다.
when I saw what was left of that beautiful, big, strong person.
그 아름답고 크고 강인했던 사람의 무너진 모습을 보았을 때의
He had only one desire - that the truth must come out.
그에게는 진실이 밝혀져야 한다는 단 한 가지 소망이 있었다.

일단 *a young man*으로 소개된 후, 그의 신원을 추적하는 주요 전략은 대명사를 사용하는 것이다. 그 자신을 지칭하는 것이 10번(*he*와 *his*), Helena와 함께 묶여 지칭되는 경우가 2번(*we*)이다. 그는 또한 *my first love*와 *that beautiful, big, strong person*이라는 어떠한 부류의 인물로 두 차례 식별되기도 하였다. 이러한 자원을 표 5.1로 다시 제시하였다.

표 5.1 Helena의 첫사랑 추적하기

그에 대한 지칭	Helena와 함께	어떠한 부류의 인물로
his(twenties)		a young man
He		
	We	
He		
He		
He		
He		
	We	
		(my) first love
He		
He		
		that beautiful, big, strong person
He		
		(my) first love

Helena는 Tutu가 소개한 바와 같이 이름으로 호명되지만, 첫사랑에게는 이름을 붙이지 않았다:

a woman calling herself **Helena**
자신을 Helena라고 부르는 어떤 여성

그 이름은 우리에게 Helena를 지시하는 유용한 방법을 제공하고 있다. 물론 그녀의 이야기에서 그녀는 대명사(*I, my; we, our*)에 의존하고 있다.

또 다른 추적하기 언어 자원은 Helena가 나중에 두 번째 사랑을 지칭할 때 사용하는 'the'이다:

I can't handle **the man** anymore!
더 이상 그 남자를 감당할 수 없어요!

사람을 비교하기

우리는 참여자가 *another* 또는 *someone else*를 사용하여 다른 사람과 다르게 지시될 수 있음을 보았다. 이러한 종류의 언어 자원은 한 참여자를 다른 참여자와 비교하므로, **비교적** (comparative) 지시라고 부른다. 비교적 지시에는 단순 대비나 *first, second*와 같은 숫자들 그리고 *best, better*와 같은 최상급 표현이 포함될 수 있다:

my **first** love
나의 첫사랑
someone **else**
다른 사람
an**other** policeman
다른 경찰관

영어는 다른 언어와 달리 참여자가 언급될 때마다 우리가 그 사람을 제시하든 또는 전제하든 그것을 표시해야 하는 경향이 있다. 하지만 비교는 선택적이다; 필요할 때만 사용된다.

소유

참여자를 식별하는 또 다른 중요한 언어 자원은 소유대명사이다. 이 소유대명사(*my, your, her, his, its, our, their*)는 *a, some, the, this, that, these, those*처럼 쓰이며 우리가 어떤 참여자에 관해 이야기하고 있는지 알려준다. Helena는 자신의 이야기에서, 그녀의 친구들과 경찰 친구들 그리고 아프리카 지도자들을 이런 식으로 소개한다:

all **my** girlfriends
내 모든 친구들
and three of **our** friends
그리고 우리 친구들 세 명
their leaders
그들의 리더들

예를 들어 *his throat, my head*와 같이 사람뿐만 아니라 사람의 소유물이나 신체 부위도 모두 이 언어 자원으로 제시되거나 전제될 수 있다.

이 표현에는 실제로 두 가지 신원이 있는데, 하나는 소유대명사(예를 들면 *my*)에 의해 실현되고 다른 하나는 '소유된' 사물(예를 들면 *girlfriends*)에 의해 실현된다. 이 소유대명사는 항상 신원을 전제하지만, '소유된' 사물은 이전에 언급되었을 수도 있고 언급되지 않았을 수도 있다.

지금까지 살펴본 참여자 식별 언어 자원들이 표 5.2에 요약되어 있으며, 왼쪽에는 참여자를 소개하는 방법이, 오른쪽에는 추적하는 방법이 나와 있다.

표 5.2 사람을 소개하기와 추적하기를 위한 기본 언어 자원들

소개하기 (제시적)	**추적하기** (전제적)
a woman	Helena
another policeman	his twenties
someone else	he
	we
	my first love
	that ... person
	the man

따라서 왼쪽에는 사람을 소개하는 언어 자원이 있고, 오른쪽에는 우리가 이미 알고 있는 사람을 알려주는 언어 자원이 있다. 기술적으로, 우리는 사람을 소개하는 언어 자원은 **제시적**(presenting) 지시라고 하고, 그 사람을 추적하는 언어 자원은 **전제적**(presuming) 지시라고 한다. *a, an, someone*과 같은 단어들은 제시적 지시에 사용된다. *the, that, he, we*와 같은 단어들과 *Helena* 같은 이름은 전제적 지시에 사용된다.

그러나 **비교적**(comparative) 지시와 **소유적**(possessive) 지시는 제시와 전제를 모두 포함하는 명사군에서 사용할 수 있기 때문에 약간 다르다. 따라서 *another policeman*과 *someone else*는 모두 새로운 사람을 제시하며, 동시에 그들과 비교 대상이 되는 사람을 전제한다. *another*의 'an' 부분은 새로운 사람을 제시하지만, 'other' 부분은 우리가 이미 알고 있는 사람과 그를 비교한다. 마찬가지로 *someone*은 새로운 사람을 제시하지만, *else*는 그를 우리가 이미 알고 있는 누군가와 그를 비교한다. 소유적 지시로 *my first love*는 우리가 이미 알고 있는 누군가이다. 그러나 *my*가 우리가 이미 알고 있는 누군가, 즉, 서사자인 Helena를 지시함에도 불구하고, *all my girlfriends*는 새로운 사람들을 제시한다.

표 5.3에서 지금까지 살펴본 사람 식별하기를 위한 언어 자원들을 요약하고, 몇 가지를
더 추가해 보겠다.

표 5.3 사람을 식별하기 위한 언어 자원들

제시적	*a, an, one* *someone, anyone*
전제적	*the* *this, that* *I, me, you, she, he, it: we, us, they, them* *Helena*
소유적	*his (twenties)* *my (girl friends)* *Helena's (friend)*
비교적	*same, similar* *other, another, different, else*

이제 우리는 영어에서 사람과 사물을 식별하는 데 사용하는 단어에 대한 몇 가지 기본
용어도 소개할 것이다. 잘 알고 있듯이 *I, she, it, my, his*와 같은 단어는 **대명사**(pronoun)이
다. *a*와 *the*와 같은 단어는 신원을 추정할 수 있는지 여부를 '결정'하기에 **지정사**(determiner)
로 알려져 있다. 'a'는 비한정(indefinite) 지정사이고 'the'는 한정(definite) 지정사이다. *this,
that, these, those*와 같은 단어는 *this*로 '가까이' 또는 *that*으로 '멀리' 있는 정체를 찾을
수 있는 위치를 '지시'하므로, **지시사**(demonstrative)로 알려져 있다.

참여자 정체가 제시되지도 전제되지도 않는 사례들

일반적으로 제시적 지시는 인물을 처음 언급할 때 사용하고, 전제적 지시는 두 번째 또는
그 이후에 언급할 때 사용한다. 하지만 영어에서는 이것이 항상 적용되는 것은 아니다. 예를
들어, Helena의 첫사랑이 누구인지 알고 난 후에도 Helena의 첫사랑을 설명하는 데는 제시
적 지시가 사용된다.

he was **an Englishman**
그는 한 명의 영국인이었습니다

마찬가지로 그녀의 두 번째 사랑은 그가 소개된 후 비한정적으로 묘사된다:

(He was) Not quite my first love, but (he was) **an exceptional person.**
(그는) 제 첫사랑은 아니었지만, (그는) 한 명의 아주 뛰어난 사람이었습니다.

Helena는 *my*를 써서 두 번이나 자신의 정체를 전제한 후에 자신을 한 농장 소녀로 묘사하기도 한다:

My story begins in my late teenage years as **a farm girl**...
제 이야기는 한 명의 농장 소녀였던 10대 시절부터 시작됩니다...

이렇게 명백히 이례적인 현상이 나타나는 이유는 이러한 비한정적인 표현이 사람을 식별하는 것이 아니라 묘사하거나 분류하는 데 사용되기 때문이다. 이러한 종류의 표현에 대해서는 4장30)에서 자세히 설명했다. 이는 개체(혹은 참여자)를 분류하는 기능에 포함된다.

He was **an Englishman**
그는 한 명의 영국인이었습니다
It was only **a means to the truth**
진실을 위한 어떤 하나의 수단이었을 뿐입니다.

그리고 역할들을 분류한다:

She lived **as a farm girl**.
그녀는 한 명의 농장 소녀로 살았습니다.
He worked **as a policeman**.
그는 한 명의 경찰관으로 일했습니다.

이러한 표현은 실제로 사람을 식별하는 것이 아니므로, 여기서는(이 장의 분석에서는) 이들을 식별어 시스템의 일부로 다루지 않겠다.

또 다른 명백한 이례적 사례는 인물이 처음에 언급될 때 전제적 지시처럼 보이는 방식을 사용하는 것이다. 이에 대한 몇 가지 예로는 첫 언급임에도 불구하고 'the'나 고유명을 사용하

---

30) [역자주] 원서에 4장이라고 나와 있으나 3장으로 보임.

는 경우를 들 수 있다.:

He was popular with all **the 'Boer' Afrikaners**.
그는 그 모든 아프리카계 '보어인'들에게 인기가 많았습니다.
I can understand if **Mr F. W. de Klerk** says
나는 만약 Mr F. W. de Klerk가 말하면 이해할 수 있습니다

여기서 일어나고 있는 일은 Helena가 누구에 대해 이야기하고 있는지 독자들이 알 것이라고 전제하는 것이다. *the Boer Afrikaners*의 정체는 남아프리카 청중에게 명백히 알려져 있으며, 전 총리의 이름도 마찬가지다. 여기서 요점은 화자/필자는 계속해서 청자/독자가 알 수 있으리라고 예상하는 것과 알 수 없으리라고 예상하는 것을 전제한다는 것이다. 만약 누군가의 신원이 당연한 것(given)으로 받아들여진다면, 그 인물이 이전에 언급되지 않았더라도 전제적 지시가 사용된다.

5.3 무엇이 무엇인가?: 사물을 식별하기

3장에서는 형상31)에 참여할 수 있는 다양한 종류의 개체들을 살펴보았다. 여기에는 사람, 사물, 기관, 그리고 추상적 개념 등이 포함된다. 이러한 다양한 종류의 개체는 각각 다른 방식으로 식별할 수 있다.

구체적 대상을 식별하기

우리가 만지고, 맛보고, 듣고, 보고, 느낄 수 있는 구체적인 대상들은 사람과 매우 유사하게 식별된다. 그것들은 비한정적으로 소개되고, 그런 다음, *the*와 같은 지정사 또는 *it*과 같은 대명사로 추적된다:

We used **a yellow portable Robin generator** to send electric shocks through his body when we put **the generator** on his body was shocked stiff,.. [94]
우리는 한 개의 노란색 휴대용 Robin 발전기를 사용하였다, 그 발전기를 대었을 때 그의 몸은 뻣뻣해졌다... [94]

---

31) [역자주] 어휘문법 층위에서 절(clause)로 실현되는 담화의미 층위의 단위

they started to take **a plastic bag**
그들은 한 개의 비닐 봉투를 가져 가기 시작했습니다.
then one person held both my hands down and the other person put **it** on my head.
한 사람은 내 양손을 잡고 다른 한 사람은 그것을 내 머리에 올려놓았습니다.
Then they sealed **it** so that I wouldn't be able to breathe
그리고는 그들은 그것을 씌웠고, 나는 숨을 쉴 수 없었습니다
and kept **it** on for at least two minutes... [105]
그리고 그것을 최소 2분 동안 계속 했습니다... [105]

복수 참여자(사물 또는 사람)를 소개하는 방법에는 몇 가지가 있다. 한 가지 방법은 지정사 없이 복수형을 사용하는 것이다:

In the upper abdomen were **twenty-five wounds.**
상복부에는 25개의 상처들이 있었습니다.
These wounds indicated that different weapons were used to stab him... [114]
이 상처들은 그를 찌르는 데 여러 가지 무기가 사용되었음을 나타냅니다... [114]

참여자를 제시하는 경우 'a'의 복수형, 즉 'some'이 사용되었다:

they had **some** friends over
몇몇의 친구들을 초대했는데
he had **some** milk for Helena
그는 Helena를 위해 약간의 우유를 준비했습니다

영어는 *friends*처럼 셀 수 있는 사물과 *milk*처럼 셀 수 없는 사물에 비한정 복수형 'some'를 사용한다. 우유 같은 사물은 '셀 수 없다'. 우리는 우유를 잔이나 병으로 포장한 다음 그 포장(*two bottles of milk*)을 셀 수는 있겠지만 '물질 명사'인 우유 그 자체(**two milks*)는 직접 셀 수 없다.

그러나 복수의 사물들이나 물질 명사의 경우, 우리는 'a' 또는 'the'를 사용하지 않고 참여자들을 제시하는 선택항을 사용할 수 있다:

I put **garden shears** through his neck
나는 그의 목에 정원 가위를 꽂았다

They were shot and massacred with **AK47s**
AK47 소총으로 총격을 받고 학살당했다
they poured **acid** on his face.
그들은 그의 얼굴에 염산을 부었다.

복수 사물들은 접사 '-s'와 함께 표시되는 반면, 복수의 물질 명사들은 접사나 지정사 없이 제시된다.

기관과 추상물

*special forces*와 같은 기관이나 *price, marriage, amnesty*와 같은 추상물처럼 덜 구체적인 사물들도 구체적인 대상과 유사하게 식별된다:

We're moving to **a special unit**
우리는 어떤 특수부대로 이동한다
After about three years with **the special forces,** our hell began.
그 특수부대에 입대한 지 약 3년이 지나자 지옥이 시작되었다.

Our freedom has been bought at **a very great price.**
우리의 자유는 어떤 아주 큰 대가를 치렀습니다.
But to compute **that price** properly
하지만 그 대가를 제대로 계산하려면

An extremely short **marriage** to someone else failed all because I married to forget
다른 사람과의 어떤 극히 짧은 결혼이 모두 실패한 이유는 잊기 위한 결혼었기 때문이다
After **my unsuccessful marriage,** I met another policeman.
결혼에 실패한 후 다른 경찰관을 만났습니다.

It was on precisely this point that **amnesty** was refused to the police officers who applied for **it** for their part in the death of Steve Biko.
Steve Biko의 죽음에 연루되어 사면을 신청한 경찰관들에게 사면이 거부된 것도 바로 이 점 때문이었다.

또한 비교를 사용하여 이러한 추상물들의 유형을 구분할 수도 있다. *kinds of justice*를 예를 들면 다음과 같다:

Further, **retributive justice** - in which an impersonal state hands down punishment with little consideration for victims and hardly any for the perpetrator - is not the only form of justice.

게다가, 비인격적인 국가가 피해자에 대한 배려나 가해자에 대한 고려 없이 처벌을 내리는 응보적 정의만이 정의의 유일한 형태는 아니다.

I contend that there is **another** kind of justice, restorative justice, which is characteristic of traditional African jurisprudence

나는 아프리카 전통 법학의 특징인 회복적 정의라는 일종의 다른 정의가 있다고 주장한다

사람들이 말하는 것을 식별하기: 텍스트 지시

추상물 외에, 사람들이 말하는 것들도 추적할 수 있다. 예를 들어 Helena는 자신의 기도를 *all my questions and heartache*이라고 지시한다:

'God, what's happening? What's wrong with him? Could he have changed so much Is he going mad? I can't handle the man anymore! But, t can't get out. He's going to haunt me for the rest of my life if I leave him. Why, God?' Today I know the answer to **all my questions and heartache.**

'하나님, 무슨 일이에요? 그에게 무슨 문제가 있나요? 그가 그렇게 많이 변할 수 있나요? 미쳐가는 건가요? 더 이상 이 남자를 감당할 수 없어요! 하지만 빠져나올 수가 없어요. 내가 그를 떠나면 평생 나를 따라올 거예요. 왜, 신이시여?' 오늘 나는 내 모든 의문과 고민에 대한 답을 알았다.

그리고 Tutu는 방금 한 질문을 *this*라고 지시하고 있다:

So is amnesty being given at the cost of justice being done?
그렇다면 정의를 희생하면서까지 사면이 이루어지고 있는 것인가?
This is not a frivolous question, but a very serious issue
이것은 경솔한 질문이 아니라 매우 심각한 문제이다.

Tutu의 논증과 같은 추상적인 담화에서, 이러한 지시는 방금 말한 내용에 대해 정리된 요점을 제시하고, 그것을 평가하기 위해서 매우 일반적으로 사용된다. 이전에 말한 내용은 일반적으로 지시사(*this, that*)로 추적된다:

For some it has been so traumatic that **marriages have broken up.**
일부 사람들은 결혼 생활이 파탄 날 정도로 큰 충격을 받았다.
<u>That</u> is quite a price to pay.
이는 엄청난 대가를 지불해야 할 것이다.

Amnesty is not given to innocent people or to those who claim to be innocent.
사면은 무고한 사람이나 무죄를 주장하는 사람에게는 주어지지 않는다.
It was on precisely <u>this</u> **point** that amnesty was refused to the police officers
경찰관들에게 사면이 거부된 것도 바로 이 점 때문이었다

Once amnesty is granted,
사면이 이루어진다면,
and <u>this</u> has to happen immediately
그리고 이것은 즉시 되어야 한다

이런 종류의 추적하기가 가진 장점은 논증이 전개됨에 따라 의미의 덩어리들이 포장되어 새로운 역할을 할 수 있다는 것이다. 예를 들어, 다음 구절에서, 민사상 손해에 대한 결과를 확장하기 위해서 Tutu는 사면의 효과를 포장한다(*this means that...*). 이 결과는 차례로 평가되고(*that is...*), 식별된다(*it is...*):

The effect of amnesty is as if the offence had never happened, since the perpetrator's court record relating to that offence becomes a tabula rasa, a blank page.
그 사면의 효과는 해당 범죄와 관련된 가해자의 법원 기록이 백지 상태인 tabula rasa가 되기 때문에 범죄가 발생하지 않은 것과 마찬가지가 된다.
This means... that the victim loses the right to sue for civil damages in compensation from the perpetrator.
이는 피해자가 가해자를 상대로 민사상 손해배상을 청구할 수 있는 권리를 잃는다는 것을 의미한다.
That is indeed a high price to ask the victims to pay, but it is the price those who negotiated our relatively peaceful transition from repression to democracy believed the nation had to ask of victims.
그것은 피해자에게 지불하라고 요구하기에는 참으로 높은 대가이지만, 억압에서 민주주의로의 비교적 평화로운 전환을 협상했던 사람들에게는 국가가 피해자에게 요구해야 한다고 믿었던 정도의 대가이기도 하다.

앞에서 말한 것에 대한 이런 종류의 추적하기를 **텍스트 지시**(text reference)라고 한다. 앞에서 보았듯이, 텍스트 지시는 큰 의미들을 더 작고 다루기 쉬운 것으로 바꾸는 데 사용되어,

우리에게 그 의미들로 더 많은 의미들을 만들 수 있게 한다. 다시 말하면 의미들은 압축되며, 이를 통해 새로운 의미들로 확장될 수 있다. 논증이 진행됨에 따라 텍스트는 호흡하게 되는 것이다.

법령 담화와 행정 담화에서 사물들을 식별하기

법령 담화와 행정 담화에서는 정확성을 기하기 위한 식별어 자원에 상당한 부담이 가중될 수밖에 없다. 여기에는 진실화해위원회를 설립한 법령에서 볼 수 있는 몇 가지 전문적인 특징들도 포함된다. 예를 들어 *said*라는 단어는 방금 말한 내용을 정확하게 나타내기 위해, *the*와 함께 사용되어 다음과 같이 날짜를 지정하고 있다:

… the nature, causes and extent of gross violations of human rights committed during **the period from I March 1960 to the cut-off date contemplated in the Constitution** … acts associated with a political objective committed in the course of the conflicts of the past during **the said** period
… 1960년 3월 1일부터 헌법에 명시된 마감일까지 중대한 인권 침해의 성격, 원인 및 범위 … 해당 기간 동안 과거의 분쟁 과정에서 저지른 정치적 목적과 연결된 행위

또한 목적을 지정하는 데에도 사용된다:

To provide for the investigation and the establishment of as complete a picture as possible of the nature, causes and extent of gross violations of human rights committed and for **the said** purposes to provide for the establishment of a Truth and Reconciliation Commission, a Committee on Human Rights Violations, a Committee on Amnesty and a Committee on Reparation and Rehabilitation;
중대한 인권 침해의 본질, 원인, 정도에 대해 가능한 한 완전한 상황의 조사와 확립을 제공하고 그리고 상기의 목적을 위해 진실화해위원회, 인권침해위원회, 사면위원회, 배상과 재활위원회의 설립을 규정하기 위해;

said 또는 *aforesaid*라는 단어는 *the*의 특수화된 형태로, 앞의 텍스트에서 전제된 것의 정체를 찾을 수 있도록 특정한다. 특수한 지시의 또 다른 예로는 텍스트에서 특정한 '위치' 를 지칭하는 추적 장치인 *therewith*가 있다. 이는 사물들의 지시 관계를 정하지 않고, 위원 회를 설립하고 권한을 부여하기 위해 수행해야 하는 과정들을 포괄적으로 지시하기 위해 사용된다:

and for the said purposes to provide for the establishment of a Truth and Reconciliation Commission
그리고 상기의 목적을 위해 진실화해위원회, 인권침해위원회, 사면위원회, 배상과 재활위원회의 설립을 규정하고
and to confer certain powers on, assign certain functions to and impose certain duties upon that Commission and those Committees
해당 단체와 관련 위원회에 특정 권한을 부여하고, 특정 기능을 부여하고, 특정 의무를 부과하고
and to provide for matters connected **therewith.**
앞서 언급한 것과 함께, 관련 사항들을 규정하기 위해.

공간(*here, there*)과 시간(*now, then*)의 위치에 대한 지시는 비전문적인 담화에서도 발견할 수 있다. Tutu는 회복적 정의를 지시하기 위해 이러한 지시 표현(*here*)을 사용한다.

I contend that there is **another kind of justice, restorative justice, which is character-istic of traditional African jurisprudence.**
나는 아프리카 전통 법학의 특징인 회복적 정의라는 일종의 다른 정의가 있다고 주장한다.
<u>Here</u> the central concern is not retribution or punishment but, in the spirit of *ubuntu*
여기서 중심 관심사는 보복이나 처벌이 아니라, ubuntu의 정신에 따라

법령의 *therewith*와 마찬가지로, 지시사를 사용하는 것보다, 공간이나 시간의 위치로 식별하는 것이 조금 더 일반적이다. 그것은 담화를 우리가 선택하고 명명하는 사람과 사물들의 집합이 아니라 우리가 지향할 수 있는 의미의 영역으로 취급하게 한다.

법령에서 볼 수 있는 전문적인 추적하기 자원들의 또 다른 중요 측면은 정교한 명명하기 시스템이다:

- sections 1, 2, 3 ... 49
- 절 1, 2, 3 ... 49
- sub-section (1), (2), (3)
- 조 (1), (2), (3)
- paragraphs (a), (b), (c)
- 항 (a), (b), (c)
- sub-paragraphs (i), (ii), (iii)
- 호 (i), (ii), (iii)
- sub-sub-paragraphs (aa), (bb), (cc).
- 목 (aa), (bb), (cc).

이를 통해 저자는 그 문서의 뒷부분이나 앞부분에서 특정한 항을 정확히 지시할 수 있게 된다. 예를 들어, 2장 3절 (3)조 (d)항은 5절 (d)항과 28절 (4)조 (a)항을 지시한다:

3 (3) (d) the investigating unit referred to in section **5(d)** shall perform the investigations contemplated in section **28(4)(a)**
3절 (3)조 (d)항. 5절 (d)항에서 언급된 조사 부서는 28절 (4)조 (a)항에서 고려한 조사를 수행해야 한다

사물들을 비교하기: 비교적 지시

우리는 지금까지 다양한 사물들(구체적인 대상들, 추상물들, 기관들, 사람들이 말하는 것들)이 어떻게 식별되는지를 살펴보았다. 이제는 이러한 사물들을 비교할 수 있는 방법을 살펴볼 필요가 있다. Helena는 이야기의 일부에서 여러 가지 비교적 지시를 사용하고 있다:

I finally understand what **the struggle** was really about.
나는 마침내 그 투쟁의 진정한 의미를 이해하게 되었다.
I would have done **the same** had I been denied everything.
모든 것이 거부당했다면 나도 똑같이 행동했을 것이다.
If my life, that of my children and my parents was strangled with legislation.
만약 나와 내 아이들과 부모님의 삶이 법령으로 인해 목이 졸린다면.
If I had to watch how white people became dissatisfied with **the best**
만약 백인들이 최고에 만족하지 않고
and still wanted **better**
더 나은 것을 원하고
and got it.
그것을 얻는 과정을 지켜봐야만 했다면.

그녀는 마치 우리가 그 의미를 알고 있는 것처럼 *the struggle*을 제시하면서, 다음 문장에서 그것을 *the same*이라고 지시한다. 나중에 그녀는 백인들이 이미 가지고 있던 것을 *the best*라고 제시하고 그들이 여전히 원하는 것을 *better*라고 식별한다. *better*와 *best*와 같은 단어는 *same, other, else*와 같이 비교적 지시를 위한 자원이기 때문에 그녀는 무엇이 더 나은지 말할 필요가 없다. 따라서 *better*나 *best*와 같은 단어를 사용하여 질의 강도를 비교함으로써 사물을 식별할 수 있다. 또한 *most, more, fewer, less; so much, so little* 등의 단어로 양을 비교하여 식별할 수도 있다:

Spiritual murder is **more** inhumane than a messy, physical murder.
정신적 살인은 지저분한 육체적 살인보다 더 비인간적이다.

What's wrong with him?
그에게 무슨 문제가 있나요?
Could he have changed **so much**?
그가 그렇게 많이 변할 수 있나요?

그리고 그들의 순서를 비교하여 식별될 수도 있다.

As an eighteen-year-old, I met **a young man** in his twenties.
열여덟 살 때 나는 20대의 한 청년을 만났다.
An extremely short marriage to **someone else** failed all because I married to forget.
다른 사람과의 매우 짧은 결혼 생활이 모두 실패한 이유는 잊기 위한 결혼이었기 때문이다.
More than a year ago, I met **my <u>first</u>** love again through a good friend.
1년보다 더 전, 나는 친한 친구를 통해 첫사랑을 다시 만났다.

Helena는 그를 나중에 결혼한 다른 사람과 구별하기 위해 그를 첫(*first*) 사랑이라고 지시한다. 순서대로 사물을 식별하는 다른 자원으로는 *first, second, third; next, last; preceding, subsequent, former, latter*가 있다.

Tutu는 또한 비교를 사용하여 사물을 식별한다:

the application should be dealt with in a public hearing
그것의 적용은 공청회에서 다루어져야 한다.
unless <u>such</u> **a hearing** was likely to lead to a miscarriage of justice
그 공청회가 오심으로 이어질 가능성이 있는 경우를 제외하고는

여기서 *such a*는 특별한 <u>부류</u>의 청문회(공개 청문회)를 지시하며 다른 부류의 청문회는 포함하지 않는다.

이제 사물과 사람을 식별하기 위해 지금까지 살펴본 자원을 요약하고 몇 가지를 추가하여 표 5.4에 정리해 보겠다.

표 5.4 사물과 사람을 식별하기 위한 언어 자원들

유형	언어 자원들
제시적	*a, an, one; someone, anyone* *some, any; every, all* *AK-47s, acid*
전제적	*the; this, that; these, those* *the said purposes* *each, both; neither, either* *I, me, you, she, he, it; we, us, they, them* *Helena; Section 5* *here, therewith*
소유적	*his (twenties)* *my (girl friends)* *Helena's (friend)*
비교적	*same, similar, other, different, else...* *such inhumane, so inhumane, as inhumane as...* *first, second, third; next, last; preceding, subsequent, former, latter...* *more, fewer; less...* *better, best; more inhumane, most inhumane...*
텍스트 지시	*this, that, it* *all my questions*

5.4 어디를 볼 것인가?

참여자의 정체가 전제될 때마다 그 정체는 복구되어야 한다. 이것은 관련 정보가 어디에 있는지에 따라 다양한 방법으로 수행될 수 있다.

위로 보기 또는 아래로 보기: 전방적 지시 또는 후방적 지시

글에서 전제된 정체를 찾는 가장 확실한 장소는 주변 텍스트이다. 일반적으로 우리는 Tutu가 Helena의 이야기를 소개할 때 *herself*에서 *a woman*로 바꾼 것처럼 앞을 찾아본다. 그러나 예를 들어 *it* 이 법 전체를 지시하는 법전 첫머리에 나왔을 때, 그 *it* 이 무엇을 의미하는지 알아내기 위해서는 뒤를 봐야 할 수도 있다:

BE IT THEREFORE ENACTED by the Parliament of the Republic of South Africa, as fol-lows: -
따라서 남아프리카 공화국 의회는 다음과 같이 제정한다: -
CHAPTER 1
1장
Interpretation and application
해석과 적용
Definitions
정의
1. (1) In this Act, unless the context otherwise indicates -
1절 (1)조. 이 법에서, 문맥상 달리 명시되지 않는 한,

다른 경우에는 전제된 정보가 실제로 텍스트에 있지 않고 외부 어딘가에 있을 수 있다. 이 경우 *Pass the salt*와 같이 우리가 보고, 듣고, 만지고, 맛보고, 냄새 맡을 수 있는 감각적인 정보일 수 있다. 또는 *You should tell the President*와 같이 우리가 알고 있기 때문에 우리 모두가 알고 있는 실제적으로 존재하는 것일 수도 있다.

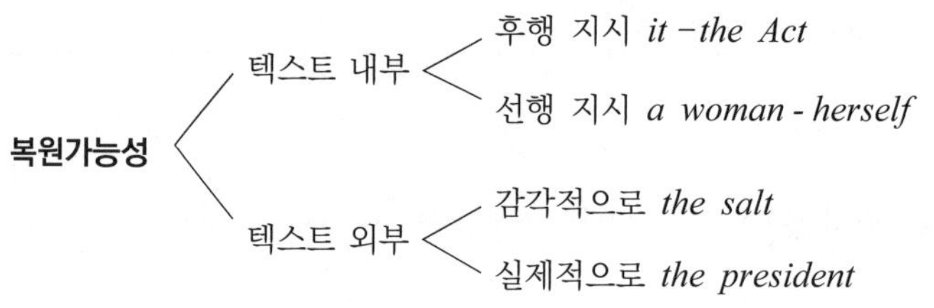

그림 5.2 정체를 복원하기

5.2절에서 언급했듯이 일부 추적 장치는 전제된 정보를 찾을 수 있는 위치를 알려준다. *the said period*를 읽을 때, 우리는 선행 텍스트로 되돌아가서 지시된 시간을 찾는다:

gross violations of human rights committed during **the period from 1 March 1960 to the cut-off date contemplated in the Constitution**
1960년 3월 1일부터 헌법에 명시된 마감일까지 공화국 내외에서 과거의 분쟁에서 비롯된 중대한 인권 침해
acts associated with a political objective committed in the course of the conflicts of the past during <u>the said</u> period
해당 기간 동안 과거의 분쟁 과정에서 저지른 정치적 목적과 연결된 행위

법령 담화와 행정 담화를 제외한 대부분의 사용역에서는 덜 일반적이지만 뒤를 찾아보라는 지시가 주어질 수도 있다. 예를 들어, 법의 시작 부분에서 **the following Act**(다음 법령)는 그 뒤에 나오는 법 자체를 지시한다:

> It is hereby notified that the President has assented to **the following Act** which is hereby published for general information:
> 이에 따라 대통령이 일반적인 정보 제공을 위해 공포된 다음의 법령에 동의했음을 공고한다:
> **ACT**
> 법
> To provide for the investigation and the establishment of as complete a picture as possible of the nature, causes and extent of gross violations of human …
> 중대한 인권 침해의 본질, 원인, 정도에 대해 가능한 한 완전한 상황의 조사와 확립을 제공한다
> …

법령 담화와 행정 담화도 후행 지시를 위한 번호 매기기 체계에 상당히 의존한다. 이를 통해 다음 담화를 구체적으로 연결할 수 있다:

> 1. (1) In this Act, unless the context otherwise indicates –
> 1절 (1)조 이 법령에서, 문맥상 달리 명시되지 않는 한 -
> (i) "act associated with a political objective" has the meaning ascribed thereto in section **20(2)** and **(3)**
> (i)호. "정치적 목적과 관련된 행위"는 20절 (2)조 및 (3)조에 명시된 의미를 갖는다

선행 지시를 가리키는 기술적(技術的) 용어는 **전방조응**(anaphora)이라 하고, 후행 지시를 가리키는 기술적(技術的) 용어는 **후방조응**(cataphora)이라고 한다.

외부 보기: 외부적 지시와 동종어 지시

언어 텍스트 외부에서 전제된 정체를 찾을 수 있는 경우도 있다. 이러한 정체를 찾을 수 있는 두 가지 주요 장소는 텍스트 외부에 있는 문화 또는 발화 상황이다. 첫 번째는 필자와 독자가 공유하는 문화적 지식에서 찾을 수 있는 정보를 포함한다. 예를 들어 Helena가 *the Boer Afrikaners*와 독자들이 알고 있는 *F. W. de Klerk*에 대해 지시한 것을 들 수 있다. 고유명사는 일반적으로 이러한 방식으로 사용되므로 *Eastern Free State, God, Mpumalanga, Steve Biko*의 예와 같이 누구에 대해 이야기하고 있는지 알고 있는 사람들의 그룹을 조율한다.

한정적 지시는 지시가 명확할 때 이런 방법으로 사용될 수 있다; Helena가 *the truth*, *'those at the top'*, *'the cliques'*, *the Truth Commission*, *the operations*, *the old White South Africa*와 *the struggle*에 대해 이렇게 이야기하고 있는 것과 같다. *those at the top*과 *the cliques*을 주의 환기용 인용부호로 묶어 강조한 것은 그녀가 아는 어떤 특별한 독자 그룹을 대상으로 말하고 있음을 나타낸다. 이름 또는 한정 명사군으로 실현되는 이러한 집단(그룹)적 지시를 **동종어**32)(homophora)라고 한다.

두 번째 유형의 텍스트 외부 지시는 이 예시에서 설명하기가 더 어려운데, 이러한 문어적 텍스트는 매우 자립적이기 때문이다; 이야기, 논증 그리고 법령은 그들의 의미를 만들기 위해 수반되는 이미지나 행동에 의존하지 않는다. 지금 우리가 호주에서 창밖의 원주민 깃발을 보고 있다고 상상해 보자. 만약 그렇다면, 우리가 다음 텍스트에서 *the black band, the red band* 또는 *the yellow circle*이라고 말할 때, 그렇다면 우리는 우리가 감지할 수 있는 것(보고, 듣고, 만지고, 맛보고, 또는 느낄 수 있는)을 외부에서 지시하는 것이다:

> **The** black band stands for Australian indigenous people (and for the night sky on which the Dreaming is written in the stars); **the** red band stands for the red Australian earth (and for the blood that Aboriginal people have shed struggling to share it with Europeans); and **the** yellow circle symbolizes the sun (and a new dawn for social justice for Aboriginal people).
> 이 검은 띠는 호주 원주민들(그리고 별들에 꿈꾸는 것이 쓰여 있는 밤하늘)을 의미한다. 이 붉은 띠는 붉게 물든 호주 땅(그리고 그것을 유럽인들과 나누기 위해 애쓴 원주민들의 피)을 의미한다. 그리고 이 노란 원은 태양(그리고 원주민들에게 사회 정의의 새로운 새벽)을 상징한다.

마찬가지로, 만약 Helena가 라디오를 통해 우리에게 그녀의 이야기를 읽어주었다면, 우리는 그녀가 그녀 자신에 대해 지시한 것이 (그녀의 말에서 말하는 사람에게) 외부조응적이라고 주장할 수 있다:

> **My** story begins in **my** late teenage years as a farm girl in the Bethlehem district of Eastern Free State.
> 나의 이야기는 Eastern Free State의 Bethlehem 지역의 농장 소녀였던 10대 후반부터 시작된다.

---

32) [역자주] 동종어는 특정 맥락의 구체적인 특징보다는 문화적 지식이나 기타 일반적인 지식에 의존하는 참조이다.

법령은 또한 유사한 방식으로 자신을 지시하며, 처소적 지시와 방향적 지시를 모두 사용한다:

It is **hereby** notified that the President has assented to the following Act which is hereby published for general information:
이에 따라 대통령이 일반적인 정보 제공을 위해 공포된 다음과 같은 법령에 동의했음을 공고한다:

1. (1) in **this** Act, unless the context otherwise indicates
1절 (1)조. 이 법령에서는 문맥상 달리 명시되지 않는 한, 다음과 같이 정의한다.

언어에서 텍스트 외부로의 이러한 종류의 지시를 **외부조응**(exophora)이라고 한다.

간접적으로 지시하기: 지시적 다리 놓기

지금까지 살펴본 언어 자원들은 그들이 파악한 참여자를 직접적으로 지시한다. 덜 일반적이기는 하지만, 참여자가 간접적으로 전제되는 경우도 있다. Tutu의 책에 수록된 다른 이야기에서 몇 가지 예를 들어 이를 설명할 수 있다:

Tshikalanga stabbed first.., and he couldn't get **the knife** out of the chest of Mxenge [96]
Tshikalanga가 먼저 칼을 찔렀고, 그는 Mxenge의 가슴에서 그 칼을 빼낼 수 없었다 [96]

이 이야기에서 *the knife*의 정체는 이전에 직접 소개된 적이 없지만, 간접적으로 소개되었다. 왜냐하면 누군가가 무언가로 찌른다면 이는 칼일 가능성이 가장 높기 때문이다.

다음 예제의 *plastic*도 유사하다. 직접적으로 언급되지는 않았지만, 비닐 봉지(plastic bag)는 분명히 플라스틱으로 만들어졌으므로 '존재'는 분명하다:

they started to take **a plastic bag** ... then one person held both my hands down and the other person put it on my head. Then they sealed it so that I wouldn't be able to breathe and kept it on for at least two minutes, by which time **the plastic** was clinging to my eyelids [105]
그들은 한 개의 비닐 봉투를 가져 가기 시작했습니다 ... 한 사람은 내 양손을 잡고 다른 한 사람은 그것을 내 머리에 올려놓았습니다. 그리고는 그들은 그것을 씌웠고, 나는 숨을 쉴 수 없었고, 그것을 최소 2분 동안 계속 했는데, 그때 비닐 봉투가 내 눈꺼풀에 달라 붙었습니다 [105]

이렇게 추론된 전방조응적 지시를 **다리 놓기**(bridging)라고 한다. Helena는 다음 발췌문에서 두 번째 사랑의 수면 습관에서 *the bed*를 전제하기 위해 이와 같은 지시를 사용한다:

Instead of **resting at night**, he would wander from window to window. He tried to hide his wild consuming fear, but I saw it.
그는 밤에 쉬는 대신 창문에서 창문으로 방황했다. 그는 거칠고 강렬한 두려움을 숨기려 했지만 나는 보고 말았다.
In the early hours of the morning between two and half-past-two, I jolt awake from his rushed breathing.
나는 새벽 2시 반에서 3시 반 사이, 그의 가쁜 숨소리에 잠에서 깼다.
Rolls this way, that side of <u>the bed</u>.
그는 침대 이쪽, 저쪽으로 굴러다녔다.

자기식별: 후방참조 지시

마지막으로, 텍스트의 다른 곳을 살펴볼 필요 없이 참여자들을 식별할 수 있는 자원이 하나 있다. 이런 현상은 한 가지가 다른 것을 수식하여 '어느 것인가?'라는 질문에 답할 때 일어난다. 예를 들어 Helena가 단순히 *the Bethlehem district, the realities, the people* 또는 *the answer*를 언급했다면, 우리는 아마도 '그게 어디에 있지?', '어느 현실?', '어느 사람?', '어느 대답?'이라고 물을 수도 있다. 하지만 Helena는 <u>어떤</u> 지역, <u>어떤</u> 현실, <u>어떤</u> 사람, <u>어떤</u> 대답을 의미하는지 알려주는 질화사(아래 밑줄친 부분)를 첨언하여 그런 질문을 해소한다.

the Bethlehem district <u>of Eastern Free State</u>
Eastern Free State의 Bethlehem 지역
the realities <u>of the Truth Commission</u>
진실 위원회의 현실
the people <u>of the struggle</u>
투쟁하는 사람들
the answer <u>to all my questions and heartache</u>
내 모든 의문과 고민에 대한 답

사물들의 측면어는 다음과 같은 방식으로 작동한다:

the bottom of his soul
그의 영혼의 밑바닥
the rest of my life
내 인생의 나머지
the role of 'those at the top'
'윗선'의 역할

그래서 *the*에 의해 선제된 이 구성요소들의 정보는 우리가 그 구성요소들의 끝에 도달할 때쯤에 해결된다. 구성요소들이 단순히 이렇게 자신들을 가리킬 때를 **후방참조**(esphora)라고 한다.

지시의 종류

위에서 소개한 지시 용어는 명사: *후방조응*(cataphora), *전방조응*(anaphora), *외부조응*(exophora) 등이 있다. 그러나 각각은 형용사도 가지고 있는데, 이것은 명사보다 더 일반적으로 *후방조응적*(cataphoric), *전방조응적*(anaphoric), *외부조응적*(exophoric) 등이 있다. 다음의 표는 각 용어가 무엇을 의미하는지 요약한 것이다. 표 5.5에서 후방참조(esphora)는 일종의 후방 지시로 취급되며, 다리 놓기(bridging)는 일종의 전방 지시 유형으로 다루어진다. 우리는 이러한 체계 전체를 **복원가능성**(RECOVERABILITY)이라고 부를 수 있다.

표 5.5 지시의 유형

지시	어디를 볼 것인가	예시
전방조응적	선행	*a plastic bag – it*
다리 놓기	간접적으로 선행	*a plastic bag – the plastic*
후방조응적	후행	*the following Act – Act*
후방참조적	같은 명사군 내에서 후행	*the people of the struggle*
동종조응적	공유된 지식의 외부로	*the Truth Commission*
외부조응적	해당 상황의 외부로	*(Look at) that view*

5.5 추적하기와 장르

참여자가 식별되는 방식은 텍스트가 전개되는 방식의 중요한 측면 중 하나이다. 모든 장르 중에서 이야기는 담화를 통해 참여자를 소개하고 추적하는 지시 자원을 가장 많이 활용한다. Tutu의 설명이나 법령과 같은 다른 장르에서는 일반화된 참여자들이 제시되고 간략하게만 추적된다. 또한 지시가 법령의 단계를 구성하는 데 도움이 되는 방법에 대해서도 살펴보았는데, 절 내에서는, 대명사와 지정사를 사용하여 정보를 추적하지만 절과 절 사이에서는 이름을 사용하여 지시한다. 이런 이유로 여기서는 Helena의 이야기에 초점을 맞출 것이다.

Helena는 어떤 의미에서 그녀의 이야기에서 주인공이다. Tutu는 Helena라는 이름으로 그녀를 독자에게 소개하며 편지 마지막에 이 가명을 사용하여 서명을 하였다. 이야기 자체에서 그녀는 다른 사람보다 더 자주 등장하며 항상 대명사(*I, my, we, our* 그리고 또한 그녀가 그녀의 두 번째 사랑을 이야기할 때는 *you*)로 등장한다. 그러나 Helena는 자신에 대한 이야기보다는 두 사랑에 대한 이야기와 그들의 피비린내 나는 작업이 그들에게 끼친 파괴적인 영향에 대해 이야기하고 있다. 당연히 이 두 주요 주인공을 추적하는 방식은 Helena를 일관되게 대명사로 지시하는 것보다 더 다양하고 흥미롭다. 또한 헬레나의 두 번째 남편의 세 친구, '정상에 있는 사람들', '투쟁에 참여한 사람들' 등 다른 주요 참여자들도 다양한 단계를 통해 소개되고 추적된다.

표 5.6은 Helena의 이야기에서 주인공을 소개하고 추적하는 데 사용된 자원에 대한 개요이다.

표 5.6 식별하기와 이야기 국면들

	Helena	첫사랑	두 번째 사랑	세 친구	윗선	사람들
도입	*my, I*					
사건 1	*I, we, my, our, me**	*a young man, his, he, we*, my first love, that beautiful big strong person*				
사건 2	*I, my, our, you, me, we**	*my first love*	*another policeman, he, our, we, my, his, they**	*3 of our friends, we, we, his friends, they, they, they*		

해석 '지식'	*I, my, me**	*our men, my murderer*	*'those at the top', the 'cliques', their, they, their, 'those at the top'*
'흑인 투쟁'	*I, my, our**		*Our leaders, Mr F. W. de Klerk, he*
'백인의 죄'	*we, I*		*the people of the struggle, their, their, their*
결말	*I, my, me*	*my wasted vulture, me, I, my**	

* 대명사 추적하기의 유형이 나열되어 있지만, 모든 예시가 나열된 것은 아니다.

Tutu가 편지에서 Helena를 소개할 때, 그녀의 이름이 먼저 제시되고, 다른 단계에서는 1인칭 및 2인칭 대명사로 Helena를 지시한다.

어휘 자원들은 그녀의 두 사랑(*a young man, another policeman*)을 소개하는 데 사용되며, 이들을 평가하기 위해 다시 어휘 자원이 필요할 때까지 대명사로 추적된다(*that beautiful big strong man and my murderer, my wasted vulture*). **사건** 1은 Helena의 첫사랑에 대한 이야기이며, Helena의 첫사랑은 **사건** 1 단계를 통해 추적되고 **사건** 2의 시작 부분에서 한번 언급되기도 한다. 그런 다음 그녀의 두 번째 사랑은 **사건** 2를 통해 소개되고 추적되며 **해석**의 두 국면에서도 역할을 한다.

보조 인물은 더 지역적이다. 먼저 세 친구는 **사건** 2의 초기 국면을 통해 추적된다. **해석** 단계는 차례로 다른 인물, 즉 그녀가 새로 발견한 '지식'에 대해 이야기할 때 *those at the top*과 *my murderer*로 다시 제시되는 그녀의 두 번째 사랑을 소개한다. 그런 다음 '흑인 투쟁'에 대한 그녀의 논의를 통해, *the people of the struggle*을 소개하고 추적한다. '백인의 죄' 국면에서는 '윗선'이 *our leaders*와 *Mr F. W. de Klerk*로 다시 제시된다. 마지막으로 그가 자신의 정신적 고문을 묘사하는 **결말**에서 그녀는 두 번째 사랑을 *my wasted vulture*로 다시 한번 제시한다.

그런 다음 전역적으로 이 표를 보면 각 국면에서 차례로 제시되고 다시 제시되는 이야기의 전개에서 다양한 인물의 역할을 조사할 수 있다. 지역적으로는, 각 국면 내에서 참여자가 소개되고 추적되는 방식을 조사할 수 있다. 이러한 종류의 표시는 또한 참여자가 소개된 후 대명사 대신 어휘 자원을 사용하는 것을 모니터링할 수 있게 해주며, 이는 앞서 언급했듯이 Helena의 이야기(서사)에서 평가하기와 관련이 있다.

이제 초점을 좁혀서 지시와 어휘 자원이 이야기의 하나의 국면에서 인물을 소개하고 추적하는 데 어떻게 사용되는지 살펴보자. 앞서 **사건** 1을 통해 Helena의 첫사랑이 어떻게 추적되는지 살펴봤다; Helena의 첫사랑에 대한 지시는 표 5.7에 다시 나와 있다. Helena와 마찬가지로 그는 처음에 대명사 사슬을 통해 추적된다: *he, his, we.* 그런 다음 그는 완전한 명사군 *my first love, that beautiful, big, strong person*, 그리고 마지막으로 다시 *my first love*를 통해 구체적인 인물상으로 지시된다.

표 5.7 Helena의 첫사랑에 대한 지시

제시하기	전제하기		
	대명사	공동 대명사	어휘적
a young man			
	his (twenties)		
	he		
		we (and Helena)	
	he		
	he		
	he		
	he		
		we (and Helena)	
	he		
			(my) first love
	he		
	he		
			that beautiful, big, strong person
	he		
			(my) first love

여기서 두 가지 요점을 짚어볼 수 있다. 첫 번째는 대명사 대신 이름이나 완전한 명사군으로 인물을 지시하는 것은 스토리텔링의 국면들과 관련이 있다는 것이다. 따라서 우리는 Helena의 이름을 사용하여 그녀의 이야기를 소개하고 마무리한다; 그리고 그녀의 첫사랑과 마지막으로 언급된 *my first love*로 *a young man*을 소개한다; 그리고 *my first love*는 또한

Helena가 오랜 세월이 지난 후 그를 다시 만날 때 사용된다. 여기서 살펴보고 있는 것은 스토리텔링의 국면들 내에서 지시를 유지하기 위해 대명사가 사용되고, 국면들을 <u>구성하기</u> 위해 명사를 사용한다는 것이다.

두 번째로 짚고 넘어가야 할 점은 *that beautiful, big, strong person*과 관련이 있다. 이 지시는 매우 평가어적이며, 이야기의 시작 부분에서 Helena가 첫사랑에 대해 묘사했던 눈부신 이미지(*young, bubbly, vivacious, wild energy, sharply intelligent, popular*)를 떠올리게 한다. Helena가 말하고자 하는 것은 이와 같은 모습과, 그 남자가 해외로 작전을 떠난 후에 변해버린 모습을 대조하는 것이다. 따라서, Helena가 독자를 위해 이야기의 요점을 형성할 때, 완전한 명사군을 사용하여 참여자를 추적하는 것의 또 다른 기능은 <u>평가하기</u>이다.

우리는 Helena의 두 번째 사랑에 대해 분석할 때 밀접하게 관련된 기능(국면을 구성하기와 사람을 평가하기)을 볼 수 있었다. 그는 *another policeman*으로 소개되고, 감당하기 힘들어질 때 *the man*으로 지시되며, Helena가 마지막으로 그를 언급할 때는 *my wasted vulture*로 지시된다:

I met **another policeman**
나는 다른 경찰관을 만났다
I can't handle **the man** anymore!
나는 더 이상 이 남자를 감당할 수 없어요!
I end with a few lines that **my wasted vulture** said to me one night
어느 날 밤 내 버려진 독수리가 나에게 했던 몇 마디로 마무리하겠다

이 중 두 번째와 세 번째도 평가적인데, *the man*은 두 번째 사랑을 지시하며 두 사람 관계의 거리감을 표현하고, *my wasted vulture*는 그의 생지옥에 대한 그녀의 동정심을 나타낸다.

소유대명사로 추적하기

평가하기와 관련하여 우리가 살펴봐야 할 또 다른 추적하기의 패턴은 두 번째 사랑을 친구들과 친척들, 그리고 그의 고뇌와 두려움을 연결하는 소유적 지시의 빈번한 사용이다. 소유적 지시는 **사건** 2와 **결말**의 핵심 특징이다:

'진행'
'Now, now **my darling**. We are real policemen now.'
'지금, 지금 내 사랑. 우린 이제 진짜 경찰이야.'
He and **his friends** would visit regularly
그와 그의 친구들은 정기적으로 방문했다
no other life than that of worry, sleeplessness, anxiety about **his safety**
걱정, 불면, 안전에 대한 불안으로 가득 찬 삶 외에는 다른 삶이 없다
And all that we as loved ones knew...was what we saw with **our own eyes**
그리고 사랑하는 사람으로서 우리가 아는 것은... 우리 눈으로 직접 본 것뿐이었다

'부정적 여파'
After about three years with the special forces, **our hell** began
특수부대에 입대한 지 약 3년이 지나자 우리의 지옥이 시작됐다
Sometimes he would just press **his face** into **his hands** and shake uncontrollably
그가 가끔은 얼굴을 손에 대고 걷잡을 수 없이 떨기도 했다
He tried to hide **his wild consuming fear**, but I saw it
그는 거칠고 강렬한 두려움을 숨기려 했지만 나는 보고 말았다.
I jolt awake from **his rushed breathing**.
그의 가쁜 숨소리에 잠에서 깼다.
The terrible convulsions and blood-curdling shrieks of fear and pain from the bottom
of **his soul**
끔찍한 경련과 피가 끓어오르는 공포와 고통의 비명소리가 그의 영혼의 밑바닥에서 울려 퍼졌다
I never knew. Never realised what was being shoved down **his throat** during the 'trips'
나는 정말 몰랐다. '여행'을 하는 동안 그의 목구멍으로 무엇이 밀려 들어왔는지 전혀 깨닫지
못했다
He's going to haunt me for the rest of **my life** if I leave him
내가 그를 떠나면 나의 여생 동안 나를 따라올 것이다

결말

I end with a few lines that **my wasted vulture** said to me one night
내 버려진 독수리가 나에게 했던 몇 마디로 마무리하겠다
The problem is in **my head, my conscience**.
문제는 내 머릿속, 내 양심에 있다.
There is only one way to be free of it. Blow **my brains** out. Because that's where **my**
hell is.
그것에서 벗어나는 방법은 단 하나뿐이다. 내 머리를 날려버리는 것이다. 왜냐하면 그곳이 내
지옥이니까.

이러한 국면들에서 소유적 지시의 광범위한 사용은 Helena와 그녀의 남자, 그리고 그들의 친구들 사이의 대인 관계에 초점을 두고 있으며, 그녀의 남자와 그의 신체, 반응 그리고 의식과의 관계에 초점을 두고 있다.

인용발화에서 추적하기

인용된 발화에서 참여자를 추적하기 위해 사용되는 대명사는 Helena의 첫 번째와 두 번째 사랑이 3인칭에서 1인칭으로 바뀌는 것에서 볼 수 있다:

'We won't see each other again ... maybe never ever again.'
'우리는 다시는 서로를 만나지 못할 거야... 어쩌면 영원히 다시는'
'We're moving to a special unit. Now, now **my** darling. **We** are real policemen now,'
'우리는 특수부대로 이동해. 지금, 지금 내 사랑. 우린 이제 진짜 경찰이야.'
'What **you** don't know, can't hurt **you**.'
'당신이 모르는 것은 당신을 해칠 수 없다.'
'They can give **me** amnesty a thousand times. Even if God and everyone else forgives **me** a thousand times – I have to live with this hell. The problem is in **my** head, **my** conscience. There is only one way to be free of it. Blow **my** brains out. Because that's where **my** hell is.'
'그들은 저에게 천 번도 더 사면을 줄 수 있습니다. 하나님과 다른 사람들이 저를 천 번 용서해도 저는 이 지옥과 함께 살아야 합니다. 문제는 제 머릿속, 제 양심에 있습니다. 그것에서 벗어나는 방법은 단 하나뿐입니다. 제 머리를 날려버리는 겁니다. 그곳이 제 지옥이니까요.'

따라서 추적하기 자원은 서사자가 직접 말하는 것과 다른 사람의 말을 인용하는 것을 포함하여 서사의 여러 가지 면을 설정하는 데 중요한 역할을 한다. Helena의 이야기에서 우리는 문법이 우리에게 기대하게 하는 것과 실제로 일어나는 일 사이에 약간의 긴장감을 느낄 수 있다. Helena는 인용하려는 것처럼 보이지만(*Then he says* 다음에 콜론이 나옴) 따옴표 없이 3인칭(*he and three of our friends*)으로 계속한다:

Then he says: **He and three of our friends** have been promoted.
그리고 그는 이렇게 말한다: 자신과 친구 세 명이 승진했다.
'We're moving to a special unit. Now, now my darling. We are real policemen now.'
'우리는 특수부대로 이동해. 지금, 지금 내 사랑. 우린 이제 진짜 경찰이야.'

만약 전형적인 인용문이었다면 그녀는 '*Three of our friends and I* ...'라고 썼을 것이다. 동사의 시제(*had*가 아닌 *have*)는 추적하기와 결합하여, 직접 발화로의 실제 발화행위를, 한 절 지연시킨다. 구두점, 문법 그리고 담화 사이의 이러한 상호작용의 일반적인 효과는 말하기와 인용하기 사이의 어딘가에 의미를 만들기 위한 것이다.

이야기가 혼합된 신호를 보내는 또 다른 경우는 Helena의 두 번째 사랑과 그의 특수부대 친구들을 추적하기와 관련이 있다. 아래 구절에서 *they* (*they stayed over*에서)가 그녀의 두 번째 사랑을 포함하는지 여부는 완전히 확신할 수 없다. 그녀의 두 번째 사랑이 그녀와 함께 살고 있다면 아마도 그렇지 않을 것이다. 하지만 만약 그가 그의 팀과 함께 살고 있다면 아마도 그럴 것이다. Helena는 특수부대로 배치(전출)되는 것이 집을 떠나는 것을 의미하는지 여부를 명확하게 밝히지 않았다.

> Then he says: He and three of our friends have been promoted. 'We're moving to a special unit. Now, now my darling. We are real policemen now.' We were ecstatic. We even celebrated. He and his friends would visit regularly.
> 그리고 그는 이렇게 말한다: 자신과 친구 세 명이 승진했다. '우리는 특수부대로 이동해. 지금, 지금 내 사랑. 우린 이제 진짜 경찰이야.' 우리는 황홀했다. 우리는 심지어 축하했다. 그와 그의 친구들은 정기적으로 방문하곤 했다.
> **They** even stayed over for long periods.
> 그들은 심지어 장기간 머물기도 했다.
> Suddenly, at strange times, **they** would become restless.
> 그런데 갑자기, 부지불식간에 그들은 안절부절못하기도 하였다.

텍스트가 전개되면서 *they*가 그녀의 두 번째 사랑을 포함한다는 것이 분명해 보인다. 왜냐하면 그가 자신의 팀과 함께 여행을 떠나는 것이 분명하기 때문이다; 그리고 이것으로부터 우리는 그가 실제로 그녀의 첫사랑처럼 승진 후 집을 떠났다고 결론을 내릴 수 있다:

> Then he says:
> 그리고 그는 이렇게 말한다:
> **He and three of our friends** have been promoted.
> 자신과 친구 세 명이 승진했다.
> '**We**'re moving to a special unit. Now, now my darling.
> '우리는 특수부대로 이동해. 지금, 지금 내 사랑.
> **We** are real policemen now.' We were ecstatic. We even celebrated.
> 우린 이제 진짜 경찰이야.' 우리는 황홀했다. 우리는 심지어 축하했다.

He and his friends would visit regularly.
그와 그의 친구들은 정기적으로 방문했다.
They even stayed over for long periods.
그들은 심지어 장기간 머물기도 했다.
Suddenly, at strange times,
그런데 갑자기, 부지불식간에
they would become restless.
그들은 안절부절못하기도 하였다.
Ø Abruptly mutter the feared word 'trip'
갑자기 '여행'이라는 두려운 말을 중얼거리고
and Ø drive off.
차를 몰고 간다.
I ... as a loved one ... knew no other life than that of worry, sleeplessness, anxiety about his safety and where **they** could be.
나는... 사랑하는 사람으로서... 걱정, 불면, 안전에 대한 불안, 그리고 그들이 어디에 있을지에 대한 불안 외에는 그 어떠한 것도 알 수 없었다.

그래서 어느 시점에서 우리는 확신할 수 없다; 하지만 계속 읽어 나가면 우리는 해석에 더 확신을 갖게 된다. 이러한 종류의 긴장은 담화가 전개될 때 참여자 추적하기가 우리가 있는 위치에 매우 민감한 역동적 장치라는 것을 보여준다. 분석할 때, 결국에는 해결되는 불확정성을 간과하지 않는 것이 중요하다. 왜냐하면 우리는 원하는 만큼 시간을 들여 신중하게 앞을 돌아볼 수 있고 뒤늦게 증거를 검토하고 전체적인 의미를 이해할 수 있기 때문이다. 담화에서 의미가 축적되는 방식은 우리가 궁극적으로 담화의 의미를 결정하는 것만큼 중요하다. 읽기는 글의 의미 가능성을 열어주기도 하지만, (동시에) 그 해석을 확정 지으며 닫기도 한다.

암시적(생략)으로 정체를 추적하기

우리가 아직 다루지 않은 부분이지만, 여기에서 논의 중인 주제와 중요한 것은 **생략**(ellipsis)을 추적 장치로 사용하는 것이다. 다음 예문에서 Helena는 누가 갑자기 말을 했고 누가 차를 몰고 떠났는지 알려주기 위해 실제로 대명사를 사용하지 않았지만, 영어는 참여자를 생략을 통해 (암시적으로) 지시하는 것을 허용하기 때문에 그녀가 누구를 의미하는지 우리는 잘 알고 있다:

Suddenly, at strange times, **they** would become restless
그런데 갑자기, 부지불식간에, 그들은 안절부절못하기도 하였다.
Ø Abruptly mutter the feared word 'trip'
갑자기 '여행'이라는 두려운 말을 중얼거리고
and Ø drive off.
(차를) 몰고 간다.

이러한 종류의 암시적 지시를 **생략**(ellipsis)이라고 한다. 많은 언어(예: 스페인어, 일본어)에서 이러한 종류의 생략은 대명사보다 훨씬 더 일반적이다. 그러나 영어는 주로 대명사를 선호한다(7장 7.3절에서 설명한 이유로). 여기에서 다시 한번 말하지만, Helena의 문장 부호 사용은 이러한 생략을 통한 추적하기 방식치고는 이례적이다. 영어에서는 생략은 문장 사이보다 문장 <u>내에서</u> 더 일반적으로 사용된다.

추상적으로 추적하기

지금까지 다룬 내용은 우리가 알아야 할 대부분의 내용을 알려준다. 식별어는 본질적으로 스토리텔링과 일상적인 대화의 중심이 되는 사람들을 추적하기 위한 장치이기 때문이다. 지금까지 살펴본 것처럼 동일한 종류의 자원은 구체적인 것과 추상적인 것, 심지어 담화 자체에도 사용될 수 있다. 하지만 일반적으로 사람이 아닌 경우에는 추적하기가 훨씬 덜 이루어진다. 원칙적으로 참여자가 더 추상적일수록 그 대상이 전제될 가능성은 더 낮아진다.

이에 대한 중요한 이유 중 하나는 추상적 참여자는 일반적으로 사물에 대해 일반화하는 담화에서 발생하는 경향이 있다는 것이다. Helena는 이야기가 끝날 무렵 그녀의 서사의 발화행위를 설명할 때 이러한 방향으로 나아간다. 예를 들어 그녀가 *white people*을 언급하는 것은 일반적으로 백인을 의미한다. 그녀는 특정 개인을 염두에 두고 있지 않다.

If I had to watch how **white people** became dissatisfied with the best and still wanted better and got it.
만약 백인들이 최고에 만족하지 않고 더 나은 것을 원하고 그것을 얻는 과정을 지켜봐야만 했다면.

그녀가 영적 살인과 육체적 살인을 비교할 때, 그녀는 그 개념을 일반적으로 이야기하고 있지, 두 번째 사랑의 영적 살인이나 그가 저질렀을 수도 있는 육체적 살인을 말한 것이 아니다; 마찬가지로 *a murder victim*은 이러한 종류의 모든 구성원을 지시한다.

> **Spiritual murder** is more inhumane than **a messy, physical murder.**
> 정신적 살인은 지저분한 육체적 살인보다 더 비인간적이다.
> At least **a murder victim** rests.
> 적어도 살인 피해자는 편히 쉴 수 있다.

이러한 종류의 지시는 일반적인 부류의 사물을 지칭하기 때문에 **일반적**(generic) 지시라고 한다. 방금 다룬 예와 마찬가지로 일반적 지시는 개인을 가리키는 특정적 지시보다는 훨씬 드물게 나타난다.

논증에서 이러한 유형의 지시는 표준적이다. Tutu는 특정 사건과 관련된 사면이나 정의가 아니라 일반적인 사면과 정의에 대한 질문으로 시작한다.

> So is **amnesty** being given at the cost of **justice** being done?
> 그렇다면 정의가 실현되는 대가로 사면이 이루어지고 있을까요?

사면은 나머지 논증에서 여러 번 언급되지만, 대명사를 통해 한 번만 지시된다:

> the granting of **amnesty**
> 사면권 부여
> **amnesty** is only given to those who plead
> 사면은 탄원하는 사람에게만 주어집니다
> **Amnesty** is not given to innocent
> 사면은 무고한 사람에게 주어지지 않습니다
> that **amnesty** was refused to the police officers who applied for **it**
> 사면을 신청한 경찰관들에게 사면이 거부되었다는 사실을 알려드립니다
> Once **amnesty** is granted
> 사면이 부여되면
> The effect of **amnesty** is as if the offence had never happened
> 사면의 효과는 범죄가 발생하지 않은 것과 같습니다

그리고 이 대명사 *it*은 사실 Tutu의 텍스트에서 사면에 대한 유일한 구체적인 지시, 즉 Steve Biko를 살해한 경찰관의 사면을 구체적으로 거부한 것을 가리키는 데 사용되었다:

It was on precisely this point that **amnesty** was refused to the police officers who ap-
plied for **it** for their part in the death of Steve Biko.
Steve Biko 사망 사건에 연루되어 사면을 신청한 경찰관들에 대한 사면이 거부된 것은 바로
이 지점에서였습니다.

반면에 이 특정 장교들은 Helena의 이야기 속 인물들처럼 대명사적으로 추적된다.

to the police officers who applied for it
신청한 경찰관들에게
for **their** part in the death of Steve Biko
Steve Biko의 죽음에 대한 책임을 물었습니다
They denied that
그들은 부인했습니다
they had committed a crime
자신들이 범죄를 저질렀다는 것을
claiming that **they** had assaulted him only in retaliation
(그 대신에) 보복으로 그를 폭행했다고 주장하면서
for his inexplicable conduct in attacking **them.**
그들을 공격하는 그의 설명할 수 없는 행동 때문에

따라서 어떤 논증의 예는 특정 참여자를 서사자처럼 식별하는 반면, 어떤 논증의 일반화는
그렇지 않다. 그 이유는 일반적 지시를 사용하면 구분해야 할 대상이 많지 않기 때문이다.
영어로 *amnesty*가 무슨 뜻인지 안다면 Tutu가 일반적인 사면에 관해 이야기하고 있기 때문
에 Tutu가 무슨 말을 하고 있는지 알 수 있다. 반면 Helena는 그녀의 이야기에서 첫사랑과
두 번째 사랑, 첫 번째 남편, 두 번째 사랑의 세 친구, Mr de Klerk, '정상에 있는 사람들(those
at the top)' 등 여러 다른 남자들을 분류해야 했다. 이렇게 되면 누가 누구인지 구분해야 해서,
신원 확인 시스템에 훨씬 더 부담이 커진다. 일반적으로 사면의 경우 간단한 명사로도 충분하다.
　일반적인 참여자가 전제된 경우, 관련된 사람들은 종종 전체 부류이며, 그 지시는 지역적
(같은 문장 내)이고 길게 지속(대명사 한두 개만 관련됨)되지 않는 경향이 있다:

because amnesty is only given to **those who plead guilty**, who accept responsibility for
what **they** have done
사면은 유죄를 인정하고 자신이 저지른 일에 대한 책임을 인정하는 사람에게만 주어지기 때문입니다

It is also not true that the granting of amnesty encourages impunity in the sense that **perpetrators** can escape completely the consequences of **their** actions
또한 사면이 가해자가 자신의 행동의 결과에서 완전히 벗어날 수 있다는 의미에서 사면이 면책을 조장한다는 것은 사실이 아닙니다

텍스트 지시의 경우, 추적하기는 상당히 지역적인 경향이 있어서 한두 번만 언급된 내용을 다시 지시하는 정도에 그친다. 물론 여기서 지시는 일반적으로 문장들 사이에 위치한다:

For some it has been so traumatic that marriages have broken up.
어떤 사람들에게는 너무 충격적이어서 결혼 생활이 깨진 경우도 있습니다.
That is quite a price to pay.
이는 상당한 대가를 치르는 것입니다.

it is important to note too that the amnesty provision is an ad hoc arrangement meant for this specific purpose.
사면 조항은 이러한 특정 목적을 위한 임시 조치라는 점에 유의하는 것도 중요합니다.
This is not how justice is to be administered in South Africa for ever.
이것은 남아프리카에서 영원히 정의가 집행되는 방식이 아닙니다.
it is for a limited and definite period and purpose.
제한적이고 명확한 기간과 목적을 위한 것입니다.

행정(문서) 담화에서의 추적하기

정책의 경우, 그 조항들이 전체적으로 적용되도록 설계되기 때문에, 언급된 거의 모든 사람과 모든 것이 일반적이다(즉, 특정인이 아닌 일반 대상을 가리킨다). 이에 대한 예외는 조항에 의해 설정된 특정 행위자와 기관들, 그리고 조항 자체이다. 위에서 언급했듯이 조항은 (숫자와 문자를 사용하여) 텍스트가 전개되는 대로 절에서 절로, 항에서 항으로 이름이 지정된다. 그리고 이러한 이름은 문서의 앞뒤를 지시해야 하는 거의 모든 경우에 사용되며, 서사나 논증에서 보다 훨씬 더 자주 사용되는데, 이는 텍스트의 각 부분이 어떻게 함께 연결되어 있는지 절대적으로 명확해야 한다는 법적 압력 때문이다. 그 결과 서사하기에서 볼 수 있는 연속 효과와는 다르게 텍스트 내 관계의 복잡한 격자 구조가 형성된다. 중요한 것은 텍스트 지시가 없다는 것이다; 즉 이름짓기는 다른 절에서 역할을 할 수 있도록 담화를 정제(精製)하는 작업을 한다.

다른 종류의 지시의 경우, 행정 정책의 일반적인 규칙은 참여자는 문장 내에서는 추적될 수 있지만 문장 사이에서는 추적할 수 없다는 것이다. 이는 사람과 사물의 일반적인 부류들과 특정 행위자 또는 기관(들)의 경우에도 마찬가지이다:

(c) establishing and making known the fate or whereabouts of **victims** and by restoring the human and civil dignity of such victims by granting **them** an opportunity to relate **their** own accounts of the **violations** of which **they** are the victims, and by recommending reparation measures in respect of **them**;
(c)항. 피해자의 신병 또는 소재를 파악하여 알리고, 피해자에게 자신이 피해자인 위반 사항에 대해 직접 진술할 기회를 부여하고 그에 대한 배상 조치를 권고함으로써 피해자의 인간적 및 시민적 존엄성을 회복하는 것;

4. The functions of **the Commission** shall be to achieve **its** objectives, and to that end the Commission shall
4절. 그 위원회의 기능은 그 목적을 달성하는 것이며, 이를 위해 그 위원회는 다음을 수행한다.

이 국지적 추적하기 규칙은 다음과 같이 조항에 대한 지시사 지시에도 적용된다:

(c) The joint committee may at any time review any regulation made under **section 40** and request the President to amend certain regulations or to make further regulations in terms of **that section.**
(c)항. 공동위원회는 언제든지 제40조에 따라 만들어진 모든 규정을 검토하고 대통령에게 특정 규정을 수정하거나 그 조항과 관련하여 추가 규정을 만들 것을 요청할 수 있습니다.

41. (1) Subject to the provisions of subsection (2), **the State Liability Act, 1957 (Act No. 20 of 1957),** shall apply, with the necessary changes, in respect of the Commission, a member of its staff and a commissioner, and in such application a reference in **that Act** to "the State" shall be construed as a reference to "the Commission", and a reference to "the Minister of the department concerned" shall be construed as a reference to the Chairperson of the Commission.
41절 (1)조. (2)조의 규정에 따라, 1957년 국가책임법(1957 법령 제20호)이 위원회의 구성원 및 위원과 관련하여 필요한 변경 사항과 함께 적용되며, 이러한 적용에서 "국가"에 대한 그 법령의 언급은 "위원회"에 대한 언급으로 해석되고, "관련 부서의 장관"에 대한 언급은 위원회의 위원장에 대한 언급으로 해석된다.

비교적 지시도 마찬가지로 국지적 제한이 있다:

(viii) "former state" means any state or territory which was established **by an Act of Parliament** or by proclamation in terms of **such an Act** prior to the commencement of the Constitution and the territory of which now forms part of the Republic;
(viii)호. "전(前) 국가"는 헌법이 시작되기 전에 의회법 또는 그러한 법령의 관점에서 공포에 의해 설립된 모든 국가 또는 영토와 현재 공화국의 일부를 구성하는 영토를 의미한다;

(a) establishing as complete a picture as possible of the causes, nature and extent of the **gross violations of human rights which were committed during the period from 1 March 1960 to the cut-off date,** including the antecedents, circumstances, factors and context of **such violations,** as well as the perspectives of the victims and the motives and perspectives of the persons responsible for the commission of the violations, by conducting investigations and holding hearings
(a)항. 조사를 실시하고 청문회를 개최함으로써 1960년 3월 1일부터 마감일까지의 기간 동안 자행된 총체적인 인권침해의 원인, 성격 및 정도, 그러한 위법행위의 선례, 상황, 요인 및 맥락, 피해자의 관점 및 그 위법행위에 대한 책임자의 동기 및 관점을 포함하여 가능한 한 완전한 그림을 구축하는 것

일반적으로 이것이 의미하는 바는 우리가 어떤 것을 지시하기 위해 적절한 고유명(예를 들면, *For the purposes of sections 10(1), (2) and (3) and 11 and Chapters 6 and 7 ...*)을 사용하는 것이 아니라면, 전제되는 정보는 바로 그 텍스트 내에서 즉시 확인 가능해야 한다는 것이다. 이러한 종류의 추적하기는 법적 소송에서 악용될 수 있는 모호성을 피하기 위해 진화한 것으로 추정된다. 그 결과 제안과 정의의 짧은 국면들로 전개되는 형식적으로-분할된 텍스트가 되었다. 6장에서 이러한 구조화의 중요성에 대해 다시 살펴보겠다.

5.6 식별어 시스템 전체 보기

이제 우리가 구축한 식별어 시스템에 대해 약간 기술적인 요약을 해보겠다. 일반적인 식별어 자원부터 시작하여 추적하기를 위한 언어 자원, 그리고 명사군 문법에서 바라본 관점을 차례로 살펴보겠다.

식별어 시스템

식별어 시스템에는 그림 5.3에 표시된 두 가지 시스템이 있는데, 하나는 해당 참여자의 정체를 제시하거나(*a young man*), 전제하는 시스템이고, 다른 하나는 비교(*another policeman*)를 통해 그 정체를 다른 정체와 선택적으로 관련시키는 시스템이다. 정체를 전제하는 데는 대명사와 명사로 대별 되는 다양한 자원들이 사용된다. 대명사적 지시는 화자와 청자 역할(1인칭 및 2인칭)과 기타(3인칭)로 구분하면 유용하다. 명사적 지시는 이름(*Tutu*) 또는 한정된 명사를 포함하며, 한정사는 정관사(*the Commission*)와 지시사(*this chapter*)로 나누어진다. 문법적 허용에 따라, 이러한 선택항들은 비교급 여부의 선택과 결합된다. 이 선택항은 다음과 같은 시스템으로 표시된다. 말한 대로, '비교' 또는 비교하지 않음(붙임표 '-'로 표시됨)의 선택항을 취할 수 있다.

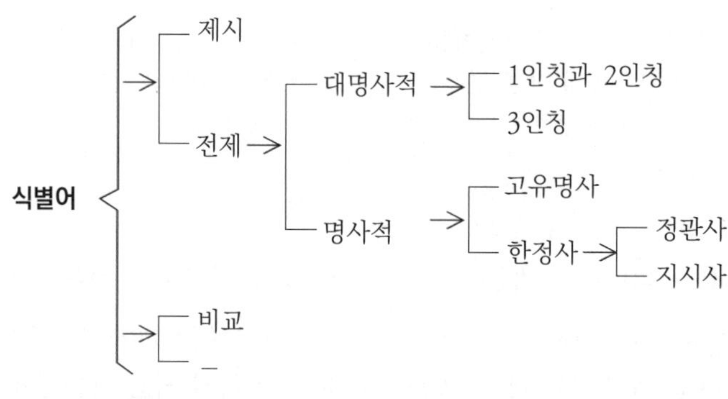

그림 5.3 식별어 시스템

추적하기 시스템

추적하기의 경우, 그림 5.4에서 볼 수 있듯이 공동의 이해(*the Truth Commission, Mandela*)나 상황적 제시를 기반으로 전제된 정보를 복구할 수 있다. 상황적 경우, 정보는 언어적 양식(내부조응) 또는 비언어적 양식(외부조응)을 통해 전제될 수 있다. 공동 텍스트(내부조응)에서 지시는 순행이나 역행으로 가리킬 수 있는데, 역행의 경우, 직접 지시는 추론과 구별될 수 있고, 순행의 경우, 명사군에서 그 군 뒤에 나타나는 어떤 것에 대한 지시와 동일한 명사군 내에서 추적되는 지시가 구별될 수 있다. 용어적으로는 다리 놓기(bridging)를 전방조응의 일종으로 지칭할 수 있다. 동일 (명사)군 내에서의 순행 지시(후방참조)가 그 명사군을 넘어서는 순행 지시보다 훨씬 더 일반적이므로, 후자의 지시를 위해서는 후방조응이라는 용어를 사용하는 것이 가장 좋을 것이다.

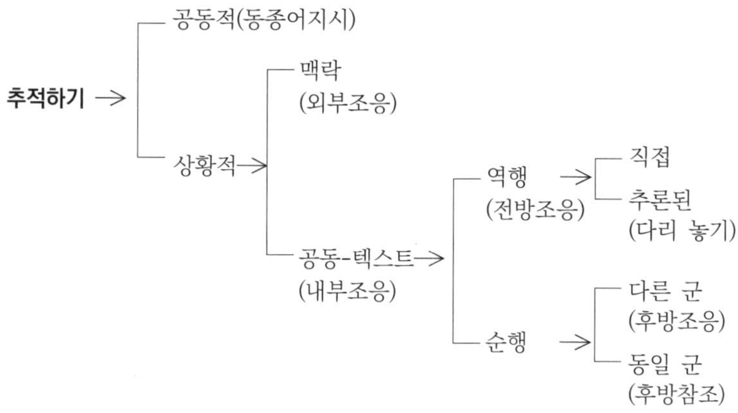

그림 5.4 추적하기 시스템

명사군 문법에서 식별어 자원

3장에서 사물과 사람을 실현하는 명사군의 구조에서 참여자에 대한 문법적 관점을 소개했다. 우리가 위에서 설명한 각 식별어 자원들은 명사군 내에서 하나 또는 또 다른 기능(범주)에 의해 실현된다. **직시어**(Deictic) 및 **사물**(Thing) 기능들은 지정사 또는 명사로 참여자를 <u>식별</u>한다. **수량어**(Numerative) 및 **형용어**(Epithet) 기능들은 그들의 순서(수) 또는 질(質)들(부사)에 따라 참여자를 <u>비교</u>한다. **질화사**(Qualifier)는 그것이 수식하는 참여자를 비교하거나 위치시킨다. (**분류어**(Classifier) 기능은 식별하기에 관여하지 않는다.) 이러한 자원들은 표 5.8에 나와 있다.

표 5.8 명사군 내 식별어 자원들

직시어	수량어	형용어	분류어	사물	질화사
'식별' 지정사	'비교' 수사적 형용사	'비교' 비교급/최상급 형용사 하위 수식 형용사	- 명사	'이름' 명사	'비교', '위치시키기' 절/구
제시하기...					
a (certain), one some, any, Ø every, all what				someone anyone everyone	
전제하기...					
the (said) this, that	first next	such better		Tim, Sue section 3	else here, there

these, those	*fewer*	*best*
each, both	*as much*	*as big*
either, neither		*more lovely*
which, whose		
my, your, her...		*I, you, she...*

Halliday는 또한 명사군에서 **후-직시어**(Post-Deictic) 기능도 인정한다. 이는 일반적으로 **직시어** 뒤에 오는 형용사에 의해 실현되지만 **수량어** 앞에 오는 형용사에 의해 실현되기도 한다. 이 중 몇 가지는 비교를 나타낸다:

> the **same** three..., a **similar** one..., the **other** two..., a **different** one..., someone **else**...
> 같은 세 가지..., 비슷한 한 가지..., 다른 두 가지..., 다른 한 가지..., 다른 누군가...

우리들이 다루고 있는 언어 자원들에 대한 검토를 마무리하기 위해 시간과 공간에 대한 정보를 전제하는 몇 가지 위치 표현도 살펴보자:

> now, then; here, there; hereby, thereby; herewith, therewith
> 지금, 그때; 여기, 저기; 이로써, 그로써; 이와 함께, 그와 함께

헤드라인, 전보, 휴대폰 문자 메시지, 제목, 라벨, 도표, 광고판 등과 같은 '작은 텍스트'에서는 지정사가 생략되는 경우가 많기 때문에 제시하기와 전제하기의 구분이 중화된다. 예를 들어, 법령의 제목에는 'the'가 생략되어 있지만 단락에는 포함되어 있다.

CHAPTER 2
2장
Ø Truth and Reconciliation Commission
진실화해위원회
Ø Establishment and Ø seat of Ø Truth and Reconciliation Commission
진실화해위원회의 설립 및 위원
2. (1) There is for the purposes of sections 10(1), (2) and (3) and II and Chapters 6 and 7 hereby established a juristic person to be known as **the Truth and Reconciliation Commission.**
2절 (1)조. 10절 (1), (2), (3)조 및 II와 6장, 7장의 목적을 위해 진실화해위원회로 공개되는 법인을 설립한다.

(2) **The seat** of **the Commission** shall be determined by the President.
(2)조. 위원회의 위원은 의장이 결정한다.

우리는 또한 여러 대명사가 특별한 사람의 정체를 전제하지 않는 일반화된 방식으로 흔하게 사용된다는 점도 관찰해야 한다:

You don't know who your friends are 'til **you**'re down and out.
너는 너의 친구들이 누구인지 네가 망하기 전까지는 알 수 없다.
We just don't behave like that round here!
우리는 여기서 그런 식으로 행동하지 않는다!
They're double parking both sides of the street again!
그들은 또 길 양쪽에 이중 주차를 하고 있어!
It's too damn hot!
날씨가 너무 더워!

마지막으로, 동일한 문법적 구성으로 정보를 추정하는 다양한 종류의 구조적 *it*이 있으며, 원하는 경우 이를 텍스트 지시로 취급할 수 있다. 후방참조과 마찬가지로, 담화 분석은 문법 분석에서 이미 설명되지 않은 많은 것을 알려주지는 않는다. 예를 들면 다음과 같다:

It's **Tutu who forgave them**
그들을 용서한 것은 Tutu이다
It pleased me **he forgave them**
그가 그들을 용서한 것은 나를 기쁘게 했다
I like **it he forgave them**
그가 그들을 용서한 것이 마음에 든다
it's good **he forgave them**
그가 그들을 용서해서 다행이다
It's reported **he forgave them**
그가 그들을 용서했다고 보고되었다
It appears **he forgave them**
그가 그들을 용서한 것 같다

6
주기어: 정보의 흐름

장 개요

주기어(periodidty)는 정보의 흐름, 즉 우리가 의미를 쉽게 받아들일 수 있도록 의미 정보를 포장하는 방식과 관련된다.

6.1절의 일반적인 소개에 이어서 6.2절에서는 절 내의 정보 흐름을 살펴보고 **테마**(Theme)와 **뉴**(New)의 개념을 소개할 것이다. 6.3절에서는 이를 단락 수준으로 확장하여, 정보가 **하이퍼테마**(hyperTheme)(일명, 주제문)로 예측되고 **하이퍼뉴**(hyperNew)로 요약될 수 있는 방식을 다룬다. 이어서 6.4절에서는 더 길고 정교하게 편집된 긴 텍스트에서 이 패턴을 확장하는 방법을 살펴볼 것이다(**매크로테마**(macroTheme)와 **매크로뉴**(macroNew)의 개념을 탐구한다).

6.2-6.4절에서 **주기어의 위계 구조**(hierarchy of periodicity) 개념을 발전시키고, 6.5절에서는 여러 층의 예측과 요약(물결 속의 물결)이 포함된 위계적 구조를 가진 텍스트와 한 절에서 다음 절로 연속적으로 전개되는 좀 더 평평한 텍스트를 비교할 것이다. 그런 다음 6.6절과 6.7절에서는 이러한 아이디어를 사용하여 사람들이 흔히 읽기 복잡하다고 생각하는 두 가지 유형의 담화, 즉 탈구조주의 담화와 입법적 담화를 탐구하고 **제목**(headings)과 관련된 주기어에 대한 논의를 다룰 것이다.

마지막으로 6.8절에서는 우리가 자동차 기어를 바꾸는 것처럼, 담화의 국면들이 계속 쫓아갈 수 있도록 통합되거나 해체되는 과정 안에서 담화 시스템(평가어, 관념어, 접속어, 식별어와 주기어)이 어떻게 상호 작용하는지에 대해 집중적으로 살펴볼 것이다.

6.1 정보의 물결

주기어는 정보의 흐름, 즉 우리가 의미를 쉽게 받아들이기 위해 의미를 포장하는 방식과 관련이 있다. 학교에서 작문을 배운 사람이라면 '주제문(장)'과 에세이에 권장되는 '**서론-본론-결론**' 조직에 대해 기억할 것이고, 수사학을 조금이라도 접해본 사람이라면 '당신은 그들에게 당신이 말하려고 하는 것, 말하는 것, 말한 것을 전달한다'는 조언을 떠올릴 수도 있을 것이다. 이러한 아이디어들이 바로 정보 흐름에 관한 것이다. 즉, 독자에게 무엇을 기대할 수 있는지에 대한 아이디어를 제공하고, 그 예상을 충족시킨 후에 그것을 검토하도록 하는 것이다.

예를 들면 우리는 Helena의 서사가 어떻게 구성되었는지를 앞에서 이미 보았다. Tutu는 자신의 논증 중 하나를 예시하기 위해 이 서사를 사용하고 있으므로, 자신의 주장에서 이 서사가 자연스럽게 이어질 수 있도록 신중한 전개를 설계하고 있다.

> The South Africa Broadcasting Corporation's radio team covering the Truth and Reconciliation Commission received **a letter** from a woman calling herself Helena (she wanted to remain anonymous for fear of reprisals) who lived in the eastern province of Mpumalanga. They broadcast **substantial extracts**
> 진실화해위원회를 취재하는 남아프리카방송국 라디오 팀은 Mpumalanga 동부 지방에 사는 Helena(이 여성은 보복이 두려워 익명을 원했다)라는 여성으로부터 한 통의 편지를 받았다. 그들은 편지의 상당한 부분을 발췌해 방송했다

Tutu는 담화의 명칭(편지, 발췌문)을 사용하여, 전개의 다리를 놓는다. 그리고 나면 Helena가 이야기를 이어받아 "내 이야기의 시작은"이라고 말하며, 자신의 장르를 명확히 밝히고, 우리가 읽게 될 편지의 성격에 대한 기대를 형성한다. 또한 Helena는 '버려진 독수리'에서 몇 줄을 인용하며 끝내겠다고 명시적으로 선언한다.

편지(letter), 발췌문(extract), 이야기(story), 행(line)과 끝(end)이라는 단어는 담화를 사물(*letter, extract, story, line*)과 과정(*end*)으로 지칭하기 때문에 '메타-담화'로 설명될 수 있다. 이런 종류의 어휘는 담화를 포장하는 데 중요한 자원 중 하나가 된다. Helena의 서사에서 이것(메타-담화)은 텍스트의 부분들에 이름을 붙임으로써, 그녀 이야기의 시작과 끝의 틀을 잡아주고 그녀의 이야기와 Tutu의 주장 사이의 관계를 관리하는 역할을 한다.

Halliday, Pike 등은 이러한 정보 흐름을 설명하기 위해 물결(wave) 은유를 사용하였다. Pike는 '조류의 잔물결처럼 함께 흐르다가 작은 물결들이 위계의 형태를 이루며 서로 합쳐지고... 더 큰 물결 위로 (통합된다)'라고 언급하고 있다(Pike 1982: 12-13).

담화의 리듬에는 여러 층이 있을 수 있기 때문에 Pike의 큰 물결 위의 작은 물결이라는 개념은 정보의 흐름을 이해하는 데 매우 중요하다. 예를 들어, 두 번째 사건의 '부정적 여파 (repercussions)' 국면에서 Helena는 *our hell began*으로 남편의 고통을 설명하기 시작한다. 이렇게 함으로써 그녀는 이야기의 한 국면 안에 정보의 층을 구성하고, 앞서 살펴본 것처럼 그녀의 이야기는 더 큰 물결(*My story begins... to I end with a few lines...*)로 구성되었으며, 이를 넘어 Tutu의 주장과 관련된 그녀의 이야기는 한층 더 큰 파동(pulse)을 이루고 있다. 우리는 우선 들여쓰기를 사용하여 이러한 큰 정보 물결과 작은 정보 물결의 관계에 대한 윤곽을 잡을 수 있을 것이다.

The South Africa Broadcasting Corporation's radio team covering the Truth and Reconciliation Commission received **a letter** from a woman calling herself Helena (she wanted to remain anonymous for fear of reprisals) who lived in the eastern province of Mpumalanga. They broadcast **substantial extracts**:
진실화해위원회를 취재하는 남아프리카방송국 라디오 팀은 Mpumalanga 동부 지방에 사는 Helena(이 여성은 보복이 두려워 익명을 원했다)라는 여성으로부터 한 통의 편지를 받았다. 그들은 편지의 상당한 부분을 발췌해 방송했다:

My **story** begins in my late teenage years as a farm girl in the Bethlehem district of Eastern Free State. ...
내 이야기는 Eastern Free State의 Bethlehem 지역의 농장 소녀였던 10대 후반부터 시작된다. ...

After about three years with the special forces, **our hell began.**
특수부대에 입대한 지 약 3년이 지나자 우리의 지옥이 시작됐다.

He became very quiet. Withdrawn. Sometimes he would just press his face into his hands and shake uncontrollably. I realized he was drinking too much. Instead of resting at night, he would wander from window to window. He tried to hide his wild consuming fear, but t saw it. in the early hours of the morning between two and half-past-two, I jolt awake from his rushed breathing. Rolls this way, that side of the bed. He's paie. Ice cold in a sweltering night - sopping wet with sweat. Eyes bewildered, but dull like the dead. And the shakes. The terrible con-vulsions and blood-curdling shrieks of fear and pain from the bottom of his soul. Sometimes he sits motionless, just staring in front of him. I never understood. I never knew. Never realised what was being shoved down his throat during the 'trips'. I just went through hell. Praying, pleading: 'God, what's happening? what's wrong with him? Could he have changed so much? Is he going mad? I can't handle the man anymore! But, I can't get out. He's going to haunt me for the rest of my life if I leave him, Why, God?' ...

그는 매우 조용해졌다. 집안에 틀어박혔다. 가끔 그는 자신의 얼굴을 손으로 감싸고 걷잡을 수 없이 떨기도 했다. 나는 그가 술을 너무 많이 마신다는 것을 깨달았다. 그는 밤에 쉬는 대신 창문에서 창문을 오가며 방황했다. 그는 거칠고 강렬한 두려움을 숨기려 했지만 나는 보고 말았다. 나는 새벽 2시 반에서 3시 반 사이, 그의 가쁜 숨소리에 잠에서 깼다. 그는 침대 이쪽저쪽으로 굴러다녔다. 그는 창백했다. 무더운 밤에 얼음장처럼 차갑고 땀으로 흠뻑 젖어 있었다. 죽은 사람처럼 멍한 눈동자, 그리고 떨림. 끔찍한 경련과 소름끼치는 공포와 고통의 비명소리가 그의 영혼의 밑바닥에서 울려 퍼졌다. 때때로 그는 움직이지 않고 앉아서 앞을 응시했다. 나는 결코 이해하지 못했다. 정말 몰랐다. '여행'을 하는 동안 그의 목구멍으로 무엇이 밀려 들어왔는지 전혀 깨닫지 못했다. 나는 방금 지옥을 겪었다. 기도하고 간청했다: '하나님, 무슨 일이에요? 그에게 무슨 문제가 있나요? 그가 그렇게 많이 변할 수 있나요? 미쳐가는 건가요? 더 이상 이 남자를 감당할 수 없어요! 하지만 빠져나올 수가 없어요. 내가 그를 떠나면 평생 나를 따라올 거예요. 왜, 신이시여?'

I end with a few lines that my wasted vulture said to me one night: 'They can give me amnesty a thousand times. Even if God and everyone else forgives me a thousand times – I have to live with this hell. The problem is in my head, my conscience. There is only one way to be free of it. Blow my brains out. Because that's where my hell is.'

어느 날 밤 내 버려진 독수리가 나에게 했던 몇 마디로 마무리하겠다: '그들은 저에게 천 번도 더 사면을 줄 수 있습니다. 하나님과 다른 사람들이 저를 천 번 용서해도 저는 이 지옥과 함께 살아야 합니다. 문제는 제 머릿속, 제 양심에 있습니다. 그것에서 벗어나는 방법은 단 하나뿐입니다. 제 머리를 날려버리는 겁니다. 그곳이 제 지옥이니까요.'

'물결(wave)'이라는 용어는 틀(framing)이 형성되는 순간이 텍스트적(정보적)으로 두드러짐의 고점(peak)을 나타내고, 그 뒤를 덜 두드러지는 저점(trough)이 따르는 방식으로 전개된다는 개념을 포착하기 위해 사용한다. 따라서 담화는 앞으로의 내용을 암시함으로써 기대를 형성하고, 요약을 통해 뒤돌아보며 그 기대를 공고히 한다. 이러한 기대는 정보의 파고(波高, crests)로 제시되며, 정보 흐름의 관점에서 보면 이 기대를 충족하는 의미들은 점점 약해지는 부분(diminuendos)으로 볼 수 있다.

주기어(periodicity)라는 용어는 정보 흐름의 규칙성을 나타내기 위해 사용된다. 즉 물결이 일정한 패턴을 형성하는 경향과 물결의 위계가 예측 가능한 리듬을 형성하는 경향을 가리킨다. 다시 말하면, 담화에는 비트가 있으며, 이러한 리듬이 없다면 의미를 이해하기가 매우 어려울 것이다.

6.2 작은 물결: 테마와 뉴

정보의 물결이라는 개념은 1930년대 의사소통적 역동성에 관한 프라하 학파의 연구에서 시작되어, 1960년대 이후 SFL을 비롯한 기능 언어학에서 중요한 위치를 차지해 왔다. Halliday는 텍스트적 의미의 관점에서 절 자체를 정보의 물결로 취급하였다. 절의 시작 부분에서 두드러짐의 최고점을 **테마**라고 한다.

테마를 분석하기

테마 분석을 수행하기 위해 담화의 국면 하나를 선택해서 이것을 절로 나누어 보겠다; 여기서는 남편의 고통에 대한 Helena의 설명을 예로 들 것이다.

담화를 연구할 때, 생략된 참여자의 신원은 청자/독자가 이미 예상할 수 있는 부분이므로, 분석을 위해서는 이를 다시 채워 넣어야 한다. 이 생략된 참여자를 대괄호 [ ] 안에 복원하고, 그들과 연관되어 생략된 언어적 요소도 함께 복원할 것이다:

He became very quiet.
그는 매우 조용해졌다.
[He became] Withdrawn.
[그는] 집안에 틀어박혔다.
Sometimes he would just press his face into his hands
가끔 그는 자신의 얼굴을 손으로 감싸고
and [he would] shake uncontrollably.
[그는] 걷잡을 수 없이 떨기도 했다.
I realized
나는 깨달았다
he was drinking too much.
그가 술을 너무 많이 마신다는 것을.
Instead of resting at night, he would wander from window to window.
그는 밤에 쉬는 대신 창문에서 창문을 오가며 방황했다.
He tried to hide his wild consuming fear,
그는 거칠고 강렬한 두려움을 숨기려 했지만,

but I saw it.

나는 보고 말았다.

In the early hours of the morning between two and half-past-two, I jolt awake from his rushed breathing.

나는 새벽 2시 반에서 3시 반 사이, 그의 가쁜 숨소리에 잠에서 깼다.

[He] Rolls this way, that side of the bed.

[그는] 침대 이쪽저쪽으로 굴러다녔다.

He's pale.

그는 창백했다.

[He's] Ice cold in a sweltering night

[그는] 얼음장처럼 차갑고

[He's] - sopping wet with sweat.

[그는] 땀으로 흠뻑 젖어 있었다.

[His] Eyes [are] bewildered,

[그의] 멍한 눈동자,

but [his eyes are] dull like the dead.

그러나 [그의 눈은] 죽은 사람처럼.

And [he had] the shakes.

그리고 [그는] 떨었다.

[He had] The terrible convulsions and blood-curdling shrieks of fear and pain from the bottom of his soul.

[그가 가진] 끔찍한 경련과 소름끼치는 공포와 고통의 비명소리가 그의 영혼의 밑바닥에서 울려 퍼졌다.

Sometimes he sits motionless,

때때로 그는 움직이지 않고 앉아서,

just staring in front of him

앞을 응시했다

얼마나 복원해야 할지 알기 어려울 때가 있다. 우리는 위에서 마지막 비-정형절(*just staring in front of him*)의 빈틈을 제외한 모든 '빈틈'을 채우면서 꽤 풍성하게 읽었다.33) 복원하기는 **테마** 분석의 관점에서 작업할 수 있는 텍스트를 더 풍부하게 해준다.

다음 단계는 **테마**를 강조하는 것이다. 글쓰기에서 **테마**란 기본적으로 절의 주어로 기능하는 참여자까지 포함한 모든 부분을 의미한다. 영어에서 어떤 절의 **주어**는 부가의문문에서 지칭되는 참여자를 말한다.

---

33) 비-정형절이 **테마** 분석에서 생략되는 이유는 비-정형절이 담화의 어떤 국면에서 정보 흐름의 주류에서 벗어나기 때문이다.

He tried to hide his wild consuming fear, didn't **he**?
그는 거칠고 강렬한 두려움을 숨기려고 했다, 그렇지 않은가?
But **I** saw it, didn't **I**?
그러나 나는 보고 말았다, 그렇지 않은가?

따라서 어떤 절의 **테마**로 가장 일반적으로 선택되는 것은 **주어**이다. **주어** 앞에 오는 관념적 의미를 **유표적 테마**(marked Theme)라고 하며, 일반적인 **주어/테마**와는 다른 담화 기능을 가지고 있는데, 이는 잠시 후에 살펴보겠다. (아래의 분석 예시에서) 모든 **테마**는 강조 표시되어 있으며, 유표적 **테마**는 아래에 밑줄이 그어져 있다:

He became very quiet,
그는 매우 조용해졌다.
[**He** became] Withdrawn.
[그는] 집안에 틀어박혔다.
Sometimes he would just press his face into his hands
가끔 그는 자신의 얼굴을 손으로 감싸고
and [he would] shake uncontrollably.
[그는] 걷잡을 수 없이 떨기도 했다.
I realized
나는 깨달았다
he was drinking too much.
그가 술을 너무 많이 마신다는 것을.
<u>**Instead of resting at night,**</u> **he** would wander from window to window.
그는 밤에 쉬는 대신 창문에서 창문을 오가며 방황했다.
He tried to hide his wild consuming fear,
그는 거칠고 강렬한 두려움을 숨기려 했지만,
but I saw it.
나는 보고 말았다.
<u>**In the early hours of the morning between two and half-past-two,**</u> **I** jolt awake from his rushed breathing.
나는 새벽 2시 반에서 3시 반 사이, 그의 가쁜 숨소리에 잠에서 깼다.
[**He**] Rolls this way, that side of the bed.
[그는] 침대 이쪽저쪽으로 굴러다녔다.
He's pale.
그는 창백했다.

[He's] Ice cold in a sweltering night
[그는] 얼음장처럼 차갑고
[He's] - sopping wet with sweat.
[그는] 땀으로 흠뻑 젖어 있었다.
[His] Eyes [are] bewildered,
[그의] 멍한 눈동자,
but [**his eyes** are] dull like the dead.
그러나 [그의 눈은] 죽은 사람처럼.
And [he had] the shakes.
그리고 [그는] 떨었다.
[He had] The terrible convulsions and blood-curdling shrieks of fear and pain from the bottom of his soul.
[그가 가진] 끔찍한 경련과 소름끼치는 공포와 고통의 비명소리가 그의 영혼의 밑바닥에서 울려 퍼졌다.
Sometimes he sits motionless,
때때로 그는 움직이지 않고 앉아서,
just staring in front of him...
앞을 응시했다...

이 국면에서 **주어/테마**로 자주 선택되는 것은 Helena의 남편인 *he*이다. 그는 이 담화 국면의 의미 영역에서 기본적인 방향을 제시하는 자이며, Helena의 남편은 각각의 형상들이 새로운 정보를 거는 고리의 역할을 한다. 각 절의 **테마**로서 그는 반복되는 출발점의 역할을 하며 각 형상의 필드에서 우리가 바라보는 시각의 역할을 한다. 이러한 종류의 **주어/테마**는 담화의 국면에 연속성을 부여한다. 그들은 담화에서 가장 빈번하게 사용되는 **테마**이고 각 절의 출발점이기 때문에 청자/독자는 이것을 '무표적' **테마**로 인식하며, 그들은 담화의 흐름에서 약간 두드러지지만, 전형적이기 때문에 특별히 두드러지지는 않는다.

유표적 테마

주어가 아닌 **테마**는 다른 효과를 가진다; 그들은 비전형적이기 때문에 더 두드러지므로 우리는 '유표적' **테마**라고 말한다. 유표적 **테마**에는 장소나 시간과 같은 배경상황적 요소가 포함되거나, 그 절의 **주어**가 아닌 참여자가 포함될 수 있다. 유표적 **테마**는 어떤 담화의 새로운 국면; 즉 새로운 시간 설정, 혹은 주요 참여자의 변화를 알리는 데 자주 사용되며; 이것은 비연속성(discontinuity)을 지탱하는 구조적 비계로서의 기능을 수행한다.

Helena의 이야기에서 유표적 **테마**는 이야기의 한 국면에서 다음 국면으로 넘어가는 데 중요한 역할을 한다. 이야기의 주요 유표적 **테마**는 아래에 요약되어 있다. 그들은 **사건**에서 **사건**으로, **사건**에서 **해석**으로 이동하는 데 있어서의 역할과 **사건** 내에서 만남, 진행 및 여파 국면의 틀을 형성하는 역할을 한다. 이것들은 아래에 밑줄로 표시되어 있다:

사건 1

As an eighteen-year-old, I met a young man in his twenties
열여덟 살 때 나는 20대의 한 청년을 만났다
Then one day he said he was going on a 'trip'
그러던 어느 날 그는 '여행'을 간다고 했다
More than a year ago, I met my first love again through a good friend
1년보다 더 전, 나는 친한 친구를 통해 첫사랑을 다시 만났다

사건 2

After my unsuccessful marriage, I met another policeman
결혼에 실패한 후 다른 경찰관을 만났다
[Then he says; He and three of our friends have been promoted]
[그리고 그는 말했다; 그와 친구 세 명이 진급했다]
After about three years with the special forces, our hell began
특수부대에 입대한 지 약 3년이 지나자 우리의 지옥이 시작됐다

해석

Today I know the answer to ail my questions and heartache
오늘 나는 모든 질문과 아픔에 대한 답을 알고 있다

신정보

절의 다른 한쪽 끝에는 전형적으로 Halliday가 **뉴**(New)라고 부르는 것이 있다. 이것은 텍스트가 전개됨에 따라 확장되는 정보와 관련된 다른 종류의 텍스트적 가치이다. 여기서 **뉴**는 Helena의 남편이 어떻게 느꼈는지와 관련이 있으므로, 우리가 집중하고 있는 담화 국면에서의 지배적인 패턴은 부정적인 평가어 (우울한 정신 상태 및 이상한 행동)와 관련이 있다. 어떻게 **뉴**가 선택되는 방식 무표적 **테마**의 선택보다 훨씬 더 다양하다는 점에 주목하라. 무표적 **테마**의 선택은 우리의 시선을 고정시키는 경향이 있는 반면, **뉴**는 사람들의 흥미를 정교하게 발전시킨다.

이런 분석 수준에서의 정보 흐름에 대한 개요는 표 6.1에 제공되어 있다. Halliday의 경우 두 개의 겹치는 파고(波高), 즉 절의 시작 부분에 최고점을 가진 테마적 물결과 끝부분의 최고

점에 있는 새로운 물결(절을 소리 내어 읽었을 때 주요 고저 변화가 있는 곳)이 있다. 이 국면에서는 참여자 식별을 통해 무표적 **테마**를 서로 연결하고, 부정적인 평가어 패턴을 통해 **뉴**에 대한 선택을 연결한다. **테마**에 대한 반복적인 선택과 **뉴**에 대한 관련 선택이 함께 작용하여 담화를 정보의 국면으로 포장하게 된다.

표 6.1 Helena의 남편에 대한 설명에서 정보의 흐름

유표적 테마	주어/테마	뉴
after about three years with the special forces 특수부대에 입대한 지 약 3년이 지나자	our hell 우리의 지옥이	began 시작됐다
	he 그는	became **very quiet** 매우 조용해졌다
	[he] [그는]	[became] **withdrawn** 집안에 틀어박혔다
	(sometimes) he (가끔은) 그가	would just press his face **into his hands** 자신의 얼굴을 손으로 감싸고
	(and) [he] (그리고) [그가]	[would] shake **uncontrollably** 걷잡을 수 없이 떨기도 했다
	{I realized} {나는 깨달았다}	
	he 그는	was drinking **too much** 술을 너무 많이 마셨다
instead of resting at night 밤에 쉬는 대신	he 그는	would wander **from window to window** 창문에서 창문을 오가며 방황했다
	he 그는	tried to hide **his wild consuming fear** 거칠고 강렬한 두려움을 숨기려 했다
	(but) I (그러나) 나는	**saw** it 보고 말았다
in the early hours of the morning between two and half-past-two 새벽 2시 반에서 3시 반 사이	I 나는	jolt awake **from his rushed breathing** 그의 가쁜 숨소리에 잠에서 깼다
	[he] [그는]	roll **this way, that side of the bed** 침대 이쪽저쪽으로 굴러다녔다
	he 그는	's **pale** 창백했다
	[he] [그는]	['s] ice cold **in a sweltering night-** 무더운 밤에 얼음장처럼 차갑고

	[he] [그는]	['s] sopping with sweat 땀으로 흠뻑 젖어 있었다
	[his] eyes [그의] 눈동자	bewildered 멍한
	(but) [eyes] (그러나) [눈동자]	dull like the dead 죽은 사람처럼
	[he] [그는]	[had] the shakes [가지다] 떨림
	[he] [그는]	[had] the terrible convulsions and blood-curdling shrieks of fear and pain from the bottom of his soul 끔찍한 경련과 소름끼치는 공포와 고통의 비명 소리가 그의 영혼의 밑바닥에서 울려 퍼졌다
	(sometimes) he (때때로) 그는	sits motionless 움직이지 않고 앉아서
	-	just staring in front of him 앞을 응시했다

6.3 더 큰 물결: 하이퍼테마와 하이퍼뉴

각각의 절(clause)에서 살펴본 **테마**와 **뉴**의 선택으로 담화를 포장하는 방식은 더 큰 규모의 담화 국면에서도 패턴으로 반영된다. 이러한 패턴은 담화의 각 국면에서 어떤 일이 일어날지 예측하고 각 국면에서 제시하는 새로운 정보를 정제한다.

담화의 국면 예측하기

이 장의 서두에서 언급했듯이 Helena는 우리가 방금 '생지옥'이라고 생각했던 담화의 국면을 다음과 같은 유표적 **테마**를 사용하여 소개한다:

<u>After about three years with the special forces</u>, **our hell began.**
특수부대에 입대한 지 약 3년이 지나자, 우리의 지옥이 시작됐다.

그들의 삶을 *our hell*이라고 한 그녀의 평가하기는 지옥이 무엇인지 설명하면서 이어지는 사건에 대한 일종의 '주제문(장)'으로 기능한다. 언어학적 관점에서 우리는 이 '주제문(topic sentence)'을 일종의 높은 수준의 **테마**, 즉 **하이퍼테마**(hyperTheme)로 취급할 수 있다. 이렇게 함으로써 뒤따르는 텍스트와의 관계는 **테마** 절과 나머지 절의 관계라고 말할 수 있다. 두 맥락 모두에서 **테마**는 앞으로 전개될 내용에 대한 방향, 즉 일종의 참조 틀(reference frame)을 제공한다. 이 외에도 **하이퍼테마**는 텍스트가 어떻게 전개될지에 대한 기대치를 설정하는 예상 기능을 한다.

  많은 사용역에서 **하이퍼테마**는 평가하기를 포함하는 경향이 있다. 따라서 이어지는 텍스트는 평가어를 정당화하는 동시에 **하이퍼테마**(그것의 '주제')의 필드에 대해 더 자세히 설명해 준다. 이는 Milton(1999)의 *Nathaniel's Nutmeg*에서 발췌한 다음 내용처럼 스토리텔링에서 한 국면에서 다음 국면으로 넘어갈 때 계기(momentum)를 구축하는 데 사용할 수 있다. **하이퍼테마**에서의 평가하기는 굵은 글씨로 표시되어 있으며, 그 평가가 예측하는 담화는 아래에 들여쓰기로 표시되어 있다:

> This was **only the beginning of his misfortune.**
> 이것은 그의 불행의 시작에 불과했다.
>> When all the Englishmen in the town had been captured, including Nathaniel Courthope, they were herded together and clapped in irons; 'my selfe and seven more were chained by the neckes all together: others by their feete, others by their hands.' When this was done, the soldiers left them in the company of two heavily armed guards who 'had compassion for us and eased us of our bonds, for the most of us had our hands so straite bound behind us that the blood was readie to burst out at our fingers' end, with pain unsufferable'.
>> Nathaniel Courthope를 포함하여 그 마을의 모든 영국인들이 체포되었을 때, 그들은 함께 모여서 쇠사슬에 묶여 '나와 일곱 명은 목줄에 묶여 있었고, 다른 사람들은 쇠사슬에 발이 묶여 있었고, 다른 사람들은 손이 묶여 있었다.' 이 작업이 끝나자 그 군인들은 그들을 중무장한 두 명의 경비병에게 맡겼는데, 이들은 '우리를 불쌍히 여겨 우리의 결박을 풀어주었는데, 우리 대부분은 손이 너무 꽉 묶여 있어서 손가락 끝에서 피가 터질 것 같았고 참을 수 없는 고통을 느꼈기 때문이었다'.

> Middleton still had no idea why he had been attacked, but he was soon to learn **the scale of the Aga's treachery.**
> Middleton은 여전히 자신이 왜 공격을 당했는지 몰랐지만, 곧 Aga의 배신의 규모를 알게 되었다.
>> Not only had eight of his men been killed in the 'bloudie massacre' and fourteen severely injured, he now heard that a band of one hundred and fifty Turks had put to sea 'in three great boats' with the intention of taking the **Darling** – now anchored off Mocha – by force.

‘대학살’로 부하 8명이 사망하고 14명이 중상을 입은 데 이어, 튀르키예군 150명이 현재 Mocha 앞바다에 정박 중인 Darling호를 무력으로 점령하기 위해 ‘세 척의 큰 배를 타고’ 출항했다는 소식을 들었다.

The attack caught the Darling's crew **completely unawares.**
Darling호의 승무원들은 이 공격을 전혀 알지 못했다.

Knowing nothing of the treachery ashore they first realised something was amiss when dozens of Turks were seen boarding the ship, their swords unsheathed. The situation quickly became desperate; three Englishmen were killed outright while the rest of the company rushed below deck to gather their weapons. By the time they had armed themselves the ship was almost lost. 'The Turkes were standing very thicke in the waist [of the ship], hollowing and clanging their swords upon the decke.'

육지에서의 배신에 대해 아무것도 몰랐던 이들은 수십 명의 튀르키예 군인들이 칼을 빼고 배에 올라타는 것을 보고 뭔가 잘못되었다는 것을 처음 깨달았다. 상황은 급박하게 돌아갔고, 영국군 3명이 즉사하는 동안 나머지 대원들은 갑판 아래로 달려가 무기를 챙겼다. 그들이 무장을 마쳤을 때 그 배는 거의 부서지고 있었다. ‘갑판 위의 튀르키예 군인들은 [배의] 허리에 빽빽히 서서 칼을 부딪히며 소리지르고 있었다.’

It was a **quick thinking** crew member who saved the day.
순발력 있는 승무원 덕분에 위기를 모면할 수 있었다.

Realising their plight was helpless he gathered his strength and rolled a huge barrel of gunpowder towards the Turkish attackers, then hurled a firebrand in the same direction. The effect was as dramatic as it was devastating. A large number of Turks were killed instantly while the rest retired to the half-deck in order to regroup. This hesitation cost them their lives for the English had by now loaded their weapons which they 'set off with musket shot, and entertayned [the Turks] with another trayne of powder which put them in such feare that they leaped into the sea, hanging by the ship's side, desiring mercy, which was not there to be found, for that our men killed all they could finde, and the rest were drowned, only one man who was saved who hid himselfe till the furie was passed, who yielded and was received to mercie'.

그들의 처지가 무력하다는 것을 깨달은 그는 힘을 모아 튀르키예 공격자들을 향해 거대한 화약통을 굴린 다음 같은 방향으로 화염병을 던졌다. 그 효과는 엄청난 파괴력과 함께 극적이었다. 수많은 튀르키예 군인들이 즉사했고 나머지는 반갑판으로 후퇴해 전열을 재정비했다. 이렇게 주저하는 사이에 그들은 목숨을 잃게 되었는데, 영국군은 ‘이때 무기를 장전하여 머스킷 총으로 발사했고, [튀르키예 군인들]을 또 다른 화약통으로 놀라게 해 그들을 공포로 몰아 바다로 뛰어들고, 배 옆에 매달려 자비를 구하게 만들었다. 그러나 그곳에 자비는 없었고, 영국군은 보이는 모든 적을 죽였으며, 나머지는 익사했고, 한바탕 소동이 지나갈 때쯤에서야 숨어있던 한 사람만이 항복하여 목숨을 구했다'.

The Darling had been saved but Middleton's situation was now **even more precarious**...
(Milton 1999)
Darling호는 구해졌지만 Middleton의 상황은 이제 훨씬 더 위태로워졌다... (Milton 1999)

새로운 정보 정제하기

하이퍼테마는 담화의 각 국면이 어떤 내용을 다룰지 예측하지만, 국면이 진행됨에 따라 각 절에 새로운 정보가 축적된다. 특히 문어 텍스트에서 이러한 새로운 정보의 축적은 종종 마지막 문장에서 정제되어 해당 국면에 대한 **하이퍼뉴**(hyperNew)로 기능한다. **하이퍼테마**는 우리가 한 국면 안에서 어디로 가고 있는지를 알려준다; **하이퍼뉴**는 우리가 어디까지 왔는지를 알려준다.

일반적으로 글쓰기는 이미 서술된 텍스트보다 후술될 텍스트에 주목하는 경우가 더 많다. 따라서 **하이퍼뉴**보다는 **하이퍼테마**가 더 일반적이며, '뒤를 돌아보는 것'보다는 '앞을 내다보는 것'이 더 흔하다. 하지만 더 높은 수준의 **뉴**의 예는 어렵지 않게 찾을 수 있다. 다음은 Mandela의 자서전 *Long Walk to Freedom*(8장에서 다시 설명하겠다)의 마지막에 나오는 그의 생애를 요약한 두 가지 예이다. 두 예 모두 **하이퍼테마**가 포함되어 있어, 내용을 통합하는 **하이퍼뉴**를 보완해 준다(굵은 글씨로 표시):

But then I slowly saw that not only was I not free, but my brothers and sisters were not free, I saw that it was not just my freedom that was curtailed, but the freedom of everyone who looked like I did.
하지만 나만 자유롭지 않은 것이 아니라, 내 형제자매들도 자유롭지 않다는 것을 서서히 깨달았다. 나는 내 자유만 축소된 것이 아니라 나와 비슷한 처지에 있는 모든 사람의 자유가 축소되고 있다는 것을 알았다.

That is when I joined the African National Congress, and that is when the hunger for my own freedom became the greater hunger for the freedom of my people. It was this desire for the freedom of my people to live their lives with dignity and self-respect that animated my life, that transformed a frightened young man into a bold one, that drove a law-abiding attorney to become a criminal, that turned a family-loving husband into a man without a home, that forced a life-loving man to live like a monk. I am no more virtuous or self-sacrificing than the next man, but I found that I could not even enjoy the poor and limited freedoms I was allowed when I knew my people were not free.

그때 나는 아프리카 민족회의에 가입했고, 내 자신의 자유에 대한 갈망이 우리 민족의 자유 에 대한 더 큰 갈망으로 바뀌었다. 내 삶에 활력을 불어넣고, 겁에 질린 청년을 대담한 청년으로 변화시키고, 법을 준수하는 변호사를 범죄자로 만들고, 가족을 사랑하는 남편을 집 없는 남자로 만들고, 생명을 사랑하는 사람을 수도사처럼 살게 만든 것은 바로 우리 민족이 존엄성과 자존감 을 갖고 살아갈 수 있는 자유에 대한 열망이었다. 나는 다른 사람보다 더 고결하거나 자기 희생 적인 사람은 아니지만, 내 사람들이 자유롭지 않다는 것을 알았을 때 나에게 허락된 가난하고 제한된 자유조차 누릴 수 없다는 것을 알았다.

Freedom is indivisible; the chains on any one of my people were the chains on all of them, the chains on all of my people were the chains on me.

자유는 나눌 수 없다. 내 민족 중 한 사람의 쇠사슬은 우리 모두의 쇠사슬이고, 내 민족 모두의 쇠사슬은 곧 나의 쇠사슬이다.

When I walked out of prison, that was my mission, to liberate the oppressed and the oppressor both. Some say that has now been achieved. But I know that this is not the case.

내가 감옥에서 나왔을 때, 억압받는 자와 억압하는 자 모두를 해방시키는 것이 내 사명이었다. 어떤 사람들은 이제 그 목표가 달성되었다고 말한다. 하지만 나는 그렇지 않다는 것을 알고 있다.

The truth is that we are not yet free; we have merely achieved the freedom to be free, the right not to be oppressed. We have not taken the final step of our journey but the first step on a longer and even more difficult road. For to be free is not merely to cast off one's chains, but to live in a way that respects and enhances the freedom of others.

진실은 우리가 아직 자유롭지 않다는 것이다. 우리는 단지 자유로워질 자유, 억압받지 않을 권리를 얻었을 뿐이다. 우리는 여정의 마지막 단계가 아니라 더 길고 더 어려운 길의 첫걸 음을 뗀 것이다. 자유로워진다는 것은 단순히 사슬을 벗어던지는 것이 아니라 다른 사람의 자유 를 존중하고 증진하는 방식으로 살아가는 것이기 때문이다.

The true test of our devotion to freedom is just beginning.

자유를 향한 우리의 헌신이 진정으로 시험받는 것은 이제 막 시작되었다.

일반적으로 **하이퍼테마**는 단락의 본문에 의해 다시 풀어 쓰이고, 이는 다시 **하이퍼뉴**에 의해 재정리된다. 하지만 **하이퍼뉴**는 **하이퍼테마**를 그대로 다시 풀어 쓰거나 단순히 물결의 저점을 요약한 것도 아니다; 그것은 물결을 타고 지나가야만 도달할 수 있는 새로운 지점으로 텍스트를 안내한다.

아래의 역사적 글쓰기의 예시도 비슷한 종류의 샌드위치 구조를 보여주는데, **하이퍼테마**는 앞으로 나올 내용을 예측하고 **하이퍼뉴**는 이미 말한 내용을 정제한다(위에서 언급한 '당신은 그들에게 당신이 말할 것을, 당신이 말하는 것을, 그리고 당신이 말한 것을 그들에게 말한다'는 수사학). 이 두 텍스트 모두에서 **하이퍼테마**가 다음에 나오는 **테마**의 패턴(밑줄 친 부분)을 얼마나 정확하게 예측하는지, **하이퍼뉴**가 그 앞에 나오는 **뉴**의 패턴을 어떻게 통합하는지 주목하라:

The Second World War further encouraged the restructuring of the Australian economy towards a manufacturing basis.

제2차 세계대전은 호주 경제를 제조업 중심으로 재편하는 데 더욱 박차를 가했다.

> Between 1937 and 1945 the value of industrial production almost doubled. This increase was faster than otherwise would have occurred. The momentum was maintained in the post-war years and by 1954-5 the value of manufacturing output was three times that of 1944-5. The enlargement of Australia's steel-making capacity, and of chemicals, rubber, metal goods and motor vehicles all owed something to the demands of war.
>
> 1937년과 1945년 사이에 산업 생산 가치는 거의 두 배로 증가되었다. 이 증가 속도는 다른 방법보다 더 빨랐다. 그 기세는 전후에도 유지되어 1954-5년에는 제조업 생산의 가치가 1944-5년의 3배에 달했다. 호주의 철강 생산 능력과 화학, 고무, 금속 제품 및 자동차 생산 능력의 확대는 모두 전쟁의 수요에 힘입은 바가 컸다.

The war had acted as something of a hot-house for technological progress and economic change.

전쟁은 기술 발전과 경제 변화의 온상과 같은 역할을 했다.

For one thousand years, whales have been of commercial interest for meat, oil, meal and whalebone.

천 년 동안 고래는 고기, 기름, 식사 및 고래뼈로 상업적 관심을 받아왔다.

> About 1000 A.D., whaling started with the Basques using sailing vessels and row boats. They concentrated on the slow-moving Right whales. As whaling spread to other countries, whaling shifted to Humpbacks, Grays, Sperms and Bowheads. By 1500, they were whaling off Greenland; by the 1700s, off Atlantic America; and by the 1800s, in the south Pacific, Antarctic and Bering Sea. Early in this century, the Norwegians introduced explosive harpoons, fired from guns on catcher boats, and whaling shifted to the larger and faster baleen whales. The introduction of factory ships by Japan and the USSR intensified whaling still further.
>
> 서기 1000년경, 포경은 범선과 노 젓는 배를 이용해 바스크족에 의해 시작되었다. 그들

은 느리게 움직이는 범고래에 집중했다. 포경이 다른 나라로 퍼지면서 혹등고래, 귀신고래(회색고래), 향유고래, 북극고래로 포경의 대상이 바뀌었다. 1500년에는 그린란드, 1700년대에는 대서양 연안, 1800년대에는 남태평양, 남극, 베링해에서 포경이 이루어졌다. 금세기 초 노르웨이에서는 포경선에 장착된 총에서 발사되는 폭발성 작살을 도입했고, 포경은 더 크고 빠른 수염고래로 전환되었다. 일본과 소련이 공장식 포경선을 도입하면서 포경은 더욱 치열해졌다.

The global picture, then, was a mining operation moving progressively with increasing efficiency to new species and new areas. Whaling reached a peak during the present century.

당시 전 세계 포경업은 새로운 종과 새로운 지역으로 효율을 높여가며 점진적으로 발전하고 있었다. 포경은 금세기에 절정에 달했다.

두 **하이퍼뉴**는 모두 평가적 은유를 포함하고 있는데, 이것은 이런 종류의 글에서 높은 수준의 **뉴**의 전형적인 특징이다. 절의 **테마**의 패턴은 텍스트의 '전개 방식'을 구성하는 것으로 설명되어 왔으며, **뉴**의 패턴은 텍스트의 '핵심(point)'을 설정한다(Fries 1981).

6.4 조수 물결: 매크로테마, 매크로뉴, 그리고 넘어서

많은 문어 텍스트에서 **테마**와 **뉴**의 물결은 절과 단락을 넘어 훨씬 더 큰 담화의 국면으로 확장된다. 우리는 이미 Helena의 서사를 소개하고 마무리하는 더 높은 수준의 **테마**와 **뉴**, 그리고 Tutu의 주장과 그녀의 이야기를 연결하는 더 높은 수준의 **테마**를 소개했었다. 이 외에도 Tutu의 주장 자체가 더 높은 수준의 **테마**, 즉 정의의 대가에 대한 그의 질문으로 소개되었다는 것을 알고 있다. 따라서 남편의 고뇌에 대한 Helena의 묘사는 더 광범위한 위계 구조 안에서는 잔물결에 불과하다:

So is amnesty being given at the cost of justice being done? **This is not a frivolous question, but a very serious issue, one which** challenges the integrity of the entire Truth and Reconciliation process.

그렇다면 정의를 희생하면서까지 사면이 이루어지고 있는 것인가? 이것은 경솔한 질문이 아니라 진실과 화해의 과정 전체의 완결성에 도전하는 매우 심각한 문제이다.

> The Act required that where the offence is a gross violation of human rights
> - defined as an abduction, killing, torture or severe ill-treatment - the application should be dealt with in a public hearing...

이 법령은 위법 행위가 납치, 살인, 고문 또는 심각한 학대로 정의되는 중대한 인권 침해인 경우, 해당 신청은 공청회에서 처리하도록 규정하고 있다...

Thus there is the penalty of public exposure and humiliation for the perpetrator... It was often the very first time that their communities and even sometimes their families heard that these people were, for instance, actually members of death squads of regular torturers of detainees in their custody. For some it has been so traumatic that marriages have broken up. That is quite a price to pay.

따라서 가해자에게는 공개적인 노출과 굴욕이라는 불이익이 있다... 때때로 그들의 커뮤니티와 심지어는 가족들조차도, 예를 들어, 이들이 실제로는 사형집행반의 일원이거나 구금된 수감자들을 상습적으로 고문했다는 사실을 처음 듣는 경우가 많았다. 일부 사람들은 결혼 생활이 파탄날 정도로 큰 충격을 받았다. 이는 엄청난 대가를 지불해야 할 것이다.

> The South Africa Broadcasting Corporation's radio team covering the Truth and Reconciliation Commission received **a letter** from a woman calling herself Helena (she wanted to remain anonymous for fear of re-prisals) who lived in the eastern province of Mpumalanga. They broad-cast **substantial extracts**:
>
> 진실화해위원회를 취재하는 남아프리카방송국 라디오 팀은 Mpumalanga 동부지방에 사는 Helena(이 여성은 보복이 두려워 익명을 원했다)라는 여성으로부터 한 통의 편지를 받았다. 그들은 그 편지에서 상당한 부분을 발췌해 방송했다.
>
>> **My story begins** in my late teenage years as a farm girl in the Bethlehem district of Eastern Free State....
>>
>> 나의 이야기는 Eastern Free State의 Bethlehem 지역의 농장 소녀였던 10대 후반부터 시작된다....
>>
>>> After about three years with the special forces, **our hell began**.
>>>
>>> 특수부대에 입대한 지 약 3년이 지나자 우리의 지옥이 시작됐다.
>>>
>>>> He became very quiet. Withdrawn...
>>>>
>>>> 그는 매우 조용해졌다. 집안에 틀어박혔다...
>>
>> **I end with a few lines** that my wasted vulture said to me one night: 'They can give me amnesty a thousand times. Even if God and everyone else forgives me a thousand times -1 have to live with this hell. The problem is in my head, my conscience. There is only one way to be free of it. Blow my brains out. Because that's where my hell is.'
>>
>> 어느 날 밤 내 버려진 독수리가 나에게 했던 몇 마디로 마무리하겠다.

'그들은 저에게 천 번도 더 사면을 줄 수 있습니다. 하나님과 다른 사람들이 저를 천 번 용서해도 저는 이 지옥과 함께 살아야 합니다. 문제는 제 머릿속, 제 양심에 있습니다. 그것에서 벗어나는 방법은 단 하나뿐입니다. 제 머리를 날려버리는 겁니다. 그곳이 제 지옥이니까요.'

우리는 **하이퍼테마**를 예측하는 높은 수준의 **테마**를 **매크로테마**34)라고 하고, **하이퍼뉴**를 정제하는 높은 수준의 **뉴**를 **매크로뉴**라고 할 수 있다. 텍스트의 정보 단계의 복잡성에 따라 층위화가 무한정 계속될 수 있으므로, 이를 넘어서 모든 층에 일일이 새로운 용어를 부여하는 것은 매우 불편하다. 그 대신에 아래 Tutu의 주장에서처럼 작은 물결부터 올라가면서 더 높은 수준의 **테마**와 **뉴**에 새로운 번호를 매기면 더 쉽게 추적이 가능해진다.

이런 기술(記述) 목적으로 Tutu의 4장, *What about justice*라는 제목을 더 높은 수준의 **매크로테마**로서 추가했다(물론 이 외에도 Tutu의 각 장의 목차, 감사의 글, 책 전체의 제목, 표지에 달린 코멘트 등 모두 높은 수준의 **테마**들이고, 책의 **포스트스크립트**35)와 **색인**은 그 정점에 있는 높은 수준의 **뉴**이다):

매크로테마ⁱᵛ
What about justice? ...
정의란 무엇인가? ...

   매크로테마ⁱⁱⁱ
So is amnesty being given at the cost of justice being done? This is not a frivolous question, but a very serious issue, one which challenges the integrity of the entire Truth and Reconciliation process.
그렇다면 정의를 희생하면서까지 사면이 이루어지고 있는 것인가? 이것은 경솔한 질문이 아니라 진실과 화해의 과정 전체의 완결성에 도전하는 매우 심각한 문제이다.

      The Act required that where the offence is a gross violation of human rights - defined as an abduction, killing, torture or severe ill-treatment - the application should be dealt with in a public hearing...
이 법령은 위법 행위가 납치, 살인, 고문 또는 심각한 학대로 정의되는 중대한 인권 침해인 경우, 그것의 적용은 공청회에서 처리하도록 규정하고 있다...

---

34) [역자주] 일반적으로 매크로테마는 도입 단락이라고 하고, 하이퍼테마는 주제문(장)이라고도 한다.
35) [역자주] 결론 또는 후기

Thus there is the penalty of public exposure and humiliation for the perpetrator.

따라서 가해자에게는 공개적인 노출과 굴욕이라는 불이익이 있다.

매크로테마[ii]

The South Africa Broadcasting Corporation's radio team covering the Truth and Reconciliation Commission received a letter from a woman calling herself Helena...

진실화해위원회를 취재하는 남아프리카방송국 라디오 팀은 Mpumalanga 동부 지방에 사는 Helena라는 여성으로부터 한 통의 편지를 받았다...

매크로테마[i]

My story begins in my late teenage years as a farm girl in the Bethlehem district of Eastern Free State....

나의 이야기는 Eastern Free State의 Bethlehem 지역의 농장 소녀였던 10대 후반부터 시작된다....

하이퍼테마

After about three years with the special forces, our hell began.

특수부대에 입대한 지 약 3년이 지나자 우리의 지옥이 시작됐다.

He became very quiet. Withdrawn...

그는 매우 조용해졌다. 집안에 틀어박혔다...

매크로뉴

I end with a few lines that my wasted vulture said to me one night...

어느 날 밤 내 버려진 독수리가 나에게 했던 몇 마디로 마무리하겠다...

그림 6.1은 지금까지 살펴본 물결 패턴을 요약한 것이다. 이 도표는 **테마**의 층이 텍스트의 전개 방식을 구성하며, 이러한 전개는 현재 다루는 장르의 단계에 특별히 민감하게 반응한다는 것을 보여준다. 반면에 **뉴**의 층은 텍스트의 핵심(point)을 발전시키며, 특히 텍스트의 필드를 둘러싼 관념적 의미를 확장하는 데 초점을 둔다.

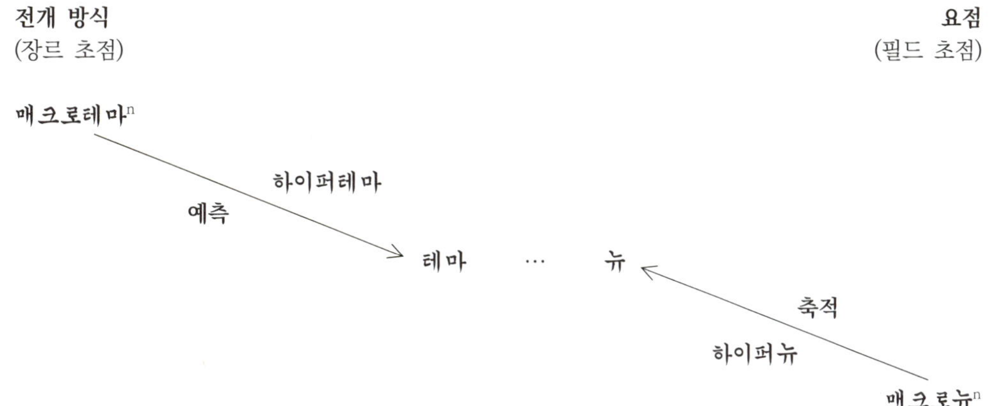

그림 6.1 담화 안에서 **테마**와 **뉴**의 층위

6.5 텍스트 확장 방식: 위계 구조와 시리즈

분석가로서 우리는 텍스트를 하나의 대상으로 취급하는 경향이 있으며, 실제로 말하거나 글을 쓸 때 전개되는 담화 구조를 구조화된 실체(reify)로 고정시키곤 한다. 따라서 우리가 여기서 논의하고 있는 주기어는 전체와 부분을 연결하는 경직된 구조가 아니라, 시간 속에서 전개되는 과정(unfolding process)이라는 점을 명심하는 것이 중요하다.

담화의 여러 단계를 **매크로테마**와 **하이퍼테마**를 사용하여 예측하는 전략은, 더 작은 담화 단위들이 더 큰 단위 속에 '구조(scaffold)'처럼 들어가는 주기어의 '위계 구조'를 구축하는 것이다. 그러나 전개되는 담화를 독자들이 의미 있게 만드는 방식은 이것만 있는 것이 아니다. 이 점을 강조하는 한 가지 방법은, 위계적 구조와 텍스트를 확장하는 다른 전략을 비교해 보는 것이다. 이 대안적 전략이 바로 Tutu가 자신의 주장을 전개할 때 사용하는 방식이며, 우리는 이것을 '연속적 확장(serial expansion)'이라고 부를 수 있다.

담화의 연속적 확장

연속적 확장은 상위 **테마**에 의해 예측되지 않은 상태에서 이전 **테마**에 새 담화가 추가된다는 점에서 주기어라기보다는 사슬 묶기(chaining) 전략에 가깝다. 예를 들어, Tutu는 자신이 주장하고 있는 이슈로 *What about justice?*장을 시작한다:

하지만 그는, 본론에서 한 것처럼, 이 문제를 즉시 다루는 대신에, 논쟁을 시작하기 위해 자신이 필요하다고 생각하는 국민통합화해촉진법에 대한 몇 가지 배경 정보를 소개하는 데 시간을 할애한다. 따라서 우리는 주장에 들어가기 전에, 사면 조건을 설명하는 보고서를 먼저 접하게 된다.

- The act for which amnesty was required should have happened between 1960, the year of the Sharpeviile massacre, and 1994, when President Mandela was inaugurated as the first democratically-elected South African head of State.
  사면이 요구되는 행위는 Sharpeviile 대학살이 일어난 해인 1960년부터 Mandela 대통령이 민주적으로 선출된 남아프리카공화국 최초의 국가 원수로 취임한 1994년 사이에 일어났어야 했다.
- The act must have been politically motivated. Perpetrators did not qualify for amnesty if they killed because of personal greed, but they did qualify if they committed the act in response to an order by, or on behalf of, a political organisation such as the former apartheid state and its satellite Bantustan home-lands, or a recognised liberation movement such as the ANC or PAC.
  그 행위는 정치적인 동기에서 이루어졌음에 틀림없다. 가해자가 개인적인 탐욕 때문에 살인을 저지른 경우에는 사면 대상이 되지 않지만, 과거 아파르트헤이트 국가와 그 위성국인 Bantustan의 고향 또는 ANC나 PAC와 같은 공인된 해방 운동 단체의 명령에 따르거나 이들을 대신하여 범행을 저지른 경우에는 사면 대상이 될 수 있었다.
- The applicant had to make a full disclosure of all the relevant facts related to the offence for which amnesty was being sought.
  신청자는 사면을 구하는 범죄와 관련된 모든 관련 사실을 완전히 공개해야 했다.

- The rubric of proportionality had to be observed - that the means were proportional to the objective.
  수단이 목적에 비례해야 한다는 비례성의 원칙을 준수해야 했다.

If those conditions were met, the law said that amnesty 'shall' be granted. Victims had the right to oppose applications for amnesty by trying to demonstrate that conditions had not been met, but they had no right of veto over amnesty.
이러한 조건이 충족되면 법령에 따라 사면이 '부여'된다. 피해자는 조건이 충족되지 않았음을 입증하여 사면 신청에 반대할 권리가 있었지만 사면에 대한 거부권은 없었다.

Later we realised that the legislature had been a great deal wiser than we had at first thought in not making remorse a requirement for amnesty. If there had been such a requirement, an applicant who made a big fuss about being sorry and repentant would probably have been judged to be insincere, and someone whose manner was formal and abrupt would have been accused of being callous and uncaring and not really repentant. It would have been a no-win situation, in fact, most applicants have expressed remorse and asked for forgiveness from their victims. Whether their requests have stemmed from genuine contrition is obviously a moot point. (Tutu 1999: 47-8)
나중에 우리는 입법부가 사면을 위한 조건으로 뉘우침을 요구하지 않은 것이 우리가 처음 생각했던 것보다 훨씬 현명했다는 것을 깨달았다. 만약 그러한 요건이 있었다면, 뉘우치고 회개한다고 소란을 피우던 신청자는 아마도 진실하지 않다고 판단되었을 것이고, 형식적이고 무뚝뚝한 태도를 보인 사람은 냉담하고 무심하며 진심으로 회개하지 않는다는 비난을 받았을 것이다. 대부분의 신청자가 후회를 표명하고 피해자에게 용서를 구한 것은 사실 승산이 없는 상황이었을 것이다. 그들의 요청이 진정한 참회에서 비롯되었는지의 여부는 분명히 논쟁의 여지가 있다. (Tutu 1999: 47-8)

그런 다음 이러한 공통 근거를 구축한 후 그는 문제를 다시 언급하고 그의 주장으로 이동한다. Tutu는 문제에서 보고서로, 보고서에서 주장으로 넘어가는 과정에서 더 높은 수준의 **테마**를 구성하거나 더 높은 수준의 **뉴**로 구조화하지 않는다. 그는 실제로 그 문제를 논의하기 전에 먼저 배경을 구축해야 한다고 우리에게 미리 말해 주지도 않는다. 또한 그는 보고서 끝부분에서 우리가 알아야 할 내용을 요약하지도 않는다. 두 지점 모두에서 그는 보고서를 통해 문제를 확장한 다음 다시 보고서를 주장으로 확장하면서 계속 이동한다.

이것은 담화의 한 순간에서 다른 순간으로 이어지는 연속적인 움직임이다. 우리는 그의 설명이 시작되면 국면의 신중한 구조화 없이 그저 따라가기만 하면 된다. 그리고 그의 주장에 따라 그 장은 확장된다. 비슷한 선(어떤 연속적인 확장, 주기어의 어떤 위계 구조)을 따라, 때로는 우리가 어디로 가고 있는지 경고를 받고 어디까지 왔는지 상기시키기도 하고, 때로는 그냥 계속 읽으면서 알아가는 일종의 병렬적인 행위가 이어진다.

여기에서 중요한 점은 연속적 확장과 주기어의 위계 구조 모두가 텍스트가 하나의 과정으로 펼쳐지는 역동적인 자원이라는 점이다. 의미는 어떤 고정된 형태로 결정(結晶)되는 방식으로 드러나는 것이 아니다. 텍스트는 마치 웹에서 이미지가 다운로드 되듯이, 여기저기에서 세부 디테일이나, 형태, 초점을 드러내며 시각적으로 떠오르는 것이 아니다. 오히려 의미는 흐르며, 텍스트는 그렇게 전개된다. 텍스트는 시간 속에서 구체화 되며, 우리가 이 역동적인 과정을 글로 남긴 기록은 마치 텍스트가 정적인 '사물'인 것처럼 오해하게 만든다.

연속적 확장과 주기어의 상호작용

우리는 Mandela의 자서전 마지막에서도 동일한 연속 확장과 주기어의 위계 구조가 작동하는 것을 볼 수 있다. 자서전이므로, 그의 이야기는 시간의 흐름을 따라 전개된다. 따라서 한 설정에서 다음 설정으로 많은 양의 연속 확장이 이루어지며, 각 설정 내에서 순차적 전개가 풍부하다. 예를 들어, 그의 책의 마지막 장은 1994년 5월 10일 취임식 날에 대한 회고로 시작된다. 문단 사이 한 줄을 띄운 뒤, Mandela는 이 장면을 확장하여 자기 민족의 상상할 수 없는 희생과 가족을 희생시킨 자신의 개인적인 실패에 대해 성찰한다. 그런 다음, 또 한 줄을 띄운 뒤, Mandela는 다시 연속적으로 다음 회고 장면으로 넘어가는데, 이 부분에서는 그의 인생을 요약하며 회고하는 내용을 담고 있다. 이 중 일부는 이미 앞에서 본 바 있다.

여기 전체 텍스트를 장르적 단계에 따라 분석한 내용이 있다. 이것은 **회고록**(recount)이라고 알려진 이야기 장르로, 전형적인 회고록 단계로 되어 있다:

orientation ^ record of events ^ reorientation
도입 ^ 사건의 기록 ^ 방향 전환

우리는 또한 회고록이 **하이퍼테마**와 **하이퍼뉴**(굵게 표시)의 층을 통해 어떻게 조직되는지 보여줄 수 있다:

도입
I was not born with a hunger to be free.
나는 자유에 대한 갈망을 가지고 태어난 것이 아니다.
I was born free - free in every way that I could know. Free to run in the fields
near my mother's hut, free to swim in the dear stream that ran through my vil-

lage, free to roast mealies under the stars and ride the broad backs of slow-moving bulls. As long as I obeyed my father and abided by the customs of my tribe, I was not troubled by the laws of man or God.

나는 태어날 때부터 내가 아는 모든 면에서 자유로웠다. 어머니의 오두막 근처 들판에서 자유롭게 뛰어놀고, 마을을 가로지르는 맑은 시냇물에서 자유롭게 수영하고, 별빛 아래에서 자유롭게 옥수수를 굽고, 느리게 움직이는 황소의 넓은 등을 탈 수 있었다. 나는 아버지에게 순종하고 종족의 풍속을 지키는 인간의 법령이나 신의 법에 어긋나지 않았다.

사건의 기록

It was only when I began to learn that my boyhood freedom was an illusion, when I discovered as a young man that my freedom had already been taken from me, that I began to hunger for it.

나는 어린 시절의 자유가 환상이었다는 것을 깨닫기 시작하고, 젊은 시절에 이미 자유를 빼앗겼다는 사실을 알게 된 후에야 자유에 대한 갈망이 생기기 시작했다.

> At first, as a student, I wanted freedom only for myself, the transitory freedoms of being able to stay out at night, read what I pleased and go where I chose. Later, as a young man in Johannesburg, I yearned for the basic and honourable freedoms of achieving my potential, of earning my keep, of marrying and having a family - the freedom not to be obstructed in a lawful life.

처음에는 나는 학생으로서 나 자신만을 위한 자유, 즉 밤에 밖에 나가서 내가 원하는 책을 읽고 내가 원하는 곳으로 갈 수 있는 일시적인 자유를 원했다. 나중에 Johannesburg에서 청년이 되었을 때 나는 잠재력을 발휘하고, 생활비를 벌고, 결혼하여 가족을 가질 수 있는 기본적이고 명예로운 자유, 즉 합법적인 삶이 방해받지 않는 자유를 갈망했다.

> But then I slowly saw that not only was I not free, but my brothers and sisters were not free.

하지만 나만 자유롭지 않은 것이 아니라 내 형제자매들도 자유롭지 않다는 것을 서서히 깨달았다.

> I saw that it was not just my freedom that was curtailed, but the freedom of everyone who looked like I did. That is when I joined the AfricanNational Congress, and that is when the hunger for my own freedom became the greater hunger for the freedom of my people. It was this desire for the freedom of my people to live their lives with dignity and self-respect that animated my life, that transformed a frightened young man into a bold one, that drove a law-abiding attorney to be-

come a criminal, that turned a family-loving husband into a
man without a home, that forced a life-loving man to live like
a monk. I am no more virtuous or self-sacrificing than the
next man, but I found that I could not even enjoy the poor
and limited freedoms I was allowed when I knew my people
were not free

내 자유뿐만 아니라 나와 비슷한 처지에 있는 모든 사람의 자유가
축소되고 있다는 것을 알았 다. 그때 나는 아프리카 민족회의에 가입
했고, 내 자신의 자유에 대한 갈망이 우리 민족의 자유 에 대한 더
큰 갈망으로 바뀌었다. 내 삶에 활력을 불어넣고, 겁에 질린 청년을
대담한 청년으로 변화시키고, 법을 준수하는 변호사를 범죄자로 만
들고, 가족을 사랑하는 남편을 집 없는 남자로 만들고, 생명을 사랑
하는 사람을 수도사처럼 살게 만든 것은 바로 우리 민족이 존엄성과
자존감 을 갖고 살아갈 수 있는 자유에 대한 열망이었다. 나는 다른
사람보다 더 고결하거나 자기희생적인 사람은 아니지만, 내 사람들
이 자유롭지 않다는 것을 알았을 때 나에게 허락된 가난하고 제한된
자유조차 누릴 수 없다는 것을 알았다.

Freedom is indivisible; the chains on any one of my people were the
chains on all of them, the chains on all of my people were the chains
on me.

자유는 나눌 수 없다. 내 민족 중 한 사람의 쇠사슬은 우리 모두의 쇠사슬이고,
내 민족 모두의 쇠사슬은 곧 나의 쇠사슬이다.

It was during those long and lonely years that my hunger for the freedom
of my own people became a hunger for the freedom of all people, white
and black.

그 길고 외로운 세월 동안 동족의 자유에 대한 갈망이 백인, 흑인 할 것 없이
모든 사람의 자유에 대한 갈망으로 바뀌었다.

I knew as well as I knew anything that the oppressor must be
liberated just as surely as the oppressed. A man who takes
away another man's freedom is a prisoner of hatred, he is
locked behind the bars of prejudice and narrow-mindedness.
I am not truly free if I am taking away someone else's free-
dom, just as surely as I am not free when my freedom is taken
from me.

억압하는 자도 억압받는 자 못지않게 반드시 해방되어야 한다는 것
을 잘 알고 있었다. 다른 사람의 자유를 빼앗는 사람은 증오의 포로
이며 편견과 편협함의 철창에 갇힌 사람이다. 내 자유를 빼앗길 때

내가 자유롭지 못한 것처럼 다른 사람의 자유를 빼앗는다면 나는 진 정으로 자유롭지 못할 것이다.

The oppressed and the oppressor alike are robbed of their humanity.
억압받는 사람과 억압하는 사람 모두 인간성을 박탈당한다.

When I walked out of prison that was my mission, to liberate the oppressed and the oppressor both.
내가 감옥에서 나왔을 때, 억압받는 자와 억압하는 자 모두를 해방시키는 것이 내 사명이었다.

Some say that has now been achieved. But I know that this is not the case. The truth is that we are not yet free; we have merely achieved the freedom to be free, the right not to be oppressed. We have not taken the final step of our journey, but the first step on a longer and even more difficult road. For to be free is not merely to cast off one's chains, but to live in a way that respects and enhances the freedom of others.
어떤 사람들은 이제 그 목표를 달성했다고 말한다. 하지만 나는 그렇 지 않다는 것을 알고 있다. 진실은 우리가 아직 자유롭지 않다는 것 이다. 우리는 단지 자유로워질 자유, 억압받지 않을 권리를 얻었을 뿐이다. 우리는 여정의 마지막 단계가 아니라 더 길고 더 어려운 길 의 첫걸 음을 뗀 것이다. 자유로워진다는 것은 단순히 사슬을 벗어던 지는 것이 아니라 다른 사람의 자유 를 존중하고 증진하는 방식으로 살아가는 것이기 때문이다.

The true test of our devotion to freedom is just beginning.
자유를 향한 우리의 헌신이 진정으로 시험받는 것은 이제 막 시작되었다.

방향 전환

I have walked that long road to freedom. I have tried not to falter; I have made missteps along the way. But I have discovered the secret that after climbing a great hill, one only finds that there are many more hills to climb. I have taken a moment here to rest, to steal a view of the glorious vista that surrounds me, to look back on the distance I have come. But I can only rest for a moment, for with freedom come responsibilities, and I dare not linger, for my long walk is not yet ended. (Mandela 1995: 750-1)
나는 자유를 향한 긴 여정을 걸어왔다. 흔들리지 않으려고 노력했고 그 과정에서 실수를 하기도 했다. 그러나 나는 큰 언덕을 오르고 나면 오를 언덕이 더 많다는 비밀을 발견했 다. 나는 여기서 잠시 쉬면서 나를 둘러싼 영광스러운 풍경을 훔쳐보고 내가 걸어온 거리 를 되돌아보았다. 그러나 자유에는 책임이 따르기 때문에 잠시만 쉴 수 있고, 나의 긴 여정이 아직 끝나지 않았기 때문에 감히 머무를 수 없다. (Mandela 1995: 750-1)

여기에는 Mandela의 자유에 대한 열망('전개 방법')에 대한 회고록을 조직하는 5개의 **하이퍼테마**가 있다. '=' 기호를 사용하여 상위 **테마** 및 **뉴**가 예측36)하거나 정제37)하는 정보를 다시 풀어쓰는 방식을 표시한다. Halliday(1994)에서는 이러한 종류의 관계를 부연이라고 부른다:

1   I was not born with a hunger to be free
나는 자유를 갈망하며 태어난 것이 아니다.
=...

2   It was only when I began to learn th at my boyhood freedom was an illusion...
어린 시절의 자유가 환상이었다는 걸 알게 된 건...
that I began to hunger for it.
자유를 갈망하기 시작했다.
=...

3   But then I slowly saw th at not only was I not free, but my brothers and sisters were not free.
하지만 나도 자유롭지 않을 뿐만 아니라 내 형제자매들도 자유롭지 않다는 것을 서서히 깨달았다.
=...

4   It was during those long and lonely years th at my hunger for the freedom of my own people became a hunger for the freedom of all people, white and black.
그 길고 외로운 세월 동안 동족의 자유에 대한 갈망이 백인, 흑인 할 것 없이 모든 사람의 자유에 대한 갈망으로 바뀌었다.
=...

5   When I walked out of prison, that was my mission, to liberate the oppressed and the oppressor both
내가 감옥에서 나왔을 때, 억압받는 자와 억압하는 자 모두를 해방시키는 것이 내 사명이었다.
=...

---

36) [역자주] 하이퍼테마의 경우
37) [역자주] 하이퍼뉴의 경우

그리고 자유를 위한 투쟁에 대한 그의 결론을 정제한 세 개의 **하이퍼뉴**가 있다(텍스트 '핵심'):

3 ...= Freedom is indivisible; the chains on any one of my people were the
   chains on all of them, the chains on all of my people were the chains
   on me.
   자유는 나눌 수 없다. 내 민족 중 한 사람의 쇠사슬은 우리 모두의 쇠사슬이고,
   내 민족 모두의 쇠사슬은 곧 나의 쇠사슬이다.

4 ...= The oppressed and the oppressor alike are robbed of their humanity.
   억압받는 사람과 억압하는 사람 모두 인간성을 박탈당한다.

5 ...= The true test of our devotion to freedom is just beginning.
   자유를 향한 우리의 헌신이 진정으로 시험받는 것은 이제 막 시작되었다.

각 국면의 **하이퍼테마**와 **하이퍼뉴**를 넘어, **도입**(Orientation)은 **매크로테마**로, **방향 전환**(Reorientation)은 그것의 **매크로뉴**로 기능한다. 그리고 Mandela의 책 전체에서 볼 때, 이 회고록은 높은 수준의 **매크로뉴**로 기능하며, 그의 여정을 요약하고 그의 삶의 의미를 정제한다. 여기서 중요한 점은 텍스트가 확장해 나간다는 점이며, 이러한 확장이 **테마**와 **뉴**의 층에 의해 명시적으로 구조화(비계설정)가 될 수도 있고, 그렇지 않을 수도 있다는 것이다. 대부분 텍스트에서는 주기어를 통한 구조는 그다지 명시적으로 구조화되어 있지 않은 연속적 확장이 혼합되어 있다. 이는 텍스트가 확장해 나가는 상호보완적인 두 가지 전략일 뿐이다.

6.6 복잡한 구조 읽기

어떤 텍스트는 그 텍스트가 말하고자 하는 바에 아무리 관심이 있어도 읽기가 어렵다. 특히 추상적인 담화에서 주기어의 위계를 파악하는 것은 글을 소화하는 데 큰 도움이 될 수 있으므로 여기서는 복잡한 구조 읽기의 한 가지 예를 간략히 살펴보겠다.

주기어와 다른 자원들과의 상호작용

다음 텍스트는 Rafael의 *Contracting Colonialism*에서 가져온 단락으로, 이는 필리핀에서의 번역과 기독교 개종에 관한 탈식민주의적 담화의 일환이다. 이제 우리가 앞서 다뤄온 접속어(굵게 표시)와 주기어를 위해 구축한 분석 도구들을 활용하여 이 텍스트를 본격적으로 분석해 보자.

There is a sense, **then**, in which the demand for a total recollection of sins results in the unlimited extensions of discourse purporting to extract and convey one's successes and failures in accounting for past acts and desires.

따라서 죄의 총체적 기억에 대한 요청은 과거의 행위와 욕망을 설명하는 데 있어 자신의 성공과 실패를 추출하고 전달하려는 담화의 무한한 확장을 초래하는 측면이 있다.

Accounting **thus** allows confession to become a self-sustaining machine for the reproduction not only of God's gifts of mercy but of "sin" as well. **For** God's continued patronage - the signs of His mercy - requires a narrative of sins to act upon. The confessor who sits in lieu of an absent Father needs the penitent's stories, without which there can be no possibility of asserting and reasserting the economy of divine mercy. Without the lure of sin, the structure of authority implicit in this economy would never emerge. Confession was crucial **because** it produced a divided subject who was **then** made to internalise the Law's language. The penitent became "the speaking subject who is also the subject of the statement" (Foucault 1980: 1:61). **But** confession was **also** important **because** it made for the ceaseless multiplication of narratives of sin through their ever-faulty accounting. **In** introducing the category of "sin", confession converted the past into a discourse that was bound to the Law and its agents.

따라서 고해성사의 진술은 하느님의 자비의 선물일 뿐만 아니라 '죄'를 재생산하는 자립적인 계기가 될 수 있다. 하느님의 지속적인 후원, 즉 하느님의 자비의 표징을 위해서는 죄에 대한 이야기가 필요하다. 부재하신 아버지를 대신하여 고해성사를 집전하는 고해 신부에게는 참회자의 이야기가 필요하며, 그것 없이는 하느님의 자비의 경륜을 주장하고 재차 강조할 수 없다. 죄의 유혹이 없었다면 이 섭리에 내재된 권위의 구조는 결코 드러나지 않았을 것이다. 고해성사는 율법의 언어를 내면화할 수 있는 분열된 주체를 만들어냈기 때문에 매우 중요했다. 참회자는 "진술의 주체이기도 한 말하는 주체"가 되었다(Foucault 1980: 1:61). 그러나 고해성사는 죄에 대한 서사를 끊임없이 증식시키는 데에도 중요한 역할을 했다. '죄'라는 범주를 도입하면서, 고해성사는 자신의 과거를 율법과 그 대리인에 묶인 하나의 담화로 전환되었다.

In this way the accounting and recounting of the past generated the complidtous movement between sin and grace. (Rafael 1988: 103)

이런 식으로 과거에 대한 진술과 재진술(회고)은 죄와 은혜 사이의 복잡한 움직임을 일으켰다. (Rafael 1988: 103)

위에서 고해성사의 기능이 **하이퍼테마**에서 먼저 언급된 다음에, 이것이 확장되어 *the complicitous movement between sin and grace*라는 **하이퍼뉴**로 정제된다. 그러나 이 논증은 다른 자원과의 상호작용에 의해 구성된다. 즉 Rafael이 이를 위해서 관념어, 접속어, 식별어를 어떻게 사용하는지 살펴보자.

첫째, 관념어를 한눈에 살펴보면 종교(그 책의 주제)와 담화(Rafael이 채택한 탈구조주의적 입장)를 모두 전경으로 하는 몇 가지 분류적 문자열을 볼 수 있다:

> narrative-stories-narratives-accounting-accounting-recounting
> 서사-이야기-서사-진술하기-진술하기-재진술(회고)하기
> demand-asserting-reasserting-speaking
> 요구-주장하기-재주장하기-말하기
> sins-successes-failures-mercy-sin-mercy-sins-mercy-sin-sin-sin-sin-grace
> 죄-성공-실패-자비-죄-자비-죄-자비-죄-죄-죄-죄-은총
> God-God-confessor-Father-penitent-penitent
> 하느님-하느님-고해자-신부님-참회-참회
> etc.
> 등.

둘째, 접속어는 문장 경계를 넘어설 뿐만 아니라 문장 내에서도 Rafael의 논증의 논리성을 구성하기 위해 많은 역할을 수행한다:

> There is a sense, **then,** in which the demand for a total recollection of sins
> 그러므로 죄에 대한 전체적 기억에 대한 요구는 다음과 같은 의미가 있다
> Accounting **thus** allows confession to become a self-sustaining machine
> 따라서 고해성사의 진술은 자립적인 계기가 될 수 있다.
> **For** God's continued patronage ... requires a narrative of sins to act upon.
> 하나님의 지속적인 후원을 위해서는 ... 죄에 대한 이야기가 필요하다.
> Confession was crucial **because** it produced a divided subject who was **then** made to internalise
> 고해성사는 내면화할 수 있는 분열된 주체를 만들어냈기 때문에 중요했다
> **But** confession was **also** important **because** it made for the ceaseless multiplication...
> 그러나 고해성사는 또한 끊임없이 증식시키는 데에도 중요한 역할을 했다...
> **In** introducing the category of "sin", confession converted
> "죄"라는 범주를 도입하면서, 고해성사는 전환되었다
> **In this way** the accounting and recounting of the past generated the complicitous movement
> 이런 식으로 과거에 대한 진술과 재진술은 복잡한 움직임을 일으켰다

셋째, 이 텍스트는 매우 추상적인 내용이고 여러 참여자 부류에 걸쳐 일반화되어 있지만, 일부 참여자가 추적되는 것을 발견한다:

God's-God's-His mercy
하느님의-하느님의-그의 자비
Confession-it
고해성사-그것
confession-it
고해성사-그것
narratives of sin their ever-faulty accounting
죄에 대한 이야기-그것들의 끊임없는 진술
the Law-its agents
율법-그것의 대리인

중요한 것은 접속어와 지시어의 사슬이 텍스트의 시작과 끝 모두에 상호작용한다는 점이다. 텍스트 끝에 *the accounting and recounting of the past*의 정체는 *in this way*라는 연결어에 의해 *this*의 범위를 지정하며; 여기서 전제(前提)된 정보는 앞 단락의 진술(accounting)과 재진술(recounting)의 해체인 것으로 보인다.

그러나 단락의 시작 부분에서, *the demand for a total recollection of sins*(모든 죄를 완전히 고백하라는 요구)의 정체성과 연결어 *then*의 범위를 해석할 필요가 있으며, 이때 then은 단독으로는 앞선 내용이 이후 내용과 인과적으로 연결되어 있음을 알려 줄 뿐이다. 이를 해석하려면, 이 요구(*the demand*)를 Rafael이 앞서 언급한 *the Spanish demand*(스페인의 요구)와 연결해야 한다. 그리고 이 연결을 되찾기 위해서는 해당 단락을 Rafael의 텍스트의 주기어 위계 속 맥락에 넣어야 한다:

This internalisation of an exterior hierarchy consists of two interrelated procedures: the accounting of past events and the reproduction of the discourse of interrogation contained in the confession manuals.
이러한 외부 위계의 내면화는 두 가지 상호 연관된 절차로 구성된다: 과거 사건에 대한 진술하기와 고해성사 매뉴얼에 포함된 심문38) 담화의 재생산이다.
　　First, the process of accounting. All confession manuals contain the unconditional demand that all sins be revealed...
　　첫째, 진술하기의 과정이다. 모든 고해성사 매뉴얼에는 모든 죄를 밝혀야 한다는 무조건적인 요구가 담겨 있다...

---

38) [역자주] 가톨릭에서 심문이란 고해성사를 보기 전에 스스로에게 질문하는 성찰을 말함.

The Spanish demand is that nothing be held back in confession.
스페인의 요구는 고해성사할 때 어떤 것도 주저하지 말라는 것이다.

> One is to expend all that memory can hold in a discourse that
> will bring together both the self that recalls and that which is
> recalled. The present self that confronts the priest in con-
> fession is thus expected to have managed to control his or her
> past - to reduce it, as it were, to discursive submission.
> Whereas the examination of conscience requires the division
> of the self into one that knows the Law and seeks out the other
> self that deviates from it, a "good confession" insists on the
> presentation of a self in total control of its past.
> 기억을 회상하는 자아와 회상되는 자아를 하나로 묶을 수 있는 담화로
> 기억을 확장하는 것이다. 따라서 고해성사에서 사제와 대면하는 현재
> 의 자아는 그 또는 그녀 자신의 과거를 통제하여 담화적 복종으로 한
> 정할 수 있을 것으로 기대된다. 성찰은 자아를 율법을 아는 자아와
> 율법에서 벗어난 다른 자아로 나누는 반면, "좋은 고해성사"는 과거를
> 완전히 통제한 자아를 제시할 것을 요구한다.

It is in this sense that confessional discourse imposes on the individual
penitent what Roland Barthes called a "totalitarian economy" involving
the complete recuperation and submission of the past to the present,
and by extension of the penitent to the priest (Barthes 1976: 39-75).
이런 의미에서 고해성사적 담화는 Roland Barthes가 "전체주의적 섭리"라고
불렀던 과거를 현재에 완전히 회복하고 복종시키고, 나아가 참회자를 사제에게
복종시키는 것을 참회자 개인에게 부과한다 (Barthes 1976: 39-75).

Yet insofar as the ideal of a perfect accounting of sins also necessitated their
recounting in a narrative, it was condemned to become a potentially infinite
task.
그러나 죄에 대한 완벽한 진술이라는 이상은 또한 이야기에서 죄를 재진술해야 하는
한, 잠재적으로 무한한 작업이 될 수 있다는 비난을 받았다.

> Given the limitations of memory, accounting "engenders its own errors."
> And the errors created by faulty accounting become further sins that
> have to be added to the original list. The very possibility of a correct
> accounting engenders an erroneous accounting, just as remembering
> one's sins would make no sense unless there existed the possibility of
> forgetting them. It is thus the guarantee of a faulty accounting of sins
> that makes conceivable the imperative for total recall.
> 기억의 한계를 고려할 때 진술하기는 "그 자체로 오류를 낳는다." 그리고 잘못된

진술하기로 인해 발생한 오류는 원래 목록에 추가되어야 하는 또 다른 죄가 된다. 자신의 죄를 잊을 가능성이 없다면 죄를 기억하는 것이 의미가 없는 것처럼, 올바른 진술의 가능성 자체가 잘못된 진술을 낳는다. 따라서 죄에 대한 잘못된 진술하기가 존재할 수 있다는 보장이 있어야만 전체적 회상의 필요성을 생각할 수 있다.

Barthes puts it more succinctly: "Accountancy has a mechanical advantage: for being the language of a language, it is able to support an infinite circularity of errors and of their accounting" (Barthes 1976: 70).

Barthes는 이를 더 간결하게 표현한다: "진술은 언어의 언어이기 때문에 오류와 그들의 진술하기의 무한한 순환성을 지원할 수 있다는 기계적 이점을 가지고 있다." (Barthes 1976: 70).

There is a sense, then, in which **the demand** for a total recollection of sins results in the unlimited extensions of discourse purporting to extract and convey one's successes and failures in accounting for past acts and desires, ... in this way the accounting and recounting of the past generated the complicitous movement between sin and grace.

그러므로 죄에 대한 전체적 기억에 대한 요구는 과거의 행위와 욕망에 대한 진술하기에서 자신의 성공과 실패를 추출하고 전달하려는 담화의 무한한 확장을 초래하며,... 이런 식으로 과거의 진술과 재진술은 죄와 은총 사이의 공모적인 움직임을 일으켰다.

These considerations bring us to the second moment in the interiorisation of hierarchy prescribed by confession; the reproduction of the discourse of interrogation (Rafael 1988: 101-3)

이러한 고려는 고해성사에 의해 규정된 위계의 내면화, 즉 심문 담화의 재생산에서 두 번째 순간으로 우리를 이끈다 (Rafael 1988: 101-3)

이 긴 국면은 이전 국면(*This internalisation of an exterior hierarchy* 외부 위계 구조의 내재화)에서 이어지는 국면(*two interrelated procedures* 두 가지 상호 연관된 절차)으로 전환되며 시작된다. 이러한 '절차들'은 연결어 *first*에 의해 제시되고, 비교적 식별어 *second*를 통해 구조가 형성된다. 그리고 최종적으로는 *the process of accounting*과 *the reproduction of the discourse of interrogation*이라는 정체성을 통해 (지시대상이) 해결된다. Rafael이 이 두 가지 '절차'를 어떻게 구조화하는지는 그의 주기어 위계 요약을 통해 드러난다.

매크로테마[ii]

This internalisation of an exterior hierarchy consists of **two** interrelated procedures: **the accounting of past events** and **the reproduction of the discourse of interrogation** contained in the confession manuals.

이러한 외부 위계의 내면화는 두 가지 상호 연관된 절차로 구성된다: 과거 사건에 대한 진술과 고해성사 매뉴얼에 포함된 심문 담화의 재생산이다.

매크로테마[i]

FIRST, the process of accounting. All confession manuals contain the unconditional demand that all sins be revealed...

첫째, 진술하기의 과정이다. 모든 고해성사 매뉴얼에는 모든 죄를 드러내야 한다는 무조건적인 요구가 담겨 있다...

하이퍼테마

There is a sense, then, in which the demand for a total recollection of sins results in the unlimited extensions of discourse purporting to extract and convey one's successes and failures in accounting for past acts and desires....

그러므로 죄에 대한 전체적 기억에 대한 요구는 과거의 행위와 욕망에 대한 진술하기에서 자신의 성공과 실패를 추출하고 전달하려는 담화의 무한한 확장을 초래하며,...

하이퍼뉴

In this way the accounting and recounting of the past generated the complicitous movement between sin and grace.

이런 식으로 과거의 진술과 재진술은 죄와 은총 사이의 공모적인 움직임을 일으켰다.

매크로테마[i]

These considerations bring us to the second moment in the interiorisation of hierarchy prescribed by confession: **the reproduction of the discourse of interrogation**

이러한 고려는 고해성사에 의해 규정된 위계의 내면화, 즉 심문 담화의 재생산에서 두 번째 순간으로 우리를 이끈다

관념적 은유와 주기어

이런 종류의 구조화가 우리의 모든 문제를 해결해 준다고는 생각하지 않는다. 이 텍스트는 구체적인 참여자(예: *manuals, the priest, the penitent*)와 함께 관념적 은유로 가득 차 있다:

This **internalisation** of an exterior hierarchy consists of two **interrelated procedures**: the **accounting** of past events and the **reproduction** of the discourse of **interrogation** contained in the **confession** manuals.
이러한 외부 위계의 내면화는 두 가지 상호 연관된 절차로 구성된다: 과거 사건에 대한 진술하기와 고해성사 매뉴얼에 포함된 심문 담화의 재생산이다.

First, the **process** of **accounting**. All **confession** manuals contain the **unconditional demand** that all sins be revealed
첫째, 진술하기의 과정이다. 모든 고해성사 매뉴얼에는 모든 죄를 밝혀야 한다는 무조건적인 요구가 담겨 있다

추상화라는 측면에서 볼 때, 이러한 종류의 담화는 아마도 전 세계 문자 역사상 발전해온 담화 중 가장 은유적인 것일 것이다. 각 문장은 *내부(internal)* → *내면화하기(internalize)* → *내면화(internalization)*와 같이 관념적 은유에서 파생된 추상적 용어들에 많은 정보를 조밀하게 담아낸다.

이러한 종류의 담화에서 높은 수준의 **테마**와 **뉴**는 하위 수준의 그것들보다 더 많은 정보를 예측하고 정제해야 한다. 따라서 이들은 정보를 예측하고 정제하여 담을 수 있는 문법적 은유를 배치해야 한다는 부담이 더욱 커진다. 그런데 아이러니하게도, 우리가 텍스트를 이해하는 데 필요한 바로 그것들이 가장 이해하기 어려운 것 중 하나일 수 있다.

이 외에도 추상적 담화는 많은 전문 어휘를 포함하며 이를 가능하게 한다. 우리는 가톨릭에 관해 이야기하고 있기 때문에 여기에는 토론의 초점인 *고해성사(confession)*를 포함하여 종교에 대한 표현들이 있다:

[confession] & sins, priest, penitent, penitent, priest, sins, sins, sins, sins, sins, God's gifts of mercy, "sin", God's, His mercy, sins, Father, penitent's, divine mercy, lure of sin, penitent, sin, "sin", sin, grace
[고해성사] & 죄들, 사제, 참회, 참회, 사제, 죄들, 죄들, 죄들, 죄들, 죄들, 하느님의 자비의 선물, "죄", 하느님의, 그의 자비, 죄들, 신부님, 참회자의, 신성한 자비, 죄의 유혹, 참회, 죄, "죄", 죄, 은총

그리고 여기에서는 식민지화 기관으로서의 교회가 문제시 되고 있기 때문에 그에 따른 행정적 어휘들이 등장한다:

exterior hierarchy, two interrelated procedures, unconditional, manuals, process manuals, submission, the Law's, Law, individual, "totalitarian economy", submission guarantee, original list, patronage, structure of authority, Law, agents, hierarchy, prescribed
외부 위계 구조, 두 가지 상호 연관된 절차, 무조건적인, 매뉴얼, 프로세스 매뉴얼, 복종, 율법의, 율법, 개인, "전체주의적 섭리", 복종 보장, 기존 목록, 후원, 권위 구조, 율법, 대리인, 위계 구조, 규정된

그리고 흥미롭게도 (Lacan 덕분에) 우리가 정신분석적이라고 언급할 수 있는 용어들이 상당히 많이 있다:

internalisation, memory, the self, the present self, recalls, recalled, conscience, the division of the self, the other self, a self in total control, the limitations of memory, remembering, forgetting, conceivable, total recall, total recollection, desires, a divided subject, internalise, "the subject who is also the subject of the ...", intériorisation
내면화, 기억, 자아, 현재의 자아, 회상, 회상된, 양심, 자아의 분열, 다른 자아, 완전히 통제한 자아, 기억의 한계, 기억하기, 잊어버리기, 생각할 수 있는, 전체적 회상, 전체적 기억, 욕망, 분열된 주체, "...의 주체이기도 한 주체", 내면화

그리고 담화와 관련된 용어 목록은 (Barthes와 Foucault 덕분에) 훨씬 더 많으며 우리는 이 목록에 *confession*도 포함시키는 것이 좋을지도 모른다:

accounting, discourse, interrogation, accounting, demand, revealed, demand, discourse, discursive, discourse, accounting, recounting, narrative, accounting, accounting, accounting, accounting, accounting, imperative, accountancy, language, language, accounting, demand, discourse, accounting, accounting, signs, narrative, stories, asserting, reasserting, language, speaking, statement, narratives, accounting, introducing, discourse, accounting, recounting, considerations, discourse, interrogation, & [confession]
진술하기, 담화, 심문, 진술하기, 요구, 밝혀진, 요구, 담화, 담화적, 담화, 진술하기, 재진술하기, 내러티브, 진술하기, 진술하기, 진술하기, 진술하기, 진술하기, 필요성, 진술, 언어, 언어, 진술하기, 요구, 담화, 진술하기, 진술하기, 표징, 내러티브, 이야기, 주장하기, 재주장하기, 언어, 말하기, 진술, 내러티브, 진술하기, 소개하기, 담화, 진술하기, 재진술하기, 고려, 담화, 심문 및 [고해성사].

이러한 전문 용어에 대해 확신이 없거나, 여기에서 서로 결합하여 사용되는 것이 익숙하지

않다면, 당연히 구조화가 있더라도 그것을 인식하기 어려울 것이다. 예를 들어 수준 1의 두 번째 **매크로테마**를 살펴보자:

> These considerations bring us to the second moment in the intériorisation of hierarchy prescribed by confession
> 이러한 고려는 고해성사에 의해 규정된 위계의 내면화의 두 번째 순간으로 우리를 이끈다

여기에는 정신분석, 행정과 종교의 전문적 어휘가 각각 등장한다(각각 *interiorisation, hierarchy prescribed*와 *confession*). *These considerations*(이러한 고찰)는 첫 번째 내면화 절차를 지칭하고 다시 돌아보게 하며 *the second moment*(그다음 순간)은 그다음 절차를 지칭하고 예고함으로써, 이 텍스트의 높은 수준인 **매크로테마**(...*two interrelated procedures*...)를 명시적으로 실현한다. 그리고 이 일련의 구조는 매우 은유적으로 구성되어 있다. '사고(thoughts)'라는 표현은 독자를 다른 시간대로 이끈다. 이는 곧 '첫 번째 절차를 고려했으니, 이제 두 번째 절차로 넘어가 보자.'는 고도의 은유적 의미를 담고 있다. 하지만 이러한 구조화를 제대로 파악하지 못하면 담화의 흐름 속에서 길을 잃고, 담화에서 소외될 수 있다. 그러나 그것은 필리핀의 교회와 식민화를 새로운 관점에서 생각하도록 돕기 위해 쓰인 이 책에서 Rafael의 의도한 바가 아니다. 그의 담화는 근대성을 탈자연화(denaturalize) 하려는 방향으로 발전해 온 것이지, 독자를 배제하려는 것이 아니다. 그렇다고 해서 읽기가 쉬운 것은 아니다.

아마도 이러한 담화 유형에서 우리가 배울 수 있는 것은, 담화 시스템 간 상호작용의 중요성일 것이다. 접속어, 식별어, 관념어, 주기어가 다양한 방식으로 맞물리며 논증을 구축하는 구조 역할을 하고 있으며, 문법적 은유는 이 공생의 흐름을 곳곳에서 가속시키는 촉매제 역할을 한다. 대부분의 독자들에게는, 이런 종류의 텍스트에 처음 접근할 때, 약간의 담화 분석을 곁들이는 것이 도움이 될 것이다.

6.7 제목잡기에 대한 몇 가지 생각

우리는 1장에서 법령의 전체적 구조를 장르적 구조와 관련하여 이미 살펴본 바 있다. 그리고 식별어에 대한 분석에서는, 이 법령의 각 조항과 그 구성 요소들을 가리키기 위한 정교한 숫자 및 알파벳 시스템 체계도 살펴보았다.

- sections 1, 2, 3 ... 49
  절 1, 2, 3 ... 49
- sub-section (1), (2), (3)
  조 (1), (2), (3)
- paragraphs (a), (b), (c)
  항 (a), (b), (c)
- sub-paragraphs (i), (ii), (iii)
  호 (i), (ii), (iii)
- sub-sub-paragraphs (aa), (bb), (cc).
  목 (aa), (bb), (cc).

또한 절들은 장으로 그룹화된다:

1	Interpretation and application(해석과 적용)	[1]
2	Truth and Reconciliation Commission(진실화해위원회)	[2-11]
3	Investigation of human rights violations(인권 침해 실태조사)	[12-15]
4	Amnesty mechanisms and procedures(사면 메커니즘과 절차)	[16-22]
5	Reparation and rehabilitation of victims (피해자에 대한 배상과 재활)	[23-27]
6	Investigations and hearings by Commission (위원회에 의한 조사 및 청문회)	[28-35]
7	General provisions(일반 규정)	[36-49]

그리고 장들과 절들에는 숫자뿐만 아니라 제목들도 있지만, 이러한 제목들은 그 문서의 일부를 지시하기 위해 사용되는 것은 아니다. 예를 들어, 다음은 3장과 4장, 그리고 그 절들의 제목들이다;

CHAPTER 3 Investigation of Human Rights Violations
3장 인권 침해 조사
12. Committee on Human Rights Violations
12. 인권침해 위원회
13. Constitution of Committee
13. 위원회 구성
14. Powers, duties and functions of Committee
14. 위원회의 권한, 의무 및 기능

우리가 식별어 장에서 설명한 또 다른 요점은, 정보는 문장 내부에서만 전제되며, 숫자/알파벳 이름을 사용하지 않는 한 문장들 간에는 전제되지 않는다는 것이다. 이러한 문장 내부 제약은 법령에서 정보가 어떻게 포장되는지 이해하는 데 핵심적인 요소가 된다.

법령 장르가 정보를 국면화하여 제시하기 위해 사용하는 기본적인 전략은 문법에 최대한 많은 역할을 맡기는 것이다. 즉, 일반적으로 텍스트에서 담화 전략이 수행하는 작업을 대신 문장 내에서 문법이 대신 수행하도록 하는 것이다. 사실, 이 법령 전체는 하나의 문장으로 구성되어 있으며, 이렇게 시작된다.

It is hereby notified that the President has assented to the following Act which is hereby published for general information:
이에 따라 일반적인 정보 제공을 위해 공표된 다음과 같은 법령에 대통령이 동의했음을 공고한다:

… 이 법령의 나머지 부분이 그 범위를 확장하게 된다. 이 법령의 목적에 대한 진술에 따라, 다음과 같이 또 다른 문장으로 시작한다:

BE IT THEREFORE ENACTED by the Parliament of the Republic of South Africa, as follows:
이에 남아프리카 공화국 의회가 제정한 법령은 다음과 같다:

이것은 사실상 앞에서 설명한 6개의 정당성에 관한 긴 문장의 끝이 된다:

SINCE the Constitution of the Republic of South Africa, 1993 (Act No. 200 of 1993), provides a historic bridge between the past of a deeply divided society characterized by strife, conflict, untold suffering and injustice, and a future founded on the recognition of human rights, democracy and peaceful co-existence for all South Africans, irrespective of colour, race, class, belief or sex;
1993년 남아프리카공화국 헌법(1993년 법령 제200호)은 분쟁과 갈등, 엄청난 고통과 불의로 특징지어지는 깊은 분열의 과거와 피부색, 인종, 계급, 신념, 성별에 관계없이 모든 남아공인의 인권, 민주주의, 평화로운 공존을 인정하는 데 기반을 둔 미래 사이의 역사적인 가교 역할을 하고 있다;
AND SINCE it is deemed necessary to establish the truth in relation to past events as well as the motives for and circumstances in which gross violations of human rights have occurred, and to make the findings known in order to prevent a repetition of such acts in future;
그리고 과거 사건과 관련하여 중대한 인권 침해가 발생한 동기 및 경위와 관련된 진실을 규명하고 향후 그러한 행위의 반복을 방지하기 위해 그 결과를 알릴 필요가 있다고 판단된다;
AND SINCE the Constitution states that the pursuit of national unity, the well-being of all South African citizens and peace require reconciliation between the people of South Africa and the reconstruction of society;
그리고 헌법에 국가 통합, 모든 남아프리카공화국 국민의 안녕과 평화를 추구하기 위해서는 남아프리카공화국 국민 간의 화해와 사회 재건이 필요하다고 명시되어 있기 때문이다;
AND SINCE the Constitution states that there is a need for understanding but not for vengeance, a need for reparation but not for retaliation, a need for ubuntu but not for victimization;
그리고 헌법에 따르면 이해는 필요하지만 복수는 필요하지 않고, 배상은 필요하지만 보복은 필요하지 않으며, ubuntu는 필요하지만 희생은 필요하지 않다고 명시되어 있기 때문이다;
AND SINCE the Constitution states that in order to advance such reconciliation and reconstruction amnesty shall be granted in respect of acts, omissions and offences associated with political objectives committed in the course of the conflicts of the past;
그리고 헌법은 이러한 화해와 재건을 진전시키기 위해 과거의 분쟁 과정에서 저지른 정치적 목적과 관련된 행위, 부작위 및 범죄에 대해 사면을 부여해야 한다고 명시하고 있기 때문이다;

AND SINCE the Constitution provides that Parliament shall under the Constitution adopt a law which determines a firm cut-off date, which shall be a date after 8 October 1990 and before the cut-off date envisaged in the Constitution, and providing for the mechanisms, criteria and procedures, including tribunals, if any, through which such amnesty shall be dealt with;
그리고 헌법에서 의회는 헌법에 따라 1990년 10월 8일 이후부터 헌법에 규정된 시한일 이전에 확정된 시한일을 결정하는 법령을 채택하고, 그러한 사면을 처리할 메커니즘, 기준 및 절차(만약 있다면 재판소를 포함하여)를 규정해야 한다고 규정하고 있기 때문이다;
BE IT THEREFORE ENACTED by the Parliament of the Republic of South Africa, as follows
따라서 남아프리카 공화국 의회는 다음과 같이 제정한다

비슷한 패턴이 텍스트 전체에서 발견된다. 어떤 의미에서 우리가 여기서 살펴보고 있는 것은 문법의 한계에 대한 탐구이다: 즉 담화의미론이 개입하기 전까지 문법이 어디까지 기능할 수 있는지를 실험하는 것이다. 이것은 담화에 대한 태도에 따라 문법학자에게는 독특한 종류의 꿈일 수도 있고, 입법자에게는 악몽이 될 수도 있다.

주기어의 계층과 관련해서는, 문법에 대한 이러한 강조가 특별한 효과를 가져온다. 예를 들어, 용어 정의를 다루고 있는 제1장의 다음 국면을 보자:

(xix) "victims" includes -
(xix) "피해자"는 다음을 포함한다 -
    (a) persons who, individually or together with one or more persons, suffered harm in the form of physical or mental injury, emotional suffering, pecuniary loss or a substantial impairment of human rights -
    (a) 개별적으로 또는 한 명 이상의 사람과 함께 신체적 또는 정신적 상해, 정서적 고통, 금전적 손실 또는 인권의 실질적 손상의 형태로 피해를 입은 사람 -
        (i) as a result of a gross violation of human rights; or
        (i) 중대한 인권 침해의 결과; 또는
        (ii) as a result of an act associated with a political objective for which amnesty has been granted
        (ii) 사면이 부여된 정치적 목적과 관련된 행위의 결과로서

물론 우리가 이것을 단락으로 다시 작성하여, 다음과 같이 절들의 복잡한 구성을 단순화할 수 있다:

There are two kinds of victim. There are persons who, individually or together with one or more persons, suffered harm in the form of physical or mental injury, emotional suffering, pecuniary loss or a substantial impairment of human rights as a result of a gross violation of human rights. And there are those who suffered as a result of an act associated with a political objective for which amnesty has been granted.
피해자에는 두 가지 종류가 있다. 개인 또는 한 명 이상의 사람과 함께 중대한 인권 침해의 결과로 신체적 또는 정신적 상해, 정서적 고통, 금전적 손실 또는 인권의 실질적 손상의 형태로 피해를 입은 사람이 있다. 그리고 사면이 허용된 정치적 목적과 관련된 행위의 결과로 고통을 받은 사람들도 있다.

이렇게 하면 절복합 대신 익숙한 **하이퍼테마**와 저점(들여쓰기) 구조를 설정할 수 있다:

There are two kinds of victim.
피해자에는 두 가지 종류가 있다.
> There are persons who, individually or together with one or more persons, suffered harm in the form of physical or mental injury, emotional suffering, pecuniary loss or a substantial impairment of human rights as a result of a gross violation of human rights. And there are those who suffered as a result of an act associated with a political objective for which amnesty has been granted.
> 개인 또는 한 명 이상의 사람과 함께 중대한 인권 침해의 결과로 신체적 또는 정신적 상해, 정서적 고통, 금전적 손실 또는 인권의 실질적 손상의 형태로 피해를 입은 사람이 있다. 그리고 사면이 허용된 정치적 목적과 관련된 행위의 결과로 고통을 받은 사람들도 있다.

담화의미론, 정확히 말하자면 주기어의 위계가, 이 정보 포장을 구성하는 장치로서 문법을 대신하게 된다.

2장 3절에서도 마찬가지로 다음과 같은 종류의 문법적 구성을 발견할 수 있다:

3. (1) The objectives of the Commission shall be to promote national unity and reconciliation in a spirit of understanding which transcends the conflicts and divisions of the past by -
3. (1) 위원회의 목적은 다음을 통해 과거의 갈등과 분열을 초월하는 이해의 정신으로 국민 통합과 화해를 촉진하는 것이다 -
> (a) establishing as complete a picture as possible of the causes, nature and extent of the gross violations of human rights which were committed during the

period from 1 March 1960 to the cut-off date, including the antecedents, cir-cumstances, factors and context of such violations, as well as the perspectives of the victims and the motives and perspectives of the persons responsible for the commission of the violations, by conducting investigations and holding hearings;

(a) 조사를 실시하고 청문회를 개최함으로써 1960년 3월 1일부터 마감일까지의 기간 동안 자행된 총체적인 인권침해의 원인, 성격 및 정도, 그러한 위법행위의 선례, 상황, 요인 및 맥락, 피해자의 관점 및 그 위법행위에 대한 책임자의 동기 및 관점을 포함하여 가능한 한 완전한 그림을 구축하는 것;

(b) facilitating the granting of amnesty to persons who make full disclosure of all the relevant facts relating to acts associated with a political objective and comply with the requirements of this Act;

(b) 정치적 목적과 연관된 행위와 더불어 모든 관련 사실을 완전히 공개하고 이 법령의 요건을 준수하는 사람에 대한 사면 부여를 용이하게 하는 것;

(c) establishing and making known the fate or whereabouts of victims and by restoring the human and civil dignity of such victims by granting them an op-portunity to relate their own accounts of the violations of which they are the victims, and by recommending reparation measures in respect of them;

(c) 피해자의 신병 또는 소재를 파악하여 알리고, 피해자에게 자신이 피해자인 위반 사항에 대해 직접 진술할 기회를 부여하고 그에 대한 배상 조치를 권고함으로써 피해자의 인간적 및 시민적 존엄성을 회복하는 것;

(d) compiling a report providing as comprehensive an account as possible of the Activities and findings of the Commission contemplated in paragraphs (a), (b) and (c), and which contains recommendations of measures to prevent the future violations of human rights.

(d) (a), (b), (c)항에서 고려한 위원회의 활동과 결과에 대해 가능한 한 포괄적인 설명을 제공하고 향후 인권 침해를 방지하기 위한 조치의 권고가 포함된 보고서를 작성하는 것.

(2) The provisions of subsection (1) shall not be interpreted as limiting the power of the Commission to investigate or make recommendation concerning any matter with a view to promoting or achieving national unity and reconciliation within the context of this Act.

(2) (1)조의 하위 조항은 이 법령의 맥락에서 국민 통합과 화해를 촉진하거나 달성하기 위한 목적으로 어떤 사안에 대해 조사하거나 권고할 수 있는 위원회의 권한을 제한하는 것으로 해석되어서는 안 된다.

(3) In order to achieve the objectives of the Commission -

(3) 위원회의 목적을 달성하기 위해 -

(a) the Committee on Human Rights Violations, as contemplated in Chapter 3, shall deal, among other things, with matters pertaining to investigations of gross violations of human rights;

(a) 3장에 명시된 바와 같이 인권침해위원회는 무엇보다도 중대한 인권 침해에 대한 조사와 관련된 문제를 처리한다;

(b) the Committee on Amnesty, as contemplated in Chapter 4, shall deal with matters relating to amnesty;

(b) 사면위원회는 4장에 명시된 바와 같이 사면에 관한 사항을 처리한다;

(c) the Committee on Reparation and Rehabilitation, as contemplated in Chapter 5, shall deal with matters referred to it relating to reparations;

(c) 5장에 명시된 바와 같이 배상 및 재활 위원회는 배상과 관련하여 위원회에 회부된 사안을 처리한다;

(d) the investigating unit referred to in section 5(d) shall perform the investigations contemplated in section 28(4)(a); and

(d) 5절 (d)항에 언급된 조사 부서는 28절 (4)조 (a)항에 고려된 조사를 수행한다; 그리고

(e) the subcommittees shall exercise, perform and carry out the powers, functions and duties conferred upon, assigned to or imposed upon them by the Commission.

(e) 소위원회는 위원회가 부여, 할당 또는 부과한 권한, 기능 및 의무를 행사, 수행 및 처리한다.

3조 1항과 3항은 위에서 제시한 방식에 따라 모두 다시 작성할 수 있다. 아래는 우리가 3조 1항을 다시 쓴 예시이고, 3조 3항은 여러분에게 맡기겠다:

The objectives of the Commission shall be to promote national unity and reconciliation in a spirit of understanding which transcends the conflicts and divisions of the past. It will accomplish this in four ways.

위원회의 목적은 다음과 같은 네 개의 방법을 통해 과거의 갈등과 분열을 초월하는 이해의 정신으로 국민 통합과 화해를 촉진하는 것이다.

First, it will establish as complete a picture as possible of the causes, nature and extent of the gross violations of human rights which were committed during the period from 1 March 1960 to the cut-off date, including the antecedents, circumstances, factors and context of such violations, as well as the perspectives of the victims and the motives and perspectives of the persons responsible for the commission of the violations, by conducting investigations and holding hearings.

첫 번째 방법은 1960년 3월 1일부터 마감일까지의 기간 동안 자행된 중대한 인권 침해

의 원인, 성격 및 범위, 그러한 침해의 전례, 상황, 요인 및 맥락을 포함하여 피해자의
관점, 인권 침해를 저지른 책임자의 동기 및 관점을 조사하고 청문회를 개최함으로써
가능한 한 완전한 그림을 확립하는 것이다.

In addition it will facilitate the granting of amnesty to persons who make full
disclosure of all the relevant facts relating to acts associated with a political
objective and comply with the requirements of this Act.
이에 더해 정치적 목적과 연관된 행위와 더불어 모든 관련 사실을 완전히 공개하고 이
법령의 요건을 준수하는 사람에 대한 사면 부여를 용이하게 하고자 한다.
Next it wilt establish and make known the fate or whereabouts of victims and
by restoring the human and civil dignity of such victims by granting them an
opportunity to relate their own accounts of the violations of which they are
the victims, and by recommending reparation measures in respect of them.
그 다음으로 피해자의 운명 또는 소재를 파악하여 알리고, 피해자에게 자신이 피해자인
인권 침해에 대해 진술할 기회를 부여하고 그에 대한 배상 조치를 권고함으로써 피해자
의 인간적 및 시민적 존엄성을 회복해야 한다.

Finally it will compile a report providing as comprehensive an account as possi-
ble of the Activities and findings of the Commission contemplated above, and
which contains recommendations of measures to prevent the future violations
of human rights.
마지막으로 위에서 언급한 위원회의 활동과 조사 결과를 가능한 한 포괄적으로 설명하
고 향후 인권 침해를 방지하기 위한 조치에 대한 권고 사항을 담은 보고서를 작성할
예정이다.

아직 충분하지 않다면 법령39) 2장 4절을 살펴보자. 이 경우에는 주기어 위계에 또 하나의
깊은 층위가 요구된다. 아래 텍스트에는 우리가 잠재적으로 높은 수준의 **테마**를 표시해 두었다:

잠재적 매크로테마
4. The functions of the Commission shall be to achieve its objectives, and to that end
the Commission shall -
4. 위원회의 기능은 그 목적을 달성하는 것이며, 이를 위해 위원회는 다음을 수행한다 -

잠재적 하이퍼테마
(a) facilitate, and where necessary initiate or coordinate, inquiries into -
(a) 다음에 대한 문의를 촉진하고 필요한 경우 시작하거나 조정한다 -

---

39) [역자주] 부록1의 법령 전체 조항 중 2장 4절을 말함.

(ⅰ) gross violations of human rights, including violations which were part of a systematic pattern of abuse;

(ⅰ) 조직적인 학대 패턴의 일부인 위반을 포함한 중대한 인권 침해;

(ⅱ) the nature, causes and extent of gross violations of human rights, including the antecedents, circumstances, factors, context, motives and perspectives which led to such violations;

(ⅱ) 중대한 인권 침해의 성격, 원인 및 범위, 그러한 인권 침해를 초래한 전례, 상황, 요인, 맥락, 동기 및 관점;

(ⅲ) the identity of all persons, authorities, institutions and organisations involved in such violations;

(ⅲ) 그러한 침해에 관련된 모든 개인, 당국, 기관 및 단체의 신원;

(ⅳ) the question whether such violations were the result of deliberate planning on the part of the State or a former state or any of their organs, or of any political organisation, liberation movement or other group or individual; and

(ⅳ) 그러한 위반이 국가 또는 이전 국가 또는 그들의 어떤 기관들, 정치 조직, 해방 운동 또는 기타 단체 또는 개인의 고의적인 계획의 결과인지에 대한 질문; 그리고

(ⅴ) accountability, political or otherwise, for any such violation;

(ⅴ) 그러한 위반에 대한 정치적 또는 기타 방식의 책임;

(b) facilitate, and initiate or coordinate, the gathering of information and the receiving of evidence from any person, including persons claiming to be victims of such violations or the representatives of such victims, which establish the identity of victims of such violations, their fate or present whereabouts and the nature and extent of the harm suffered by such victims;

(b) 그러한 위반 행위의 피해자라고 주장하는 사람 또는 그러한 피해자의 대리인을 포함한 모든 사람으로부터 그러한 위반 행위의 피해자의 신원, 피해자의 운명 또는 현재 소재, 피해자가 입은 피해의 성격과 정도를 확인할 수 있는 정보 수집 및 증거 획득을 촉진하고 이를 개시 또는 조정한다;

(c) facilitate and promote the granting of amnesty in respect of acts associated with political objectives, by receiving from persons desiring to make a full disclosure of all the relevant facts relating to such acts, applications for the granting of amnesty in respect of such acts, and transmitting such applications to the Committee on Amnesty for its decision, and by publishing decisions granting amnesty, in the Gazette;

(c) 정치적 목적과 연관된 행위와 관련하여 해당 행위와 모든 관련 사실의 완전한 공개를 원하는 사람으로부터 해당 행위와 관련된 사면 부여 신청서를 접수하고, 사면위원회의 결정을 위해 해당 신청서를 사면위원회에 송부하고 사면 부여 결정을 관보에 게재함으

써, 사면 부여를 촉진하고 장려한다;

(d) determine what articles have been destroyed by any person in order to conceal violations of human rights or acts associated with a political objective;

(d) 인권 침해 또는 정치적 목적과 관련된 행위를 은폐하기 위해 어떤 사람이 어떤 문서를 파기했는지 확인한다;

(e) prepare a comprehensive report which sets out its activities and findings, based on factual and objective information and evidence collected or received by it or placed at its disposal;

(e) 수집 또는 획득하거나 임의로 처리할 수 있는 사실적이고 객관적인 정보와 증거를 바탕으로 활동들과 결과물을 설명하는 종합 보고서를 작성한다;

잠재적 하이퍼테마

(f) make recommendations to the President with regard to -

(f) 대통령에게 다음 사항에 대해 권고한다 -

　　(i) the policy which should be followed or measures which should be taken with regard to the granting of reparation to victims or the taking of other measures aimed at rehabilitating and restoring the human and civil dignity of victims;

　　(i) 피해자에게 배상을 제공하거나 피해자의 인간과 시민으로서의 존엄성을 복원하고 회복하기 위한 기타 조치를 취하는 것과 관련하여 따라야 하는 정책 또는 취해야 하는 조치;

　　(ii) measures which should be taken to grant urgent interim reparation to victims;

　　(ii) 피해자에게 긴급한 임시 배상을 제공하기 위해 취해야 할 조치;

(g) make recommendations to the Minister with regard to the development of a limited witness protection programme for the purposes of this Act;

(g) 이 법령의 목적을 위한 제한된 증인 보호 프로그램의 개발과 관련하여 장관에게 권고할 수 있다;

(h) make recommendations to the President with regard to the creation of institutions conducive to a stable and fair society and the institutional, administrative and legislative measures which should be taken or introduced in order to prevent the commission of violations of human rights.

(h) 안정적이고 공정한 사회에 도움이 되는 제도를 만들고 인권 침해를 방지하기 위해 취하거나 도입해야 하는 제도적, 행정적, 입법적 조치와 관련하여 대통령에게 권고한다.

요약하자면, 다양한 사용역에서 정보 흐름을 조율하기 위해 주기어의 위계가 활용되는 반면, 위의 법령에서는 이러한 구성 방식이 가능한 한 문법화40)되어 있다. 다른 사용역들에서는 서론, 주제문 및 단락 등을 사용할 때, 위 법령에서는 복잡한 문장을 사용한다.

동시에 이러한 담화 조직의 국지화(localization)로 인해 실제로 위의 법령을 이해하고 찾아보는 데 어려움을 줄 수 있다는 우려도 있는 것 같다. 그래서 각 조항과 구성 요소를 지칭하기 위해 숫자와 문자로 된 표기를 사용하는 것과 더불어, 각 조항에는 제목이 붙고, 이 조항들은 다시 장(章)으로 묶이며, 각 장에도 고유한 제목이 붙는다. 이러한 제목들은 우리가 법령 전체를 전역적으로 살펴보는 데 도움을 주며, 일반 독자들이 내용을 찾아가는 데 있어 하나의 대체적인 주기어 위계 역할을 한다. 이는 입법자들이 정보를 포장하는 데 사용하는 국지적 문법 조직 방식과 나란히 작동한다. 따라서 이러한 법령은 독자의 구조화 요구와 작성자인 입법자의 필요 요구에 긴장이 존재하는 흥미로운 장르이다. 언제나 그렇듯이 언어에서는 자원이 조정되고 활용되며 결국 절충에 이르게 된다. 여기서 그 절충을 가능하게 해주는 열쇠는 제목과 구두점이라는 정서법(graphological) 자원이다.

6.8 텍스트성: 국면적 담화 시스템

앞서 살펴보았듯이, 담화는 다양한 방식으로 정보포장된다. 명시적 구조화(explicit scaffolding)는 절을 넘어서는 주기어의 위계를 세우는 것으로, **테마**와 **뉴**의 층위를 통해 우리가 어디서 왔고, 어디로 가는지를 알려준다. 한편, 연속 확장(serial expansion)의 경우에는 명시적인 구조 변화 없이 한 담화 국면에서 다른 담화 국면으로 바뀌면서 일종의 '기어 변속'이 일어난다. 법령 담화와 같은 특정 유형의 담화에서는, 명시성이 어떤 의미에서는 극한까지 밀어붙여진다. (i) 매우 복잡한 문장 안에 가능한 한 많은 위계를 문법화하거나 (ii) 텍스트의 각 절에 숫자나 알파벳으로 이름을 붙이거나 제목을 제공함으로써 말이다. 대부분의 텍스트에는 이러한 모든 자원들을 조합하여 정보를 소화 가능한 국면으로 나누는 방식을 취한다.

이러한 명시성의 차이는, 하나의 텍스트 안에서 담화 시스템들이 상호작용하면서, 한 국면에서 다음 국면으로 넘어가면서 무엇이 계속되고 무엇이 변화하고 있는지에 대해 많은 것을 알려준다. 이 장을 마무리하면서, 이러한 상호 작용이 어떻게 작동하는지 잠시 살펴보겠다. 여기서는 계속되는 의미를 '연속성(continuity)'이라고 하고, 변화하는 의미를 '불연속성(discontinuity)'이라고 하겠다.

이를 위해 Helena의 두 번째 **사건**의 '부정적 여파(repercussion)' 국면을 살펴보겠다. 이번에는 이 국면이 어떻게 하나로 묶여 있는지, 그리고 '우리의 지옥(our hell)'에 대한 한 관점에

---

40) [역자주] 개조식이 아니라 서술식이라는 뜻.

서 다른 관점으로 어떻게 전환되는지 살펴볼 것이다. 아래는 해당 텍스트이며, **하이퍼테마**가 저점(들여쓰기)과 구분되어 있는데, 그 저점에는 두 개의 하위 국면으로 나뉘어 있다. 이두 하위 국면을 각각 '그의 지옥'과 '그녀의 지옥'이라고 명명할 수 있다:

After about three years with the special forces, our hell began.
특수부대에 입대한 지 약 3년이 지나자 우리의 지옥이 시작됐다.

'그의 지옥'
He became very quiet. Withdrawn. Sometimes he would just press his face into his hands and shake uncontrollably. I realized he was drinking too much. Instead of resting at night, he would wander from window to window. He tried to hide his wild consuming fear, but I saw it. In the early hours of the morning between two and haif-past-two, I jolt awake from his rushed breathing. Rolls this way, that side of the bed. He's pale. Ice cold in a sweltering night - sopping wet with sweat. Eyes bewildered, but dull like the dead. And the shakes. The terrible convulsions and blood-curdling shrieks of fear and pain from the bottom of his soul. Sometimes he sits motionless, just staring in front of him.
그는 매우 조용해졌다. 집안에 틀어박혔다. 가끔 그는 자신의 얼굴을 손으로 감싸고 걷잡을 수 없이 떨기도 했다. 나는 그가 술을 너무 많이 마신다는 것을 깨달았다. 그는 밤에 쉬는 대신 창문에서 창문을 오가며 방황했다. 그는 거칠고 강렬한 두려움을 숨기려 했지만 나는 보고 말았다. 나는 새벽 2시 반에서 3시 반 사이, 그의 가쁜 숨소리에 잠에서 깼다. 그는 침대 이쪽저쪽으로 굴러다녔다. 그는 창백했다. 무더운 밤에 얼음장처럼 차갑고 땀으로 흠뻑 젖어 있었다. 죽은 사람처럼 멍한 눈동자, 그리고 떨림. 끔찍한 경련과 소름끼치는 공포와 고통의 비명소리가 그의 영혼의 밑바닥에서 울려 퍼졌다. 때때로 그는 움직이지 않고 앉아서 앞을 응시했다.

'그녀의 지옥'
I never understood. I never knew. Never realized what was being shoved down hie throat during the 'trips'. I just went through hell. Praying, pleading: 'God, what's happening? what's wrong with him? Could he have changed so much? Is he going mad? I can't handle the man anymore! But, I can't get out. He's going to haunt me for the rest of my life if I leave him. Why, God?'
나는 결코 이해하지 못했다. 정말 몰랐다. '여행'을 하는 동안 그의 목구멍으로 무엇이 밀려 들어왔는지 전혀 깨닫지 못했다. 나는 방금 지옥을 겪었다. 기도하고 간청했다: '하나님, 무슨 일이에요? 그에게 무슨 문제가 있나요? 그가 그렇게 많이 변할 수 있나요? 미쳐가는 건가요? 더 이상 이 남자를 감당할 수 없어요! 하지만 빠져나올 수가 없어요. 내가 그를 떠나면 평생 나를 따라올 거예요. 왜, 신이시여?'

접속어에 관한 한, 두 하위 국면은 변화의 신호로 작용하는 접속어가 거의 없기 때문에
연속성(continuity)을 보여준다:

'그의 지옥':   instead of, but
                 대신, 그러나
'그녀의 지옥':   but, if
                 그러나, 만약 ~면

기본적으로 이것은 일련의 묘사들로 이루어져 있으며, 텍스트는 나열 형식으로 되어 있다.
반면에 식별어 측면에서는 연속성과 불연속성이 모두 존재한다. '그의 지옥' 부분에서 주요
동일화 사슬은 Helena의 남편이며, Helena는 부차적인 역할을 한다:

he, he, his, his, he, he, he, his, his, he, his, he, him; I, I, I; fear-it
그, 그, 그의, 그의, 그, 그, 그, 그의, 그의, 그, 그의, 그, 그를; 나, 나, 나; 두려워하다-그것

반면에 '그녀의 지옥'에서는 Helena와 그녀의 남편 둘 다 적극적으로 관여하게 된다:

I, I, I, I, I, me, my, I; his, him, he, he, the man, he; God, God
나, 나, 나, 나, 나, 나를, 나의, 나; 그의, 그를, 그, 그, 이 남자, 그; 하나님, 하나님

관념어 측면에서는, '그의 지옥'에서의 분류학적 관계들이 그녀 남편의 신체 부위들과 안
절부절못함을 중심으로 전개된다:

face, hands, eyes; resting, jolt awake, sits motionless, staring
얼굴, 손, 눈동자; 쉬다, 갑자기 깨다, 움직이지 않고 앉다, 응시하다

반면 '그녀의 지옥'은 인지, 애원, 떠남, 광기의 과정을 중심으로 한다:

understood, knew, realised; praying, pleading; get out, leave; wrong, changed, going
mad
이해하다, 알다, 깨닫다; 기도하다, 간청하다; 빠져 나오다, 떠나다; 문제가 있다, 변하다, 미쳐
가다

　예상의 측면에서 보면, '그의 지옥'은 붕괴를 중심으로 전개되는 반면, '그녀의 지옥'은 커져가는 그녀의 자각과 탈출의 필요성을 중심으로 전개된다.

　평가어 측면에서는, 하위 국면들 사이에 매우 두드러진 차이점들이 나타난다. '그의 지옥'은 감정평가를 전면에 내세우며, 강한 증폭(amplification)을 전경화하는 반면, 양태(modality)는 간헐적이거나 습관적인 행동(*sometimes, would*)에 관련된다.

> 태도평가
>
> very quiet, withdrawn, wild consuming fear, bewildered, blood-curdling, fear, pain, press his face into his hands, shake uncontrollably, drinking too much, instead of resting, wander from window to window, his rushed breathing, rolls this way, that side of the bed, pale, ice cold in a sweltering night, sopping wet with sweat, the shakes, the terrible convulsions, shrieks, sits motionless, staring in front of him
>
> 매우 조용하다, 집안에 틀어박히다, 거칠고 강렬한 두려움, 멍한, 소름끼치는, 공포, 고통, 자신의 얼굴을 손으로 감싸다, 걷잡을 수 없이 떨다, 술을 너무 많이 마신다는 것, 쉬는 대신, 창문에서 창문으로 오가며 방황하다, 그의 가쁜 숨소리, 침대 이쪽저쪽으로 굴러다녔다, 창백했다, 무더운 밤에 얼음장처럼 차갑고, 땀으로 흠뻑 젖어 있었다, 떨림, 끔찍한 경련, 비명, 움직이지 않고 앉아서, 앞을 응시했다.
>
> 세기
>
> dull like the dead, very quiet, shake uncontrollably, too much, wild consuming fear, ice cold, sweltering night, sopping wet, terrible convulsions, blood curdling shrieks...-from the bottom of his soul
>
> 죽은 사람처럼, 매우 조용하다, 걷잡을 수 없이 떨다, 너무 많이, 거칠고 강렬한 두려움, 얼음장처럼 차갑고, 무더운 밤, 흠뻑 젖어 있었다, 끔찍한 경련, 소름끼치는...그의 영혼의 밑바닥에서
>
> 양태
>
> sometimes, would, sometimes
>
> 가끔은, -기도하다, 때때로

　'그녀의 지옥'은 Helena의 느낌들을 기록하는 것(*can't handle, haunt*)을 훨씬 덜 명시적으로 드러내며, 몇몇 정황평가(*went through hell*)와 행위평가(*mad, wrong*)를 사용하였다. 반면 양태는 확정적이다(*never, can't*). 그리고 개입평가의 관점에서 보면, '그녀의 지옥'은 '그의 지옥'보다 훨씬 더 대화적이어서 Helena의 절박한 질문에 응답하는 신의 목소리를 명시적으로 불러낸다.

> 태도평가
>
> went through hell, wrong, mad, can't handle, haunt
>
> 지옥을 겪었다, 문제, 미치다, ~를 감당할 수 없다, 따라오다

세기
hell, pleading, so much, the rest of my life
지옥, 간청하다, 그렇게 많이, (내) 평생

양태
never, never, never, can't, can't
결코 ~지 못하다, 정말 ~지 않다, 전혀 ~지 못하다, ~ㄹ 수 없다, ~ㄹ 수 없다

서법 전환
[평서, 의문: 극성 & wh]

주기어의 측면에서는, 작은 물결들은 **테마**와 **뉴**를 반복적으로 선택하여 이러한 차이점 중 일부를 전경화한다. '그의 지옥(his hell)'에서는 전개 방식이 Helena의 남편을 중심으로 하며, 이는 **주어/테마(들)**를 통해 확립된다:

he, he, he, he, he, I, I, he, eyes
그, 그, 그, 그, 그, 나, 나, 그, 눈동자

'그녀의 지옥'에서는 Helena와 그녀의 남편, 그리고 그녀가 이해할 수 없는 것들에 대한 삼원적 분지의 관점이 더 많이 등장한다:

I, I, what, I, what, what, he, he, I, I, he, I, why
나, 나, 무엇, 나, 무슨, 무슨, 그, 그, 나, 나, 그, 나, 왜

뉴(들)에 관해서, '그의 지옥'의 핵심은 Helena의 남편의 느낌들이다:

began, very quiet, withdrawn, into his hands, uncontrollably, too much, from window to window, his wild consuming fear, from his rushed breathing, this way, that side of the bed, pale, in a sweltering night, sopping with sweat, bewildered, dull like the dead, the shakes, the terrible convulsions and blood-curdling shrieks of fear and pain from the bottom of his soul
시작됐다, 매우 조용하다, 집안에 틀어박히다, (자신의) 손으로, 걷잡을 수 없이, 너무 많이, 창문에서 창문으로, 그의 거칠고 강렬한 두려움, 그의 가쁜 숨소리에, 침대 이쪽, 저쪽으로, 창백했다, 무더운 밤에, 땀으로 흠뻑 젖어 있었다, 멍한, 죽은 사람처럼, 떨림, 끔찍한 경련과 소름끼치는 공포와 고통의 비명소리가 그의 영혼의 밑바닥에서 울려 퍼졌다

또다시 '그녀의 지옥'의 핵심은 더 다양하다: 즉, Helena의 혼란, 그녀의 간구, 남편의 광기, 그녀의 탈출이다:

understood, knew, realised, during the 'trips', hell, praying, pleading, happening, wrong with him, so much, mad, anymore, get out, the rest of my life, leave him
이해했다, 알았다, 깨달았다, '여행'을 하는 동안, 지옥, 기도하고 간청했다, 일, 그에게 있는 문제, 그렇게 많이, 미치다, 더 이상, 빠져나오다, (내) 평생, 그를 떠나다

일반적으로 그 전환은 그에게 미친 영향에서 그녀에게 미친 영향으로 이루어진다. 그러나 특정 담화 패턴에서 보면, '그녀의 지옥'이 '그의 지옥'과 겹치면서, 이 국면 전체에 연속성을 부여하는 동시에 독특한 패턴들(하위 국면)도 발전시킨다.

여기서 중요한 점은 이러한 종류의 공동-패턴만으로도 독특한 담화 국면을 인식할 수 있다는 것이다. 전형적인 도덕적 일화(exemplum)의 일반적인 단계들(Orientation, Incident, Interpretation)은 문화적으로 충분히 반복되어 매우 예측이 가능하다. 이 단계(stage)들은 장르 자체에 의해 예측된다. 그러나 이런 일반적인 단계 내의 국면들, 예를 들어 여기서의 '부정적 여파(repercussion)' 국면은 훨씬 더 변동적이다. 우리가 뚜렷한 단계를 인식할 수 있는 것은 담화 특징들의 공동-패턴화 덕분이다. Helena는 국면 전체를 구성하기 위해 **하이퍼테마** *our hell began*라는 명시적 구조화를 사용했지만, 국면 내에서 시선을 옮길 때는 구조화(scaffolding)가 필요하지 않았다. 우리는 그녀와 함께 관점을 이동한다; 절 내의 잔물결과 절들 사이의 연결들이 그 역할을 충분히 해내기 때문이다.

7
교섭어: 대화에서
상호작용하기

장 개요

7.1 대화에서 상호작용하기

7.2 역할 교환하기: 발화기능

7.3 발화기능과 서법

7.4 응답하기

7.5 연속적인 발화행위: 교환 구조

7.6 교환 방해하기 : 추적하기와 도전하기

7.7 교환 확장하기: 발화행위와 교환 복합

7.8 교섭어 그리고 그 너머

교섭어(negotiation)는 화자들 간의 교환으로서의 상호작용과 관련이 있다: 대화에서 화자들이 서로의 역할을 맡고 조정하는 방식, 그리고 발화행위들이 서로 연관되어 조직되는 방식이다.

먼저 개략적인 소개에 이어 7.2절에서는 **발화기능**(speech function)의 기본 유형을 구축하고, 7.3절에서는 이를 **서법**(mood)에서의 문법적 실현과 연관시키며, 7.4절에서는 이에 수반되는 **응답**(responses)을 살펴볼 것이다.

그런 다음 7.5절에서는 이러한 선택들이 **교환**(exchanges)에서 **발화행위**(moves)들로 어떻게 연속되는지 살펴보고, 7.6절에서는 관념어를 **추적**(track)하거나 교환의 전개에 **도전**(challenge)하는, 추가적인 방해적 발화행위로 넘어간다.

7.7절에서는 **발화행위 복합**(move complexes)과 **교환 복합**(exchange complexes)과 관련된 더 복잡한 대화를 처리하도록 분석이 확장된다.

마지막으로 7.8절에서는 서법, 발화기능, 교섭을 시스템 네트워크로 형식화하고, 대화 담화에서 교섭어가 평가어, 식별어, 접속어와 맺는 상호작용에 대해 간략히 다룬다.

7.1 대화에서 상호작용하기

지금까지 이 책에서 사용한 세 가지 주요 텍스트는 본질적으로 독백이었다. 하지만 어느 순간부터 Helena와 Tutu는 더 많은 대화를 나누게 된다. 예를 들어 Helena는 신과 대화하며 남편의 죽음에 대해 여러 가지 질문을 던지고 자신의 심정을 토로한다:

> 'God, what's happening, What's wrong with him? Could he have changed so much? is he going mad? i can't handle the man anymore! But I can't get out. He's going to haunt me for the rest of my life if I leave him. Why, God?'
> '하나님, 무슨 일이에요? 그에게 무슨 문제가 있나요? 그가 그렇게 많이 변할 수 있나요? 미쳐가는 건가요? 더 이상 이 남자를 감당할 수 없어요! 하지만 빠져나올 수가 없어요. 내가 그를 떠나면 평생 나를 따라올 거예요. 왜, 신이시여?'

그리고 Tutu는 진실화해위원회의 진실성에 대해 독자들에게 질문을 던진다:

> Can it ever be right for someone who had committed the most gruesome atrocities to be allowed to get off scot-free, simply by confessing what he or she has done? Are the critics right: was the Truth and Reconciliation process immoral?... So is amnesty being given at the cost of justice being done!
> 가장 끔찍한 잔혹행위를 저지른 사람이 단순히 자신이 한 일을 고백함으로써 아무런 처벌도 받지 않는 것이 과연 옳은 일일까? 진실과 화해 과정은 비도덕적이라는 비평가들이 옳은가?... 그렇다면 정의를 희생하면서까지 사면이 이루어지고 있는 것인가!

Helena는 신으로부터 답을 얻지 못하고, Tutu는 이어지는 논거에서 자신의 질문에 스스로 답해야 한다. 따라서 대화는 결코 진행되지 않는다. 그러나 구어 담화에서는 2장에서 논의한 느낌들과 3장에서 제시한 관념적 의미가 모두 화자들 간에 실제로 교섭된다. 이러한 대화의 주고받기를 가능하게 하는 자원의 시스템을 **교섭어**라고 한다.

교섭어를 살펴보기 위해서 남아프리카공화국의 Ian Gabriel 감독의 영화 *Forgiveness*(2004)를 바탕으로 구어적 맥락을 설정해야 한다. *Forgiveness*는 남아프리카 대서양 연안의 가난한 어촌 마을, Paternoster에 도착한 Helena의 두 번째 남편의 경우와 매우 유사한, Tertius Coetzee라는 백인 전직 경찰관의 이야기를 다룬다. 10년 전, Coetzee는 과거 아파르트헤이트 정권 하에서 경찰로 일하던 중, 원자로 공격 계획에 대한 정보를 얻기 위해 동료들과 함께 고문하던 정치 운동가 Daniel Grootboom을 총으로 쏴 죽인 적이 있다. Helena

의 남편처럼 진실위원회 앞에서 증언하고 사면을 받았지만 Coetzee도 자신의 과거로 인해 괴로워한다. 사죄를 구하기 위해 그는 Daniel의 가족(남아프리카에서는 '유색인종'으로 알려져 있음)을 방문한다. Daniel의 부모인 Hendrik과 Magda는 Coetzee에게 기회를 줄 준비가 되어 있지만, 누나 Sannie와 남동생 Ernest는 그를 용서하지 않으려 한다. Sannie는 복수를 위해 Daniel의 옛 동지였던 Llewelyn, Luke, Zako에게 연락하여 차를 타고 Paternoster로 긴 여행을 떠난다. 사제인 Dalton 신부가 Coetzee와 Grootboom 가족의 중개자 역할을 한다. 관련 출연진은 다음과 같다:

Tertius Coetzee	전직 경찰관 (Daniel의 살인자)
Hendrik Grootboom	Daniel의 아버지 (Paternoster 어부)
Magda Grootboom	Daniel의 어머니
Sannie Grootboom	Daniel의 여동생 (젊은 여성)
Ernest Grootboom	Daniel의 동생 (청소년)
Daniel Grootboom	형 [사망]
Llewelyn	Daniel의 유색인종 동지
Luke	Daniel의 백인 동지
Zako	Daniel의 아프리카인 동지
Father Dalton	Paternoster 사제

이 영화는 매우 흥미진진한 작품이므로 우리는 여기서 더 이상 (줄거리를) 설명하지 않겠다. 우리의 예는, 특히 Afrikaans어를 모국어로 사용하는 Grootboom 가족이 영어와 Afrikaans어 사이를 오가는 코드 전환이 포함된 대본(스크립트)에 따라 각색한 예시이다(백인 Coetzee는 Afrikaans어 이름에도 불구하고 영화 내내 영어로 말하는데, 이는 이 이야기의 복잡한 아이러니 중 하나이다). Afrikaans어에서 발췌한 대화는 영화 자막에 의존했다.

교섭어는 대화에서 진술하기(진술), 질문하기(질문), 서비스를 제공하기(제안), 재화을 요청하기(명령) 등 발화 역할을 준수하기 위한 언어 자원을 제공한다. 아래에서 Sannie는 Coetzee에게 가족이 어떻게 느끼는지에 대한 정보를 제공하고, 그의 계획에 대한 정보를 요청한다:

Sannie:	We're not so worried about your past.
	우리는 당신의 과거가 그렇게 걱정되지 않아요.

Coetzee:	–41)No of course not
	- 물론 아니겠죠.
Sannie:	Are you leaving?
	떠나는 거예요?
Coetzee:	- Of course I'm leaving
	- 물론 저는 떠나요.

행동의 영역으로 돌아가서, Dalton 신부와 함께 Grootboom 가족의 집에 저녁 식사를 하러 온 Coetzee가 도착하자 Hendrik은 손님들에게 자리에 앉을 것을 제안한다:

Hendrik:	So, shall we take a seat?
	그럼, 앉을까요?
all:	- (Coetzee, Grootboom family and Father Dalton sit down.)
모두:	- (Coetzee, Grootboom 가족, Dalton 신부가 자리에 앉는다.)

성공적인 낚시 여행 후 또 다른 장면에서, Hendrik은 아들 Ernest에게 생선을 가져와서 손질하라고 지시한다:

Hendrik:	Ernest, get those snoek [a kind of fish].
	Ernest, 그 검정통삼치(생선의 일종)를 가져와.
Ernest:	- (Ernest proceeds to do so.)
	- (Ernest가 그렇게 한다.)

보다시피, 각 진술(statement), 질문(question), 제안(offer)과 명령(command)은 사람들에게 인정하고(acknowledge), 대답하고(answering), 수락하고(accepting), 준수하는(complying) 방식으로 대응하게 만든다. 따라서 대화에서 발화행위는 대화 분석가들이 보통 '인접쌍'이라고 부르는 한 쌍으로 이루어지는 경향이 있다. 물론 실제로는 더 긴 연속이 가능하다는 것을 알고 있다. Coetzee에게 가족과 함께 호텔 레스토랑에 초대받은 Hendrik은 와인을 주문한다:

| Hendrik: | Could I have a bottle of your best dry red? |
| | 가장 좋은 드라이 레드 와인 한 병 주시겠어요? |

---

41) [역자주] 대화의 예시에서 '-'은 응답 발화행위에 대한 표시이다.

Waitress:	- Yes.
종업원:	- 네.
Hendrik:	- Thank you.
	- 고마워요.

그리고 우리는 사람들이 항상 원하는 대로 반응하지 않는다는 것을 알고 있다. 때로는 상대방이 말의 의미를 제대로 파악하지 못해서 확인이 필요할 수도 있다. 여기서 Llewelyn은 전화를 하는 도중 Sannie가 말한 Coetzee의 도착 소식에 대한 확인을 요청한다.

Sannie:	He's here.
	그가 왔어요.
Llewelyn:	- What?
	- 뭐라고?
Sannie:	- Coetzee,
	- Coetzee요,
	He's in Paternoster.
	그는 Paternoster에 있어요.

때때로 쉽게 협조하지 않는 경우도 있다. 예를 들어 Magda는 Coetzee의 초대를 선뜻 받아들이지 않는다:

Coetzee:	Would you consider having dinner with me tonight at the hotel please?
	오늘 밤 호텔에서 저와 함께 저녁 식사하시겠어요?
Magda:	- I can't go
	- 못 가겠어요.
Coetzee:	- Please Mrs Grootboom.
	- Grootboom 부인, 부탁이에요.
Sannie:	- It'll be fine Ma.
	- 괜찮을 거예요, 엄마.
	Thanks Mr Coetzee, we'll be there.
	고마워요, Coetzee 씨, 우리는 거기에 갈 거예요.
Coetzee:	- Good.
	- 좋아요.

따라서 응답은 준수될 수도 있고 그렇지 않을 수도 있다. 요약하자면, 대화에서 고려해야 할 세 가지 차원이 있다 – (1) 화자들이 만드는 발화행위의 종류, (2) 그것들이 어떻게 연속되는지, 그리고 (3) 일들이 계획한 대로 원활하게 진행되지 않을 때 무엇이 발생하는지에 대한 것이다. 먼저 표 7.1에 나와 있는 것처럼 진술, 질문, 제안, 명령 그리고 이에 대한 대응하는 응답에 초점을 맞춘 발화행위 쌍의 종류 모델부터 살펴보겠다.

표 7.1 기본 발화기능

	개시하기	응답하기
정보를 제공하기	**진술**	**인정**
정보를 요청하기	**질문**	**대답**
재화-&-서비스를 제공하기	**제안**	**수락**
재화-&-서비스를 요청하기	**명령**	**준수**

그런 다음 더 긴 발화행위 연속을 다루는 교환 구조에 대해 살펴보겠다.

7.2 역할 교환하기: 발화기능

위에서 소개한 예제들을 바탕으로 교섭어의 세 가지 기본 매개변수 - 우리가 교섭하고 있는 대상, 우리가 그것을 제공하는지 요청하는지, 그리고 발화행위가 교환을 개시하는지 또는 응답하는지를 추출할 수 있다. 첫째, 교섭하고 있는 대상은 정보인지 재화-&-서비스인지에 대한 질문이 있다. 아래 그림과 같이 정보를 교섭할 때는 언어적 반응(또는 제스처)을 기대하는 반면, 재화-&-서비스를 교섭할 때는 행동을 기대한다는 점에 유의해야 한다.

정보를 교섭하기:		
개시하기	Hendrik:	Everything OK? 별일 없으신가요?
응답하기	Coetzee:	- Yes. - 네.

재화-&-서비스를 교섭하기:

개시하기   Coetzee: Shall we go inside?
                          안으로 들어가 볼까요?
응답하기   Grootbooms: - (family turns and proceeds to enter the hotel)
                          - (가족의 차례가 되어 호텔로 입장)

이 예제에서는 두 번째 매개 변수 - 대화에서 발화행위를 개시하고 응답하는 상호보완성을 보여준다. 준수하는 응답 발화행위는 교섭 중인 내용이 개시하는 발화행위에서 쉽게 복구 가능하기 때문에 상당히 생략된 내용일 수 있다; 그리고 재화-&-서비스 거래에서 언어는 어떤 경우에도 (미래의 행동을 약속하는 경우가 아니라면) 행동에 대한 선택적 동반 사항이 된다.

고려해야 할 세 번째 매개 변수는 제공하기 vs 요청하기에 관한 것이다. 이것은 정보의 입장에서 보면 **진술**(statement)과 **질문**(question)을 대립시키고, 재화-&-서비스의 입장에서는 **제안**(offer)과 **명령**(command)을 대립시킨다.

정보를 **제공하기**(진술):

Llewelyn: They took my cell phone. (when the comrades' car was robbed at a
             service station)
             그들이 내 휴대전화를 가져갔어. (주유소에서 동지들의 차가 도난당했을 때)
Luke: - Did they?
             - 그랬어?

재화-&-서비스를 **제공하기**(제안):

Magda: Some tea, father?
              차 좀 드실래요, 신부님?
Father Dalton: - Yes please.
Dalton 신부: - 네, 부탁드립니다.

정보를 **요청하기**(질문):

Hendrik: How do you know Daniel was involved?
             Daniel이 연루된 건 어떻게 알았나요?
Coetzee: - We found explosives in his room at university... drawings and maps
               of the Nuclear Power Plant.
             - 대학에 있는 그의 방에서 폭발물을 발견했는데... 원자력 발전소 도면과 지도
               였어요.

재화-&-서비스를 **요청하기(명령)**:

Hendrik:	We have to gut and salt.
	내장과 소금을 넣어야 해.
Sannie:	- OK.
	- 알았어요.

　이 세 가지 대립쌍은 표 7.2에 요약되어 있고 예시되어 있다. 이 세 가지 대립쌍은 8가지 발화행위를 발생시키며, 이는 우리가 **발화기능**이라고 부르는 담화 의미 시스템의 핵심을 형성한다.

표 7.2 기본 발화기능 예시

	개시하기	응답하기
정보를 제공하기	**진술** *They took my phone*	**인정** - *Did they?*
정보를 요청하기	**질문** *Everything OK?*	**대답** - *Yes.*
재화-&-서비스를 제공하기	**제안** *Some tea, Father?*	**수락** - *Yes, please.*
재화-&-서비스를 요청하기	**명령** *We have to gut and salt.*	**준수** - *OK*

　그런데 전체 그림[42]을 완성하려면 5개의 발화행위가 더 필요하다. 두 개는 인사와 퇴장(사람들이 오고 갈 때, 전화를 걸고 끊을 때 대화를 구성하는 *hellos*와 *good-byes*)과 관련된 것으로, 이를 **인사**(greeting)와 **그 인사에 대한 응답**(response to greeting) **발화행위**라고 할 수 있다. 여기서 Llewelyn은 Sannie(동등한 관계로 존중하여)에게 인사한다:

Llewelyn:	Hello.
	안녕하세요.
Sannie:	- Hello.
	- 안녕하세요.

---

42) [역자주] 그림 7.1을 말함

그리고 Sannie의 부모님(손아랫사람인 자신을 맞아주는 연장자로서)에게도 인사를 건넨다:

Llewelyn:	Mrs Grootboom. Mr Grootboom.
	Grootboom 부인. Grootboom 씨.
Magda:	- Llewelyn.
	- Llewelyn 씨.

그런 다음 사람들이 그곳에 도착하면 사람들의 주의를 끌기 위한 질문 - 즉 **부르기**(call)**와 부르기에 대한 응답**(response to call)이 있다. 여기서 Hendrik은 Ernest에게 부상을 당한 Coetzee의 상태를 확인하기 위해 Sannie의 주의를 환기시킨다:

Hendrik:	Sannie.
	Sannie.
Sannie:	- What?
	- 네?
[Hendrik:	- Go with Father Dalton. Make sure that man's OK.
	- Dalton 신부님과 함께 가. 저 사람이 괜찮은지 확인해.

마지막으로 Helena의 일화의 **해석** 단계에서 Helena의 *Dammit!*과 같은 평가어의 분출을 고려해야 한다. Luke는 Dalton 신부, Coetzee, Grootboom 가족과 함께 Daniel의 무덤에서 분노를 표출하며 이 중 몇 마디를 중얼거린다:

Luke:	Bullshit; bullshit.
	헛소리; 헛소리.

이러한 **감탄사**(exclamation)는 다른 종류의 발화행위에 대한 감정적 반응으로도 작용할 수 있는데, Sannie가 그녀의 남동생에게 그의 행동으로 인해 Coetzee가 떠났다고 말할 때 Ernest의 발화행위를 그러한 예로 들 수 있다:

Sannie:	He'll leave now.
	그는 이제 떠날 거야.
Ernest:	- **Hallelujah!**
	- 할렐루야!

Luke는 전 동료들과 비슷한 방식으로 말싸움을 벌인다:

Luke:	You know I missed you two fuckers.
	내가 너희 둘을 보고 싶었던 거 알지.
Llewelyn:	- Sorry I can't say the same Luke.
	- 미안하지만 나는 Luke, 너랑 같은 마음은 아니야.
Zuko:	- Yeah me too.
	- 나도 그래.
Luke:	- **Well fuck you, man.**
	- 꺼져.
	Fuck both of you.
	둘 다 꺼져.
All:	- (laughter as Luke realizes his mates were teasing)
모두:	- (Luke가 친구들의 놀림을 깨달으며 웃음)

감탄사는 개인적인 감정을 폭발적으로 표현하는 것이기 때문에 이어지는 발화행위를 인식할 필요가 거의 없다.

이러한 설명은 그림 7.1에 제시된 기본 선택항을 구성하는 발화기능 시스템을 제공해 준다.

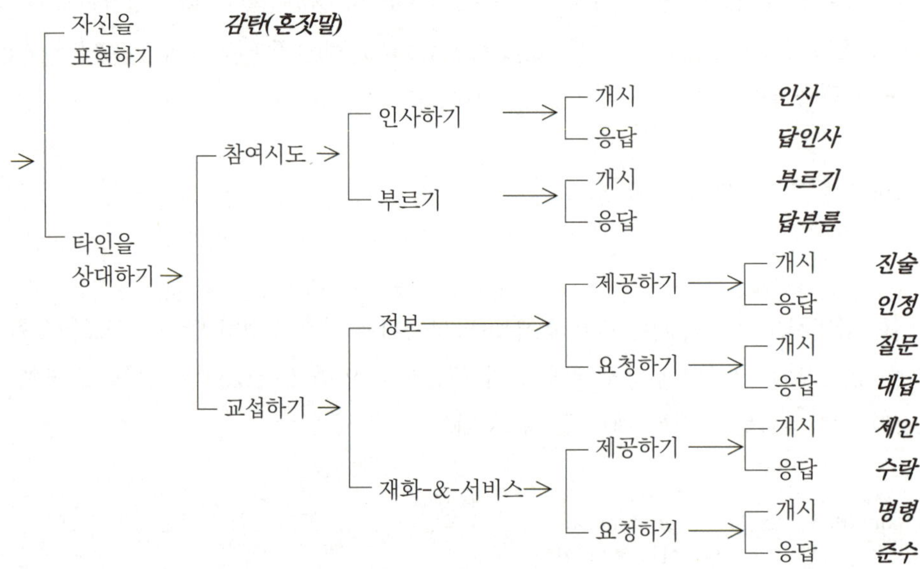

그림 7.1 발화기능의 개요

발화행위에는 응답할 사람으로 기대되는 특정 이름(호칭어)이 포함될 수 있다. 분석 목적상, 단순히 발화행위에 수반되어 수신자를 지칭하는 경우에는 호칭어를 별개의 발화행위로 취급하지 않는 것이 좋다. 즉, 아래에서 Ernest가 *you white piece of shit*이라는 호칭어를 사용하여 Coetzee에게 말하는 것을 진술의 발화로, 아버지가 *Ernest*라는 호칭어를 포함한 발화를 명령으로 취급하겠다는 것이다.

Ernest:	You understand nothing, **you white piece of shit.**
	넌 아무것도 몰라, 이 백인 새끼야.
	[Ernest throws his notebook at Coetzee]
	[Ernest가 Coetzee에게 노트를 던진다.]
Hendrik:	- **Ernest**, enough.
	- Ernest, 그만해.

따라서 호칭어는 위 예시처럼 인사하기나 부르기 연속에서 그 자체가 발화행위로 기능할 때만 별도의 발화행위로 간주된다(예: *Mrs Grootboom. Mr. Grootboom. - Llewelyn*, 그리고 *Sannie. - What?*).

발화행위는 수신자를 지향하는 태그 '질문'(*don't you?, isn't he?,* 등)으로 끝날 수도 있다. 이러한 태그는 별도의 발화행위로 기능하지는 않지만, 청자에게 응답하도록 명시적으로 초대하는 것으로 취급하는 것이 좋다. 따라서 아래의 두 가지 Sannie의 발화행위는 모두 태그가 붙은 진술로 취급된다(질문이 뒤따르는 진술이 아니라). 결국 교섭 중인 명제는 두 가지가 아니라 하나뿐이다:

태그된 진술들:

Sannie:	You think you can just buy forgiveness, **don't you?**
	그냥 용서를 살 수 있다고 생각하시죠, 그렇죠?
Coetzee:	- No.
	- 아니요.
Sannie:	You could have killed the man, **you know?**
	당신은 그 사람을 죽일 수도 있었어요, 알잖아요?
Ernest:	- I wish I had.
	- 나도 그랬으면 좋았을 거예요.

7.3 발화기능과 서법

이전 장에서 13가지 기본 발화행위 목록을 제시했으니, 이제 대화를 분석할 때 이를 서로 구별하는 방법에 대해 생각해 볼 필요가 있다. 유용한 표지들로는 *please, kindly, ta, thanks, thank- you, OK, alright, no worries, you're welcome, not a problem*, 등이 있으며, 이는 일반적으로 재화-&-서비스에 관한 발화행위를 나타낸다. 여기서 Ernest는 Coetzee에게 (동지들이 자신을 죽이러 올 때까지) 남아서 부모님과 이야기를 나누자고 간청한다:

Ernest:	**Please** Mr Coetzee, I need you to talk to them. **Please.**
	제발 Coetzee 씨, 그들과 얘기해 주세요. 제발.
Coetzee:	- **OK**, I'll be there.
	- 알겠어요. 제가 말할게요.

그리고 Hendrik은 Coetzee와 그의 가족들과 함께 저녁 식사를 위해 와인을 주문한다:

Hendrik:	Could I have a bottle of your best dry red?
	가장 좋은 드라이 레드 와인 한 병 주시겠어요?
waitress:	- Yes.
종업원:	- 네.
Hendrik:	- **Thank you.**
	- 감사합니다.

그러한 표지가 없는 경우, 그러한 표지가 있을 수 있었는지 확인할 수 있다(예를 들어 Hendrik의 명령에 *please*를 추가하고 아래에 Sannie는 아버지에게 *alright* 응답을 구두로 표현한다):

Hendrik:	Don't stay up too late.
	너무 늦게 주무시지 마세요.
Sannie:	- [nods]
	- [고개 끄덕임]

그러나 이 예시에서 추가로 알 수 있는 것은 동일한 발화기능을 구현하기 위해 서로 다른 문법 구조를 사용할 수 있다는 것이다. Ernest의 *I need you to talk to them*과 Hendrik의 *Could I have a bottle of your best dry red*와 *Don't stay up too late*는 모두 대화에서

기능하는 방식이 같기 때문에 분명 명령이다. 그러나 문법학자의 관점에서 볼 때, *I need you to talk to them*은 평서절이고, *Could I have a bottle of your best dry red*는 의문절이며, *Don't stay up too late*는 명령절이다. 표 7.3에 요약된 이러한 종류의 변형은 담화분석에서 중요한 변수가 된다. 따라서 여기에서는 이를 정확히 파악할 수 있도록 몇 가지 기본적인 문법을 소개하겠다.

표 7.3 명령의 대체 문법적 실현

	발화기능	문법적 서법
I need you to talk to them.	**명령**	**평서법**
Could I have a bottle of your best dry red?	**명령**	**의문법**
Don't stay up too late.	**명령**	**명령법**

Ernest가 Coetzee에게 도전하는 다음의 교환부터 시작해 보자:

Coetzee:　　　I understand how you feel.
　　　　　　　당신의 기분 이해해요.
Ernest:　　　- **You don't** understand how I feel.
　　　　　　　- 당신은 내 기분을 이해하지 못해요.

Ernest는 *You don't*를 사용하여 Coetzee의 진술의 극성을 반박한다. Ernest가 태그를 포함했다면 이 두 요소가 역순으로 선택되었을 것이다.

Ernest:　　　**You don't** understand how I feel, **do you?**
　　　　　　　제 기분을 이해 못하시죠? 그렇죠?

Halliday의 영어 기능 문법에서는 이 두 가지 반복 가능한 절 기능을 **주어**(*you*)와 **정형어**(*don't*)라고 한다. **정형어**는 시제(과거, 현재, 미래), 양태(확률, 빈도, 의무, 의향, 능력) 및 극성(긍정, 부정)을 실현하는 동사군의 부분이다. 평서절에서는 **주어**가 **정형어** 앞에 오는 반면, 대부분의 의문절에서는 **정형어**가 **주어** 앞에 온다:

평서절
You don't understand how I feel.
당신은 내 기분을 이해하지 못해요.

의문절
Don't you understand how I feel?
내 기분이 이해가 안 되나요?

그런 다음 구조의 **주어**와 **정형어** 요소를 찾는 방법은 절에 태그를 추가하거나 평서절과 의문절 사이에서 서법을 바꾸는 것이다. 태그는 **주어**와 **정형어**를 반복하고(*you don't...do you?*), 서법의 변화는 그 순서를 바꾼다(*you don't!/don't you*).

영어 명령절에서는 보통 **주어**와 **정형어**를 생략한다:

명령절
Understand how I feel.
내 기분을 이해하세요.

그러나 **주어**와 **정형어**는 태그 - *Understand how I feel, <u>won't you?</u>*와 포괄적 우리(*let's go*), 부정적(*don't go*), 명시적 2인칭(*you go*), '강조적'(*do go*) 명령에 등장한다.

이 예문에서 알 수 있는 것은 영어에서 **주어**와 **정형어**의 유무와 그 순서에 따라 서법이 결정된다는 것이다. 즉, **주어**와 **정형어**는 응답에서 발화기능을 교섭하는 데 필요한 모든 것이다. 아래에서 Sannie의 진술은 Coetzee의 방문으로 그들의 낚시의 행운이 되살아났다는 것을 암시하지만 Ernest는 Coetzee를 **주어**로(즉, 양상적 책임이 있는 것으로) 받아들이기를 거부하고 있다:

Sannie: You know who brought the fish back?
          누가 물고기를 가져왔는지 알지?
Ernest: - **The sea did.**
          - 바다가 그랬어.

이 질문에서 수신자 **주어** *you*는 응답에서 화자 **주어** *I*가 될 수 있다:

Sannie: Are you leaving?
          당신은 떠나는 겁니까?
Coetzee: - Of course **I am.**
          - 물론 저는 떠납니다.

명령에 **주어**와 **정형어**가 암시적일 경우 응답을 통해 명시적으로 표현할 수 있다:

Ernest:	Go.
	가.
Sannie:	- I won't
	- 나는 안 갈 거야.

모든 것이 동일하다면 영어 화자는 평서절을 사용하여 진술을 하고, 의문절을 사용하여 질문을 하며, 명령절을 사용하여 명령한다. 하지만 위의 명령절에서 설명한 것처럼, 간청을 하거나 백인 전용이었던 호텔 식당에서 품위 있게 예의를 갖추려고 할 때와 같이 맥락을 고려할 때 다른 문법적 표현이 더 효과적일 때가 있다:

평서법으로 실현되는 명령
Please Mr Coetzee, **I do** need you to talk to them. Please.
Coetzee 씨, 당신이 그들과 얘기해줘야 해요. 제발요.

의문법으로 실현되는 명령
Could I have a bottle of your best dry red?
가장 좋은 드라이 레드 와인 한 병 주시겠어요?

명령절에 의해 명령을 실현하는 효과는 대체 서법을 통해 명령을 실현하는 것과는 상당히 다르다. '간접 화행'은 어떤 의미에서 명령의 담화의미론적 의미와 평서절(예: '정보 제공') 또는 의문절(예: '정보 요청')의 문법적 의미를 결합한 것이다. 담화의미론과 문법이 서로 긴장 관계에 있기 때문에 결과적인 의미는 그 부분의 합보다 더 크다. 명령에서는 수신자를 화자의 종속적 대상으로 인지하여 수신자가 그 서비스를 수행해야 하는 역할을 부여하지만, 의문법에서는 수신자가 답을 알고 있는 사람, 즉 그 상황의 권위자로 역할을 부여한다. 따라서 명령을 의문법으로 표현하면 명령에 내포된 지위의 불평등을 숨길 수 있다(*Could I have a bottle...?*). 그러나 의문법은 정보를 요청하는 것이지만 여전히 요청이므로, 명령을 실현하는 그보다 더 간접적인 방법은 요청하는 것이 아니라 마치 정보를 제공하는 것처럼 평서법을 사용하는 것이다(*I need you to talk to them*); 그리고 이 예에서는 화자가 수신자보다는 **주어**라는 점에 유의해야 한다.

다른 발화기능에서도 동일한 현상을 설명할 수 있다. 질문을 예로 들어보자. 모든 것이 동일하다면, 영어로 누군가의 이름을 묻는 자연스러운 방법은 wh-질문, 즉 찾고자 하는 정보의 종류 *who, what, when, where, how, why...*를 명시하는 wh-구로 시작하는 의문사를
사용하는 것이다.

   WH- 의문법으로 실현된 질문
   what's your name?
   이름이 뭐예요?
   - Coetzee.
   - Coetzee요.

 이 질문은 거부할 수 있는 선택항을 제공하는 극성 의문법을 사용하면 덜 직접적으로 물어
보는 것이 가능하다:

   극성 의문법으로 실현된 질문
   Could you tell me your name?
   이름을 말씀해 주시겠습니까?
   - Coetzee.
   - Coetzee입니다.

 그러나 좀 더 권위 있는 위치에 있다고 가정하면 **명령법**(누군가에게 정보를 제공하라고 명령하는
것) 또는 **불완전 평서법**(누군가에게 진술을 대신 완성해 달라고 요청하는 것)으로 정보를 요청할 수도
있다:

   명령법으로 실현된 질문
   Tell me your name.
   당신의 이름을 말해주세요.
   - Coetzee.
   - Coetzee입니다.

   평서법으로 실현된 질문
   And your name is...?
   그리고 당신의 이름은...?
   - Coetzee.
   - Coetzee요.

 어떤 관점에서 보더라도 요청하는 사람이 원하는 정보를 얻는다는 결과는 동일하다. 동시

에 각각의 상호작용은 서로 다르기 때문에 화자 간에 다른 종류의 사회적 관계가 형성되어 지위를 교섭할 수 있는 더 많은 가능성을 열어준다.

Halliday에 따르면(예: Halliday & Matthiessen 2004), 우리는 '모든 것이 동일하다'는 것을 일치적 실현으로, 비일치적인 것을 은유적인 것으로 지칭할 수 있는데, 여기서 우리가 보고 있는 것은 문법적 은유, 특히 대인적 은유의 한 차원이기 때문이다. 이 그림은 표 7.4에 요약되어 있다. 대인적 은유는 명령 속의 의무와 같은 의미를 세밀하게 등급화할 수 있는 크나큰 잠재성을 열어준다. 앞서 소개한 네 가지 주요 발화기능 중 제안은 자체적으로 일치하는 문법적 실현이 없기 때문에 특이한 기능이며, **정형어** *shall*을 포함한 의문절이 가장 차별적 형태이다(하지만 이 형태는 상당히 영국식이라고 할 수 있다). 은유적 제안의 가능성에 대해서는 여기서 더 이상 다루지 않겠다.

표 7.4 발화기능의 일치적, 은유적(비일치적) 실현

	일치적 실현	은유적(비일치적) 가능성 예시
진술	*This abnormal life is a cruel human rights violation.*	*What else can this abnormal life be than a cruet human rights violation?*
질문	*Who is this?*	*And this is...?*
명령	*Do it tomorrow!*	*You've got to/ought to/could do it tomorrow.*
제안	*Shall we sit down?*	-

7.4 응답하기

위에서 언급한 바와 같이 진술, 질문, 제안, 명령은 대화 상대방이 응답할 수 있는 위치에 놓이게 만든다. 응답을 준수하는 것은 개시하기 발화행위의 **주어-정형어** 구조에 의해 설정된 교섭 조건을 수락하는 것이다. 여기에는 전체 절이 포함될 수도 있고, **주어와 정형어**만 있고 나머지 절은 생략될 수도 있으며, 앞선 발화행위의 내용을 완전히 전제적으로 사용한 극성 신호(예: *Yes, No, OK*)만 포함될 수도 있다. Llewelyn이 그의 옛 동료가 어디 있는지 찾았을 때, Zako의 형은 여러 가지 방식으로 대답할 수 있었을 것이다:

Llewelyn:	Does Zako live here?
	Zako가 여기 살아요?
Zako's brother:	- He lives here.
	- 여기 살아요.

<table>
<tr><td>Llewelyn:</td><td>Does Zako live here?
Zako가 여기 살아요?</td></tr>
<tr><td>Zako's brother:</td><td>- He does.
- 그래요.</td></tr>
<tr><td>Llewelyn:</td><td>Does Zako live here?
Zako가 여기 살아요?</td></tr>
<tr><td>Zako's brother:</td><td>- Yeah.
- 네</td></tr>
</table>

개시하기 발화행위의 극성을 받아들이지 않는 경우에도 같은 종류의 패턴이 발견된다:

<table>
<tr><td>Coetzee:</td><td>I understand how you feel.
당신의 기분 이해해요.</td></tr>
<tr><td>Ernest:</td><td>- You don't understand how I feel.
- 당신은 내 기분을 이해하지 못해요.</td></tr>
<tr><td>Coetzee:</td><td>I understand how you feel.
당신의 기분 이해해요.</td></tr>
<tr><td>Ernest:</td><td>- You don't
- 당신은 몰라요.</td></tr>
<tr><td>Coetzee:</td><td>I understand how you feel.
당신의 기분 이해해요.</td></tr>
<tr><td>Ernest:</td><td>- No.
- 아니요.</td></tr>
</table>

WH-질문의 경우, 준수하는 응답은 찾고 있는 정보를 단독으로 또는 전체 절의 일부로 제공한다. Hendrik은 다음과 같이 Coetzee에게 장남의 살인 사건 은폐에 대해 심문한다:

<table>
<tr><td>Hendrik:</td><td>Whose idea was it to make it look like a car hijack?
차량 탈취처럼 보이게 만든 것은 누구의 아이디어였나요?</td></tr>
<tr><td>Coetzee:</td><td>- Mine.
- 저요.</td></tr>
</table>

그리고 딸에게 다른 아들의 행방을 묻는다:

Hendrik:	- Where's Ernest?
	- Ernest는 어디 있어?
Sannie:	- At home.
	- 집에.

한 어부가 Hendrik에게 모두가 왜 그렇게 흥분하고 있는지 묻는다:

Fisherman:	What's happening?
	무슨 일이야?
Hendrik:	- The snoek are running boys!
	- 검정통삼치가 도망치고 있어!

시간 및 양태와 같이 **정형어** 동사의 의미와 밀접하게 연관된 의미들은, 논항(참여자)의 조건을 미세하게 바꿀지라도, 규칙적으로 응답에 포함된다. 때때로 양상 부사(*maybe, probably, surely, seldom, usually, never,* 등)가 포함되기도 한다. 다음 예에서 공모자들은 Coetzee에 대해 논의하고 있다:

Llewelyn:	He's not buried, not yet.
	그는 아직 묻히지 않았어.
Luke:	-**Perhaps** not.
	-그렇겠지.

시간 부사(예: *still, already, finally*)도 찾을 수 있다. Hendrik은 여전히 Ernest에 대해 걱정하고 있다:

Hendrik:	Is Ernest back yet?
	Ernest는 아직 안 돌아왔어?
Sannie:	- Not **yet.**
	- 아직.

따라서 발화행위로 응답을 다음과 같이 정의할 수 있다:

(1)   takes as given the experiential content of its initiating pair part
(1)   (응답은) 발화쌍의 개시에 담긴 경험적 내용을 기정사실로 간주한다.
       and
(2)   accepts the general terms of its argument established by its Subject-Finite struc-
       ture (i.e. its polarity/modality/temporality).
(2)   그 **주어-정형어** 구조에 의해 설정된 논항의 일반조건(예. 극성/양태/시간성)을 수용한다.

그러나 이 정의는 극성, 양태와 시간성의 변화를 허용한다. 예를 들어, Coetzee와 Ernest
는 Sannie의 진술의 극성과 양태를 다음과 같이 조정한다:

Sannie: You probably even lied to the Truth Commission.
              당신이 진실위원회에서 거짓말을 하셨을 수도 있죠.
Coetzee: - No, I didn't
              - 아니요, 안 했어요.

Sannie: You could have killed the man, you know?
              네가 그 사람을 죽일 수도 있었잖아?
Ernest: - I wish I had.
              - 나도 그랬으면 좋았을 텐데.

그러나 응답은 논항의 핵심(그것의 **주어**)이나 나머지 절에서 논의된 내용을 변경하는 것을
허용하지 않는다. 정의에 따르면, 이런 종류의 변경을 하는 모든 발화행위는 응답이 아니라
새로운 개시하기 발화행위로 간주된다. 이러한 관점에 따라 추론해 보면, Coetzee는 여기서
Sannie의 첫 번째 발화행위인 Coetzee가 죽인 오빠에 대한 발화행위(*it's his own fault*)에 응답
하는 것이지, 두 번째 발화행위(*is* that *what you're saying?*)에 응답하는 것이 아니다:

Sannie: So **it**'s his own fault he's dead.
              그럼 그 사람 잘못으로 죽은 거네요.
              Is **that** what you're saying?
              그렇게 말하는 거예요?
Coetzee: - No, **it**'s my fault.
              - 아니, 제 잘못이에요.

그리고 아래의 Sannie의 첫 번째 발화행위(*I'm not*)는 Coetzee를 위한 그녀의 느낌에 대한 Ernest의 비난에 응답하지만, 두 번째 발화행위(**Ma** *is*)는 새로운 개시이다:

Ernest:	Don't you be getting soft on him. 그에게 친절하게 대하지 마.
Sannie:	- I'm not getting soft on him; - 그에게 친절하게 대하는 것은 내가 아니야; **Ma** is. 엄마가 그래.

마찬가지로, 아래 Ernest의 첫 번째 발화행위(*Yes*)는 Coetzee의 진술에 대한 응답으로 간주된다. 하지만 Ernest의 두 번째 발화행위는 Coetzee가 고백하는 대상이 바뀌었기 때문에 (진실위원회에서 Grootboom으로 이동) 새로운 개시하기 명제(*but now you're telling us*)에 해당한다:

Coetzee:	I told all this to **the Commission**. 저는 이 모든 것을 위원회에 말했어요.
Ernest:	- Yes, - 네, but now you're telling **us**. 그런데 이제는 우리에게 말하고 있군요.

응답에 대한 이러한 엄격한 정의는 분석에서 무엇이 응답이고 무엇이 응답이 아닌지 쉽게 결정할 수 있게 해준다. 그렇지 않으면 어떤 발화행위가 응답이 되지 않기 전에 얼마나 많은 변화를 허용할지 결정해야 하는 문제에 부딪히게 된다. 이것은 3장의 관념어 분석과 다음 장에서 설명할 교환 구조에서, 도전하기 발화행위의 가능성을 바탕으로 두 개의 개시하기 발화행위 사이의 관계를 다른 방식으로 보여줘야 한다는 것을 의미한다.

논의를 조금 확장하여, 동일한 **주어**와 **정형어** 요소를 교섭하지 않는 응답을 허용할 수 있는 경계선에 있는 두 가지 사례가 있다: i) 텍스트 지시(6장 참조)와 ii) 특정 감탄사. 텍스트 지시의 경우 대명사 *it* 또는 지시사(보통 *that*)를 사용하여 이전 발화행위를 직접 지시함으로써 '메타(meta)' 논평을 할 수 있다. Hendrik의 아내는 그가 보호하겠다는 약속에 안심하지 못한다:

Hendrik:	No harm will come to you if I am with you. 내가 당신과 함께 있으면 나쁜 일이 없을 거야.

Magda: -? I wish **it** was true.
               -? 나도 그게 사실이었으면 좋겠어.

Sannie는 그녀의 부모가 아들 살인 사건에 대해 관심이 부족하다고 평가하고 있다:

Coetzee: Won't your parents have any questions, you know, about what
             happened?
             부모님이 무슨 일이 있었는지 궁금해하지 않으시나요?
Sannie: - No,
             - 네,
             -? and that's wrong,
             -? 그건 잘못된 거예요,

그리고 많은 감탄사는 앞의 발화를 직접적으로 평가하고 그 발화에 대해 태도 평가로서 기능한다. Ernest는 형의 죽음에 대한 죄책감을 암시하는 어머니의 말에 반대한다:

Magda: That is where you must ask forgiveness, from Daniel.
             거기서 Daniel에게 용서를 구해야 해.
Ernest: -? **Jesus** Ma!
             -? 하나님 맙소사, 엄마!

이런 종류의 발화행위가 응답으로 포함된다면, 아래의 Coetzee와 Ernest는 Coetzee의 방문 동기에 대한 Sannie의 해석에 대해 서로 교섭하고 동의하지 않는 것으로 분석할 수 있다:

Sannie: He passes here for the sympathy.
             그는 동정심 때문에 여길 지나가요.
Coetzee: -? I don't think that's true.
             -? 그건 아닌 것 같은데.
Ernest: -? Bullshit, man.
             -? 헛소리 마, 임마.

대화에서 **주어**와 **정형어**가 수행하는 핵심적인 역할은 독립적인 진술, 질문, 명령 또는 제안으로 간주되는 것을 정의하는 데에도 사용할 수 있다. 이를 가장 간단하게 설명하면,

(영어에서) 하나의 발화행위는 태그가 붙을 수 있는 단위라고 말할 수 있다:

Sannie:	You know who brought the fish back (**don't you?**).
	누가 물고기를 데려온 건지 알죠 (그렇죠?).
Ernest:	- The sea did (**didn't it?**).
	- 바다가 그랬죠 (그랬죠?).
Magda:	God brought the fish back (**didn't he?**).
	신이 물고기를 되살렸죠 (그랬죠?).
Coetzee:	I told all this to the Commission (**didn't I?**).
	제가 이 모든 것을 위원회에 말했죠 (그랬죠?).
Ernest:	- Yes (you did, **didn't you?**),
	- 네 (당신이 했죠, 그랬죠?),
	but now you're telling us (**aren't you?**).
	하지만 이제 와서 우리에게 말하네요 (그렇죠?).

기술적으로 말하면 하나의 발화행위는 그 안에 포함된 절과 그에 종속된 모든 절을 포함하는 계층 절(ranking clause)이다. 따라서 아래 예에서 주절에 태그를 지정할 수 있으며, 주절은 교섭이 가능하다. Coetzee는 고문 시설에 대해, 그의 역할이 아니라, 다른 사람들에게 책임을 묻는다:

Coetzee:	They had a facility outside Capetown <u>that we used to farm for information</u> (**didn't they?** not ***didn't we?**).
	Capetown 외곽에 정보를 얻기 위해 운영하던 시설이 있었어요(*didn't we? 가 아니라 didn't they?이다).

그리고 Sannie는 가족이 아닌 마을의 험담꾼들에게 책임을 묻는다:

Sannie:	They'll say <u>we're selling the house</u> (**won't they?** not ***aren't we?**).
	그들은 우리가 집을 판다고 말할 거예요(*aren't we?가 아니라 won't they?이다).

밑줄을 친 절은 직접 교섭할 수 있는 것이 아니다. 그렇게 하려면 종속절에서 주절의 논항이 될 수 있는 위치로 인상되는 추가적인 개시하기 발화행위가 필요하다. 주의해야 할 이 원칙의 한 가지 변형은 1인칭 또는 2인칭 현재 시제의 특정 정신적 과정 절(*I think...*, *I suppose..., do you reckon..., don't you suppose,* 등)을 포함하며, 이는 실제로 문법적 은유와 관련된 양태 은유이다(Halliday & Matthiessen 2004). 이 경우 태그에서 볼 수 있듯이 교섭 중인 것은 주절이 아닌 종속절이다:

<table>
<tr><td>Hendrik:</td><td>I think **we've** heard enough (**haven't we?** not *don't I?).
충분히 들은 것 같네요(*don't I?가 아니라 haven't we?이다).</td></tr>
<tr><td>Coetzee:</td><td>- I know **this must** be very difficult for you (**isn't it?** not *don't I?).
- 많이 힘드실 거라는 거 알아요(*don't I?가 아니라 isn't it?이다).</td></tr>
</table>

따라서 아래 Sannie의 발화행위는 모두 Coetzee의 진술에 응답하는 것으로, Sannie는 자신의 생각을 교섭하는 것이 아니라 부모가 해야 할 일과 하지 말아야 할 일을 교섭하고 있는 것이다:

<table>
<tr><td>Coetzee:</td><td>They don't want to talk to me.
그들은 나랑 얘기하고 싶지 않대요.</td></tr>
<tr><td>Sannie:</td><td>- No,
- 네,
but I think they should.
하지만 그래야 한다고 생각해요.</td></tr>
</table>

감탄, 부름 그리고 인사의 연속은 절이 아닌 단어와 구로 실현되는 경향이 있으므로 여기서는 '태그 가능 여부'가 발화행위를 판단하는 기준으로 적합하지 않다. 경험상으로, 비속어와 호칭어는 가능한 경우 다른 발화행위에 포함하여 처리할 수 있으며, 더 추가된 것 없이, 비속어와 호칭어만 있는 경우에는 독립적인 발화행위로 취급한다. 따라서 아래 아버지의 명령에서 *Sannie*는 호칭이 된다:

<table>
<tr><td>Hendrik:</td><td>Sannie, go with Father Dalton.
Sannie, Dalton 신부님과 가라.</td></tr>
<tr><td>Sannie:</td><td>- [goes]
- [간다]</td></tr>
</table>

하지만 이 교환의 영화 버전에서 Coetzee는 Ernest의 공격을 받아 부상을 입었고, 그 후 이어진 혼란 속에서 Hendrik은 서비스 요청을 교섭하기 전에, 먼저 Sannie의 주의를 끌어야

했다:

Hendrik:	Sannie.
	Sannie야.
Sannie:	- What?
	- 네?
Hendrik:	Go with Father Dalton.
	Dalton 신부님과 가라.
Sannie:	- [goes]
	- [간다]
Hendrik:	Sannie.
	Sannie야.

7.5 연속적인 발화행위: 교환 구조

지금까지는 발화행위가 어떻게 짝을 이룰 수도 있고 그렇지 않을 수도 있는지에 대한 관점에서 대화를 단편적인 문장의 쌍으로 살펴보았다. 하지만 위에서 예측했듯이 정보나 재화-&-서비스를 완전히 교섭하기 위해서는 두 가지 이상의 발화행위가 필요할 수도 있고, 그보다 적은 발화행위가 필요할 수도 있다. 예를 들어 Coetzee와의 저녁 식사에서 Hendrik의 와인 주문을 받은 종업원이 나중에 돌아와서, 먼저 제안하거나 지시받지 않고도, 바로 잔에 따라 줄 수도 있다:

| Waitress: | Your wine, sir (pouring). |
| 종업원: | 와인 가져왔습니다, 손님 (따르는 중). |

이는 서비스가 제공된 하나의 완전한 교섭으로 간주될 수 있다.

또는 Hendrik이 와인을 요청하고 종업원이 이에 응답하겠다고 약속함으로써 그에 상응하는 교환을 시작할 수도 있다:

| Hendrik: | Could I have a bottle of your best dry red? |
| | 가장 좋은 드라이 레드 와인 한 병 주시겠어요? |

| Waitress: | - Yes. |
| 종업원: | - 네. |

실제로 물건을 가져오는 데는 1~2분 정도 걸리므로, 약속은 그 이후의 행동을 대신하는 역할을 한다.

또는 종업원이 와인을 제공하는 것으로 교섭을 시작할 수도 있다:

Waitress:	Wine?
종업원:	와인?
Hendrik:	- Could I have a bottle of your best dry red?
	- 가장 좋은 드라이 레드 와인 한 병 주시겠어요?
Waitress:	- Yes
종업원:	- 네

그리고 Hendrik이 종업원에게 고마움을 표하면서 이 세 가지 교환이 확대되었을 수도 있다.

Waitress:	Wine?
종업원:	와인?
Hendrik:	- Could I have a bottle of your best dry red?
	- 가장 좋은 드라이 레드 와인 한 병 주시겠어요?
Waitress:	- Yes
종업원:	- 네
Hendrik:	- Thank you.
	- 감사합니다.

그리고 그녀는 본인이 제공한 서비스의 '대가'를 정중하게 낮춤으로써 아래 네 개의 발화 행위로 확대될 수도 있었다:

Waitress:	Wine?
종업원:	와인?
Hendrik:	- Could I have a bottle of your best dry red?
	- 가장 좋은 드라이 레드 와인 한 병 주시겠어요?

Waitress:	- Yes
종업원:	- 네
Hendrik:	- Thank you.
	- 감사합니다.
Waitress:	- Not a problem.
종업원:	- 별말씀을요.

이러한 변형을 통해 재화-&-서비스의 완전한 교환은 한 번, 두 번, 세 번, 네 번 또는 다섯 번의 발화행위가 포함될 수 있음을 알 수 있다. 이는 누가 실제로 교환을 시작했는지 - Hendrik 또는 종업원 -, 그리고 종업원이 와인을 따르거나 와인을 가져다주겠다고 약속했을 때 추가적인 조치를 취했는지 여부에 따라 달라진다.

정보 교환에서도 같은 종류의 패턴을 찾을 수 있다. Sannie는 Llewelyn에게 전화를 걸었을 때 단순히 Coetzee가 도착했다고 알렸을 수도 있다:

| Sannie: | Coetzee's here. |
| | Coetzee가 왔어요. |

또는 Llewelyn은 질문을 통해 이 정보를 이끌어냈을 수도 있다:

Llewelyn:	Who's there?
	거기 누가 왔어?
Sannie:	- Coetzee.
	- Coetzee요.

또는 Sannie가 실제로 소식을 전하기 전에 Llewelyn에게 소식이 있다고 알렸을 수도 있다:

Sannie:	You'll never guess who's here.
	누가 왔는지 짐작도 못할 거예요.
Llewelyn:	- Who?
	- 누구인데?
Sannie:	- Coetzee.
	- Coetzee요.

그러나 이 교환이 시작되면, 정보가 전송된 후 Llewelyn은 자신이 들은 내용을 명시적으로
인정하면서 추가적인 조치를 취할 수 있다:

Sannie:	You'll never guess who's here.
	누가 왔는지 짐작도 못할 거예요.
Llewelyn:	- Who?
	- 누구인데?
Sannie:	- Coetzee.
	- Coetzee요.
Llewelyn:	- Is he?
	- 그가?

그러면 Sannie가 확인할 수 있는 길이 열린다:

Sannie:	You'll never guess who's here.
	누가 왔는지 짐작도 못할 거예요.
Llewelyn:	- Who?
	- 누구인데?
Sannie:	- Coetzee.
	- Coetzee요.
Llewelyn:	- Is he?
	- 그가?
Sannie:	- Yeah.
	- 네.

우리는 여기서 무슨 일이 일어나고 있는지 다음과 같이 정리할 수 있는데, 이는 Ventola
(1987)의 연구에 따른 것으로, 그것은 Berry(e.g. 1981)의 연구를 참조한 것이다. 최소한으로
말하면, 교환은 적어도 하나의 의무적인 발화행위로 구성되어야 한다. 다시 말하면, 재화-&-
서비스를 교섭할 때는 재화를 제공하거나 서비스를 준수하는 발화행위가 있어야 하고, 정보
를 교섭할 때는 어떤 사안의 사실을 권위적으로 확정하는 발화행위가 있어야 한다. Berry는
재화-&-서비스의 교섭을 행위의 교환(action exchanges)으로, 정보 교환을 지식의 교환
(knowledge exchanges)으로 구분했다. 그리고 재화를 제공하거나 서비스를 준수하는 사람을
1차 행위제공자(A)로, 정보를 판정할 수 있는 권한을 가진 사람을 1차 지식제공자(K)로 지칭
한다. 이를 기준으로 하면 아래 종업원의 발화행위는 최소 단위 A1이고, Sannie의 발화행위

는 최소 단위 K1이다:

Waitress:	A1	- Your wine, sir [pouring].
종업원:		- 와인 가져왔습니다, 손님 [따르는 중].
Sannie:	K1	- Coetzee's here.
		- Coetzee가 왔어요.

Berry는 1차 행위제공자의 대화 상대방을 2차 행위제공자로 지칭하는데, 2차 행위제공자는 재화를 제공받거나 서비스 수행의 혜택을 받는 사람이고, 2차 지식제공자는 1차 지식제공자가 공언한 정보를 수신하는 사람이다. 2차 행위제공자(재화-&-서비스 요청) 또는 2차 지식제공자(정보 요청)에 의해 교환이 시작되는 경우, 다음과 같은 두 부분으로 구성된 교환이 표준적이다:

Hendrik:	A2	Could I have a bottle of your best dry red?
		가장 좋은 드라이 레드 와인 한 병 주시겠어요?
Waitress:	A1	- Yes.
종업원:		- 네.
Llewelyn:	K2	Who's there?
		거기 누가 왔어?
Sannie:	K1	- Coetzee.
		- Coetzee요.

세 번째 가능성은 먼저 재화를 제공하거나 서비스를 수행할 것임을 예상하거나, 수신자에게 정보가 '올 것'임을 먼저 알림으로써 정보 제공을 예상하는 1차 행위제공자 및 지식제공자에 의해 교환이 시작될 수 있다. 이러한 예상 발화행위는 어떤 의미에서 재화-&-서비스와 정보의 교환을 지연시키므로 Berry는 이를 dA1 그리고 dK1 발화행위라고 부른다('d'는 '지연된 행위/지식'을 의미함):

Waitress:	dA1	Wine?
종업원:		와인?
Hendrik:	A2	Could I have a bottle of your best dry red?
		가장 좋은 드라이 레드 와인 한 병 주시겠어요?

Waitress:	A1	- Yes.
종업원:		- 네.
Sannie:	dK1	You'll never guess who's here.
		여기 누가 왔는지 짐작도 못하실 거예요.
Llewelyn:	K2	- Who?
		- 누구인데?
Sannie:	K1	- Coetzee.
		- Coetzee요.

이러한 dK1^K2^K1 연속은 예를 들어 Daniel의 동료들 사이에서 누가 그를 당국에 고발하여 배신했는지에 대한 논쟁에서처럼, 전경화가 필요한 명제를 재확인하는 대화에 사용될 수 있다.

Luke:	dK1	Who hid the AK47s, Zako?
		누가 AK47을 숨겼어, Zako?
Zako:	K2	- You did.
		- 네가 그랬지.
Luke:	K1	- Damn right I did.
		- 젠장 당연히 내가 숨겼지.

이것은 정답을 맞혀 가는 퀴즈쇼의 퀴즈 마스터나 자신이 이미 알고 있는 내용에 대해 학생들과 정답을 맞혀 가는 수업에서 교사가 가장 선호하는 교환의 연속이기도 하다:

Quizmaster:	dK1	Now, for $64,000, where was Mandela imprisoned?
		이제, $64,000를 걸고, Mandela가 수감된 곳이 어디일까요?
Contestant:	K2	- Robben Island.
		- Robben 섬이요.
Quizmaster:	K1	- Correct!
		- 정답입니다!
Teacher:	dK1	Who headed the Truth Commission?
		진실위원회는 누가 이끌었나요?
Student:	K2	- Archbishop Tutu.
		- Tutu 대주교요.
Teacher:	K1	- Right.
		- 맞아요.

이 두 가지 상황 모두에서 퀴즈 마스터와 교사가 의무적인 K1 발화행위를 시행할 때까지 그 교환은 완료되지 않는다.

이제 우리의 그림을 완성하기 위해, 2차 행위제공자나 2차 지식제공자의 추가 발화행위를 허용할 수 있다('f'는 '추가 응답(follow-up)'을 의미한다):

Waitress:	dA1	Wine?
종업원:		와인?
Hendrik:	A2	Could I have a bottle of your best dry red?
		가장 좋은 드라이 레드 와인 한 병 주시겠어요?
Waitress:	A1	- Yes.
종업원:		- 네.
Hendrik:	A2f	- Thank you.
		- 감사합니다.
Sannie:	dK1	You'll never guess who's here.
		여기 누가 왔는지 짐작도 못하실 거예요.
Llewelyn:	K2	- Who?
		- 누구인데?
Sannie:	K1	- Coetzee.
		- Coetzee요.
Llewelyn:	K2f	- Is he?
		- 그가?

그리고 추가 응답 발화행위를 하면 1차 행위제공자 또는 1차 정보제공자가 보충으로 추가 응답 발화행위를 할 가능성도 있다:

Waitress:	dA1	Wine?
종업원:		와인?
Hendrik:	A2	Could I have a bottle of your best dry red?
		가장 좋은 드라이 레드 와인 한 병 주시겠어요?
Waitress:	A1	- Yes.
종업원:		- 네.
Hendrik:	A2f	- Thank you.
		- 감사합니다.
Waitress:	A1f	- Not a problem.
종업원:		- 아닙니다.

Sannie:	dK1	You'll never guess who's here.
		여기 누가 왔는지 짐작도 못하실 거예요.
Llewelyn:	K2	- Who?
		- 누구인데?
Sannie:	K1	- Coetzee.
		- Coetzee요.
Llewelyn:	K2f	- Is he?
		- 그가?
Sannie:	K1f	- Yeah.
		- 네.

우리는 여기서 검토한 다양한 가능성을 괄호 안에 선택적 발화행위를 넣어 요약할 수 있다. 따라서 행위 교환의 구조적 가능성은 다음과 같다:

$$((dA1) \char`\^ A2) \char`\^ A1\char`\^ (A2f \char`\^ (A2f))$$

정보의 교환에서도 동일한 가능성을 발견할 수 있다:

$$((dK1) \char`\^ K2) \char`\^ K1 \char`\^ (K2f \char`\^ (K2f))$$

선택의 네트워크로, 표현하면, 우리는 세 가지 시스템이 교차하는 자원을 가지고 있다. 첫째 시스템은 교환이 어떻게 시작되는지(1차 행위제공자/지식제공자 또는 2차 행위제공자/지식제공자), 그리고 1차 행위제공자/지식제공자에 의해 최소 A1/K1 발화행위가 예상되는지 아니면 직접 실행되는지와 관련이 있다. 또 둘째 시스템은 행위 교환과 지식 교환을 구분하고, 행위 교환의 경우 재화를 제안하거나 서비스를 즉시 실행할 수 있는 교섭을 허용한다(이 경우 A1 발화행위를 구두로 표현하는 것은 선택 사항이며, 어떤 의미에서는 중복된다), 재화가 제공되거나 서비스가 준수되기까지 일정 시간이 경과하는 교섭이다(이 경우 A1 발화행위를 약속으로 언어화하는 것은 필수이며, 실제로 약속을 이행하기 위한 발화행위는 이루어지지 않을 수 있다). 마지막으로 추가 응답 발화행위를 허용하는 시스템이 있는데, 2차 행위제공자/지식제공자가 먼저 발화행위를 한 경우에만 1차 행위제공자/지식제공자가 추가 응답 발화행위를 할 수 있다. 이러한 선택항들은 그림 7.2에 설명되어 있다.

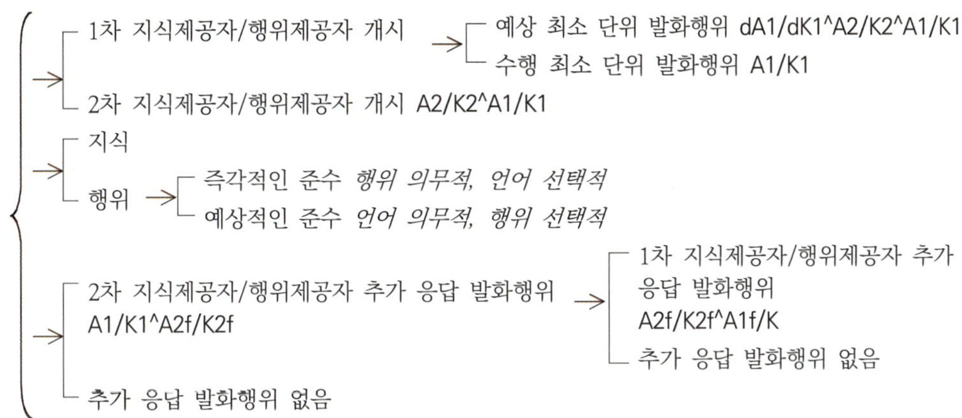

그림 7.2 교환 구조에 대한 교섭어 시스템[43]

7.6 교환을 방해하기: 추적하기와 도전하기

앞 절에서는 교섭이 순조롭게 진행되는 대화에 대해 살펴봤다. 대화 상대는 교섭 대상에 대해 명확히 알고 있었고 교섭 조건에 만족했다. 그러나 때때로 한 당사자가 논의 중인 내용에 대해 명확히 알지 못할 수 있으며, 상황이 정리될 때까지 위에서 설명한 잠재적 구조에 의해 예측된 발화행위를 보이지 않을 수 있다. 예를 들어, 아래에서 Coetzee는 Daniel을 고문하고 살해한 농장을 언급하지만 Hendrik은 이 농장에 대해 들어본 적이 없으므로 설명을 듣기 위해 끼어든다. Hendrik은 설명을 듣고 고개를 끄덕이며 Coetzee의 정보를 인정한다:

---

43) [역자주] 용어 정리

  ① 1차 지식/행위제공자 개시 (Primary knower/actor initiation): 교환에서 핵심 정보를 최초로 제공하거나 주요 행위를 제안하는 발화.

  ② 2차 지식/행위제공자 개시 (Secondary knower/actor initiation): 보조적 역할의 화자가 추가 정보를 제공하거나 보완적 행위를 제안하는 발화.

  ③ 예상 최소 단위 발화행위 (Anticipate nuclear move): 이후 핵심 발화를 예고하거나 예상하게 하는 준비 발화.

  ④ 수행 최소 단위 발화행위 (Perform nuclear move): 교환을 성립시키는 필수 발화로, 해당 교환의 의미적·기능적 핵심.

  ⑤ 즉각적인 준수 (Immediate compliance): 요청 후 즉시 행동으로 응답하는 행위.

  ⑥ 예상적인 준수 (Prospective compliance): 말로 동의하거나 약속하는 응답.

  ⑦ 추가 응답 발화행위 (Follow-up move): 교환 종료 후 추가로 제공되는 발화로, 주로 감사, 평가, 확인 등을 포함.

Coetzee:	K1	We took him to the farm.
		우리는 그를 농장으로 데려갔어요.
Hendrik:		- What farm?
		- 무슨 농장?
Coetzee:		- We had a facility outside Capetown that we used.
		- Capetown 외곽에 우리가 사용하던 농장이 있었어요.
Hendrik:	K2f	- [nods]
		- [고개 끄덕임]

교섭 대상의 관념적 내용을 어떤 식으로든 명확히 하는 이런 종류의 종속적 발화행위를 **추적하기**(tracking) 발화행위라고 하며, 필요한 경우에 추적(track)의 경우 **tr**과 추적에 대한 응답(response to track)의 경우 **rtr**이라는 라벨을 붙이겠다.

다른 경우에는 한 당사자가 교환에서 자신이 처한 위치에 만족하지 못하고 더 편안한 위치를 찾을 때까지 저항할 수 있다. 아래에서 Sannie는 Coetzee를 차대접에 초대하여, Daniel 동지들이 와서 Coetzee를 죽일 수 있을 만큼 오래 머물도록 한다. 지금까지 Grootboom 가족과의 관계가 너무 좋지 않았기 때문에 Coetzee는 이 초대가 진짜인지 확신할 수 없다. 그는 초대에 응하기 전에 확인을 한다:

Sannie:	A2	You can come tomorrow, for tea.
		내일 차 마시러 오세요.
Coetzee:		- Are you sure about this?
		- 확실하신가요?
Sannie:		- I wouldn't be here if I wasn't sure.
		- 내가 확신하지 못했다면 여기 있지도 않았을 거야.
Coetzee:	A1	- OK, I'll come.
		- 알았어요, 갈게요.

어떤 식으로든 교환의 대인적 압박에 저항하는 이런 종류의 종속적인 발화행위를 **도전하기**(challenging) 발화행위라고 부르며, 필요한 경우에 도전(challenge)의 경우 **ch**와 도전에 응답(response to challenge)하는 경우 **rch**로 라벨을 붙이겠다.

추적하기 발화행위에 의해서 이전 발화행위의 내용 전체 또는 일부가 의심스러워질 수 있다. 때때로는 발화행위를 완전히 반복해야 하는 경우도 있다:

Sannie:	K1	Coetzee's here.
		Coetzee가 왔어요.
Lelwelyn:	tr	- Pardon?
		- 뭐라고?
Sannie:	rtr	- Coetzee's here.
		- Coetzee가 왔어요.
Lelwelyn:	K2f	- Really?
		- 정말?

앞의 발화행위 중 일부만 설명이 필요한 경우 적절한 wh- 구를 사용하여 확인할 수 있다:

Sannie:	K1	Coetzee's here.
		Coetzee가 왔어요.
Lelwelyn:	tr	- Who?
		- 누구라고?
Sannie:	rtr	- Coetzee's here.
		- Coetzee가 왔어요.
Lelwelyn:	K2f	- Really?
		- 정말?

추적하기 기능이 있는 wh-질문을 흔히 '메아리 질문'이라고 한다. 문법적으로 말하면 의문문이라기보다는 평서문이며, **주어** 앞에 **정형어**가 오고 조사하고자 하는 정보를 찾을 수 있을 것으로 예상되는 위치에 wh-구가 들어간다:

Coetzee:	K1	We had a facility ouside Capetown that we used.
		Capetown 외곽에 우리가 사용하던 시설이 있었습니다.
Hendrik:	tr	- You had a facility **where**?
		- 어디에 시설이 있었나요?
Coetzee:	rtr	- Outside Capetown.
		- Capetown 외곽이요.
Hendrik:	K2f	- Right.
		- 맞아요.

화자가 교섭 내용을 들었다고 생각하지만 확인이 필요한 경우 wh-구 대신 반복을 사용할 수 있다:

Coetzee:	K1	We had a facility ouside Capetown that we used.
		Capetown 외곽에 우리가 사용하던 시설이 있었습니다.
Hendrik:	tr	- Outside Capetown?
		- Capetown 외곽이요?
Coetzee:	rtr	- Yeah.
		- 네.
Hendrik:	K2f	- Right.
		- 맞아요.

부분적인 반복을 포함하는 추적하기 발화행위와 *Mm, Mm hm, Uh huh* 등으로 실현되는 K2f 발화행위는 전화 대화에서 매우 일반적이며, 청자에게 채널이 열려 있고 정보가 수신되고 있음을 안심시키는 역할을 한다. 이러한 '피드백' 발화행위는 설명이 필요하지 않다는 것을 알리기 위해 하강 억양으로 말한다:

Sannie:	K1	Coetzee's here.
		Coetzee가 왔어요.
Lelwelyn:	tr	- Coetzee.
		- Coetzee.
Sannie:	K1	He came in yesterday by car.
		그는 어제 차로 왔어요.
Lelwelyn:	K2f	- Mm hm.
		- 음 흠.
Sannie:	K1	It really upset Ma.
		엄마를 정말 화나게 했어요.
Lelwelyn:	K2f	- Uh huh.
		- 어허.

도전하기에는 비협조적인 행동이 수반되기 때문에 화자가 지식의 교환 또는 행위의 교환에서 어느 위치에 있는지에 민감하다. 아래에서 Luke는 K2 발화행위를 통해 Llewelyn을 1차 지식제공자로 위치시키지만, Llewelyn은 답을 모르기 때문에 이를 수용할 수 없다:

Luke:	K2	How's she gonna keep him there?
		어떻게 그를 거기에 가둘 건가요?
Llewelyn:	ch	- I don't know.
		- 나도 잘 모르겠어요.

다음 대화에서 Ernest는 자신의 느낌에 대한 1차 지식제공자로서의 권위를 거부함으로써 Coetzee의 진정성에 도전한다:

Coeizee:	K1	I didn't pass here for sympathy.
		동정심 때문에 이곳을 지나간 것이 아닙니다.
Ernest:	ch	- Bullshit man.
		- 헛소리 마.

그리고 dKl 발화행위는 청자의 정보에 대한 관심을 유도하거나 무관심을 표현할 수 있는 기회를 제공할 수 있다:

Sannie:	dK1	You'll never guess who's here.
		누가 왔는지 절대 모를 거예요.
Llewelyn:	ch	- I don't want to know.
		- 알고 싶지 않아.

dA1 발화행위에 대한 도전은 청자가 1차 행위제공자에게 (행위) 수행을 강요하는 것을 꺼리는 데서 비롯된다. Dalton 신부는 Magda에게 강요하기를 원하지 않는다:

Magda:	dA1	Some tea father?
		신부님, 차 드릴까요?
Dalton:	ch	- No, I can see you have a lot of work to do.
		- 아니요, 제가 보기에 할 일이 많아 보이시네요.

A2 발화행위를 사용하면 1차 행위제공자가 따르지 않으려 하거나 따르지 못할 수 있다. 아래의 예에서 Sannie는 Ernest의 세 가지 명령을 모두 거부한다:

Ernest:	A2	Call the Ahoy B&B
		Ahoy B&B에 전화해서
	A2	and tell him not to come.
		그에게 오지 말라고 해.
	A2	Go.
		가.
Sannie:	ch	- I won't go.
		- 난 안 갈 거예요.

A1 발화행위의 경우, 2차 행위제공자가 빠르게 행동하여 문제를 해결해야 한다:

Waitress:	A1	Some more wine [starting to pour]?
		와인 좀 더 드릴까요 [따르려고 함]?
Magda:	ch	- Not for me thanks.
		- 아니요. 저는 괜찮아요. 감사합니다.

지식의 교환과 행위의 교환에서 도전하는 가장 효과적인 방법은 아마도 논쟁의 조건을 바꾸는 것이다. Llewelyn의 배신 혐의에 분노한 Luke는 단순히 혐의를 부인하지 않는다. 오히려 Luke는 Llewelyn의 이성과 그의 신뢰성에 도전하며 논쟁의 초점을 두 번이나 바꾼다:

Llewelyn:	K1	I say maybe it was you who gave the cops Daniel's name.
		아마도 경찰에게 Daniel의 이름을 알려준 사람이 당신이었을 것 같아.
Luke:	ch	- Are you fucking berserk?
		- 너 완전 미친거니?
	ch	- You believe this shit?
		- 이 말을 믿어?

마찬가지로 Hendrik은 Coetzee의 저녁 식사 초대를 직접 거절하지 않고, 유색 인종은 Paternoster의 호텔에서 환영받지 못한다고 설명함으로써 입장을 바꾼다:

Coetzee:	A2	Mr Grootboom, would you and the family consider having dinner with me tonight at the hotel please?
		Grootboom 씨, 오늘 밤 호텔에서 가족들과 함께 저녁 식사를 할 수 있을까요?
Hendrik:	ch	- Mr Coetzee, hotels are not the place for people like us.
		- Coetzee 씨, 호텔은 저희 같은 사람들을 위한 장소가 아닙니다.

그러자 Sannie는 '아파르트헤이트는 오래전에 사라졌어요, 아빠'라고 반박하며, 아버지의 도전을 일축한다. 그러나 그렇게 함으로써 그녀는 차별에 대한 정보 교환이 저녁 식사에 대한 재화-&-서비스 교환의 해결을 지연시키기 때문에 Handrik이 잠시 초대를 피할 수 있도록 허용했다.

7.7 교환 확장하기: 발화행위와 교환 복합

이제 우리는 다시 Paternoster에서 Kwazulu-Natal 지방의 Pietermaritzburg 시에 있는 Sobantu 마을의 한 학교로 맥락을 옮겨보겠다. 영상에 기반한 대화는 우리가 구축한 분석을 적용할 만큼 충분히 연속적이지 않으므로 확장된 상호작용적 담화가 필요하다. 우리는 그곳의 중등 역사 교실에서 African 학생들에게 학술적 산문 읽기를 가르치고 있는 David와 함께 할 것이다. 그의 학생들은 Zulu어를 모국어로 사용하고 영어를 제2외국어로 구사한다. 그가 작업 중인 텍스트는 1980년대 중반 남아프리카의 아파르트헤이트 정권에 항의하는 마을 봉기에 관한 것이다.

> Revolutionary days: The 1984 to 1986 uprising
> **혁명적인 시절: 1984년부터 1986년까지의 봉기**
> In the mid-1980s South African politics erupted in a rebellion in black townships throughout the country. The government's policies of repression had bred anger and fear. It's policies of reform had given rise to expectations amongst black people of changes which the government had been unable to meet. The various forces of resistance, which we outlined in the previous section, now combined to create a major challenge for the government.
>
> 1980년대 중반 남아프리카공화국 정치는 전국 흑인 마을에서 반란의 화산을 분출시켰다. 정부의 탄압 정책은 분노와 공포를 불러일으켰다. 개혁 정책은 흑인들 사이에서 변화에 대한 기대를 불러일으켰지만, 정부가 이를 충족시키지 못했다. 이전 섹션에서 설명한 다양한 저항 세력들이 이제 결합하여 정부에 큰 도전이 되었다.
>
> The townships became war zones, and in 1985 the ANC called on its supporters among the youth to make these areas 'ungovernable'. The army occupied militant township areas. The conflict was highly complex and violent; it involved not only clashes between the security forces and the resisters, but violence between competing political organizations, between eiders and youth, and between people who lived in shanty-towns and those who lived in formal townships. (Nuttal *et al.* 1998: 117)
>
> 마을들은 전쟁 지역이 되었고, 1985년 ANC는 청년 지지자들에게 이 지역을 '통치할 수 없는 지역'으로 만들 것을 촉구했다. 군대가 전투가 벌어지는 마을 지역을 점령했다. 이 분쟁은 보안군과 저항세력 간의 충돌뿐만 아니라 경쟁하는 정치 조직 간, 노인과 청년 간, 무허가 지역(판자촌)에 사는 사람들과 허가 지역에 사는 사람들 간의 폭력 등 매우 복잡하고 폭력적인 양상으로 전개되었다. (Nuttal *et al.* 1998: 117)

수업에 참여하면서 David는 학생들이 텍스트의 문장을 한 줄 한 줄 주의 깊게 살펴보는 *Detailed Reading*(지문 읽기 수업)를 진행하고 있다. 우리는 여기서 텍스트의 첫 문장에 대한 그의 세부적인 준비 과정을 살펴보겠다.

시작해 보자. David는 먼저 학생들이 이해할 수 있도록 첫 번째 문장의 의미를 의역해서 알려준다. 그다음에 원래 첫 문장을 그대로 읽어준다. 그런 다음 학생들에게 문장의 한 요소인 초기 시간적 배경상황을 파악할 수 있도록 '언제'라는 동성체계 범주를 제시하고, 그것이 어디에 있는지 정확히 알려준다('이 문장은 우리에게 ...를 말함으로써 시작됩니다'). 그 문장과 두 번의 준비하기 사이의 논리적 관계는 **부연**(elaboration)이다(Halliday & Matthiessen 2004). Ventola(1987)에 따라 우리는 이 의미적 삼중항(K1, ˭K1, ˭K1)을 발화행위 복합체(move compex)로 취급하여 교환 구조의 단일 슬롯을 채우는, 즉 뒤의 두 문장을 하나의 K1 발화행위 기능을 하는 하나의 발화행위 복합체에 포함할 수 있다. 우리는 이러한 발화행위 복합체를 부연하기 발화행위 앞에 위첨자로 '˭'를 넣어 강조하고, 왼쪽에 종속선을 사용하여 그들을 서로서로 그룹화할 것이다44):

<table>
<tr><td>말차례</td><td>교환</td><td></td></tr>
<tr><td></td><td></td><td>준비하기 문장</td></tr>
<tr><td rowspan="2">교사</td><td rowspan="2">K1</td><td>Now the first sentence tells us that trouble blew up in the townships, and that the people were rebelling against the government.
이제 첫 번째 문장은 마을에서 문제가 발생했고 사람들이 정부에 반항하고 있다는 것을 말해줍니다.</td></tr>
<tr><td>- In the mid- 1980s South African politics erupted in a rebellion in black townships throughout the country.
[teachers reads aloud, students along silently]</td></tr>
<tr><td>교사
그리고
학생들</td><td>˭K1</td><td>- 1980년대 중반 남아프리카공화국 정치는 전국 흑인 마을에서 반란의 화산을 분출시켰다.
[교사는 큰 소리로 읽고, 학생들은 조용히 따라간다.]</td></tr>
<tr><td></td><td></td><td>준비하기 요소</td></tr>
<tr><td>교사</td><td>˭K1</td><td>Now that sentence starts by telling us when they were rebelling.
이제 그 문장은 when(언제) 그들이 반란을 일으켰다는 말로 시작됩니다.</td></tr>
</table>

---

44) [역자주] 용어 정리
　　다음은 교실 담화 분석에서 사용되는 기호는 K1, K2, dK1, A1, A2, dA1, F, tr, rtr, f, = 이다.
　　① K1 (Knowledge 1): 정보 제공 발화(교사가 정답·설명 제공).
　　② K2 (Knowledge 2): 정보 요구 발화(학생 또는 교사가 질문).
　　③ dK1 (Delayed Knowledge 1): 지연된 정보 제공 발화(정답을 알지만 학생 참여 유도).
　　④ A1 (Action 1): 행위 제공 발화(행동 요청).
　　⑤ A2 (Action 2): 행위 응답 발화(요청에 따른 행동 또는 언어 응답).
　　⑥ dA1 (Delayed Action 1): 지연된 행위 제공 발화(간접 요청).
　　⑦ F (Follow-up): 추가 응답 발화(감사, 평가 등).
　　⑧ tr (Tracking): 추적 발화(교사가 학생 답 확인).
　　⑨ rtr (Return Tracking): 추적 응답(학생이 확인 응답).
　　⑩ f: 후속 발화 표시(A2f → 응답 후 추가 발화 있음).
　　⑪ =: 동일 기능 연속 발화 표시(Teacher =K1 → 같은 교사의 K1 발화 연속).

그럼 다음 David는 학생들이 글 속의 단어에 집중하고 그 요소를 식별하도록 유도하기 위해 dK1 발화를 사용한다. 한 학생이 K2 발화를 통해 그 요소를 정확히 식별하지만, 이를 확인하고 의무적인 K1 발화로 상호작용을 마무리하기 전에, David는 추적 발화(tracking sequence)를 시작하여 전체 학급이 그 식별 과정에 참여하도록 하고, 그들의 성공을 함께 축하한다. 여기서는 추적 발화들을 묶기 위해 오른쪽에 의존 화살표(dependency arrows)를 사용한다.

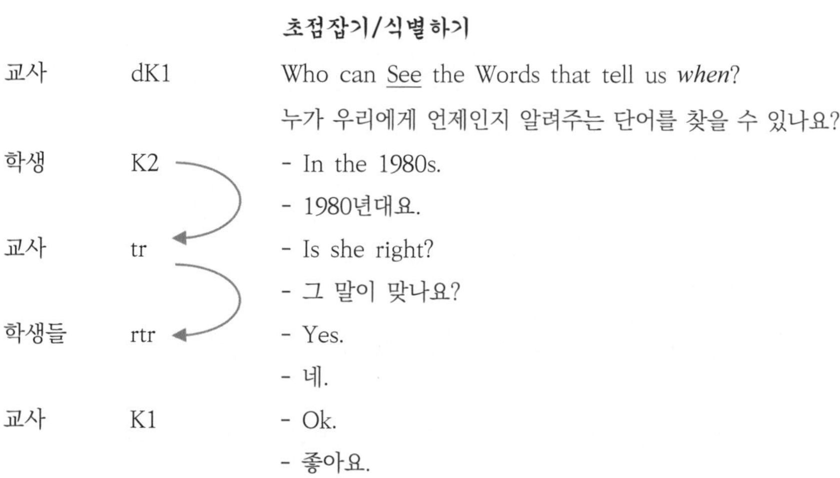

초점잡기/식별하기

교사	dK1	Who can <u>See</u> the Words that tell us *when*?
		누가 우리에게 언제인지 알려주는 단어를 찾을 수 있나요?
학생	K2	- In the 1980s.
		- 1980년대요.
교사	tr	- Is she right?
		- 그 말이 맞나요?
학생들	rtr	- Yes.
		- 네.
교사	K1	- Ok.
		- 좋아요.

다음으로 David는 포괄적 명령형(*let's*)을 사용하여 행위의 교환으로 전환하여, 모든 사람이 형광펜으로 시간적 배경상황을 강조하도록 하고, 학생들은 그의 제안에 비언어적으로 순응한다:

강조하기

교사	A2	Let's all do *mid-1980s*.
		1980년대 중반으로 돌아가 봅시다.
학생들	A1[nv]	- [students highlight]
		- [학생들이 강조 표시]

David는 이제 1980년대 중반에 일어난 일로 넘어간다. 그는 먼저 K1 발화행위로 의역하여 텍스트의 다음 문구를 준비한다. 그런 다음 이 의역을 반복하는 dK1 발화행위 복합체(move complex)를 사용하여 문장에서 정확한 위치를 알려줌으로써 학생들이 단어선택에 집중

할 수 있도록 도와준다. 한 학생이 *erupted*(K2) 과정을 확인하면 David는 *erupted*(K1)을 신이 나서 반복하며 동의한 다음 다른 추적 발화를 시작하여 학급 전체가 식별하기와 확인하기에 참여하도록 한다:

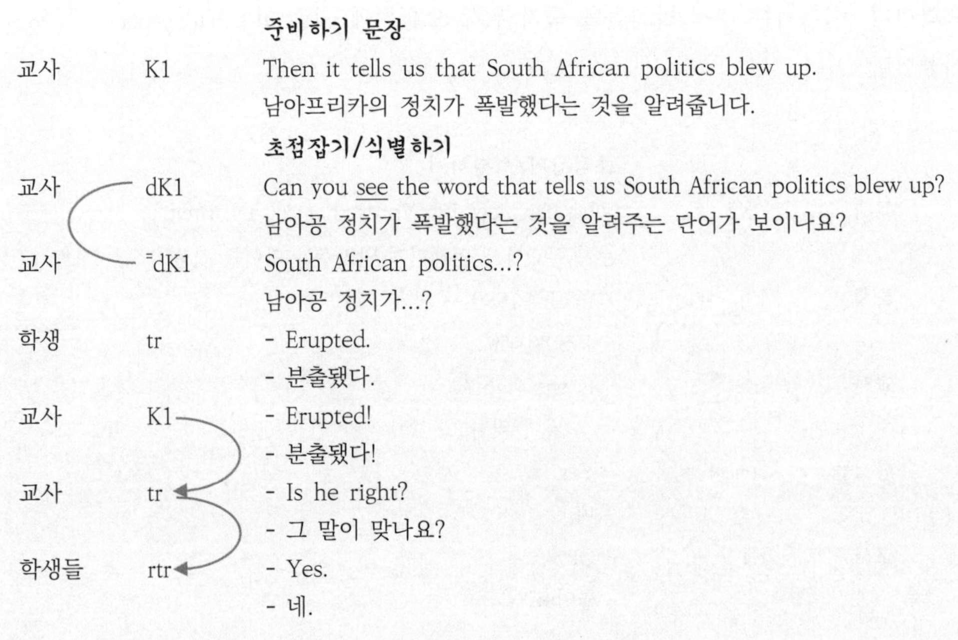

그런 다음 모두가 이해하고 있는지 확인하기 위해 진심 어린 질문(K2)을 하고, 모든 사람이 제대로 이해하고 있다는 것을 확인한 후 강조하기 서비스 교환을 시작한다:

강조하기/초점잡기

교사	K2	Can you see the word that says erupted?
		분출되었다는 단어가 보이나요?
학생들	K1	- Yes.
		- 네.
교사	A2	- Let's do that one, *erupted*.
		- 그거 해봅시다, *분출*.
학생	A1	- (students highlight)
		- (학생들 강조 표시)

이 시점에서 David는 반란의 맥락에서 *erupted*라는 용어의 은유적 사용을 설명하기 위해
시간을 할애한다. 그는 은유의 첫 번째 층(K1)을 열고 화산 폭발에 대해 들어본 적이 있는지
확인한다(K2^K1^tr^rtr):

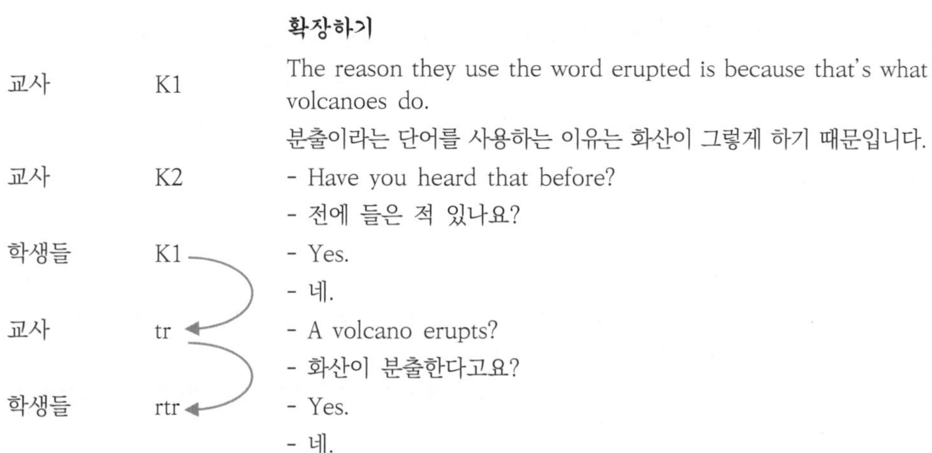

그런 다음 교사의 질문으로 다시 전환하여 학생들이 스스로 비유를 인식할 수 있도록 dK1
발화행위 복합체로 비유를 설명한 다음 K1 발화행위 복합체로 학생들의 반응을 확인한다.
마지막으로, 그는 은유에서 두 번째 비유 층을 의역하는 K1으로 설명하여 학생들의 인식을
강화한다:

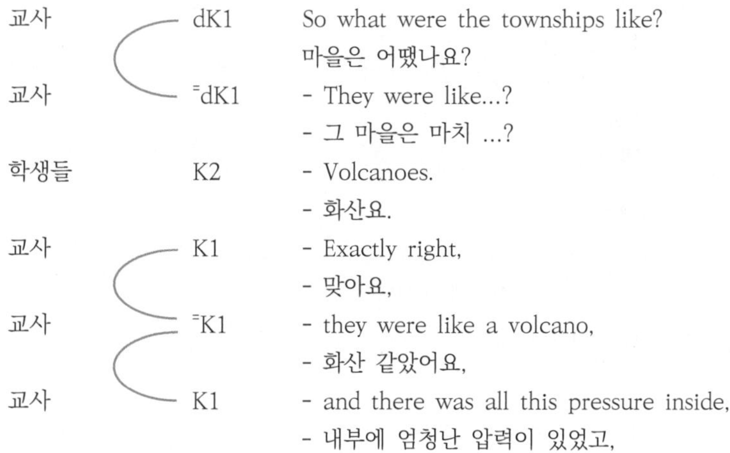

waiting to blow up and erupt, with all this anger the people were feeling about the government's repression.
정부의 탄압에 대한 분노가 분출하고 터지길 기다렸죠.

David는 다음으로 명사화 *rebellion*에 대해 이야기하며, K1 발화행위에서 '사람들이 반란을 일으켰다'고 의역한다. 다시 한 번 그는 이 단어선택에 집중하여 dKI 발화행위 복합체로 식별하도록 요청하고, 다시 한 번 칭찬 추적 발화로 교환을 마무리한다. 그다음에는 다시 강조하기 행위의 교환이 이어진다:

준비하기

| 교사 | K1 | OK, South African politics erupted, and then it tells us that people were rebelling. |
| | | 좋아요, 남아프리카의 정치가 분열되었고 사람들이 반란을 일으켰다고 말합니다. |

초점잡기/식별하기

교사	dK1	Can you <u>see</u> the word that means people were rebelling?
		사람들이 반란을 일으켰다는 뜻의 단어가 보이세요?
교사	˭dK1	- South African politics erupted in a...?
		- 남아프리카 정치는...?
학생들	K2	- Rebellion.
		- 반란.
교사	K1	- Rebellion!
		- 반란!
교사	tr	- Is he right?
		- 그의 말이 맞나요?
학생들	rtr	- Yes.
		- 맞아요.

강조하기

교사	A2	OK, everybody do *rebellion*.
		좋아요, 모두 '반란'해 봅시다.
학생들	A1[nv]	- [students highlight]
		- [학생들 강조 표시]

이 문장에 대한 *Detailed Reading*(지문 읽고 이해하기)의 다음 국면은 흥미롭다. 이제 식별하기 루틴이 아주 잘 확립되어 있어서 David가 K1을 준비할 때 학생들이 적극적으로 참여해서 그 반란이 일어난 장소(where)를 파악함으로써 그의 dKI 발화행위를 선점해 낸다. 이는 대화가 화자가 자신의 목적에 맞게 앞의 발화행위를 재구성할 수 있는 지속적인 교섭 과정이라는 점을 강조한다. 이쯤 되면 학생들은 질문자가 원하는 정보를 어디서 찾을 수 있는지 알게 되고, 'wh' 단서가 문장의 어떤 요소(사람, 사물, 과정, 장소, 시간)를 가리키는지 미리 선점할 수 있게 된다:

초점잡기/식별하기

교사	K1/dK1	Then it tells us where that rebellion happened. 그런 다음 반란이 어디서 일어났는지 알려줍니다.
학생들	K2	- In townships. - 마을에서요.
교사	K1	- Exactly right. - 맞았어요.
교사	dK1	- Which townships did it happen in? - 어느 마을에서 일어났나요?
학생	K2	- In black townships. - 흑인 마을에서요.
교사	K1	- OK. - 좋아요.

강조하기

| 교사 | A2 | Let's all do *black townships*.
모두 '흑인 마을' 하세요. |
| 학생들 | A1[nv] | - (students highlight)
- (학생들 강조 표시) |

확장하기

교사	K1	So it happened in townships like Sobantu... Sobantu 같은 마을에서 일어난 일이에요...
교사	ˈK1	- So it was your parents that were involved in this. - 여러분 부모님들이 이 일에 관련되었지요.
교사	K2	- Is that right? - 맞나요?

학생들	K1	- Yes.
		- 네.
교사	K2	- Have they told you about that time?
		- 부모님이 그 일에 대해 말씀하셨나요?
학생들	K1	- Yes.
		- 네.

  여기서 David는 학생들의 선점된 발화행위를 식별어로 받아들인 다음, 또 다른 dKl 교환으로 학생들의 읽기를 조정한다. 그 다음에는 강조하기 표시(A2^A1)와 확장 국면이 이어지며, David가 학생의 개인적인 경험과 텍스트를 연결하여 부모의 삶에 대해 몇 가지 진지한 질문을 던지는데, 이는 dKl 발화행위와 대조되는 K2 발화행위이다.

  앞서 살펴본 것처럼 교사와 학생은 단지 한 문장에도 큰 노력을 기울인다. 이 정도의 상세함은 학생 모두가 이런 종류의 추상적인 문어 담화를 읽는 법을 배우도록 하기 위한 것이다 (Martin 2006, Martin & Rose 2005,[45] Rose 2004a, 2005a, 인쇄 중). 이는 흔히 '삼중 대화' 또는 '개시-응답-피드백'(IRF)으로 알려진 일반적인 교실 담화의 주기를 기반으로 하는 교육적 루틴이다(Sinclair & Coulthard 1975, Wells 1999). 그러나 교육학에서 *Detailed Reading* (지문 읽고 이해하기)은 학생 모두가 텍스트를 완전히 이해할 수 있도록 이 주기를 더욱 세심하게 재설계했다. 이 주기의 다양한 국면은 위의 예에서 *Prepare*(준비하기), *Focus*(초점잡기), *Identify*(식별하기), *Highlight*(강조하기) 그리고 *Extend*(확장하기)라는 라벨로 표시되었다.

  이 국면들 중 핵심은 학생들이 스스로 능동적으로 독해하는 *Identify*(식별하기) 국면이다. 이 읽기 사이에 두 개의 부연하기 국면, 즉 개시(*Prepare*, 준비하기)와 마지막(*Extend*, 확장하기)이 있는데, 이 국면들은 학생들이 더 쉽게 이해할 수 있도록 문어 텍스트와 구어 담화 사이를 오가는 역할을 한다. 또한 핵을 둘러싸고 교실의 구어 담화를 글쓰기와 연결하는 두 가지 내부-양상 국면, 즉 학생들이 지각적으로 텍스트에 집중할 수 있도록 하는 *Focus*(초점잡기)와 집중하고 있는 단어나 구를 물리적으로 강조하도록 구조화하여 이를 증폭하는 *Highlight*(강조하기)가 있다:

---

45) [역자주] 용어 정리. IRF(Initiation-Response-Follow-up)는 교실 담화의 전형적 교환 구조(Sinclair & Coulthard, 1975)이다.
   I (Initiation): 교사가 질문을 던지거나 과제를 제시하며 상호작용을 시작하는 발화를 의미.
   R (Response): 학생이 이에 응답하는 발화를 의미.
   F (Follow-up): 교사가 학생의 응답을 평가, 확인, 확장하는 발화를 의미.

식별하기　　　핵 IRF 교환('읽기')
준비하기　　　부연 설명(미리 보기)
확장하기　　　부연 설명(다시 보기)
초점잡기　　　텍스트 인식
강조하기　　　이미지 수정

이러한 국면 간의 상호 의존성은 그림 7.3에 요약되어 있다. 사실상 우리가 가진 것은 읽기 과제 자체가 학생이 텍스트에 대해 지각적, 신체적으로 행동하게 하는 국면으로 괄호가 쳐진 샌드위치 구조이다. 이 국면은 다시 텍스트의 의미를 의역하여 학생이 텍스트를 이해하고 상식적인 지식과 그 표현의 담화를 자신의 개인적인 경험과 연관시킬 수 있도록 하는 국면으로 괄호가 쳐진 구조이다.

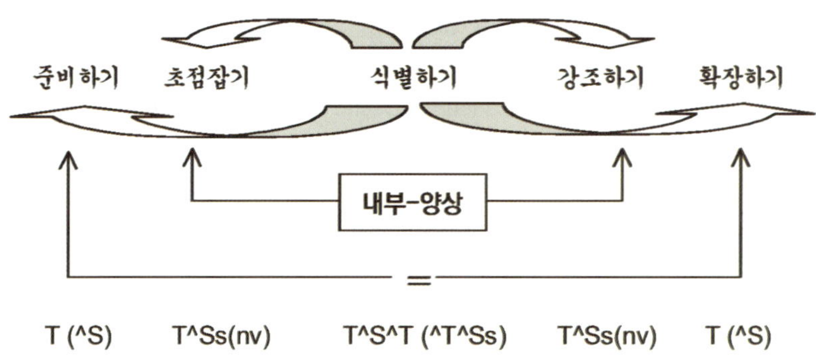

그림 7.3 Rose의 *Detailed Reading Cycle*의 상호 의존적 국면

교육학적인 측면에서 우리가 여기서 살펴보고 있는 것은 교사가 학생들이 이 순서의 학문적 담화로 나아갈 때 지원할 수 있도록 신중하게 설계된 구조화이다. 교환 구조의 관점에서 우리가 살펴보고 있는 것은 교환 복합이다. 각 교환은 **준비하기**, **초점잡기**, **식별하기**, **강조하기** 또는 **확장하기** 국면의 목표를 실현하도록 설계되었으며, 방금 설명한 *Detailed Reading Cycle*(지문 읽고 이해하기 순환)에 따라 서로 관련되어 연속된다(그림 7.3 참조).

모든 대화의 기록이 이런 종류의 교환 복합을 갖는 것은 아니다. 그러나 우리의 경험에 의하면 담화가 점점 제도화되어 갈수록 이런 종류의 교환 복합이 나타날 가능성이 높다고 예상할 수 있다. 어떤 맥락에서는 이러한 교환 복합이 매우 관습화되어 하나의 장르의 단계들로 취급될 수도 있는데, 예를 들어 서비스 만남에 대한 Ventola의 연구(또는 1975년 교실 담화에 대한 Sinclair & Coulthard의 연구)가 있다.

반면에 대화가 '수다스러울수록' 이런 종류의 고차 교환 복합체를 찾을 가능성은 줄어든다. 그 경우, 실제로는 단 한 번의 발화행위로 구성된 일련의 교환이 될 가능성이 더 커진다. 아래는 20대 초반의 친구들이 저녁 파티에서 오랜 친구인 David Allenby와 그의 여동생 Jill에 대해 이야기하고 있는 모습이다(Eggins & Slade 1997: 151). Nick이 Allenby가 복용하던 약을 추적하는 것을 제외하면, 대화는 기본적으로 일련의 K1 발화행위로 이루어져 있다. 이 대화를 하나로 묶는 것은 교환 구조가 아니라 평가어이다. 왜냐하면 친구들은 Jill의 지능과 Allenby의 조숙하지만 장난스러운 방식을 평가하기 때문이다(아래 굵은 글씨로 표시):

David	K1	Jill's **very bright** actually.
		Jill은 아주 똑똑해.
	K1	- She's **very good**.
		- 그녀는 매우 훌륭해.
Fay	K1	- She's **extremely bright**.
		- 굉장히 똑똑하지.
David	K1	- Academ - academically she's probably **brighter** than David.
		- 학문적으로는 아마 David보다 더 똑똑할 거야.
David	K1	- David's always **precocious** with his...
		- David는 항상 조숙하고...
David	K1	- She's **very good**.
		- The only **sixteen-year-old superstar** (?) arrives in Sydney to (?)
		- 이제 열여섯 살 밖에 안 된 슈퍼스타가 (?) 시드니에 도착해서 (?)
David	K1	- And **straight in to the mandies**.
		- 그리고 바로 mandies로 들어가.
Nick	tr	- Straight into what?
		- 바로 뭐로?
Fay	rtr	- Mandies. [laughs]
		- Mandies. [웃음]
David	K1	- He was a **good boy**.
		- 걔는 착한 아이였어.
David	K1	- But **just no tolerance for alcohol**.
		- 하지만 술에 대한 내성이 없었어.
David	K1	- I've Pulled him out of **so many fights**.
		- 내가 수많은 싸움에서 그를 끌어냈어.

| David | K1 | - It's **ridiculous**. |
| | | - 말도 안 돼. |

Eggins & Slade가 지적한 것처럼, 저녁 파티에서는 대화를 계속 이어나가는 것이 중요하며 침묵은 곤란하다. 그리고 계속 확장되는 일련의 K1 발화행위에서 재-개시하기 교환은 대화를 계속 이어나가는 좋은 방법이다. 이러한 종류의 담화는 Eggins & Slade(1997)에서 주요 관심사이며, 여기서는 그들의 데이터 중 일부만 나타냈다. Martin(2000)은 더 제도화된 대화와 덜 제도화된 대화의 상호보완성을 연구했다.

위의 'mandies'에 대해서 David, Nick, Fay가 주고받은 교환은 두 명 이상의 당사자가 관여할 수 있는 교환의 방식을 보여준다. 비슷하게, 아래에서 Coetzee의 동기를 무시하는 Sannie의 K1 발화행위는 Coetzee와 Ernest 모두에 의해 양측에서 교섭된다. 즉, Coetzee는 Sannie의 의견에 동의하지 않고, Ernest는 그의 반박에 도전한다:

Sannie	K1	He passes here for the sympathy.
		그는 동정심 때문에 여길 지나가요.
Coetzee	K2f	- I don't think that's true.
		- 그건 아닌 것 같은데.
Ernest	ch	- Bullshit, man.
		- 헛소리 마.

마찬가지로 Coetzee, Magda, Ernest는 Magda의 동정심과 Ernest의 적대감을 강조하면서, 각각 다음과 같은 3자 간 행위의 교환에서 역할을 수행하고 있다.

Coetzee	A2	Do you have headache pills for me please. Mrs H...
		두통약 좀 주세요. 부인...
Magda	A1	- Yes there [turns to get some]
		- 네, 여기 있어요 [약을 가지러 돌아서서]
Ernest	ch	[interrupting] - We don't have anything for him.
		[방해하기] - 우리가 그에게 줄 건 아무것도 없어요.

다자 간 교환과 더불어, 때때로 다자 간 발화행위와 마주칠 때도 있다. 우리가 검토한 교환의 직전에 소개된 저녁 식사 대화에서 Nick은 Allenby에 대해 긍정적인 논평을 한 후 부정적

인 논평으로 반박하려는 것처럼 보인다; 하지만 그는 실제로 Fay에 의해 마무리된 이 발화행위를 끝내지 못했다:

Nick	K1	Oh, I like David a lot.
		나는 David를 많이 좋아해요.
Nick	K1	Still, but...
		아직도, 하지만...
Fay	ch	[completing]...he has a very short fuse with alcohol.
		[마무리하기]...그는 술만 마시면 발끈해요.

즉, 매우 많은 화자들이 ⅰ) 자신의 발화행위를 끝내고, ⅱ) 그들이 호칭한 사람이 응답할 것이며, (필요한 경우 호칭으로 지정하고 태그를 사용하여 명시적으로 초대함), ⅲ) 피호칭자는 그들의 말을 듣고, ⅳ) 논항의 핵심(주어)과 논항의 요건(정형어와 관련된 양태와 극성)을 모두 받아들이는 등 성공적으로 교섭하여, 교환의 목적을 마무리할 것이라는 기대 속에서 교환을 시작한다. 그러나 이 마무리를 향하는 길은 앞서 살펴본 것처럼 쉽지 않을 수 있으며, 성공적인 도전하기와 마주치면 교섭이 전혀 성사되지 않을 수도 있다.

7.8 교섭어 그리고 그 너머

이 장에서는 대화를 분석하기 위한 두 가지 시스템을 개발했다. 첫 번째인 **발화기능**은 발화행위와 문법에서의 그 실현(기술적으로 말하면 그것들의 **서법**) 사이의 관계를 연구하기 위해 설계되었다. 관련된 선택항들의 네트워크는 그림 7.4에 통합되어 있으며, 위에서 제시한 13가지 기본 발화행위를 허용한다. 예를 들어 주어진 절의 양태와 극성을 살펴보는 것과 생략된 내용(논항)을 묻는 질문들을 서로 구분할 수 있다(예: *Who betrayed Daniel? vs. Did one of his friends betray Daniel?*). 이러한 종류의 특성은 Eggins & Slade(1997) 그리고 Hasan과 그녀의 동료들의 연구에서 훨씬 더 진전되었다(예: Hasan 1996).

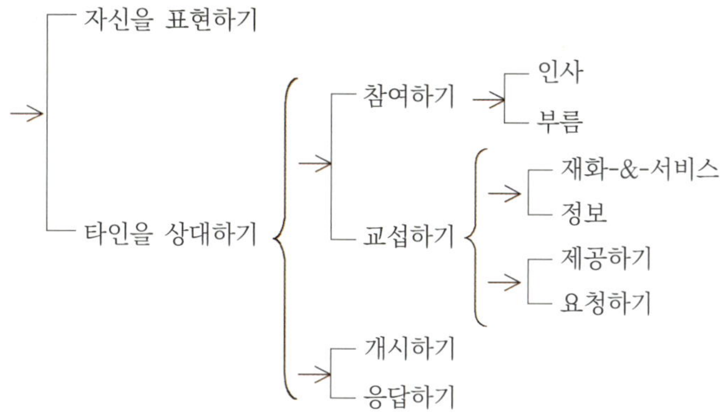

그림 7.4 통합된 발화기능 네트워크

　　서법에서 **발화기능**의 실현에 관한 한, 우리는 대화 내에서 화자가 교섭할 수 있는 잠재적 의미를 확장하는 데 있어 간접 발화행위(Halliday의 서법 은유)가 중요한 역할을 한다는 점에 주목하였다. 영어 절의 주요 **서법** 선택항은 그림 7.5에 요약되어 있다. 기술적으로 말하면, 발화기능은 서법의 문법(그림 7.5에 포함되지 않은 호칭, 태깅(부가 의문문), 양태, 극성을 포함)을 통해 실현되는 담화 의미 시스템이다.

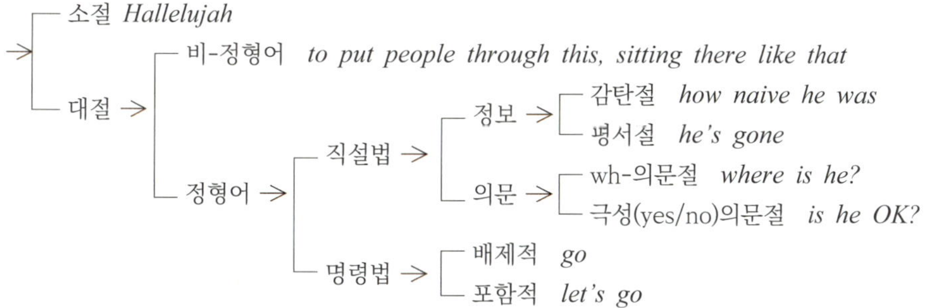

그림 7.5 기본 서법 선택항들

　　위 담화의미론의 **발화기능**에서 우리는 발화행위가 연속적으로 이어지면서 만들어지는 **교섭어** 시스템을 살펴보았다. 이 기본 시스템은 그림 7.6에 설명된 것처럼 1~5개의 발화행위로 구성된 교환을 설명해 준다. 또한 이 네트워크에 포함되지 않은 추적하기, 도전하기 선택항도 있다. 의무적인 K1 또는 A1 발화행위를 설정하기 전에, 추적하기와 도전하기의 교환의 방법으로 발화행위 횟수를 늘릴 수 있으며, 많은 경우에 도전하기는 교환을 거부하고, 교섭을 다른 방향(새로운 교환 개시하기에 의해)으로 유도함으로써 교환을 완전히 중단시킬 수 있다.

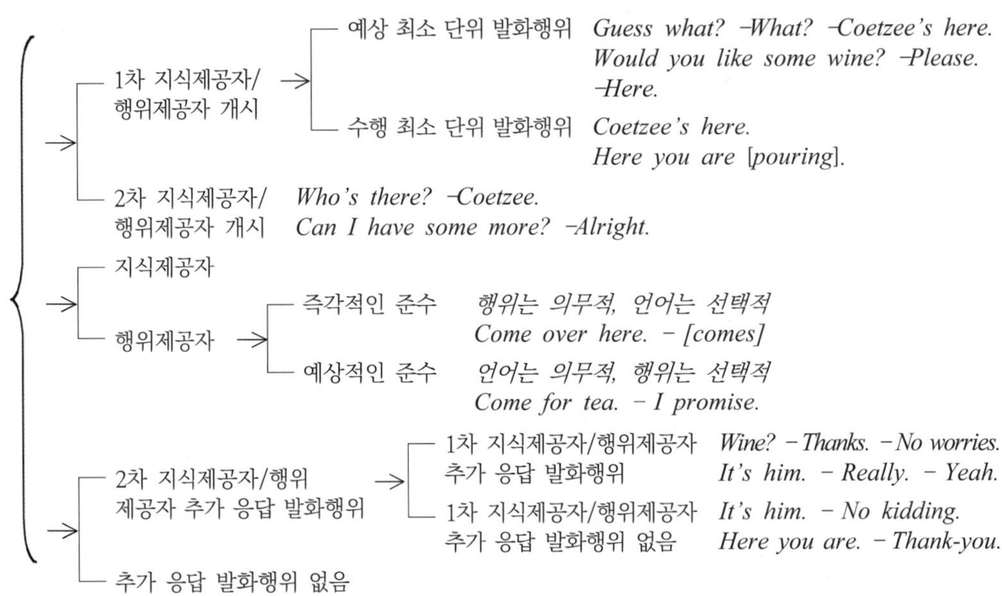

그림 7.6 교환 구조에 대한 기본 교섭어 선택항들

dK1, K2, K1, K2f, K1f, dA1, A2, A1, A2f, A1f의 다양한 역할과 추적하기 또는 도전하기 발화행위 분석에서 전자는 구성성을 보여준 것으로 발화행위 레이블 왼쪽에 나타나고, 후자는 의존성을 보여준 것으로 오른쪽에 모델링되어 나타난다:

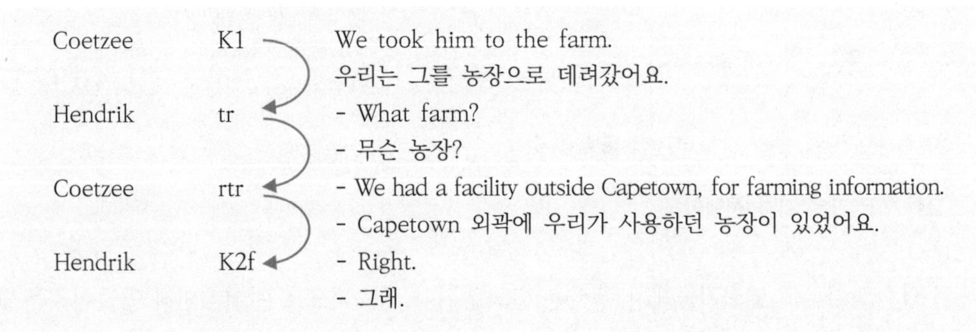

물론 **서법**, **발화기능**과 **교섭어**는 대화가 어떻게 전개되는지에 대한 그림의 일부일 뿐이며, **평가어**의 언어 자원은 동료들의 놀림에 대한 Luke의 반응에서처럼 여러 발화행위에 걸쳐 운율적으로 범위를 지정하는 데 사용될 수 있다:

Luke:	You know I missed you tow fucker.
	내가 보고 싶었던 거 알잖아.
Llewelyn:	- Sorry I can't say the same Luke.
	- 미안해. 같은 말을 못해서 Luke.
Zako:	- Yeah me too.
	- 나도.
Luke:	- Well **fuck you** man.
	- 엿 먹어라.
	Fuck both of you.
	둘 다 엿 먹어.
All:	[laughter]
	[웃음]

식별어와 관련하여, 대명사나 지시사를 사용하여 앞의 발화행위(기술적으로 말하면 텍스트 지시)를 가리키는 것은 어떤 발화행위를 응답하기 발화행위로 취급하기 위한 추가 기준을 제공하는 것으로 간주할 수 있다(비록 논점과 때로는 논쟁의 조건이 변경되었음에도 불구하고):

Sannie:	My parents didn't want the ANC at the funeral.
	부모님은 장례식에서 ANC를 원하지 않으셨어요.
Hendrik:	- **That** isn't the reason.
	- 그게 이유가 아니야.
Sannie:	- It's one of them.
	- 그것은 이유 중 하나예요.

접속어는 종종 모순과 도전과 관련하여 정당성을 도입함으로써 중요한 역할을 한다. 예를 들어 Sannie는 거절의 이유를 제시함으로써 Ernest와의 대결을 피할 수 있었을 것이다:

Ernest:	Give me Llewelyn's number. I'll call him
	Llewelyn의 전화번호를 알려줘. 내가 전화할게.
Sannie:	- No.
	- 안 돼.
	(I'm refusing **because**) I'll call him myself.
	(나는 거절할 거야 왜냐하면) 내가 직접 전화할 거야.

이러한 다른 종류의 대인적 관계, 관념적 관계, 텍스트 관계는 3~5장에서 소개했으므로 독자들은 이 외에도 다른 종류의 발화행위 관계를 생각해 볼 수 있다. 한편 우리는 이 장의 마지막 발화행위를 Tutu에게 맡기려고 한다. DVD용 *Forgiveness*의 제작 노트에 인용된 대로, 우리가 Tutu에게 기대하게 될 것은 품위 있고 기억에 남는 A2 발화행위이다:

Tutu:	Having looked the beast of the past in the eyes, having asked and received forgiveness... let us shut the door on the past - not to forget it, but to allow it not to imprison us. 과거의 괴물을 직시하고 용서를 구하고 받은 후⋯ 과거의 문을 닫읍시다 - 잊기 위해서가 아니라, 그것이 우리를 가두지 않도록 하기 위해서.

8

실제 텍스트 분석

장 개요

8.1 시작하기
8.2 *Inauguration Day:* 무법자에서 대통령으로
8.3 *The Cost of Courage:* 지배에서 자유로
8.4 *The Meaning of Freedom:* 개인에서 공동체로
8.5 반복

이 장에서는 이전 장에서 설명한 담화 시스템이 텍스트를 분석하는 데 어떻게 사용될 수 있는지를 설명한다. 우리가 사용하는 텍스트는 Nelson Mandela의 *Long Walk to Freedom*의 마지막 장으로, 이는 세 개의 절로 구성되어 있다: 대통령 취임식 날에 대한 '회고록', 아파르트헤이트에 맞서 투쟁하면서 용기를 낸 자신과 동료들이 지불한 대가에 대한 '보고서', 그리고 자유의 의미에 대한 그의 이해가 커가는 것을 요약하는 '자서전'이다.

분석을 시작하기 위해, 이 장에서는 이러한 텍스트들과 몇 가지 일반적인 원칙들을 제시하는 것으로 출발을 한다; 여기에는 장르를 식별한 다음 텍스트의 서식 설정과 주기어를 사용하여 그 필드가 국면들에서 전개되는 서식(書式)을 식별하는 것이 포함된다. 그런 다음 이어지는 각각의 절에서는 앞서 언급한 Mandela 회고록의 장의 한 절을 분석한다.

8.2절에서 우리는 Mandela의 회고록 Inauguration Day(취임식 날)가 어떻게 조직되어 있는지 보여준다. 이것은 과거, 현재, 미래를 평가하면서 시간의 앞뒤로 이동하는 활동의 국면들로 구성된다. 8.3절에서 우리는 The cost of courage(용기의 대가)에 관한 보고서에서, 그가 가족과 국민에 대한 용기와 자유, 권리, 자비, 관대함, 의무와 같은 가치를 강조하기 위해 어떻게 대조적 글쓰기를 광범위하게 사용하는지를 분석한다. 8.4절에서 우리는 그의 자서전이, 부정적 글쓰기, 양보적 글쓰기와 같은 전략을 사용하여, 독자가 그의 삶과 The meaning of freedom(자유의 의미)에 대해 어떻게 생각할지를 예상하고, 예상치 못한 사건과 통찰에 대응하고 있는지를 발견한다. 비록 그의 이야기는 어린 시절의 회상과 일치하는 것으로 시작하지만, 우리는 그가 점차 추상어를 도입하여 그의 삶을 해석하고 자유와 책임에 대한 보다 복잡한 개념을 구축하는 과정을 보게 된다.

8.1 시작하기

담화 분석을 시작하려면 분석할 어떤 것을 정해야 하는데, 이것은 생각보다 쉽지 않다. 우리가 보통 학생들에게 주는 조건은 한두 페이지 정도의 전체 텍스트로 시작하고, 자신이 정말 좋아하거나 싫어하는 것을 선택하라고 말한다. 이론적으로 우리가 말하고자 하는 것은 사용역, 장르, 이데올로기가 모두 중요하다는 것이다. 필드의 관점에서, 우리는 우리의 관심을 끄는 주제나 적어도 우리가 연구하거나 조사하는 주제와 관련이 있는 텍스트를 분석하고자 한다. 테너의 관점에서, 우리는 구어의 상호작용에서 화자가 어떻게 관계를 협상하는지, 그리고 문어 텍스트에서 독자와 어떻게 상호작용하고 독자가 저자의 관점을 수용하도록 어떻게 위치시키는지에 관심을 둔다; 그리고 모드에서는 구어와 문어가 의미를 전달하는 방식 그리고 다른 커뮤니케이션 양식(예: 이미지, 소리, 활동)과 어떻게 상호작용하는지에 관해 관심이 있다. 장르의 개념은 절이 문법에 대해 제공하는 것과 같이 담화를 이해하는 틀을 제공한다. 절이 담화에서 중요한 의미의 반복적 구성인 것처럼 장르는 그 문화에서 중요한 의미의 반복적 구성이다. 또한 이데올로기적 관점에서 볼 때 설득력이 없는 분석은 의미가 없다. 분석은 상당한 시간과 정신적 노동을 투자하는 것이기 때문에 그만한 가치가 있어야 한다. 이러한 이유로 우리는 이 책에서 우리를 매료시키고 우리 시대의 핵심 주제 중 하나인 세계의 마지막 헌법적 인종차별 정권의 전복이라는 분야를 기반으로 삼았다. 우리는 세 가지 장르(도덕적 일화, 논술, 법령)에 초점을 맞추고 개인적 경험, 공적 담화, 제도적 법령과 관련하여 이 분야를 잘 보여주는 텍스트, 즉 우리가 아무리 오랜 시간 동안 분석하더라도 우리에게 동기 부여가 될 수 있고, 그리고 홍보할 가치가 있다고 생각하는 이데올로기적 메시지를 전달하는 텍스트를 선택했다.

이 장에서는 이 책에 제시된 도구들을 사용하여, 텍스트를 분석하는 여러 가지 가능한 접근 방식 중 몇 가지를 설명하겠다. 우리가 선택한 텍스트는 같은 필드의 텍스트이지만 이 필드의 고전적인 텍스트로, 이번에는 Nelson Mandela의 자서전 *Long Walk to Freedom*의 마지막 장이다. 주인공인 Nelson Mandela가 직접 쓴 텍스트이다. 이 장에는 책에서 간격을 두고 구분된 세 개의 절이 있다. 첫 번째(8.2절)는 Mandela가 새로운 남아공의 대통령으로 취임하던 날의 사건에 대한 이야기로, '자유가 지배하게 하자'고 다짐하는 취임 연설의 일부를 발췌하여 소개한다. 두 번째(8.3절)는 Mandela가 그날의 사건의 의미와 자신과 가족을 포함한 수많은 동포들이 용기에 대해 치른 비극적인 대가를 되돌아보며, '세계가 경험한 가장 가혹하고 비인도적인 사회 중 하나'에서 '피부색에 관계없이 모든 사람의 권리와 자유를 인정하는 사회'로 변화한 과정을 설명한다. 세 번째(8.4절)는 우리가 이미 6장에서

접한 적이 있는 내용으로, 그의 인생 이야기를 요약한 것이다. 여기에서 그의 삶의 단계는 자유에 대한 그의 인식이 점차 성장하는 내적 서사를 반영한다.

분석을 시작하기 위해 이 세 절의 이름을 *Inauguration Day*, *Cost of Courage*, *Meaning Freedom*으로 정하고 이 제목을 사용하여 다음과 같이 장을 제시하겠다:

Chapter 115 Freedom
115장 자유

Inauguration Day
취임식 날

10 May dawned bright and clear. For the past few days I had been pleasantly besieged by dignitaries and world leaders who were coming to pay their respects before the inauguration. The inauguration would be the largest gathering ever of international leaders on South African soil.

5월 10일은 밝고 맑게 시작되었다. 지난 며칠 동안 나는 취임식 전에 경의를 표하러 온 고위 인사들과 세계 지도자들로 인해 즐거운 마음으로 둘러싸여 있었다. 이번 취임식은 남아공에서 열린 국제 지도자 모임 중 역대 최대 규모였을 것이다.

The ceremonies took place in the lovely sandstone amphitheatre formed by the Union Buildings in Pretoria. For decades this had been the seat of white supremacy, and now it was the site of a rainbow gathering of different colours and nations for the installation of South Africa's first democratic, non-racial government.

기념식은 Pretoria의 Union Buildings에 세워진 아름다운 사암(砂巖) 원형 극장에서 열렸다. 이곳은 수십 년 동안 백인 우월주의의 중심지였으며, 지금은 남아프리카 최초의 민주적이고 인종 차별 없는 정부를 수립하기 위해 다양한 인종과 민족이 모이는 장소가 되었다.

On that lovely autumn day I was accompanied by my daughter Zenani. On the podium, Mr de Klerk was first sworn in as second deputy president. Then Thabo Mbeki was sworn in as first deputy president. When it was my turn, I pledged to obey and uphold the constitution and to devote myself to the well-being of the republic and its people. To the assembled guests and the watching world, I said:

그 아름다운 가을날 나는 딸 Zenani와 함께 있었다. 연단 위에서 de Klerk 씨가 제2 부통령으로 취임 선서를 했다. 그리고 Thabo Mbeki가 제1 부통령으로 취임 선서를 했다. 내 차례가 되자 나는 헌법을 준수하고 지키며 공화국과 국민의 복지에 헌신하겠다고 맹세했다. 그 자리에 모인 손님들과 전 세계가 지켜보는 가운데, 나는 이렇게 말했다:

> Today, all of us do, by our presence here ... confer glory and hope to newborn liberty. Out of the experience of an extraordinary human disaster that lasted too long, must be born a society of which all humanity will be proud.
>
> 오늘, 우리 모두는 이 자리에 함께함으로써 ... 새로 태어난 자유에 영광과 희망을 부여합

니다. 저는 너무 오랫동안 이어져 왔던 인류의 끔찍한 고통과 경험을 통해 모든 인류가 자랑스러워 할 수 있는 사회가 필요하다는 것을 깨달았습니다.

... We, who were outlaws not so long ago, have today been given the rare privilege to be host to the nations of the world on our own soil. We thank all of our distinguished international guests for having come to take possession with the people of our country of what is, after all, a common victory for justice, for peace, for human dignity.

... 얼마 전까지만 해도 법의 보호를 박탈당했던 우리는 오늘 우리 땅에서 세계 각국을 맞이하는 귀한 특권을 얻게 되었습니다. 정의와 평화, 인간의 존엄성을 위한 공동의 승리를 우리 국민들과 함께 누리기 위해 오신 모든 귀빈 여러분께 감사드립니다.

We have, at last, achieved our political emancipation. We pledge ourselves to liberate all our people from the continuing bondage of poverty, deprivation, suffering, gender and other discrimination.

우리는 마침내 정치적 해방을 이루었습니다. 우리는 모든 국민을 빈곤, 박탈, 고통, 성별 및 기타 차별의 지속적인 속박에서 해방시키겠다고 다짐합니다.

Never, never, and never again shall it be that this beautiful land will again experience the oppression of one by another. ... The sun shall never set on so glorious a human achievement.

절대, 절대, 다시는 이 아름다운 땅이 서로에 대한 억압을 경험하지 않을 것입니다. ... 이토록 영광스러운 인간의 업적에 해는 결코 지지 않을 것입니다.

Let freedom reign. God bless Africa!

자유가 지배하게 하소서. 아프리카에 신의 축복이 있기를!

A few moments later we all lifted our eyes in awe as a spectacular array of South African jets, helicopters and troop carriers roared in perfect formation over the Union Buildings. It was not only a display of pinpoint precision and military force, but a demonstration of the military's loyalty to democracy, to a new government that had been freely and fairly elected. Only moments before, the highest generals of the South African Defence Force and police, their chests bedecked with ribbons and medals from days gone by, saluted me and pledged their loyalty. I was not unmindful of the fact that not so many years before they would not have saluted but arrested me. Finally a chevron of Impala jets left a smoke trail of the black, red, green, blue and gold of the new South African flag.

잠시 후, 남아프리카 제트기, 헬리콥터, 병력 수송기들이 완벽한 대형을 이루며, Union Buildings 상공에서 굉음을 내는 일련의 장관을 이루고 있을 때, 우리는 모두 경외감에 젖어 눈을 들어올렸다. 그것은 정밀성과 군사력을 보여준 것일 뿐만 아니라, 민주주의에 대한 군대의 충성심, 자유롭고 공정하게 선출된 새 정부에 대한 충성심을 보여준 것이었다. 불과 몇 분 전, 남아공 국방군과 경찰의 최고 장군들은 가슴에 지난날의 리본과 훈장을 달고 나에게 와서 경례를 하며 충성을 맹세했다. 몇 년 전만 해도 그들이 경례는커녕 나를 체포했을 것이라는 사실을 잊지 않았다. 마침내 임팔라 제트기가 새로운 남아프리카 국기의 검정, 빨강, 초록, 파랑, 금색의 연기꼬리를 남겼다.

The day was symbolized for me by the playing of our two national anthems, and the vision of whites singing 'Nkosi Sikelel' iAfrika' and blacks singing 'Die Stem', the old anthem of the republic. Although that day neither group knew the lyrics of the anthem they once despised, they would soon know the words by heart.

그날은 두 개의 국가가 연주되는 장면으로 나에게 상징화되었다. 백인들이 'Nkosi Sikelel' iAfrika'를 부르고 흑인들이 공화국의 옛 국가인 'Die Stem'을 부르는 모습이었다. 비록 그날은 두 집단 모두 자신들이 한때 경멸했던 국가의 가사를 알지 못했지만, 곧 그들은 그 가사를 외우게 될 것이다.

Cost of Courage
용기의 대가

On the day of the inauguration, I was overwhelmed with a sense of history, in the first decade of the twentieth century, a few years after the bitter Anglo-Boer war and before my own birth, the white-skinned peoples of South Africa patched up their differences and erected a system of racial domination against the dark-skinned peoples of their own land. The structure they created formed the basis of one of the harshest, most inhumane, societies the world has ever known. Now, in the last decade of the twentieth century, and my own eighth decade as a man, this system has been overturned forever and replaced by one that recognized the rights and freedoms of all peoples regardless of the colour of their skin.

취임식 날, 나는 역사의 무게에 압도당했다. 20세기의 첫 10년, 격렬한 Anglo-Boer 전쟁이 끝나고 몇 년 후, 내가 태어나기 전에 남아프리카의 백인들은 서로의 차이점을 메우고, 자신의 땅의 흑인들을 상대로 인종적 지배 체제를 세웠다. 그들이 만든 구조는 세계가 알고 있는 가장 가혹하고 비인도적인 사회 중 하나의 기반을 형성했다. 이제 20세기의 마지막 10년, 그리고 내가 한 명의 인간으로서 80년을 맞이한 지금, 이 체제는 영원히 전복되었고 피부색에 관계없이 모든 사람들의 권리와 자유를 인정하는 체제로 대체되었다.

That day had come about through the unimaginable sacrifices of thousands of my people, people whose suffering and courage can never be counted or repaid. I felt that day, as I have on so many other days, that I was simply the sum of all those African patriots who had gone before me. That long and noble line ended and now began again with me. I was pained that I was not able to thank them and that they were not able to see what their sacrifices had wrought.

그날은 상상할 수 없는 수천 명의 우리 국민의 희생을 통해 이루어졌다. 그들의 고통과 용기는 결코 헤아릴 수 없고 보상받을 수도 없다. 그날 나는 다른 많은 날들과 마찬가지로, 나는 단순히 나보다 먼저 간 모든 아프리카 애국자들의 총합에 불과하다는 것을 느꼈다. 그 길고 고귀한 계보는 끝났고 이제 나와 함께 다시 시작되었다. 나는 그들에게 감사를 표할 수 없고 그들이 자신의 희생이 어떤 결과를 가져왔는지 볼 수 없어서 괴로웠다.

The policy of apartheid created a deep and lasting wound in my country and my people. All of us will spend many years, if not generations, recovering from that profound hurt. But the decades of oppression and brutality had another, unintended, effect, and that was that it produced the Oliver Tambos, the Walter Sisulus, the Chief Luthulis, the Yusuf Dadoos, the Bram Fischers, the Robert Sobukwes of our time - men of such extraordinary courage, wisdom and generosity that their like may never be known again. Perhaps it requires such depths of oppression to acquire such heights of character. My country is rich in the minerals and gems that lie beneath its soil, but I have always known that its greatest wealth is its people, finer and truer than the purest diamonds.

아파르트헤이트 정책은 우리나라와 국민에게 깊고 지속적인 상처를 남겼다. 우리 모두는 그 깊은 상처에서 회복하는 데 몇 세대는 아니더라도 오랜 세월을 보내야 할 것이다. 그러나 수십 년간의 억압과 잔인함은 의도하지 않은 또 다른 효과를 가져왔는데, 그것은 바로 우리 시대의 Oliver Tambos, Walter Sisulus, Chief Luthulis, Yusuf Dadoos, Bram Fischers, Robert Sobukwes와 같은 사람들을 배출했다는 것이다. 이들은 엄청난 용기, 지혜, 관대함을 지닌 사람들이어서 그들과 같은 사람들은 다시는 볼 수 없을 것이다. 아마도 그런 인격을 갖추기 위해서는 그런 깊은 억압이 필요했을 것이다. 우리나라는 토양 아래에 있는 광물과 보석이 풍부하지만, 가장 큰 부는 다이아몬드보다 더 섬세하고 진실된 국민이라는 것을 나는 항상 알고 있다.

It is from these comrades in the struggle that I have learned the meaning of courage. Time and again, I have seen men and women risk and give their lives for an idea. I have seen men stand up to attacks and torture without breaking, showing a strength and resilience that defies the imagination. I learned that courage was not the absence of fear, but the triumph over it. I felt fear myself more times than I can remember, but I hid it behind a mask of boldness. The brave man is not he who does not feel afraid, but he who conquers that fear.

나는 투쟁에 나선 동지들로부터 용기의 의미를 배웠다. 나는 한 가지 신념을 위해 남성과 여성들이 위험을 무릅쓰고 목숨을 바치는 것을 수없이 보았다. 나는 상상을 초월하는 강인함과 회복력을 보여주며 공격과 고문에 굴하지 않고 맞서 싸우는 사람들을 보았다. 용기는 두려움이 없는 것이 아니라 두려움을 이겨내는 것임을 배웠다. 나는 기억할 수 없을 만큼 여러 번 두려움을 느꼈지만, 그것을 대담함의 가면 뒤에 숨겼다. 용감한 사람은 두려움을 느끼지 않는 사람이 아니라 그 두려움을 이기는 사람이다.

I never lost hope that the great transformation would occur. Not only because of the great heroes I have already cited, but because of the courage of the ordinary men and women of my country. I always knew that deep down in every human heart, there was mercy and generosity. No one is born hating another person because of the colour of his skin, or his background, or his religion. People must learn to hate, and if they can learn to hate, they can be taught to love, for love comes more naturally to the human heart than its opposite. Even in the grimmest times in prison, when my colleagues and I were pushed to our limits, I would see a glimmer of humanity in one of the guards, perhaps just for a second, but it was enough to reassure me and keep me going. Man's goodness is a flame that can be hidden but never extinguished.

나는 위대한 변화가 일어날 것이라는 희망을 잃지 않았다. 내가 이미 언급한 위대한 영웅들뿐만 아니라 우리나라의 평범한 남성과 여성들의 용기가 있었기 때문이다. 나는 항상 모든 사람의 마음속 깊은 곳에는 자비와 관용이 있다는 것을 알고 있었다. 피부색이나 배경, 종교 때문에 다른 사람을 미워하며 태어나는 사람은 아무도 없다. 사람은 미워하는 법을 배워야 하며, 미워하는 법을 배울 수 있다면 사랑도 배울 수 있다. 사랑은 그 반대보다 인간의 마음에 더 자연스럽게 다가오기 때문이다. 감옥에서 가장 암울했던 시절, 나와 동료들이 한계에 부딪혔을 때에도 간수 중 한 명에게서 희미한 인간미를 보곤 했다. 아주 잠깐이었지만 그 순간만으로도 나는 안심하고 계속 버틸 수 있었다. 인간의 선함은 숨길 수 있지만 결코 꺼지지 않는 불꽃이다.

We took up the struggle with our eyes wide open, under no illusion that the path would be an easy one. As a young man, when I joined the African National Congress, I saw the price my comrades paid for their beliefs, and it was high. For myself, I have never regretted my commitment to the struggle, and I was always prepared to face the hardships that affected me personally. But my family paid a terrible price, perhaps too dear a price, for my commitment.

우리는 두 눈을 크게 뜨고 투쟁을 시작했다. 쉬운 길일 거라고는 생각하지 않았다. 젊은 시절 아프리카 민족회의에 가입했을 때 나는 동지들이 신념을 위해 치른 대가를 보았고, 그 대가는 매우 컸다. 나 자신은 투쟁에 대한 헌신을 후회한 적이 없으며, 개인적으로 겪은 고난에 항상 직면할 준비가 되어 있었다. 하지만 내 가족은 나의 헌신으로 인해 끔찍한, 어쩌면 너무도 값비싼 대가를 치렀다.

In life, every man has twin obligations - obligations to his family, to his parents, to his wife and children; and he has an obligation to his people, his community, his country. In a civil and humane society, each man is able to fulfil those obligations according to his own inclinations and abilities. But in a country like South Africa, it was almost impossible for a man of my birth and colour to fulfil both of those obligations. In South Africa, a man of colour who attempted to live as a human being was punished and isolated, in South Africa, a man who tried to fulfil his duty to his people was inevitably ripped from his family and his home and was forced to live a life apart, a twilight existence of secrecy and rebellion. I did not in the beginning choose to place my people above my family, but in attempting to serve my people, I found that i was prevented from fulfilling my obligations as a son, a brother, a father and a husband.

인생에서 모든 사람은 두 가지 의무가 있다. - 첫 번째는 가족에 대한 의무, 즉 부모에 대한 의무, 아내와 자녀에 대한 의무; 두 번째는 자신의 민족, 공동체, 국가에 대한 의무가 있다. 시민적이고 인도적인 사회에서 각 사람은 자신의 성향과 능력에 따라 이러한 의무를 이행할 수 있다. 하지만 남아프리카공화국과 같은 나라에서 나와 같은 출생과 유색인종 남성이 이 두 가지 의무를 모두 이행하는 것은 거의 불가능했다. 남아공에서 인간답게 살려는 유색인종은 처벌과 고립을 당했고, 민족에 대한 의무를 다하려는 사람은 가족과 고향을 떠나 비밀과 반역의 황혼 같은 삶을 살아야만 했다. 나는 처음부터 가족보다 민족을 우선시하지 않았지만, 민족을 섬기려다 보니 아들, 형제, 아버지, 남편으로서의 의무를 다할 수 없게 되었다.

In that way, my commitment to my people, to the millions of South Africans I would never know or meet, was at the expense of the people I knew best and loved most. It was as simple and yet as incomprehensible as the moment a small child asks her father, 'Why can you not be with us?' And the father must utter the terrible words: 'There are other children like you, a great many of them…' and then one's voice trails off.

이렇듯 나는 내 국민과 내가 알지도, 만나지도 못할 수백만 명의 남아공 국민에 대한 약속을 위해서 내가 가장 잘 알고 가장 사랑하는 사람들을 희생하는 대가를 치렀다. 그것은 어린 아이가 아버지에게 '왜 우리랑 같이 있으면 안 돼요?'라고 묻는 순간만큼이나 단순하면서도 이해할 수 없는 일이었다. 그리고 아버지는 끔찍한 말을 해야만 했다: '너와 같은 다른 아이들도 많단다…' 그리고는 말끝이 흐려진다.

Meaning of Freedom
자유의 의미

I was not born with a hunger to be free. I was born free - free in every way that I could know. Free to run in the fields near my mother's hut, free to swim in the clear stream that ran through my village, free to roast mealies under the stars and ride the broad backs of slow-moving bulls, As long as I obeyed my father and abided by the customs of my tribe, I was not troubled by the laws of man or God.

나는 자유를 갈망하며 태어난 것이 아니다. 나는 내가 알 수 있는 모든 면에서 자유로운 존재로 태어났다. 어머니의 오두막 근처 들판에서 자유롭게 뛰어놀고, 마을을 가로지르는 맑은 개울에서 자유롭게 수영하고, 별빛 아래서 메밀을 구워 먹고, 느리게 움직이는 황소의 넓은 등을 타는 자유, 아버지께 순종하고 부족의 관습을 따르기만 하면 인간이나 신의 법에 얽매이지 않는 자유를 누렸다.

It was only when I began to learn that my boyhood freedom was an illusion, when I discovered as a young man that my freedom had already been taken from me, that I began to hunger for it.

어린 시절의 자유가 환상이었음을 깨닫기 시작하고, 젊은 시절에 이미 자유를 빼앗겼다는 사실을 알게 된 후에야 자유에 대한 갈망이 생기기 시작했다.

At first, as a student, I wanted freedom only for myself, the transitory freedoms of being able to stay out at night, read what I pleased and go where I chose. Later, as a young man in Johannesburg, I yearned for the basic and honourable freedoms of achieving my potential, of earning my keep, of marrying and having a family - the freedom not to be obstructed in a lawful life.

처음에 나는 학생으로서 나만을 위한 자유를 원했다. 밤에 나가서 원하는 책을 읽고 내가 원하는 곳으로 갈 수 있는 일시적인 자유를 원했다. 나중에 Johannesburg에서 청년이 된 나는 잠재력을 발휘하고, 돈을 벌고, 결혼하고 가정을 꾸릴 수 있는 기본적이고 명예로운 자유, 즉 합법적인 삶에서 방해받지 않는 자유를 갈망했다.

But then I slowly saw that not only was I not free, but my brothers and sisters were not free.

하지만 나만 자유롭지 않은 것이 아니라 내 형제자매들도 자유롭지 않다는 것을 서서히 깨달았다.

I saw that it was not just my freedom that was curtailed, but the freedom of everyone who looked like I did. That is when I joined the African National Congress and that is when the hunger for my own freedom became the greater hunger for the freedom of my people. It was this desire for the freedom of my people to live their lives with dignity and self-respect that animated my life, that transformeda frightened young man into a bold one, that drove a law-abiding attorney to become a criminal that turned a family-loving husband into a man without a home, that forced a life-loving man to live like a monk. I am no more virtuous or self-sacrificing than the next man, but I found that I could not even enjoy the poor and limited freedoms I was allowed when I knew my people were not free.

내 자유뿐만 아니라 나와 비슷한 처지에 있는 모든 사람의 자유가 축소되고 있다는 것을 알았다. 그때 나는 아프리카 민족회의에 가입했고, 내 자신의 자유에 대한 갈망이 우리 민족의 자유에 대한 더 큰 갈망으로 바뀌었다. 내 삶에 활력을 불어넣고, 겁에 질린 청년을 대담한 청년으로 변화시키고, 법을 준수하는 변호사를 범죄자로 만들고, 가족을 사랑하는 남편을 집 없는 남자로 만들고, 생명을 사랑하는 사람을 수도사처럼 살게 만든 것은 바로 우리 민족이 존엄성과 자존감을 갖고 살아갈 수 있는 자유에 대한 열망이었다. 나는 다른 사람보다 더 고결하거나 자기 희생적인 사람은 아니지만, 내 사람들이 자유롭지 않다는 것을 알았을 때 나에게 허락된 가난하고 제한된 자유조차 누릴 수 없다는 것을 알았다.

Freedom is indivisible; the chains on any one of my people were the chains on all of them, the chains on all of my people were the chains on me.

자유는 나눌 수 없다. 내 민족 중 한 사람의 쇠사슬은 우리 모두의 쇠사슬이고, 내 민족 모두의 쇠사슬은 곧 나의 쇠사슬이다.

It was during those long and lonely years that my hunger for the freedom of my own people became a hunger for the freedom of all people, white and black.

그 길고 외로운 세월 동안 동족의 자유에 대한 갈망이 백인, 흑인 할 것 없이 모든 사람의 자유에 대한 갈망으로 바뀌었다.

I knew as well as I knew anything that the oppressor must be liberated just as surely as the oppressed. A man who takes away another man's freedom is a prisoner of hatred, he is locked behind the bars of prejudice and narrow-mindedness. I am not truly free if I am taking away someone else's freedom, just as surely as I am not free when my freedom is taken from me.

억압하는 자도 억압받는 자 못지않게 반드시 해방되어야 한다는 것을 잘 알고 있었다. 다른 사람의 자유를 빼앗는 사람은 증오의 포로이며 편견과 편협함의 철창에 갇힌 사람이다. 내 자유를 빼앗길 때 내가 자유롭지 못한 것처럼 다른 사람의 자유를 빼앗는다면 나는 진정으로 자유롭지 못할 것이다.

The oppressed and the oppressor alike are robbed of their humanity.

억압받는 사람과 억압하는 사람 모두 인간성을 박탈당한다.

When I walked out of prison, that was my mission, to liberate the oppressed and the oppressor both.

내가 감옥에서 나왔을 때, 억압받는 자와 억압하는 자 모두를 해방시키는 것이 내 사명이었다.

Some say that has now been achieved. But I know that this is not the case. The truth is that we are not yet free; we have merely achieved the freedom to be free, the right not to be oppressed. We have not taken the final step of our journey, but the first step on a longer and even more difficult road. For to be free is not merely to cast off one's chains, but to live in a way that respects and enhances the freedom of others.

어떤 사람들은 이제 그 목표를 달성했다고 말한다. 하지만 나는 그렇지 않다는 것을 알고 있다. 진실은 우리가 아직 자유롭지 않다는 것이다. 우리는 단지 자유로워질 자유, 억압받지 않을 권리를 얻었을 뿐이다. 우리는 여정의 마지막 단계가 아니라 더 길고 더 어려운 길의 첫걸음을 뗀 것이다. 자유로워진다는 것은 단순히 사슬을 벗어던지는 것이 아니라 다른 사람의 자유를 존중하고 증진하는 방식으로 살아가는 것이기 때문이다.

The true test of our devotion to freedom is just beginning.

자유를 향한 우리의 헌신이 진정으로 시험받는 것은 이제 막 시작되었다.

I have walked that long road to freedom. I have trie not to falter; I have made missteps along the way. But I have discovered the secret that after climbing a great hill, one only finds that there are many more hills to climb. I have taken a moment here to rest, to steal a view of the glorious vista that surrounds me, to look back on the distance I have come. But I can only rest for a moment, for with freedom come responsibilities, and I dare not linger, for my long walk is not yet ended.

나는 자유를 향한 긴 여정을 걸어왔다. 흔들리지 않으려고 노력했고 그 과정에서 실수를 하기도 했다. 그러나 나는 큰 언덕을 오르고 나면 오를 언덕이 더 많다는 비밀을 발견했다. 나는 여기서 잠시 쉬면서 나를 둘러싼 영광스러운 풍경을 훔쳐보고 내가 걸어온 거리를 되돌아보았다. 그러나 자유에는 책임이 따르기 때문에 잠시만 쉴 수 있고, 나의 긴 여정이 아직 끝나지 않았기 때문에 감히 머무를 수 없다.

(Mandela 1995: 746-51)

위에 제시된 바와 같이, 이 장의 서식 설정은 우리가 작업할 세 가지 주요 담화 단위를 제공한다(서식이 담화 구조를 반영하지만, 결정하지는 않는다는 점을 염두에 두어야 한다). 일반적으로 *Inauguration Day*는 경험의 에피소드를 기록하는 회고록 장르, *Cost of Courage*는 일반화된 기술(記述)을 하는 보고서 장르, *Meaning of Freedom*은 저자의 인생에서 중요한 단계를 기록하는 자서전 장르에 해당한다.

몇 가지 탐색적인 질문을 통해 우리가 살펴보고 있는 장르가 이러한 것임을 확신할 수 있다. 첫째, 전체 구조가 시간 순서로 펼쳐지는 활동으로 이루어져 있는가, 아니면 시간 순서와 상관없이 묘사되는 현상으로 이루어져 있는가? 이 기준은 시간 순서가 있는 첫 번째, 세 번째 절을 투쟁과 그 주인공을 묘사하고 성찰하지만 시간 순서가 없는 두 번째 절과 구분한다. 둘째, 활동의 연속이 특정 인물과 사건에 관한 것인가, 아니면 일반적인 참여자에 관한 것인가? 이는 자연과학, 사회과학의 설명하기와 역사, 이야기를 구분하는 기준이다. 셋째, 이야기가 사건의 진행 과정에 큰 변화를 중심으로 구성되어 있는가, 아니면 단순히 일련의 사건을 나열하는가? 이는 서사(narratives) 장르, 개인적 일화(anecdotes) 장르, 도덕적 일화(exemplum) 장르(중대한 혼란을 수반하는)를 회고록 장르(문제가 될 수도 있고 그렇지 않을 수도 있는 일련의 사건)와 구분한다. 끝으로 첫 번째 회고록에서와 같이 경험의 한 에피소드에서 일어난 사건에 대한 회고록인가, 아니면 마지막 자서전에서와 같이 한 사람의 인생의 단계에 대한 회고록인가? 이러한 기준과 기타 일반적인 기준은 Martin & Rose(2007)에서 자세히 설명하고 있다.

결정적으로 모든 텍스트는 한 가지 이상의 목적을 가지고 있으며, 이러한 이유로 다른 장르에서 볼 수 있는 요소도 포함하게 된다. 그러나 모든 텍스트는 또한 전역적으로 정의되는 목적을 가지고 있으며, 이 목적을 달성하기 위해 텍스트가 거치게 될 단계들은 장르라는 전역적 목적에 의해 예측된다. 그리고 추가적인 목적은 일반적인 단계의 수준 아래, 각 단계 내의 다양한 의미의 국면, 그리고 국면을 구성하는 메시지 내에서 실현된다. 텍스트의 장르를 식별하는 데는 때때로 텍스트의 전역적 목적의 식별부터 단계와 국면을 분석하고, 다시 목적을 확인하는 반복적 과정이 필요하다. 언어의 다른 특징과 마찬가지로, 장르를 식별하는 데는 언뜻 보기만으로는 충분하지 않은 경우가 많다. 이 책의 부록은 장르, 목적, 단계의 표를 이해하는 유용한 가이드가 될 수 있다.

기술적(技術的)으로 Mandela의 책 115장은 세 가지 장르로 구성된 **매크로-장르**(macro-genre)로서, 회고록이 보고서로 확장되고 다시 자서전으로 차례로 확장된다. 이 전체 구조 내에서 첫 번째 회고록은 Mandela의 취임 연설을 인용하여 서약이 투사(삽입)되어 있으며, 이는 들여쓰기로 서식에 표시되어 있다. 따라서 매크로-장르(책과 장의 관계처럼) 내에서 장르는 그림 8.1에 표시된 것처럼 서로를 확장하기, 부연하기 또는 투사(삽입)하기를 통해 상호 의존적인 관계에 있다.

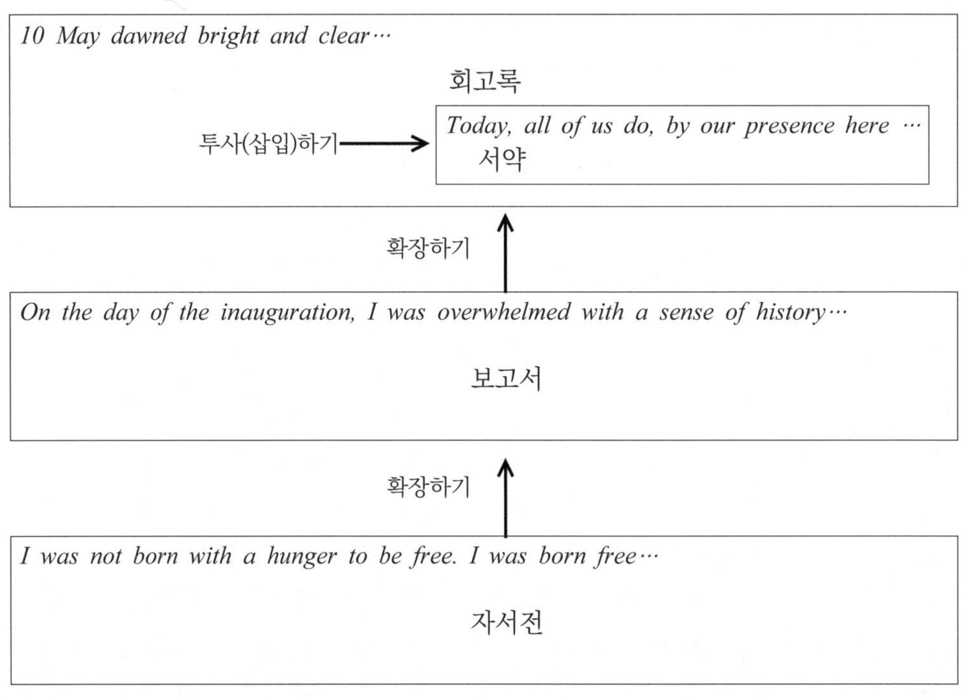

그림 8.1 115장 'Freedom(자유)'에서의 장르 상호 의존성

장르와 필드

분석할 장르를 정했다면, 다음 분석 단계는 필드가 각 장르를 통해 어떻게 전개되는지 해석하는 것이다. 우리가 필드로 시작하는 이유 중 하나는 장르가 전개되는 단계를 의식적인 성찰을 통해 쉽게 접근할 수 있기 때문이다. 이는 사람들에게 듣거나 읽은 텍스트를 다시 말해달라고 요청함으로써 설명할 수 있다; 그들이 언어적 특징을 반복하는 경우는 거의 없지만 일반적으로 국면의 연속을 요약할 것이다. 분석가로서 우리가 관심을 갖는 것은 전개되는 분야를 해석하는 관념적 언어 자원, 국면별로 평가하는 대인적 자원, 그리고 각 국면을 정보의 파동으로 제시하는 텍스트적 자원이다. 먼저 장르와 필드의 관점에서 식별하기 국면은 덜 분명한 다른 담화 패턴들을 식별하는 데 유용한 구조가 될 수 있다.

우리가 1장에서 소개했듯이, 텍스트 국면은 장르와 필드에 따라 민감하게 작용한다. 한 장르의 단계(stage)들은 매우 예측 가능한 연속으로 전개되지만, 각 단계 내의 국면(phrase)들은 장르에서 부분적으로 예측 가능하며, 부분적으로는 활동들과 개체들의 특별한 필드의 해석에서 예측 가능해진다. 예를 들어, 이야기 장르는 설정(들)(settings), 문제(들), 사람들의 반응(들), 기술(記述)(들), 문제 해결(들), 그리고 사건의 중요성에 대한 참여자들의 성찰(들)과

작가의 논평(들) 같은 국면들을 통해 전개된다. 연설가와 작가들은 Helena의 이야기에서 본 것처럼 이러한 국면들을 매우 다양한 조합으로 사용하여 이야기를 구성하는 기본 요소로 삼는다. 회고록 장르의 국면들은 종종 일련의 에피소드들로 이루어져 있으며, 개인전기에서는 이러한 사건들이 그 사람의 인생 단계에 해당한다. 논증적 장르에서는 Tutu의 주장에서 본 것처럼 근거와 결론(들), 증거(들), 예시(들) 등과 같은 국면들이 포함될 수 있다. 법령 장르에서는 목적(들), 동기(들), 조항(들), 정의(들)과 같은 국면들을 찾을 수 있었다. 보고 장르에서 각 국면은 초점이 되는 현상의 요소나 측면을 설명하는 경향이 있다. 이는 보고 장르의 유형과 해당 필드에 따라 등장, 행동, 위치, 유형, 부분 등과 같은 국면들을 포함할 수 있다. 우리는 이 책에서 장르가 주요 초점이 아니므로 국면 유형에 대한 철저한 연구를 시도하지 않았다 (그러나 다양한 장르에서의 국면에 대한 논의는 Martin & Rose(2007), Rose(2007)를 참조). 이는 상당한 변인이 있는 영역이며 추가 연구가 활발히 이루어질 수 있는 분야이다; 여기서 제시하는 도구는 분석가가 이 연구를 발전시키는 데 도움을 줄 것이다.

국면 그리고 단락순서짓기

위에서 논의된 문어 텍스트의 더 큰 분절에서처럼, 서식(書式)은 유용한 출발점이 될 수 있지만, 이 필드가 어떻게 전개되는지를 나타내는 국면들을 알아채는 데 도움을 줄 수 있는 것은 단락순서짓기이다. 단락순서짓기가 주기어의 위계 구조와 일치하는 경향이 있기 때문에, **하이퍼테마**와 **하이퍼뉴**로 제시된 내용을 살펴보면서 단락순서짓기가 제공하는 정보를 조정하고 확장할 수 있다. 예를 들어, 회고록 *Inauguration Day*에서 각 단락의 처음에 제시되는 것은, 바로 그날의 행사와 Mandela 연설의 연속 활동을 구조 설정하는 **시간표현**(들)(times)이다:

10 May dawned bright and clear...
5월 10일은 밝고 맑게 시작되었다....
On that lovely autumn day I was accompanied by my daughter Zenani...
그 아름다운 가을날 나는 딸 Zenani와 함께 있었다...
  Today, all of us do, by our presence here confer glory and hope...
  오늘, 우리 모두는 이 자리에 함께함으로써 새로 태어난 자유에 영광과 희망을...
  We, who were outlaws **not so long ago**, have today been given the rare privilege...
  얼마 전까지만 해도 법의 보호를 박탈당했던 우리는 오늘 드디어 귀중한 특권을 얻게 되었습니다...

We have, **at last**, achieved our political emancipation...
우리는 마침내 정치적 해방을 이루었습니다...
Never, never, and never again shall it be...
절대, 절대, 다시는 ... 경험하지 않을 것입니다.
A few moments later we all lifted our eyes in awe...
잠시 후 우리는 모두 경외감에 눈을 들어올렸다...

그날의 연속 활동은 끝에서 두 번째 단락의 *Finally*...를 통해 **하이퍼뉴**로 끝나고, 그 다음 마지막 단락은 *The day*...로 시작된다.

Finally a chevron of Impala jets left a smoke trail...
마침내 임팔라 제트기가 연기 꼬리를 남겼다...
The day was symbolized for me...
그날은 나에게 상징화되었다...

여기서 전역적 구조화를 조직해 주는 언어 자원은 시간의 연속이며, 외부적 접속어들과 시간적 배경상황들로 표현된다. 이에 반해, 보고서 *Cost of Courage*는 아파르트헤이트에 맞서 싸운 사람들을 중심으로 조직되며, 각 단락의 시작에서, 즉 *the policy of apartheid*부터 *the comrades in the struggle*, *I*(Mandela), *we*, 그리고 *every man*에 이르기까지 그것들이 식별된다:

The policy of apartheid created a deep and lasting wound...
아파르트헤이트 정책은 깊고 지속적인 상처를 남겼다...
It is from **these comrades in the struggle** that I have learned the meaning of courage...
나는 투쟁에 나선 동지들로부터 용기의 의미를 배웠다...
I never lost hope...
나는 결코 희망을 잃지 않았다...
We took up the struggle with our eyes wide open...
우리는 두 눈을 크게 뜨고 투쟁을 시작했다...
In life, **every man** has twin obligations...
인생에서 모든 사람은 두 가지 의무가 있다...

마지막 단락은 *In that way*...로 시작하여, 투쟁에 대한 Mandela의 헌신으로 인해 가족이 치른 대가를 설명하는 것으로 마무리한다:

In that way, my commitment to my people, to the millions of South Africans I would never know or meet, was at the expense of the people I knew best and loved most... 이렇듯 나는 내 국민과 내가 알지도, 만나지도 못할 수백만 명의 남아공 국민에 대한 약속을 위해서 내가 가장 잘 알고 가장 사랑하는 사람들을 희생하는 대가를 치렀다...

여기서 작동하는 전역적 구조화를 조정하는 자원은 식별어이다. 최초에는 사람들을 식별하고, 마지막에는 방법의 배경상황에서 텍스트 지시가 이루어진다. 이러한 표현들은 전역적인 텍스트 편성하기 기능에서 내부적 접속어와 밀접하게 관련되어 있으며, 우리가 *in that way* 대신에 *thus*와 같은 방법 접속어를 대체함으로써 이를 확인할 수 있다.

단락 구성은 이러한 구조화를 조직하는 요소를 다양한 방식으로 지원한다. *Cost of Courage*에서 첫 문장이 **하이퍼테마**로 기능하고, 나머지 단락이 이를 확장한다. 두 가지 예가 아래에 있다:

On the day of the inauguration, I was overwhelmed with a sense of history.
취임식 날, 나는 역사의 무게에 압도당했다.

> In the first decade of the twentieth century... the white-skinned peoples of South Africa patched up their differences and erected a system of racial domination.
> 20세기의 첫 10년... 남아프리카의 백인들은 서로의 차이점을 메우고, 자신의 땅의 흑인들을 상대로 인종적 지배 체제를 세웠다.
> Now, in the last decade of the twentieth century, and my own eighth decade as a man, this system has been overturned forever ...
> 이제 20세기의 마지막 10년, 그리고 내가 한 명의 인간으로서 80년을 맞이한 지금, 이 체제는 영원히 전복되었고 ...

It is from these comrades in the struggle that I have learned the meaning of courage.
나는 투쟁에 나선 동지들로부터 용기의 의미를 배웠다.

> Time and again, I have seen men and women risk and give their lives for an idea...
> 나는 한 가지 신념을 위해 남성과 여성들이 위험을 무릅쓰고 목숨을 바치는 것을 수없이 보았다...
> The brave man is not he who does not feel afraid, but he who conquers that fear...
> 용감한 사람은 두려움을 느끼지 않는 사람이 아니라 그 두려움을 이기는 사람이다...

마찬가지로 **하이퍼 뉴**는 규칙적으로 그들이 정제하는 단락 안에 포함된다. 여기서 마지막 문장이 은유를 통해 그 단락을 정제한다:

> ...I always knew that deep down in every human heart, there was mercy and generosity... Even in the grimmest times in prison, when my colleagues and i were pushed to our limits, I would see a glimmer of humanity in one of the guards, perhaps just for a second, but it was enough to reassure me and keep me going.
> ...나는 항상 모든 사람의 마음속 깊은 곳에는 자비와 관용이 있다는 것을 알고 있었다... 감옥에서 가장 암울했던 시절, 나와 동료들이 한계에 부딪혔을 때에도 간수 중 한 명에게서 희미한 인간미를 보곤 했다. 아주 잠깐이었지만 그 순간만으로도 나는 안심하고 계속 버틸 수 있었다.
> Man's goodness is a flame that can be hidden but never extinguished.
> 인간의 선함은 숨길 수 있지만 결코 꺼지지 않는 불꽃이다.

그러나 단락과 주기어의 위계 구조 간의 관계는 변동적이다: **하이퍼테마**는 종종 단락의 '주제문(topic sentence)'으로 기능하며, 이를 부연하는 경향이 있지만, 단락과 담화 국면 간의 상관관계에 대해서는 신중해야 한다. 예를 들어, *Cost of Courage*의 마지막 국면에서 **하이퍼 뉴**는 새로운 단락으로 처리되어 이를 전경화하는 효과를 준다. 반면에 **하이퍼테마**는 앞 단락의 마지막 문장에 위치한다:

> We took up the struggle with our eyes wide open ... For myself, I have never regretted my commitment to the struggle, and I was always prepared to face the hardships that affected me personally. [hyperTheme] But my family paid a terrible price, perhaps too dear a price, for my commitment.
> 우리는 두 눈을 크게 뜨고 투쟁을 시작했다 ... 나 자신은 투쟁에 대한 헌신을 후회한 적이 없으며, 개인적으로 겪은 고난에 항상 직면할 준비가 되어 있었다. [**하이퍼테마**] 하지만 내 가족은 나의 헌신으로 인해 끔찍한, 어쩌면 너무도 값비싼 대가를 치렀다.

> In life, every man has twin obligations - obligations to his family, to his parents, to his wife and children; and he has an obligation to his people, his community, his country. ... in attempting to serve my people, I found that I was prevented from fulfilling my obligations as a son, a brother, a father and a husband.
> 인생에서 모든 사람은 두 가지 의무가 있다. - 첫 번째는 가족에 대한 의무, 즉 부모에 대한 의무, 아내와 자녀에 대한 의무; 두 번째는 자신의 민족, 공동체, 국가에 대한 의무가 있다. ... 민족을 섬기려다 보니 아들, 형제, 아버지, 남편으로서의 의무를 다할 수

없게 되었다.

[hyperNew] In that way, my commitment to my people, to the millions of South Africans I would never know or meet, was at the expense of the people I knew best and loved most...

[하이퍼뉴] 이렇듯 나는 내 국민과 내가 알지도, 만나지도 못할 수백만 명의 남아공 국민에 대한 약속을 위해서 내가 가장 잘 알고 가장 사랑하는 사람들을 희생하는 대가를 치렀다...

마지막으로 **매크로테마**와 **매크로뉴**는 특히 회고록 자유(Freedom)의 마지막 요약 단락에 서처럼 두 문장 이상에 걸쳐 전개되는 독립적인 단락이 부여되는 경향이 있다:

[preceding recount]
[선행 회고]

I have walked that long road to freedom, I have tried not to falter; I have made missteps along the way. But I have discovered the secret that after climbing a great hill, one only finds that there are many more hills to climb. I have taken a moment here to rest, to steal a view of the glorious vista that surrounds me, to look back on the distance I have come. But I can only rest for a moment, for with freedom come responsibilities, and I dare not linger, for my long walk is not yet ended.

나는 자유를 향한 긴 여정을 걸어왔다. 흔들리지 않으려고 노력했고 그 과정에서 실수를 하기도 했다. 그러나 나는 큰 언덕을 오르고 나면 오를 언덕이 더 많다는 비밀을 발견했다. 그러나 자유 에는 책임이 따르기 때문에 잠시만 쉴 수 있고, 나의 긴 여정이 아직 끝나지 않았기 때문에 감히 머무를 수 없다.

8.2 *Inauguration Day* : 무법자에서 대통령까지

그날의 주요 사건을 나열하는 에피소드 회고록 장르인 *Inauguration Day*의 장(chapter)을 분석하는 것으로 시작해 보겠다. 장르의 관점에서 볼 때, 회고록 장르의 전형적인 단계는 **도입**, **사건의 기록**과 (선택적으로) **방향 전환**이다. 이 텍스트에서 첫 번째 두 단락은 **도입** 단계를 형성한다. 그것은 두 개의 세팅 국면을 갖는다: 첫 번째는 당시 시간(*10 May*)과 주요 주인공(*dignitaries and world leaders*)을 소개하고, 두 번째는 장소 (*the lovely sandstone amphi-theatre*)를 소개한다. Mandela는 두 가지 설정을 모두 사용하여 먼저 사람들에 대해 *the larg-est gathering ever of international leaders on South African soil*이라고 언급한 다음 그리고 장소에 대해 *the seat of white supremacy...now it was the site of a rainbow* *gathering*이라고 설명한다. 이러한 나열하기, 묘사하기, 그리고 논평하기의 패턴은 이 장의 주요 모티브이다. 반복해서 언급할 또 다른 패턴은 Mandela가 과거와 미래를 지속적으로 대조하는 것이다.

이 두 가지 세팅에 이어서, 첫 번째 에피소드는 Klerk, Mbeki, 그리고 Mandela의 '취임 선서'로 시작되며, 인용된 서약을 포함하여 단락 구성도 네 개의 국면으로 구분되어 있다: 먼저 *a society of which all humanity will be proud*를 위한 '호소' 국면, *distinguished international guests*를 포함하는 *common victory*를 위해 오신 그들에 대한 '감사' 국면, 세 번째로 *liberate all our people* 하겠다는 '서약' 국면, 마지막으로 남아공에 억압이 다시는 오지 않을 것이라는 '예언' 국면이다.

두 번째 에피소드는 Mandela가 *demonstration of the military's loyalty to democracy*로 해석하는 '군사 전시'로, 한때 *they would not have saluted but arrested me*였던 국가 권력에 새로운 이상이 제도화되었음을 강조한다. 마지막 에피소드는 '노래'로, 그는 이 '노래'가 상징적으로 중요하다고 소개하며(*The day was symbolized for me by the playing of our two national anthems...*), 이를 통해 이 회고록을 흑인과 백인 남아공 사람들이 *would soon know the words by heart*하는 미래로 방향 전환을 한다.

이 회고록의 전체적인 구조는 일련의 에피소드가 차례로 펼쳐지는 것이지만, 이 일반적인 틀 안에서 시간이 계속 앞뒤로 이동한다. 사건이 전개되기 전과 전개되는 동안 Mandela는 그 활동과 배경을 통해 과거와 새로운 현재로의 변화, 그리고 더 나은 미래에 대한 확신을 되돌아본다.

필드와 담화 패턴(들)

이제 이러한 시간 속에서 왔다 갔다 하는 담화 패턴에 대해 살펴보겠다. 이는 마이크로-분석의 핵심 과제 즉, 담화의 엄청난 복잡성에 관한 것이다. 어떤 의미에서 이 문제는 단순히 규모의 문제이다. 텍스트는 우리가 알고 있는 가장 복잡한 시스템인 사회적 기호 체계에서 파생된 것이기 때문에 매우 밀도가 높은 현상이다. 따라서 우리는 선택적이어야 한다. 하지만 분석을 너무 많이 해서 압도당하는 문제와 너무 적게 해서 핵심을 파악하지 못하는 문제를 모두 피하면서 어떤 분석을 수행할지 어떻게 결정할 수 있을까?

어떤 분석을 수행할지 결정하는 첫 번째 스텝은 위에서 한 것처럼 텍스트 국면을 통해 펼쳐지는 필드에서 드러나는 패턴을 찾는 것이다. 다음 스텝은 이러한 패턴이 담화 시스템에서 어떻게 관리되는지 묻는 것이다. 이 질문에 답하기 위해 찾아야 할 핵심 요소는 **전경화**

(foregrounding)와 **동조화**(co-articulation)이다.

전경화(foregrounding)란 텍스트가 어떤 의미보다 다른 의미를 현저하게(두드러지게) 만드는 경향을 의미한다.46) 때때로 텍스트가 한 국면에서 다음 국면으로 넘어갈 때 특정 선택항이 이전보다 훨씬 더 자주 사용되는 것을 관찰할 수 있다. 그리고 동조화(co-articulation)란 특별한 효과를 내기 위해 함께 작동하는 시스템들을 의미한다. 이러한 동조화의 효과는 다시 한 국면에서 다음 국면으로 이동된다. 위의 텍스트 국면에서 발견한 중요한 패턴이 시간 속에서 왔다 갔다 하는 것이었으므로 여기서는 시간 관리를 위한 시스템의 동조화로 분석을 시작하겠다.

위에서 소개한 바와 같이 회고록 장르는 연속 활동을 중심으로 관념적 의미 구성이 되는 장르이다. 취임식 당일의 사건들은 일출과 함께 시작하여 임팔라 제트기의 비행으로 끝난다:

10 May dawned bright and clear.
5월 10일은 밝고 맑게 시작되었다.

On the podium, Mr de Klerk was **first** sworn in as second deputy president.
연단 위에서 de Klerk 씨가 제2 부통령으로 취임 선서를 했다.

Then Thabo Mbeki was sworn in as first deputy president.
그리고 Thabo Mbeki가 제1 부통령으로 취임 선서를 했다.

When it was my turn, I pledged to obey and uphold the constitution...
내 차례가 되자 나는 헌법을 준수하고 지키며...

To the assembled guests and the watching world, I said: '[...]'
그 자리에 모인 손님들과 전 세계가 지켜보는 가운데, 나는 이렇게 말했다: '[...]'

A few moments **later** we all lifted our eyes in awe **as** South African jets... roared...
잠시 후, 우리는 모두 남아프리카 제트기.. 굉음을... 경외감에 눈을 들어올렸다.

Only moments **before**, the highest generals...saluted me and pledged their loyalty.
불과 몇 분 전, 남아공 국방군과 경찰의 최고 장군들은 경례를 하며 충성을 맹세했다.

Finally a chevron of impala jets left a smoke trail...
마침내 임팔라 제트기가 연기 꼬리를 남겼다.

---

46) {역자주} 매크로뉴나 하이퍼뉴처럼 중요한 위치에 둔다는 뜻이다.

이러한 일련의 사건을 동조화하는 데 사용되는 주요 언어 자원은 접속어(*first, then, when, as, before, finally*), 시간의 배경상황(*a few moments later, only moments before*) 및 시제(단순 과거)이다. 당일 비행에 앞서 일어난 장군들의 경례는 제외(*only moments before...*)하고, 기본적으로 텍스트는 시간 순으로 전개된다.

회고록 장르의 맥락에서, 명시적인 시간적 표지가 주어지고, 현장 시간(사건 연속)과 텍스트 시간(메시지 연속)이 일치하는 점을 고려하면, 시간적 표지가 부족하더라도 국가 제창이 사건의 진행 과정에서 군사 전시의 뒤를 따랐다고 합리적으로 예측할 수 있다. 4장의 Helena의 이야기에서 이야기 장르는 명시적인 표지 없이도 시간적 연속을 강력하게 예측할 수 있다는 것을 확인했다. 반면에 Mandela는 이 에피소드의 중요성을 전경화하기 위해 **매크로뉴**로서 마지막에 배치했다. 어떤 의미에서는 사건의 연속이 전부가 아니기 때문에 시간은 중요하지 않다.

Mandela는 취임식 당일의 행위 외에도 고위 인사 방문, 선거, 군대 명예, 아파르트헤이트 시대의 태도 등 취임식 전에 있었던 여러 가지 일들을 언급한다:

For the **past** few days I **had been** pleasantly besieged by dignitaries and world leaders
지난 며칠 동안 나는 고위 인사들과 세계 지도자들로 인해 즐거운 마음으로 둘러싸여 있었다
who were coming to pay their respects **before the inauguration**
취임식 전에 경의를 표하러 온
For decades this **had been** the seat of white supremacy
이곳은 수십 년 동안 백인 우월주의의 중심지였으며,
a new government that **had been** freely and fairly elect**ed**.
자유롭고 공정하게 선출된 새 정부에
their chests bedecked with ribbons and medals from days **gone by**
가슴에 지난날의 리본과 훈장을 달고
the fact that not so many years **before** they **would** not have saluted but arrested me.
몇 년 전만 해도 그들이 경례는커녕 나를 체포했을 것이라는 사실을
the lyrics of the anthem they **once** despised,
자신들이 한때 경멸했던 국가 가사를

그리고 그는 취임식 전부터 당일까지, 그리고 국가 제창부터 남아공 국민들이 그 가사를 외울 수 있는 날까지, 그 이후의 일들을 두 번이나 앞일을 내다보았다:

The inauguration **would be** the largest gathering ever... on South African soil, they **would soon** know the words by heart.
이번 취임식은 남아공에서 열린 역대 최대 규모..., 곧 그들은 그 가사를 외우게 될 것이다.

이러한 시간 간 이동을 관리하기 위해 언어 자원들의 범위가 사용된다.

시제 (이전에 일어난 일에 대한 2차 과거, *__had been besieged__, __had been__, __had been elected;__*
__would not have saluted but arrested__)
시간적 규모의 배경상황 (*for the past few days, for decades*)
시간적 서법 부가어 (*__once despised, would soon know__*)
시간 명사의 수식어 (*__past few days, days gone by, not so many years before__*)

그리고 이러한 언어 자원들의 일반적인 흐름은 이 취임식에 영향을 미치는 과거(예를 들어,
for the past few days...had been besieged)를 구성하는 것이며, 이는 다시 미래(*would soon know*)에
영향을 미친다. 이것은 삽입된 연설의 패턴이기도 하다:

Today, all of us <u>do</u>, by our presence here ... confer glory and hope to newborn liberty.
오늘, 우리 모두는 이 자리에 함께함으로써... 새로 태어난 자유에 영광과 희망을 부여합니다.

We, who <u>were</u> outlaws **not so long ago**, <u>have</u> **today** <u>been</u> <u>given</u> the rare privilege <u>to</u>
<u>be</u> host to the nations of the world on our own soil.
얼마 전까지만 해도 법의 보호를 박탈당했던 우리는 오늘 우리 땅에서 세계 각국을 맞이하는
귀한 특권을 얻게 되었습니다.

We <u>have</u>, **at last**, achie<u>ved</u> our political emancipation.
우리는 마침내 정치적 해방을 이루었습니다.

Never, never, and never again <u>shall</u> it <u>be</u> that this beautiful land <u>will</u> **again** experience
the oppression of one by another.
절대, 절대, 다시는 이 아름다운 땅이 서로에 대한 억압을 경험하지 않을 것입니다.

우리의 경험상 이런 종류의 시간 여행은 회고록 장르에서 드문 경우이므로, Mandela가
단순한 사건의 연속을 이야기할 때, 왜 그렇게 자주 시간 속을 왔다 갔다하는지 질문해 볼
필요가 있다.

장르와 테너: 시간 평가하기

시간 속을 왔다 갔다 하는 이유는 평가하기의 운율에서 찾을 수 있는데, 이는 모든 회고록 장르의 의미에 대인적으로 중요한 요소이며, 특별히 이 회고록에서는 더욱 그렇다. 각 에피소드 내에서 시간 이동이 발생하기 때문에 평가하기도 다음과 같이 텍스트 국면에 따라 관리된다.

첫 번째 세팅 국면에서는 며칠 전을 회상하며 Mandela가 전 세계 지도자들의 존경을 받는다는 점을 강조한다:

유표적 테마	주어/테마	뉴
	10 May 5월 10일	**bright and clear** [+정황평가] 밝고 맑은
←47) For the past few days 지난 며칠 동안	I 나	**dignitaries and world leaders** who were coming to **pay their respects** before the inauguration [+행위평가] 취임식 전에 경의를 표하러 온 고위 인사들과 세계 지도자들
→	the inauguration 이번 취임식	the **largest gathering ever** of international leaders on South African soil [+정황평가] 남아공에서 열린 국제 지도자 모임 중 역대 최대 규모

두 번째 세팅 국면에서는 백인 우월주의 정권의 부적절함에서 비-인종차별적 정부로의 변화에 이르기까지 수십 년의 회상을 통해 그동안 일어난 변화에 대해 언급한다:

유표적 테마	주어/테마	뉴
	the ceremonies 기념식	in the **lovely sandstone amphitheatre** formed by the Union Buildings in Pretoria [+정황평가] Pretoria의 Union Buildings에 세워진 아름다운 사암(砂巖) 원형 극장
← For decades ← 수십 년 동안	this (amphitheatre) 이곳 (원형 극장)	the seat of **white supremacy** [-행위평가] 백인 우월주의의 중심지
now 지금	it (amphitheatre) 이곳 (원형 극장)	the site of a **rainbow gathering of different colours and nations** for the installation of South Africa's **first democratic, non-racial government** [+행위평가] 남아프리카 최초의 민주적이고 인종 차별 없는 정부를 수립하기 위해 다양한 인종과 민족이 모이는 장소

---

47) [역자주] 화살표는 시간 표현을 나타낸 것이다. 왼쪽 화살표는 과거를, 오른쪽 화살표는 미래를 표시한다.

여기서 가장 중요한 것은 변화를 한 종류의 사회에서 다른 종류의 사회로의 변화로 평가하는 것이지, 백인을 대체하는 흑인 권력(즉, '혁명'이 아닌 '진화')으로 평가하는 것이 아니라는 점이다. 백인 우월주의의 자리는 *rainbow gathering*이 되었다. 엄밀히 말하면 이 텍스트는 부정적인 행위평가(부적절성)를 긍정적인 행위평가(적절성)와 정황평가(반응과 구성)으로 반복적으로 재맥락화하는데, 이는 Tutu의 *ubuntu* 개념과 관련하여 2장에서 논의한 것과 유사한 패턴이다. 여기서 짜여진 언어 자원들의 텍스트성은 인종 차별을 극복한다. 따라서 에피소드에 등장하는 욕설은 평가어에 있어 상대적으로 중립적이다:

유표적 테마	주어/테마	뉴
on the podium 연단 위	Mr de Klerk de Klerk 씨	as second deputy president 제2 부통령으로
	Thabo Mbeki	as first deputy president 제1 부통령으로
When it was my turn 내 차례가 되자	I 나는	the constitution 헌법
	[I] [나는]	to the **well-being** of the republic and its people [+행위평가] 공화국과 국민의 복지
To the assembled guests and the watching world 그 자리에 모인 손님들과 전 세계가 지켜보는 가운데	I 나는	said 이렇게 말했다.

그러나 이러한 중립성은 과거에 대한 부정적인 행위평가가 **테마**와 **뉴** 모두에서 긍정적인 행위평가와 정황평가로 반복적으로 재맥락화되는 삽입된 연설의 배경을 제공하기 위한 것일 뿐이다. 연설의 **매크로테마**는 *newborn liberty*라는 현재의 맥락으로 시작하여, **유표적 테마**로 과거를 비난하고 미래를 **뉴**로 호소하는 것으로 마무리된다:

Today 오늘	all of us 우리 모두는	glory and hope to newborn liberty [+정황평가] 새로 태어난 자유에 영광과 희망을
← Out of the experience of **an extraordinary human disaster that lasted too long** [-행위평가] ← 너무 오랫동안 이어져 왔던 인류의 끔찍한 고통과 경험을 통해	[we] [우리는]	**a society of which all humanity will be proud** [+행위평가] 모든 인류가 자랑스러워 할 수 있는 사회

'감사(thanks)'와 '서약(pledge)'의 국면은 Mandela와 그의 동지들을 *outlaws*로 판단했던 과거의 행위평가가, **뉴**에서 *common victory*의 증인이자 참여자로서 *nations of the world*로 재맥락화되는 것으로 시작된다. 그러나 마지막 **뉴**는 현재에도 계속되는 불의에 대한 강력한 비난이다:

← We, who were **outlaws** not so long ago [-행위평가] ← 얼마 전까지만 해도 법의 보호를 박탈당했던 우리는	host to the nations of the world on our own soil [+정황평가] 우리 땅에서 세계 각국을 맞이하는
We 우리는	a common victory for justice, for peace, for human dignity [+행위평가] 정의와 평화, 인간의 존엄성을 위한 공동의 승리
We 우리는	political emancipation [+정황평가] 정치적 해방
We 우리는	continuing bondage of poverty, deprivation, suffering, gender and other discrimination [-행위평가] 빈곤, 박탈, 고통, 성별 및 기타 차별의 지속적인 속박

이 비난은 Mandela가 억압의 종식을 예언하고 자유를 외치며 신의 축복을 요청하는 연설의 **매크로뉴**를 형성한다:

→ **Never, never, and never again** [증폭된 개입평가] → 절대, 절대, 다시는	his beautiful land 이 아름다운 땅이	the oppression of one by another [-행위평가] 서로에 대한 억압
	The sun 해는	so glorious a human achievement [+행위평가] 이토록 영광스러운 인간의 업적
		freedom reign [+정황평가] 자유가 지배하다
	God 신께서	bless Africa! [+행위평가] 아프리카를 축복하길!

그런 다음 '군사 전시(military display)' 에피소드는 전시에서 *awe*를 장군들에 대한 긍정적인 판단으로 재맥락화하지만, 이는 *not so many years before*에서 그들의 행위에 의해 반박되고, 다시 연기 꼬리의 상징성에 대한 긍정적인 정황평가로 재맥락화된다.

a few moments later 잠시 후	we 우리는	in awe [+감정평가] 경외감에
	a spectacular array of South African jets, helicopters and troop carriers 남아프리카 제트기, 헬리콥터, 병력 수송기들이 완벽한 대형으로	over the Union Buildings Union Buildings 상공에서
	it 그것은	a display of **pinpoint precision and military force** [+정황평가], but a demonstration of the military's **loyalty to democracy** [+행위평가], to a new government that had been **freely and fairly elected** [+행위평가] 정밀성과 군사력을 보여준 것일 뿐만 아니라, 민주주의에 대한 군대의 충성심, 자유롭고 공정하게 선출된 새 정부에 대한 충성심을 보여준 것이었다.
← only moments before ← 불과 몇 분 전	the highest generals of the South African Defence Force and police, **their chests bedecked with ribbons and medals** [+행위평가] 남아공 국방군과 경찰의 최고 장군들은 가슴에 리본과 훈장을 달고	**saluted** [+행위평가] 경례했다.
	← from days gone by [the generals] ← [장군들의] 지난날의	**their loyalty** [+행위평가] 그들의 충성심
← not so many years before ← 몇 년 전만 해도	they 그들이	**not have saluted but arrested me** [-행위평가] 그들이 경례는커녕 나를 체포했을 것이다
	a chevron of Impala jets 임팔라 제트기가	**a smoke trail of the black, red, green, blue and gold of the new South African flag** [+정황평가] 새로운 남아프리카 국기의 검정, 빨강, 초록, 파랑, 금색의 연기 꼬리

여기서 연대기적 시간에서 벗어난 한 가지 사건은 장군들의 행동 변화를 예고하는 사건이라는 점이 흥미롭다. 그들의 가슴을 장식하고 있는 리본과 훈장 중 몇 개가 ANC와 그들의 동맹국과의 투쟁의 일환으로 수여된 것일까?

변형되는 다양성의 조화(rainbow texture)[48]는 회고록의 **매크로뉴**에서 관념적으로 재작업된다. 여기에서는 **매크로테마**에서와 마찬가지로 시간이 하나의 참여자와 **유표적 테마**(*May 10... The day...*)로 해석된다. 참여자로서 *Inauguration Day*(즉, 그날의 의미)는 상징적인 관계를 맺을 수 있으며, Mandela에게 있어 백인은 흑인 국가를 부르고 흑인은 백인 국가를 부르는 참여자 간의 대화 관계로 상징화된다. 이러한 상보성은 각 집단이 한때 경멸했던 국가의 가사를 외우게 되는 시대에 대한 Mandela의 비전을 통해 부정적인 감정평가(증오)를 재맥락화하여 균형이 승리하는 것으로 더욱 조화를 이룬다:

The day 그날은		our two national anthems, and the vision of whites singing 'Nkosi Sikelel' 'iAfrika' and blacks singing 'Die Stem', the old anthem of the republic. 우리의 두 개의 국가, 그리고 백인들이 'Nkosi Sikelel' iAfrika'를 부르고 흑인들이 공화국의 옛 국가인 'Die Stem'을 부르는 모습
Although on that day 비록 그날은	neither group 두 집단 모두	the lyrics of the anthem they ← **once despised** [-행위평가] 국가의 가사 그들이 ← 한때 경멸했던
	they 그들은	→ would soon **know the words by heart** [+행위평가] → 곧 그 가사를 외우게 될 것이다

보다시피, Mandela는 자신의 회고록의 요점, 즉 그의 다양성을 지닌 공화국(rainbow republic)에서 투쟁의 결의를 공고히 하기 위해, 당시의 여러 사건 중에서 국가(國歌)를 선발했다.

이 회고록에서 시간의 변화, 평가하기 및 차별의 해결에 대해 더 많은 것을 말할 수 있다. 예를 들어 남아공과 국제 지도자, Mandela와 Zenani(Winnie가 아님), de Klerk, Mbeki와 Mandela(과거, 현재, 미래의 대통령), 군부와 정부, 백인과 흑인 등과 같은 참여자 식별이 흥미로울 수 있다. 하지만 이러한 대립과 그들의 다양성, 그리고 그들이 동조화하는 의미는 독자가 풀어나갈 수 있도록 남겨두기로 한다.

---

48) [역자주] 다양성의 조화(rainbow texture)는 남아프리카공화국의 다문화성을 의미한다.

8.3 *The Cost of Courage*: 지배에서 자유로

회고록 *Inauguration Day*의 주된 의미론적 모티브가 시간 여행과 차별의 해결이라면, 보고서 *Cost of Courage*의 주된 모티브는 대조와 Mandela가 해결할 수 없었던 투쟁의 개인적 대가(代價)이다. 앞서, 보고 장르는 일반화된 기술(記述)을 만드는 데 사용되는 장르라고 언급했다. 관념적으로 회고록 장르가 활동에 초점을 맞추는 반면, 보고서 장르는 개체에 초점을 맞추고 있다. 보고서 *Cost of Courage*에서 초점을 맞춘 개체는 투쟁의 동지였던 사람들과 추상적인 것들, 즉 오래된 사회와 새로운 사회, 용기의 의미, 사람들의 마음속 선함, 헌신의 대가, 타협할 수 없는 의무와 같은 것이다.

보고서 장르의 **매크로테마**는 일반적으로 설명할 개체 또는 개체들로 분류된다. 이 경우 Mandela는 자신을 압도하는 실체를 *a sense of history*로 명명하고 *a system of racial domination*과 *one that recognized the rights and freedoms of all peoples*의 대조를 통해 그 실체를 특징짓는다. 그다음 두 단락은 그보다 앞서 간 모든 아프리카 애국자들을 기술하고 평가한다. 다음 문단에서는 *the meaning of courage*에 대해 배운 것을 설명하고, 그 다음 문단에서 그는 *every human heart* 안의 *the mercy and generosity*에 대해 반성한다. 그런 다음 그는 자신과 동지들이 그들의 헌신을 위해 지불한 대가를 소개하고, 다음 단락에서 그의 가족과 그의 사람들에 대한 *twin obligations* 사이의 갈등에 대해 개인적인 측면에서 이에 대해 자세히 설명한다. 이 보고서에 **매크로뉴**가 있다면, 그것은 그가 자녀들에게 말해야 했던 *the terrible words*에 대한 작은 일화로서, 이 갈등의 최종적인 재맥락화이다.

따라서 이러한 국면들의 수사학적 움직임은 정치적 갈등의 역사적 맥락에서, 갈등에 맞서 싸운 자유 투쟁가들, 그리고 그들이 보여준 용기에 이르기까지 이어진다. 그런 다음 이 긍정적 행위평가는 Mandela 자신이 사랑하는 국가와 그를 사랑하는 자녀들 사이에서 강요된 끔찍한 선택으로 갈등을 개인화하기 전에 모든 국민의 인간성, 심지어 그의 수감자들까지 포용하는 것으로 확장된다.

대조로 전경화하기

그렇다면 이러한 움직임들은 담화 시스템에서 어떻게 이루어질 수 있을까? 회고록 *Inauguration Day*에서는 시간 관리를 위한 자원의 동조화가 두드러진 패턴이었다면, 여기서는 **대조**(contrast)를 이끌어내기 위한 자원의 **전경화**(foregrounding)가 두드러진다. 우리는 이미 **매크로테마**를 분류할 때 *a system of racial domination*과 *one that recognized the* *rights and freedoms of all peoples*의 어휘적 대조를 지적한 바 있다. 이 어휘적 대조는 **뉴들**로 표현되지만, 대조되는 시간적 **테마들**로 기호화된다:

In the first decade of the twentieth century, a few years after the bitter Anglo-Boer war and before my own birth, the white-skinned peoples of South Africa patched up their differences and erected a system of racial domination against the dark-skinned peoples of their own land. The structure they created formed the basis of one of the harshest, most inhumane, societies the world has ever known. [**implicit contrast**] Now, in the last decade of the twentieth century, and my own eighth decade as a man, this system has been overturned forever and replaced by one that recognized the rights and freedoms of all peoples regardless of the colour of their skin.

20세기의 첫 10년, 격렬한 Anglo-Boer 전쟁이 끝나고 몇 년 후, 내가 태어나기 전에 남아프리카의 백인들은 서로의 차이점을 메우고, 자신의 땅의 흑인들을 상대로 인종적 지배 체제를 세웠다. 그들이 만든 구조는 세계가 알고 있는 가장 가혹하고 비인도적인 사회 중 하나의 기반을 형성했다. [암시적 대조] 이제 20세기의 마지막 10년, 그리고 내가 한 명의 인간으로서 80년을 맞이한 지금, 이 체제는 영원히 전복되었고 피부색에 관계없이 모든 사람들의 권리와 자유를 인정하는 체제로 대체되었다.

각각의 경우, 시간은 한 번이 아니라 두 번 또는 세 번 테마화되어 앞으로 다가올 대조를 강력하게 드러낸다. 나중에는 대조적인 공간적 **테마들**이 접속적으로 **대조적인**(contrastive) *but*과 함께 강화된다:

In a civil and humane society, each man is able to fulfil those obligations according to his own inclinations and abilities. [**explicit contrast**] But in a country like South Africa, it was almost impossible for a man of my birth and colour to fulfil both of those obligations.

시민적이고 인도적인 사회에서 각 사람은 자신의 성향과 능력에 따라 이러한 의무를 이행할 수 있다. [명시적 대조] 하지만 남아프리카공화국과 같은 나라에서 나와 같은 출생과 유색인종 남성이 이 두 가지 의무를 모두 이행하는 것은 거의 불가능했다.

그리고 *but*은 보고서 전반에 걸쳐 대조를 명시적으로 알리는 데 사용된다:

The policy of apartheid created a deep and lasting wound in my country and my people. All of us will spend many years, if not generations, recovering from that profound hurt. [**expl contr**] But the decades of oppression and brutality had another, unintended, effect [**expl add**] **and that was** that it produced the Oliver Tambos, the Waiter Sisulus, the Chief Luthulis, the Yusuf Dadoos, the Bram Fischers, the Robert Sobukwes of our time - men of such extraordinary courage, wisdom and generosity that their like may never be known again.

아파르트헤이트 정책은 우리나라와 국민에게 깊고 지속적인 상처를 남겼다. 우리 모두는 그 깊은 상처에서 회복하는 데 몇 세대는 아니더라도 오랜 세월을 보내야 할 것이다. [명시적 대조] 그러나 수십 년간의 억압과 잔인함은 의도하지 않은 또 다른 효과를 가져왔는데, [명시적 추가] 그것은 바로 우리 시대의 Oliver Tambos, Walter Sisulus, Chief Luthulis, Yusuf Dadoos, Bram Fischers, Robert Sobukwes와 같은 사람들을 배출했다는 것이다. 이들은 엄청난 용기, 지혜, 관대함을 지닌 사람들이어서 그들과 같은 사람들은 다시는 볼 수 없을 것이다.

I learned that courage was not the absence of fear, [**expl contr**] **but** the triumph over it.
나는 기억할 수 없을 만큼 여러 번 두려움을 느꼈지만, [명시적 대조] 그것을 대담함의 가면 뒤에 숨겼다.

The brave man is not he who does not feel afraid, [**expl contr**] **but** he who conquers that fear.
용감한 사람은 두려움을 느끼지 않는 사람이 아니라, [명시적 대조] 그 두려움을 이기는 사람이다.

For myself, I have never regretted my commitment to the struggle, and I was always prepared to face the hardships that affected me personally. [**expl contr**] **But** my family paid a terrible price, perhaps too dear a price, for my commitment.
나 자신은 투쟁에 대한 헌신을 후회한 적이 없으며, 개인적으로 겪은 고난에 항상 직면할 준비가 되어 있었다. [명시적 대조] 하지만 내 가족은 나의 헌신으로 인해 끔찍한, 어쩌면 너무도 값비싼 대가를 치렀다.

이 대조 모티브를 확장하는 또 다른 접속적 관계는 **양보적**(concessive) **접속어** *but*이다. 이는 기대와 대립되는 명제를 제시하기 때문이다.

My country is rich in the minerals and gems that lie beneath its soil, [**explicit concession**] **but** I have always known that its greatest wealth I its people, finer and truer than the purest diamonds.
우리나라는 토양 아래에 있는 광물과 보석이 풍부하다, [명시적 양보] 하지만 가장 큰 부는 다이아몬드보다 더 섬세하고 진실된 국민이라는 것을 나는 항상 알고 있다.

여기에서 양보적 접속어 *but*은 실제로 제안된 내용으로 예측된 내용을 반박한다(참조: '우리나라는 광물과 보석이 풍부하지만 그것이 가장 큰 부는 아니다. 가장 큰 부는 국민이다(although my country is rich in mineral and gems they aren't its greatest wealth; its greatest wealth is its people)'):

> My country is rich in the minerals and gems that lie beneath its soil
> 우리나라는 토양 아래에 있는 광물과 보석이 풍부하다
>> 예측하기:
>>> they are its greatest wealth
>>> 그것들이 가장 큰 재산이다
>> 반박:
>>> its greatest wealth is its people, finer and truer than the purest diamonds.
>>> 가장 큰 부는 다이아몬드보다 더 섬세하고 진실된 국민이라는 것을 나는 항상 알고 있다.

이 패턴에는 몇 가지 사례가 더 있다:

I felt fear myself more times than I can remember, [expl conc] **but** I hid it behind a mask of boldness.
나는 기억할 수 있는 것보다 더 많이 두려움을 느꼈다. [명시적 양보] 하지만 나는 그것을 담대함의 가면 뒤에 숨겼다.

Not only because of the great heroes I have already cited, [expl conc] **but** because of the courage of the ordinary men and women of my country.
내가 이미 언급한 위대한 영웅들 때문만은 아니다. [명시적 양보] 우리나라의 평범한 남성과 여성들의 용기가 있었기 때문이다.

Even in the grimmest times in prison, when my colleagues and I were pushed to our limits, I would see a glimmer of humanity in one of the guards, perhaps just for a second, [expl conc] **but** it was enough to reassure me and keep me going.
감옥에서 가장 암울했던 시기에, 동료들과 내가 한계에 다다랐을 때, 나는 간수 중 한 명에게서 아주 잠깐일지라도 인간성을 엿볼 수 있었다. [명시적 양보] 하지만 그것은 나를 안심시키고 계속 나아가게 하는데 충분했다.

I did not in the beginning choose to place my people above my family, [expl conc] **but** in attempting to serve my people, I found that I was prevented from fulfilling my obligations as a son, a brother, a father and a husband.
나는 처음부터 내 국민을 나의 가족보다 우선시하기로 한 것이 아니었다. [명시적 양보] 그러나 내 국민을 섬기려고 하면서, 나는 아들, 형제, 아버지, 남편으로서의 의무를 다하지 못하게 되었다.

it was as simple [**expl add, conc**] **and yet** as incomprehensible as the moment a small
child asks her father
이것은 한 아이가 아버지에게 묻는 순간만큼이나 단순했지만 [명시적 추가, 양보] 이해하기 어려
웠다.

식별어(identification)와 **관념어**(ideation)는 모두 이러한 대조적 접속어의 연결을 명확히 하
고 다른 반대어 관계를 구축하는 데 중요한 역할을 한다. 여기에 식별어와 관련된 반대어의
목록이 있다 - 한 참여자 또는 참여자 그룹이 다른 참여자 또는 참여자 그룹에 반대한다
(아래 '≠'로 표시):

the first decade ≠ the last decade
첫 10년 ≠ 마지막 10년
a system of racial domination ≠ one that recognized the rights and freedoms of ail
peoples regardless of the colour of their skin
인종 지배 체제 ≠ 피부색에 관계없이 질병에 걸린 사람들의 권리와 자유를 인정하는 체제
the white-skinned peoples of South Africa ≠ the dark-skinned peoples of their own
land
남아공의 백인 민족 ≠ 자국 땅의 흑인 민족
Thousands of my people/all those African patriots/that long and noble line ≠ me
수천 명의 나의 민족들/모든 아프리카 애국자들/그 길고 고귀한 계보 ≠ 나
(produced) a deep and lasting wound ≠ another, unintended, effect
(생긴 것은) 깊고 지속적인 상처 ≠ 또 다른, 의도치 않은, 결과
the absence of fear ≠ the triumph over it
두려움의 부재 ≠ 그것을 극복한 승리
The great heroes ≠ the ordinary men and women
위대한 영웅들 ≠ 평범한 남자와 여자들
love ≠ its opposite
사랑 ≠ 그 반대
my colleagues and I ≠ one of the guards
나의 동료들과 나 ≠ 한 명의 간수
I ≠ my comrades
나 ≠ 나의 동지들
I ≠ my family
나 ≠ 나의 가족
his family... his parents... his wife and children ≠ his people, his community, his country
그의 가족... 그의 부모님... 그의 아내와 아이들 ≠ 그의 국민, 그의 지역 사회, 그의 나라

a civil and humane society ≠ a country like South Africa
문명적이고 인도적인 사회 ≠ 남아프리카와 같은 나라
my people ≠ my family
나의 민족들 ≠ 나의 가족
the millions of South Africans! would never know or meet ≠ the people I knew best
수백만 명의 남아프리카인들! 결코 알거나 만날 수 없을 ≠ 내가 가장 잘 아는 사람들
a small child ≠ her father
어린아이 ≠ 그녀의 아버지
other children,.. a great many of them ≠ you
다른 아이들,.. 그들 중 많은 사람들 ≠ 당신

일반적으로, 관념어는 대립이 형성되는 근거를 명시한다:

white-skinned ≠ dark-skinned
하얀 피부 ≠ 어두운 피부
depths ≠ height
깊이 ≠ 높이
great heroes ≠ ordinary men and women
위대한 영웅 ≠ 평범한 남자와 여자

그리고 참여자 식별어의 영역을 넘어 추가적인 대립 관계를 뒷받침한다:

ended ≠ began
끝 ≠ 시작
eyes wide open ≠ illusion
두 눈을 부릅뜨다 ≠ 환상

회고록 *Inauguration Day*와 마찬가지로, **변형**(transformation)은 외부 세계의 변화(*patched up their differences, overturned, replaced, recovering, resilience, transformation*), 그리고 내부의 변화('관찰하기'를 통한 '학습하기') 모두에서 전면에 등장한다:

It is from these comrades in the struggle that I have **learned** the meaning of courage. Time and again, I have **seen** men and women risk and give their lives for an idea. I have **seen** men stand up to attacks and torture without breaking, showing a strength and resilience that defies the imagination, I **learned** that courage was not the absence of fear, but the triumph over it.

나는 투쟁에 나선 동지들로부터 용기의 의미를 배웠다. 나는 한 가지 신념을 위해 남성과 여성들이 위험을 무릅쓰고 목숨을 바치는 것을 수없이 보았다. 나는 상상을 초월하는 강인함과 회복력을 보여주며 공격과 고문에 굴하지 않고 맞서 싸우는 사람들을 보았다. 용기는 두려움이 없는 것이 아니라 두려움을 이겨내는 것임을 배웠다.

I always **knew** that deep down in every human heart, there was mercy and generosity. No one is born hating another person because of the colour of his skin, or his background, or his religion. People must **learn** to hate, and if they can **learn** to hate, they can be **taught** to love, for **love** comes more naturally to the human heart than its opposite. Even in the grimmest times in prison, when my colleagues and I were pushed to our limits, I would **see** a glimmer of humanity in one of the guards, perhaps just for a second, but it was enough to reassure me and keep me going.

나는 항상 모든 사람의 마음속 깊은 곳에는 자비와 관용이 있다는 것을 알고 있었다. 피부색이나 배경, 종교 때문에 다른 사람을 미워하며 태어나는 사람은 아무도 없다. 사람은 미워하는 법을 배워야 하며, 미워하는 법을 배울 수 있다면 사랑도 배울 수 있다. 사랑은 그 반대보다 인간의 마음에 더 자연스럽게 다가오기 때문이다. 감옥에서 가장 암울했던 시절, 나와 동료들이 한계에 부딪혔을 때에도 간수 중 한 명에게서 희미한 인간미를 보곤 했다. 아주 잠깐이었지만 그 순간만으로도 나는 안심하고 계속 버틸 수 있었다.

대조를 평가하기

이러한 대조와 변형의 개념은 평가하기에서도 중요하다. **매 크 로 테 마**는 아파르트헤이트 정권의 부적절함과 그 반대의 타당성을 대조한다:

harshest, most inhumane ≠ recognized the rights and freedoms of all peoples regardless of the colour of their skin
가장 가혹하고 비인도적인 ≠ 피부색에 관계없이 모든 사람의 권리와 자유를 인정함

다음 '아프리카 애국자' 국면에서도 비슷한 대조적인 행위평가를 내린다:

oppression and brutality = depths of oppression ≠ extraordinary courage, wisdom and generosity = heights of character
억압과 잔인함 = 억압의 깊이 ≠ 비범한 용기, 지혜, 관대함 = 인격의 높이

그리고 Mandela는 그 절 내에서 부적절함이 실제로 그 반대의 결과를 낳았다는 주장을 하기 위해 애쓴다. 원인은 명사적(*effect*)으로 그리고 동사적(*produced, requires*)으로 실현되며, 부정적인 평가하기가 긍정적인 평가하기를 생성한다:

> But the decades of oppression and brutality had another, unintended, **effect**, and that was that it **produced** the Oliver Tambos, the Waiter Sisulus, the Chief Luthulis, the Yusuf Dadoos, the Bram Fischers, the Robert Sobukwes of our time - men of such extraordinary courage, wisdom and generosity that their like may never be known again. Perhaps it **requires** such depths of oppression to acquire such heights of character.
> 그러나 수십 년간의 억압과 잔인함은 의도하지 않은 또 다른 효과를 가져왔는데, 그것은 바로 우리 시대의 Oliver Tambos, Walter Sisulus, Chief Luthulis, Yusuf Dadoos, Bram Fischers, Robert Sobukwes와 같은 사람들을 배출했다는 것이다. 이들은 엄청난 용기, 지혜, 관대함을 지닌 사람들이어서 그들과 같은 사람들은 다시는 볼 수 없을 것이다. 아마도 그런 인격을 갖추기 위해서는 그런 깊은 억압이 필요했을 것이다.

'용기의 의미(meaning of courage)' 국면에서 가장 중요해 보이는 것은 감정평가와 행위평가의 상호작용이다. Mandela는 특히 감정과 관련하여 인격과 원칙을 우선시하는 것에 관심이 있다. 그는 먼저 두려움에 대한 용기의 승리를 다루며, 비범한 동료들로부터 용기의 의미로 연결한다(테마 - *It is from these colleagues in the struggle...*로 전경화하기):

> It is <u>from these comrades in the struggle</u> that i have learned the meaning of **courage**.
> 나는 투쟁에 나선 동지들로부터 용기의 의미를 배웠다.
> Time and again, I have seen men and women risk and give their lives for an idea.
> 나는 한 가지 신념을 위해 남성과 여성들이 위험을 무릅쓰고 목숨을 바치는 것을 수없이 보았다.
> I have seen men stand up to attacks and torture without breaking, showing a **strength** and **resilience** that defies the imagination.
> 나는 상상을 초월하는 강인함과 회복력을 보여주며 공격과 고문에 굴하지 않고 맞서 싸우는 사람들을 보았다.
> I learned that **courage** was not the absence of **fear**, but the triumph over.
> 용기는 두려움이 없는 것이 아니라 두려움을 이겨내는 것임을 배웠다.
> I felt **fear** myself more times than I can remember, but I hid **it** behind a mask of **boldness**.
> 나는 기억할 수 없을 만큼 여러 번 두려움을 느꼈지만, 그것을 대담함의 가면 뒤에 숨겼다.
> The **brave** man is not he who does not feel **afraid**, but he who conquers that **fear**.
> 용감한 사람은 두려움을 느끼지 않는 사람이 아니라 그 두려움을 이기는 사람이다.

각각의 절은 Mandela와 그의 동료들이 항상 안정감과 자신감을 느낀 것은 아니며 실제로
두려움을 느꼈다는 Mandela의 요점을 부연한다. 그러나 그들은 두려움을 용기로 처리하는
법을 배웠다 - 원칙과 관련된 인격의 힘(기술적으로 말하면, 감정평가를 행위평가로 처리하는 것)으로
두려움을 처리했다.

마찬가지로 '모든 인간의 마음(every human heart)' 국면에서는 자비, 관대함, 인간성과 선함
이 증오를 이긴다:

> I always knew that deep down in every human heart, there was **mercy** and **generosity**.
> 나는 항상 모든 사람의 마음속 깊은 곳에는 자비와 관용이 있다는 것을 알고 있었다.
>> No one is born **hating** another person because of the colour of his skin, or his
>> background, or his religion. People must learn to **hate**, and if they can learn
>> to **hate,** they can be taught to **love**, for **love** comes more naturally to the human
>> heart than **its opposite.** Even in the **grimmest** times in prison, when my col-
>> leagues and I were pushed to our limits, I would see a glimmer of **humanity**
>> in one of the guards, perhaps just for a second, but it was enough to **reassure**
>> me and keep me going
>> 피부색이나 배경, 종교 때문에 다른 사람을 미워하며 태어나는 사람은 아무도 없다. 사
>> 람은 미워하는 법을 배워야 하며, 미워하는 법을 배울 수 있다면 사랑도 배울 수 있다.
>> 사랑은 그 반대보다 인간의 마음에 더 자연스럽게 다가오기 때문이다. 감옥에서 가장
>> 암울했던 시절, 나와 동료들이 한계에 부딪혔을 때에도 간수 중 한 명에게서 희미한
>> 인간미를 보곤 했다. 아주 잠깐이었지만 그 순간만으로도 나는 안심하고 계속 버틸 수
>> 있었다.
> Man's **goodness** is a flame that can be hidden but never extinguished.
> 인간의 선함은 숨길 수 있지만 결코 꺼지지 않는 불꽃이다.

이 단락에서 행위평가는 **하이퍼테마**와 **하이퍼뉴**를, 감정평가는 Mandela의 신념을 예시
화하는 곳에서 전경화된다.

이것은 확실히 영감을 주는 소재이다. 영웅이 만들어지는 재료이다. 하지만 Mandela는
자신의 원칙을 위해 끔찍한 개인적 대가를 치러야 했다. '두 가지 의무' 국면에서는 모든
절에서 **의무**(obligation), **의향**(inclination)과 **능력**(ability)을 여러 번 전경화한다.49) 그러나
Mandela는 한 가지 의무를 이행하려다가 다른 의무를 이행하지 못하게 되었다. 이 갈등은
하이퍼테마에서 어휘적으로 표현되고 **하이퍼뉴**에서 그 결과가 표현된다:

---

49) Halliday (1994)에서는 재화-&-서비스를 교환하기 위한 제안과 관련된 **행위양태**의 유형으로 의무, 의향,
능력의 평가를 그룹화했다(예를 들어, 상품 또는 서비스를 제공하기 위한 의무, 의향 또는 능력).

In life, every man has **twin obligations** - obligations to his family, to his parents, to his wife and children; and he has an **obligation to his people, his community, his country.**

인생에서 모든 사람은 두 가지 의무가 있다. - 첫 번째는 가족에 대한 의무, 즉 부모에 대한 의무, 아내와 자녀에 대한 의무; 두 번째는 자신의 민족, 공동체, 국가에 대한 의무가 있다.

In a civil and humane society, each man is **able to fulfil those obligations** according to his own **inclinations** and **abilities**. But in a country like South Africa, it was almost **impossible** for a man of my birth and colour to fulfil both of those **obligations**, in South Africa, a man of colour who <u>attempted to live</u> as a human being was punished and isolated. In South Africa, a man who <u>tried to fulfil</u> his **duty** to his people was inevitably ripped from his family and his home and was **forced** to live a life apart, a twilight existence of secrecy and rebellion.

시민적이고 인도적인 사회에서 각 사람은 자신의 성향과 능력에 따라 이러한 의무를 이행할 수 있다. 하지만 남아프리카공화국과 같은 나라에서 나와 같은 출생과 유색인종 남성이 이 두 가지 의무를 모두 이행하는 것은 거의 불가능했다. 남아공에서 인간답게 살려는 유색인종은 처벌과 고립을 당했고, 민족에 대한 의무를 다하려는 사람은 가족과 고향을 떠나 비밀과 반역의 황혼 같은 삶을 살아야만 했다.

I did not in the beginning **choose** to place my people above my family, but in <u>attempting</u> to **serve my people**, I found that I was <u>prevented from fulfilling</u> my **obligations as a son, a brother, a father and a husband.**[50]

나는 처음부터 가족보다 민족을 우선시하지 않았지만, 민족을 섬기려다 보니 아들, 형제, 아버지, 남편으로서의 의무를 다할 수 없게 되었다.

이 국면에서는 의무, 대조(*but*), 의욕(*attempted, tried, attempting, prevented*)이 모두 전경화되고, Mandela의 딜레마를 동조화하여 상호작용한다. 두 가지 의무는 두 번 부연되며, 식별어는 첫 번째 사례와 두 번째 사례(*twin obligations - both of those obligations*)를 연결한다. 관념어와 관련해서는 두 가지 의무가 세 번 풀어쓰기 되는데, 세 번째 요점은 부연이 아니라 Mandela가 그의 국민과 그의 가족 모두에게 헌신할 수 없었다는 것이다:

twin obligations -
두 가지 의무 -

    obligations to his family, to his parents, to his wife and children;
    가족에 대한 의무, 즉 부모에 대한 의무, 아내와 자녀에 대한 의무;

---

50) 여기서 행위양태는 주로 명사와 형용사(객관적 형태)로 실현되며, 우리는 의향에 대한 의미 관련성 때문에 *choose*를, 인과관계와 의무에 대한 밀접한 관계 때문에 *forced*를 사용했다. 그러나 우리는 이러한 의미적 표류를 확장하는 의욕 표현들(*prevented; attempted, tried, attempting*)이 부족하다.

an obligation to his people, his community, his country.
자신의 민족, 공동체, 국가에 대한 의무이다.

both of those obligations -
이 두 가지 의무는 -
to live as a human being
인간답게 사는 것
to fulfil his duty to his people
민족에 대한 의무를 다하는 것

place my people above my family -
가족보다 민족을 우선시 -
to serve my people
민족을 섬기기 위해
my obligations as a son, a brother, a father and a husband
아들, 형제, 아버지, 남편으로서의 의무

첫 번째 부연에서는, 두 가지 책임에 동등한 무게를 부여하기 위해 목록화가 사용되었지만 (*family, parents, wife, children; people, community, country*); 세 번째에서는 Mandela의 양심과 마찬가지로 반복되는 개인적인 실패에 더 큰 무게를 두고 초기 목록화의 남성적 관점으로 전환되어 사용된다(*son, brother, father, husband*).

궁극적으로 이 보고서는 용기의 의미를 설명하는 것처럼 전개되지만, 결국에는 개인적인 대가를 강조하는 보고서로 끝난다. **매크로뉴**는 경쟁하는 의무를 다시 한번 검토하면서 그 대가를 반복한다:

In that way, **my commitment to my people, to the millions of South Africans I would never know or meet,** was at the expense of **the people I knew best and loved most.** It was as simple and yet as incomprehensible as the moment a small child asks her father, 'Why can you not be with us?' And the father must utter the terrible words; 'There are other children like you, a great many of them...' and then one's voice trails off.
이렇듯 나는 내 국민과 내가 알지도, 만나지도 못할 수백만 명의 남아공 국민에 대한 약속을 위해서 내가 가장 잘 알고 가장 사랑하는 사람들을 희생하는 대가를 치렀다. 그것은 어린 아이가 아버지에게 '왜 우리랑 같이 있으면 안 돼요?'라고 묻는 순간만큼이나 단순하면서도 이해할 수 없는 일이었다. 그리고 아버지는 끔찍한 말을 해야만 했다: '너와 같은 다른 아이들도 많단다...' 그리고는 말끝이 흐려진다.

Mandela는 이 이야기를 일반화하기 위해 많은 가정에서 일어났던 일로 일반화된 식별어(*a small child - her father - the father*)와 현재 시제를 사용한다. 그러나 우리는 그에게 그런 일이 일어났다고 상상할 수밖에 없으며, 그가 아버지의 목소리를 비인칭적으로 자신의 목소리로 식별하기 위해 '일반화된 지시대명사' *one*을 선택한 것을 보면, 일반화가 자신의 고통을 숨기기 위해 사용되고 있음이 분명하다. 이것은 타인에 대한 연민이라는 가면 뒤에 숨어 우리의 연민을 불러일으킨다. 아마도 회고록 *Inauguration*을 보고서 *Courage*와 연결 짓는 것은 승리가 아니라 차별의 해결, 용기가 아니라 개인적인 상실감이라는 겸손일 것이다.

8.4 *The Meaning of Freedom* : 자기 자신에서 공동체로

우리는 지금까지 치유(투쟁의 해결)를 다룬 회고록과 갈등(해결되지 않은 개인적 비용)을 다룬 보고서 장르를 보았다; 그러면 *Meaning of freedom*은 어떨까? 이 자서전에서 Mandela는 첫 문장(*I was not born with a hunger to be free*)에서 자유에 초점을 맞춰 독자를 안내하고, 이후 이어지는 각 에피소드가 다른 삶의 단계(*was born free..., as a youngman..., I joined the African National Congress..., those long and lonely years..., When I walked out of prison...*)를 다루면서 그의 인생에 대한 요약집처럼 전개된다. 이 다섯 가지 인생 단계를 통해 그의 자유 개념은 어린 시절의 *free in every way that I could know*에서 청년 시절의 *freedom only for myself*로, 자유 투사로서의 *the greater hunger for the freedom of my people*로, 포로로서의 *a hunger for the freedom of all people*로, 마지막으로 자유인으로서의 *liberate the oppressed and the oppressor both*라는 그의 사명으로 확장된다. 마지막 두 단락에서는 이러한 발전이 그의 민족인 *the true test of our devotion to freedom is just beginning*와 그 자신인 *...with freedom come responsibilities, and I dare not linger, for my long walk is not yet ended*의 미래에 미치는 영향과 관련하여 이러한 발전이 어떤 의미를 갖는지 검토한다.

따라서 이 자서전에서 수사적 이동은 사회적 역할의 외적 성장, 즉 어린 아이에서 한 국가의 지도자로의 성장 속에서 자신에서 세계 전체로 나아가는 사회적 의식의 내적 성장을 의미한다. Mandela는 여러 문화권에서 오랜 전통으로 이어져 온 여행의 은유를 사용하여 자신의 내적 성장을 외적 삶에 매핑하는데, 이는 위의 8.3절에서 설명한 확장된 여행의 은유이다.

부정과 양보

이 이중적인 움직임은 어떻게 성취되어 있을까? 하나의 중요한 패턴은 부정과 양보의 전경화와 동조화이다. 절 중에 거의 절반이 부정인 반면, 일반적인 영어 패턴은 10개의 절 중 1개 정도이며, 부정과 함께 양보 접속어가 같이 나타난다:

Later, as a young man in Johannesburg, I yearned for the basic and honourable freedoms of achieving my potential, of earning my keep, of marrying and having a family - the freedom **not** to be obstructed in a lawful life.
나중에 Johannesburg에서 청년이 된 나는 잠재력을 발휘하고, 돈을 벌고, 결혼하고 가정을 꾸릴 수 있는 기본적이고 명예로운 자유, 즉 합법적인 삶에서 방해받지 않는 자유를 갈망했다.

But then I slowly saw that **not only** was I not free, **but** my brothers and sisters were **not** free.
하지만 나만 자유롭지 않은 것이 아니라 내 형제자매들도 자유롭지 않다는 것을 서서히 깨달았다.

I saw that it was **not just** my freedom that was curtailed, **but** the freedom of everyone who looked like I did.
내 자유뿐만 아니라 나와 비슷한 처지에 있는 모든 사람의 자유가 축소되고 있다는 것을 알았다.

I am **no more** virtuous or self-sacrificing than the next man, **but** I found that I could **not even** enjoy the poor and limited freedoms I was allowed when knew my people were **not** free.
나는 다음 사람보다 더 고결하거나 자기 희생적인 사람은 아니지만, 내 사람들이 자유롭지 않다는 것을 알았을 때 나에게 허락된 가난하고 제한된 자유조차 누릴 수 없다는 것을 알았다.

Some say that has now been achieved. **But** I know that this is **not** the case.
어떤 사람들은 이제 그 목표를 달성했다고 말한다. 하지만 저는 그렇지 않다는 것을 알고 있다.

We have **not** taken the final step of our journey, **but** the first step on a longer and even more difficult road.
우리는 여정의 마지막 단계가 아니라 더 길고 더 어려운 길의 첫걸음을 뗀 것이다.

For to be free is **not merely** to cast off one's chains, **but** to live in a way that respects and enhances the freedom of others.
자유로워진다는 것은 단순히 사슬을 벗어던지는 것이 아니라 다른 사람의 자유를 존중하고 증진하는 방식으로 살아가는 것이기 때문이다.

I have tried **not** to falter; I have made missteps along the way. **But** I have discovered the secret that after climbing a great hill, one only finds that there are many more hills to climb.
흔들리지 않으려고 노력했고 그 과정에서 실수를 하기도 했다. 그러나 나는 큰 언덕을 오르고 나면 오를 언덕이 더 많다는 비밀을 발견했다.

I have taken a moment here to rest, to steal a view of the glorious vista that surrounds me, to look back on the distance I have come. **But** I can only rest for a moment, for with freedom come responsibilities, and I dare **not** linger, for my long walk is **not yet** ended.

나는 여기서 잠시 쉬면서 나를 둘러싼 영광스러운 풍경을 훔쳐보고 내가 걸어온 거리를 되돌아 보았습니다. 그러나 자유에는 책임이 따르기 때문에 잠시만 쉴 수 있고, 나의 긴 여정이 아직 끝나지 않았기 때문에 감히 머무를 수 없다.

이렇게 짧은 담화에서 부정과 역기대가 많이 나타난다. 잠시 이 두 가지 개입 체계, 즉 부정과 양보의 의미에 대해 생각해 보면, 이들의 두드러짐이 서로 상보적이라는 것을 알 수 있다. 긍정과 달리, 부정은 그 반대의 의미를 암시한다;[51] '그들을 감싸고 있는 공기 중에' 있는 무언가가 부정되고 있다. Mandela는 자신의 이야기 전반에 걸쳐 독자들이 믿을 것이라고 생각하는 가정들을 하고, 그 기록을 바로잡는다. 때때로 이는 잘못된 믿음을 단순히 부정하는 것뿐만 아니라 '진실한' 것으로 대체하는 것도 포함한다.

I was **not** born with a hunger to be free.
나는 자유에 대한 갈망으로 태어난 것이 아니다.
I was born free...
나는 자유로운 존재로 태어났다.

The truth is that we are **not** yet free;
진실은 우리가 아직 자유롭지 않다는 것이다;
we have merely achieved the freedom to be free, the right not to be oppressed.
우리는 단지 자유로워질 자유, 억압받지 않을 권리를 얻었을 뿐이다.

양보는 비현실적인 기대만큼이나 잘못된 믿음과도 관련이 있다. Mandela는 양보를 통해 독자가 텍스트가 전개될 때 무엇을 기대할지 가정을 하고 그들을 다른 길로 이끈다. - 예를 들어 그는 잠시 쉬며, 그가 겪은 모든 일을 생각하면 독자들은 긴 휴가가 필요하다고 당연히 예상할 수 있지만, 그가 따라야 할 길은 그렇지 않다:

---

51) 이는 질문에서 더 분명하게 드러나는데, 예를 들어 'Aren't you coming?(안 와요?)'라는 질문은 화자가 당신이 올 것이라고 생각했음을 암시하지만, 'Are you coming?(오나요?)'라는 질문은 긍정적 또는 부정적 응답을 특별히 우선시하지 않는다.

I have taken a moment here to rest... **But** I can only rest for a moment,
나는 여기서 잠시 쉬면서... 그러나 나는 잠시만 쉴 수 있으며,

이 회고록에서 Mandela가 독자를 설득할 때 부정과 양보가 직접적으로 상호작용하는 세 가지 지점이 있다.

Some say that has now been achieved.
어떤 사람들은 이제 그 목표를 달성했다고 말한다.
But I know that this is **not** the case.
하지만 나는 그렇지 않다는 것을 알고 있다.

We have **not** taken the final step of our journey,
우리는 여정의 마지막 단계가 아니라,
but the first step on a longer and even more difficult road.
더 길고 더 어려운 길의 첫걸음을 뗀 것이다.

For to be free is **not** merely to cast off one's chains,
자유로워진다는 것은 단순히 사슬을 벗어던지는 것이 아니라,
but to live in a way that respects and enhances the freedom of others.
다른 사람의 자유를 존중하고 증진하는 방식으로 살아가는 것이기 때문이다.

그리고 이러한 부정과 양보의 상호작용에 우리는 기대를 조정하기 위해 또 다른 시스템을 추가할 수 있다. - 이는 Mandela의 의미보다 조금 더 또는 덜 기대했을 독자를 재-위치시키기 위해 계속사를 사용하는 것이다:

When I walked out of prison, that was my mission, to liberate the oppressed and the oppressor both. Some say that has now been achieved. But I know that this is not the case. The truth is that we are not **yet** free; we have **merely** achieved the freedom to be free, the right not to be oppressed. We have not taken the final step of our journey, but the first step on a longer and **even** more difficult road. For to be free is not **merely** to cast off one's chains, but to live in a way that respects and enhances the freedom of others. The true test of our devotion to freedom is **just** beginning.
내가 감옥에서 나왔을 때, 억압받는 자와 억압하는 자 모두를 해방시키는 것이 내 사명이었다. 어떤 사람들은 이제 그 목표가 달성되었다고 말한다. 하지만 나는 그렇지 않다는 것을 알고 있다. 진실은 우리가 아직 자유롭지 않다는 것이다; 우리는 단지 자유로워질 자유, 억압받지

않을 권리를 얻었을 뿐이다. 우리는 여정의 마지막 단계가 아니라 더 길고 더 어려운 길의 첫걸음을 뗀 것이다. 자유로워진다는 것은 단순히 사슬을 벗어던지는 것이 아니라 다른 사람의 자유를 존중하고 증진하는 방식으로 살아가는 것이기 때문이다. 자유를 향한 우리의 헌신이 진정으로 시험받는 것은 이제 막 시작되었다.

여기서 동조화되고 있는 것은 Mandela가 독자들을 깨달음의 여정에 함께 데려가겠다는 결심이다. - 그는 자신의 지혜를 전할 뿐만 아니라, 독자들의 가정과 기대를 예측하여 그들을 깨달음의 여정으로 이끈다. 그는 이를 부드럽게 해내며, 누구에게도 잘못된 가정이나 기대를 직접적으로 돌리지 않는다. - 따라서 삽입된 어구는 자신 이외의 다른 사람에게 어떤 출처를 제공하는 데 사용되지 않는다. 하지만 그는 다양한 상호 보완적인 자원을 통해 우리를 확고히 동조하게 만들기 위해 끊임없이 노력한다.

추상화

이 이야기의 내적, 외적 필드가 은유적인 여정으로 해석되는 것과 동시에, 또 다른 하나의 전개는 모드에서 이루어진다; 어떤 의미에서는 이것 또한 어린 시절에서 성인으로의 여정에 평행한 것으로, 구어적 의미 방식에서 문어적 의미 방식으로의 전환을 나타낸다. Mandela는 그의 이야기를 상대적으로 구체적인 언어로 시작한다. 참여자들(사람들, 장소들, 사물들)은 명사로 표현되고, 질들(記述的, 態度的)은 형용사로, 과정들(실행하기, 발생하기)은 동사로, 양태에 대한 평가는 양상 동사로, 논리적 연결은 접속어들로 실현된다. 다음은 Mandela가 어린 시절을 구성하기 위해 선택한 몇 가지 예이며, 그것들의 직접성은 아마도 그의 평온한 삶의 본질을 상징할 것이다:

명사로서의 참여자
I, fields, hut, stream, village, mealies, stars, bulls, father...
나, 들판, 오두막, 개울, 마을, 밀알, 별, 황소, 아버지...
형용사로서의 질
free, dear, broad
자유로운, 소중한, 넓은
동사로서의 과정
was born, to run, to swim, to roast, rise, obeyed...
태어나다, 달리다, 헤엄치다, 구워지다, 일어나다, 순종했다...

양상 동사에 의한 평가52)
I **could** know
나는 알 수 있었다
접속어에 의한 논리적 관계
as long as
만약 ....다면

그러나 회고록이 계속 진행될수록 단어 선택으로 인한 의미의 관계는 훨씬 더 간접적이 된다. 명사로 실현된 참여자와 함께 과정, 질 및 양상 평가도 명사로 실현된 것을 발견할 수 있다(각 예 옆의 작은 대문자로 직접 실현된 것을 대조해 보라):

사물로서-과정(명사)

this desire	cf. I DESIRED freedom
이 욕망	cf. 나는 자유를 원했다
hatred	cf. They HATED the prisoner
증오	cf. 그들은 죄수들을 증오했다

사물로서-질(명사)

a hunger to be free	cf. I was HUNGRY to be free
자유에 대한 갈망	cf. 나는 자유를 갈망했다
dignity	cf. They were DIGNIFIED
존엄성	cf. 그들은 존엄했다
narrow-mindedness	cf. They were NARROW-MINDED
편협함	cf. 그들은 편협했다
humanity	cf. They were HUMANE
인간성	cf. 그들은 인간적이었다

사물로서-평가(명사)

achieving my potential	cf. I achieved what I COULD
나의 잠재적 성취	cf. 나는 내가 할 수 있는 것을 성취했다
truth	cf. It CERTAINLY was
진실	cf. 그것은 확실히 그랬다
responsibilities	cf. I MUST act
책임	cf. 나는 반드시 행동해야 한다

---

52) 양상 동사는 영어에서 확률, 빈도, 의향, 의무, 능력을 나타내는 조동사이다. 예를 들면, **must** be liberated(해방되어야 한다), **could** know(알 수 있을 것이다)와 같은 표현이 있다.

그리고 이러한 추상화 패턴의 일부로서, 인과 관계가(다른 경우라면 절 사이의 연결로 실현될 수 있었던 것들) 절 내부에서 다른 명사화에 작용하고 사건을 시작하는 명사화된 **행위자**로 실현된다. *this desire for the freedom of my people...*의 행위자의 역할을 *my life*와 그 자리에 나타나는 아래 네 가지 변형과 관련하여 주목하라:

행위자로서의 논리적 관계(절 내부)

It was this desire for the freedom of my people to live their lives with dignity and self respect

그것은 우리 국민이 존엄성과 자존감을 가지고 삶을 살 수 있는 자유에 대한 열망이었다.

that **animated** my life,

내 삶에 활력을 불어넣어 주었다,

that **transformed** a frightened young man into a bold one,

겁에 질린 청년을 대담한 사람으로 바꾸고,

that **drove** a law-abiding attorney to become a criminal,

법을 준수하는 변호사를 범죄자로 만들고,

that **turned** a family-loving husband into a man without a home,

가족을 사랑하는 남편을 집 없는 남자로 만들고,

that **forced** a life-loving man to live like a monk.

삶을 사랑하는 사람을 수도사처럼 살게 만든.

이러한 종류의 언어는 사람들이 다른 사람이나 사물에게 행동을 하거나 어떤 일을 행하는 언어와는 거리가 멀다. 우리는 추상화된 세계에 들어섰으며, 이는 여러 기관과 학문 분야에서 비상식적 담화의 글쓰기를 전형적으로 나타내며, Mandela와 같은 훈련된 변호사와 정치인은 이를 통제하는 법을 배워왔다. Mandela에게 이 언어의 장점은 그의 삶을 해석하기 위해 사용할 수 있는 다양한 의미를 제공한다는 점이며, 이는 그의 **도입**의 비교적 직설적인 언어로는 제공할 수 없는 다양한 의미를 부여할 수 있다는 점이다.

관념적으로, 위에서 언급했듯이 이 텍스트는 자유를 하나의 질(문법적으로는 형용사에 의해 실현되는 **속성**)로 구성하며 시작한다. 이는 우리 문화에서 비격식적 사용역들과 아동 언어에서 흔히 구어로 나타나는 실현 유형이다.

질로서의 *free*

I was not born with a hunger to be **free**.

나는 자유를 갈망하며 가지고 태어난 것이 아니다.

I was born **free** - **free** in every way...
나는 자유로운 존재로 태어났다 - 모든 면에서 ...
free to run...
자유롭게 뛰어놀고...
free to swim...
자유롭게 수영하고...
free to roast mealies...
자유롭게 구워 먹고...

그 후 자유는 일반적으로 개체로서 실현되며, 일단 명사화되면 다양한 참여자 역할을 수행할 수 있다. 우리는 이미 변화의 **행위자**(*It was this desire for freedom... that transformed...*)로서의 자유에 주목했다. 또한 행위 과정에서 자유는 교환할 수 있는(즉, 주어지거나 뺏을 수 있는) 상품이 된다:

상품으로서의 *freedom*
when I discovered... that my **freedom** had already **been taken** from me,
이미 자유를 빼앗겼다는 사실을 알게 된 후에야 ... 생기기 시작했다.
...it was not just my **freedom** that was **curtailed**, but the freedom of...
내 자유뿐만 아니라... 자유가 축소되고 있다는 것을 알았다.
A man who **takes away** another man's **freedom** is a prisoner of hatred...
다른 사람의 자유를 빼앗는 사람은 증오의 포로이며...
if I am **taking away** someone else's **freedom**
다른 사람의 자유를 빼앗는다면
when my **freedom** is **taken** from me.
내 자유를 빼앗길 때

정신적 과정에서 그것은 갈망의 대상으로써 기능한다:

갈망으로서의 *freedom*
that I **began to hunger** for it (freedom).
(자유에 대한) 갈망이 생기기 시작했다.
At first, as a student, I **wanted** freedom...
처음에는 나는 학생으로서... 자유를 원했다.
Later, ..., I **yearned** for the basic and honourable freedoms of...
나중에... 나는 ...기본적이고 명예로운 자유를 갈망했다.

...that I **could not even enjoy** the poor and limited freedoms I was allowed
...나에게 허락된 가난하고 제한된 자유조차 누릴 수 없다는 것을 알았다.

존재하기의 과정에 있는 개체로서 이것은 분류와 변형의 대상이 된다.

부류로서의 *freedom*

it was only when I began to learn that my boyhood **freedom** was an **illusion**,
나는 어린 시절의 자유가 환상이었다는 것을 깨닫기 시작하고,
Freedom is indivisible...
자유는 나눌 수 없다...
...that my hunger for **the freedom of my own people** became a hunger for **the freedom of all people**, white and black.
... 동족의 자유에 대한 갈망이 백인, 흑인, 할 것 없이 모든 사람의 자유에 대한 갈망으로 바뀌었다.

식별로서의 *freedom*

...that is when the hunger for **my own freedom** became the greater hunger for **the freedom of my people**.
... 내 자신의 자유에 대한 갈망이 우리 민족의 자유에 대한 더 큰 갈망으로 바뀌었다.

일단 명사화되면 상황에 따라 추상적인 목적지로, 심지어는 그 과정에서 추상적인 동반자로 기능할 수도 있다:

장소로서의 *freedom*

I have walked that long road **to freedom**.
나는 자유를 향한 긴 여정을 걸어왔다.

동반으로서의 *freedom*

But I can only rest for a moment, for **with freedom** come responsibilities...
그러나 자유에는 책임이 따르기 때문에 잠시만 쉴 수 있고..

따라서 관념적 은유는 사실상 Mandela가 자유에 대해 이야기할 때 영어의 전체 관념어 시스템을 마음대로 사용할 수 있게 해준다. 아래 텍스트에서 Mandela가 이 잠재력을 어떻게 활용했는지에 대한 질문으로 돌아가 보겠다. 이 시점에서 Mandela의 삶에 대한 해석을 통합하는 여정의 확장된 어휘적 은유를 확립하는 것은 상황적 깨달음(*long road to freedom*)이라는

점에 주목하라:

확장된 어휘적 은유로서의 *freedom*

When I walked out of prison... We have not taken the final step of our journey, but the first step on a longer and even more difficult road... I have walked **that long road to freedom**. I have tried not to falter; I have made missteps along the way, But 1 have discovered the secret that after climbing a great hill, one only finds that there are many more hills to climb. I have taken a moment here to rest, to steal a view of the glorious vista that surrounds me, to look back on the distance I have come. But I can only rest for a moment, for with freedom come responsibilities, and I dare not linger, for my long walk is not yet ended.

내가 감옥에서 나왔을 때... 우리는 여정의 마지막 단계가 아니라 더 길고 더 어려운 길의 첫걸음을 뗀 것이다... 나는 자유를 향한 긴 여정을 걸어왔다. 흔들리지 않으려고 노력했고 그 과정에서 실수를 하기도 했다. 그러나 나는 큰 언덕을 오르고 나면 오를 언덕이 더 많다는 비밀을 발견했다. 나는 여기서 잠시 쉬면서 나를 둘러싼 영광스러운 풍경을 훔쳐보고 내가 걸어온 거리를 되돌아보았다. 그러나 자유에는 책임이 따르기 때문에 잠시만 쉴 수 있고, 나의 긴 여정이 아직 끝나지 않았기 때문에 감히 머무를 수 없다.

이 여행(journey) 은유는 물론 우리 문화에서 익숙한 은유이며, Mandela는 회고록의 마지막 국면을 향해 그리고 그 과정에서 자신만의 용어로 이를 부연한다. 부류어와 동위어에 기반한 관련 분류학적 관계는 *journey, road, road, way; walked, taken the final step/the first step, tried not to falter, made missteps, climbing, climb, my long walk; to rest, rest, dare not linger*가 있다. 이러한 의미의 문자열이 그의 책 제목을 제공하는 의미론적 모티프를 발전시킨다.

깨달음

추상화는 Mandela가 시공간을 넘나들며 겪은 일상적인 경험의 이야기와 자유에 대한 이해가 변화하면서 정치적 발전을 이룬 이야기, 그 두 가지 이야기가 서로 겹치는 이중적인 회고록을 만들어내는 것에 필요한 언어를 제공한다. 다시 말해, 그의 여정은 단순한 물리적 여정이 아니라 깨달음을 향한 영적 탐구라는 형이상학적인 여정이기도 하다. 이것은 정확히 어떻게 전개되는가?

이 텍스트는 회고록이기 때문에, 시간을 따라서 움직인다. 시간적 선형은 연결어(*at first, later, then, when, when, during, when*)와 시제(일반적 과거 – **도입** *I was not born...*, 회고가 현재와 합류함으로써 현재 속 과거 – **방향 전환** *I have walked...*)를 통해 관리되고 있다. 이는 *born, boyhood, young man, husband, family* 등 인생의 주기에서 단계를 명명하는 어휘와 그 과정에서 동사적(*when* I *began* to learn, I *began* to hunger for it, *achieving* my potential, has now been *ach-ieved*, *achieved* the freedom to be free, is just *beginning*, is not yet *ended*) 그리고 명사적(*the final step of our journey, the first step on a longer and even more difficult road*) 스텝들을 따라가면서, 국면들이 우리에게 제공하는 어휘를 통해 강화된다.

하지만 위에서 언급했듯이 Mandela는 이 시간을 통한 이동을, 공간을 통한 이동으로 재구성한다. 그리고 관념적 은유를 통해 이 여정은 단순히 물리적 공간을 통과하는 것이 아니라 추상화의 여정, 즉 자유를 향한 여정이다. 이러한 스텝들을 통해 공간/시간의 움직임은 깊이의 가능성을 획득하고 텍스트는 2차원에서 3차원으로 발전한다.

Mandela는 자유를 향한 자신의 여정을 정신적 탐구로 해석한다(보고서 *Courage*에서 살펴본 패턴). 인생은 배움의 과정이다:

free in every way that I could **know**
내가 아는 모든 면에서 자유로웠다
when I began to **learn** that my boyhood freedom was an **illusion**
나는 어린 시절의 자유가 환상이었다는 것을 깨닫기 시작하고
when I **discovered** as a young man that my freedom had already been taken from me
젊은 시절에 이미 자유를 빼앗겼다는 사실을 알게 된 후에야
But then I slowly **saw** that not only was I not free
하지만 나는 나뿐만 아니라 자유롭지 않다는 것을 서서히 깨달았다
I **saw** that it was not just my freedom that was curtailed
내 자유뿐만 아니라 자유가 축소되고 있다는 것을 알았다
but I **found** that I could not even enjoy the poor and limited freedoms I was allowed
나에게 허락된 가난하고 제한된 자유조차 누릴 수 없다는 것을 알았다
when I **knew** my people were not free
내 사람들이 자유롭지 않다는 것을 알았을 때
I **knew** as well as I knew anything that the oppressor must be liberated
나는 억압하는 자도 반드시 해방되어야 한다는 것을 알았다
But I **know** that this is not the case
하지만 저는 그렇지 않다는 것을 알고 있다
But I have **discovered** the secret that after climbing a great hill
그러나 저는 큰 언덕을 오르고 비밀을 발견했다
one only **finds** that there are many more hills to climb
오를 언덕이 더 많다는 비밀을 발견했다

그리고 인생은 변화에 관한 것이다(보고서 *Courage*와 또 다른 유사점):

the hunger for my own freedom **became** the greater hunger for the freedom of my people...
내 자신의 자유에 대한 갈망이 우리 민족의 자유에 대한 더 큰 갈망으로 바뀌었다
It was this desire for the freedom of my people to live their lives with dignity and self-respect that animated my life, that **transformed** a frightened young man into a bold one, that drove a law-abiding attorney to **become** a criminal, that **turned** a family-loving husband into a man without a home, that forced a life-loving man to live like a monk.
내 삶에 활력을 불어넣고, 겁에 질린 청년을 대담한 청년으로 변화시키고, 법을 준수하는 변호사를 범죄자로 만들고, 가족을 사랑하는 남편을 집 없는 남자로 만들고, 생명을 사랑하는 사람을 수도사처럼 살게 만든 것은 바로 우리 민족이 존엄성과 자존감을 갖고 살아갈 수 있는 자유에 대한 열망이었다.
It was during those long and lonely years that my hunger for the freedom of my own people **became** a hunger for the freedom of all people, white and black.
그 길고 외로운 세월 동안 동족의 자유에 대한 갈망이 백인, 흑인 할 것 없이 모든 사람의 자유에 대한 갈망으로 바뀌었다.

학습과 변화를 통해 성취하는 것은 처음부터 끝까지 텍스트 전체에 걸쳐 꾸준히 펼쳐지는 자유에 대한 개념이다. 관념적으로 말하면 Mandela의 삶의 7개의 단계들에 해당하는 7개의 이해의 국면들을 인식할 수 있다:

(1) '어린 시절의 자유'
Free to run... free to swim... free to roast mealies under the stars and ride the broad backs of slow-moving bulls
뛰어노는 자유... 수영하는 자유... 별빛 아래서 메밀을 구워 먹고, 느리게 움직이는 황소의 넓은 등을 타는 자유

(2) '학생으로서'
the transitory freedoms of being able to stay out at night, read what I pleased and go where I chose
밤에 나가서 원하는 책을 읽고 내가 원하는 곳으로 갈 수 있는 잠깐의 자유

(3) '청년으로서'
the basic and honourable freedoms of achieving my potential, of earning my keep, of marrying and having a family - the freedom not to be obstructed in a lawful life

잠재력을 발휘하고, 돈을 벌고, 결혼하고 가정을 꾸릴 수 있는 기본적이고 명예로운 자유, 즉 합법적인 삶에서 방해받지 않는 자유

(4) '아프리카 민족회의 가입'
the hunger for my own freedom became the greater hunger for the freedom of my people... to live their lives with dignity and self-respect
내 자신의 자유에 대한 갈망이 우리 민족의 자유에 대한 더 큰 갈망으로 바뀌었다... 우리 민족이 존엄성과 자존감을 갖고 살아갈 수 있도록

(5) '길고 외로운 세월 동안' [감옥에서]
my hunger for the freedom of my own people became a hunger for the freedom of all people, white and black
동족의 자유에 대한 갈망이 백인, 흑인 할 것 없이 모든 사람의 자유에 대한 갈망으로 바뀌었다.

(6) '내가 감옥에서 나왔을 때'
to be free is not merely to cast off one's chains, but to live in a way that respects and enhances the freedom of others
자유로워진다는 것은 단순히 사슬을 벗어던지는 것이 아니라 다른 사람의 자유를 존중하고 향상시키는 방식으로 살아가는 것이다.

(7) [대통령으로서]
...But I can only rest for a moment, for with freedom come responsibilities, and I dare not linger, for my long walk is not yet ended.
...그러나 나는 자유에는 책임이 따르기 때문에 잠시만 쉴 수 있고, 나의 긴 여정이 아직 끝나지 않았기 때문에 감히 머무를 수 없다.

처음 세 국면들에서 Mandela는 인생의 단계들을 거치면서 자신과 가족을 지향한다:

[인생의 단계들...	~하는 자유]
유년기의 자유	'노는(to play)'
청소년기의 자유	'독립하는(to be independent)'
성년기의 자유	'가족을 부양하는(to support a family)'

그 다음 두 국면들에서 Mandela는 자신을 민족의 필요에 맞게, 그리고 (자신의 억압자를 포함한) 전체 커뮤니티의 필요에 맞게 방향을 전환한다. 일을 하**기 위한** 개인의 자유는 억압**으로부터의** 공동체적 자유로 전환된다:

| 파벌적 자유 | '내 민족을 위한(for my people)' |
| 공동체적 자유 | '모든 사람을 위한(for all people)' |

마지막으로 Mandela는 자유를 타인의 자유를 존중하고 향상시키며, 자유가 자신에게 책임감을 **부여하는** 일을 계속할 수 있는 자유로서 보다 추상적인 자유에 대한 인식을 발전시킨다:

민주적 자유	'타인의 자유를 존중/증진하기 위해
	(to respect/enhance freedom of others)'
제노석 자유	'자유와 함께 잭임이 따르는
	(with freedom come responsibilities)'

전반적으로 Mandela의 깨달음은 세 가지 재맥락화의 물결들로 조직되어 있다. 첫 번째 물결은 그의 인생의 세 단계(유년기, 청소년기, 성년기)를 포함한다. 종합적으로 보면, 이들은 자신(개별)에서 자신의 민족(파벌)의 필요로, 그리고 국가 전체(공동체)로 초점을 전환하는 첫 번째 단계를 구성한다. 종합하면 이들은 개인의 자유로부터 타인의 자유를 존중하는 자유(민주주의)로, 마지막으로 책임을 지는 자유(민주적 제도)까지 이동의 첫 번째 단계를 구성한다. 이 세 가지 물결들 속의 물결들은 다음과 같이 요약할 수 있다:

1 개인적 자유
  Ⅰ 개별적 자유
    ⅰ 유년기의 자유   '노는(to play)'
    ⅱ 청소년기의 자유   '독립하는(to be independent)'
    ⅲ 성년기의 자유   '가족을 부양하는(to support a family)'
  Ⅱ 파벌적 자유   '내 민족을 위한(for my people)'
  Ⅲ 공동체적 자유   '모든 사람을 위한(for all people)'
2 민주적 자유   '타인의 자유를 존중/증진하기 위해
    (to respect/enhance freedom of others)'
3 제도적 자유   '자유와 함께 책임이 따르는
    (with freedom come responsibilities)'

전역적인 정보 흐름 측면에서 이러한 국면들의 텍스트성(texture)도 중요하다. Mandela의 단락들을 살펴보면, 서두의 **하이퍼테마**에 이어 그에 대한 부연이 이어지는 일관된 패턴을 발견할 수 있다. 첫 번째 **하이퍼테마**는 유년기의 자유, 두 번째는 청소년기와 성년기의 자유,

세 번째는 아프리카 흑인의 자유, 네 번째는 억압자와 피억압자 모두를 위한 공동체의 자유를
소개한다:

> I was not born with a hunger to be free. I was born free - free in every way that I
> could know.
> 나는 자유를 갈망하며 태어난 것이 아니다. 나는 내가 알 수 있는 모든 면에서 자유로운 존재로
> 태어났다.
> ...
> It was only when I began to learn that my boyhood freedom was an illusion, when
> I discovered as a young man that my freedom had already been taken from me, that
> I began to hunger for it.
> 어린 시절의 자유가 환상이었음을 깨닫기 시작하고, 젊은 시절에 이미 자유를 빼앗겼다는 사실
> 을 알게 된 후에야 자유에 대한 갈망이 생기기 시작했다.
> ...
> But then I slowly saw that not only was I not free, but my brothers and sisters were
> not free.
> 하지만 나만 자유롭지 않은 것이 아니라 내 형제자매들도 자유롭지 않다는 것을 서서히 깨달았다.
> ...
> It was during those long and lonely years that my hunger for the freedom of my own
> people became a hunger for the freedom of all people, white and black.
> 그 길고 외로운 세월 동안 동족의 자유에 대한 갈망이 백인, 흑인 할 것 없이 모든 사람의 자유에
> 대한 갈망으로 바뀌었다.
> ...

그러나 다섯 번째 단락에서 추상적 자유로 이동하면서 **하이퍼테마**는 단락을 소개하지만
이해의 새로운 국면을 명시하지는 않는다:

> When I walked out of prison, that was my mission, to liberate the oppressed and the
> oppressor both. Some say that has now been achieved. But I know that this is not the
> case.
> 내가 감옥에서 나왔을 때 내 사명은 억압받는 사람과 억압하는 사람 모두를 해방하는 것이었다.
> 어떤 사람들은 이제 그 목표를 달성했다고 말한다. 하지만 나는 그렇지 않다는 것을 알고 있다.
> ...

이는 단락의 후반부 두 번째 문장(더 뉴스 가치가 있는 위치)에 저장된다:

For to be free is not merely to cast off one's chains, but to live in a way that respects
and enhances the freedom of others.
자유로워진다는 것은 단순히 사슬을 벗어던지는 것이 아니라 다른 사람의 자유를 존중하고 증진
하는 방식으로 살아가는 것이기 때문이다.

마찬가지로 이 회고록의 마지막 단락에서 **하이퍼테마**는 그것의 부연하기 절들을 소개한다:

I have walked that long road to freedom.
나는 자유를 향한 긴 여정을 걸어왔다.
...

그러나 자유의 마지막 국면인 제도적 자유는 이 책의 마지막 문장으로 남겨져 있다:

for with freedom come responsibilities...
자유와 함께 책임이 따르기 때문에...

전체적으로 볼 때, Mandela가 개인의 자유를 자유(행동할 자유와 억압으로부터의 자유)로 이해
한 것은 일종의 회고, 즉 그의 삶에 대한 그의 관점으로서 이 책 전체에서 다루어지고 있다.
그러나 마지막 두 단락에서 현재에 대한 함축으로 넘어가면 Mandela의 궁극적인 자유 개념
(자유를 손숭하는 자유, 책임이 따르는 자유)이 단락의 **후반부**에 **뉴**로 배치되고 각 경우에 결정적
접속어 *for*가 앞에 붙으며 여정을 마무리한다:

...We have not taken the final step of our journey, but the first step on a longer and
even more difficult road. **For** to be free is not merely to cast off one's chains, but to
live in a way that respects and enhances the freedom of others. The true test of our
devotion to freedom is just beginning.
...우리는 여정의 마지막 단계가 아니라 더 길고 더 어려운 길의 첫걸음을 뗀 것이다. 자유로워진
다는 것은 단순히 사슬을 벗어던지는 것이 아니라 다른 사람의 자유를 존중하고 증진하는 방식
으로 살아가는 것이기 때문이다. 자유를 향한 우리의 헌신이 진정으로 시험받는 것은 이제 막
시작되었다.
...I can only rest for a moment, **for** with freedom come responsibilities, and I dare not
linger, **for** my long walk is not yet ended.
...자유에는 책임이 따르기 때문에 잠시만 쉴 수 있고, 나의 긴 여정이 아직 끝나지 않았기 때문
에 감히 머무를 수 없다.

Mandela의 궁극적인 자유 개념에 대한 뉴스 가치는 마지막 단락의 회고록 요약과 회고록 자체를 자서전 전체의 시놉시스로서 요약함으로써 더욱 강화된다. 따라서 절, 국면, 장르(우리 텍스트), 장, 책의 최종 입장은 조화를 이루어 Mandela의 생애에 대한 정점적인 평가하기로서 자유를 존중해야 한다는 책임을 전경화한다.

개입평가

우리는 이미 이 이야기에서 부정과 양보의 전경화를 고려했고, 이러한 자원들이 독자를 어떻게 위치시키는지에 대해 언급했다. 독자 조율의 이러한 패턴과 함께, 우리는 Mandela의 입장을 지속적으로 명확히 하고 강화하여 주장하는 내용에 대한 의심이 없도록 하는 특징을 발견할 수 있다. 이 패턴은 의미 수준에서 작동하며, 그 의미를 명확하게 하기 위해 동일한 내용이 반복적으로 다시 표현된다. 우리는 이러한 부연 설명을 아래의 '=' 기호로 나타내겠다.

(의미에 대한) 부연:
I was born free
나는 자유롭게 태어났다
= free in every way that I could know.
= 내가 아는 모든 면에서 자유로웠다.
= free to run in the fields near my mother's hut, free to swim in the dear stream that ran through my village, free to roast mealies under the stars and ride the broad backs of slow-moving bulls.
= 어머니의 오두막 근처 들판에서 자유롭게 뛰어놀고, 마을을 가로지르는 맑은 개울에서 자유롭게 수영하고, 별빛 아래에서 메밀을 구워 먹고, 느리게 움직이는 황소의 넓은 등을 탈 수 있었다.
= As long as I obeyed my father and abided by the customs of my tribe, I was not troubled by the laws of man or God.
= 나는 아버지에게 순종하고 종족의 풍속을 지키는 인간의 법이나 신의 법에 어긋나지 않았다.

It was only when I began to Seam that my boyhood freedom was an illusion,
나는 어린 시절의 자유가 환상이었다는 것을 깨닫기 시작하고,
= when I discovered as a young man that my freedom had already been taken from me...
= 젊은 시절에 이미 자유를 빼앗겼다는 사실을 알게 된 후에야...

At first, as a student, I wanted freedom only for myself,
처음에는 나는 학생으로서 나 자신만을 위한 자유,
= the transitory freedoms of being able to stay out at night, read what I pleased and

go where I chose.
= 밤에 밖에 나가서 내가 원하는 책을 읽고 내가 원하는 곳으로 갈 수 있는 잠깐의 자유를 원했다.

Later, as a young man in Johannesburg, I yearned for the basic and honourable free-
doms of achieving my potential, of earning my keep, of marrying and having a family
나중에 Johannesburg에서 청년이 되었을 때 나는 잠재력을 발휘하고, 생활비를 벌고, 결혼하여
가족을 가질 수 있는 기본적이고 명예로운 자유
= the freedom not to be obstructed in a lawful life...
= 합법적인 삶이 방해받지 않는 자유를 갈망했다...

Freedom is indivisible,
자유는 나눌 수 없다,
　　　= the chains on any one of my people were the chains on all of them,
　　　= 내 민족 중 한 사람의 쇠사슬은 우리 모두의 쇠사슬이고,
　　　= the chains on all of my people were the chains on me.
　　　= 내 민족 모두의 쇠사슬은 곧 내 쇠사슬이다.

A man who takes away another man's freedom is a prisoner of hatred,
다른 사람의 자유를 빼앗는 사람은 증오의 포로이며,
　　　= he is Locked behind the bars of prejudice and narrow-mindedness.
　　　= 편견과 편협함의 철창에 갇힌 사람이다.
= I am not truly free if I am taking away someone else's freedom,
= 내 자유를 빼앗길 때 내가 자유롭지 못한 것처럼,
　　　= just as surely as I am not free when my freedom is taken from me.
　　　= 다른 사람의 자유를 빼앗는다면 나는 진정으로 자유롭지 못하다.
= The oppressed and the oppressor alike are robbed of their humanity.
= 억압받는 사람과 억압하는 사람은 모두 그들의 인간성을 박탈당한다.

... that was my mission,
... 그것이 내 사명이었다,
= to liberate the oppressed and the oppressor both
= 억압받는 사람과 억압하는 자 모두를 해방하는 것

The truth is that we are not yet free;
진실은 우리가 아직 자유롭지 않다는 것이다;
= we have merely achieved the freedom to be free,
= 우리는 단지 자유로워질 자유,
= the right not to be oppressed.
= 억압받지 않을 권리를 얻었을 뿐이다.
= We have not taken the final step of our journey,

= 우리는 여정의 마지막 단계가 아니라,
= but the first step on a longer and even more difficult road.
= 더 길고 더 어려운 길의 첫걸음을 뗀 것이다.

For to be free is not merely to cast off one's chains, but to live in a way that respects and enhances the freedom of others.
자유로워진다는 것은 단순히 사슬을 벗어던지는 것이 아니라 다른 사람의 자유를 존중하고 증진하는 방식으로 살아가는 것이기 때문이다.
= The true test of our devotion to freedom is just beginning.
= 자유를 향한 우리의 헌신이 진정으로 시험받는 것은 이제 막 시작되었다.

그리고 단어 선택 수준에서 이러한 부연은 이어지는 절에서 평행적 문법적 구조를 반복적으로 사용함으로써 강화된다 ('문법적 평행성'). 우리는 보고서 Courage에서도 이러한 패턴을 발견할 수 있었지만, 여기서 볼 수 있는 빈도나 수사적 영향과 같은 것은 없었다:

(단어 선택에서의) 평행성:
I was not born with a hunger to be free.
나는 자유를 갈망하며 태어난 것이 아니다.
I was born free - free in every way that I could know.
나는 내가 알 수 있는 모든 면에서 자유로운 존재로 태어났다.
Free to run in the fields near my mother's hut,
어머니의 오두막 근처 들판에서 자유롭게 뛰어놀고,
free to swim in the dear stream that ran through my village,
마을을 가로지르는 맑은 개울에서 자유롭게 수영하고,
free to roast mealies under the stars and ride the broad backs of slow-moving bulls.
별빛 아래서 메밀을 구워 먹고 느리게 움직이는 황소의 넓은 등을 타는 자유.
It was only when I began to learn that my boyhood freedom was an illusion,
어린 시절의 자유가 환상이었음을 깨닫기 시작하고,
when I discovered as a young man that my freedom had already been taken from me,
젊은 시절에 이미 자유를 빼앗겼다는 사실을 알게 된 후에야,
the transitory freedoms of being able to stay out at night,
밤에 밖에 나갈 수 있는 일시적인 자유,
read what I pleased
내가 좋아하는 책을 읽고
and go where I chose.
내가 원하는 곳을 간다.

the basic and honourable freedoms of achieving my potential,

나의 잠재력을 발휘할 수 있는 기본적이고 명예로운 자유,

of earning my keep,

생계를 유지하는 데 필요한,

of marrying and having a family

결혼하여 가족을 가질 수 있는

- the freedom not to be obstructed in a lawful life.

- 합법적인 삶이 방해받지 않는 자유를 갈망했다.

But then I slowly saw that not only was I not free,

하지만 나만 자유롭지 않은 것이 아니라,

but my brothers and sisters were not free.

내 형제자매들도 자유롭지 않다는 것을 서서히 깨달았다.

I saw that it was not just my freedom that was curtailed,

나는 내 자유만 축소된 것이 아니라

but the freedom of everyone who looked like I did (was curtailed).

나와 비슷한 처지에 있는 모든 사람의 자유가 축소되고 있다는 것을 알았다.

That is when I joined the African National Congress,

그때 나는 아프리카 민족회의에 가입했고,

and that is when the hunger for my own freedom became the greater hunger for the
freedom of my people.

내 자신의 자유에 대한 갈망이 우리 민족의 자유에 대한 더 큰 갈망으로 바뀌었다.

It was this desire for the freedom of my people to live their lives with dignity and self-
respect that animated my life,

내 삶에 활력을 불어넣은 것은 우리 민족이 존엄성과 자존감을 갖고 살아갈 수 있는 자유에
대한 열망이었다,

that transformed a frightened young man into a bold one,

겁에 질린 청년을 대담한 청년으로 변화시키고,

that drove a law-abiding attorney to become a criminal,

법을 준수하는 변호사를 범죄자로 만들고,

that turned a family-loving husband into a man without a home,

가족을 사랑하는 남편을 집 없는 남자로 만들고,

that forced a life-loving man to live like a monk.

생명을 사랑하는 사람을 수도사처럼 살게 만든 것.

the chains on any one of my people were the chains on all of them,

내 민족 중 한 사람의 쇠사슬은 우리 모두의 쇠사슬이고,

the chains on all of my people were the chains on me.

내 민족 모두의 쇠사슬은 곧 내 쇠사슬이다.

우리는 재조율(realignment)과 강화(reinforcement)라는 두 가지 패턴이 모두 문어 장르인 논술보다는 구어 장르인 웅변에 더 강하게 연관된 수사법을 반영한다고 주장한다(Gee 1990, Olson 1994, Ong 1982). Mandela가 그의 아버지처럼 Thembu 민족 지도자들에게 조언할 수 있도록 교육받았다는 점을 고려하면 이는 놀라운 일이 아니다. 그는 모든 남성이 자유롭게 의견을 말할 수 있었지만, 고문관들의 의견이 큰 비중을 차지했던 부족 회의를 관찰하며 이러한 기술을 배웠다.

> I noticed how some speakers rambled and never seemed to get to the point. I grasped how others came to the matter at hand directly, and who made a set of arguments succinctly and cogently, I observed how some speakers used emotion and dramatic language, and tried to move the audience with such techniques, while others were sober and even, and shunned emotion. (Mandela 1995:25).
> 나는 어떤 연설자들이 횡설수설하고 요점에 도달하지 못하는 것을 알아챘다. 나는 다른 사람들이 어떻게 직접 문제에 접근했는지, 그리고 간결하고 설득력 있게 주장을 펼치는지 파악했다. 또 어떤 연설자들은 감정과 극적인 언어를 사용하고 그런 기술로 청중을 움직이려고 노력하는 반면, 다른 연설자들은 냉정하고 차분하게 감정을 피하는 것을 관찰했다. (Mandela 1995:25).

불행히도, Mandela가 정확히 무엇을 들었는지는 현재로서는 남아 있는 기록이 없다. 그러나 그가 연구한 공적인 구술 연설의 영향은 세계 곳곳의 유사한 구술 전통과 비교해 볼 때 분명히 드러난다(Hymes 1995; Whitaker and Sienaert 1986 참조). 예를 들어, 다음은 호주 총리로부터 자신의 원주민에게 토지를 돌려받는 행사에서 호주 원주민 원로 Vincent Lingiari가 한 연설이다.53)

> The important White men are giving us this land ceremonially, ceremonially they are giving it to us. It belonged to the Whites, but today it is in the hands of us Aboriginals all around here. Let us live happily together as mates, let us not make it hard for each other. The important White men have come here, and they are giving our country back to us now. They will give us cattle, they will give us horses, then we will be happy. They came from different places away, we do not know them, but they are glad for us, We want to live in a better way together, Aboriginals and White men, let us not fight over anything, let us be mates.

---

53) 이 토지의 양도는 1975년 8월 16일 (Lingiari 1986) 당시 총리였던 Gough Whitlam과 원주민 문제 담당 장관이었던 Les Johnson이 Wave Hill Station의 일부였던 1,250 제곱마일을 Mura Mulla Gurindji 회사에 임대해 준 것이다. Patrick McConveil이 Gurindji 언어에서 번역을 수행했다.

영향력이 큰 백인들이 우리에게 이 땅을 의례적으로, 의례적으로 그들은 우리에게 주고 있다. 그것은 백인들의 소유였지만, 오늘날 그것은 여기 있는 우리 원주민들의 손에 있다. 친구로서 행복하게 함께 살아가자, 서로에게 어려움을 주지 말자. 영향력이 큰 백인들이 여기 왔고, 그들은 지금 우리나라를 우리에게 돌려주고 있다. 그들은 우리에게 소와 말을 줄 것이고, 그러면 우리는 행복해질 것이다. 그들은 멀리 떨어진 다른 곳에서 왔고, 우리는 그들을 모르지만, 그들은 우리를 위해 기뻐한다. 우리는 더 나은 방식으로 함께 살고 싶다. 원주민과 백인들, 아무것도 다투지 말고, 친구가 되자.

He (the Prime Minister) will give us cattle and horses ceremonially; we have not seen them yet; they will give us bores, axes, wire, all that sort of thing. These important White men have come here to our ceremonial ground and they are welcome, because they have not come for any other reasons, just for this (handover). We will be mates, White and Black, you (Gurindji) must keep this land safe for yourselves, it does not belong to any different 'welfare' man.

그(총리)는 우리에게 의례적으로 소와 말을 줄 것이다. 우리는 아직 보지 못했고, 그들은 우리에게 굴삭기, 도끼, 철사 등 그런 모든 종류의 것을 줄 것이다. 이 영향력이 큰 백인들은 우리의 의례적 땅에 왔으며 우리는 그들은 환영한다. 왜냐하면 그들은 다른 이유가 아니라 바로 이것(양도)을 위해 왔기 때문이다. 우리는 친구가 될 것이다, 백인과 흑인, 당신(Gurindji)은 이 땅을 스스로 안전하게 지켜야 한다, 이 땅은 다른 어떤 사람에게 주는 '복지'의 대상이 아니다.

They took our country away from us, now they have brought it back ceremonially.

그들은 우리나라를 우리에게서 빼앗아 갔지만, 이제는 의례적으로 다시 되찾았다.

지면 관계상 자세한 분석은 여기서는 생략하지만, Gurindji 언어를 번역해도 청중 중심의 재조율과 강화 패턴이 쉽게 드러난다. 또한 (위에 제시된 것처럼) 텍스트는 순환적으로 전개되며, 백인들이 Gurindji 땅을 빼앗았지만 이제 다시 돌려주고 있다는 점으로 4번 되돌아가는데, 여기에는 친구로서 함께 사는 것에 관한 은혜로운 화해의 메시지도 포함되어 있다. 따라서 지역적 재조율 그리고 강화는 Mandela의 회고록에서와 마찬가지로 전역적 텍스트 구조와 조화를 이룬다.

이 텍스트들의 가장 큰 차이점은 Mandela가 문어 언어의 자원(즉, 문법적 은유)을 활용하여 구술(순환적)을 선형적(시간적 전개)으로 매핑한다는 것이다 - 이 매핑은 우리를 이끌어 가며 자유에 대한 이해를 심화시키는 나선형 텍스트성을 형성한다. 이러한 맥락에서 추론해 보면, Mandela는 자신의 삶을 해석하는 데 필요한 새로운 의미를 만들어내기 위해 서구적 문해력의 특징과 Thembu 구술성의 측면을 결합하여 자서전적 회고록 장르를 새롭게 재구성했다고 볼 수 있다.

이번 장을 마무리하기 전에 Mandela의 개입평가 수사학은 우리가 지시를 받는다는 느낌보다는 포용적이라는 느낌을 준다는 점에 주목할 필요가 있다. 그는 우리에게 무엇을 생각하라고 지시하는 것이 아니라 우리의 오해를 고려하여 자신이 배운 것을 알려준다. 이런 점에서 그의 수사학은 어린 시절 Thembu 섭정의 치하에서 배운 리더십에 대한 이해를 반영한다:

> As a leader, I have always followed the principles I first saw demonstrated by the regent at the Great Palace. I have always endeavoured to listen to what each and every person in a discussion had to say before venturing my own opinion. Oftentimes, my own opinion will simply represent a consensus of what I heard in the discussion. I always remember the regent's axiom: a leader, he said, is like a shepherd. He stays behind the flock, letting the most nimble go on ahead, whereupon the others follow, not realizing that all along they are being directed from behind. (Mandela 1995: 25-6)
>
> 리더로서 저는 황궁에서 섭정이 처음 보여준 원칙을 항상 따랐습니다. 저는 항상 제 의견을 말하기 전에 토론에 참여한 모든 사람의 의견을 경청하려고 노력해 왔습니다. 종종 제 의견은 토론에서 들은 내용을 요약한 것에 불과할 때가 많았습니다. 저는 항상 섭정의 격언, 즉 리더는 목자와 같다는 말을 기억합니다. 그는 양떼 뒤에 머물면서 가장 민첩한 사람이 앞서 나가게 하고, 다른 양들은 뒤에서 지시를 받고 있다는 사실을 깨닫지 못한 채 따라갑니다. (Mandela 1995: 25-6)

8.5 반복

장르와 필드, 그리고 담화 패턴의 관점에서 텍스트를 검토한 결과(물론 완전하지는 않지만), 잠시 전역적 관점으로 돌아가 회고록 *Inauguration Day*, 보고서 *Cost of Courage*, 자서전 *Meaning of Freedom*이 Mandela 자서전의 마지막 장을 구성하는 매크로-장르로서 어떻게 함께 작동하고 있는지 질문해 볼 수 있다.54) Mandela의 인생 이야기를 고려하면, 회고록 *Inauguration*의 한 가지 분명한 기능은 이 책에서 취임식은, 적어도 이 책에서는, 모든 것을 끝내는 것이다. 하지만 이 책은 여기서 끝나지 않고 Mandela는 보고서와 또 다른 회고록을 추가하여 모든 것을 마무리한다. 무엇이 그를 계속 쓰게 만드는 것일까?

앞서 살펴본 것처럼 Mandela는 115장에서 자신의 업적을 평가하고 그 평가를 독자들과 공유하는 데 많은 관심을 기울이고 있다. 이것은 회고록 *Inauguration*의 시간 순서를 방해하게 하며, Mandela가 과거와 관련하여 현재를 성찰하고, 인종적 분열을 초월한 무지개 연정(rainbow coalition)을 통해 투쟁에 대한 종결을 완성한다. 이것은 단순한 승리가 아니라 해결

---

54) 매크로-장르에 대한 자세한 내용은 Martin (1995a, 2001)을 참조하라.

(resolution)을 뜻한다.

그다음 Mandela는 투쟁에 참여한 사람들과 그들이 보여준 강인한 인격과 원칙의 힘이 그들을 어떻게 지탱해 주었는지를 인정하는 보고서로 이것을 확장한다. 그는 정중하고 감사하는 마음으로 글을 쓰되, 지나친 찬사는 의도적으로 경계한다. 왜냐하면, 평범한 사람들도 역할을 했고 가족 구성원의 정치적 헌신에 대한 대가를 치렀기 때문이다. 위대한 영웅뿐만 아니라 개인적인 대가도 컸다. 감정보다 이성을 우선한 판단의 승리뿐만 아니라 상실의 이야기이기도 하다.

그런 다음 Mandela는 자유에 대한 회고로 자신의 삶을 마무리한다. 이 회고는 자신의 삶을 변화해온 자유에 대한 인식과 연결지어 평가하는 내용을 담고 있다. 회고록 *Inauguration*에서 그의 정치적 투쟁을 다루고, 보고서 *Courage*에서 그의 개인적인 갈등을 조명했다면, 이 마지막 자서전에서 그는 그의 정신적 탐구 - 즉 그가 무엇을 위해 투쟁했는지에 대한 감사를 다룬다. 나선형의 텍스트성은 설득력 있는 몰입과 깨달음의 여정을 함께 엮어낸다. 자유가 단순히 '-로부터의 자유(freedom from)'가 아니라 '-를 할 수 있는 자유(freedom to)'라는 것을 느끼게 해 주는 글이다.

전체적으로 이 장을 관념적 차원에서 하나로 묶는 것은 혁명이라기보다는 진화의 의미로 받아들여야 한다. 한편으로는 투쟁이 끝났지만, 다른 한편에서는 국가(國歌)를 배우고, 상처를 회복하고, 통치를 배우는 등 해야 할 일이 남아있다. 대인적 차원에서, 이 장을 하나로 통합하는 것은 겸손이다. Mandela는 승리의 순간에도 품위를 잃지 않으며, 용기에 대한 존경과, 상실에 대한 연민을 함께 보여준다. 이것은 겸손하게 책임을 지는 사람에 대한 우리의 존경심을 자연스럽게 이끌어 준다. 이 장은 단순한 업적을 기리는 것뿐만 아니라 지속적인 정치적, 도덕적 성장을 보여준다. 이것은 단순한 추도나 추모가 아니라, 하나의 서약이고, 하나의 초대이다.

9
다른 이론과의 연관성

장 개요

9.1 맥락: 사용역과 장르
9.2 데이터
9.3 비판적 담화분석(CDA)
9.4 멀티모달 담화분석(MDA)
9.5 후기

이 장에서는 한편으로 담화의미론에 대한 우리의 접근 방식과 사회생활의 맥락을, 그리고 다른 한편으로 다른 담화분석 방법과의 연관성을 살펴볼 것이다.

9.1절에서는 사용역 – 필드, 테너, 모드 – 의 세 가지 차원과 사용역과 장르의 맥락적 계층들 간의 관계를 포함하여, 우리가 연구하고 있는 사회적 맥락의 계층화된 모델을 설명하는 것으로 시작한다. 이어서 9.2절에서는 언어 데이터의 본질과 이를 처리하는 방법에 대해 논의하고, 기호 시스템의 관성과 변화 문제에 관해 다룬다.

이후 9.3절에서, 우리는 담화분석에 대한 보완적인 접근 방식으로 비판적 담화분석(CDA) 분야 그리고 장르, 사용역, 담화의미론에 관한 우리의 모델 사이의 관계에 관한 이론 모델을 제시한다. 9.4절에서는 다른 사회 기호학적 모드 또는 멀티모달 담화분석(MDA)을 분석하는 연구 방식을 간략하게 설명한다. 9.5절에서는 이 책에서 소개하고 있는 시스템을 다루는 다른 언어 패러다임과의 몇 가지 관련성에 대해 논의하고, 담화분석 분야에 대한 전망으로 결론을 맺을 것이다.

서론에서 언급했듯이, 우리는 이 책에서 언어 체계의 어느 영역에 초점을 맞출지에 대해 몇 가지 결정을 내려야 했다. 언어는 그것이 실현되는 사회생활의 맥락에 못지않게 매우 복잡한 현상이며, 담화분석은 매우 거대하고 성장하는 분야이기 때문에, 우리의 초점은 분석가들이 이러한 영역을 탐구하는 데 사용할 수 있는 도구를 제공하는 데 있었다. 이것을 위해, 우리는 어휘문법론이나 사회적 맥락의 수준보다는 담화의미론 수준의 시스템에 초점을 맞추었지만, 특정 시점에서는 이러한 하위 수준과 상위 수준의 시스템을 다루기도 했다. 특별히 우리는 **평가어**와 **교섭어**를 통해 사회적 관계를 제정하기 위하여, **관념어**와 **접속어**를 통해 경험의 분야를 구축하기 위하여, **식별어**와 **주기어**를 통해 우리의 제정과 해석을 맥락 안의 의미 있는 텍스트로 제시하기 위하여 담화의미 자원을 탐구해 왔다. 담화의미론에 관해 이 책에서 다루지 않은 텍스트 자원의 한 세트는 대용과 생략인데, 그 이유 중 일부는 Halliday와 Hasan의 *Cohesion in English*(1976)에 더 이상의 설명이 필요 없을 정도로 충분히 설명되어 있으며, 또한 이를 반복하려면 많은 추가적인 문법적 설명이 필요하기 때문이다. Martin의 *English Text*(1992)에는 우리가 여기서 개발하지 않은 응집적 조화와 양상 책임성에 대한 논의도 포함되어 있다. 또한, 맥락의 모델에 대해서도 간략하게 나와 있는데 앞으로 이에 대해 더 자세하게 설명할 것이다.

9.1 맥락: 사용역과 장르

이 책 전체에서 우리는 맥락을 파악하기 위해 장르라는 주요 이론적 구성을 사용하였다. 대부분의 경우, 일화(exemplum), 논술(exposition), 법령(act), 회고록(recount), 보고서(report)의 다섯 가지 장르에 집중했다. 비록 우리가 언어학자로서 문화를 장르의 시스템으로 모델링하려고 했지만, 이것은 문화의 몇 가지 작은 창일 수밖에 없다. 그러나 그것이 바로 시작이었으며, 기능 언어학에 잘 맞았으며 지난 20년 동안 사회적 이론과의 협상에서 훌륭한 역할을 수행해왔다(SFL과 다른 관점에 기반한 연구를 포함하여 장르 이론과 실제에 대한 훌륭한 개요를 보려면 Hyland(2002)를 참조. Martin & Rose(2006)는 여기에 소개된 장르 분석이 어떻게 다양한 방향으로 발전할 수 있는지를 보여준다.).

사용역

장르와 함께 맥락을 모델화하기 위해 기능 언어학자들이 사용하는 주요 구성은 사용역이라고 알려져 있다. SFL에서 사용역 분석은 언어의 대기능에 따라 필드, 테너, 모드로 구성된다. 상호작용자 간의 관계와 관련된 차원을 **테너**(tenor), 상호작용자의 사회적 활동과 관련된 차원을 **필드**(field), 언어의 역할과 관련된 차원을 **모드**(mode)라고 한다. Halliday는 하나의 상황에 나타나는 이러한 세 가지 차원의 특징을 다음과 같이 묘사했다:

> **Field** refers to what is happening, to the nature of the social action that is taking place: what it is that the participants are engaged in, in which language figures as some essential component.
> **필드**는 무엇이 일어나고 있는가, 즉 진행되고 있는 사회적 행동의 본질에 관한 것으로, 언어가

필수적 구성요소로서 기능하면서 그 안에서 참여자들이 관여하고 있는 것이 무엇인지에 관한 것이다.

Tenor refers to who is taking part, to the nature of the participants, their statuses and roles: what kinds of role relationship obtain, including permanent and temporary relationships of one kind or another, both the types of speech roles they are taking on in the dialogue and the whole duster of socially significant relationships in which they are involved.

테너는 담화에 누가 참여하는지, 참여자들의 본질, 지위와 역할이 무엇인지를 가리킨다. 여기에는 어떤 종류의 영구적 관계와 일시적 관계가 포함되며, 대화에서 그들이 수행하는 발화 역할의 종류와 그들이 참여하는 사회적으로 중요한 관계의 전체를 의미한다.

Mode refers to what part language is playing, what it is that the participants are expecting language to do for them in the situation: the symbolic organisation of the text, the status that it has, and its function in the context. (Halliday and Hasan 1985: 12)

모드는 언어가 어떤 역할을 하고 있는가, 즉 참여자들이 해당 상황에서 언어가 어떤 역할을 해 줄 것을 기대하는지를 나타내는 것으로 텍스트의 상징적 구성, 텍스트가 가진 지위, 맥락에서의 기능을 의미한다.55)

언어가 사회적 맥락을 실현하는 것처럼 사회적 맥락의 각 차원은 다음과 같이 언어의 특별한 대기능에 의해 실현된다.

대기능	**맥락**	
대인적	테너	'역할 관계의 종류'
관념적	필드	'일어나고 있는 사회적 행동'
텍스트적	모드	'언어가 수행하는 부분'

어떤 상황의 테너, 필드, 모드를 종합해 보면 텍스트의 사용역이 구성된다. 사용역이 다양하면 텍스트에서 찾을 수 있는 의미의 종류도 달라진다. 이들은 체계적으로 변화하기 때문에 테너, 필드, 모드를 **사용역 변인**(register variable)이라고 부른다. 사회적 맥락에서의 이와 같은 언어 모델은 그림 9.1에 설명되어 있다. 장르의 관점에서 볼 때, 필드, 테너, 모드는 관념적, 대인적, 텍스트적 의미라는 차별화된 관점에서 장르 전반을 일반화하기 위한 언어적 자원으로 생각할 수 있다. 예를 들어 테너의 경우, 한 장르에서 다른 장르로 이동할 때, 하대와 존대(domination and deference)의 반복되는 패턴을 고려해야 한다; 우리는 매번 같은 내용으로 멈추고 반복해서 설명하기를 원치 않는다. 마찬가지로 모드의 경우에도, (우리가 본 것처럼)

---

55) [역자주] SFL에서 모드는 '메시지가 전달되는 방식'을 말한다.

더 구체적인 은유적 담화에서 더 추상적인 은유적 담화로의 이동은 설명문, 논술, 역사전기 및 보고서에서 발생하며, 이때 사용역을 이용하면 추상적 개념의 이러한 전환을 많은 장르에 나타나는 언어 자원으로 일반화할 수 있게 된다.

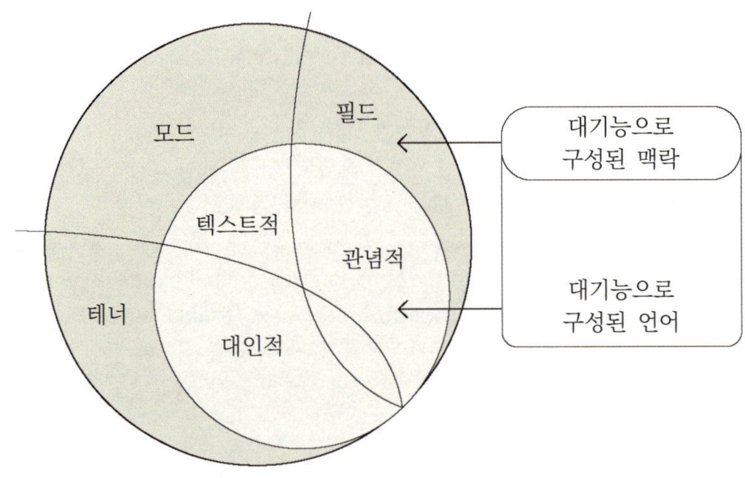

그림 9.1 대기능과 사용역 변인들

모드

이제 모드부터 시작하여 각 변인을 살펴보도록 하겠다. 모드에서 중요한 변인 중 하나는 언어가 현재 일어나고 있는 활동에 대해 얼마나 많은 역할을 수행하는가이다. 다시 말해, 언어가 단순히 어떤 활동의 부수적인 역할을 하느냐, 아니면 그 자체로 하나의 장(field)을 구성하느냐에 관한 정도이다. 그리고 모드의 또 다른 보완적 차원은 독백에서 대화에 이르는 연속체, 즉 언어가 상호작용을 얼마나 지향하는가에 나타난다.

사전의 진행 상황에 대한 도입부터 시작해 보자. 예를 들어, Vincent Lingiari의 연설 (Lingiari 1986)에는 이 양도식 현장에 실질적으로 존재하는 사람, 장소, 사물들에 대한 몇 가지 외부조응 지시가 있다: *the important white men* (백인), *us* (원주민), *this land, today,* 그리고 논쟁의 여지는 있지만 *here* (*this land*에 대한 조응어로 간주되지 않는다면)로 개시된 연속들. 이런 종류의 텍스트는 맥락 의존적 특징을 갖고 있다고 할 수 있는데, 그 이유는 그 상황의 정보(현장에서 보는 사물들 또는 나중에 이미지를 통해 읽는 것들)가 없으면 참여자 식별을 진행할 수 없기 때문이다.

The important White men are giving **us this** land ceremonially, ceremonially they are giving it to us. It belonged to the Whites, but **today** it is in the hands of us Aboriginals all around **here**. Let us live happily together as mates, let us not make it hard for each other.

영향력이 큰 백인들이 우리에게 이 땅을 의례적으로, 의례적으로 그들은 우리에게 주고 있다. 그것은 백인들의 소유였지만, 오늘날 그것은 여기 있는 우리 원주민들의 손에 있다. 친구로서 행복하게 함께 살아가자, 서로에게 어려움을 주지 말자.

이러한 이유로 번역자는 연설의 어느 시점에서 괄호 안의 전제된 참여자의 신원을 분명히 밝히게 된다:

He (the Prime Minister) will give us cattle and horses ceremonially; we have not seen them yet; they will give us bores, axes, wire, all that sort of thing. These important White men have come here to our ceremonial ground and they are welcome, because they have not come for any other reasons, just for this (handover). We will be mates, White and Black, you (Gurindji) must keep this land safe for yourselves, it does not belong to any different 'welfare' man.

그(총리)는 우리에게 의례적으로 소와 말을 줄 것이다. 우리는 아직 보지 못했고, 그들은 우리에게 굴삭기, 도끼, 철사 등 그런 모든 종류의 것을 줄 것이다. 이 영향력이 큰 백인들은 우리의 의례적 땅에 왔으며 우리는 그들은 환영한다. 왜냐하면 그들은 다른 이유가 아니라 바로 이것(양도)을 위해 왔기 때문이다. 우리는 친구가 될 것이다, 백인과 흑인, 당신(Gurindji)은 이 땅을 스스로 안전하게 지켜야 한다, 이 땅은 다른 어떤 사람에게 주는 '복지'의 대상이 아니다.

반면에 Mandela의 어린 시절에 대한 구성은 이런 식으로 맥락에 의존하지 않는다. 전제되는 모든 것은 공동-텍스트에 제공되며, 우리가 거기에 있지 않더라도, 단순히 읽기만 해도 무슨 일이 일어나고 있는지 알 수 있다.

I was born free - free in every way that I could know. Free to run in **the fields near my mother's hut**, free to swim in **the dear stream that ran through my village**, free to roast mealies under **the stars** and ride **the broad backs of slow-moving bulls**. As long as I obeyed **my father** and abided by **the customs of my tribe**, I was not troubled by **the laws of man or God**.

나는 내가 알 수 있는 모든 면에서 자유로운 존재로 태어났다. 어머니의 오두막 근처 들판에서 자유롭게 뛰어놀고, 마을을 가로지르는 맑은 개울에서 자유롭게 수영하고, 별빛 아래서 메밀을 구워 먹고, 느리게 움직이는 황소의 넓은 등을 타는 자유, 아버지께 순종하고 부족의 관습을 따르기만 하면 인간이나 신의 법에 얽매이지 않는 자유를 누렸다.

이 외에도 불특정 다수의 남아공 가족들의 경험에 대한 Mandela의 일반화된 일화처럼, 그들의 상황을 일반화함으로써 그 상황으로부터 자유로워지는 텍스트도 있다:

> It was as simple and yet as incomprehensible as the moment **a small child** asks her father, 'Why can you not be with us?' And **the father** must utter the terrible words: 'There are other children like you, a great many of them...', and then **one's voice** trails off.
> 그것은 어린 아이가 아버지에게 '왜 우리랑 같이 있으면 안 돼요?'라고 묻는 순간만큼이나 단순하면서도 이해할 수 없는 일이었다. 그리고 아버지는 끔찍한 말을 해야만 했다: '너와 같은 다른 아이들도 많단다...' 그리고는 말끝이 흐려진다.

여기에서 한 스텝 더 나아가 보면, 텍스트를 상황에서 분리시키는 중요한 언어자원이 바로 문법적 은유이며, 이는 활동을 사물로 재구성하는 힘을 가지고 있기 때문에 언어적 활동과 물질적 활동 사이의 상징적 연결을 끊어 버린다.56) 이는 사회적 행동을, 추상들이 서로 다양한 종류의 관계를 맺는 또 다른 담화의 영역으로 변화시킨다. 예를 들어 Mandela가 어떻게 연합군의 건물 위에서 굉음을 내는 항공기를 정확성, 군사력, 충성심의 상징(*a display*와 *a demonstration*)으로 재구성하고: 그러면서 그 사건의 평가하기를 감정평가와 정황평가(*in awe as a spectacular array ... in perfect formation ...*)를 통해 행위평가(기량, 신뢰성, 적절성: *pinpoint precision and military force, loyalty to democracy ... freely and fairly elected ...*)로 재작업하는지를 주목해야 한다. 이러한 전환은 그날의 사건에 대해 그가 원하는 평가하기를 가능하도록 만든다:

> A few moments later we all lifted our eyes in awe as a spectacular array of South African jets, helicopters and troop carriers roared in perfect formation over the Union Buildings. It was not only a display of pinpoint precision and military force, but a demonstration of the military's loyalty to democracy, to a new government that had been freely and fairly elected.
> 잠시 후, 남아프리카 제트기, 헬리콥터, 병력 수송기들이 완벽한 대형을 이루며, Union Buildings 상공에서 굉음을 내는 일련의 장관을 이루고 있을 때, 우리는 모두 경외감에 젖어 눈을 들어올렸다. 그것은 정밀성과 군사력을 보여준 것일 뿐만 아니라, 민주주의에 대한 군대의 충성심, 자유롭고 공정하게 선출된 새 정부에 대한 충성심을 보여준 것이었다.

---

56) 여기에서 상징적이란 우리가 인식하는 세계와 관념 사이의 관계, 즉 명사로서의 사람과 사물, 동사로서의 행동 등을 일치시키는 것을 의미한다.

관념적 은유로 한 걸음 더 나아가면 인문학, 사회학, 과학, 그리고 관료제와 기술로서의 응용을 모두 포함하는 일반적이지 않은 담화의 세계가 열리게 된다. 이 담화의 힘은 단순히 경험을 일반화하는 것이 아니라, 다양한 방식으로 구현될 수 있는 높은 수준의 추상으로 경험을 조직하고 성찰하여 때로는 행동을 가능하게 하는 데 있다.

> Act - To provide for the **investigation** and the **establishment** of as complete a picture as possible of the **nature, causes** and **extent** of gross **violations** of human **rights** committed during the **period** from 1 March 1960 to the cut-off date contemplated in the **Constitution**, within or outside the **Republic**, emanating from the **conflicts** of the past, and the **fate** or **whereabouts** of the victims of such **violations**
>
> 법률 - 1960년 3월 1일부터 헌법에서 규정한 시한일까지 공화국 내외에서 과거의 갈등으로 인해 발생한 중대한 인권 침해의 성격, 원인 및 범위에 대한 가능한 한 완전한 상황을 조사하고 확립하며, 그러한 침해의 피해자들의 운명 또는 행방을 밝히기 위한 규정을 마련하기 위함이다.

- 그리고 때로는 무수히 많은 행위를 평가하기 위해:

> The **policy** of apartheid created a deep and lasting wound in my country and my people. All of us will spend many years, if not generations, recovering from that profound **hurt**. But the decades of **oppression** and **brutality** had another, unintended, **effect,** and that was that it produced the Oliver Tambos, the Walter Sisuius, the Chief Luthulis, the Yusuf Dadoos, the Bram Fischers, the Robert Sobukwes of our time - men of such extraordinary **courage, wisdom** and **generosity** that their like may never be known again. Perhaps it requires such **depths** of **oppression** to acquire such **heights** of **character.**
>
> 아파르트헤이트 정책은 우리나라와 국민에게 깊고 지속적인 상처를 남겼다. 우리 모두는 그 깊은 상처에서 회복하는 데 몇 세대는 아니더라도 오랜 세월을 보내야 할 것이다. 그러나 수십 년간의 억압과 잔인함은 의도하지 않은 또 다른 효과를 가져왔는데, 그것은 바로 우리 시대의 Oliver Tambos, Walter Sisulus, Chief Luthulis, Yusuf Dadoos, Bram Fischers, Robert Sobukwes와 같은 사람들을 배출했다는 것이다. 이들은 엄청난 용기, 지혜, 관대함을 지닌 사람들이어서 그들과 같은 사람들은 다시는 볼 수 없을 것이다. 아마도 그런 인격을 갖추기 위해서는 그런 깊은 억압이 필요했을 것이다.

이러한 모드 변인의 범위는 행위로서의 언어에서 성찰로서의 언어에 이르는 연속체로 논의되기도 한다. 이 연속체의 중간과 성찰의 끝을 여기서 설명할 수 있었던 이유는 우리가 쓰는 문어 장르가 그 척도의 부분을 따라 다양하기 때문이다. 진행되는 활동에서 언어 텍스트의 역할이 적은 경우, 예를 들면 스포츠 경기나 퍼레이드에 대한 해설을 진행하거나 격렬한 신체 활동(스포츠, 힘든 육체노동, 암벽 등반, 춤 등)에 대부분의 의식이 직접적으로 집중되어 있는 경우에 그 활동에 수반되는 음성 언어를 살펴볼 필요가 있다. 예를 들어, 다음과 같이 교사가 활동하고 있는 사물이나 장소의 이름을 학습자에게 밝히지 않고 지시하는 언어 교환은 그 해당 장소에 있지 않으면 어떤 활동인지 해석할 수 없게 된다. (이러한 언어 교환을 보려면 Pitjantjatjara 원본에서 Rose 2001a와 b, 2006a를 참조하라):

Learner:	Here?
학습자:	여기요?
Teacher:	- No, this is no good. It's over there. Dig on the far side.
교사:	- 아니요, 여긴 안 돼요. 저쪽이요. 먼 쪽을 파 보세요.
Learner:	- Here?
학습자:	- 여기요?
Teacher:	- Yes, there.
교사:	- 네, 거기요.
Teacher:	- See there?
교사:	- 거기 보이죠?
Learner:	- Aha!
학습자:	- 아하!

여기서 고려해야 할 모드 분석의 또 다른 차원은 대화 연속체 속에서 보완적 역할을 하는 독백이다. 이 척도는 구어 담화 대 문어 담화, 그리고 단파 라디오, 내선 전화, 전화, 팩스, 이메일, 채팅방, 웹사이트, 라디오, 오디오 테이프, CD/MD, 텔레비전, DVD/VCD, 비디오 및 영화와 같은 다양한 전자 채널에서 적합하게 된 여러 종류의 다양한 상호 작용적 의사소통 기술의 효과에 민감하게 반응한다. 여기에서의 중요한 재료 요인들은 대화 상대가 서로를 듣고 볼 수 있는지의 여부(청각적 피드백과 시각적 피드백)와 응답의 임박성(즉각적 또는 지연적)과 관련이 있다.

물론 우리의 문어 데이터는 이 연속체를 설명하는 데 적합하지 않다. 그러나 기술은 텍스트성을 촉진할 뿐, 그것을 절대적으로 결정하는 것은 아니다. 그리고 어떤 경우에도 글쓰기 기술은 연속체를 따라 다양한 수준의 상호작용을 가능하게 한다. 예를 들어, 하나의 대화체(다양한 종류의 스크립트)로 글을 쓸 수도 있고, Mandela의 일화에 나타난 것처럼, 다음과 같이 상상의 문답에 관한 대화를 가져오는데 이러한 투사 표현이 사용될 수도 있다.

Child	'Why can you not be with us?'
아이	'왜 우리와 함께 계실 수 없어요?'
Father	- 'There are other children like you, a great many of them...'
아빠	- '너와 같은 아이들이 많이 있어...'

기도 및 다양한 형태의 공개적 연설에서와 같이 응답이 예상되지 않는 경우에도, Helena 가 인용한 기도문에서와 같이 대화 상대를 불러낼 수 있다:

| Helena | 'God, what's happening? what's wrong with him? Could he have changed so much? Is he going mad? I can't handle the man anymore! But, I can't get out. He's going to haunt me for the rest of my life if f leave him. Why, God?' |
| | '하나님, 무슨 일이에요? 그에게 무슨 문제가 있나요? 그가 그렇게 많이 변할 수 있나요? 미쳐가는 건가요? 더 이상 이 남자를 감당할 수 없어요! 하지만 빠져나올 수가 없어요. 내가 그를 떠나면 평생 나를 따라올 거예요. 왜, 신이시여?' |

그리고 Mandela와 Lingiari 모두 연설에서 청중에게 호소하지만 그들에게 발언권을 끝까지 넘기지 않는다.

Lingiari	Let us live happily together as mates, let **us** not make it hard for each other.
	친구로서 행복하게 함께 살아가면서 서로에게 어려움을 주지 맙시다.
Mandela	Today, all of us do, by our presence here ... confer glory and hope to newborn liberty. Out of the experience of an extraordinary human disaster that lasted too long, must be born a society of which all humanity will be proud ... **We** thank all of our distinguished international guests ... **We** pledge ourselves to liberate all our people ... Never, never, and never again shall it be that this beautiful land will again experience the oppression of one by another ... Let freedom reign. God bless Africa!
	오늘, 우리 모두는 이 자리에 함께함으로써 ... 새로 태어난 자유에 영광과 희망을 부여합니다. 저는 너무 오랫동안 이어져 왔던 인류의 끔찍한 고통과 경험을 통해 모든 인류가 자랑스러워 할 수 있는 사회가 필요하다는 것을 깨달았습

니다...정의와 평화, 인간의 존엄성을 위한 공동의 승리를 우리 국민들과 함께 누리기 위해 오신 모든 귀빈 여러분께 감사드립니다. 절대, 절대, 다시는 이 아름다운 땅이 서로에 대한 억압을 경험하지 않을 것입니다. ... 자유가 지배하게 하소서. 아프리카에 신의 축복이 있기를!

Tutu가 질문을 한 다음 직접 대답하거나, Mandela가 잘못된 명제를 그것의 모순으로 대체하는 것처럼, 수사학적 효과를 위해, 다음과 같이 문어 담화에서 대화를 모방할 수도 있다:

So is amnesty being given at the cost of justice being done?
그렇다면 정의를 희생하면서까지 사면이 이루어지고 있는 것인가?
This is not a frivolous question, but a very serious issue, one which challenges the integrity of the entire Truth and Reconciliation process
이것은 경솔한 질문이 아니라 진실과 화해의 과정 전체의 완결성에 도전하는 매우 심각한 문제이다.

Some say that has now been achieved.
어떤 사람들은 이제 그 목표를 달성했다고 말한다.
But I **know that** this is not the case.
하지만 나는 그렇지 않다는 것을 알고 있다.

실제로 단성적 목소리와 유사한 예로 명제와 제안이 수행되도록 제정되는 법령 장르에 대해 눈을 돌려볼 필요가 있다. 이 장르에는 답변을 할 수 있는 권리가 없다:

it is hereby notified that the President has assented to the following Act which is hereby published for general information ... **Be it therefore enacted** by the Parliament of the Republic of South Africa, as follows
다음 법령이 대통령의 승인을 받아 일반 공지를 위해 공포되었음을 알린다... 이에 남아프리카공화국 의회는 다음과 같이 제정한다.

이 시점에서 유혹이 드는 것은 발화행위를 발화순서 자원에 관한 논의에서 개입평가로 넘어가, Bakhtin적 의미에 더 가까운 방식으로 모드가 대화주의에 미치는 영향을 고려해 보는 것이다. 우리는 여기서 이를 다루지 않을 것이며(이에 대한 논의에 대해서는 Martin & White 2005 참조), 이 단계에서의 개입평가를 특히 테너, 친밀성을 구성하는 자원으로써 취급하는 것을 선호한다. 그러나 이것이 모드와 관련된 개입평가에 대한 탐구를 포기하려는 것은 아니다.

그리하여 우리는 장르를 넘나들면서 언어가 어떤 역할을 하는지, 즉 모드에 대한 질문을 하게 된다. 그리고 추상의 정도(행위/성찰)와 상호작용의 정도(독백/대화)라는 두 가지 연속체와 관련하여 의사소통 기술이 텍스트성에 미치는 영향을 살펴볼 수 있다. 이는 더 많은 연구가 필요한 분야이지만, Halliday & Martin(1993), Martin & Veel(1998), Martin(2001a), Christie (2002)에서 학문적 발전에 대한 정보를 얻을 수 있을 것이다.

테너

테너에서 핵심 변인들은 대인적 관계의 수직적, 수평적 차원인 권력과 친밀성이다. 권력의 변인은 지위의 평등과 불평등에 관한 한 장르 전반에 걸쳐 일반화하는 데 사용된다.

탈식민주의 사회의 불평등에는 세대, 젠더, 민족, 무기량, 계급 등 다섯 가지 주요 차원이 있으며, 우리는 아주 어린 시절의 가정에서부터 이러한 불평등한 위치에 놓이게 된다. 세대는 성숙과 관련된 불평등을, 젠더는 성별과 성에 따른 차이를, 민족은 인종, 종교와 기타 '문화적' 구분을, 무기량은 다양한 종류의 장애를, 계급은 물질적 자원의 분배에 기반하며 식민지 이후의 경제 질서가 궁극적으로 의존하는 불평등이기 때문에 이들은 가장 근본적인 차원이라고 할 수 있을 것이다. 우리는 이 모든 것을 사회-기호학적 코딩으로의 지향으로 이해하며, 따라서 물리적 구현과 의미론적 스타일을 통해 구체화 된다는 점을 강조해야만 한다. 물론 이러한 방식이 작동하는 방식은 문화적으로 특수하며, 이 책에서 더 자세히 다루기에는 범위를 훨씬 벗어난다. 이 분야에서 우리의 사고에 가장 큰 영향을 미친 사람은 사회학자 Bernstein으로 그의 연구에 익숙한 독자들은 이에 대해 이미 잘 알고 있을 것이다. 그와 나눈 대화 중 일부를 보려면 Christie(1999)를 참조하라. 이러한 다섯 가지 차원은 모두 가정 밖의 교육, 종교, 오락, 직장 등에서 접하는 계층 구조에 대한 접근을 조건으로 한다. 따라서 대부분의 텍스트에서 우리는 필드와 관련하여 권력을 신중하게 고려해야 한다.

Poynton(1985)은 권력과 친밀성에 대한 중요한 실현 원칙을 설명하고 있다. 그녀는 권력의 경우 중요한 변인으로 선택의 상호성을 들었다. 즉, 평등한 지위를 가진 사회적 주체는 동일한 종류의 선택에 접근하고 이를 취함으로써 평등을 실현하는 반면, 불평등한 지위를 가진 주체는 다른 종류의 선택을 취한다는 것이다. 이 영역에서 가장 명백한 예시로 호칭이라는 용어를 들 수 있다. Helena가 Tutu를 Tutu 주교라고 부르고 그가 그녀를 Helena라고 부르는 것은, 그녀가 남편을 그의 이름으로 부르고, 그가 그녀를 Helena라고 하는 것처럼 쉽게 상상할 수 있지만, Helena가 Tutu를 Desmond라고 부르는 것은 놀라운 일이 아닐 수 없다. 이를 통해 호칭은 상호성의 문제일 뿐만 아니라 지배적 위치와 피지배적 위치에 있는 대화

상대방들이 선택할 수 있는 다양한 종류의 선택에 관한 문제라는 것을 알 수 있다. 앞의 7장의 예는 동료인 Sannie에게 인사하는 Llewelyn의 모습을 대조적으로 보여준다:

Llewelyn:	Hello.
	안녕.
Sannie:	- Hello.
	- 안녕.

Llewelyn은 Sannie의 부모님을 손윗사람으로 맞이하고, 부모님은 그를 아랫사람으로 대하며 다음과 같이 대답한다.

Llewelyn:	Mrs Grootboom. Mr Grootboom.
	Grootboom 부인. Grootboom 씨.
Magda:	- Llewelyn.

이는 방대한 연구 영역이다; 그러나 글쓰기는 어떤 형태로든 제도화된 학습에 의존하고 있기 때문에 남아프리카공화국이나 호주 사회의 모든 사람이 글쓰기를 선택할 수 있는 것은 아니며, 이에 따라 두 사회 모두에서 문맹도 발견된다는 점을 지적할 수 있다. 그 외에도 Tutu와 Mandela가 사용하는 글쓰기 양식은 3차 고등 교육과 하나 이상의 전문적 직업에 대한 도제식 교육에 의존하고 있다. 그리고 남아프리카공화국이나 호주의 국민 중 소수의 사람들만이 이런 종류의 담화를 읽을 수 있으며, 우리가 여기서 확인한 것처럼 유창하게 글을 구성하는 것은 더 말할 것도 없을 것이다. 그래서 우리의 분석에서는 주로 권력의 담화에 대해 다루어왔다. 물론 그보다 더 작은 목소리도 있다. 하지만 Helena는 자신보다 더 권력이 있는 강한 사람들(SABC와 Tutu주교)을 대변하고, Lingiari의 호주 원주민 목소리는 항상 비원주민 학자나 정치 활동가들의 필사본을 통해 더 넓은 세상에 투사되어 왔다. 이 책을 여기까지 읽었다면, 여러분들은, David와 Jim에게 직접 응답하든 아니든, Lingiari와 아마도 Helena조차 접근하지 않았던 방식으로 응답하고 있는 것이다. 그리고 우리가 먼저 이렇게 이름(first name)만으로 자신을 소개하는 것은 여러분이 응답을 가능하게 할 수 있는 평등의 한 조각을 구성하려는 시도라는 점을 알아주기 바란다.

테너의 수평적 차원인 친밀성은 사회적 주체가 장르를 넘어 모든 계층의 공동체에 속한다는 점을 일반화하는 데 사용된다. 즉, 친족과 친지 네트워크와 제도화된 활동(여가와 오락,

종교, 시민권과 일)과 연관된 동료 관계가 모두 포함된다. 이러한 커뮤니티에는 함께 수행하는 활동의 범위와 빈도, 그리고 현재 진행 중인 일의 가치에 대해 공유된 느낌과 관련된 통합의 정도가 있다. 예를 들어, Stevie Ray Vaughan의 열혈 팬은 '일반' SRV 팬보다 그의 음반을 더 자주, 더 즐겨 듣고, 더 많은 책과 기념품을 소장하고, 그의 웹사이트에서 더 많은 시간을 보내고, 심지어 그의 무덤을 순례하는 등의 활동을 할 수도 있다. Amazon 웹사이트에 올라온 그의 음반과 동영상에 대한 극찬을 통해 정교하게 조정된 멤버십 의미가 제시되고 있으며, 이러한 의미는 팬들의 말을 인용하여 다음과 같은 선을 따라 핵에서 주변부로 척도화될 수 있다:

<table>
<tr><td>

a hardcore Stevie fan
Stevie의 열혈 팬
any SRV fan! or SRV lover
모든 SRV 팬! 또는 SRV 애호가
into the mainstream blues guitar scene
주류 블루스 기타 분야로
any fan of ,.. pure blues
순수 블루스 ... 모든 팬
any blues fan's collection
모든 블루스 팬의 컬렉션
If you're even a part-time blues fan
블루스에 조금이라도 관심이 있다면/
블루스를 가끔 듣는 사람이라면
just plain music fan's collection
그냥 평범한 음악 팬의 컬렉션
If you ... just like a good show
만약 당신이 ... 단지 괜찮은 쇼를 좋아한다면

</td><td>

핵
↑
┃
┃
┃
┃
↓
주변

</td></tr>
</table>

Poynton은 친밀성에 대해서 '확산'과 '축소'라는 실현 원칙을 제시하고 있다. 확산이란 누군가와 가까워질수록 더 많은 의미를 교환할 수 있다는 사고를 말한다. 이에 대해 생각해 볼수 있는 것은 누군가를 알아가는 과정, 그 사람을 잘 모를 때 이야기할 수 있는 것(날씨)과 잘 알고 있을 때 이야기할 수 있는 것(거의 모든 것)을 상상해 보는 것이다. Stevie Ray Vaughan 팬 커뮤니티로 다시 돌아가 보면, Amazon의 사내 편집자들은 외부인을 염두에 두고 리뷰를 작성할 때 그의 이름 전체를 사용하여 언급하는 경향이 있다. 반면에 팬들은 이 이름과 다른 여러 이름(*Stevie, Stevie Ray*와 *SRV*)을 사용하는데, Leigh(1993: 3)는 Stevie의 형인 Jimmy가 그를 '*little bro*'라고 호칭하고 Stevie는 Jimme를 *man*이라고 부르는 것을

다음과 같이 인용한다.57)

> 'Way to go, **little bro!**' Jimmie yelled, slapping him on the back. 'You hear that? Listen! They're going nuts! Stevie, I've never heard you play like that! You're great!'
>
> '잘했어, little bro!' Jimmie는 그의 등을 치며 소리쳤다. '들었어? 들어봐! 다들 미쳐가고 있어! Stevie, 네가 그렇게 연주하는 건 처음 들어봐! 너 대단해!'
>
> Maybe it was the first time he heard Jimmie say it, maybe it was the first time he believed it, but Stevie's eyes watered up and he hugged Jimmie tight, saying, 'Thanks, **man**. You know how much that means to me.'
>
> 아마도 Jimmie가 그렇게 말하는 것을 처음 들었을 수도 있고, 처음 믿었을 수도 있지만, Stevie는 눈시울을 붉혔고 Jimmie를 꼭 껴안으며 '고마워, man. 그게 나에게 얼마나 큰 의미인지 알지.'

태도평가의 확산은 특별히 강력한 힘을 갖는데, 그 이유는 느낌을 공유하는 것이 유대감을 형성하는 데 매우 중요한 자원이기 때문이다. Leigh가 기록한 친밀한 순간은 언어적, 비언어적(칭찬이나 격려하는 행동, 포옹하기, 울기)표현이 포함되어 있는 평가어로 가득 차 있다. 마찬가지로 Helena와 Mandela가 우리와 공유하는 예시는 독자들과의 개인적 관계를 자연스럽게 만들어 준다; 마치 Lingiari가 동료가 되자는 초대를 지지하기 위해 감정평가를 사용하는 것과 같다.

축소는 의미를 교환하는 데 필요한 작업의 양을 말하는 것으로, 누군가를 더 잘 알수록 더 짧게 설명해도 된다는 것을 뜻한다. Poynton은 누군가를 아주 잘 알 때 짧은 이름을 사용하고, 잘 모를 때 긴 이름을 사용한다고 하면서 부분적으로 명명하기를 통해 이에 대한 예를 들었다. 예를 들어 외부인에게는 Stevie를 *Texas bluesman Stevie Ray Vaughan*으로 소개하지만, 하드코어 팬에게는 그의 이니셜로만으로 그를 소개할 수 있다:

Texas bluesman Stevie Ray Vaughan
Stevie Ray Vaughan
Stevie Ray
Stevie
SRV

---

57) 여기에서 두 문단 후에, Leigh는 Stevie의 눈을 통해 Eric Clapton을 *God*으로 칭하고, '전주곡: and the Gods made love'라는 제목의 장에서 무대에서의 Stevie, Jimmie, Eric, Buddy Guy와 Robert Cray를 언급하며 Jimi Hendrix의 곡 *And the Gods Made Love* (Leigh의 책 'They called him Guitar Hurricane'의 뒤표지 제목) 또한 언급하고 있다.

기술적으로 말하면, 동일 지시에 포함된 정보가 적을수록, 커뮤니티는 더 긴밀하게 구성되고 더 많은 사람들이 배제된다. 일반적으로 약어는 이러한 측면에서 명확한 멤버십의 신호가 되며, Martin 2000a에서 친소어라는 제목 아래 언급된 모든 언어자원들(예: 욕설, 속어, 비속어, 전문적 및 기술적인 어휘)도 이에 해당한다.

문화적 차이가 작용하는 곳에서는, 축소된 실현은 특히 배제될 수도 있다. 이를 위해 다음 Lingiari의 연설에서 언급된 외부 지시에 대해 잠시 생각해 보자.

The important White men are giving **us this** land ceremonially, ceremonially they are giving it to us. It belonged to the Whites, but **today** it is in the hands of us Aboriginals all around **here**. Let us live happily together as mates, let us not make it hard for each other.
영향력이 큰 백인들이 우리에게 이 땅을 의례적으로, 의례적으로 그들은 우리에게 주고 있다. 그것은 백인들의 소유였지만, 오늘날 그것은 여기 있는 우리 원주민들의 손에 있다. 친구로서 행복하게 함께 살아가면서 서로에게 어려움을 주지 말자.

the important white men	Gough Whitlam, Len Johnson and others
영향력이 큰 백인들	Gough Whitlam, Len Johnson과 다른 사람들
us	Vincent Lingiari and Gurindji people
우리들	Vincent Lingiari와 Gurindji 사람들
this land	Wave Hill Station (later Daguragu Station)
이 땅	Wave Hill Station (후에 Daguragu Station)
today	16 August 1975
오늘	1975년 8월 16일
here	Wattie Creek

그러나 이것은 단지 많은(전부는 아님) 호주인들과 소수의 다른 사람들이 알 수 있는 동일 지시의 파동을 소개하고 있다. 이 외에도 물론 Lingiari는 참석자 모두 그 이양(handover)이 무엇을 의미하는지 안다고 가정한다. 호주의 작곡가 Paul Kelly는 이 기념비적 투쟁에 대해 자신과 원주민 음악가 Kev Carmody와 함께 만든 노래 *From Little Things Big Things Grow*를 소개하며 다음과 같이 설명한다:

'From Little Things Big Things Grow' is dedicated to Vincent Lingiari, the Gurindji stockmen and their families who walked off Lord Vestey's cattle station in 1966 thus initiating a land claim that lasted eight years. The Whitlam government handed back much of the Gurindji country in 1974, Gough Whitlam himself pouring dirt into Vincent Lingiari's cupped hands in a ceremony symbolizing the legal restoration of their lands. From this simple action of walking off in 1966 many consequences flowed.(Paul Kelly and the Messengers 1991)

'From Little Things Big Things Grow'는 1966년 Lord Vestey의 가축 목장에서 철수하여 8년간 이어진 토지 청구를 시작한 Gurindji의 가축 사육업자 Vincent Lingiari와 그 가족에게 바치는 노래입니다. Whitlam 정부는 1974년 Gurindji 지역의 대부분을 돌려주었고, Gough Whitlam은 Gurindji족이 그들의 토지를 합법적으로 반환받는 것을 상징하는 의식에서 Vincent Lingiari의 두 손에 직접 흙을 쏟아부었습니다. 1966년에 이 간단한 철수 행위로부터 수많은 결과가 나타났습니다.(Paul Kelly & the Messengers 1991)

그리고 Lingiari의 편집자인 Hercus와 Sutton은 그의 연설의 서문에서 다음과 같이 이를 확장하고 있다.

This is the speech made by Vincent Lingiari (Plate 40), leader of the Gurindji people, on the occasion of the hand-over of a lease to 1250 sq. miles, formerly part of Wave Hill Station, by the (then) Prime Minister, Gough Whitlam, and the Minister of Aboriginal Affairs, Les Johnson, to the Mura mulla Gurindji Co. on 16 August 1975. 이 연설은 1975년 8월 16일 (당시) 총리였던 Gough Whitlam과 원주민 부서 장관이었던 Les Johnson이 Wave Hill Station의 일부인 1,250제곱마일의 임대권을 Mura mulla Gurindji Co. 에 양도할 때 Gurindji족의 지도자인 Vincent Lingiari(Plate 40)가 한 연설입니다.

By 1977, the Gurindji were running over 5000 head of cattle on Daguragu Station, had put down several new bores and fenced new paddocks. Although they had won their long battle for their land, they still held only pastoral, not freehold lease, and were still engaged in helping other groups seeking land rights. 1977년까지 Gurindji족은 Daguragu Station에서 5,000마리 이상의 소를 키우고, 여러 개의 새로운 굴착장을 만들고, 새로운 목초지에 울타리를 쳤습니다. 그들은 토지를 놓고 오랜 싸움에서 승리했지만, 여전히 목초권만 소유하고 있었고, 자유 소유권은 가지고 있지 않았으며, 계속하여 토지 권리를 추구하는 다른 단체를 돕는 데 참여했습니다.

Vincent Lingiari, now a frail man in his seventies, remains the acknowledged and widely respected leader of some 500-600 Gurindji at Daguragu, Libanangu settlement, and the neighbouring stations. He was awarded membership of the Order of Australia in 1976. 지금은 70대의 노쇠한 노인이 된 Vincent Lingiari는 Daguragu, Libanangu 정착촌과 인근 지역에서 500~600여 명의 Gurindji족을 이끌며 널리 인정받고 존경받는 지도자로 남아 있습니다. 그는 1976년 호주 훈장을 받았습니다.

이 확장 과정의 각 단계는 현재 일어나고 있는 일을 추적할 수 있는 독자들의 커뮤니티를 확장시킨다. 내부자들에게는 Gough Whitlam이 Vincent의 손에 흙을 붓는 것을 언급하거나 잘 알려진 이미지를 잠깐 보는 것만으로도 충분할 것이다.

필드

이제 마지막 사용역 변인으로 필드에 대해 알아볼 것이다. 이 변인은 일상적이거나 제도적인 활동에 따라서 여러 장르를 일반화하는 것과 관련이 있다. 필드를 정의하면, 이것은 가족, 지역 사회 또는 사회 전체의 제도 내에서 어떤 전체적 목적을 지향하는 일련의 활동 연쇄를 뜻한다. 이러한 연속 활동들, 그 연쇄의 각 단계에 있는 형상들, 그리고 참여자들의 분류는 담화가 전개되는 필드에 대한 기대치를 만들어낸다. 이러한 근거로 필드를 식별할 때, 어떤 일이 일어나는지(예를 들어 파업을 시작하는 것이 아니라 콘서트를 끝내는 것처럼)에 대한 서로 다른 기대치를 고려할 필요가 있다:

Shortly after the last note rang out at 11:20, the five exhilarated musicians left the stage through a rear exit, exchanging hugs and kind words. They posed for pictures together, signed autographs, compared callouses on their fingertips, and chided each other, saying 'Check this one out, man' and 'No, look at this. Mine's bigger than yours!' It was all punctuated with uproarious laughter. (Leigh 1993: 3)
11시 20분에 마지막 음이 울린 후, 흥분한 다섯 명의 뮤지션은 포옹과 다정한 말을 주고받으며 무대 뒤쪽 출구를 통해 무대를 떠났다. 함께 사진을 찍기 위해 포즈를 취하고, 사인을 해주고, 손끝의 굳은살을 비교하고, '야, 이것 좀 봐.' 그리고 '아니, 이것 좀 봐, 내 굳은살이 더 단단해!' 라며 서로를 향해 외쳤다. 주위는 시끌벅적한 웃음소리로 가득했다. (Leigh 1993: 3)

On 23 August 1966 Vincent Lingiari, a Gurindji elder, led his people off the cattle station operated by the giant Vesteys pastoral organisation in protest against their wages and conditions. Their calls for Commonwealth involvement also strongly argued the case for land to establish their own cattle station. They subsequently sent a petition to the Governor-General, with no immediate result. Their stand against injustice, however, attracted national publicity for Aboriginal land rights grievances. The strike developed into a seven-year campaign by the Gurindji for the return of their traditional lands and became a *cause célèbre* across Australia. The campaign was strongly supported by the trade union movement and sparked a campaign for human rights, including land rights, by many Aboriginal people. It was a cry for Commonwealth leadership that would not be acted upon until the election of the Whitlam government. (Tickner 2001: 8)
1966년 8월 23일, Gurindji의 원로인 Vincent Lingiari는 임금과 근무 조건에 항의하며 주민들을 이끌고 거대 목축 조직인 Vesteys가 운영하는 소 목장에서 철수했다. 이들은 영연방의 개입을 요구하며 자체 목장 설립을 위한 토지가 필요하다고 강력하게 주장했다. 이후 그들은 총독에게 탄원서를 보냈지만, 즉각적인 결과를 얻지는 못했다. 그러나 불의에 맞선 이들의 투쟁은 원주민의 토지 권리 불만에 대한 전국적인 여론을 불러일으켰고, 이 파업은 Gurindji족의 전통적 토지 반환을 위한 7년간의 캠페인으로 발전하여 호주 전역에서 *cause célèbre(뜨거운 감자)*가 되었다. 이 캠페인은 노동조합 운동의 강력한 지지를 받았으며 많은 원주민들로부터 토지권을 포함한 인권의 회복을 위한 캠페인을 촉발시켰다. 이는 Whitlam정부가 선출될 때까지 행동에 옮기지 않았던 연방 지도부에 대한 외침이었다. (Tickner 2001: 8)

구별적인 연쇄들은 구별적인 사건들을 함축하며, 이것들은 특정 필드에 참여함으로써 형성된 기대에 의해 연결된다:

They posed for pictures together
함께 사진을 찍기 위해 포즈를 취하고
signed autographs
사인을 해주고
compared callouses on their fingertips
손끝의 굳은살을 비교하고

Vincent tingiari, a Gurindji elder, led his people off the cattle station
Gurindji 원로인 Vincent Lingiari는 주민들을 이끌고 소 목장에서 철수했다
They subsequently sent a petition to the Governor-General
이후 그들은 총독에게 탄원서를 보냈다

그리고 사건들은 주어진 필드의 분류와 구성에 따라 서로 관련되어 배열된 특정한 참여자를 함축한다. 예를 들면, 블루스 기타리스트와 그들의 노래 ...

블루스 기타리스트
Eric Clapton, Robert Cray, Buddy Guy, Stevie Ray Vaughan, Jimmie Vaughan

SRV 세트 리스트(일부)
Texas Flood, Pride and Joy, Riviera Paradise, Crossfire, Couldn't Stand the Weather, Goin' Down, Voodoo Chile, Sweet Home Chicago

... vs 선물을 들고 있는 예비 동료들:

동료들

the prime minister Gough Whitlam/Vincent Lingiari
Gough Whitlam 수상/Vincent Lingiari
important White men/us Aboriginals
영향력 있는 백인 남자들/우리 원주민들
White men, White/Aboriginals, Black
백인 남자들, 백인/원주민들, 흑인

선물들

land, country; cattle, horses, bores, axes, wire
토지, 영토; 소, 말, 굴삭기, 도끼, 철사

이와 같이 활동들과 참여자들, 그리고 다양한 관련 장르의 실현이라는 매개 변인을 따라 연구함으로써 우리는 다양한 삶의 영역, 특히 일상적, 기술적, 제도적 영역의 차이와 그 영역에 참여하는데 필요한 도제식 교육에 대해 탐구할 수 있다. 이는 의사소통과 관련된 문화적 차이를 이해하는 데 매우 중요하다. 예를 들어, Lingiari가 비원주민 호주인과 비교하여 '의식적으로 토지를 돌려주는 것'을 어떻게 이해했는지, 그리고 후자의 커뮤니티 내에서 토지 소유권의 법적 장점(예를 들어 목축 임대와 양도할 수 없는 자유 소유권의 차이)을 이해하는 사람은 누구인지 등에 관한 것이다:

> ... **giving us this land ceremonially**, ceremonially they are giving it to us, it is in the hands of us Aboriginals all around here, giving our country back to us. These important White men have come here to our ceremonial ground ... for this (handover), it [the land] does not belong to any different 'welfare' man, brought it [the land] back ceremonially. (Lingiari 1986)
> ... 우리에게 이 땅을 의례적으로, 의례적으로 그들은 우리에게 주고 있다. 그것은 우리나라가 우리에게 돌려주면서 여기 있는 우리 원주민들의 손에 있다. 영향력이 큰 백인들이 이(이양식)를 위해 의례적 장소에 왔고, 그것[그 땅]은 다른 어떤 사람에게 주는 '복지'의 대상이 아니며, 의례적으로 그것[그 땅]을 되찾았다. (Lingiari 1986)

> the **legal restoration** of their lands (Paul Kelly and the Messengers 1991)
> 그들의 토지를 합법적으로 반환받는 것 (Paul Kelly & the Messengers 1991)

> Although they had won their long battle for their land, they still held only **pastoral, not freehold lease**...(Hercus and Sutton 1986)
> 그들은 토지를 놓고 오랜 싸움에서 승리했지만, 여전히 목초권만 소유하고 있었고, 자유 소유권은 가지고 있지 않았으며...(Hercus & Sutton 1986)[58]

호주에서는 토지 권리 문제와 관련하여 우파 포퓰리즘 정치인들이 이 분야에 대한 오해를 무자비하게 악용해 왔으며, 이를 방지하기 위해 토지 소유권과 관리권에 대한 상식적, 비상식적 해석을 연구하는 데 유용한 공개 토론 등이 열리고 있다(Gratton 2000).

일상 언어, 기술성 및 추상성, 기술과 관료주의, 인문학, 사회과학과 과학 담화에 대해 직접적으로 관련된 연구 및 참고 문헌을 보려면 Halliday & Martin(1993), Hasan & Williams(1996), Christie & Martin(1997), Martin & Veel(1998), Christie(1999), Unsworth (2000), Hyland(2000), Martin & Wodak(2003)을 참조하라; Christie & Martin(2007)은 Bernstein과 공동 연구자들의 지식 사회학 연구와 관련된 분야를 연구하고 있다.

장르와 사용역

사용역 분석은 장르와 함께 맥락에 대한 또 다른 사고방식을 제공한다. 주요한 차이점은 사용역 분석은 필드, 테너, 모드 관점에서 대기능적으로 구성되는 반면, 장르 분석은 그렇지 않다는 점이다. 우리는 사용역과 장르 관점 간의 관계를 장르가 사용역을 통해 실현되는(그림 9.2에서와 같이) 내부 층위로 취급한다. 즉, 사용역과 장르의 관계는 언어와 맥락, 언어 수준들 간의 관계와 유사한 것으로 취급된다(1장에서 설명한 대로). Lemke(1995)에 따르면, 이런 종류의 다이어그램에서 수준들 간의 관계는 한 수준의 패턴이 다음 수준의 패턴과 중복되는 '메타 중복성'으로 생각될 수도 있다. 따라서 장르가 사용역 변인의 패턴인 것처럼, 사용역 또한 언어적 변인의 패턴이 된다. 그러나 수준들 간의 관계는 통제 위계 구조가 아니라 실현적 관계이며, 사용역이 언어적 표현에 의해 결정되지 않는 것처럼, 장르 역시 사용역 변인들을 결정하지 않는다. 오히려 장르는 필드, 테너, 모드의 역동적인 구성으로 해석되고, 제정되고, 제시되며, 이는 다시 담화 의미 패턴을 전개하는 것으로 해석되고, 제정되고, 제시된다. 장르, 사용역, 담화, 문법 간의 관계는 문화 구성원에게 어느 정도 예측이 가능하지만 동시에 독립적으로 가변적이다; 이러한 상호 보완적인 특성은 언어와 문화에 안정과 변화의 가능성 두 가지를 모두 부여하고 있다.

---

58) Gurindji족은 1966년에 철수했지만 1986년에야 토지에 대해 배타적 자유 소유권을 얻었다.

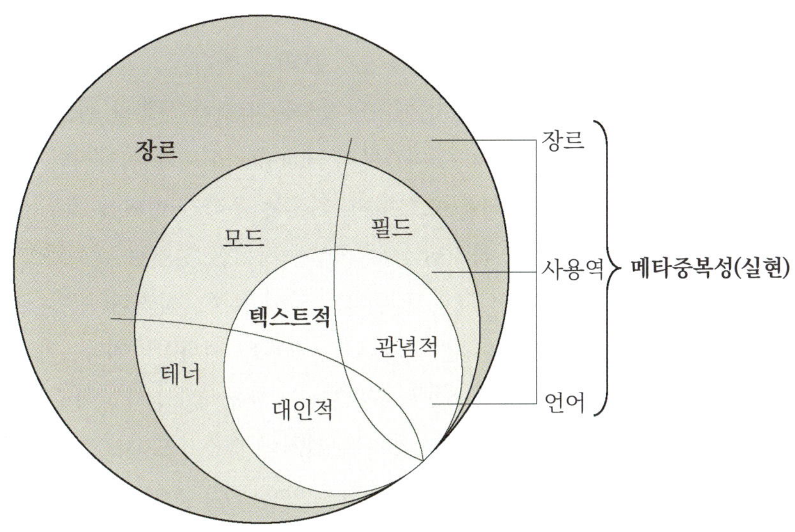

그림 9.2 장르, 사용역, 언어

사용역과 일반 구조 사이의 관계에 대한 또 다른 관점은 Hasan과 그녀의 동료들이 제안한 것으로, 그들은 시스템과 구조 사이의 '축'의 관계로 모델링했다. 이 모델에서 장르 구조의 필수 요소는 필드에 의해, 선택 요소는 테너와 모드에 의해 결정되는 것으로 보인다. 따라서 장르 간의 관계에 대한 질문은 장르가 공유하거나 공유하지 않는 필드, 테너 및 모드 선택에 대한 질문이 된다. 이는 Martin(1992)이 개발한 모델에서 장르 간의 선택이 사용역 수준에서 필드, 테너, 모드 네트워크를 넘어서는 시스템을 형성하는 것과는 대조를 이룬다. 필드, 테너, 모드는 SFL에서 상대적으로 덜 구체화된 이론적 구조로 남아 있기 때문에 현 단계에서는 이러한 모델링 전략(내부-계층 vs 축의 실현)의 상대적 강점과 약점을 평가하기가 어렵다. Martin의 모델은 여러 학문 분야에 걸쳐 장르 간의 관계를 매핑하는 것이 중심 관심사였던 교육 언어학 분야의 연구에 영향을 받은 것이 분명하다(Martin 2001a, 2002a, b; Martin & Plum 1997). 더 많은 논의를 보려면 Mattheissen(1993), Martin(1999c, 2001d), Hasan(1995, 1999), Martin & Rose(2005, 2007)을 참조하라.

9.2 데이터

이 장의 서두에서는 장르와 이데올로기의 관점에서 무엇을 분석해야 하는지에 대한 문제를 살펴보았다. 여기서는 마무리로 Halliday & Matthiessen(1999)이 '사례화의 연속체'라고 언급했던 것을 참조하면서 다시 이 문제로 돌아가 보려고 한다.

사례화는 우리가 사회적 기호 시스템에서 메타안정성을 명백한 변화나 관성 또는 그 중간의 무언가로 관찰하는 방식에 관한 것이다. 여기에서 Halliday의 비유는 날씨와 기후가 된다; 날씨는 우리가 매일 경험하는 변덕스러운 흐름이며, 기후는 우리가 계획을 세우는 데 사용하려는 편안한 관성이라고 할 수 있다. 하지만 Halliday가 지적한 것처럼 날씨와 기후는 사실 다른 방식으로 보이는 같은 현상이다. 그리고 우리는 날씨가 중요하거나(지구 온난화) 중요하지 않은(오늘 기온이 평균보다 2도 높은 것처럼) 방식으로 기후를 변화시키거나, 기후가 날씨를 결정한다고 주장할 수 있다(경쟁 도시는 기후가 좋지 않아서 항상 비가 온다고 말하는 것처럼).

Halliday의 요점은 날씨와 기후가 상호 작용하는 것처럼 텍스트도 시스템과 상호 작용한다는 것이다. 그의 사례화 연속체에는 시스템(언어의 일반화된 의미 잠재력), 사용역(사용역과 장르로 특징되는 의미의 하위 잠재력), 텍스트 유형59)(일반화된 사례화, 시스템의 잠재력을 실현하는 텍스트의 집합), 마지막으로 텍스트(사례화에 의해 실제로 부여되는 의미)가 있다. 그리고 연속체의 마지막에 읽기(독자의 주관에 따라 텍스트에서 가져온 의미)를 추가할 수 있다:

시스템	(일반화된 의미 잠재력)
사용역	(의미적 하위-잠재력)
텍스트 유형	(일반화된 실제)
텍스트	(부여되는 사례)
읽기	(주관화된 의미)

우리는 텍스트가 항상 다양한 잠재적 해석을 허용한다는 사실을 고려하여 연속체에 읽기를 추가했으며, 잠정적으로 '전술적', '저항적', '순응적'이라는 세 가지 제목으로 이를 일반화할 수 있다(pace de Certeau 1984). 순응적 읽기는 텍스트의 전체적인 의미 궤적에 따라 자연스러운 읽기 위치를 차지하게 된다. 이 책에서는 Tutu가 우리에게 동의를 얻기 위해, Helena는 그녀의 남자에 대한 우리의 동정심을 얻기 위해, Mandela는 우리를 그의 편으로 이끌기 위해 노력하는 것처럼 텍스트에서 의미의 공동 표현이 어떻게 읽기 위치를 자연스럽게 하는지를 보여주기 위해 우리도 또한 매우 열심히 노력하였다. 저항적 읽기는 이러한 자연스러운

---

59) 사실 Halliday와 Matthiessen은 시스템과 관련하여 연속체를 따라 같은 수준의 일반성에서 사용역을 하위 잠재력으로, 텍스트와 관련하여 텍스트 유형을 상위 잠재력으로 논의하고 있다; 우리는 여기에 사용역보다 더 구체적인 텍스트 유형을 만들어 한 고리를 더 추가하였다.

과정의 결에 반하는 것으로, 예를 들어 사면은 나쁜 생각이었다거나 책임이 따르는 자유는 진정한 자유가 아니라고 주장하고 싶을 수도 있다. 저항적 읽기 입장은 일반적으로 문화권별로 기반하여 비주류 읽기와 관련이 있다(서구에서는 백인, 영미권, 중산층, 성숙하고 유능한 사회적 주체의 담화적 권력을 행사하지 않는 읽기가 여기에 포함될 수 있다). 전술적 읽기는 텍스트가 제공하는 의미의 일부 측면을 취하여 특정 관심사의 방향으로 삐딱하게 기울여 재구성하는 읽기이다. 예를 들어, 언어학자인 우리가 맥락에서 벗어나 Helena의 이야기를 단순히 한 언어 시스템의 예시로서 분석한다면 Tutu와 Helena에게 모두 전술적으로 대응하는 것이며, 그들의 담화에 순응하거나 저항하는 것이 아니라 단순히 우리의 직업적 이익을 증진하기 위해 이용하는 것이 될 것이다.

전술적 대응의 보다 일반적인 예로는 팬들이 커뮤니티를 구축하기 위해 Amazon.com 웹사이트를 사용하는 방식을 들 수 있다. 2장에서 정황평가의 예를 보여주기 위해 Stevie Ray Vaughan의 음반 *Texas Flood*에 대해 Amazon에서 제공하는 사내 편집자 리뷰 중 하나를 사용했다. Amazon은 '편집자 리뷰'에 이어 '오늘의 고객 리뷰'를 위한 공간을 마련하여 사이트를 이용하는 팬들이 자신이 좋아하는 스타에 대해 극찬하는 반응을 지속적으로 업데이트하고 있다. 다음은 열렬한 리뷰 중 두 가지이다:

Stevie Ray Vaughan - Texas Flood, March 18, 2000
Stevie Ray Vaughan - Texas Flood, 2000년 3월 18일
If you can't appreciate the music on this cd, then you aren't a fan of true, god-blessed American music. Stevie Ray Vaughan absolutely RIPS on this cd! When you listen to it, you'll notice two of the songs sound exactly alike, referring to 'Pride and Joy' and Tell Me.' When Stevie's wife first heard 'Pride and Joy', she became jealous thinking he had written it for another woman, So, the poor guy went and rewrote it with different lyrics, (A little trivia for ya …) Anyway, this cd is a must! The title cut is the blues anthem of the eighties AND nineties.
이 CD의 음악을 제대로 감상하지 못한다면, 당신은 진정한 미국 음악의 팬이 아닙니다. Stevie Ray Vaughan의 음악은 이 CD에서 최고예요! 들어보면 'Pride and Joy'와 'Tell Me'라는 두 곡이 똑같이 들리는 것을 알 수 있을 거예요. Stevie의 아내가 'Pride and Joy'를 처음 들었을 때, 그녀는 그가 다른 여자를 위해 작곡했다고 생각하고 질투했고, 그래서 그 불쌍한 남자는 다른 가사로 다시 썼습니다 (당신을 위한 사족…) 어쨌든 이 CD는 필수품입니다! 이 타이틀 컷은 80년대와 90년대의 블루스 성가(聖歌)라고 할 수 있어요.

How do you spell 'blues'?, February 18, 2000
'blues'의 철자가 어떻게 되나요?, 2000년 2월 18일

S-T-E-V-l-E R-A-Y, that's how. I gotta tell you, I never knew I was a blues fan til I
found this guy. This CD showcases the master 'in the beginning', and I defy you to
listen to him and tell me you don't feel the same. He's got everything from the 'suitable
for cardancing' Love Struck Baby and Tell Me, to the gut-wrenching, this-is-what-
blues-are-all-about title cut Texas Flood, to the full-steam-ahead Rude Mood that, by
god, makes MY fingers bleed! And, of course, the inimitable Pride and Joy, Stevie's
signature song. Gotta love it.
S-T-E-V-l-E R-A-Y입니다. 솔직히 말해서 이 사람을 알기 전까지는 제가 블루스 팬인지 몰랐
어요. 이 CD는 '처음에는' 거장의 모습을 보여주는데, 그의 음악을 듣고 나서도 예전과 같은
감정을 느낀다고 말하는 것은 도저히 용납할 수 없습니다. '카 댄싱'에 어울리는 Love Struck
Baby와 Tell Me부터 가슴을 울리는 블루스에 관한 모든 것을 담은 타이틀 컷 Texas Flood,
그리고 너무 전력 질주하여, 제 손가락에서 피가 나게 만드는 Rude Mood까지 모든 것이 들어
있습니다! 그리고 Stevie의 대표곡으로 누구도 흉내 낼 수 없는 'Pride and Joy'도 물론 있습니
다. 정말 마음에 드네요.

분명히 Amazon은 CD를 팔려고 하고 있다. 여기에는 분명한 소비 논리가 작동하고 있다:
'팬이라면(혹은 팬이 아니더라도) 좋아하게 될 테니 구매하라'는 논리이다. 동시에 팬들은 커뮤
니티 확장이라는 또 다른 이익을 추구한다. 소비의 논리와 함께 '네가 이것을 산다면, 좋아하
게 될 것이다, 그리고 팬이 될 것이다'는 소속감의 수사학이 존재한다. 이는 Jay Lemke가
Jim에게 강조했듯이, 포스트-포드주의(post-Fordist) 'e-tail 기업'의 세계적 파워에 대한 모범
적인 전술적 대응이다.

사례화 연속체의 마지막 단계로 읽기를 도입하면 당연히 읽기가 무엇인지, 어떻게 결정할
것인지에 대한 의문이 발생한다. 그리고 그 읽기가 텍스트에서 어떻게 구체화되는지, 그 모드
가 무엇이든 간에 그 읽기를 바탕으로 순응적이고 저항적이며 전술적인 대응을 모색해야
한다는 것은 의심의 여지가 없다. 이는 다양한 사회적 주관성이 개입하는 텍스트 간의 의미
협상에 대해 충분히 이야기했다고 느낄 때까지 '텍스트'와 '읽기' 사이를 오가며 텍스트 자체
가 제공하는 읽기를 살펴보는 것을 의미한다. 이것은 사실상 사례화 연속체의 끝에서 일종의
재귀적 고리를 생성하지만, 여기서 우리가 원하는 것은 읽기가 텍스트로, 텍스트가 다시 텍스
트 유형으로, 텍스트 유형이 사용역으로 피드백되는 것이다.

이 모든 것이 의미하는 바는 데이터를 수집하고 분석할 때 사례화 연속체에서 우리 자신을
어떤 위치에 두어야 하는지를 매우 명확히 해야 한다는 것이다. 담화분석에 대한 일부 견해와
달리, 우리는 개별 텍스트의 사례화를 분석하는 것이 중요하다고 본다. 특정 텍스트의 고유한
특징은 중요한 것이기 때문에, 텍스트 말뭉치 전체에서 일반화만을 평가함으로써 특별한

것을 잃는 것을 원치 않는다. 이 외에도, 담화분석가들이 일반화할 때, 이 단계에서는 텍스트가 전개되는 과정에서 텍스트의 고유한 담화발생적 우연성을 통해 텍스트가 어떻게 해석되는지를 놓치는 경향이 있다. 즉, 우리가 이 책에서 강조하고 있는 바로 그런 종류의 분석을 놓치게 되기도 한다. 따라서 사례화 연속체의 텍스트와 읽기의 끝은 중요한 부분이지만, 저널 편집자들이 마치 기후만 중요하고 날씨는 중요하지 않다고 생각하는 것처럼, 단일 텍스트에 대한 분석 결과를 발표하는 것을 주저할 수도 있다.

물론 우리는 텍스트 유형, 사용역 및 시스템에 대해서도 알기를 원한다. 담화의미론에 관한 한, 여기서 가장 큰 문제는 바로 기술적(技術的)인 문제이다. 무엇을 찾아야 하는지, 즉 어떤 시스템이 전경이 되고 중요한 내용을 함께 표현하고 있는지를 어느 정도 파악하고 있는 경우에도 텍스트를 수작업으로 분석하는 데는 오랜 시간이 걸린다. 이는 우리가 일반화할 수 있는 텍스트의 수를 제한시킨다. 잠재적으로 시간을 절약할 수 있는 한 가지 도구는 자동화된 분석이지만 아쉽게도 현재 자동 구문 분석은 문법적 형식의 분석에만 국한되어 있다. 우리가 원하는 것은 의미와 그 절 너머의 의미에 관한 것이다. 담화의 자동 분석은 아직 많은 시간과 비용이 필요하며 단기적으로는 자동, 반자동, 수동 분석이 혼합된 대화형 작업 형태를 사용해야 할 것이다. 이것은 우리의 속도를 느리게 하지만 여기서 주장하고 싶은 것은 많은 절 분석을 담화분석으로 착각하지는 말자는 것이다. 얼마나 많은 절을 분석하는지가 중요한 것이 아니라, 절 너머의 의미를 분석해야만 담화를 분석하는 것이라는 점을 알아야 한다. 그리고 우리 시대의 사회 생태학적 분위기에서 우리가 경험하는 기호학적 날씨를 이해하기 위해서는 사례화 연속체를 따라 담화를 분석해야 한다.

이 모든 것을 조금 더 구체적으로 설명하자면, 사례들 수준에서, 우리는 Mandela의 *Meaning of Freedom* 회고록에서 구어와 문어 담화의 혼합을 소설 패턴으로 읽었고, Lingiari의 이양식(移讓式) 연설과 같은 구어 담화와 함께 Tutu의 주장과 같은 문어 담화의 융합 텍스트를 읽었다. 이 융합은 특히 Mandela가 자서전에서 자신의 메시지를 전달하기 위해 만들어 낸 것이다. 텍스트 유형 수준에서 우리는 일련의 회고록(또는 다른 장르)에서 이런 종류의 패턴이 반복되는 것을 찾아볼 수 있으며, 특히 공개적인 자리에서 소리 내어 말하도록 쓴 글뿐만 아니라 구어적 텍스트도 살펴볼 만한 가치가 있을 것이다. 사용역 수준에서는 훨씬 더 많은 담화를 더 많이 분석한 후, 전통적으로 구어 텍스트와 문어 텍스트에서 각각 연관되어 왔던 기능을 혼합한 새로운 모드를 제안하고 싶을 수도 있을 것이다(Halliday 1985 참조). 이것은 특정 종류의 종교적, 정치적 담화의 수사학에서 계속 진화해 온 것일지도 모른다. 결국 이 상상의 진화 여정을 따라가다 보면, 우리는 시스템 자체가 변화했음을, 예를 들어 부정, 양보, 부연과 관련된 체계적 확률이 더 이상 동일하지 않다는 것을 발견할 수 있다. 우리는 말하기와 쓰기가 단순한 의미의 보완적인 방식이 아닌, 전자적 의사소통 양식의 확장을 통한 무언가가 존재하는 다른 세상에 살고 있을지도 모른다. 누가 알겠는가? 여기서 우리의 요점은 데이터에 대한 다양한 유리한 관점, 시스템 변화에 영향을 미칠 수 있는 방식, 그리고 우리가 원하는 만큼의 담화분석을 수행하는 데 드는 엄청난 비용을 설명하고자 하는 것뿐이다.

하나 또는 소수의 텍스트에 초점을 맞추는 것을 '질적' 분석이라고 하며, 이는 계산과 통계 분석이 개입되는 '양적' 연구와 대조된다. 우리는 양적 담화분석을 적극적으로 추진할 수 있는 자금, 기술, 시간이 없었기 때문에 응용 분야의 연구에서 많은 부분을 질적 분석에 의존해 왔다. 이 연구의 성공 여부는 분석을 위해 선택한 예시, 즉 전형적인 과학적 절차, 역사적 회고록, 서평 등의 품질에 달려 있다. 이는 다시 특정 분야에 있는 핵심 구성원의 전문 지식과 외부인이 얻을 수 있는 내부 지식을 활용하는 훌륭한 민족지학(ethnography)에 달려 있다. 이러한 학제 간 작업은 교육 언어학자가 관련 데이터를 수집하고 교재와 실습에서 분석을 시험하는 언어 교육 작업에서처럼 관련 전문 지식을 교환하는 데 이상적이라고 할 수 있다. 우리의 경험에 따르면 사회적 문제에 개입하려는 것은 질적 분석의 질을 '테스팅'하는 좋은 방법이다. 그 이유는 이론이 좋을수록 더 많은 진전이 이루어지기 때문이다. 단기적으로 이 책의 아이디어가 활용되기를 바라는 방법 중 하나는 여기서 말하는 이론과 실천의 변증법이며, 사회적 실천에서 더 많은 양적 연구의 결실을 맺기 위해서 우리는 좀 더 기다려야 할 수도 있다.

9.3 비판적 담화분석(CDA)

비판적 담화분석(이하 CDA)은 SFL과 항상 밀접한 관계를 유지해 왔으며, 1970년대 East Anglia의 비판 언어학에 대한 Fowler 등의 연구(예: 1979)에서 그 기초를 찾을 수 있다. 언어학을 이데올로기적으로 관여하는 사회적 행동의 형태로 보는 Halliday의 개념은 이러한 대화에서 중요한 요소 중 하나였다. SFL은 언어와 양식 전반에 걸쳐 맥락 내 텍스트에 대한 비교적 풍부한 의미적 지향을 가지며 이는 CDA가 텍스트에 대한 긴밀하고 체계적인 독해가 필요한 분석 도구를 찾기 위해 지속적으로 SFL의 이론적 도움을 받았음을 의미한다. Martin (2000b)은 SFL의 관점에서 다양한 연관성을 검토하였으며, Chouliariki & Fairclough(1999)는 CDA에서 다시 출발하였고, Young & Harrison(2004)은 두 개의 학문적 전통에 걸친 작업을 하나로 통합하였다.

CDA가 권력에 봉사하는 기호학에 초점을 맞추고 심지어 언어와 이데올로기에 대한 관심을 그러한 용어로 정의하는 경향이 있었다면(예: Fairclough 1995), SFL은 이데올로기가 언어 및 기타 기호 체계에 스며드는 것으로 간주하는 더 넓은 관점을 취하는 경향이 있다(1장에서 제안한 바와 같이). 이는 한편으로는 의미에 대한 모든 선택이 이데올로기적 동기에 의한 것임을 시사하며, 다른 한편으로는 문화에서 의미의 분배에 주의를 집중하는 것이라고 볼 수 있다. 어떤 의미들이 커뮤니티 전체에서 공유되고, 때로는 그렇지 않은가? 의미에 대한 접근은 어떻게 분배되며, 그 접근을 분배하는 원칙에는 어떤 것들이 있는가? 위의 테너에 대한 논의에서 우리는 세대, 젠더, 인종, 무기량, 계급과 관련된 사회적 지위의 원칙을 고려했으며, 이는 장르 간 선택의 상호성에 대해 일반화하는 데에도 매우 중요하다. 그러나 이 외에도 세대, 젠더, 민족, 무기량, 계급은 모든 의미가 배분되고 모든 사회적 주체가 위치하는 주요 매개 변인이 된다. Bernstein의 용어로 이러한 매개 변인은 의미에 대한 우리의 일반화된 지향성, 즉 '코딩 지향성'을 진제하며, 이는 하나의 사회적 주체를 다른 사회직 주체와 구별한다. 이는 모든 텍스트를 (누군가의 이해관계에 따라 작용하는) 관심 있는 텍스트로 만들고, 이러한 관점에서 보면 권력에서 벗어난 의미는 존재하지 않는다.

SFL에서 코딩 지향성과 주체성에 관한 주요 연구는 Macquarie 대학의 Hasan과 그녀의 동료들이 수행했으며, 그중 많은 부분이 Christie(1999)에 의해 소개되었다. 이 연구는 Bernstein의 사회학에 의해 사회 이론의 관점에서 정보를 얻었으며, 가정에서 학교로의 전환과 관련하여 계급과 젠더에 초점을 맞췄다. SFL에서 이데올로기 지향적인 연구의 또 다른 흐름은 언어 교육 분야에서 이루어졌으며, J. R. Marin D. Rose와 많은 동료 학자가 사회 계층과 민족에 걸쳐 쓰인 담화에 대한 접근을 재분배하는 문해력 프로그램을 설계하려고 시도하였다. 이 연구에 사용된 초기 연구 전략은 특별한 필드에 대한 권력의 장르를 식별하고 해체하는 것이었다. 여기에 사용된 교육학적 접근 방식은 이러한 장르를 학습자와 함께 해체하여 학습자의 조직을 의식화하고 공유할 수 있도록 하는 것이다.

이것은 모든 사회적 주체에게 특권적인 장르에 대한 접근성을 제공하는데, 그러한 장르가 기호학적 삼투 작용을 통해 '무의식적으로' 접근할 수 있다고는 가정하지 않는다. 이 교육학은 가정에서의 언어 발달에 대한 SFL 연구(Painter 1984, 1998)에 기초하고 있으며, 나선형 커리큘럼을 따라 주체를 일상적인 경험에서 '비상식적' 기술 영역으로 이동시키는, 신중하게 설계된 구조를 그 특징으로 한다. Bernstein(1996)에 따르면, 이런 종류의 응용 연구는 그가 '실현 및 인식 규칙'이라고 부르는 것을 다룰 필요가 있다. 실현 규칙은 장르를 생성하는 방법과 관련이 있고 인식 규칙은 그것을 사용하는 방법과 시기와 관련이 있다. 이러한 초기 연구에 대한 소개는 Cope & Kalantzis(1993), Halliday & Martin(1993), Hasan & Williams(1996), Christie & Martin(1997), Martin & Veel(1998), Christie(1999), Martin(2000c, Whittaker 등(2006))을 참조하라; Johns(2001)와 Hyland(2001)는 이 연구를 전 세계의 유사한 프로젝트와 연관시켰다.

물론 코딩 지향성을 설명하는 데 집중하는 연구는 의미에 대한 접근을 재분배하는 것을 목표로 하는 행동 연구 프로젝트와 상호 보완적인 관계에 있다. 우리는 이해하지 못하는 것을 재분배할 수는 없으며, 개입은 처음에 언어와 이데올로기에 대한 연구의 동기를 부여한다. CDA가 불평등을 지속하는 담화분석에 집중하는 경향이 있었다면, SFL은 불평등을 해소하는 데에도 똑같이 관심을 기울이고 있다.[60] 그리고 우리는 이것이 사람들이 세상을 더 나은 곳으로 만드는 텍스트와 우리가 받아들이지 않는 권력 관계를 당연시하는 텍스트를 함께 살펴보는 것을 의미한다고 생각한다. 우리가 Tutu나 Mandela와 같이 전쟁이 아닌 평화를 만드는 화해를 실천하는 지도자들의 글에 매료된 것도 바로 이러한 이유 때문일 것이다. 이를 표현하는 한 가지 방법은, 우리의 개입을 통해 바꿔야 할 나쁜 소식뿐만 아니라 배워야 할 좋은 소식도 포함하도록 비판적 담화분석과 긍정적 담화분석(Positive Discourse Analysis) 사이의 균형을 맞춰야 한다고 주장할 수도 있다(Martin 2002, 2003, 2004a, b, 2006; Martin & Stenglin 2006).

여기서 한 걸음 더 나아가, 우리는 CDA 연구의 주된 초점이 헤게모니와 담화에서 자연스럽게 자리잡은 권력을 폭로하는 데 있었으며, 따라서 어떤 의미에서 헤게모니에 대항하는 투쟁의 일부로 느껴졌다고 제안하고 있다(이를 Marx, Gramsci 와 Althusser를 관통하는 분석의 궤적이라고 특징지을 수도 있겠다). 해방적 담화에 대한 Janks & Ivanic(1992)의 훌륭한 연구는 세상을 더 나은 곳으로 만드는 텍스트를 지향한다는 점에서 예외적인 것으로 이러한 경향을 확인시켜 준다. 우리는 사람들이 모여서 권력에 맞서 싸우지 않고도 권력을 재분배하는 방식을 통해 세상에서 스스로를 위한 공간을 만드는 방법을 고려하면서 공동체에 대한 보완적 초점이 필요하다고 주장하고 있다(Foucault에 대한 Gore(1993)의 논의는 비판 및 페미니즘 교육학에서 권한 부여의 개념, 특히 권력의 탈-악마화와 관련하여 적절해 보인다). 그림 9.3은 우리가 염두에 두고 있는 헤게모니와 공동체에 대한 상호 보완적인 연구 초점들을 개괄적으로 보여주며, 이는 생산적 활동과 함께 해체적 활동 또한 촉진할 수 있다.

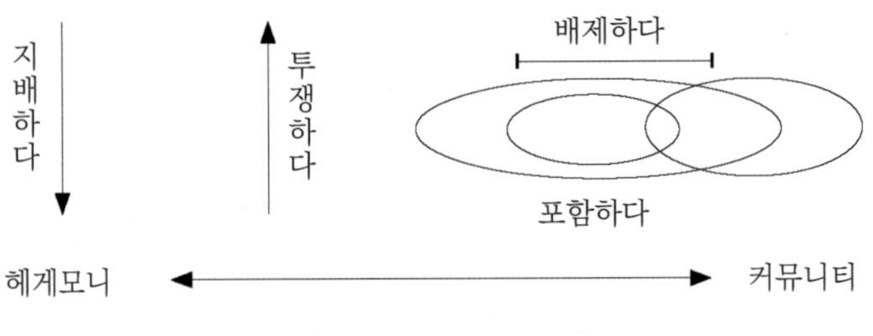

그림 9.3 헤게모니와 커뮤니티에 대한 연구 초점들

---

60) Bernstein(1996)은 또한 CDA가 '교육적 전달'의 이데올로기적 '내용'에 초점을 맞추고 있으며, 그것이 어떻게 '전달'되고 이를 통해 어떻게 행동해야 하는지에 대한 연구는 미흡하다는 점을 지적하고 있다.

우리가 고려하고 있는 텍스트에 대한 자세한 이념적 분석은 우리보다 더 나은 위치에 있는 사람들에게 맡기도록 하겠다. 우리가 공유하지 않는 남아공의 텍스트가 너무 많아서, 특히 이렇게 불안정한 정치 변화의 현장에서 정확히 무슨 일이 일어나고 있는지에 대해 말하기에는 무리가 있다. Martin(1985)은 좌파/우파, 주동 인물/반동 인물이라는 두 가지 차원과 관련된 정치적 변화를 탐구하는 모델을 제안하고 있다. 왼쪽(좌파)에는 권력을 가질 수 있는 사람들이 있고, 오른쪽(우파)에는 권력을 잃을 수 있는 사람들이 있다. 주동 인물은 이슈를 해결하려는 사람이고, 반동 인물은 이슈를 만들려는 사람이다. 이러한 대립 구도를 바탕으로 그림 9.4에 설명된 것처럼 다양한 이슈에 대한 등장인물과 텍스트의 권력 윤곽을 설정할 수 있다.

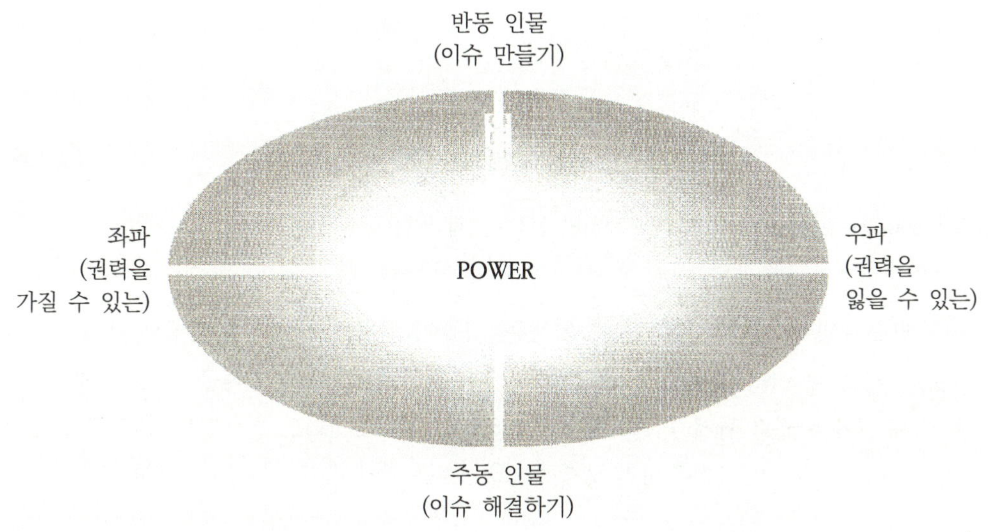

그림 9.4 사회적 변화 프로파일링

아파르트헤이트 반대 투쟁과 같은 이슈를 중심으로 이 프로필을 작성하려면 광범위한 기반을 가진 ANC, Bantu족에 기반을 둔 Inkatha 자유당, Afrikaner에 기반을 둔 정부 국민당, 야당인 자유당 등의 등장인물을 배치하고 투쟁의 여러 단계를 고려해야 한다. 우리의 관점에서 볼 때 ANC는 Mandela가 복권될 때까지는 국민당이 협상할 상대로서 좌파의 반동 인물(이슈를 만들어 그들이 필요한 권력을 획득하기 위한)로서 기능한 것처럼 보였다. 그 후 ANC는 좌파 주동 인물 역할을 맡았다(투쟁의 평화적 해결을 위해 국민당 지도부와 협력하여 권력을 얻기 위해). 이 협상 과정에서 Inkatha 자유당은 우파의 반동 인물 역할을 맡는 것처럼 보였고, ANC 정권하에서 잃게 될 권력에 대한 두려움 때문에 문제를 일으켰다. 계속되는 폭력 사태는 국민당 정부가 흑인 대 흑인의 갈등에서 중립을 가장하는 데 도움이 되었다. 이러한 변화와 그에 따른 관계는 그림 9.5에 요약되어 있다.

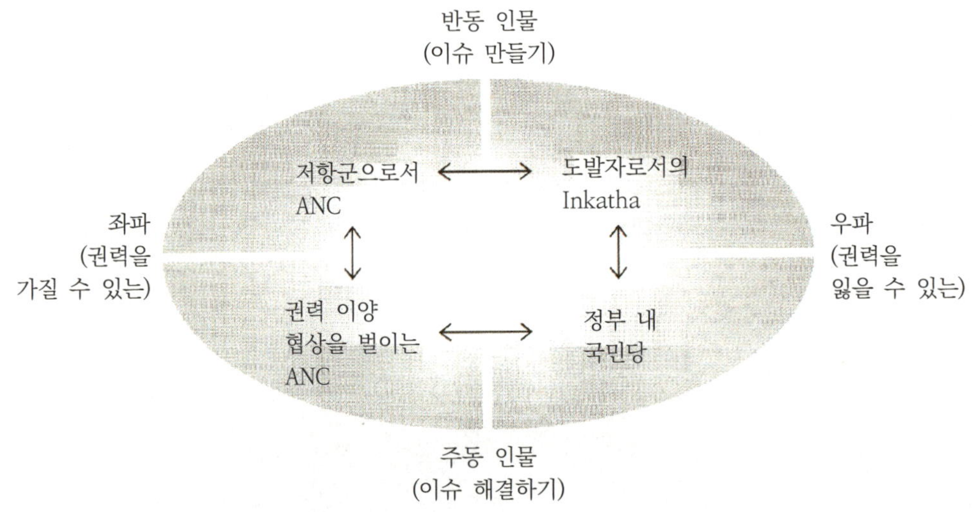

그림 9.5 아파르트헤이트 반대 투쟁에 나타난 등장인물과 권력

이러한 프레임워크는 평화유지군과 전사들, 그들이 택하는 장르와 투쟁에서 자신의 입장을 홍보하기 위해 이를 재구성할 수 있는 관심 있는 방법을 모두 살펴볼 수 있게 해 준다. 또한 이해 관계와 권력 관계가 변화함에 따라 발생하는 그 변화도 허용한다. 그리고 그것은 (Bakhtin(1981)의 의미에서) 대화주의의 문제, 즉 텍스트를 통해 울려 퍼지는 다양한 목소리(Tutu의 심문자들과 그의 주장, Mandela와 그의 독자들과의 강도 높은 개입과 관련하여 논의한 것처럼)를 전경화한다. 하지만 위에서 변명했듯이 이러한 우려를 구체화할 수 있는 더 나은 분석가들이 있다.

이슈에 대한 장르와 재맥락화의 플레이는 이데올로기 분석에서 변화의 중요한 역할에 주목하고 있다. 한 문화의 권력 배분은 결코 안정적이지 않기 때문에 시간이 지나도 권력 관계가 안정적으로 유지되려면 변화에 지속적으로 적응해야 하며, 삶이 지속되려면 관성과 변화가 모두 존재해야 한다. Halliday & Matthiessen(Halliday 1992, 1993; Halliday & Matthiessen 1999)은 사회적 기호학적 변화에 대한 포괄적인 개요를 발전시켰는데, 이는 여기에서 매우 관련성이 높다. 이들은 텍스트의 전개와 같은 비교적 짧은 기간에 대해서는 '담화발생론'(이 책에서 강조한 관점)이라는 용어를, 어떤 개인의 언어 발달이라는 긴 기간에 대해서는 '개체발생론'(Painter 1984, 1998)이라는 용어를, 그리고 시간의 깊이를 극대화하기 위해서 '계통발생론’(Halliday & Martin(1993)의 과학적 영어의 역사에 대한 Halliday의 읽기에서처럼)이라는 용어를 사용하였다. 이에 대한 좋은 예는 Mandela의 회고록 '*Meaning of freedom*'으로, 이는 식민지 이후 주요한 역사적, 문화적 변화(계통발생론)의 맥락에서, 정치 지도자로서의 그의 발전(개체발생론)을 나선형 구조로 전개하고 있다. 이 삼원적 프레임워크는 다음과 같이 요약된다.

담화발생론(logogenesis)	'텍스트의 사례화'61)	**전개**
개체발생론(ontogenesis)	'개체의 발달'	**성장**
계통발생론(phylogenesis)	'문화의 확대'	**진화**

 이러한 종류의 모델에서 계통발생은 개체발생을 위한 환경을 제공하고, 이는 다시 담화발생을 위한 환경을 제공한다. 다시 말해, 문화가 진화에 도달한 지점은 개인의 언어적 발달을 위한 사회적 맥락을 제공하고, 개인이 발달에서 도달한 지점은 그림 9.6에서 설명한 대로 전개되는 텍스트의 사례화를 위한 자원을 제공한다. 반대로 담화발생은 개체발생을 위한 자료(즉, 기호학적 재화)를 제공하고, 이는 다시 계통발생을 위한 자료를 제공한다. 즉, 텍스트는 개인이 시스템을 학습하기 위해 상호 작용하는 수단을 제공하게 된다. 그리고 한 문화의 기호학적 궤적이 진화하는 것은 개별 시스템(항상 이미 사회 시스템임)의 다성적 목소리의 집합을 통해, 우리 모두의 변화하는 목소리를 통해 이루어진다. 이 모델에서 언어 변화는 새로운 담화적, 물질적 환경에 적응하는 기호 체계의 핵심 특징인 의미 잠재력의 확장이라는 측면에서 읽힌다.

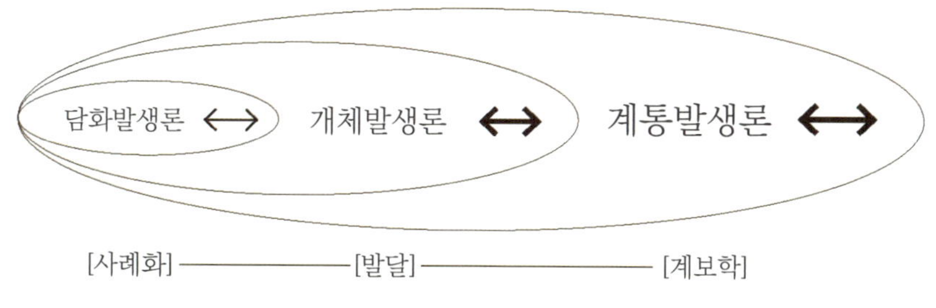

그림 9.6 시간의 틀과 기호발생론

 비판적 이론의 관점에서 보면 계통발생은 담화 형성의 진화에 대한 관심(Fairclough(1995)에

---

61) '사례화'라는 용어는 한 문화의 기호 체계 내 사례들로서의 텍스트들, 다시 말해 그 언어 체계가 텍스트로 사례화되어 있는 것을 말한다.

서 살펴본 것처럼), 사회적 주체성의 발달에 대한 개체발생(예: Walkerdine & Lucey(1989), 읽기 위치의 탈/자연화에 대한 담화발생(예: Cranny-Francis(1996))의 측면에서 설명할 수 있다. Bernstein(1996)의 말을 빌리자면, 계통발생은 문화의 의미 저장소의 변화, 개체발생은 개별 레퍼토리(즉, 코딩 지향성)의 발달과 관련이 있으며, 담화발생은 SFL에서 시스템의 텍스트 사례화(또는 보다 역동적인 관점에서는 '과정')라고 부르는 것과 관련이 있다. 이러한 관점은 그림 9.7에 설명되어 있다.

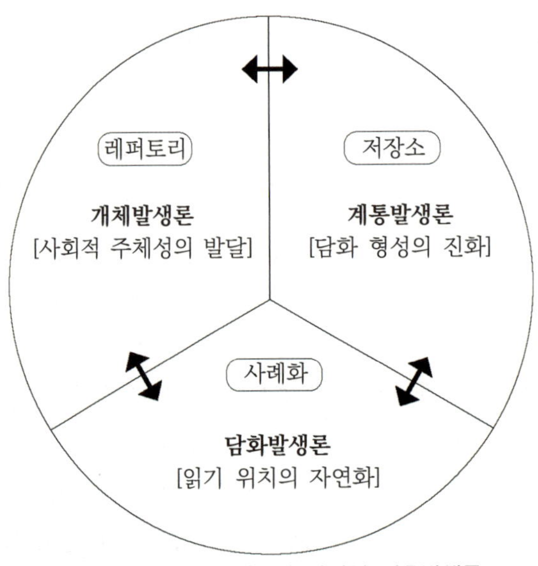

그림 9.7 비판적 이론과 관련된 기호발생론

2장과 3장에서 우리는 말하기와 감지하기의 과정이 어떻게 발화(말한 것)나 생각(감지한 것)을 투사할 수 있는지, 그리고 말하기와 감지하기의 출처를 객체화시키고 시간 속에 그것을 위치시킬 수 있는지에 대해 설명했다. 따라서 우리가 *Bakhtin argued that creativity depends on mastery of the genre*라고 한다면, 투사하는 절 *Bakhtin argued*는:

- *argue*라는 과정을 통해 *that creativity depends on mastery of the genre*라는 발화를 투사한 것이다
- *if we say*와 관련하여 말한 것을 과거 속*(argued)*에 위치시킨 것이다

다시 말하면 투사하는 절은 투사를 해석하기 위한 틀을 제공하는 것이다. 비유를 통해 우리는 발생론이 텍스트의 전개, 대화상대자의 주체성 및 관련 담화 형성에서 리스크가 있을

수도 있는 의미와 관련하여 특정 시점에 지배력을 행사하는 의미적 대립을 조건화하여 언어, 사용역 및 장르를 투사한다고 주장할 수 있다. 이런 맥락에서 언어, 사용역 및 장르를 시스템으로 구성하는 것은 담화 형성 내에서 대화상대자에게 사용 가능한 의미의 저장소를 매핑하는 것과 같다. 언어, 사용역과 장르의 시스템은 과거에 대화상대자가 만들었거나 만들 수 있었고, 여전히 관련성이 있는 의미의 결과로 내재적이다. 이러한 의미 중 레퍼토리는 사회화에 따라 주체에 따라 분배되며, 이러한 의미 중 선택의 배열은 텍스트를 전개하면서 협상이 이루어진다. 시간이 의미에 가치를 부여한다는 개념은 그림 9.8에 요약되어 있다. 이 다이어 그램에 보다 관련성 있는 비판적 분석에 영감을 준 프랑스의 '대가들' - 담화발생(Derrida), 개체발생(Lacan), 계통발생(Foucault) - 의 이름을 추가했다. Halliday(1994)의 절 사이의 투사 관계에 대한 α β 표기법은 시간이 의미에 가치를 부여한다는 생각을 나타내기 위해 차용되었다. 이것은 역사(예를 들면 기호발생론)가 동시적(비록 항상 변화하지만) 기호작용에 의미를 부여하는 방식들 중의 하나를 나타낸다. 왜냐하면 세 종류의 시간 모두에서 우리가 어디에 있는지가 관련 가치, 즉 의미가 서로 대립하여 시스템에서 가치를 갖는 방식을 설정하기 때문이다.

　수년간 언어와 이데올로기에 대한 질문을 추구하는 동안, 우리의 주요 관심사 중 하나는 텍스트를 읽는 훈련을 받고(따라서 절 너머의 의미를 해석할 수 있고), 비판적으로 읽는 훈련을 받은(따라서 해체할 수 있는) 이론가들과의 대화를 시작하고, 언어학자들이 돌파구를 찾기 위해 어려움을 겪고 있는 상황에서 사회 이론가들을 끌어들이는 것이었다. Giblett & O'Carroll (1990), Christie(1991), Christie 등(1991)은 매우 생산적인 협상을 문서화하였다. 현재 우리의 생각은 그림 9.8이 시사하는 바와 같이 사회적 변화의 관점에서 의미를 살펴보면 전 세계적으로 발전하고 있는 비판적 담화분석(Fairclough(1995), Chouiiarki & Fairclough(1999))과 관련하여 확실히 더 많은 대화가 이루어질 것이라는 것이다.

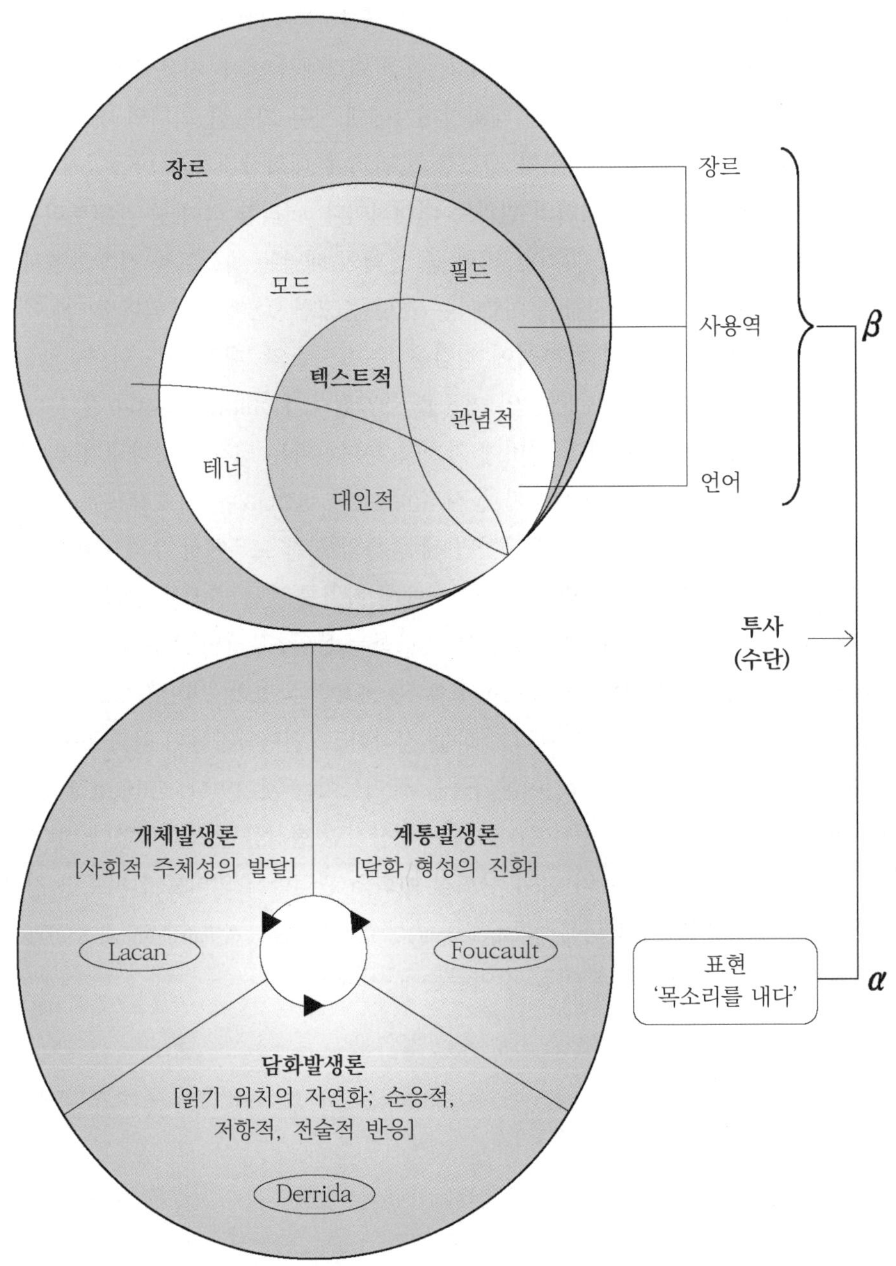

그림 9.8 시간 틀에 따른 기호역사의 투사로서의 언어, 사용역, 장르

9.4 멀티모달 담화분석(MDA)

앞 장 모드에 대한 논의에서, Vincent Lingiari 연설에 나타난 외부조응 지시는 '맥락 의존적'- 즉, 우리가 그 자리에 있거나 무슨 일이 일어나고 있는지에 대한 이미지를 읽는 것에 의존하는 방식이라고 이야기했다. 이를 달리 표현하면, 여기에는 하나 이상의 모달리티들이 관련되어 있으며, 여기서 모달리티는 단어는 언어, 음악, 이미지 또는 행동과 같은 의사소통 모달리티라는 의미로 사용된 것이라고 할 수 있다. 즉, Lingiari를 이해하려면 이미지와 관련된 언어 또는 행동과 관련된 언어를 처리해야 한다. 무슨 일이 일어나고 있는지를 함께 표현하는 두 가지 모드들이 있는 것이다. 사용역 용어에서 이것이 시사하는 바는 우리가 멀티모달 담화분석(이하 MDA)을 포용하기 위해 모드 개념을 확장해야 한다는 것이다. 이를 위해서는 언어학을 넘어 사회 기호학으로 나아가 체계적으로 설명할 수 있는 한 많은 의사소통 모드들을 고려해야 한다. SFL에서 우리는 이미지(O'Toole1994, Kress & van Leeuwen 1996/2006, 유용한 소개는 Goodman 1996, Jewitt & Oyama 2001, Stenglin & ledema 2001 참조), 음악과 소리(van Leeuwen 1999), 공간(Martin & Stenglin 2006) 그리고 행동(Martinec 1998, 2000a, b), 언어(Halliday & Matthiessen 2004, Caffarel 외 2004)에 대한 많은 연구를 찾아볼 수 있다.

그 결과 MDA는 기능 언어학에서 매우 흥미로운 연구 분야가 되었으며(Kress & van Leeuwen 2001, Martinec 2005), 개인 컴퓨팅 기술로 가능해진 새로운 전자적 의사소통 모달리티들에 의해 영감을 받아 이를 구현하게 되었다(Baldry 1999, Baldry & Thibault 2006, O'Halloran 2004).

여기서는 Mandela 책의 마지막 장에서 다루게 될 MDA의 중요성에 대해 한눈에 살펴볼 수 있는 정도만 설명하겠다. 분석을 위해 네 가지 분석 도구 세트를 사용할 것이다. 첫 번째는 위의 3장에서 설명한 일반적인 **관념어**의 범주에서 발전된 이미지의 관념적 패턴을 분석하는 것이다. 두 번째는 2장의 일반적인 **평가어**의 유형에서 발전된 대인적 패턴을 분석하는 것이며 세 번째는 이미지와 레이아웃 내의 텍스트 조직에 관한 것으로, Kress & van Leeuwen (1996)이 처음 개발한 모델을 기반으로 한다. 네 번째는 확장과 투사의 논리 의미론적 관계를 사용하여 이미지와 그에 수반되는 텍스트 간의 관계를 분석한다(Martinec & Salway 2006 참조). MDA에 대한 이전 연구가 주로 기능 문법에서 시각 패턴에 문법 범주를 재적용하는 상향식 경로를 취했다면, 우리는 담화의미론의 관점에서 담화 수준의 의미 패턴이 이미지 수준의 시각 패턴으로 어떻게 실현되는지를 질문한다. 우리의 목표는 이 분야가 아직 초기 단계에 있고 혁신적인 연구를 위해 널리 열려 있기 때문에 이러한 종류의 도구로 무엇이 가능한지를 간략하게 제안하는 것이다.

1996년 Mandela의 자서전인 *The Illustrated Long Walk to Freedom*의 '커피 테이블 크기'판 마지막 두 페이지 분량을 분석하여 이러한 가능성을 설명해 보겠다. 이 판에서는 2페이지마다 한 장 이상의 광택이 나는 흑백 또는 컬러 사진이 글과 함께 실려 있어, 글 위주였던 1995년 판과는 완전히 대조적이다(책 중간에 몇 장의 흑백 사진이 함께 배치된 것을 제외하면). 이미지를 위한 공간을 확보하기 위해 1995년의 텍스트가 요약되어 있다. 새로운 '일러스트' 판에서는 이미지와 관련되어 여백에 쓴 글들이 언어와 이미지를 적절히 조율하고 있다.

책의 마지막 두 쪽(202-3)에는 자서전적 회고록 *Meaning of Freedom*의 요약본이 가로로 삼연화(triptych) 구성되어 있으며, 텍스트 왼쪽에는 주먹을 든 어린 소년의 사진이, 오른쪽에는 남아공 국기가 돋보이는 Mandela 대통령 취임식 군중의 더 큰 사진이 있다. 이 사진은 203쪽 전체를 차지하고 202쪽의 5분의 1에 걸쳐 펼쳐져 있으며 이 이미지는 책의 앞표지와 뒷표지에 컬러로 제공되어 있다. 전체 레이아웃은 그림 9.9에 표시되어 있다.

왼쪽 여백 아래에는 어린 소년의 이미지가 중심에 있고, 그 위와 아래에 보고서 *Cost of Courage*에서 '정권'과 '효과'라고 분류한 다음과 같은 여백에 쓴 글이 있는, 또 다른 삼연화(triptych)가 있다(1996년 커피테이블 판에는 이 보고서의 내용 중 이것만 남아 있다):

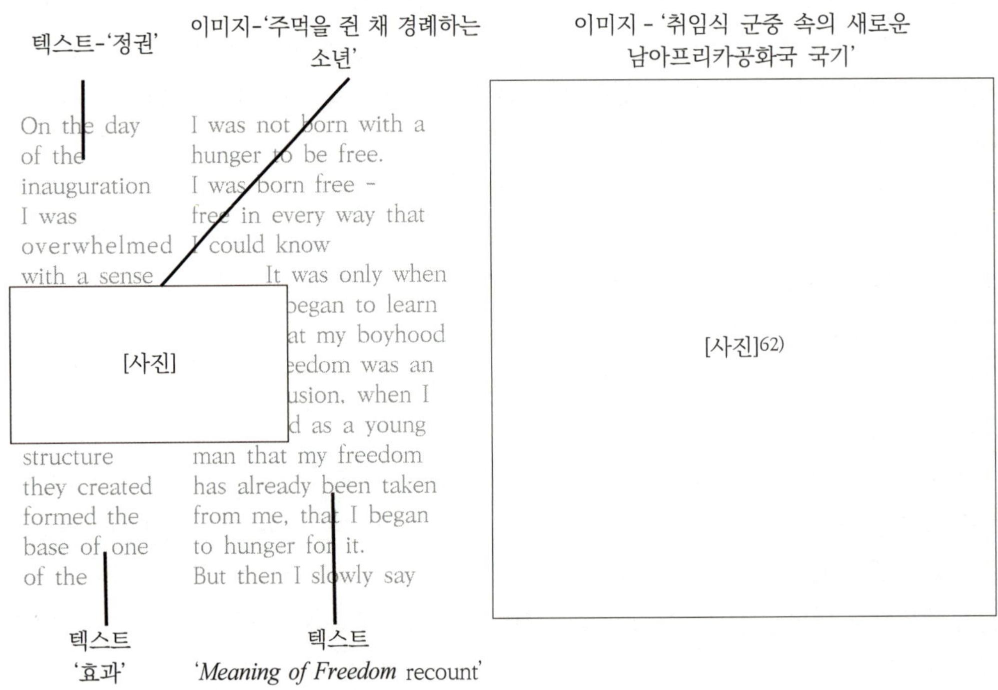

그림 9.9 Mandela 1996: 202-3쪽의 이미지와 텍스트 레이아웃

On the day of the inauguration I was overwhelmed with a sense of history. In the first decade of the twentieth century, a few years after the bitter Anglo-Boer war and before my own birth, the white-skinned peoples of South Africa patched up their differences and erected a system of racial domination against the dark-skinned peoples of their own land.

취임식 날, 나는 역사의 무게에 압도당했다. 20세기의 첫 10년, 격렬한 Anglo-Boer 전쟁이 끝나고 몇 년 후, 내가 태어나기 전에 남아프리카의 백인들은 서로의 차이점을 메우고, 자신의 땅의 흑인들을 상대로 인종적 지배 체제를 세웠다.

The structure they created formed the basis of one of the harshest, most inhumane, societies the world has ever known. Now, in the last decade of the twentieth century, and my own eighth decade as a man, that system has been overturned forever and replaced by one that recognised the rights and freedoms of all peoples regardless of the colour of their skin. (Mandela 1996: 202)

그들이 만든 구조는 세계가 알고 있는 가장 가혹하고 비인도적인 사회 중 하나의 기반을 형성했다. 이제 20세기의 마지막 10년, 그리고 내가 한 명의 인간으로서 80년을 맞이한 지금, 이 체제는 영원히 전복되었고 피부색에 관계없이 모든 사람들의 권리와 자유를 인정하는 체제로 대체되었다.(Mandela 1996: 202)

언어적 거시 장르를 대신하여 일러스트 판이 우리에게 제공하는 것은 이미지가 의미와 언어를 공동으로 표현하는 멀티모달 장르라는 것이다. 실제로 회고록 *Inauguration*과 보고서 *Courage*는 여백에 쓴 글이 있는 이미지로 재작업되었고, 이러한 언어/이미지 텍스트는 요약된 자서전적 회고록 *Freedom*과 조율되어 Mandela의 책에 대해 재맥락화된 결과적 의미를 해석하게 된다. 이번에는 어떤 메시지를 담고 있는가? 이 질문에 답하기 위해 우리는 이미지와 텍스트 사이의 관념적, 대인적, 텍스트적 의미의 대기능적 관점에서 해당 페이지를 해석할 것이다.

시각적 이미지에 의해 해석되는 관념적 의미들

앞의 3장에서 설명한 관념적 용어에서, 시각적 이미지의 1차 초점은 개체 또는 활동에 있다. 개체 초점 이미지는 개체를 분류하거나 그 부분을 구성하며, 활동 초점 이미지는 단일 활동(단순) 또는 연속 활동(복합)를 해석한다. 8장에서 장르에 대해 설명한 것처럼, 이미지는

---

62) [역자주] 저작권 문제로 사진을 싣지 못하게 됨. 원서의 323쪽을 참조 바람.

그들의 요소들에 따라 실현되는 2차 초점이 있을 수 있다.

이 프레임워크에서 어린 소년의 사진은 하나의 부류적 이미지이다. 핵심의 관점에서 보면, 군중(주변적) 앞에서 그의 주먹 쥔 손(핵심)을 들고 있는 어린 흑인 소년(중심적)의 사진이 있다. 하지만 필드 관점63)에서 보면 이러한 각 요소에는 적어도 두 개의 가능한 지시 대상이 있다. 이 소년은 아파르트헤이트 저항 운동에 참여했던 흑인 청년들의 과거 역할과 자유로운 남아공에서의 미래 삶을 동시에 상징한다. 그의 '흑인의 힘'을 표현하는 제스처64)는 정권에 맞선 학생들의 역사적인 시위와 취임식 날의 축하를 모두 떠올리게 한다. 1995년 판에서 Mandela 는 이 경례를 *Afrika* salute(그림 9.9 속 소년의 경례)라고 언급하며 원주민 연대의 기능을 강조하고 있다. 그리고 소년은 군중의 일원이자 그 화신, 즉 Mandela와의 관계를 암시하는 리더로 해석될 수 있다. 이러한 시각적 이미지의 잠재적 모호성은 그들이 가진 권력의 일부가 된다: 시각적 이미지의 해석은 시청자에게 해석의 여지가 상대적으로 열려 있어 호소력을 넓히고, 다중적 해석이 은유의 방식으로 서로 매핑되어 그것이 그려내는 단순한 이미지 이상의 더 일반적이거나 추상적인 범주를 연상시킬 수 있다(앞 9.1절의 문법적 은유와 모드에 대한 논의 참조).

취임식 사진은 군중이 거대한 깃발 아래에서 무대 위와 왼쪽을 바라보고 있는 단순한 활동으로 해석할 수도 있다. 그러나 이 활동 내의 이미지는 무대 위의 고위 인사들과는 별도로 전경 하단의 일반인들을 암시적으로 구분하는 것으로 해석할 수도 있다. 그런 다음 중앙의 국기는 이러한 범주를 매개하여 국가라는 상위 범주를 나타내는 것으로 해석할 수 있다. 국기 자체는 구성적 이미지로, 국기가 상징하는 남아공의 민족과 역사의 범주가 함축되어 있다. 즉 빨강, 흰색, 파랑은 아파르트헤이트 이전 영국 국기를, 검정, 초록, 노랑은 아프리카 민족회의 국기를 의미하며, 모두 과거에서 미래로의 수렴을 나타낸다.

요약하자면, 이 사진들은 우리가 이미지에 대해 제안한 4개의 관념적 범주, 즉 부류적 또는 구성적 개체들, 그리고 단순하거나 복잡한 활동들을 보여준다. 이보다 더 중요한 것은 그것들이 해석되는 방식이다. 사진과 사실적인 그림은 개체와 활동을 도상적으로 묘사할 수 있으며; 이미지와 이미지가 구성하는 범주 사이에 직접적인 시각적 관계가 있다. 반면 깃발이나 도표와 같은 이미지는 범주를 상징적으로 해석하므로; 보는 사람이 기호를 알아야만 그 의미를 인식할 수 있다. 그 사이에는 도식적이지도 상징적이지도 않지만 하나 이상의 기준에 의해 범주를 나타내는 이미지가 있는데; 예를 들어 군중, 무대 위의 고위 인사, 국기 사이의 관계는 국민, 지도자, 국가의 범주를 아래, 위, 중간이라는 상대적 위치에 따라 나타낸다. Peirce(1955)의 용어에 따르면 이러한 종류의 시각적 해석은 지표적65)이다(이미지의 범주들은 자막에 명시적으로,

---

63) [역자주] 회고록 장르를 말함.
64) [역자주] 주먹을 쥐고 들어 올리는 모습을 말함.

또는 그 필드에 대한 독자의 추정된 지식이나 함께 제공되는 구어 텍스트에서 암시적으로 라벨링 될 수 있다).
이미지의 관념적 의미에 대한 일반적인 선택항들의 개요는 그림 9.10에 나와 있다.

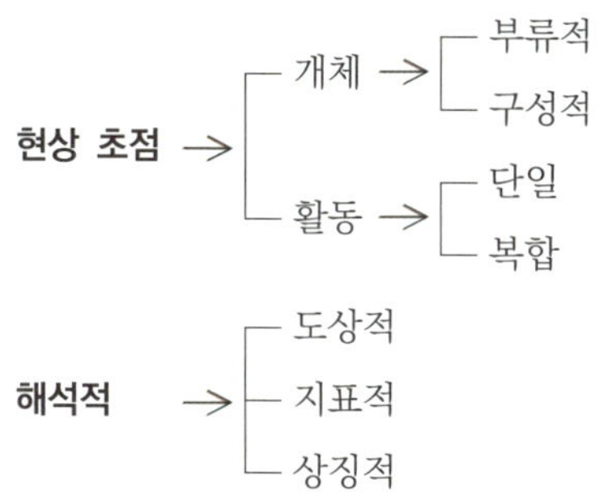

그림 9.10 이미지의 관념적 의미에 대한 몇 가지 일반적 선택항들

시각적 이미지에 의해 제정되는 대인적 의미들

2장에서 설명한 **평가어**의 관점에서 보면, 이미지들은 울거나 웃는 사람의 이미지와 같이
느낌을 기록하거나 감정적으로 반응하는 이미지로 감정평가를 환기할 수 있다. 또는 제시된
사물이나 장면의 상대적 매력도에 따라 사물에 대한 정황평가를 환기할 수 있으며, 사람의
활동, 자세 또는 표정과 같은 방법으로 사람에 대한 행위평가를 환기할 수도 있다. 또한 시청
자의 개입평가도 이미지에 따라 다양해질 수 있는데 예를 들어, 묘사된 사람들이 시청자들을
직접 바라보거나, 한쪽으로 비스듬히 바라보거나, 시청자로부터 직접 시선을 돌리는 등의 시
선에 따라 달라질 수 있다. 물론 감정평가, 정황평가, 행위평가도 증폭되거나 감소될 수 있다.

평가어 용어에서 이 소년의 사진은 그를 둘러싼 텍스트와 관련하여 읽힐 수밖에 없는 신뢰
성의 긍정적인 행위평가를 환기시킨다. 소년이 들어 올린 주먹에 의해 해석되는 체제에 대한
항의는 인접한 *Freedom* 텍스트에서 언급된 Mandela와 그의 동지들의 끈질긴 저항을 반영
한다. 따라서 주먹을 든 모습은 (손을 흔들거나 거수경례를 했을 때보다) 저항의 강도를 더욱 증폭
시키는 것으로 읽을 수 있다. 이것은 그의 신뢰성을 낡은 정권에 대한 도전으로, *과거지향적*

---

65) 시각적 이미지에서 관념적 의미와 대인적 의미를 해석하려는 이전의 노력은 담화의미론보다는 과정 유형,
서법, 양태의 문법 범주(예: Kress & van Leeuwen 1996, O'Toole 1994, Unsworth 2001)와의 유사성에
기반을 두고 있었다. 여기서는 담화 중심의 접근 방식을 유지하고 라벨을 관리하기 쉽도록 하기 위해
가능한 한 구어 텍스트와 동일한 용어를 사용했다. 예를 들어, Kress & van Leeuwen이 '명백한/은밀한'
이라는 암호적 용어를 사용하는 경우, 우리는 '명시적/암시적'이라는 용어를 사용하고, 그들이 '구체적/추
상적'이라는 다의적 용어를 사용하는 경우, 우리는 '도상적/지표적/상징적'이라는 덜 모호한 기호학적
용어를 찾아냈다.

(*retrospective*)으로 읽을 수도 있지만, 다른 한편으로 그의 신뢰성은 미래에 대한 국민적 희망에 대한 젊은이의 결단으로 *미래지향적*(*prospective*)으로 읽힐 수도 있다. 이는 정권에 대한 항거와 정권 전복에 대한 축하라는 상호보완적인 읽기로, 다음 절에서 논의할 사진의 위/아래 텍스트에 의해 확장된다. 소년은 독자와 직접 마주하고 있기 때문에 그의 도전/축하는 우리를 직접적으로 끌어들이지만, 동시에 그의 비스듬한 시선은 독자에게 직면할 수 있는 잠재적 도전을 피하고 있다. 이 메시지는 나는 당신에게 반항한다는 것이 아니라 불의에 대한 승리에 우리와 함께하자는 초대가 된다.

반면에 취임식 깃발 사진은 반응, 구성 및 가치 평가의 측면을 포함하여 긍정적인 정황평가를 환기시킨다. 표 2.10에 예시된 용어와 관련하여, 취임식의 군중들은 *복합적*(*complex*)*이고 통합적*(*unified*)*인* 구성과 동시에 *심오하고*(*profound*) *혁신적*(*innovative*)*이며 지속적*(*enduring*)*인* 가치를 지닌 거대한 깃발과 마찬가지로 *인상적*(*imposing*)*이고 흥미롭고*(*exciting*) *극적*(*dramatic*)*으로* 보인다. 이러한 가치는 깃발의 크기와 핵심성, 그리고 색상의 강렬함에 의해 증폭된다. 개입평가와 관련해서 사람들은 독자와 정반대 방향을 바라보고 있기 때문에 우리는 그들이 바라보는 방향으로 비스듬히 그 장면에 들어가게 된다. 요약하면, 두 사진은 그림 9.11에 제시된 태도평가, 개입평가, 강도평가의 선택항들을 보여주고 있다.

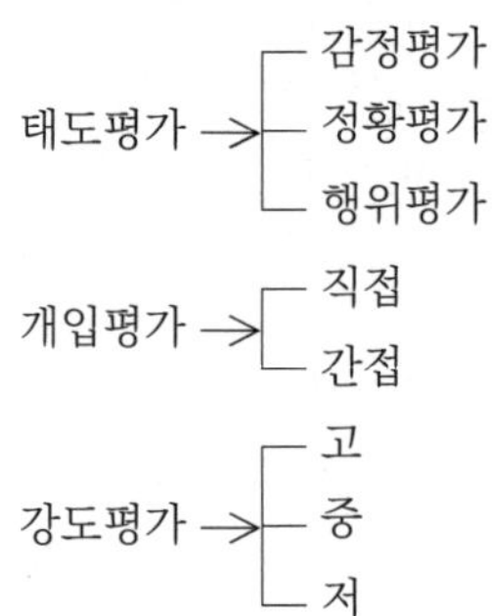

그림 9.11 이미지에 나타난 대인적 의미의 일반적인 선택항들

텍스트적 조직과 이미지-텍스트 관계

그림 9.9에서 이미지와 텍스트의 의미 관계를 해석하려면 텍스트적 조직과 이미지-텍스트 관계의 몇 가지 차원을 도입해야 한다. Kress & van Leeuwen(1996)은 이미지의 텍스트 조직을 '양극화(polarized)'와 '중심화(centred)'라는 두 가지 형태로 제안하고 있다. 각각 가로 그리고/또는 세로의 축을 따라 양극이 있다. 가로로 양극화된 이미지의 경우, 왼쪽은 **구정보**,

오른쪽은 **신정보**로 해석되는데, 이는 앞의 6장에서 소개한 것처럼 영어의 절에 대해 Halliday가 설명한 것과 유사한 조직이다. 세로로 양극화된 이미지에 대해서는 Kress와 van Leeuwen이 **이상**과 **현실**이라는 용어를 제안했으며, 여기서 **이상**은 보다 일반적이거나 추상적인 범주로, **현실**은 보다 특별하거나 구체적인 것으로 특징지을 수 있다. 또는 이미지를 **중심**과 **여백**의 원칙으로 구성할 수도 있는데, 여기서 **중심**은 여백의 요소가 의존하는 정보의 중심이 된다. 이러한 축은 그림 9.12에 도식화되어 있다.

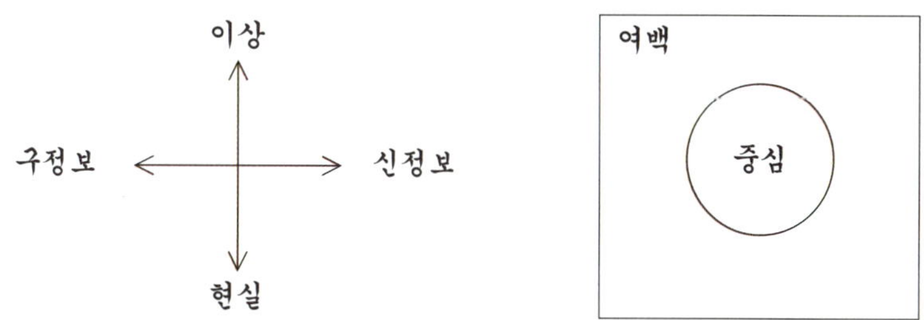

그림 9.12 이미지의 '양극화'와 '중심화' 구조의 값들

또 다른 텍스트적 차원은 이미지 또는 페이지 배치에서 다른 요소보다 한 요소에 독자의 주의를 집중하게 만드는 요소들의 상대적 두드러짐이다. 크기, 색상 강도 또는 벡터의 강도는 물론 중심-여백, 좌-우, 상-하 위치 등 여러 가지 요소로 이와 같은 두드러짐을 나타낼 수 있다.

이미지-텍스트의 관계에는 둘 간의 논리적 관계, 텍스트와 이미지의 경계 그리고 식별[66] 이 포함된다. 논리적 관계는 8장에서 매크로장르의 텍스트에 대해 설명한 것처럼 확장 또는 투사의 관점에서 매핑할 수 있다. 예를 들어 이미지와 텍스트는 서로를 재진술하거나, 구체화 하거나, 요약할 수 있고(부연하기), 서로를 추가하거나(확대하기), 시간적으로 서로를 설명하거 나 따라갈 수 있다(보강하기). 또한 이미지들은 생각이나 말풍선으로 단어를 투사할 수도 있고, 그 반대의 경우도 가능하다. 이미지와 텍스트 사이의 경계는 약하거나 강할 수 있으며: 이미 지가 텍스트를 침범할 수도 있고, 텍스트가 이미지와 겹치거나 강하게 구분되어 있을 수도 있다. 마지막으로 이미지의 요소는 함께 제공되는 텍스트(예: 자막)에서 명시적으로 식별될 수 있으며, 텍스트 또는 다른 이미지의 요소는 해당 이미지를 가리키는 벡터를 통해 함께 제공되는 이미지에서 참조될 수도 있다.[67]

위 그림 9.9의 세로로 된 삼연화 구성에서 소년의 사진은 **구정보**이며 취임식 사진은 **신정**

---

66) [역자주] 이미지와 텍스트의 의미적 지위가 종속적인지 독립적인지 식별하는 것을 말한다.

67) Kress & van Leeuwen은 참여자의 시선이나 사람과 사물의 위치에 따라 형성되는 선들을 통해 구성될 수 있는 벡터에 주목하고 있다. 이들은 벡터를 관념적 용어로 해석하지만, 이 책에서는 벡터를 관념적 또는 텍스트적 기능을 위한 실현 전략으로 본다.

보가 된다. 사진은 색의 강도와 **주·신정보** 위치로 인해 텍스트보다 더 눈에 띄며, 취임식 이미지가 가장 현저하게 나타난다. 우리의 시선은 먼저 이 큰 그림에 끌리고, 다음에 소년의 사진에 다시 끌리고, 그다음에 이미지를 설명하는 텍스트에 끌린다. 왼쪽 세로로 된 삼연화 구성에서 소년의 이미지는 크기, 색상 및 중심 위치로 인해 위와 아래 여백의 텍스트보다 더 현저해진다. 결과적으로 우리는 이 텍스트가 사진의 의미를 확장할 것으로 기대하고, 실제로 사진의 의미를 더욱 강화해 주고 있다. 위와 아래 텍스트 사이의 의미 대비는 아파르트헤이트의 역사적 기원(이상)과 최근 과거와 현재의 결과(현실)이며; 위 텍스트는 새로운 공화국의 출범과 구 아파르트헤이트 정권의 전복을, 아래 텍스트는 구정권(*harsh and inhumane*)과 신정권(*respect for the rights and freedoms of all peoples*)이 국민에게 미친 영향을 먼저 언급하고 있다. 소년의 사진은 이러한 시간적 연속성을 매개하고; 상하 배치는 아파르트헤이트 체제를 소년의 저항 이전으로, 그 전복을 소년의 저항 이후로 해석한다. 이미지에서 상대적으로 높은 현저성은, 비인도적 정권을 전복하는 데 소년으로 표현되는 사람들의 저항이 원인 역할을 했다는 것을 강조하는 효과를 가져온다. 이것은 이미지를 강화하는 텍스트의 읽기이지만, 앞에서 평가어에 대해 논의했듯이 소년의 신뢰성은 아래 텍스트의 단어(*overturned forever*)로 부연되는, 미래에 대한 결의로도 읽을 수 있다.

가로로 된 삼연화 구성에서 이미지와 텍스트의 관계는 부연하기(elaborating)와 보강하기(enhancing)에 해당된다. 소년의 이미지는 Mandela 이야기를 시작하는 단어들, *I was not born with a hunger to be free... It was only when I began to learn that my boyhood freedom was an illusion... that I began to hunger for it*을 재진술하고 있다. 텍스트를 통한 유추는 사진이 텍스트에 개입하여 이미지-텍스트의 경계가 약하다는 걸 나타낸다. 대조적으로 취임식 이미지는 Mandela의 이야기와 더 강하게 연결되어 있고 Mandela 자신은 사진에 없다는 점이 눈에 띄며 새로운 국가의 국기 아래 남아프리카 사람들로 대체되었다. 따라서 이 이미지는 텍스트와 명확하게 구분되어 새로운 정보로 표시된다. 페이지의 좌-우의 축, 취임식-국기 이미지의 벡터, 그리고 앞의 텍스트와의 관계가 결합되어 지표화된 시간적 순서를 구성한다. 군중 속 사람들의 시선은 무대 위와 왼쪽 건너편에 있으며 이러한 시선에는 그들이 보고 있는 취임식과 그 핵심 주인공인 Mandela가 암시되어 있다. 이들의 시선 또한 이미지 왼쪽에 있는 Mandela의 생애 이야기를 향하고 있다. 이 벡터들은 모두 '그'인 Mandela를 은유적으로 가리키며 동일시를 암시적으로 실현하지만, Mandela 자신은 사진에 등장하지 않는다. 이 위쪽과 왼쪽 시선의 균형을 맞추는 것은 국기의 강력한 벡터로, 국기를 둘러싼 사람들을 아래쪽과 오른쪽으로 가리키며 '그들'을 은유적으로 동일시하게 된다. 요약하면, 배치와 이미지는 지표적으로 복합 활동 연쇄를 구성하는데, 그 연쇄는 아파르트헤이트뿐만 아니라 이에 맞선 투쟁, 그리고 Mandela 자신의 생애까지 과거에 속한다는 것이다.

그와 대조적으로 미래는 민중들에게 속한다.

요약하면, 이미지와 배치는 좌-우, 상-하, 중심-여백 축과 요소들의 상대적 현저성 (salience)에 따라 구성된다. 이미지-텍스트 관계에는 확장 또는 투사, 경계 강도 및 식별이 포함되어 있다. 텍스트 구성의 이러한 선택항은 그림 9.13에, 이미지-텍스트 관계의 선택항은 그림 9.14[68)]에 설명되어 있다.

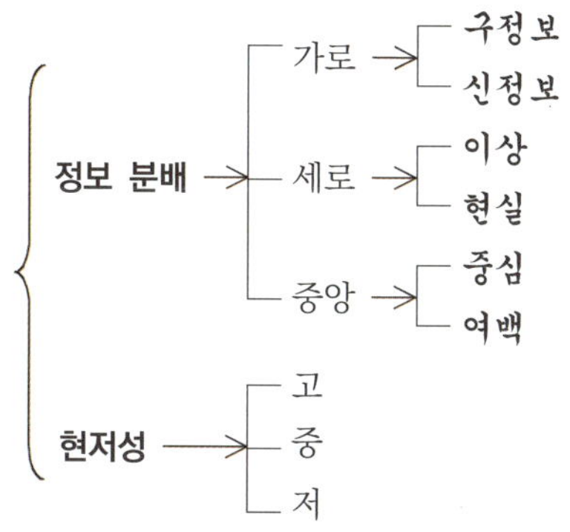

그림 9.13 이미지의 텍스트적 조직에 대한 몇 가지 일반적 선택항들

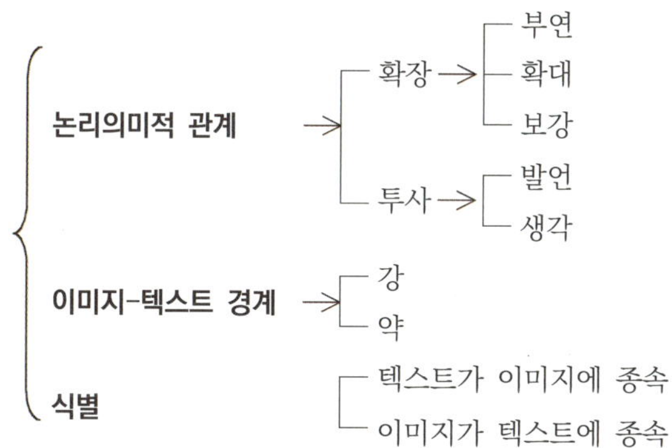

그림 9.14 이미지와 텍스트 사이의 몇 가지 일반적 관계

위 그림 9.9의 이미지 배치는 책 전반에 걸쳐 보여주는 Mandela 자신의 역할에 대한 겸손

---

68) Kress & van Leeuwen의 *Given*과 *New*라는 용어는 **정보**의 언어 체계에 대한 Halliday의 설명에서 유래했다(Halliday & Matthiessen 2004). 우리는 *Given-New*, *Ideal-Real*과 *Centre-Margin*의 대조를 **정보** 분배의 선택항으로 일반화했다. '현저성'이라는 용어는 Kress와 van Leeuwen이 사용했지만, 고/중/저라는 **현저성** 값은 이 책에서 직접 사용했다. 우리는 **이미지-텍스트 경계**라는 용어를 사용한 반면, Kress & van Leeuwen(1996)은 경계 강도에 대해 '프레이밍'이라는 용어를 사용했는데, 이는 맥락 내 통제에 대해 Bernstein(1971, 1996)이 사용한 '프레이밍'과 상충이 되는 것이다.

한 시각을 반영하는 것으로 보아 그가 직접 선택했을 것으로 보인다. 이러한 결론은 국기의 상징성과 국기를 휘날리는 사람들 사이의 명백한 비유, 그리고 Mandela가 회고록 *Inauguration Day*에 있는 마지막 에피소드에서 불굴의 집념을 가지고 미래를 가리키고 있다는 점에서 더욱 확고해지게 된다.

> Finally a chevron of impaia jets left a smoke trail of the black, red, green, blue and gold of the new South African flag.
>
> 마침내 임파이아 제트기가 새로운 남아공 국기의 검정, 빨강, 초록, 파랑, 금색의 연기를 남겼습니다.
>
> The day was symbolised for me by the playing of our two national anthems, and the vision of whites singing 'Nkosi Sikelel' iAfrika' and blacks singing 'Die Stem', the old anthem of the republic. Although that day neither group knew the lyrics of the anthem they once despised, they would soon know the words by heart,
>
> 이날은 두 개의 국가가 연주되고 백인들은 '주여, 아프리카를 구원하소서'를, 흑인들은 공화국의 옛 국가인 'Die Stem(남아프리카의 외침)'을 부르는 장면으로 저에게 상징되는 날이었습니다. 비록 그날은 관중들 모두 한때 경멸했던 국가 가사를 몰랐지만, 곧 그 가사를 외우게 되었습니다.

멀티모달 텍스트 내의 글과 이미지의 상호작용은 하나의 모드만으로는 가능하지 않은 새로운 의미를 만들어낸다(Jay Lemke(1998)가 언급하는 의미의 다중화). 멀티모달 텍스트는 변화를 전경화한다. 다시 말하면 백인 우월주의 정권을 비-인종적 민주주의 정권으로 대체하는 것이다. 이러한 정치적 변화를 전면에 내세운 이미지와 여백에 쓴 글은 우리가 살펴본 바와 같이 이해의 변화를 전면에 내세운 자서전적 회고록 *Freedom*, 즉 Mandela의 자유의 의미에 대한 정신적 탐구를 둘러싸고 있다. 따라서 이 멀티모달 텍스트에서, 우리는 정치적 변화가 정신적 발전을 재맥락화하는 것을 볼 수 있다. 정치적 변화가 지배적인 것이라면 Mandela는 어디에 있는가? 그의 역할은 무엇인가? 자서전적 회고록 *Meaning of Freedom*에서 그는 책임과 함께 자유를 받아들이고 통치를 시작한다. 그러나 멀티모달 텍스트에서 그는 나타나지 않고 – *Given*으로서 암시적으로만 존재 – 앞의 페이지에서 군중의 시선의 대상, 또는 아마도 자유를 갈망하며 태어난 어린 소년으로서의 환생을 통해 다시 태어났을 것이다.

여기서 새로운 의미는 재건과 관련이 있다고 여겨진다. 여백에 쓴 글에서 선언한 것처럼 아파르트헤이트 체제는 '영원히 전복'되었고, 서로 연결된 삼연화 구성은 Mandela의 유산, 즉 다른 사람의 자유를 존중하고 향상하는 자유를 출발점으로 하여, 힘 있는 젊은 세대가 이끄는 하나의 국가, 단결된 국가를 구성하고 있다.

9.5 후기

지금까지 우리는 담화분석에 대해 비교적 단성적 입장을 취해왔다. 이제는 우리 분야의 더 폭넓은 대화에서 이를 다시 한번 재구성할 때가 되었다. 우리의 목표는 과거보다 더 쉽게 사용할 수 있는 도구를 만드는 것이었으며, 이는 하나의 관점에 기반한 하나의 도구 키트에만 집중하는 것을 의미했다. 이와는 대조적으로 Martin의 1992년 *English Text*에서는 대안들과 관련하여 분석을 동기화하는데 더 많은 시간을 할애했으며, 여기에 제시된 여러 분석과 다른 작업 간의 관계(예: 수사 구조 이론(RST)과 관련된 연관성, 대화 분석(CA)과 관련된 교환 및 발화 기능)에 대한 논의를 다루고 있다. 우리 연구와 가장 분명한 연관성은 표 9.1에 언급된 서부 연안 지역의 기능주의와 관련이 있다(Matthiessen 2002 참조). 이 표는 *Working with Discourse*(WWD)에서 다룬 내용들과 *English Text*(ET)에서 논의한 시스템을 SFL의 다른 기능주의적 분석, 연구와 비교한 것이다.

표 9.1 WWD, ET 그리고 다른 연구들 사이의 연관성

WWD와 ET	기타 접근법들	SFL 연관성
식별어	identity (Du Bois 1980)	지시
접속어	RST (Mann and Thompson 1992)	접속
주기어	New flow (Chafe 1994)	**테마**, 정보
관념어	cognitive grammar (Langacker 1987)	관념적 의미론
평가어	hedging (Hyland 1998)	양태, 투사
교섭어	CA (Ochs 외 1996)	교환, 발화 기능

아마도 우리의 연구와 비교할 만한 가장 관련성 있는 기능주의 연구는 서부 연안 지역의 Fox(1987)일 것이다. 이 연구는 텍스트 전개의 '문법'에 여러 담화 의미 영역(CA, RST 및 참여자 식별)을 적용하기 때문이다. 화용론 문헌에서 '메타담화'라고 언급되는 것에 대한 Hyland (2005)의 소개는 이 개념과 Halliday적 관점과의 관계를 명시적으로 다루고 있다. 물론 이 외에도 많은 연관성이 있을 수 있다. 우리는 이러한 텍스트 간 여행의 단계를 독자들에게 맡겨서, 그들 스스로 탐험할 자신만의 저항적이고 전술적인 고속도로와 우회로를 갖도록 하겠다.

J. R. Martin이 참여한 40년간, 그리고 D. Ross가 참여한 20년 동안 담화분석의 초점에는 몇 가지 흥미로운 변화가 있었다. 1970년대에는 문법학자들이 절을 넘어 밖으로 시선을 돌리게 되면서 응집성이 가장 선호되는 인식론 분야였다. 인식론 중에서 1980년대에는 시드니 학파, 학문적 목적을 위한 영어, 새로운 수사학 전통(Hyon 1996)의 문해력 개발에 관한 연구를 통해 중요한 측면에서 육성된 장르가 전면에 등장했다. 1990년대에는 분석가들이 기능 언어

학 및 말뭉치 언어학에서 태도평가 모델을 개발하면서 평가어가 주요 주제로 부상했다 (Hunston & Thompson 2000, Martin & Macken-Horarik 2003). 현재는 멀티모달 분석에 대한 관심이 급증하고 있으며, 이는 이미지에 대한 Kress & van Leeuwen(1996/2006, 2001)의 획기적인 연구에서 영감을 얻었다. 앞으로 텍스트 분석에 대한 질적 접근 방식과 양적 접근 방식 사이에 새로운 협력이 이루어질 것으로 예상되는데, 이는 많은 양의 긴 텍스트를 대상으로 하는 대규모 연구에 활용될 수 있는 기술의 종류에 따라 달라질 수 있다. 담화분석 인식론에 어떤 경향이 집중될지는 예측하기 어렵다. 이 책과 그 밖의 다른 책에서 우리가 취하는 접근 방식은 오늘날의 추세와 현저히 대조되는데, 오늘날의 추세는 작업상의 편의라는 이유(또는 더 안 좋은 이유)로 인해 단어 수, 어휘적 연어, 문법적 연어를 선호하여 담화의미론을 생략하는 경향이 있다. 마치 텍스트가 무작위적인 단어, 구 또는 절의 무작위적 연쇄인 것처럼 말이다. 분석 기술이 발전할수록 우리는 이러한 경향이 장기적으로 이 분야에 고착화되지 않도록 노력해야 한다.

우리의 경험에 따르면 연구 방향을 결정하는 가장 영향력 있는 요소는 우리가 무엇을 위해 언어학을 발전시키고 있는지에 대한 것이다. 시드니 학파의 참여자로서 우리에게는, 응집성에서 벗어나 담화의미론의 발전, 장르 이론과 평가어 분석의 등장, 그리고 모달리티 간에 대한 현재의 관심이 모두 서구 문화의 문해적 언어자원을 역사적으로 피지배 민족에게 재분배하려는 관심과 매우 밀접하게 연관되어 있음을 밝힌다. 우리의 목표는 특정 이데올로기를 홍보하는 것이 아니라 단순히 이러한 언어자원에 대해 우리가 알고 있는 것을 제공하여 사람들이 원하는 대로 재배치할 수 있도록 하는 것이었다. 이는 7장 D. Ross의 남아프리카 관련 내용에서 설명한 것처럼 여전히 우리 연구의 주요 관심사이며, 교육적 맥락에서 중요하게 적용되고 있고, 전 세계적으로 계속 성장하고 있다.

그러나 우리는 현재 지구 온난화에 대한 예측을 고려할 때, 노동자 계급, 원주민 소수 민족, 제3세계 국가 등의 사람들에게는 이러한 재배치의 기회가 점점 더 제한되는 것을 지켜봐야 할 수도 있다. 이러한 언어자원의 재배치는 사회적으로 책임감 있는 언어학에 대한 새롭고 시급한 의제를 만들어낸다. 지금까지 우리는 이 책에서 연구한 저자들처럼 주로 Halliday(1993)가 유라시아 문화권의 '군주주의'라고 부른 것을 전복시키는 데 관심을 기울여 왔다. 이제 우리는 모두 온실효과를 부추기는 글로벌 자본주의의 '성장주의' 이데올로기에 정면으로 맞서야 하는 시급한 상황에 직면해 있다. 이러한 질서에 대한 개입이 기능 언어학에 어떻게 초점을 맞출지는 확신할 수 없지만, 젊은 시절의 동지들이 Bob Dylan의 말을 마음에 새긴 것처럼, 우리는 바람이 어느 방향으로 부는지 알기 위해 기상캐스터가 필요한 것은 아니다. 날씨를 만들어 가는 사람으로서, 우리는 기술(craft)의 가능성을 다시 한번 상상하고 이를 사회적 행동으로 실현해 나가야 한다.

부 록

1. 국민통합과 화해 촉진에 관한 법령
2. 일반적인 장르, 그 목적 그리고 단계에 대한 개요

OFFICE OF THE PRESIDENT
대통령실

No. 1111,
번호 1111.

26 July 1995
1995년 7월 26일

NO. 34 OF 1995: PROMOTION OF NATIONAL UNITY AND RECONCILIATION ACT, 1995.
법률 제34호, 1995년: 국가 통합 및 화해 촉진법, 1995

It is hereby notified that the President has assented to the following Act which is hereby published for general information:
다음 법령이 대통령의 승인을 받아 일반 공지를 위해 공포되었음을 알린다.

ACT
법률

To provide for the investigation and the establishment of as complete a picture as possible of the nature, causes and extent of gross violations of human Rights committed during the period from 1 March 1960 to the cut-off date contemplated in the Constitution, within or outside the Republic, emanating from the conflicts of the past, and the fate or whereabouts of the victims of such violations;
1960년 3월 1일부터 헌법에서 규정한 시한일까지 공화국 내외에서 과거의 갈등으로 인해 발생한 중대한 인권 침해의 성격, 원인 및 범위에 대한 가능한 한 완전한 상황을 조사하고 확립하며, 그러한 침해의 피해자들의 운명 또는 행방을 밝히기 위한 규정을 마련하기 위함이다.
the granting of amnesty to persons who make full disclosure of all the relevant facts relating to acts associated with a political objective committed in the course of the conflicts of the past during the said period;
해당 기간 동안 과거 분쟁 과정에서 저지른 정치적 목적과 관련된 행위와 관련된 모든 관련 사실을 완전히 공개하는 사람에게 사면을 부여하며;

affording victims an opportunity to relate the violations they suffered;
피해자들이 자신이 겪은 침해에 대해 말할 수 있는 기회를 제공하고,

the taking of measures aimed at the granting of reparation to, and the rehabilitation
and the restoration of the human and civil dignity of, victims of violations of human
rights;
인권 침해 피해자들의 재활 및 인간적·시민적 존엄성 회복을 목적으로 배상 및 재활 조치를
취하며,

reporting to the Nation about such violations and victims;
그러한 침해와 피해자에 대해 국민에게 보고하고,

the making of recommendations aimed at the prevention of the commission of gross
violations of human rights;
중대한 인권 침해 행위의 재발 방지를 목표로 하는 권고안을 제시하며,

and for the said purposes to provide for the establishment of a Truth and
Reconciliation Commission, a Committee on Human Rights Violations, a Committee
on Amnesty and a Committee on Reparation and Rehabilitation;
이를 위해 진실과 화해 위원회, 인권 침해 위원회, 사면 위원회, 배상 및 재활 위원회를 설립
하고,

and to confer certain powers on, assign certain functions to and impose certain
duties upon that Commission and those Committees;
그 위원회와 위원회에 특정 권한을 부여하며, 특정 기능을 할당하고 의무를 부과하기 위한
법령이다.

and to provide for matters connected therewith.
이와 관련된 사항을 규정하기 위해

SINCE the Constitution of the Republic of South Africa, 1993 (Act No. 200 of 1993),
provides a historic bridge between the past of a deeply divided society characterized
by strife, conflict, untold suffering and injustice, and a future founded on the recog-
nition of human rights, democracy and peaceful co-existence for all South Africans,
irrespective of colour, race, class, belief or sex;
1993년 남아프리카공화국 헌법(1993년 법령 제200호)은 분쟁과 갈등, 엄청난 고통과 불의로
특징지어지는 깊은 분열의 과거와 피부색, 인종, 계급, 신념, 성별에 관계없이 모든 남아공인

의 인권, 민주주의, 평화로운 공존을 인정하는 데 기반을 둔 미래 사이의 역사적인 가교 역할을 하고 있다;

AND SINCE it is deemed necessary to establish the truth in relation to past events as well as the motives for and circumstances in which gross violations of human rights have occurred, and to make the findings known in order to prevent a repetition of such acts in future;
과거 사건과 관련하여 중대한 인권 침해가 발생한 동기 및 경위와 관련된 진실을 규명하고 향후 그러한 행위의 반복을 방지하기 위해 그 결과를 알릴 필요가 있다고 판단된다;

AND SINCE the Constitution states that the pursuit of national unity, the well-being of all South African citizens and peace require reconciliation between the people of South Africa and the reconstruction of society;
헌법에 따르면 국가 통합, 모든 남아공 시민의 안녕과 평화를 추구하려면 남아공 국민 간의 화해와 사회 재건이 필요하다고 명시되어 있기 때문이다;

AND SINCE the Constitution states that there is a need for understanding but not for vengeance, a need for reparation but not for retaliation, a need for ubuntu but not for victimization;
헌법에 따르면 이해는 필요하지만 복수는 안 되고, 배상은 필요하지만 보복은 안 되며, ubuntu[69]는 필요하지만 희생은 안 된다고 명시되어 있기 때문이다;

AND SINCE the Constitution states that in order to advance such reconciliation and reconstruction amnesty shall be granted in respect of acts, omissions and offences associated with political objectives committed in the course of the conflicts of the past;
그리고 헌법은 이러한 화해와 재건을 진전시키기 위해 과거의 분쟁 과정에서 저지른 정치적 목적과 관련된 행위, 부작위 및 범죄에 대해 사면을 부여해야 한다고 명시하고 있기 때문이다;

AND SINCE the Constitution provides that Parliament shall under the Constitution adopt a law which determines a firm cut-off date, which shall be a date after 8 October 1990 and before the cut-off date envisaged in the Constitution, and providing for the mechanisms, criteria and procedures, including tribunals, if any, through which such amnesty' shall be dealt with;
그리고 헌법에서 의회는 헌법에 따라 1990년 10월 8일 이후부터 헌법에 규정된 시한일 이전

---

69) [역자주] 남아프리카공화국 공동체 정신을 가리킴.

에 확정된 시한일을 결정하는 법령을 채택하고, 그러한 사면을 처리할 메커니즘, 기준 및 절차(만약 있다면 재판소를 포함하여)를 규정해야 한다고 규정하고 있기 때문이다;

(English text signed by the President.)
(대통령이 서명한 영문 텍스트.)

(Assented to 19 July 1995.)
(1995년 7월 19일에 동의.)

BE IT THEREFORE ENACTED by the Parliament of the Republic of South Africa, as follows:
이에 남아프리카공화국 의회는 다음과 같이 제정한다:

CHAPTER 1
1장

Interpretation and application
해석 및 적용

Definitions
정의

1. (1) In this Act, unless the context otherwise indicates:
    본 법에서 문맥상 달리 명시되지 않는 한:

(i) 'act associated with a political objective' has the meaning ascribed thereto in section 20(2) and (3); (ii)
'정치적 목적과 관련된 행위'는 제20조(2) 및 (3)에 명시된 의미를 가지며; (ii)

(ii) 'article' includes any evidence, book, document, file, object, writing, recording or transcribed computer printout produced by any mechanical or electronic device or any device by means of which information is recorded, stored or transcribed; (xix)
'자료'에는 기계 또는 전자 장치 또는 정보가 기록, 저장 또는 전사되는 모든 장치에 의해 생성된 모든 증거, 책, 문서, 파일, 물건, 서면, 녹음 또는 전사된 컴퓨터 출력물 등이 포함된다; (xix)

(iii) 'Commission' means the Truth and Reconciliation Commission established by section 2; (ix)

'위원회'란 제2조에 따라 설립된 진실과 화해 위원회를 의미한다; (ix)

(iv) 'commissioner' means a member of the Commission appointed in terms of section 7(2)(a); (viii)

'위원'이란 제7조(2)(a)에 따라 임명된 위원회의 위원을 의미한다; (viii)

(v) 'committee' means the Committee on Human Rights Violations, the Committee on Amnesty or the Committee on Reparation and Rehabilitation, as the case may be; (vii)

'위원회'는 경우에 따라 인권침해위원회, 사면위원회 또는 배상 및 재활위원회를 의미한다; (vii)

(vi) 'Constitution' means the Constitution of the Republic of South Africa, 1993 (Act No.200 of 1993); (iv)

'헌법'이란 1993년 남아프리카공화국 헌법(법률 제200호, 1993)을 의미한다; (iv)

(vii) 'cut-off date' means the latest date allowed as the cut-off date in terms of the Constitution as set out under the heading 'National Unity and Reconciliation'; (i)

'시한일'이란 헌법의 '국가 통합과 화해' 항목에 따라 규정된 시한일의 최종 날짜를 의미한다; (i)

(viii) 'former state' means any state or territory which was established by an Act of Parliament or by proclamation in terms of such an Act prior to the commencement of the Constitution and the territory of which now forms part of the Republic; (xvii)

'이전 국가'란 헌법이 발효되기 전에 의회 법령 또는 그러한 법령에 따른 포고령에 의해 설립된 국가나 영토로, 현재는 공화국의 일부를 구성하는 영토를 의미한다; (xvii)

(ix) 'gross violation of human rights' means the violation of human rights through:

'중대한 인권 침해'란 다음을 통해 발생한 인권 침해를 의미한다:

(a) the killing, abduction, torture or severe ill-treatment of any person; or

사람의 살해, 납치, 고문 또는 심각한 학대; 또는

(b) any attempt, conspiracy, incitement, instigation, command or procurement to commit an act referred to in paragraph (a), which emanated from conflicts of the past and which was committed during the period 1 March 1960 to the cut-off date within or outside the Republic, and the commission of which was advised, planned, directed, commanded or ordered, by any person acting with a political motive; (v)

(a) 항에 명시된 행위를 저지르기 위한 시도, 공모, 선동, 조장, 명령 또는 교사를

포함하며, 이는 과거의 갈등에서 비롯되었고 1960년 3월 1일부터 시한일까지 공화
국 내외에서 발생한 행위로, 정치적 동기를 가진 사람에 의해 조언, 계획, 지휘,
명령 또는 지시된 행위; (v)

(x) 'joint committee' means a joint committee of the Houses of Parliament ap-
pointed in accordance with the Standing Orders of Parliament for the purpose
of considering matters referred to it in terms of this Act; (iii)
'공동위원회'란 이 법령에 따라 회부된 사항을 심의할 목적으로 국회 상임위원회 훈령
에 따라 설치된 하원의 공동위원회를 말한다; (iii)

(xi) 'Minister' means the Minister of Justice; (x)
'장관'이란 법무부 장관을 의미한다; (x)

(xii) 'prescribe' means prescribe by regulation made under section 40; (xviii)
'규정'이란 제40조에 따라 제정된 법규에 의해 규정된 것을 의미한다; (xviii)

(xiii) 'President' means the President of the Republic; (xi)
'대통령'이란 공화국의 대통령을 의미한다; (xi)

(xiv) 'reparation' includes any form of compensation, ex gratia payment, restitu-
tion, rehabilitation or recognition; (vi)
'배상'에는 모든 형태의 보상, 사례금, 배상, 재활 또는 인정이 포함된다; (vi)

(xv) 'Republic' means the Republic of South Africa referred to in section 1(2) of
the Constitution; (xii)
'공화국'은 헌법 제1조(2)에 언급된 남아프리카 공화국을 의미한다; (xii)

(xvi) 'security forces' includes any full-time or part-time:
'보안군'에는 전일제 또는 반일제가 모두 포함된다:

(a) member or agent of the South African Defence Force, the South African
Police, the National Intelligence Service, the Bureau of State Security, the
Department of Correctional Services, or any of their organs;
남아프리카공화국 국방군, 남아프리카공화국 경찰, 국가정보원, 국가안보국, 교정
청 또는 그 기관의 구성원 또는 대리인;

(b) member or agent of a defence force, police force, intelligence agency or
prison service of any former state, or any of their organs; (xvi)
이전 국가의 방위군, 경찰, 정보기관, 교도소 또는 그 기관의 구성원 또는 대리인;
(xvi)

(xvii) 'State' means the State of the Republic; (xiv)
'국가'는 공화국 국가를 의미한다; (xiv)

(xviii) 'subcommittee' means any subcommittee established by the Commission in terms of section 5(c); (xv)

'소위원회'는 제5조(c)에 따라 위원회가 설치한 모든 소위원회를 의미한다; (xv)

(xix) 'victims' includes:

'피해자'에는 다음이 포함된다:

(a) persons who, individually or together with one or more persons, suffered harm in the form of physical or mental injury, emotional suffering, pecuniary loss or a substantial impairment of human rights:

개인 또는 한 명 이상의 사람과 함께 신체적 또는 정신적 상해, 정서적 고통, 금전적 손실 또는 인권에 대한 중대한 침해의 형태로 피해를 입은 사람:

(i) as a result of a gross violation of human rights; or

중대한 인권 침해의 결과; 또는

(ii) as a result of an act associated with a political objective for which amnesty has been granted;

사면이 부여된 정치적 목적과 관련된 행위의 결과인 경우;

(b) persons who, individually or together with one or more persons, suffered harm in the form of physical or mental injury, emotional suffering, pecuniary loss or a substantial impairment of human rights, as a result of such persons intervening to assist persons contemplated in paragraph (a) who were in distress or to prevent victimization of such persons; and

개별적으로 또는 한 명 이상의 사람과 함께 (a)항에 언급된 곤경에 처한 사람을 돕거나 그러한 사람의 희생을 방지하기 위해 개입한 결과 신체적 또는 정신적 상해, 정서적 고통, 금전적 손실 또는 인권의 실질적인 손상의 형태로 피해를 입은 사람; 그리고

(c) such relatives or dependants of victims as may be prescribed. (xiii)

규정된 바에 따라 피해자의 친척 또는 부양가족. (xiii)

(2) 'Commission' shall be construed as including a reference to 'committee' or subcommittee', as the case may be, and 'Chairperson', 'Vice-Chairperson or commissioner' shall be construed as including a reference to the chairperson, vice-chairperson or a member of a committee or subcommittee, as the case may be.

'위원회'는 경우에 따라 '위원회' 또는 '소위원회'를 지칭하는 것으로 해석하고, '위원장', '부위원장 또는 위원'은 경우에 따라 위원장, 부위원장 또는 위원회 또는 소위원회의 위원을 지칭하는 것으로 해석하며, '위원장', '부위원장 또는 위원'을 지칭하는 것은 경우에 따라 위원장을 지칭하는 것으로 해석한다.

CHAPTER 2
2장

Truth and Reconciliation Commission
진실과 화해 위원회

Establishment and seat of Truth and Reconciliation Commission
진실과 화해 위원회의 설립과 정원

2. (1) There is for the purposes of sections 10(1), (2) and (3) and II and Chapters
6 and 7 hereby established a juristic person to be known as the Truth and
Reconciliation Commission.
제10절 (1), (2), (3)조 II와 제6장 및 제7장의 목적을 위해 진실화해위원회로 알려진
사법적 기관을 설립한다.

(2)   The seat of the Commission shall be determined by the President
위원회의 정원은 회장이 정한다.

Objectives of Commission
위원회의 목적

3. (1) The objectives of the Commission shall be to promote national unity and rec-
onciliation in a spirit of understanding which transcends the conflicts and di-
visions of the past by:
위원회의 목적은 과거의 갈등과 분열을 초월하는 이해의 정신으로 국민 통합과 화해를
촉진함으로써 국민 통합과 화해를 도모하는 것이다:
(a) establishing as complete a picture as possible of the causes, nature and
extent of the gross violations of human rights which were committed dur-
ing the period from I March 1960 to the cut-off date, including the ante-
cedents, circumstances, factors and context of such violations, as well as
the perspectives of the victims and the motives and perspectives of the
persons responsible for the commission of the violations, by conducting
investigations and holding hearings;
1960년 3월 1일부터 마감일까지의 기간 동안 자행된 중대한 인권 침해의 원인,
성격 및 정도, 그러한 인권 침해의 전례, 상황, 요인 및 맥락, 피해자의 관점, 인권
침해에 대한 책임자의 동기 및 관점 등을 조사하고 청문회를 개최함으로써 가능한

한 완전한 그림을 확립한다;

(b) facilitating the granting of amnesty to persons who make full disclosure of all the relevant facts relating to acts associated with a political objective and comply with the requirem ents of this Act;
정치적 목적과 관련된 행위와 관련된 모든 관련 사실을 완전히 공개하고 이 법령의 요구 사항을 준수하는 사람에 대한 사면 부여를 용이하게 한다;

(c) establishing and making known the fate or whereabouts of victims and by restoring the human and civil dignity of such victims by granting them an opportunity to relate their own accounts of the violations of which they are the victims, and by recommending reparation measures in respect of them;
피해자의 운명 또는 소재를 파악하여 알리고, 피해자에게 자신이 피해자인 위반 사항에 대해 직접 진술할 기회를 부여하고 그에 대한 배상 조치를 권고함으로써 피해자의 인간적 및 시민적 존엄성을 회복하는 것;

(d) compiling a report providing as comprehensive an account as possible of the activities and findings of the Commission contemplated in paragraphs (a), (b) and (c), and which contains recommendations of measures to prevent the future violations of human rights.
(a), (b), (c)항에서 고려한 위원회의 활동과 결과에 대해 가능한 한 포괄적인 설명을 제공하고 향후 인권 침해를 방지하기 위한 조치에 대한 권고가 포함된 보고서를 작성한다.

(2) The provisions of subsection (1) shall not be interpreted as limiting the power of the Commission to investigate or make recommendation concerning any matter with a view to promoting or achieving national unity and reconciliation within the context of this Act.
(1)조의 규정은 이 법령의 맥락에서 국민 통합과 화해를 촉진하거나 달성하기 위한 목적으로 어떤 사안에 대해 조사하거나 권고할 수 있는 위원회의 권한을 제한하는 것으로 해석되어서는 안 된다.

(3) In order to achieve the objectives of the Commission:
위원회의 목적을 달성하기 위해:

(a) the Committee on Human Rights Violations, as contemplated in Chapter 3, shall deal, among other things, with matters pertaining to investigations of gross violations of human rights;

제3장에 명시된 바와 같이 인권침해위원회는 무엇보다도 중대한 인권 침해에 대한 조사와 관련된 문제를 다룬다;

(b) the Committee on Amnesty, as contemplated in Chapter 4, shall deal with matters relating to amnesty;

사면위원회는 제4장에 명시된 바와 같이 사면과 관련된 사항을 처리한다;

(c) the Committee on Reparation and Rehabilitation, as contemplated in Chapter 5, shall deal with matters referred to it relating to reparations;

제5장에 명시된 바와 같이 배상 및 재활 위원회는 배상과 관련하여 위원회에 회부된 사안을 처리한다;

(d) the investigating unit referred to in section 5(d) shall perform the investigations contemplated in section 28(4)(a); and

제5절 (d)항에 언급된 조사 부서는 제28조 (4)조 (a)항에 언급된 조사를 수행해야 한다; 그리고

(e) the subcommittees shall exercise, perform and carry out the powers, functions and duties conferred upon, assigned to or imposed upon them by the Commission.

소위원회는 위원회가 부여, 할당 또는 부과한 권한, 기능 및 의무를 행사, 수행 및 이행해야 한다.

Functions of Commission
위원회의 기능

4. The functions of the Commission shall be to achieve its objectives, and to that end the Commission shall:

위원회의 기능은 그 목적을 달성하는 것이며, 이를 위해 위원회는 다음과 같은 역할을 수행한다:

(a) facilitate, and where necessary initiate or coordinate, inquiries into-

다음 사항에 대한 문의를 촉진하고 필요한 경우 개시 또는 조정한다-

(i) gross violations of human rights, including violations which were part of a systematic pattern of abuse;

(i) 조직적인 학대 패턴의 일부인 침해를 포함한 중대한 인권 침해;

(ii) the nature, causes and extent of gross violations of human rights, including the antecedents, circumstances, factors, context, motives and perspectives which led to such violations;

중대한 인권 침해의 성격, 원인 및 범위, 그러한 인권 침해를 초래한 전례, 상
황, 요인, 맥락, 동기 및 관점;

(iii) the identity of all persons, authorities, institutions and organisations
involved in such violations;

그러한 침해와 관련된 모든 개인, 당국, 기관 및 단체의 신원;

(iv) the question whether such violations were the result of deliberate plan-
ning on the part of the State or a former state or any of their organs,
or of any political organisation, liberation movement or other group
or individual; and

그러한 위반이 국가 또는 이전 국가 또는 그 기관, 또는 정치 조직, 해방 운동
또는 기타 단체 또는 개인의 고의적인 계획의 결과인지 여부; 그리고

(v) accountability, political or otherwise, for any such violation;

그러한 위반에 대한 정치적 또는 기타 책임 여부;

(b) facilitate, and initiate or coordinate, the gathering of information and the
receiving of evidence from any person, including persons claiming to be
victims of such violations or the representatives of such victims, which
establish the identity of victims of such violations, their fate or present
whereabouts and the nature and extent of the harm suffered by such vic-
tims;

그러한 위반의 피해자라고 주장하는 사람 또는 그러한 피해자의 대리인을 포함한
모든 사람으로부터 그러한 위반의 피해자의 신원, 그들의 운명 또는 현재 소재,
그러한 피해자가 입은 피해의 성격과 정도를 확인할 수 있는 정보 수집 및 증거의
수령을 촉진하고 이를 개시 또는 조정한다;

(c) facilitate and promote the granting of amnesty in respect of acts asso-
ciated with political objectives, by receiving from persons desiring to
make a full disclosure of all the relevant facts relating to such acts, appli-
cations for the granting of amnesty in respect of such acts, and trans-
mitting such applications to the Committee on Amnesty for its decision,
and by publishing decisions granting amnesty, in the Gazette;

정치적 목적과 관련된 행위와 관련하여 해당 행위와 관련된 모든 관련 사실의
완전한 공개를 원하는 사람으로부터 해당 행위와 관련된 사면 부여 신청서를 접수
하고, 사면위원회의 결정을 위해 해당 신청서를 사면위원회에 송부하고 사면 부여
결정을 관보에 게재함으로써 사면 부여를 촉진하고 장려한다;

(d) determine what articles have been destroyed by any person in order to conceal violations of human rights or acts associated with a political objective;

인권 침해 또는 정치적 목적과 관련된 행위를 은폐하기 위해 누가 어떤 문서를 파기했는지 확인한다;

(e) prepare a comprehensive report which sets out its activities and findings, based on factual and objective information and evidence collected or received by it or placed at its disposal;

수집 또는 접수하거나 처분할 수 있는 사실적이고 객관적인 정보와 증거를 바탕으로 활동과 결과를 설명하는 종합 보고서를 작성한다;

(f) make recommendations to the President with regard to-

대통령에게 다음 사항에 대해 권고한다-

(i) the policy which should be followed or measures which should be taken with regard to the granting of reparation to victims or the taking of other measures aimed at rehabilitating and restoring the human and civil dignity of victims;

피해자에 대한 배상 또는 피해자의 인간적, 시민적 존엄성을 회복하고 회복하기 위한 기타 조치와 관련하여 따라야 할 정책 또는 취해야 할 조치;

(ii) measures which should be taken to grant urgent interim reparation to victims;

피해자에게 긴급한 임시 배상을 제공하기 위해 취해야 하는 조치;

(g) make recommendations to the Minister with regard to the development of a limited witness protection programme for the purposes of this Act;

이 법령의 목적을 위해 제한된 증인 보호 프로그램의 개발과 관련하여 장관에게 권고한다;

(h) make recommendations to the President with regard to the creation of institutions conducive to a stable and fair society and the institutional, administrative and legislative measures which should be taken or introduced in order to prevent the commission of violations of human rights.

안정적이고 공정한 사회에 도움이 되는 기관의 설립과 인권 침해를 방지하기 위해 취하거나 도입해야 하는 제도적, 행정적, 입법적 조치에 관해 대통령에게 권고한다.

Powers of Commission
위원회의 권한

5. In order to achieve its objectives and to perform its functions the
    목표를 달성하고 그 기능을 수행하기 위해
Commission shall have the power to:
위원회는 다음과 같은 권한을 갖는다;
  (a) determine the seat, if any, of every committee;
      모든 위원회의 정원을, 필요한 경우, 결정한다;
  (b) establish such offices as it may deem necessary for the performance of
      its functions;
      위원회의 기능 수행에 필요하다고 판단되는 사무소를 설립할 수 있다;
  (c) establish subcommittees to exercise, carry out or perform any of the pow-
      ers, duties and functions assigned to them by the Commission;
      위원회가 부여한 권한, 의무 및 기능을 행사, 수행 또는 이행하기 위해 소위원회를
      설립할 수 있다;
  (d) conduct any investigation or hold any hearing it may deem necessary and
      establish the investigating unit referred to in section 28;
      필요하다고 판단되는 조사를 실시하거나 청문회를 개최하고 제28조에 언급된 조
      사 부서를 설립할 수 있다;
  (e) refer specific or general matters to, give guidance and instructions to, or
      review the decisions of, any committee or subcommittee or the investigat-
      ing unit with regard to the exercise of its powers, the performance of its
      functions and the carrying out of its duties, the working procedures which
      should be followed and the divisions which should be set up by any com-
      mittee in order to deal effectively with the work of the committee:
      Provided that no decision, or the process of arriving at such a decision,
      of the Committee on Amnesty regarding any application for amnesty shall
      be reviewed by the Commission; direct any committee or subcommittee
      to make information which it has in its possession available to any other
      committee or subcommittee;
      위원회의 권한 행사, 기능 수행 및 직무 수행, 따라야 할 업무 절차 및 위원회의
      업무를 효과적으로 처리하기 위해 위원회가 설치해야 하는 부서와 관련하여 위원
      회, 소위원회 또는 조사 부서에 특정 또는 일반적인 사항을 참조하거나, 지도 및
      지침을 제공하거나, 위원회의 결정을 검토할 수 있다: 다만, 사면 신청에 관한 사

면위원회의 결정 또는 그러한 결정에 도달하는 과정은 위원회에서 검토할 수 없
다; 위원회 또는 소위원회가 보유하고 있는 정보를 다른 위원회 또는 소위원회에
제공하도록 지시할 수 있다;

(g) direct the submission of and receive reports or interim reports from any
committee or subcommittee;
위원회 또는 소위원회로부터 보고서 또는 중간 보고서의 제출을 지시하고 이를
수령한다;

(h) have the administrative and incidental work connected with the exercise
of its powers, the execution of its duties or the performance of its func-
tions carried out by persons-
그 권한의 행사, 의무의 이행 또는 기능의 수행과 관련된 행정 및 부수적인 업무를
다음에 해당하는 자들에 의해 수행하게 할 수 있다-

  (i) employed or appointed by it;
해당 위원회에 의해 고용되거나 임명된 자;

  (ii) seconded to its service by any department of State at the request of
the Commission and after consultation with the Public Service
Commission;
위원회의 요청에 따라, 그리고 공공서비스위원회와의 협의를 거쳐 국가의 어
느 부처에서 파견된 자;

  (iii) appointed by it for the performance of specified tasks;
특정 업무 수행을 위해 위원회에 의해 임명된 자;

(i) in consultation with the Minister and through diplomatic channels, obtain
permission from the relevant authority of a foreign country to receive evi-
dence or gather information in that country;
장관과 협의하고 외교 채널을 통해 외국에서 증언을 수집하거나 정보를 수집할
수 있도록 해당 외국의 관련 당국으로부터 허가를 받을 수 있다;

(j) enter into an agreement with any person, including any department of
State, in terms of which the Commission will be authorized to make use
of any of the facilities, equipment or personnel belonging to or under the
control or in the employment of such person or department;
국가의 어느 부처를 포함한 어떤 사람과도 협정을 체결하여, 위원회가 해당 사람
이나 부처가 소유하거나 통제하거나 고용 중인 시설, 장비 또는 인력을 사용할
수 있도록 승인받을 수 있다;

(k) recommend to the President that steps be taken to obtain an order declaring a person to be dead;

특정 인물을 사망자로 선언하는 명령을 확보하기 위한 조치를 취할 것을 대통령에게 권고할 수 있다;

(l) hold meetings at any place within or outside the Republic;

공화국 내외의 어느 장소에서든 회의를 개최할 수 있다;

(m) on its own initiative or at the request of any interested person inquire or investigate into any matter, including the disappearance of any person or group of persons. Certain powers shall be exercised in consultation with Minister

자체적으로 또는 이해 관계자의 요청에 따라, 특정 문제를 포함해 실종된 개인 또는 집단과 관련된 사안을 조사하거나 심문할 수 있다. 특정 권한은 장관과의 협의를 통해 행사되어야 한다.

6. Subject to the provisions of section 45, any power referred to in section 5(a), (b) and (c), and, if it is to be exercised outside the Republic, any power referred to in sections 5(d) and(1), 10(1) and 29(1), shall be exercised in consultation with the Minister.

제45절의 규정에 따르며, 제5절 (a), (b), (c)항에서 언급된 모든 권한과, 공화국 외부에서 행사될 경우 제5절 (d)항 및 (1)조, 제10절 (1)조, 제29절 (1)조에서 언급된 모든 권한은 장관과의 협의를 통해 행사되어야 한다.

Constitution of Commission
위원회의 구성

7. (1) The Commission shall consist of not fewer than 11 and not more than 17 commissioners, as may be determined by the President in consultation with the Cabinet.

위원회는 대통령이 내각과 협의하여 결정한 대로, 최소 11명에서 최대 17명의 위원으로 구성된다.

(2) (a) The President shall appoint the commissioners in consultation with the Cabinet.

대통령은 내각과 협의하여 위원을 임명한다.

(b) The commissioners shall be fit and proper persons who are impartial and who do not have a high political profile: Provided that not more than two persons who are not South African citizens may be appointed as commissioners.

위원은 공정하고 정치적으로 두드러진 활동이 없는, 적합하고 올바른 인격을 가진 자여야 한다: 단, 남아프리카 공화국 시민이 아닌 자는 최대 두 명까지만 위원으로 임명될 수 있다.

(3) The President shall make the appointment of the commissioners known by proclamation in the Gazette.

대통령은 관보에 공포를 통해 위원의 임명을 공지한다.

(4) The President shall designate one of the commissioners as the Chairperson, and another as the Vice-Chairperson, of the Commission.

대통령은 위원 중 한 명을 위원회의 의장으로, 또 다른 한 명을 부의장으로 지명한다.

(5) A commissioner appointed in terms of subsection (2)(a) shall, subject to the provisions of subsections (6) and (7), hold office for the duration of the Commission.

(2)조 (a)항에 따라 임명된 위원은 (6)조 및 (7)조의 규정에 따라 위원회의 기간 동안 직위를 유지한다.

(6) A commissioner may at any time resign as commissioner by tendering his or her resignation in writing to the President.

위원은 언제든지 대통령에게 서면으로 사임 의사를 제출함으로써 위원직에서 물러날 수 있다.

(7) The President may remove a commissioner from office on the grounds of misbehaviour, incapacity or incompetence, as determined by the joint committee and upon receipt of an address from the National Assembly and an address from the Senate.

대통령은 공동위원회에서 결정한 비행, 무능력, 또는 부적격의 사유로, 그리고 국회와 상원의 요청을 받은 경우, 위원을 직위에서 해임할 수 있다.

(8) If any commissioner tenders his or her resignation under subsection (6), or is removed from office under subsection (7), or dies, the President in consultation with the Cabinet, may fill the vacancy by appointing a person for the unexpired portion of the term of office of his or her predecessor or may allow the seat vacated as a result of a resignation, removal from office or death to remain vacant.

(6)조에 따라 위원이 사임하거나, (7)조에 따라 직위에서 해임되거나, 사망한 경우, 대통령은 내각과 협의하여, 전임자의 임기가 남은 기간 동안 직무를 수행

할 자를 임명하거나, 사임, 해임, 또는 사망으로 인해 공석이 된 자리를 비워둘 수 있다.

Acting Chairperson of Commission
위원회의 의장 대행

8. If both the Chairperson and Vice-Chairperson are absent or unable to perform their duties, the other commissioners shall from among their number nominate an Acting Chairperson for the duration of such absence or incapacity.
의장과 부의장이 모두 부재하거나 직무를 수행할 수 없는 경우, 다른 위원들은 자신들 중에서 의장 대행을 지명하여 해당 부재 또는 직무 수행 불가 기간 동안 의장직을 수행하게 한다.

Conditions of service, remuneration, allowances and other benefits of staff of Commission
위원회 직원의 근무 조건, 보수, 수당 및 기타 혜택

9. (1) The persons appointed or employed by the Commission who are not officials of the State, shall receive such remuneration, allowances and other employment benefits and shall be appointed or employed on such terms and conditions and for such periods as the Commission with the approval of the Minister, granted in concurrence with the Minister of Finance, may determine.
국가 공무원이 아닌 위원회에 의해 임명되거나 고용된 자는 장관의 승인과 재무부 장관의 동의를 받은 위원회의 결정에 따라, 보수, 수당 및 기타 고용 혜택을 제공받으며, 정해진 조건과 기간에 따라 임명되거나 고용된다.

(2) (a) A document setting out the remuneration, allowances and other conditions of employment determined by the Commission in terms of subsection (1), shall be tabled in Parliament within 14 days after each such determination.
(a) 위원회가 (1)항에 따라 결정한 보수, 수당 및 기타 근무 조건을 명시한 문서는 각 결정 후 14일 이내에 의회에 제출되어야 한다.
(b) If Parliament disapproves of any determination, such determination shall cease to be of force to the extent to which it is so disapproved.

의회가 특정 결정을 승인하지 않을 경우, 해당 결정은 승인되지 않은 범위 내에서 효력을 상실한다.

(c) If a determination ceases to be of force as contemplated in paragraph (b):

(b)항에 따라 결정이 효력을 상실하게 될 경우:

(i) anything done in terms of such determination up to the date on which such determination ceases to be of force shall be deemed to have been validly done; and

해당 결정이 효력을 상실하기 전까지 이루어진 모든 행위는 유효한 것으로 간주된다; 그리고

(ii) any right, privilege, obligation or liability acquired, accrued or incurred up to the said date under and by virtue of such determination, shall lapse upon the said date.

해당 결정에 따라 발생한 권리, 특권, 의무 또는 책임은 효력 상실일에 종료된다.

Meetings, procedure at and quorum for meetings of Commission and recording of proceedings

위원회의 회의, 절차 및 정족수, 그리고 회의록 작성

10. (1) A meeting of the Commission shall be held at a time and place determined by the Chairperson of the Commission or, in the absence or inability of such Chairperson, by the Vice-Chairperson of the Commission or, in the absence or inability of both such Chairperson and Vice-Chairperson, by the Acting Chairperson of the Commission.

위원회의 회의는 의장이 결정한 시간과 장소에서 개최되며, 의장이 부재하거나 직무를 수행할 수 없는 경우에는 부의장이, 의장과 부의장이 모두 부재하거나 직무를 수행할 수 없는 경우에는 의장 대행이 결정한다.

(2) Subject to section 40, the Commission shall have the power to determine the procedure for its meetings, including the manner in which decisions shall be taken.

제40절을 준수하며, 위원회는 회의 절차를 포함하여 의사 결정 방식을 스스로 결정할 권한을 가진다.

(3) The Commission shall cause a record to be kept of its proceedings.

위원회는 회의 절차에 대한 기록을 유지해야 한다.

(4) The quorum for the first meeting of the Commission shall be two less than
the total number of the Commission.

위원회의 첫 번째 회의 정족수는 전체 위원 수에서 두 명을 뺀 수로 한다.

Principles to govern actions of Commission when dealing with victims

피해자를 대할 때 위원회의 행동을 통제하는 원칙

11.   When dealing with victims the actions of the Commission shall be guided by
the following principles:

피해자를 대할 때 위원회의 행동은 다음 원칙에 따라야 한다:

(a) Victims shall be treated with compassion and respect for their dignity;

피해자는 동정심과 존엄성에 대한 존중을 바탕으로 대우받아야 한다.

(b) victims shall be treated equally and without discrimination of any kind,
including race, colour, gender, sex, sexual orientation, age, language, re-
ligion, nationality, political or other opinion, cultural beliefs or practices,
property, birth or family status, ethnic or social origin or disability;

피해자는 인종, 피부색, 성별, 성적 지향, 나이, 언어, 종교, 국적, 정치적 또는
기타 의견, 문화적 신념이나 관습, 재산, 출생 또는 가족 상태, 민족 또는 사회적
출신, 장애 등 어떤 종류의 차별 없이 동등하게 대우받아야 한다.

(c) procedures for dealing with applications by victims shall be expeditious,
fair, inexpensive and accessible;

피해자의 신청을 처리하기 위한 절차는 신속하고 공정하며, 저렴하고 접근 가능해
야 한다;

(d) victims shall be informed through the press and any other medium of their
rights in seeking redress through the Commission, including information
of-

피해자는 위원회를 통해 구제책을 모색할 권리에 대한 정보를 언론 및 기타 매체
를 통해 제공받아야 하며, 이에는 다음이 포함된다-

(i) the role of the Commission and the scope of its activities;

위원회의 역할 및 활동 범위;

(ii) the right of victims to have their views and submissions presented and
considered at appropriate stages of the inquiry;

적절한 조사 단계에서 피해자의 의견과 제출물이 제시되고 고려될 권리;

(e) appropriate measures shall be taken in order to minimize inconvenience to victims and, when necessary, to protect their privacy, to ensure their safety as well as that of their families and of witnesses testifying on their behalf, and to protect them from intimidation;
피해자와 그 가족 및 그들을 대신하여 증언하는 증인의 안전과 사생활을 보호하고 피해자가 위협을 받지 않도록 적절한 조치를 취해야 한다;

(f) appropriate measures shall be taken to allow victims to communicate in the language of their choice;
피해자가 선택한 언어로 의사소통할 수 있도록 적절한 조치를 취해야 한다;

(g) informal mechanisms for the resolution of disputes, including mediation, arbitration and any procedure provided for by customary law and practice shall be applied, where appropriate, to facilitate reconciliation and redress for victims.
피해자의 화해와 구제를 촉진하기 위해 적절한 경우, 중재, 조정 및 관습법과 관행에서 제공하는 절차를 포함한 비공식적 분쟁 해결 메커니즘이 적용되어야 한다.

[Chapter 3-7 continue]
[3-7장에서 계속]

일반적인 장르, 그 목적 그리고 단계에 대한 개요

	장르	목적	단계들
이야기 (stories)	회고록 (recount)	사건들을 회고하기	도입 사건들의 기록
	서사 (narrative)	이야기 속 문제를 해결하기	도입 문제 평가 해결
	일화 (exemplum)	이야기 속 인물이나 행동을 판단하기	도입 사건 해석
텍스트 응답 (text responses)	개인적 응답 (personal response)	텍스트에 감정적으로 반응하기	평가 반응
	비평 (review)	문학적, 시각적 또는 음악적 텍스트를 평가하기	맥락 텍스트의 설명 판단
	해석 (interpretation)	텍스트의 메시지를 해석하기	평가 텍스트의 개요 재확인
	비판적 응답 (critical response)	텍스트의 메시지에 이의를 제기하기	평가 해체 이의 제기
논증 (arguments)	설명 (exposition)	관점을 주장하기	논제 논거 반복
	토론 (discussion)	두 가지 이상의 관점에 대해 토론하기	이슈 의견 결의
사실적 이야기 (factual stories)	자서전적 회고록 (autobiographical recount)	인생의 사건들을 회고하기	도입 단계들의 기록
	전기적 회고록 (biographical recount)	인생의 단계들을 회고하기	도입 단계들의 기록
	역사적 회고록 (historical recount)	역사적 사건들을 회고하기	배경 단계들의 기록

설명 (explanations)	순차적 설명 *(sequential explanation)*	연속을 설명하기	**현상** **설명**
	요인적 설명 *(factorial explanation)*	다양한 원인을 설명하기	**현상** **설명**
	결과적 설명 *(consequential explanation)*	다양한 효과를 설명하기	**현상** **설명**
보고 (reports)	기술적 보고 *(descriptive report)*	현상을 분류하기와 설명하기	**분류** **기술**
	분류적 보고 *(classifying report)*	현상의 유형을 분류하기와 설명하기	**분류** **기술**
	구성적 보고 *(compositional report)*	전체의 부분을 설명하기	**분류** **기술**
절차 (procedures)	절차 *(procedure)*	실험과 관찰을 하는 방법	**목적** **도구** **스텝**
	절차적 재검 *(procedural recount)*	실험과 관찰을 재검하기	**목적** **방법** **결과**

Bakhtin, M. M. (1981) *The Dialogic Imagination*, translated by C. Emerson and M. Holquist. Austin: University of Texas Press.

Baldry, A. [ed.] (1999) *Multimodality and Multimediality in the Distance Learning Age*. Campo Basso: Lampo.

Baldry, A. and P. Thibault (2006) *Multimodal Transcription and Text Analysis: a multimedia toolkit and coursebook with associated on-line course*. London: Equinox.

Bernstein, B. (1996) *Pedagogy, Symbolic Control and Identity: Theory, Research, Critique*. London: Taylor & Francis.

Biber, D. (1988) *Variation across Speech and Writing*. Cambridge: Cambridge University.

Biber, D. and E. Finnegan (1988) Adverbial stance types in English. *Discourse Processes* 11(1): 1-34.

Biber, D. and E. Finnegan (1989) Styles of stance in English: lexical and grammatical marking of evidentiality and affect. *Text* 9(1) (special issue on the pragmatics of affect): 93-124.

Biber, D. and E. Finnegan (1994) *Sociolinguistic Perspectives on Register*. Oxford: Oxford University Press.

Caffarel, A., J. R. Martin and C. M. I. M. Matthiessen [eds] (2004) *Language Typology: A Functional Perspective*. Amsterdam: Benjamins.

Carter, R. A. (1987) *Vocabulary: An Applied Linguistic Guide*. London: Allen and Unwin.

Chafe, W. (1994) *Discourse, Consciousness and Time*. Chicago: University of Chicago Press.

Channel, J. (1994) *Vague Language*. Oxford: Oxford University Press.

Chouliariki, L. and N. Fairclough (1999) *Discourse in Late Modernity: Rethinking Critical Discourse Analysis*. Edinburgh: University of Edinburgh Press.

Christie, F. [ed.] (1991) *Literacy in Social Processes: Papers from the Inaugural Australian Systemic Functional Linguistics Conference, held at Deakin University, January 1990*. Darwin: Centre for Studies of Language in Education, Northern Territory University.

Christie, F. [ed.] (1999) *Pedagogy and the Shaping of Consciousness: Linguistic and Social Processes.* London: Cassell.

Christie, F. (2002) *Classroom Discourse Analysis.* London: Continuum.

Christie, F., B. Devlin, P. Freebody, A. Luke, }, R. Martin, T. Threadgold and C. Walton (1991). *Teaching English Literacy: A Project of National Significance on the Preservice Preparation of Teachers for Teaching English Literacy*, Vols 1, 2 & 3. Canberra: Department of Employment, Education and Training.

Christie, F. and J. R. Martin (1997) *Genre and Institutions: Social Processes in the Workplace and School.* London: Cassell.

Christie, F. and J. R. Martin [eds] (2006) *Knowledge Structure: functional linguistic and sociological perspectives.* London: Continuum.

Collins Cobuild Grammar Patterns 2: Nouns and Adjectives. 1998. London: HarperCollins.

Cope, W. and M. Kalantzis [eds] (1993) *The Powers of Literacy: A Genre Approach to Teaching Literacy.* London: Falmer.

Cope, B. and M. Kalantzis (1999) *Multiliteracies: Literacy Learning and the Design of Social Futures.* London: Routledge.

Corrigan, C. (1991) *Changes and contrasts: VCE geography units 1 and 2.* Milton, Qld: Jacaranda Press.

Cranny-Francis, A. (1996) Technology and/or weapon: the disciplines of reading in the secondary English classroom. In Hasan and Williams, 172-90.

Cumming, S. and T. Ono (1997) Discourse and grammar. In T. A. van Dijk [ed,] *Discourse as Structure and Process.* London: Sage, 112-37.

de Certeau, M. (1984) *The Practice of Everyday Life.* Berkeley: University of California Press.

Drozdowski, T. (2000) Editorial Reviews (*Texas Flood*). Amazon.com.

Du Bois, J. W. (1980) Beyond definiteness: the trace of identity in discourse. In W. L. Chafe [ed.] *The Pear Stories: Cognitive, Cultural and Linguistic Aspects of Narrative Production.* Norwood: Ablex, 203-74.

Eggins, S. and D. Slade (1.997) *Analysing Casual Conversation.* London: Cassell.

Fairclough, N. [ed.] (1992) *Critical Language Awareness.* London: Longman.

Fairclough, N. (1995) *Critical Discourse Analysis: The Critical Study of Language.* London: Longman.

Fowler, R., B. Hodge, G. Kress and T. Trew (1979) *Language and Control.* London:

Routledge and Kegan Paul.

Fox, B. (1987) *Discourse Structure and Anaphora: Written and Conversational English*. Cambridge: Cambridge University Press.

Fries, P. H. (1981) On the status of theme in English: arguments from discourse. *Forum Linguisticum* 6(1): 1-38. Republished in J. S. Petofi and E. Sozer [eds] *Micro and Macro Connexity of Texts*. Hamburg: Helmut Buske Verlag, 116-52.

Fries, P. and M. Gregory [eds] (1995) *Discourse in Society: Systemic Functional Perspectives*. Norwood: Ablex.

Fuller, G. (1998) Cultivating science: negotiating discourse in the popular texts of Stephen Jay Gould. In Martin and Veel, 35-62.

Gee, J. (1990) *Social Linguistics and Literacies: Ideology in Discourses*. London: Falmer.

Giblett, R. and J. O'Carroll [edsj (1990) *Discipline - Dialogue – Difference: Proceedings of the Language in Education Conference, Murdoch University, December 1989*. Perth: 4D Duration Publications, School of Humanities, Murdoch University.

Goodman, S. (1996) Visual English. In S. Goodman and D. Graddol [eds] *Redesigning English: New Texts, New Identities*. London: Routledge, 38-105.

Gore, j. (1993) *The Struggle for Pedagogies: Critical and Feminist Discourses as Regimes of Truth*. London: Routledge.

Gregory, M. (1995) *Before and Towards Communication Linguistics: Essays by Michael Gregory and Associates* (edited by Jin Soon Cha) Seoul: Sookmyng Women's University.

Gratton, M. [ed.] (2000) *Reconciliation: Essays on Australian Reconciliation*. Melbourne: Black Inc.

Halliday, M. A. K. (1976) Anti-languages. *American Anthropologist* 78(3): 570-84. Reprinted in Halliday (1978), 164-82.

Halliday, M. A. K. (1978) *Language as a Social Semiotic: The Social Interpretation of Language and Meaning*. London: Edward Arnold.

Halliday, M. A. K. (1985) *Spoken and Written Language*. Geelong: Deakin University Press. Republished London: Oxford University Press 1989.

Halliday, M. A. K. (1992) Language as system and language as instance: the corpus as a theoretical construct. In J. Svartvik [ed.] *Directions in Corpus Linguistics: Proceedings of Nobel Symposium 82, Stockholm, 4-8 August 1991*. Berlin: De

Gruyter, 61-77.

Halliday, M. A. K. (1993) *Language in a Changing World*. Canberra: Applied Linguistics Association of Australia.

Halliday, M. A. K. (1994) *An Introduction to Functional Grammar*. London: Edward Arnold.

Halliday M. A. K. and R. Hasan (1976) *Cohesion in English*. London: Longman.

Halliday, M. A. K. and R. Hasan (1985) *Language, Context, and Text: Aspects of Language in a Social-semiotic Perspective*. Geelong: Deakin University Press.

Halliday, M. A. K. and Z. James (1993) A quantitative study of polarity and primary tense in the English finite clause. In J. M. Sinclair, G. Fox and M. Hoey [eds] *Techniques of Description: Spoken and Written Discourse*. London: Routledge, 32-66.

Halliday, M. A. K. and J. R. Martin (1993) *Writing Science: Literacy and Discursive Power*. London: Falmer.

Halliday, M. A. K. and C. M. I. M, Matthiessen (1999) *Construing Experience through Meaning: A Language-based Approach to Cognition*. London: Cassell.

Hasan, R. (1977) Text in the systemic-functional model. In W. Dressier [ed.] *Current Trends in Textlinguistics*. Berlin: Walter de Gruyter, 228-46.

Hasan, R. (1984) The nursery tale as a genre. *Nottingham Linguistic Circular* 13 (Special Issue on Systemic Linguistics): 71-102.

Hasan, R. (1985) The structure of a text. In M. A. K. Halliday and R. Hasan *Language, Context and Text*. Geelong, Vic.: Deakin University Press, 52-69 [republished by Oxford University Press 1989].

Hasan, R. (1990) Semantic variation and sociolinguistics. *Australian Journal of Linguistics* 9(2): 221-76.

Hasan, R. (1995) The conception of context in text. In Fries and Gregory, 183-283.

Hasan, R. (1996) *Ways of Saying, Ways of Meaning: Selected Papers of Ruqaiya Hasan* (edited by C. Cloran, D. Butt and G. Williams). London: Cassell.

Hasan, R. (1999) Speaking with reference to context. In M. Ghadessy (ed.) *Text and Context in Functional Linguistics*. Amsterdam: Benjamins, 219-328.

Hasan, R. and G. Williams [eds] (1996) *Literacy in Society*. London: Longman.

Hercus, L. A. and P. Sutton [eds] *This Is What Happened*. Canberra: Australian Institute of Aboriginal Studies.

HREOC (1997) *Bringing Them Home: The 'Stolen Children' report*. Canberra:

Human Rights and Equal Opportunity Commission, http://www.hreoc.gov.au/social_justice/stolen_children/

Hunston, S. (1994) Evaluation and organisation in a sample of written academic discourse. In M. Coulthard [ed.] *Advances in Written Text Analysis*. London: Routledge, 191-218.

Hunston, S. and G. Thompson [eds] (2000) *Evaluation in Text: Authorial Stance and the Construction of Discourse*. Oxford: Oxford University Press.

Hyland, K. (1998) *Hedging in Scientific Research Articles*. Amsterdam: Benjamins.

Hyland, K. (2000) *Disciplinary Discourses: Social Interactions in Academic Writing*. London: Longman.

Hyland, K. (2002) Genre: language, context and literacy. *Annual Review of Applied Linguistics* 22: 113-35.

Hyland, K. (2005) *Metadiscourse*. London: Continuum (Continuum Discourse Series).

Hymes, D. (1995) Bernstein and poetics. In P. Atkinson, B. Davies and S. Delamont [eds.] *Discourse and Reproduction: Essays in Honor of Basil Bernstein*. Cresskill: Hampton Press, 1-24.

Hyon, S. (1996) Genre in three traditions: implications for ESL. *TESOL Quarterly* 30(4): 693-722.

Iedema, R., S. Feez and P. White (1994) *Media Literacy (Write It Right Literacy in Industry Project: Stage Two)*. Sydney: Metropolitan East Region's Disadvantaged Schools Program.

Janks, H. and R. Ivanic (1992) CLA and emancipatory discourse. In Fairclough 1992, 305-31.

Jewitt, C. and R. Oyama (2001) Visual meaning: a social semiotic approach. In van Leeuwen and Jewitt, 134-56.

Johns, A. (2001) *Genre in the Classroom*. Mahwah: Erlbaum.

Kelly, P. (1999) *Don't Start Me Talking: Lyrics 1984-1999*. Sydney: Allen & Unwin.

Kinnear, J. and M. Martin (2004) Biology 1: preliminary course. Milton, Qld: Jacaranda.

Kress, G. and T. van Leeuwen (1996) *Reading Images: The Grammar of Visual Design*. London: Routledge.

Kress, G. and T. van Leeuwen (2001) *Multimodal Discourse: The Modes and Media of Contemporary Communication*. London: Arnold.

Krog, A. (1999) *Country of my Skull*. London: Vintage.

Langacker, R. (1987) *Foundations of Cognitive Grammar.* Stanford: Stanford University Press.

Leigh, K. (1993) *Stevie Ray: Soul to Soul.* Dallas: Taylor.

Lemke, J. L. (1995) *Textual Politics: Discourse and Social Dynamics.* London: Taylor & Francis.

Lemke, J. (1998) Multiplying meaning: visual and verbal semiotics in scientific text. In Martin & Veel, 87-113.

Lingiari, V. (1986) Vincent Lingiari's speech, translated by P. McConvell. In Hercus and Sutton, 312-5.

Mandela, N. (1995) *Long Walk to Freedom: The Autobiography of Nelson Mandela.* London: Abacus.

Mandela, N, (1996) *The illustrated Long Walk to Freedom: The Autobiography of Nelson Mandela.* London: Little, Brown and Company.

Mann, W. C. and S. Thompson [eds] (1992) *Discourse Description: Diverse Analyses of a Fund Raising Text.* Amsterdam: Benjamins.

Manne, R. (1998) The stolen generations. *Quadrant* 343(42) (1-2): 53-63.

Martin» J. R. (1985) *Factual Writing: Exploring and Challenging Social Reality.* Geelong: Deakin University Press. Republished London: Oxford University Press 1989.

Martin, J. R. (1992) *English Text: System and Structure.* Amsterdam: Benjamins.

Martin, J. R. (1993) Life as a noun. In Halliday and Martin, 221-67.

Martin, J. R. (1995a) Text and clause: fractal resonance. *Text* 15(1): 5-42.

Martin, J. R. (1995b) More than what the message is about: English Theme. In M. Ghadessy [ed.] *Thematic Development in English Texts.* London: Pinter, 223-58.

Martin, J. R, (1996) Evaluating disruption: symbolising theme in junior secondary narrative. In R. Hasan and G. Williams [eds] *Literacy in Society.* London: Longman, 124-71.

Martin, J. R. (1999a) Grace: the logogenesis of freedom. *Discourse Studies* 1(1): 31-58.

Martin, J. R. (1999b) Modelling context: a crooked path of progress in contextual linguistics (Sydney SFL). In M. Ghadessy [ed.] *Text and Context in Functional Linguistics.* Amsterdam: Benjamins, 25-61.

Martin, J. R. (2000a) Beyond exchange: appraisal systems in English. In Hunston and Thompson, 142-75.

Martin, J. R. (2000b) Close reading: functional linguistics as a tool for critical analysis. In Unsworih, 275-303.

Martin, J. R. (2000c) Design and practice: enacting functional linguistics in Australia. *Annual Review of Applied Linguistics* 20 (20th anniversary volume: *Applied Linguistics as an Emerging Discipline*): 116-26.

Martin, J. R. (2000d) Factoring out exchange: types of structure. M. Coulthard, J. Cotterill and F. Rock [eds] *Working with Dialogue*. Tubingen: Niemeyer, 19-40.

Martin, J. R. (2001a) Giving the game away: explicitness, diversity and genre-based literacy in Australia. In R. Wodak et al. [eds] *Functional il/literacy*. Vienna: Verlag der Österreichischen Akademie der Wissenschaften, 155-74.

Martin, J. R. (2001b) A context for genre: modelling social processes in functional linguistics. In R. Stainton and J. Devilliers [eds] *Communication in Linguistics*. Toronto: GREF, 1-41.

Martin, J. R. (2002a) From little things big things grow: ecogenesis in school geography. In R. Coe, L. Lingard and T. Teslenko [eds] *The Rhetoric and ideology of Genre: Strategies for Stability and Change*. Cresskill: Hampton Press, 243-71.

Martin, J. R. (2002b) Writing history: construing time and value in discourses of the past. In C, Colombi and M. Schleppergrell [eds] *Developing Advanced Literacy in First and Second Languages*. Mahwah: Erlbaum, 87-118.

Martin, J. R. (2002c) Blessed are the peacemakers: reconciliation and evaluation. In C. Candlin [ed.] *Research and Practice in Professional Discourse*. Hong Kong: City University of Hong Kong Press, 187-227.

Martin, J. R. (2003) Voicing the 'other': reading and writing Indigenous Australians. In G. Weiss and R. Wodak [eds] *Critical Discourse Analysis: theory and interdisciplinarity*. London. Palgrave, 199-219.

Martin, J. R. (2004a) Positive discourse analysis: power, solidarity and change. *Revista Canaria de Estudios Ingleses*, 49, 179-200.

Martin, J. R. (2004b) Negotiating difference: ideology and reconciliation. In M. Pütz, J. N. van Aertselaer and T. A. van Dijk (eds) *Communicating Ideologies: Language, Discourse and Social Practice*. Frankfurt: Peter Lang (Duisburg Papers on Research in Language and Culture), 85-177.

Martin, J. R. (2006) Vernacular deconstruction: undermining spin. *DELTA - Documentação de Estudos em Lingüística Teórica e Aplicada* 22.1, 177-203.

Martin, J. R. and G. Plum (1997) Construing experience: some story genres. *Journal of Narrative and Life History* 7(1-4) (Special Issue, 'Oral Versions of Personal Experience: Three Decades of Narrative Analysis', guest-edited by M. Bamberg): 299-308.

Martin, J. R. and D. Rose (2005) Designing Literacy Pedagogy: Scaffolding democracy in the classroom. In R. Hasan, C. M. I. M. Matthiessen, and J. Webster, (eds.) *Continuing Discourse on Language*. London: Equinox. (Spanish translation Revista Signos, 2005), 251-80.

Martin, J. R. and D. Rose (2006) *Genre Relations: mapping culture*. London: Equinox.

Martin, J. R. and M. Stenglin (2006) Materialising reconciliation: negotiating difference in a post-colonial exhibition. In T. Royce and W. Bowcher [eds] *New Directions in the Analysis of Multimodal Discourse*. Mahwah, New Jersey: Lawrence Erlbaum Associates, 215-38.

Martin, J. R. and R. Veel [eds] (1998) *Reading Science: Critical and Functional Perspectives on Discourses of Science*. London: Routledge.

Martin, J. R. and R. Wodak [eds] (2003) *Re/reading the Past: Critical and Functional Perspectives on Discourses of History*. Amsterdam: Benjamins.

Martinec, R. (1998) Cohesion in action. *Semiótica* 120 (1/2): 161-80.

Martinec, R. (2000a) Types of process in action. *Semiótica* 130(3/4): 243-68.

Martinec, R. (2000b) Rhythm in multimodal texts. *Leonardo* 33 (4): 289-97.

Martinec, R. and A. Salway (2005) A system for image-text relations in new (and old) media. *Visual Communication* 4.3, 337-71.

Matthiessen, C. M. I. M. (1993) Register in the round: diversity in a unified theory of register analysis. In M. Ghadessy [ed.] *Register Analysis: Theory and Practice*. London: Pinter, 221-92.

Matthiessen, C. M. I. M. (1995) *Lexicogrammatical Cartography: English Systems*. Tokyo: International Language Sciences Publishers.

Matthiessen, C. M. I. M. (in press) Combining clauses into clause complexes: a multi-faceted view. In J. Biber and M. Noonan [eds] *Complex Sentences in Grammar and Discourse: Essays in Honor of Sandra A. Thompson*. Amsterdam: Benjamins, 237-322.

Milton, G. (1999) *Nathaniel's Nutmeg: How One Man's Courage Changed the Course of History*. London: Hodder & Stoughton, 206-7.

Myers, G. (1989) The pragmatics of politeness in scientific articles. *Applied*

Linguistics 10: 1-35.

Nesbitt, C. and G. Plum (1988) Probabilities in a systemic-functional grammar: the clause complex in English. In R. P. Fawcett and D. Young [eds] *New Developments in Systemic Linguistics. Vol. 2: Theory and Application.* London: Pinter, 6-38.

Ochs, E., E. A. Schegloff and S. A. Thompson [eds] (1996) *Interaction and Grammar.* Cambridge: Cambridge University Press.

Office of the President of South Africa (1995) *Promotion of National Unity and Reconciliation Act,* No. 1111. http:Zwww.truth.org.za/

O'Halloran, K. (2004) *Multimodal Discourse Analysis: systemic-functional perspectives.* London: Continuum.

Olson, D. (1994) *The World on Paper.* Cambridge: Cambridge University Press.

Ong, W. (1982) *Orality and Literacy: The Technologizing of the Word.* London: Methuen.

O'Toole, M. (1994) *The Language of Displayed Art.* London: Leicester University Press.

Painter, C. (1984) *Into the Mother Tongue: A Case Study of Early Language Development.* London: Pinter.

Painter, C. (1998) *Learning through Language in Early Childhood.* London: Cassell.

Paul Kelly and the Messengers (1991) *Comedy.* Sydney: Mushroom Records.

Peirce, C. (1955) *Philosophical Writings of Peirce.* Dover Publications: New York.

Pike, K. L. (1982) *Linguistic Concepts: An Introduction to Tagmemics.* Lincoln: University of Nebraska Press.

Poynton, C. (1985) *Language and Gender: Making the Difference.* Geelong: Deakin University Press. Republished London: Oxford University Press. 1989.

Quirk, R., S. Greenbaum, G. Leech and J. Svartvik (1985) *A Comprehensive Grammar of the English Language.* London: Longman.

Rafael, V. (1988) *Contracting Colonialism: Translation and Christian Conversion in Tagalbg Society under Early Spanish Rule.* Manila: Ateneo de Manila University Press.

Rose, D. (1993) On Becoming: the grammar of causality in English and Pitjantjatjara. *Cultural Dynamics,* VI, 1-2, 42-83.

Rose, D. (1996) Pitjantjatjara Processes: an Australian grammar of experience. In R, Hasan, D. Butt and C. Cloran [eds] *Functional Descriptions: Language Form and Linguistic Theory*. Amsterdam: Benjamins, 287-322.

Rose, D. (1997) Science, technology and technical literacies. In Christie and Martin [eds] 40-72.

Rose, D. (1998) Science discourse and industrial hierarchy. In J. R. Martin and R. Veel [eds] 236-65.

Rose, D. (1999) Culture, Competence and Schooling: approaches to literacy teaching in Indigenous school education. In E Christie [ed.], 217-45.

Rose, D. (2001a) *The Western Desert Code: an Australian cryptogrammar*. Canberra: Pacific Linguistics.

Rose, D. (2001b) Some variations in Theme across languages. *Functions of Language* 8.1, 109-45.

Rose, D. (2004a) The Structuring of Experience in the Grammar of Pitjantjatjara and English. In K. Davidse and L. Heyvaert [eds], *Functional Linguistics and Contrastive Description: Special issue of Languages in Contrast* 4:1, 45-74.

Rose, D. (2004b) Sequencing and Pacing of the Hidden Curriculum: how Indigenous children are left out of the chain. In J. Muller, A. Morais and B. Davies [eds] *Reading Bernstein, Researching Bernstein*. London: RoutledgeFalmer, 91-107.

Rose, D. (2004c) Pitjantjatjara: a metafunctional profile. In A. Caffarel, J. R. Martin and C. M. I. M. Matthiessen [eds] *Language Typology: a functional perspective*. Amsterdam: Benjamins, 479-537.

Rose, D. (2005a) Narrative and the Origins of Discourse: patterns of discourse semantics in stories around the world. *Australian Review of Applied Linguistics Series* S19, 151-73.

Rose, D. (2005b) Grammatical Metaphor. *Encyclopaedia of Language and Linguistics* 2nd Edition. Oxford: Elsevier, 15pp.

Rose, D. (2005c) Democratising the Classroom: a literacy pedagogy for the new generation. *Journal of Education*, Vol 37 (Durban: University of KwaZulu Natal), 127-64.

Rose, D, (2006a) A systemic functional model of language evolution. *Cambridge Archaeological Journal* 16:1, 73-96.

Rose, D, (2006b) Reading Genre: a new wave of analysis. *Linguistics and the Human Sciences*, 2:1, 25pp.

Rose, D. (2006c) *Scaffolding the English curriculum for Indigenous secondary students: Final Report for NSW 7-10 English Syllabus*, Aboriginal Support Pilot

Project. Sydney: Office of the Board of Studies.

Rose, D. (in press a) Negotiating Kinship: interpersonal prosodies in Pitjantjatjara. *Word*, 20pp.

Rose, D. (in press b) Literacy and equality Plenary for *Future Directions in Literacy* public lecture series. Faculty of Education and Social Work, University of Sydney.

Rose, D. (in press c) Towards a reading based theory of teaching. Plenary for the *33rd International Systemic Functional Linguistics Conference*, Sao Paulo 2006.

Rose, D. (to appear) History, Science and Dreams: Genres in Australian and European cultures. *Journal of Intercultural Communication*, 22p.

Rose, D. and C. Acevedo (2006) Closing the gap and accelerating learning in the Middle Years of Schooling *Australian Journal of Language and Literacy*, 14.2.

Rose, D. and C. Acevedo (in press) Designing literacy inservicing: Learning to Read: Reading to Learn. *Proceedings of the Australian Systemic Functional Linguistics Conference 2006*, University of New England.

Rose, D., D. McInnes and H. Korner (1992) Scientific Literacy (Literacy in Industry Research Project – Stage 1). Sydney: Metropolitan East Disadvantaged Schools Program (Equity Division, NSW Department of Education and Training).

Rose, D., L. Lui-Chivizhe, A. McKnight, and A. Smith (2004) Scaffolding Academic Reading and Writing at the Koori Centre. *Australian Journal of Indigenous Education*, 30th Anniversary edition, www.atsis.uq.edu.au/ajie, 41-9.

Rothery, J. and M, Stenglin (1997) Entertaining and instructing: exploring experience through story. In Christie and Martin, 231-63.

Rothery, J. and M. Stenglin (2000) Interpreting literature: the role of appraisal. In Unsworth, 222-44.

Silkstone, B. (1994) *Australian Reptiles: Lizards.* Sydney: Longman Cheshire.

Stenglin, M. and R. Iedema (2001) How to analyse visual images: a guide for TESOL teachers. In A. Burns and C. Coffin [eds] *Analysing English in a Global Context: A Reader.* London: Routledge, 194-208.

Thibault, R (1987) An interview with Michael Halliday. In R. Steele and T. Threadgold [eds] *Language Topics: Essays in Honour of Michael Halliday. Vol. 2.* Amsterdam: Benjamins, 599-627.

Tickner, R. (2001) *Taking a Stand: Land Rights to Reconciliation.* Sydney: Allen & Unwin.

Tsavdaridis, N. (2001) TURNED AWAY 'We have a lot of sick people on board. These people are in really bad shape'. *The Daily Telegraph* 28-08-2001, 1.

Tutu, D. (1999) *No Future without Forgiveness*. London: Rider.

Unsworth, L. [ed.] (2000) *Researching Language in Schools and Communities: Functional Linguistic Perspectives*. London: Cassell.

van Leeuwen, T. (1999) *Speech, Music, Sound*. London: Macmillan.

van Leeuwen, T. and C. Jewitt (2001) *Handbook of Visual Analysis*. London: Sage.

Veenendal, L. (1996) Testimony of Leonard Veenendal: Truth and Reconciliation Commission (Case No. MR/146).

Ventola, E. (1987) *The Structure of Social Interaction: A Systemic Approach to the Semiotics of Service Encounters*. London: Pinter.

Walkerdine, V. and H. Lucey (1989) *Democracy in the Kitchen: Regulating Mothers and Socialising Daughters*. London: Virago.

Whittaker, R., M. O'Donnell & A. McCabe (eds) 2006 *Language and Literacy: Functional Approaches*. London: Continuum.

Whitaker, R. and E. Sienaert [eds] (1986) *Oral Tradition and Literacy: Changing Visions of the World*. Durban: Natal University Oral Documentation and Research Centre.

Wodak, R. (1996) *Disorders of Discourse*. London: Longman.

Young, L. and C. Harrison [eds] (2004) *Systemic functional linguistics and critical discourse analysis: studies in social change*. London; New York: Continuum.